FANGXIAN YEARBOOK 2018

房县年鉴

（2018）

房县史志研究中心　编

方志出版社
Publishing House of Local Records

图书在版编目（CIP）数据

房县年鉴．2018 / 房县史志研究中心编．-- 北京：方志出版社，2019.12

ISBN 978-7-5144-3776-8

Ⅰ.①房… Ⅱ.①房… Ⅲ.①房县—2018—年鉴 Ⅳ.① Z526.34

中国版本图书馆 CIP 数据核字（2019）第 214152 号

房县年鉴（2018）

编　　者： 房县史志研究中心
责任编辑： 范　静

出 版 者： 方志出版社
地址　北京市朝阳区潘家园东里 9 号（国家方志馆 4 层）
邮编　100021
网址　http：//www.fzph.org
发　　行： 方志出版社图书经销中心
电话　（010）67110500
经　　销： 各地新华书店
排　　版： 北京中文天地文化艺术有限公司
印　　刷： 北京中科印刷有限公司

开　　本： 889×1194　　1/16
印　　张： 21.5
字　　数： 611 千字
版　　次： 2019 年 12 月第 1 版　2019 年 12 月第 1 次印刷

ISBN 978-7-5144-3776-8　　**定价：** 268.00 元

序

贫困问题一直是困扰人类社会发展的重大问题。中国作为世界上最大的发展中国家，为解决贫困问题进行了长期不懈的努力。改革开放以来，特别是党的十八大以来，以习近平同志为核心的党中央把脱贫攻坚作为全面建成小康社会的底线任务和标志性指标，纳入“五位一体”总体布局和“四个全面”战略布局，以前所未有的力度推进精准扶贫、精准脱贫，扶贫开发成就举世瞩目，显著改善了贫困地区和贫困群众生产生活条件，具有重大的现实意义和深远的历史意义。身处中华民族几千年发展历史上将首次整体消除绝对贫困现象的伟大时代，如何更好地发挥地方志的存史、育人、资政的作用，是新时代全国地方志系统必须深入研究和着力解决的重大课题。

党的十八大以来，在党中央国务院的正确领导下，全国地方志系统深入学习贯彻习近平新时代中国特色社会主义思想，紧紧围绕党和国家事业发展需要，深入推进地方志改革创新发展，凝心聚力，稳扎稳打，勇于担当，主动作为，全国地方志形势和地方志工作者的精神面貌发生了深刻变化，取得了优异成绩。其中，为贯彻落实《全国地方志事业发展规划纲要（2015—2020 年）》，经中国地方志指导小组领导批准，中国地方志指导小组办公室于 2015 年、2017 年先后启动民族地区与贫困地区志书、年鉴出版资助工程（以下简称“志鉴出版资助工程”），对国家级贫困县（区、旗、县级市），中西部地区、少数民族边疆地区面临出版经费困难的志书和综合年鉴给予出版资助。实施志鉴出版资助工程是紧扣时代脉搏、坚持创新发展、传承弘扬中华优秀传统文化的一项创举，不仅有力推动了“两全目标”的实现，而且数十部资助出版的志书、年鉴及时记述了民族地区与贫困地区在全面建成小康社会伟大征程中取得的新成绩和新经验、出现的新情况和新问题、涌现的优秀人物和典型事迹，留住地方文化的“根”和“魂”，为这些地区的经济社会发展、地域文化传播、爱国主义教育、精神文明建设等提供了历史借鉴和智力支持，对全面提升民族地区与贫困地区文化建设水平、确保民族地区与贫困地区和全国其他地区同步全面建成小康社会具有重要意义。

尤为可喜的是，志鉴出版资助工程促成了一批扶贫志书的编纂出版，在文化脱贫攻坚中发挥了独特的作用。例如，《贵州省减贫志》全面系统客观记述了从 1978

年至2015年贵州省扶贫、减贫工作的历程及取得的经验，为贵州省实施大扶贫战略提供了有力的资政辅治参考，集中体现了地方志工作因时而动、顺势而为的新作为。前不久，由福建省地方志编委会和人民网共同编纂的《闽宁扶贫协作图志》，是全国首部扶贫协作图志，图文并茂、直观立体、全方位地展现闽宁扶贫协作波澜壮阔的历程，弘扬“闽宁一家亲”“携手奔小康”的深厚情谊和滴水穿石、久久为功的精神，是贯彻落实习近平总书记扶贫工作重要论述精神，服务国家精准扶贫、精准脱贫战略的有力举措。希望各地以此为鉴，编纂出版更多、更好的扶贫志书、年鉴，助力国家精准扶贫、精准脱贫战略的实施，充分展现地方志的独特价值和作用。

当前，我国脱贫攻坚已进入全面决战决胜的关键时期，尚未脱贫的贫困地区集中分布在中西部深山区、极端干旱山区、高寒阴湿地区等，文化建设还比较薄弱，文化产品还不够丰富，文化精品更是少之甚少。同时，这些地区往往是民族文化、历史文化、红色文化、生态文化富集区，具有发展文化旅游、推进文化扶贫的巨大潜在优势，也是繁荣发展地方志事业的巨大文化宝库。要发挥好文化扶贫凝聚人心的优势，善于利用方志文化优势为贫困地区“赋能”，在脱贫攻坚中做出方志人应有的贡献。要发挥好中国名镇志文化工程、中国名村志文化工程的引领作用，大力加强乡镇村志编纂，让百姓记得起乡情、记得住乡愁，凝聚贫困乡镇村庄的强大民心，补齐贫困乡镇村庄的文化短板，以“扶智”的方式“扶志”，践行习近平总书记强调的“扶贫先扶智，扶贫必扶志”的重要理念。

求木之长者，必固其根本；欲流之远者，必浚其泉源。扶贫扶起的是志气骨气，传承的是家国情怀，守护的是绿水青山。扶贫既要富口袋，也要富脑袋。必须坚持文化脱贫和物质脱贫两手抓，筑牢贫困地区文化之基，补足信仰精神之钙，引领脱贫发展之舵。全国地方志系统要围绕中心、服务大局，坚决投入脱贫攻坚这场必须打赢的硬仗，积极参与脱贫攻坚战，发挥优势和特长，深入挖掘文化资源，着力补齐文化短板，努力帮助民族地区与贫困地区的文化建设实现较大的发展提升，在全面建成小康社会、实现中华民族伟大复兴中国梦的征程中贡献方志人的力量。

是为序。

中国社会科学院院长
中国地方志指导小组组长
谢伏瞻

民族地区与贫困地区年鉴出版资助工程领导小组

组　　　长：高　翔

常务副组长：冀祥德

副　组　长：高京斋　邱新立

民族地区与贫困地区年鉴出版资助工程领导小组办公室

主　　　任：冀祥德

副　主　任：邱新立

成　　　员：于伟平　刘永强　冷晓玲　李　静

《房县年鉴》编纂委员会

主　　任：肖大有

副 主 任：付必久
王　玲（女）

常务副主任：熊祖友

《房县年鉴》编辑人员

主　　编：邓勇刚

副 主 编：王　琼

责任编辑：吴宏奎　詹运成　李金蔓　叶富川　张　玉

图　　片：赵爱平　吴宏强　刘　臣　王万军　邓　肯

编 辑 说 明

一、《房县年鉴》编纂坚持以马克思列宁主义、毛泽东思想、邓小平理论、“三个代表”重要思想、科学发展观、习近平新时代中国特色社会主义思想为指导，坚持辩证唯物主义和历史唯物主义的立场、观点和方法。坚持实事求是，直笔著史，以存史、资政、教化、育人服务为宗旨。《房县年鉴》自2010年复刊以来，每年编印一卷，逐年记载房县各方面的大事、要事、新事，全面、系统、客观地反映房县政治建设、经济建设、社会建设、文化建设、生态文明建设和党的建设的基本面貌和发展历程，是一部资料、信息、知识高度密集的综合性工具书，为各级领导科学决策提供可靠依据，为人们认识房县、了解房县、建设房县提供准确的年度信息。

二、本年鉴采用分类编辑法，以部类为单元，单元中设分目，并按一事一条的原则设条目，条目标题用黑体字加“【 】”表示。

三、《房县年鉴》2018年卷主要反映2017年度房县各方面情况。设特载、专记、大事记、房县概况、中国共产党房县委员会、房县人民代表大会常务委员会、房县人民政府、中国人民政治协商会议房县委员会、群众团体、军事、法治、综合经济管理、财政·税务、工业、农业、交通·邮政·通信、城乡建设与管理、商贸、旅游、金融、文体·传媒·教育、卫生和计划生育、乡镇概况、附录共24个部类。

四、本年鉴资料由各单位专人撰写，经各级领导审核，具有权威性。由于统计口径不同等原因，有关部门所用数据与“统计资料”中的数据不尽一致，请读者在查阅和引用时注意甄别。

五、本年鉴收录内容一般以2017年1月1日至12月31日为限，但“特载”“彩图”等内容不在此限，时间有的适当上溯或下延。年鉴正文和彩图中未署名的照片，均由摄影记者和有关单位提供。

六、年鉴的组稿和编审是一个复杂的过程，由于编辑水平有限，错误疏漏之处在所难免，恳请广大读鉴用鉴者批评指正，以期《房县年鉴》日臻完善。

区 划 图

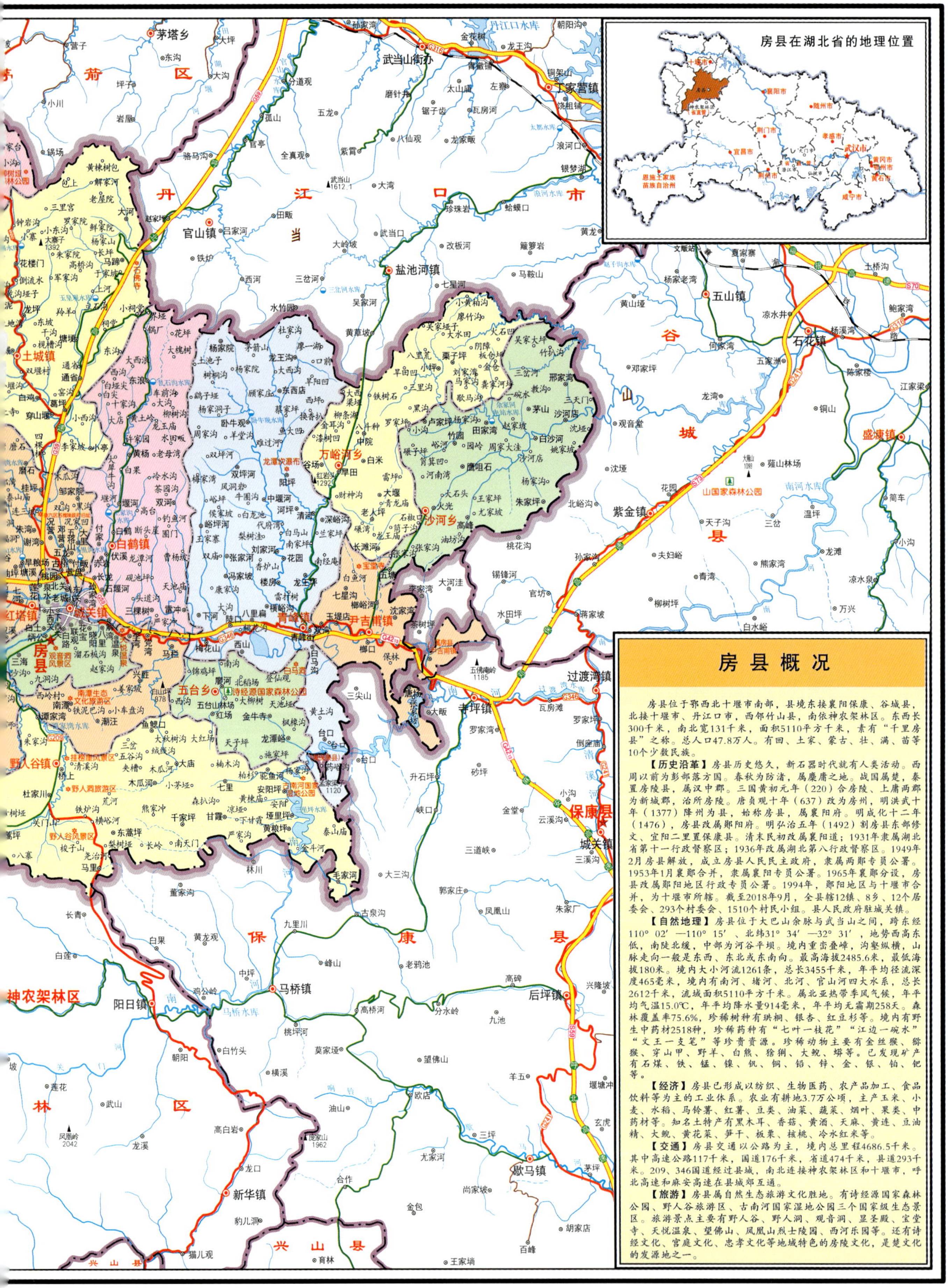

房县概况

房县位于鄂西北十堰市南部，县境东接襄阳保康、谷城县，北接十堰市、丹江口市，西邻竹山县，南依神农架林区。东西长300千米，南北宽131千米，面积5110平方千米，素有“千里房县”之称。总人口47.8万人。有回、土家、蒙古、壮、满、苗等10个少数民族。

【历史沿革】 房县历史悠久，新石器时代就有人类活动。西周以前为彭部落方国。春秋为防渚，属麇庸之地。战国属楚，秦置房陵县，属汉中郡。三国黄初元年（220）合房陵、上庸两郡为新城郡，治所房陵。唐贞观十年（637）改为房州，明洪武十年（1377）降州为县，始称房县，属襄阳府。明成化十二年（1476），房县改属郧阳府。明弘治五年（1492）割房县东部修文、宜阳二里置保康县。清末民初改属襄阳道；1931年隶属湖北省第十一行政督察区；1936年改属湖北第八行政督察区。1949年2月房县解放，成立房县人民民主政府，隶属两郧专员公署。1953年1月襄郧合并，隶属襄阳专员公署。1965年襄郧分设，房县改属郧阳地区行政专员公署。1994年，郧阳地区与十堰市合并，为十堰市所辖。截至2018年9月，全县辖12镇、8乡、12个居委会、293个村委会、1510个村民小组。县人民政府驻城关镇。

【自然地理】 房县位于大巴山余脉与武当山之间，跨东经110° 02′—110° 15′、北纬31° 34′—32° 31′，地势西高东低，南陡北缓，中部为河谷平坝。境内重峦叠嶂，沟壑纵横，山脉走向一般是东西、东北或东南向。最高海拔2485.6米，最低海拔180米。境内大小河流1261条，总长3455千米，年平均径流深度465毫米，境内有南河、堵河、北河、官山河四大水系，总长2612千米，流域面积5110平方千米。属北亚热带季风气候，年平均气温15.0℃，年平均降水量914毫米，年平均无霜期258天。森林覆盖率75.6%，珍稀树种有珙桐、银杏、红豆杉等。境内有野生中药材2518种，珍稀药种有“七叶一枝花”“江边一碗水”“文王一支笔”等珍贵资源。珍稀动物主要有金丝猴、猕猴、穿山甲、野羊、白熊、猞猁、大鲵、蟒等。已发现矿产有石煤、铁、锰、镍、钒、铜、铅、锌、金、银、铂、钯等。

【经济】 房县已形成以纺织、生物医药、农产品加工、食品饮料等为主的工业体系。农业有耕地3.7万公顷，主产玉米、小麦、水稻、马铃薯、红薯、豆类、油菜、蔬菜、烟叶、果类、中药材等。知名土特产有黑木耳、香菇、黄酒、天麻、黄连、豆油精、大鲵、黄花菜、笋干、板栗、核桃、冷水红米等。

【交通】 房县交通以公路为主，境内总里程4686.5千米。其中高速公路117千米，国道176千米，省道474千米，县道293千米。209、346国道经过县城，南北连接神农架林区和十堰市，呼北高速和麻安高速在县城郊互通。

【旅游】 房县属自然生态旅游文化胜地。有诗经源国家森林公园、野人谷旅游区、古南河国家湿地公园三个国家级生态景区。旅游景点主要有野人谷、野人洞、观音洞、显圣殿、宝堂寺、天悦温泉、望佛山、凤凰山烈士陵园、西河乐园等。还有诗经文化、宫庭文化、忠孝文化等地域特色的房陵文化，是楚文化的发源地之一。

中国地图出版社编制　　审图号：房县 S（2018年）0012 号

房县行政

图例
县（市、区）级行政中心
乡、镇、街办
村（居）委会
农、林、牧、渔场
自然村
一般旅游点
国家森林公园
河流 湖泊 水库
红岩寨 1640 山峰及高程
市（州）界
县（市、区）界
乡、镇、街办界
铁路及车站
S59 高速公路及编号
G209 国道及编号
省道
县道
自然保护区界
比例尺 1：427 000
0 4.27 8.54 12.81 17.08 21.35千米
郧阳区
张湾区
竹山县
竹溪县
神农架
神农架国家级自然保护区
水坪镇
县河镇
擂鼓镇
宝丰镇
麻家渡镇
溢水镇
潘口乡
城关镇
双台乡
楼台乡
文峰乡
上庸镇
深河乡
官渡镇
得胜镇
秦古镇
新洲镇
汇湾镇
兵营镇
天宝乡
叶大乡
姚坪乡
大木厂镇
窑淮镇
门古寺镇
化龙堰镇
军店镇
回龙乡
中坝乡
上龛乡
九道乡
柳林乡
红坪镇
宋洛乡
松柏镇

2017年2月14日，县委书记蔡贤忠（右五）、县长纪道清（左六）等县领导出席2017年重大项目集中开工暨北城工业园区标准化厂房建设开工仪式

2017年8月11日，房县动员全民在诗经文化广场举行网络投票为十堰竞演《魅力中国城》加油

2017 年 11 月 20 日，县委书记蔡贤忠（前排右二）、县长纪道清（前排左二）调研城建重点项目和打造生态文化旅游健康情况

2017 年 5 月 4 日，县委书记蔡贤忠（前排中）突出打好污染防治攻坚战，调研督办突出环境问题

2017 年 8 月 20—21 日，县长纪道清（左二）向考察房县的香港特别行政区全国人大代表团推介土城民俗黄酒村

2017 年 8 月 22 日，县人大常委会副主任高明哲（前排中）和省人大代表等到基层收集民意

2017 年 12 月 24 日，房县政协主席徐锦凤（左一）深入湖北雄耀体育有限公司车间了解企业生产情况

2017 年 3 月 7 日，县十八届人大常委会第一次会议暨任命宣誓大会召开

县城风貌　　赵爱平　摄

房县古南河国家湿地公园　　赵爱平　摄

房县行政中心　　赵爱平　摄

贯穿房县的高速公路　　赵爱平　摄

房县东城工业园　　赵爱平　摄

房县西城工业园　　赵爱平　摄

房县财政局

2017年12月18日，省财政厅厅长龙正才（左一）到房调研，县委书记蔡贤忠（右二），财政局党委书记、局长彭茂盛（二排右一）陪同

2018年3月21日，省财政厅党组成员、副厅长丁辉（右二）在房县财政局调研，常务副县长肖大有（右三），财政局党委书记、局长彭茂盛（左一）陪同

2017年7月17日，县委副书记、县长纪道清调研财政专项资金统筹工作

2017年7月1日，财政局党委书记、局长彭茂盛（左三）参加财政局与精准扶贫帮扶村大木共青村联合纪念建党96周年活动

2017年11月30日，在财政局九楼召开全县国库集中支付电子化改革推进会

2017年2月8日，财政局干部参与正月十三全县文艺会演

2017年6月，房县档案局在野人谷镇开展档案执法检查和档案业务培训工作

2017年6月，房县档案局指导档案目标管理达标晋级工作

2017年6月7日，房县档案局召开家庭建档培训会

2017年6月26日，房县档案局局长姜照辉（左二）向群众讲解家庭建档方面的知识

2017 年 6 月 26 日，房县档案局在沙河乡开展档案文化进乡镇活动

2017 年 11 月 21 日，房县档案局、房县农村经济经营管理局向各乡镇发放档案用品

2017 年 10 月 13 日，房县档案局在城关镇开展档案文化进乡镇活动

房县档案馆标准化库房

2017 年 6 月 12 日，房县机关事务管理局组织开展绿色骑行节能宣传活动

2017 年 6 月 13 日，房县机关事务管理局开展“节能有我，绿色共享”主题签名活动

2017 年 7 月 1 日，房县机关事务管理局党员干部赴郧阳区参观学习

2017 年 7 月 1 日，房县机关事务管理局全体党员赴十堰市茅箭区东沟村参观红色教育基地接受爱国主义教育

2017年11月25日，房县机关事务管理局局长宋平（右一）在尹吉甫镇沈家湾村指导精准扶贫移民小区建设工作

2018 年 5 月 18 日，房县党政机关 2018 年度上半年公务用车集中采购开标会现场

2018 年 5 月 2 日，房县机关事务管理局帮扶干部深入中坝乡宝石村开展精准扶贫工作

房县行政中心物业管理人员对供电设施进行日常维护检修

房县农业局

2017 年 9 月 22 日，十堰市副市长赵哲（左二）和市农业局党委书记李桂林（中）在北京第十五届中国国际农产品博览会房县展区了解参展农产品

2017 年 4 月 19 日，十堰市农业局总农艺师张敏（右二）在县农业局局长齐建琼（左二）陪同下，调研茶园绿色防控

2017 年 5 月 9 日，房县农业局局长齐建琼（中）在“四双”帮扶村西沟指导茶园管理

2017 年 5 月 18 日，房县 2017 年水稻稻水象甲防控培训现场会在青峰镇楼房村举行，局长齐建琼（右五）对防控工作进行安排

2017 年 11 月 29 日，县农业局在中盛洲际酒店举办了 12316 信息进村入户工程电商培训班

房县通省袋料地栽黑木耳产业扶贫基地

房县农业局被市委、市政府授予 2016—2017 年度文明单位

房县农业局廉政文化长廊

2018 年 2 月 3 日，十堰市第三届乡村民俗年货节在窑淮镇举行

2018 年 3 月 29 日，在武汉发布了野人洞 + 野人谷 + 圣水湖 + 太和梅花谷两日游精品线路

2018 年 4 月 16 日，央视《第一时间》栏目到房拍摄房县传统宴席“上笼席”

2018 年 4 月 18 日，参加魅力中国城联盟大会十堰旅游资源专场推介会

2018 年 4 月 20 日，湖北房县全国旅游营销（西安 · 武汉）推广大会

2018 年 4 月 26 日，房县第四届樱桃采摘节暨 cctv-7《美丽家园》走进八里活动现场

2018 年 4 月 27 日，湖北茶文化游启动仪式暨十堰万里茶道之旅活动现场民俗表演

2018 年 4 月 27 日，湖北茶文化游启动仪式暨十堰万里茶道之旅活动在房县土城镇黄酒民俗村举行

窑淮镇

窑淮集镇面貌

2017年7月14日，县委书记蔡贤忠（前排右二）、县长纪道清（前排右三）考察窑淮镇药材产业发展

2017年6月28日，县长纪道清（前排右三）出席房县首座光伏扶贫电站——窑淮镇陈家铺光伏扶贫电站正式合闸并网发电仪式

2017年8月20日，县委副书记王家波（左一）带领县民政、水利、国土等部门前往窑淮镇查看“8·19”灾情，指导抗灾救灾工作

窑淮镇三岔村特色民居

窑淮镇辣椒产业

窑淮镇辣椒产业丰收

窑淮镇三岔村茶园

野人谷镇

2017 年 8 月 20 日，全国人大常委会香港基本法委员会委员谭惠珠（左三）一行到野人谷镇西坪村调研，市人大常委会党组书记、常务副主任张歌莺（中），十堰市委副书记、市长陈新武（右三）陪同调研

2017 年 4 月 23 日，县长纪道清（右三）调研野人谷镇岩屋沟景区建设工作，副县长王玲（左二），野人谷镇党委书记陈晓东（中）陪同调研

2017 年 5 月 26 日，山东省、十堰市一行 12 名书画家到房县野人谷镇采风

2017 年 8 月 16 日，县人大常委会副主任胡维英（左一）一行到野人谷镇调研“聚力脱贫攻坚　五级代表在行动”工作

2017 年 5 月 26 日，山东省、十堰市书法家在野人谷镇现场创作

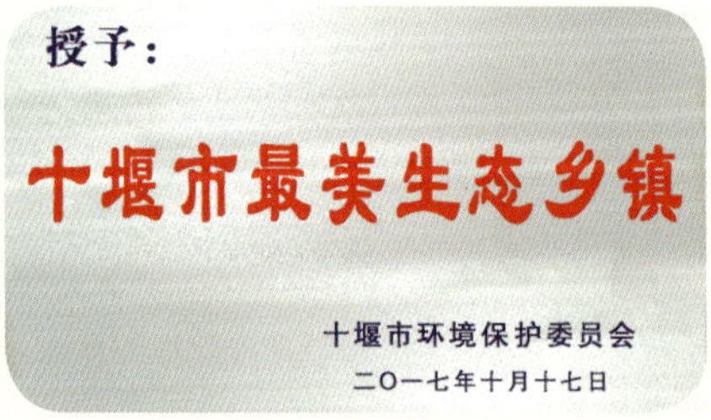
授予：
十堰市最美生态乡镇
十堰市环境保护委员会
二〇一七年十月十七日

市环保委授予野人谷镇 2017 年度“十堰市最美生态乡镇”

湖北旅游名镇
湖北省人民政府
二〇一七年十一月

野人谷镇荣获 2017 年度“湖北旅游名镇”荣誉称号

野人谷镇高山无公害蔬菜示范基地

野人谷镇红豆杉基地

野人谷镇绞股蓝示范基地

目　录

房陵文化

气　候

房县特产

中国共产党房县委员会

综　述

县委办公室工作

组织工作

宣传工作

机关事务管理工作

外事侨务接待工作

史志工作

中国人民政治协商会议房县委员会

群众团体

工会组织

综合经济管理

工　业

综　述

黄酒和发酵产业

生物医药产业

电力工业

工业园区建设

农　业

综　述

种植业

林　业

卫生与民政

卫生和计划生育

民 政

防震减灾工作

乡镇概况

城关镇

青峰镇

军店镇

化龙堰镇

附　录

特　载

深入贯彻党的十九大精神　决胜全面建成小康社会
开启新时代房县社会主义现代化建设新征程（摘选）

——在县委十四届三次全体（扩大）会议上的讲话

（2017 年 12 月 20 日）

县委书记　蔡贤忠

一、统筹推进“五位一体”总体布局，协调推进“四个全面”战略布局，经济社会发展和党的建设取得了新成效

一年来，在省委、市委的正确领导下，县委团结带领全县广大党员干部群众，紧紧围绕“四化”协调发展示范区建设目标和“一城两基地三中心”发展定位，牢牢把握稳中求进工作总基调，全力抓好脱贫攻坚、产业发展、城乡统筹、生态文明、从严治党等各项工作，经济社会发展和党的建设取得了显著成效。预计完成生产总值 84.6 亿元，同比增长 9%；地方公共财政预算收入 5.7 亿元，增长 12%；固定资产投资 166 亿元，增长 16%；社会消费品零售总额 57.9 亿元，增长 13.1%；规模以上工业增加值 19.2 亿元，增长 11%；城镇和农村常住居民人均可支配收入分别达到 25520 元、9134 元，分别增长 8.9%、10%。

一年来，县委常委会在统筹推进各项工作的同时，重点抓了以下几件大事：

一是扎实做好迎接、服务、贯彻党的十九大工作。将迎接、服务、贯彻党的十九大作为全年工作主线，认真学习领会习近平总书记“7·26”重要讲话精神，精心组织十九大维稳安保“五大行动”①，广泛开展“喜迎十九大”系列活动。党的十九大召开后，迅速在全县掀起学习宣传贯彻热潮，分批举办领导干部集中轮训班，实现科级干部、村支部书记培训全覆盖；县四家班子领导带头，组建宣讲团、宣讲小分队，深入基层，面对面宣讲十九大精神，推进十九大精神进机关、进农村、进社区、进学校、进企业。

二是持续抓好党的十八届六中全会精神贯彻落实。制定出台了《关于学习贯彻党的十八届六中全会精神深入推进全面从严治党的实施意见》，教育引导全县党员干部不断增强“四个意识”，旗帜鲜明讲政治，坚定不移地维护党中央权威，不折不扣贯彻落实《准则》《条例》，进一步加强和规范新形势下党内政治生活，营造了风清气正的政治生态。

三是深入打好精准脱贫攻坚战。认真贯彻落实习近平总书记新时期扶贫开发战略思想，聚焦深度贫困，紧扣“准、实”二字，下足“绣花”

功夫，精准推进“六个一批”工程，切实提高扶贫实效。积极对上沟通衔接，争取国家、省、市帮扶部门支持，省政协张昌尔主席亲自主持召开省直单位定点帮扶房县座谈会，为我们攻克深度贫困提供了强劲动力。坚持目标导向、问题导向和民生导向，对标“三率一度”，压实“三个同责”，落实“三个走遍”，脱贫攻坚取得阶段性成效。全年完成12个重点贫困村脱贫出列、2.8万人脱贫销号，全省金融扶贫现场会在我县召开，产业扶贫成效受到国务院扶贫办的充分肯定。

四是供给侧结构性改革取得明显成效。以供给侧结构性改革为主线，培育壮大六大产业集群，推动经济转型升级、提质增效。工业倍增计划扎实推进，狠抓园区扩容、重资产招商和骨干企业培育，以酿酒发酵、生物医药为主的工业经济质效稳步提升。农业供给侧改革取得突破，特色产业基地总面积达8000公顷，农产品加工产值占农业总产值的比重达68%，新增“三品一标”10个，房县黑木耳和香菇入列中欧地标互认清单，我县荣获“全省三农发展进位显著县”称号。巩固“全省旅游标准化示范县”创建成果，着力建设“全域旅游示范区”，岩屋沟景区试营业、武当国际滑雪场即将运营、“一街一村”加快推进，野人谷成功创建湖北旅游名镇，土城镇被命名为全省三产融合示范镇，房县旅游吸引力、影响力逐步彰显。全力推进电子商务进农村项目建设，积极发展新经济、新业态、新商业模式，神农源中药材交易市场被国家批准为“鄂西北中药材仓储物流基地”，京东房县馆、中国网库房县公司正式运营。

五是一批事关房县格局的重大项目取得实质性进展。完善招商引资统筹机制，构建了“五位一体”[②]招商格局，出台优惠政策，创新方式方法，建立容错纠错机制，切实提高招商实效，忠和酒业十万吨料酒、渝川食品、雄耀体育、凯龙机电手机马达等一批项目当年签约、当年投产，深圳合轩龙手机屏制造、上海海联副食品加工、鑫资集团城市废旧资源再生利用等一批亿元项目成功签约，招商引资工作走在全市前列。扎实开展项目建设“走学比”活动，全面推行“三个三分之一”[③]工作法，严格落实“五个一”[④]机制和“首席服务官”制度，方家畈水库、“四馆一家”、职工之家、高速客运站、棚户区改造、城乡供排水一体化、环城北路、吉甫路、诗经南路、五条通乡路进展顺利，十竹路、半岛湾大桥年底建成通车。

六是夺取了抗灾救灾全面胜利。面对有气象记录以来最强秋汛，县委坚决把抗灾救灾作为保障十九大胜利召开的政治任务，按照保生命安全、保道路畅通、保基本生活、保生产恢复、保社会稳定目标，组建战时体制，周密部署，科学调度，动员全县上下勠力同心、众志成城，全力以赴、抗灾救灾，实现了群众生命安全零伤亡、抗灾救灾零事故、受灾群众零上访。我县成功应对处置白鹤镇伏溪村特大型滑坡体的做法，受到省委蒋超良书记的充分肯定。

七是党风政风民风持续好转。管党治党责任全面落实，从严治党向基层延伸。制定出台《县委常委会关于坚决维护以习近平同志为核心的党中央权威和集中统一领导的具体规定》，完善《县委工作规则》《县委常委会议事与决策规则》，定期听取和研究县人大、县政府、县政协、县法院、县检察院党组工作报告，县委总揽全局、协调各方的作用进一步增强。落实党管意识形态工作主体责任，牢牢掌握意识形态工作主导权。深化“支部主题党日”“双十星”创建活动，推进“两学一做”学习教育制度化常态化。大力实施基层党建“整乡提升”“整县推进”计划，不断提升基层党组织的政治功能、服务功能。严格落实执纪监督“四种形态”，实现巡察工作常态化和全覆盖。深入践行“十字”价值观，推进移风易俗，培育人情新风，我县人情风治理工作被央视《焦点访谈》、新华网作为典型推广。

一年来，县委常委会高度重视自身建设，要求各位同志带头加强政治建设，坚持以习近平新时代中国特色社会主义思想武装头脑，严守政治纪律和政治规矩，绝对忠诚于党、绝对忠诚于党的领袖、绝对忠诚于党的事业、绝对忠诚于人民；坚持以人民为中心，心系群众、为民谋利，解决了一批突出矛盾和问题，办成了一批惠民利民的好事实事，群众的获得感进一步增强；坚持以上率下，真抓实干，增强县委常委班子的凝聚力、号召力，为全县党员干部立标杆、作表率；坚持带头遵守纪律规定，自觉依法用权、正确用权、干净用权，永葆清廉本色，赢得了广大干部群众的支持和信赖。

一年来取得的成绩，是习近平新时代中国特色社会主义思想正确指引的结果，是省委、市委正确领导、亲切关怀的结果，是全县上下齐心协力、团结实干的结果。在此，我代表县委向一年来为房县发展付出心血和汗水的广大干部群众、社会各界人士，表示衷心的感谢和崇高的敬意！

二、高举伟大旗帜，凝聚奋进力量，推动党的十九大精神在房县落地生根

党的十九大是在全面建成小康社会决胜阶段、中国特色社会主义进入新时代的关键时期召开的一次十分重要的大会。大会提出了新思想、新目标、新战略、新理念，是新时代开启新征程、引领新航向、续写新篇章的政治宣言和行动纲领，具有开创性、里程碑、划时代的重大意义。全县上下要切实把思想统一到党的十九大精神上来，把力量凝聚到党的十九大确定的各项任务上来，推动党的十九大精神在房县落实落地。

（一）聚焦聚力，深刻领会党的十九大精神的精髓要义。在全面系统学习的基础上，突出重点、抓住关键，把着力点聚焦到习近平新时代中国特色社会主义思想是党必须长期坚持的指导思想上，聚焦到维护习近平总书记在党中央和全党的核心地位上，聚焦到中国特色社会主义进入新时代的新论断上，聚焦到我国社会主要矛盾发生变化的新特点上，聚焦到分两步走全面建设社会主义现代化强国的新目标上，聚焦到党的建设新要求上，切实增强贯彻落实党的十九大精神的政治自觉、思想自觉和行动自觉。

（二）学懂弄通，用习近平新时代中国特色社会主义思想武装头脑。把学习习近平新时代中国特色社会主义思想作为理论武装的首要任务，教育引导全体党员干部深刻把握习近平新时代中国特色社会主义思想的时代背景、历史地位、科学体系、丰富内涵、精神实质和实践要求，不断提高思想理论水平和政策水平，自觉做习近平新时代中国特色社会主义思想的坚定信仰者、忠诚实践者。

以学习习近平新时代中国特色社会主义思想为主题，办好“新时代房县讲习所”，将其办成学习宣传贯彻党的十九大精神的大学校，办成学思践悟习近平新时代中国特色社会主义思想的大学校，办成培养造就用习近平新时代中国特色社会主义思想武装头脑、政治过硬、本领高强的干部队伍的大学校。

突出各级党委（党组）理论学习中心组学习的示范引领作用；发挥县委党校教育培训主渠道作用；在田间地头、居民社区、学校、医院、企业等基层一线开设“微课堂”；通过报纸、广播、电视、网络、微信公众号等各类媒体宣传普及，推动习近平新时代中国特色社会主义思想家喻户晓、深入人心。

深入学习《习近平谈治国理政》第一卷，认真组织学习《习近平谈治国理政》第二卷。坚持集中教育和经常性教育相结合，扎实推进“两学一做”学习教育常态化制度化，认真开展“不忘初心、牢记使命”主题教育，建立学习贯彻习近平新时代中国特色社会主义思想的长效机制，把学习成果转化为推动房县改革发展的强大精神动力。

（三）学以致用，将党的十九大精神转化为推动房县跨越发展的生动实践。一要抓住发展新矛盾。党的十九大作出了“我国社会主要矛盾已经转化为人民日益增长的美好生活需要和不平衡不充分的发展之间的矛盾”的新判断。房县是深度贫困县，发展不充分是我们最大的县情、最大的实际。发展中遇到的矛盾和问题，最终要靠发展来解决。当前和今后一个时期，我们要全力打好“三大攻坚战”，解决好发展不充分的问题，以充分发展促进平衡发展。要打好防范化解重大风险攻坚战，着力防范化解政治、经济、意识形态、文化、社会等风险，确保社会持续和谐稳定。要打好精准脱贫攻坚战，坚持以精准扶贫统领经济社会发展全局，抢抓政策叠加机遇，补齐发展短板，助推县域经济实现后发赶超。要打好污染防治攻坚战，实行最严格的生态保护制度，像保护眼睛一样保护生态环境，像对待生命一样对待生态环境，重手整治环境污染突出问题，坚定不移走绿色发展道路，为可持续发展留足空间，为子孙后代留下天蓝地绿水清的家园。

二要培育发展新动力。未来一个时期，房县的发展一定是高质量的发展，必须打造新动能，培育新动力。要坚持向改革要动力，更加注重经济体制、政治体制、文化体制、社会体制、生态文明体制和党的建设制度改革，让发展更有质量、治理更有水平、人民更有获得感。要坚持向创新要动力，深化与大专院校、科研机构合作，抓好科技成果引进、转化、推广，加快从要素驱动向创新驱动转变。坚持向市场活力要动力，坚持简政放权、放管结合、优化服务“三管齐下”，正确处理好政府与市场的关系，使市场在资源配置中起决定性作用，确保“两只手”协同发力。

三要夯实发展新支撑。推进新时代房县跨越发展，要着力构建实体经济、项目、人才三大支撑。要不断强化实体经济的硬支撑，坚持工业强县、商贸活县战略不动摇，不断做大经济总量，提升经济实力。要不断强化项目支撑，着力引进实施一批大项目、好项目，让项目成为推动房县经济发展强力引擎。要不断强化人才支撑，进一步发挥人才在创新驱动、产业升级、精准扶贫和经济转型方面的引领作用，让各类人才的创造活力竞相迸发、聪明才智充分涌流。

三、深入贯彻党的十九大精神，决胜全面建成小康社会，奋力开启新时代房县社会主义现代化建设新征程

明年是贯彻党的十九大精神的开局之年，是决胜全面建成小康社会、实施“十三五”规划承上启下的关键一年，做好2018年工作至关重要。

2018年工作的总体思路是：全面贯彻党的十九大精神，以习近平新时代中国特色社会主义思想为指导，以中央“五位一体”总体布局和“四个全面”战略布局为基本遵循，坚持稳中求进工作总基调，全面践行新发展理念，按照高质量发展的要求，统筹推进稳增长、促改革、调结构、惠民生、防风险各项工作，突出抓好脱贫攻坚、项目招商、产业发展、民生改善、生态文明、全面从严治党六大任务，凝心聚力，真抓实干，全力打造“一城两基地三中心”，着力建设创新房县、法治房县、文明房县、幸福房县、美丽房县，为决胜全面建成小康社会、开启新时代房县社会主义现代化建设新征程奠定坚实基础。

主要预期目标：生产总值增长9%；地方公共财政预算收入增长12%；固定资产投资增长15%；社会消费品零售总额增长13%；规模以上工业增加值增长13%；城镇常住居民人均可支配收入增长9%；农村常住居民人均可支配收入增长10%。

围绕上述目标，重点抓好以下七项工作：

第一，攻克深度贫困堡垒，坚决打赢脱贫攻坚战。认真落实习近平总书记脱贫攻坚“三个新增”的要求，聚焦深度贫困乡镇、深度贫困村、深度贫困户，继续实施大产业、大搬迁、大保障“三大”战略，更加注重精准施策，更加注重激发内生动力，更加注重提高脱贫质量，确保县级财政收入增量的15%、财政当年清理回收可统筹使用的存量资金50%以上的增加部分主要用于深度贫困村，完成12个重点贫困村整村出列、30619人脱贫退出任务，为2019年全县脱贫“摘帽”奠定坚实基础。

1. 深入推进产业扶贫。坚持把产业发展作为精准脱贫的关键，围绕村村有产业、户户有项目、人人有事做的目标，推进农业特色产业、电子商务、乡村旅游、劳务经济、光伏扶贫等扶贫产业协同发展，形成具有辐射带动能力、能够长期稳定增收的优势扶贫产业。支持市场主体参与精准扶贫产业发展，确保每个贫困村都有主导产业、有1—2个与产业配套的市场主体，市场主体带动贫困户覆盖率达60%以上。严格兑现产业扶贫到户政策，扶持2万户贫困户发展特色产业。大力培植贫困村集体增收项目，确保每个贫困村年集体经济收入突破5万元。

2. 深入推进易地扶贫搬迁。坚持把进城进镇进中心村作为主要安置途径，全面实施“交钥匙”工程，完成12224户34694人搬迁任务，实现“应搬尽搬”。按照“搬迁是手段，脱贫是目的”的要求，尽其所能达到“七个一”[⑤]配套标准，切实解决好搬迁群众的生计保障和后续发展，确保搬得出、稳得住、能致富。按照“住房安全有保障”的要求，加快推进农村危房改造和住房保障工作，消除安全隐患，补齐基本居住功能，保障基本卫生健康条件。

3. 深入推进健康扶贫。落实“基本医保 + 大病保险 + 医疗救助 + 补充保险”“四位一体”健康扶贫机制，让贫困群众看得起病、看得好病，有效遏制因病致贫、因病返贫。对建档立卡贫困人口，取消基本医疗保险住院起付线，逐步提高政策范围内报销比例，大病保险起付线降至5000元以下，报销比例提高5—10个百分点。加大医疗救助力度，建立精准扶贫补充医疗保险制度，确保建档立卡贫困人口住院及门诊慢性病医疗费用报销比例达90%以上，个人年度自负医疗费用控制在5000元内。全面落实贫困人口住院先诊疗后付费制度，开通“一站式”即时结算服务通道。

4. 深入推进教育扶贫。坚持扶贫与扶智、扶志相结合，将义务教育阶段的非寄宿生和县外就读学生，全部纳入“一补”资助范围，实现贫困户家庭子女从学前教育到高等教育学费减免和补贴资助全覆盖。扩大农村学前教育资源，推进学前教育资源向贫困村延伸。大力发展职业教育，加大雨露计划实施力度，贫困家庭子女参与“雨露计划”培训，补助标准由3000元提高到5000元。

5. 深入推进保障兜底。坚持把保障兜底作为脱贫攻坚的底线，做好农村低保与精准扶贫政策的有效衔接，对无法依靠产业扶持和就业帮助脱贫的家庭实行政策性保障兜底，做到应保尽保。落实重点救助政策，加强特困对象救助力度，切实把特困群体兜紧兜实。健全城乡居民基本养老保险制度，确保贫困人口养老有保障。

6. 深入推进基础设施提升配套。按照保基本、保脱贫、促发展要求，加快推进水、电、路、讯、网和党员群众服务中心、学校（幼儿园）、卫生室、文化广场、环境整治等基础设施配套、公共服务项目建设，实现撤并村通水泥路、农村饮水安全全覆盖，98%以上建档立卡贫困村有光纤网络覆盖。

第二，践行新发展理念，着力构建现代经济体系。坚持质量第一、效益优先，以供给侧结构性改革为主线，突出创新引领，壮大实体经济，振兴农业农村，打造全域景区，促进一二三产业融合发展。

1. 以供给侧结构性改革为抓手，壮大实体经济。坚持“工业强县”战略不动摇，大力实施“工业倍增计划”，突破发展黄酒发酵、生物医药、农产品加工产业，巩固建筑建材、纺织服装、汽车汽配产业，培育新经济、新技术、新模式，构建层次分明、优势互补、生态环保的工业体系，确保全年新增规模企业15家，力争3年内“新增工业产值100亿元、引进企业100家、园区入驻满园”。巩固“三去一降一补”成果，坚持有所为有所不为，壮大一批优势企业、升级一批传统企业、盘活一批闲置资产，支持忠和酒业、武当动物、神农本草、金裕石材、聚达食品、葵花药业、鑫资集团、庐陵王酒庄等企业做大做强。创新企业融资方式，借力资本市场，破解企业融资难题，支持神农本草等一批市场前景好、带动能力强的企业上市融资。大力实施“满园工程”，加快北城工业园标准化厂房建设，盘活东城工业园闲置资源，实施西城工业园扩园增容，推进莲花循环经济产业园建设，拓展园区面积66.67公顷，构建“一区四园”产业园区平台。积极培育新经济、新业态，推动互联网、大数据、人工智能和实体经济深度融合，形成新的增长极。加快发展商贸经济，围绕打造“鄂西北交通物流商贸中心”定位，扎实推进全国电子商务进农村综合示范县、中国娃娃鱼美食之乡、鄂西北中药材仓储物流基地等“十大工程”[⑥]，构建现代商贸经济体系，力争外贸出口、利用外资增幅高于12%，新增限上企业12家。

2. 以“三乡工程”为抓手，加快推进农业农村现代化。大力实施乡村振兴战略，以脱贫攻坚为目标，推进市民下乡、能人回乡、企业兴乡，着力打造生物医药、酿酒发酵、全域旅游三大百亿产业集群，全面提升产业化水平、美丽乡村建设水平、农村现代治理水平。坚持用工业化理念发展农业，打造产业兴旺的高地。围绕八大特色产业，加快发展农产品精深加工，延伸产业链条，全力打造十堰“武当药谷”核心区、竹房百里茶叶特优区、食用菌产业样板区、“三乡工程”先行区。坚持把农村当园区、景区来建，打造生态宜居的胜地。推进农业、林业与旅游、文化、养生等产业深度融合，打造一批乡村旅游型、生态农业型、文化创意型、村企融合性、全产业链型、电商型等都市田园综合体，推动休闲农业和乡村旅游同步发展、农村生产生活生态同步改善。坚持把农民增收摆在首位，打造生活富裕的宝地。盘活农村闲置资产资源，引导企业与农民广泛开展合作，全面提高土地、山林、河湖利用效率，千方百计增加农民收入。坚持自治、法治、德治相结合，打造乡村治理的阵地。健全完善村民自治制度，加强农村法治建设，弘扬优秀传统道德文化，着力构建自治有力、法治有效、德治有序的乡村治理新体系，促进农村社会安定有序。坚持践行“十字”价值观，打造乡风文明的福地。抓好农村移风易俗，坚决反对铺张浪费、婚丧喜庆大操大办等陈规陋习，推进农村殡葬制度改革，树立文明新风，全面提升农民素质，打造农民的精神家园。

3. 以创建全域旅游示范区为抓手，加快推进“武房神”旅游一体化。围绕打造“全省生态文化旅游健康城”定位和百亿旅游产业发展目标，以文化传承和自然山水为依托，打好生态、文化、健康“三张牌”，想“两山”不能想，做“两山”不能及，发展参与式、开放式旅游，打造鄂西北生态文化旅游圈上的“神奇风光、神秘驿站”。高标准编制《房县全域旅游示范区建设规划》，推动旅游规划与城乡、土地、交通、环境等规划“多规合一”。推进“双野”、观音洞、岩屋沟、诗经源森林公园提档升级，加快樱桃谷温泉、樱花岛、聚龙河、武当国际滑雪场等景区建设步伐，着力构建以“一城三片（区）两带”[⑦]为重点的全域旅游体系。依托景区景点、城市风光、乡村田园、传统村落、民俗风情，打造“滑雪、喝黄酒、泡温泉”“逛老街、游美丽乡村”“游西关印象、赏房县夜景”等精品旅游线路。加快景区道路、游客集散中心、旅游营销中心、旅游标识标牌、旅游综合体、停车场、汽车营地、智慧旅游等配套设施建设。实施“+旅游”战略，推进农业与旅游融合，打造乡村旅游升级版；推进工业与旅游融合，培育一批工业旅游示范品牌；推进文化与旅游融合，办好黄酒文化节等节会活动，着力打造一批三产融合示范镇、示范村，提升房县知名度和影响力。适时召开全县旅游发展大会，推动全县旅游产业实现突破性发展。

第三，坚持人民当家作主，切实加强民主政治建设。坚持党的领导、人民当家做主、全面依法治国是新时代中国特色社会主义的基本方略。实现经济社会转型发展，更加需要广泛发扬人民民主，用法治规范秩序、协调关系、化解矛盾、保障权益，提高社会治理社会化、法治化、智能化、专业化水平。

1. 全面加强民主政治建设。坚持和完善人民代表大会制度，支持人大及其常委会依法履行职能，密切人大代表同人民群众的联系。加强协商民主制度建设，支持政协提高政治协商、民主监督和参政议政水平。贯彻落实《中国共产党统一战线工作条例》，牢牢把握大团结大联合主题，构建大统战工作格局。支持工商联发挥商会平台优势，在招商引资上发挥更大作用。加强党管武装工作，推进军民融合深度发展。深化国防教育，提高全民国防意识。认真贯彻落实民族宗教政策，构建健康的宗教关系。充分发挥工会、共青团、妇联、科协、侨联、残联、文联等群团组织联系群众的桥梁纽带作用，增强群团组织的政治性、先进性、群众性。

2. 着力提升依法治县水平。坚持依法治县不动摇，推进法治政府建设，建立责权统一、权威高效的行政体制。探索推进综合执法体制改革，着力解决权责交叉、多头执法问题。深化司法体制改革，落实“法治惠民”措施，进一步完善审判公开、检务公开、警务公开制度，提高执法透明度，增强执法认同感。深入开展“七五”普法宣传教育，落实好国家机关“谁执法谁普法”的普法责任制，提高公民法治素养、培养全民法治信仰，提高广大党员干部法治思维和法治水平。继续深化政法队伍纪律作风整顿，着力打造忠诚可靠、执法为民、务实进取、公正廉洁的高素质政法队伍。

3. 切实维护社会和谐稳定。坚持用“十字”价值观引领城乡社会治理，完善社会治理体系，进一步增强人民群众安全感。严格落实“一把手”维稳工作责任制，认真执行重大事项社会稳定风险评估和重大不稳定问题清单制度，加大风险防控力度。加强情报信息研判，健全突发事件应急处置、网络舆情管控机制。推行阳光信访、责任信访、法治信访，及时化解合理诉求，积极回应群众关切。扎实开展“平安房县”建设，构建立体化社会治安防控体系，依法打击各类违法犯罪活动，维护公平正义的社会环境。坚持科技强警，全面提升公安工作的科学化和现代化水平。巩固城乡网格化建设成果，提高社会治理水平。抓紧抓实食品药品安全工作，构建符合县情、科学合理、严密高效的食品药品安全治理体系。严格落实安全生产责任制，坚决遏制重特大安全事故。

第四，始终以人民为中心，着力保障和改善民生。坚持把人民对美好生活的向往作为奋斗目标，抓住人民最关心最直接最现实的利益问题，既尽力而为，又量力而行，一件事情接着一件事情办，一年接着一年干，不断增强人民群众的获得感幸福感。

1. 千方百计扩大就业。坚持就业优先战略和积极就业政策，多渠道开发就业岗位。以创建农民工等人员返乡创业国家级试点县为契机，加强创新创业平台建设，推动大众创业、万众创新。健全职业技能培训体系，加强新时期产业工人队伍建设，努力打造一支知识型、技术型、创新型高素质劳动者大军。

2. 全面发展社会事业。围绕幼有所育、学有所教、病有所医、老有所养目标，补齐社会事业发展短板。优先发展教育事业，高度重视义务教育，办好学前教育、特殊教育，大力发展职业技术教育、高中教育，加强师德师风建设，提升教育教学水平。深化医药卫生体制改革，健全完善分级诊疗、全民医保、药品供应保障等制度，加强基层医疗卫生便民服务体系建设，推进家庭医生签约服务和健康管理。积极应对人口老龄化，推进医养结合，加快老龄事业和产业发展。加强公共文化服务体系建设，深入实施文化惠民工程，丰富群众性文化活动，确保“四馆一家”、罗国士艺术博物馆、宝堂寺、黄酒博物馆建成使用。

3. 健全社会保障体系。按照兜底线、织密网、建机制的要求，全面建成覆盖全民、城乡统筹、权责清晰、保障适度、可持续的多层次社会保障体系。全面实施全民参保计划，扩大社会保险覆盖面。建立统一的城乡居民基本医疗保险制度，完善城镇职工和城乡居民基本养老保险制度，提高社会保障标准和水平。加快农村福利院标准化建设，提升五保供养水平。加强保障性住房建设，切实解决中低收入家庭住房困难。

第五，推进绿色发展，着力建设美丽房县。坚持“绿水青山就是金山银山”发展理念，加快构建节约资源和保护环境的空间格局、产业结构、生产方式、生活方式，实施“厕所革命”、精准灭荒、乡镇生活污水处理、城乡垃圾无害化处理“四个全覆盖”工程，让房县的天更蓝、水更清、山更绿。

1. 加大生态系统保护力度。大力实施山体、水源、土地、大气保护工程，扎实推进精准灭荒，完善天然林保护制度，扩大退耕还林还草，不断增加森林资源总量，提升森林生态功能，实现宜林荒山应绿尽绿；强化集中式饮用水源地保护，确保水源地水质达标率达100%；划定并严守生态保护红线、永久基本农田、城市开发边界三条控制线，积极争创国土资源节约集约模范县。

2. 坚决打好防治污染攻坚战。坚持全民共治、源头防治，重拳治理大气污染、水污染、土壤污染。加强空气污染源头防治，确保全县环境空气质量保持国家二级标准以上。扎实推进河长制工作，落实“一河一策”，实现“三员”[⑧]巡河全覆盖。加快乡镇污水处理厂建设步伐，推进城乡生活垃圾无害化处理，开展畜禽养殖污染综合整治，严格控制农村面源污染。推进“厕所革命”，以景区厕所建设带动城市厕所建设，促进农村厕所建设，确保到2020年农村无害化厕所全覆盖。

3. 严格落实环境保护责任。加快构建源头预防、过程控制、损害赔偿、责任追究的制度体系，形成政府、企业、社会组织、公众共治格局。编制自然资源资产负债表，全面推行自然资源资产离任审计，严格执行环境保护损害责任终身追究、“党政同责、一岗双责、一票否决”制度。以中央环保专项督察为契机，解决环保突出问题，健全环保监管体制。加大对破坏生态环境犯罪的打击力度，不断提升运用法治思维、法治方式保护生态环境的能力。

第六，深化改革开放，着力增添发展动力和活力。坚持正确的改革方向，坚决破除一切制约发展的思想观念和体制机制障碍，充分释放发展的动力活力潜力。

1. 全面深化改革。推进供给侧结构性改革，补齐产业升级、民生改善和城乡建设短板。扎实推进相对集中行政许可权改革，支持行政审批局精简高效运行服务。深化农村综合改革，激活农村发展活力。深化投融资体制改革，培育股权多元化、运营市场化的投融资体制。深化财政体制改革，科学划分乡镇事权和支出责任。深化事业单位改革，启动第三轮事业单位改革岗位设置。深化商事制度改革，形成统一开放、竞争有序的现代市场体系。深化统计改革，提高统计数据质量。深化社会信用体系建设，有效发挥信用体系在促进经济发展、加强社会治理等方面的作用。

2. 持续扩大开放。坚持“走出去”与“引进来”结合，加强对外经贸交流与合作，积极融入武汉、襄阳、宜昌“1+2”自贸试验区，把生态旅游、农特产品推向国内、国际市场。深化区域合作发展，加强与保康、神农架等周边县市的合作，实现开放发展新格局。抢抓长三角、珠三角、京津冀地区疏解城市功能、产业梯次转移等重大机遇，全民动员，全员参与，突出全产业链、全方位、全领域招商，不断增强经济发展后劲。

3. 不断创优环境。适应经济发展新常态，构建“亲”“清”新型政商关系，进一步优化营商环境。建立非公有制经济发展联席会议制度、领导干部经常联系非公有制企业和商会制度，定期召开联席会议，及时跟进回应企业诉求，切实解决企业融资、用地、用工难题。推行代办员、项目秘书服务非公有制企业制度，把党员干部推向服务非公有制经济第一线。积极推广“互联网+企业”服务方式，统筹政务资源，集成社会资源，为企业提供优质高效便捷服务。从严查处机关单位及工作人员在服务企业发展中不作为、慢作为、乱作为等行为，为企业正常生产经营保驾护航。

第七，统筹区域协调发展，加快城乡一体化进程。牢固树立“全县一盘棋”理念，优化城镇功能分区，做强中心城镇，积极发展特色小镇，统筹推进城乡协调发展。

1. 优化交通路网。按照“骨干公路高速化、国省公路等级化、农村公路网络化、交通运输便捷化”的发展思路，拉伸骨干路，畅通出口路，打通断途路，疏通循环路，完善产业路、景区路、园区路，配套高客站、乡镇物流客运站，构建县城2小时到乡镇、10分钟上高速、1小时到机场的“211”泛十堰交通经济圈。重点推进房神高速路、十房一级路、环城南路、泛神农架旅游公路等骨干道路建设，建设万峪至盐池河、中坝至官渡、深河至巨峪、九道至义渡坪、杜川至阳日、大木至共青、通省至茅塔、梅花山至三里坪、孙家湾至黄杨等10条出口路，建成鄂西北物流集疏配送中心、房县高客站、乡镇物流客运站三大交通枢纽，争创省级“四好农村路”示范县。

2. 提升城市品位。牢固树立经营城市理念，坚持民生导向、问题导向，深入推进“五城联创”，着力打造畅安、美丽、幸福、智慧城市。实施“城乡规划全覆盖工程”，加快城区控制性详规、专项规划修编，推进“多规合一”；加快乡镇总规及控规修编，努力实现城乡规划全覆盖。强化规划刚性约束，制定出台规划区建房管理办法，规范建房秩序，走出“一管就死，一放就乱”的建房怪圈。实施“畅安美丽幸福工程”，全力推进城区道路、燃气城网、供排水管网、通信管网、棚户区改造等市政项目建设，配套一批街头公园、停车场，进一步完善城市功能。实施“智慧城市管理工程”，做足“互联网+”文章，推进城区5G网络全覆盖，加快建设智慧城市，提升城市管理水平。

3. 打造特色小镇。按照“产业特色鲜明、服务便捷高效、文化浓郁深厚、环境美丽宜人、体制机制灵活”的要求，因地制宜打造土城黄酒民俗文化小镇、军店古村落文化小镇、野人谷生态休闲小镇、尹吉甫诗经文化小镇、门古寺民歌小镇、窑淮茶叶小镇、青峰啤酒小镇、姚坪滨河小镇、五台森林小镇等一批特色小镇，促进新型城镇化建设和经济转型升级。

四、全面落实新时代党的建设总要求，加强党的全面领导，不断提高执政本领和领导水平

全面从严治党永远在路上。要坚持党要管党、全面从严治党，把党的领导贯穿到经济社会各领域、改革发展各环节，为加快房县社会主义现代化建设提供坚强政治保证。

（一）把党的政治建设摆在首位，切实加强党的集中统一领导。党政军民学，东西南北中，党是领导一切的。要严格执行中央、省委、市委关于坚决维护以习近平同志为核心的党中央权威和集中统一领导的规定精神和县委常委会的具体规定，坚决执行党的政治路线，严守政治纪律和政治规矩，自觉在政治立场、政治方向、政治原则、政治道路上同以习近平同志为核心的党中央保持高度一致。要坚定政治方向不偏离。全县各级党组织和全体党员干部必须牢固树立政治意识、大局意识、核心意识、看齐意识，不断增强对核心的思想认同、政治认同、情感认同，做到思想上充分信赖核心、政治上坚决维护核心、组织上自觉服从核心、情感上深刻认同核心、行动上始终跟随核心。要严守政治原则不动摇。认真贯彻执行《地方党委工作条例》，下级党组织必须坚决贯彻执行党中央决策部署和上级党组织决定，定期向上级党组织报告全面工作情况和执行上级党组织重要决定情况；严格落实民主集中制，“三重一大”事项必须由县委常委会集体研究决定，一旦作出决策，必须严格执行，决不允许搞“二次决策”；严格落实重大事项请示报告制度，该请示的必须请示，该报告的必须报告，决不允许事前不请示、事后不报告，搞先斩后奏、边斩边奏。县委常委负责的议事协调机构（委员会、领导小组等）议定重大事项前，决策方案应向县委报告。县委常委班子要做坚持原则、认真负责的表率，坚决做到“四个服从”，以实际行动维护县委权威。要发展积极健康的党内政治文化。大力弘扬“忠诚老实、公道正派、实事求是、清正廉洁”等价值观，不断涵养政治定力、纪律定力、道德定力、抵腐定力，不搞“两面派”，不做“两面人”，不当“墙头草”，坚决防止和反对个人主义、分散主义、自由主义、本位主义、好人主义，坚决防止和反对宗派主义、圈子文化、码头文化，坚决抵制和反对关系学、厚黑学、官场术、潜规则等庸俗腐朽的政治文化，不断培厚良好政治生态土壤。要严明政治纪律不放松。牢固树立党章意识，严守《准则》《条例》，各级领导班子必须担负起执行和维护政治纪律的责任，时时处处事事把政治纪律和政治规矩挺在前面，决不允许“上有政策，下有对策”，决不允许有令不行、有禁不止，决不允许在贯彻执行中央决策部署和县委决定上打折扣、做选择、搞变通。

（二）强化理论武装，牢牢掌握意识形态主动权。思想是行动的先导，理论是实践的指南。只有思想上清醒，政治上才能坚定，行动上才能有力，才能更加贴近民心。要拧紧思想“总开关”。坚持把理想信念教育作为思想建设的战略任务，教育引导广大党员用习近平新时代中国特色社会主义思想武装头脑、立根固本，自觉做共产主义远大理想和中国特色社会主义共同理想的坚定信仰者和忠实实践者；以开展学习型党组织建设为抓手，持续推动“理论宣讲、百姓宣讲”双宣讲工作，推进党的十九大精神家喻户晓、入脑入心。要守好舆论宣传主阵地。坚持党管宣传、党管意识形态、党管媒体不动摇，强化意识形态工作责任制，把牢意识形态工作的方向和导向。在宣传内容上，对内要聚焦县委中心工作，做好专题宣传，提升干部群众的精气神，营造“比学赶超”的浓厚氛围；对外要推介房县典型，讲好房县故事，传播房县声音，树立房县形象，不断提升房县美誉度。在宣传形式上，要把握好“时度效”，用好互联网传播平台，注重策划、内容、方式的创新。在舆情引导上，要坚持“正能量是总要求、管得住是硬道理”，旗帜鲜明地宣传主流声音，理直气壮地批驳错误观点，对网络谣言和各类有害信息，严管严控，依法处置，绝不姑息。要培育文明新风尚。坚持用“十字”价值观引领精神文明创建，推动“十字”价值观融入传统文化传承、公共文化服务及文化小康进程。大力开展文化大院、人情新风示范村创建和道德模范、“十字”榜样评选活动，推进“十字”价值观进学校、进机关、进企业、进农村、进社区，促进干部群众道德素养全面提升。要提升文化软实力。研究出台加快文化产业发展的意见，围绕重点品牌、重点企业、重点项目、领军人才、重点园区，加快文化事业文化产业发展。持续推动文化繁荣发展，鼓励和支持社会力量参与打造诗经文化、黄酒文化、忠孝文化等地方文化品牌，引导各类文化资源向产业渗透、向城乡建设拓展。要大力实施文化惠民工程，推出更多传承优良传统、体现时代精神、彰显房县特色的精品力作，满足人民群众精神文化生活需要。

（三）突出政治标准，建设高素质专业化的干部队伍。党的干部是党和国家事业的中坚力量，必须政治过硬，本领高强。要坚持好干部标准，树立鲜明用人导向。习近平总书记提出的“信念坚定、为民服务、勤政务实、敢于担当、清正廉洁”的新时代好干部标准是衡量干部是否合格、是否优秀的根本标尺。坚持好干部标准，核心是把政治标准放在首位；培养选拔干部，必须突出政治标准，看政治忠诚、政治定力、政治担当、政治能力、政治纪律，对政治上不合格的坚决“一票否决”。要坚持事业为上，更加精准科学选人用人。“用人必考其忠，受任必求其当”，选人用人，为的是干事创业。要坚持党的事业第一、人民利益第一、工作需要第一，把事业需要、岗位要求与促进干部的成长、调动各方面积极性结合起来，不搞论资排辈、平衡照顾。坚持知事识人、依事择人，事业需要什么人就配什么人，岗位缺什么人就补充什么人。坚持优中选优，从符合条件的对象中选更优秀的，从优秀的对象中选更合适的。要坚持专业能力与专业精神相统一，努力打造又博又专的干部队伍。按照“缺什么补什么”要求，突出实践锻炼，培养干部的专业能力和专业精神，增强干部队伍适应新时代中国特色社会主义发展要求的能力。注重在精准扶贫、招商引资、项目建设、信访维稳等基层一线、“吃劲”岗位和艰苦环境历练干部，在实践中增强干部的学习本领、政治领导本领、改革创新本领、科学发展本领、依法执政本领、群众工作本领、狠抓落实本领、驾驭风险本领，锤炼敢担当的宽肩膀、能成事的真本领。要高度重视干部梯队建设，着力破解专业干部、年轻干部、“狮子型”干部缺乏的困境。统筹做好培养选拔女干部、党外干部工作，认真做好离退休干部工作。要坚持严管与厚爱相结合，强化干部日常监督管理。全面实施各级领导班子和领导干部政治管理、组织管理、履职管理，推动干部能上能下。深入推进“三个三分之一”工作法，切实加强干部作风建设，大力营造真抓实干、少说多干的干事创业氛围。认真落实“十个区别开来”，鼓励干部勇于担当、锐意进取，宽容干部在工作中特别是改革创新中的失误，旗帜鲜明地为敢于担当的干部担当，为敢于负责的干部负责，保护那些作风过硬、勇于创新、原则性强、公道正派、不怕得罪人的干部，大胆启用那些积极作为、敢于担当、干事创业，因工作失误而受到问责处理，符合《干部选拔任用条例》规定的干部。提倡实名举报，对造谣诽谤、恶意中伤、散布谣言和不实消息的，要依纪依法严肃处理。要坚持党管人才原则，聚天下英才而用之。探索实施“以资源招才”“以项目引才”“以产业聚才”“以感情留才”等引才模式，把各方面优秀人才集聚到房县社会主义现代化建设事业中来。不断优化人才环境，打造广阔的发展空间和进步平台，努力形成人人渴望成才、人人努力成才、人人皆可成才、人人尽展其才的良好局面。

（四）突出政治功能，全面提升基层党组织的组织力。基层党组织作为确保党的路线方针政策和决策部署贯彻落实的基础，政治功能是最核心最本质的功能。站在新的历史起点上，加强党的基层组织建设必须加强政治建设，凸显政治属性，强化政治引领，压实政治责任，全面提升基层党组织的政治领导力、组织覆盖力、群众凝聚力、社会号召力、发展推动力、自我革新力，把基层党组织建设成为坚强的战斗堡垒。要持续推进“五个基本”“五个体系”⑨建设。把抓基层打基础务基本作为长久之计和固本之举，深入实施基层党建“整县推进”计划，全面加强农村、社区、机关、学校、非公经济组织和社会组织党建工作；精心组织村、社区“两委”换届选举工作，选优配强“两委”班子，突出抓好农村党组织带头人、致富带头人“两个带头人”队伍建设，进一步完善村党组织书记绩效考核评价激励机制和村干部工资待遇正常增长机制，充分调动基层干部工作积极性。要持续推进基层党组织规范化建设。树立党的一切工作到支部的鲜明导向，推动党支部承担好直接教育党员、管理党员、督导党员和组织群众、宣传群众、凝聚群众、服务群众的职责。完善村级公共服务设施，发展壮大村级集体经济，发挥村务监督委员会作用。要持续推进“两学一做”学习教育常态化、制度化。严肃党内政治生活，认真落实“三会一课”、民主生活会、组织生活会、民主评议党员等制度，规范和完善党支部主题党日，突出抓好乡镇和县直部门党委（党组）民主集中制建设，扩大党内民主、保障党员权利。要持续推进管党治党责任落实。认真开展乡村党组织书记抓基层党建述职评议考核，确保基层党建各项任务落到基层，实到支部，推动管党治党不断从“宽松软”走向“严紧硬”。

（五）持之以恒正风肃纪，以良好的党风带政风促民风。要严格落实党委主体责任、纪委监督责任，强化党组织书记“第一责任”、班子成员“一岗双责”，推动党风廉政建设向基层延伸拓展。切实加强作风建设，严格落实中央八项规定实施细则精神，巩固治理享乐主义和奢靡之风成果，坚持问题导向，重点关注形式主义、官僚主义“十种表现”，以刀刃向内、自我革命的勇气，坚决根除“四风”顽瘴痼疾。深化运用监督执纪“四种形态”，用严明的纪律和严格的监督使党员干部知敬畏、存戒惧、守底线。紧盯“关键少数”，坚持无禁区、全覆盖、零容忍，坚持行贿受贿一起查，始终保持惩治腐败高压态势。不断强化政治巡察，重点围绕群众反映强烈、问题突出的单位和领域开展专项巡察，发挥好“尖兵”“利剑”作用。深入推进监察体制改革，组建监察委员会，实现对所有行使公权力的公职人员监察全覆盖。新组建的监察委员会要在县委的集中统一领导下，重点冲着四类人和事开展监督监察：一是冲着不讲政治、不顾大局，削弱党的集中统一领导，搞小圈子，拉裙带关系，破坏发展的人开展监督监察；二是冲着十八大后不收敛、不收手和“四种人”⑩开展监督监察；三是冲着精准扶贫领域虚报冒领、贪污挪用、优亲厚友等侵害群众利益的人开展监督监察，斩断伸向扶贫领域的“黑手”；四是冲着单位领导弱化，“潜规则”盛行，游离党的领导之外的小团体开展监督监察。通过不懈努力，营造风清气正的政治生态。

名词解释：

①五大行动：矛盾大排查、安全大整治、治安大整顿、开门大接访、维稳大督查。

②五位一体：县包联领导、驻外招商专班、产业招商专班、产业招商办、招商责任单位。

③三个三分之一：县四家领导班子成员三分之一精力抓精准扶贫，三分之一精力抓招商引资和项目落地，三分之一精力抓分管和联系工作；县直单位三分之一精力履行职能职责，三分之一精力抓精准扶贫，三分之一精力抓招商引资和项

目落地。

④**五个一**：一个项目、一名领导、一个专班、一套方案、一抓到底。

⑤**七个一**：建成一套安全舒适的房屋、谋划一个养殖小区或产业基地、配套一分菜园、组织一次技能培训、找到一个打工门路、完善一套招投标和工程验收制度、强化一系列公共服务配套。

⑥**十大工程**：全国电子商务进农村综合示范县创建工程、中国娃娃鱼美食之乡创建工程、鄂西北中药材仓储物流基地建设工程、鄂西北物流集疏配送中心建设工程、居然·寿康世纪城建设工程、新时代城市综合体建设工程、半岛湾等四家酒店招商工程、出口创汇工程、餐饮业提升工程、以爱婴贝美为主的服务业壮大工程。

⑦**一城三片（区）两带**：一城，即以西关印象为主的山水古城；三片（区），即土城黄酒民俗文化片区、军店传统古村落片区、野人谷野人传说片区；两带，即大木姚坪城郊休憩带、环大九湖民俗风光带。

⑧**三员**：巡河员、信息员、保洁员。

⑨**五个基本、五个体系**：五个基本，即健全基本组织、建强基本队伍、开展基本活动、完善基本制度、落实基本保障；五个体系，即完善组织领导体系、服务群众体系、宣传教育体系、民主管理体系、和谐稳定体系。

⑩**四种人**：政治上不守规矩的人、廉洁上不干净的人、工作上不作为不担当或能力不够的人、作风上不实在的人。

政府工作报告（摘选）

——在房县第十八届人民代表大会第二次会议上

（2017 年 12 月 24 日）

县长　纪道清

一、2017 年工作回顾

过去一年，是本届政府履职的起步之年，是冲刺全面小康的关键之年。面对经济下行压力和各种困难挑战，我们高举习近平新时代中国特色社会主义思想伟大旗帜，在县委的正确领导下，在县人大、县政协的监督支持下，围绕“一城两基地三中心”[①]发展定位，坚持稳中求进工作总基调，以新发展理念为引领，以供给侧结构性改革为主线，以满足群众美好生活需要为目标，凝心聚力，开拓创新，经济社会发展呈现出“稳中有进、进中向好”态势。2017 年，实现生产总值 84.6 亿元，增长 9%；规上工业增加值 19.2 亿元，增长 11%；地方公共财政预算收入 5.7 亿元，增长 12%；固定资产投资 166 亿元，增长 16%；社会消费品零售总额 57.9 亿元，增长 13.1%；外贸出口 6205 万美元，增长 19.2%；城镇和农村常住居民人均可支配收入达到 25520 元和 9134 元，分别增长 8.9%、10%。万元 GDP 综合能耗控制在省定范围内。

一年来，我们抓规模、调结构，产业转型取得新成效。坚持创新引领，提升传统产业，壮大优势产业，培育新兴产业，新旧动能加快转换。

工业经济提质增效。突出“工业八大产业”，开展“10 亿资金进百企”活动，成立黄酒和发酵产业局、生物医药产业局，工业经济质效双升。新增国家高新技术企业 3 家、省级“两化融合”示范企业 2 家，君珉融合基金正式建立，葵花药业雪梨止咳糖浆进入省医保药品目录。创新园区服务方式，东城、西城工业园扩园增容，北城工业园 5 万平方米标准化厂房基本建成，政府重资产招商、企业“拎包入住”实现零突破。金裕石材、诚信汽配、三鑫生物等11家企业实施技改扩能，九方魔芋即食食品、青峰啤酒、麦登汽配等10个项目竣工投产。

现代农业提升发展。用工业理念发展现代农业，推进农业增效、农民增收、农村增绿。实现农产品加工产值77亿元、增长10.3%，获得全省“三农”发展进位显著县荣誉。新型市场主体快速兴起，发展壮大龙头企业32家、农民专业合作社1117家、家庭农场135家。品牌创建成效显著，新增“三品一标”②10个。“粮安工程”深入实施，粮食总产量16万吨。完成永久基本农田划定工作，建设高标准农田1333.33公顷，新建安全饮水工程137处，除险加固水库8座。农村宅基地、集体建设用地两权确权基本完成，全国第三次农业普查、土地确权颁证顺利完成，“三权分置”③深入推进。

第三产业提速升级。旅游经济持续繁荣，接待游客572万人次，实现旅游综合收入33.6亿元。野人谷镇成功创建“湖北旅游名镇”，AAAAA级景区规划启动编制。岩屋沟景区成为全省优选旅游项目，武当国际滑雪场即将建成，“一街一村”、樱花岛等项目有序推进，发展旅行社9家。商贸经济蓬勃发展，新增限上商贸企业10家。电子商务进农村积极开展，中国网库房县运营中心、京东房县馆上线运营，建成村级电子商务示范点69个。高速客运站、鄂西北物流集疏配送中心、神农源国家中药材仓储物流基地等项目快速推进。金融机构存款余额176亿元，增长13.1%；贷款余额80.9亿元，增长15.4%。天风证券房县营业部挂牌成立，湖北银行房县支行成功落户。

一年来，我们抓投资、搭平台，项目招商取得新突破。坚持把扩大投资作为加快发展的关键，千方百计争取项目，千辛万苦招商引资，千军万马推进项目，发展底盘不断壮大。

项目争取再创新高。深入研究国家政策导向和投资热点，突出精准扶贫、产业发展、道路交通、农田水利、生态环保等领域，精心谋划、全力争取，向上争取项目185个，到位资金36亿元。对接国家重大规划、专项投资、建设基金，储备三年滚动计划项目1126个，总投资1191亿元。

项目招引多点发力。牢固树立招商引资“一号工程”理念，出台招商引资和支持实体经济发展意见，落实“三个三分之一”工作法④，组建5个驻外招商专班，大员上阵，全员招商，全年招引项目65个，到位资金40亿元。雄耀鞋业、凯龙机电、光宏通讯等新招引项目投产运营。

项目建设遍地开花。实行项目指挥部负责制，逐个列出单子、筹措票子、铺开场子，项目建设如火如荼。十竹路、窑姚路年底建成通车，环城北路、万盐路、门中路、杜阳路等有序推进，城乡供排水一体化、方家畈水库、沙沟河流域治理、忠和酒业、诗经小镇、罗国士艺术博物馆等项目开工建设。

一年来，我们抓建设、强管理，城乡面貌取得新变化。坚持城乡共建共治，拓展新城区、提升老城区，扮靓乡镇集镇、建设美丽乡村，城乡面貌日新月异。

城市功能不断完善。城市总体规划启动修编，城区控制性详细规划全面完成。棚户区改造突破推进，建成保障性住房1100套，货币化安置2100户。“房十条”顺利实施，3000多户农民进城喜圆“安居梦”。半岛湾大桥、唐城东路建成通车，诗经南路、吉甫南路进展顺利，改造微循环路10条。城区天然气实现通气，行政中心投入使用，南部新城基本形成。

特色小镇快速兴起。竹房城镇带“一城八镇”⑤加快建设，土城黄酒小镇、尹吉甫诗经小镇特色鲜明，建成农村新社区5个，实施“生态家园”示范村8个。县域副中心支撑作用凸显，青峰啤酒改变“城市味道”，房州古镇初具规模，大木“善水之镇”[6]加快形成。野人谷成功创建省级生态休闲小镇，沙河、万峪等乡镇集镇面貌焕然一新。

城乡管理全面加强。“五城联创”[7]深入实施，数字城管系统建成运行，公共设施管理更加有序，成功创建国家卫生城、省级文明城，野人谷镇成为国家卫生乡镇和文明乡镇，城关镇、青峰镇成为省级文明乡镇。

一年来，我们抓保护、补短板，生态文明取得新进展。坚持把绿色作为发展底色，守护绿水青山，狠抓环境治理，倡导低碳生活，推动人与自然和谐发展。

绿色屏障更加坚固。生态红线初步划定，完成植树造林2333.33公顷，退耕还林1466.67公顷，管护天然林19333.33公顷。建设户用沼气500户，绿色能源示范县项目有序实施。古南河国家湿地[8]公园建设稳步推进。泉水湾取水口上移通水，城乡集中式饮用水源地保护全面加强。

防污治污扎实有效。中央环保督察交办件全部销号，突出环境问题整改基本完成。“河长制”[9]全面落实，网箱拆围如期完成。南水北调水治理项目顺利实施，马栏河“五大专项行动”[10]深入开展。农村环境综合整治步伐加快，129个村环境明显改善。节能减排深入实施，完成年度燃煤锅炉、黄标车淘汰任务。大气污染防控和空气质量监测能力提高，空气优良天数明显增加。

生态理念深入人心。“绿水青山就是金山银山”发展理念全面践行，环境保护“党政同责、一岗双责”严格落实。创建“湖北省绿色示范乡村”15个，简约适度、绿色低碳生活方式成为主流。环保投诉热线开通，联动机制不断健全，全民环保意识普遍提升。

一年来，我们抓保障、兜底线，民生福祉取得新提升。坚持以人民为中心，察民情、知民意、解民忧、纾民困，持续加大民生投入，办好民生实事，群众获得感不断增强。

脱贫攻坚成效明显。深入实施“三大战略”，着力健全责任体系，精准推进“六个一批”，12个重点贫困村整村出列，2.8万人脱贫销号。产业扶贫扎实推进，兑现“四子”资金4799万元，发放小额扶贫贷款4亿元，新增市场主体149个，建成村级光伏电站181个。易地搬迁扎实推进，开工建设安置小区336个，完成搬迁9047户26404人，龙含珠、何家湾、中阳坡、天坪等一批安置小区成为深山中最靓丽的风景。保障兜底政策精准落实，基础设施配套工程成效明显，群众认可度大幅提升。

社会事业全面进步。办学条件持续改善，思源学校主体完工，职业技术学校一期、5所乡镇中心幼儿园投入使用。计划生育指标全面完成，5个乡镇卫生院业务用房主体竣工。宝堂寺、文庙修复全面完工，“四馆一家”、职工之家即将投入使用，荣获全省“十佳书香县”称号，诗经文化影响力扩大。文化大院建设全面铺开，第二届《房县志》出版发行。“十字”价值观深入人心，人情新风经验全国推广。

民生保障更加有力。成功应对60年以来最强秋汛，妥善处置伏溪特大滑坡体地质灾害，“五保措施”[11]得到国家、省市高度肯定。新增就业再就业8810人，城镇登记失业率控制在4.5%以内。组织各类培训3924人，发放创业贷款3200万元，劳务输出13.1万人。社会保障能力不断提高，机关事业单位医疗保险、住房公积金、改革性补贴纳入财政预算，五大保险参保人数达到53.8万人。发放住房公积金贷款4811万元。多渠道引进技术人才，人才就业超市成为湖北省优秀超市，被列入国家第三批农民工返乡创业试点县。完成生命防护工程2334公里、通村水泥路310公里，改造农村危房2117户。改扩建农村福利院5所，建成农村居家养老服务中心12个，全国第二次地名普查全面完成。

一年来，我们抓改革、优环境，政府建设取得新成果。坚持区位不优精神补、硬件不优服务补，深化简政放权，推进依法行政，政府自身能力建设不断加强。

各项改革深入推进。行政审批局挂牌成立，“代办制”“一站式”服务全面推行。商事制度改革稳步推进，“多证合一”“两证整合”全面实行。公共资源交易平台整合到位。大力推进“双随机一公开”⑫，行政执法日益规范。深化预算管理、“营改增”改革，现代财政制度不断完善。机关事业单位养老保险、医药卫生、司法体制改革巩固深化，农村集体产权制度改革试点稳步推进，公务用车、国有林场、城乡医保及文体新广改革顺利完成。

民主法治不断健全。认真落实公众参与、专家论证、风险评估、合法性审查、集体讨论等行政决策程序，全面清理政府规范性文件，审查备案制度日趋完善。自觉接受人大、政协和社会监督，强化行政监督和审计监督，人大代表建议和政协委员提案办结率100%。“七五”普法深入开展，学法尊法守法用法的良好氛围逐步形成。

社会大局和谐稳定。“平安房县”建设扎实推进，打黑除恶深得民心。安全生产专项行动深入开展，未发生较大以上安全生产事故。食品药品监管有力，群众饮食用药安全得到保障。应急管理进一步加强，政府应对突发事件能力不断提高。畅通民意诉求渠道，依法规范信访秩序，持续净化网络空间，社会既充满活力又和谐有序。

同时，武装人防、地震物价、民宗外侨、机要保密、档案残联、农机供销、科协文联、工商联、工青妇等各项工作都取得了新进步。

各位代表，经过全县上下共同努力，在年初提出的目标任务基础上，我们又创造条件、抢抓机遇，办成了一批大事难事，新上了一批项目企业，得到了全县干部群众的肯定。但我们深感愧疚和表示歉意的是：2017年《政府工作报告》确定的体育中心、马栏河以堤代路等重点项目没有取得实质性进展，县一中迁建、神农路改扩建、温泉大道改造、堵河黄坪大桥等4个项目只完成了前期工作。对于这些项目，我们将列入2018年工作重点推进，做到有始有终、全面完成。

各位代表！过去一年，我们在挑战中砥砺前行，在困境中逆势突破，实现了全县经济社会新发展。成绩来之不易，这是县委科学决策、坚强领导的结果，是县人大、县政协有效监督和大力支持的结果，是全县上下同心同德、拼搏实干的结果。在此，我代表县政府，向全县广大干部群众，向各位人大代表、政协委员，工商联、无党派人士和人民团体，以及所有关心支持房县发展的各界人士，表示衷心感谢！

回顾一年工作，我们深刻体会到，做好政府工作必须始终以政治清明为保障，坚持党的领导，遵守政治规矩，严守政治纪律，保持政治清醒，在全局下作为，在大局下行动，营造山清水秀、风和日丽的政治生态；必须始终以干群齐心为动力，坚持群众工作无小事，尊重群众首创精神，调动群众参与建设、支持发展热情，形成干部热爱群众、群众喜爱干部的生动局面；必须始终以勤政务实为标杆，坚持勤政就是境界，务实就是品质，在攻坚拔寨中撸得起袖子、弯得下身子，持之以恒钉钉子，咬定目标啃骨头，当好名副其实的人民勤务员。

审视发展轨迹，剖析发展现状，我们清醒认识到，发展不充分是房县最大实际，富民强县是群众最大期盼，在发展道路上还有许多困难和问题：一是工业经济体量偏小，既无群峰也无主峰，大企业缺乏顶天立地的支撑力，小微企业缺乏铺天盖地的生长力。金融市场发育不充分，融资难、融资贵等问题依然存在。二是项目投资带动不强，缺少改变格局的大项目、好项目，经济发展后劲不足，对上争取、对外招商迫在眉睫。三是产业层次整体不高，特色产业缺乏领航企业，产业链条不长，市场竞争力弱，构建既有“几轮明月”、又有“满天星斗”的产业格局任重道远。四是城市形象还需提升，老城区脏乱差“顽疾”没有得到彻底根治，城市管理触角延伸跟不上拓展步伐，完善城市功能、提升城市品位仍在路上。五是脱贫攻坚任务艰巨，现有贫困人口结存量大，深度贫困乡镇主要集中在边远山区，自身造血能力有限，市场主体难以引进，如期脱贫压力巨大。还有，农村教育医疗资源配置不足，县乡村机关组织保障水平低等问题仍然突出。对此，我们将高度重视，强化问题导向，采取得力措施切实加以解决。

二、2018 年工作安排

2018 年，是贯彻党的十九大精神的开局年，是房县赶超发展的关键年，是全面建成小康社会的攻坚年。迈入新时代，开启新征程，迎来新机遇。从宏观形势看，全球经济呈现良好复苏态势，中国经济处于稳定向上阶段，特别是乡村振兴、区域协调、创新驱动等战略实施，为我们塑造新优势、培育新动能创造了千载难逢的好机遇；生态文明建设，为绿色优势转化为经济优势创造了好条件；中央、省市空前重视脱贫攻坚，明确资金、项目、举措“三个新增”主要用于深度贫困地区，为补齐短板创造了好时机。从发展态势看，以移动互联网、大数据、物联网等为标志的新一代科技革命、产业变革蓬勃兴起，推动着市场格局、产业体系和商业版图等多重变革，使传统“大后方”一跃成为开放发展“最前沿”，为我们“撑杆起跳”创造了好支点。新业态、新模式、新技术、新产品快速兴起，发达城市功能疏解，为我们产业高位嫁接、承接产业转移提供了好契机。从自身发展看，我们一步一个脚印培育了一批优势产业、重点企业，自力更生实施了一批对接周边、融入发展的重大项目，积蓄了扬帆起航的强大能量，随着房神高速（十堰至张家界高速路房县段）、十房一级路争取立项，房县必将跨入换道超越快车道。

2018 年政府工作总体要求是：全面贯彻党的十九大精神，以习近平新时代中国特色社会主义思想为指导，以中央“五位一体”总体布局和“四个全面”战略布局为基本遵循，坚持稳中求进工作总基调，全面践行新发展理念，按照高质量发展的要求，统筹推进稳增长、促改革、调结构、惠民生、防风险各项工作，突出抓好脱贫攻坚、项目招商、产业发展、民生改善、生态文明、全面从严治党六大任务，全力打造“一城两基地三中心”，着力建设创新房县、法治房县、文明房县、幸福房县、美丽房县，为决胜全面建成小康社会、开启新时代房县社会主义现代化建设新征程奠定坚实基础。

经济社会发展的主要预期目标是：生产总值增长 9%；地方公共财政预算收入增长 12%；规上工业增加值增长 13%；社会消费品零售总额增长 13%；固定资产投资增长 15%；外贸出口增长 15%；城镇和农村常住居民人均可支配收入分别增长 9% 和 10%。围绕上述目标，重点抓好以下工作：

（一）突出脱贫攻坚，加快全面小康步伐。坚持把脱贫攻坚作为全面建成小康社会的底线任务，聚焦深度贫困乡镇、贫困村和贫困户，注重精准施策，激发内生动力，提高脱贫质量，确保 12 个贫困村整村出列、30619 人脱贫销号。

全面提升产业造血能力。始终把产业作为精准扶贫的关键，顺应市场取向，因地制宜发展产业，把贫困户整合到产业链上，实现产业就业 1 万户、户均增收 6000 元、产业脱贫 2 万人。强化脱贫产业发展，分级谋划主导产业，做到乡镇有示范、村村有产业、户户有项目、人人有事做，保证每个深度贫困村都有 1 个以上稳定增收的优势产业。实施光伏扶贫二期项目建设，壮大村集体经济收入。强化市场主体带动，发挥龙头企业引擎作用，推动村企共建，每个深度贫困村至少培育2个专业合作组织，对接1个亿元企业，完善资源入股、承包租赁、订单回收、经营权抵押等利益链接机制，实现“富民富企”双赢发展。强化农村产权交易，引导农户将土地、山林资源向龙头企业、农民专业合作社、种养大户集中，推进产业连片发展。强化金融扶贫力度，大力推广小额贷款，力争扶贫贷款覆盖率达到60%以上、总量达到5亿元，让贫困群众发展产业“不差钱”。强化保险扶贫质效，积极推行烟叶、水稻、森林、草牧业等保险，扩大农业保险覆盖面，让贫困群众发展产业“无顾虑”。

全面完成易地搬迁任务。始终把易地搬迁作为精准扶贫的重要抓手，让贫困群众安居乐业。加大易地搬迁力度，坚持“进城进镇进中心村”安置，严守“建房不举债、面积不超标、建新必拆旧”三条红线，拆除复耕易地搬迁旧房和农村废弃房屋，完成易地搬迁12224户34694人，实现建得起新房、看得见新村。加大危房改造力度，危改指标优先向深度贫困乡镇（村）倾斜，做到应改尽改。加大后续扶持力度，坚持“挪穷窝”“换穷业”同步，实现搬迁一户、脱贫一户。

全面加强基础设施配套。加大生产生活条件改善力度，实施“十配套”工程，新建安全饮水工程99处，实现农村安全饮水全覆盖；新建通村公路225公里，实现合并村通上致富路；新（改）建党员群众服务中心4个，实现村村都有“办事处”；新建文体广场58个，实现文化活动进农村；新建通讯基站100个，实现国省道、县乡道沿线通讯信号无盲区；新建绿色庭院300个，实现小区变花园；建设村级卫生室174个，实现小病就医不出村；增加电力用户1万户，实现搬迁小区用电户户通；广电宽带入户2.5万户，实现群众生活信息化；实现村级环境整治全覆盖，以扶贫项目实施改变山河面貌。

全面提高保障兜底水平。始终把保障兜底作为精准扶贫的最后一道屏障，打好政策兑现“组合拳”。实施就业扶贫，开发生态护林员、扶贫信息员、卫生保洁员、河流巡查员、交通劝导员等农村公益性岗位1000个，搭建进企业进基地就业平台，提供就业岗位5000个，增加贫困群众工资性收入。实施健康扶贫，落实每村“一名健康扶贫专员、一支健康服务工作队”，推行住院先诊疗后付费、“一站式”结算制度，实行“基本医保+大病保险+医疗救助+补充保险”报销机制，执行大病保险报销起付线5000元，把个人基本医疗年度自负费用控制在5000元以内，让贫困群众看得起病。实施教育扶贫，实现贫困家庭子女从学前到高等教育资助政策全覆盖，让每一名适龄儿童站在同一起跑线上，让每一名渴望成才的学子实现梦想。实施兜底扶贫，推行贫困线和低保线“两线合一”，整合民政、残联等政策资源，对无力脱贫、无业可扶的贫困户，做到应保尽保、应救尽救。实施精神扶贫，坚持治愚、扶志相结合，树立脱贫典型，激发脱贫志气，提供致富门路，变“要我脱贫”为“我要脱贫”。

（二）突出项目招商，加快培育新兴动能。坚持把项目建设作为加快发展的强力引擎，争取大项目，开展大招商，强化县域经济硬支撑。

提升项目争取质量。坚持超前谋划一批，紧盯国家投资政策和产业发展方向，启动项目投资“1237”三年行动计划，即谋划1个百亿元项目、20个十亿元项目、300个重点项目，累计投资700亿元以上。坚持科学包装一批，围绕“十三五”规划和三年滚动计划，抓好一批优质项目包装申报工作，争取200公顷以上土地增减挂钩指标，力争房神高速、十房一级路、环城南路等重大项目挤进市以上投资笼子。坚持分头争取一批，围绕重点领域，抓住国家、省市单位定点帮扶机遇，强化沟通衔接，加大争取力度，力争到位资金40亿元。坚持合力攻坚一批，对生态转移支付、石漠化治理、水污染防治和中小企业发展基金等项目，实行一个部门主抓、多个部门协同，开创项目争取工作新局面。

提升招商引资质量。坚持“一把手”抓“一号工程”，落实“三个三分之一”工作法，推进专班招商、专业招商，力争全年到位资金50亿元。强化产业链招商，突出生物医药、酿酒发酵、文化旅游和清洁能源，引进一批行业领军企业，推动优势产业集群发展。强化城市功能链招商，突出商业连锁、健康养老、基础设施和城市资源经营，引进一批新经济、新业态、新模式项目。强化创新链招商，突出引资、引技、引智，引进一批股权投资、创业孵化园、研发中心和院士专家工作站。强化平台招商，突出商会组织、在外成功人士等资源，推进乡情招商，加快能人回归、企业回迁、资金回流。强化定向招商，突出电子电器、精品制鞋、循环经济等产业，绘制招商地图，承接一批发达城市产业转移项目。强化协作招商，加大与东风公司、房山区、宜都市交流合作，引进一批优势互补项目。

提升项目建成质量。开展“重点项目攻坚年”活动，力争全年实施重点项目130个，完成政府投资50亿元以上，拉动社会投资200亿元。落实项目指挥长负责制，完善一个项目、一名领导、一个指挥部、一个专班、一笔经费、一套方案工作机制，制定项目清单，建立推进台账，落实包联责任，实行挂图作战。落实项目推进联席会议制度，及时召开现场办公会，全力破解推进难题。落实项目拉练常态化机制，形成比学赶超氛围，让会干者扬眉吐气，让后进者知耻而勇。

（三）突出创新引领，加快产业转型升级。 坚持把创新作为引领发展的第一动力，借助互联网、大数据、人工智能，提升产业层次，完善产业链条，构建现代经济体系，实现总量扩张、质量飞跃。

大力发展工业经济。坚持“工业强县”战略不动摇，大力实施“工业倍增计划”，扎实推进“工业八大产业”，全面振兴实体经济。骨干产业抓升级，黄酒发酵产业在培育龙头上下功夫，做大庐陵王酒业、忠和酒业、青峰啤酒等龙头企业，新招引1家黄酒快销品企业，力争黄酒发酵产业产值达到15亿元；生物医药产业在扩能升级上出实招，加快武当动物药业、葵花药业、神农本草等企业技改扩能步伐，强化与湖北中医药大学、中国中医科学院合作，力争生物医药产业产值达到17亿元；电子信息产业在链条延伸上做文章，支持合轩龙手机屏、壹徕科技等企业发展壮大，加大电路板等原器件生产企业引进力度；汽车汽配产业在新能源汽车上抓突破，争取东风公司新能源汽车配件份额，在装饰材料、轻量化材料上取得新进展；建筑建材产业在提高质效上谋发展，鼓励金裕石材对外合作，拓展销售市场，支持华新水泥做大规模。大力培育绿色能源，加快中电投、大连尚能风电装机15万千瓦项目落地，实施老渡口、龙洞口、珠藏洞等水电开发项目，推进天赐光伏、生物质电厂扩能等项目建设，发展以明道锂电池、鑫资再生资源为主的新材料产业；支持纺织服装和食品饮料产业龙头企业发展壮大，形成优势突出、多元支撑的工业体系。中小企业抓培植，实施“百企10亿技改工程”，扶优培强一批科技含量高、用工需求大、市场前景好、质量效益高的企业，新增规上企业15家，力争星源科技等5家企业挂牌上市，兆丰电子、天森食品、九方魔芋、启扬工贸等成为高新技术企业。园区平台抓优化，盘活东城工业园闲置资源，实施西城工业园扩园增容，推进莲花循环经济产业园建设，拓展工业园66.67公顷，建设标准化厂房10万平方米，优化功能布局，完善配套设施，形成“一区四园”、县乡多层级园区发展格局。服务质量抓提升，开展“一事一议”个性化服务、“一心一意”秘书式服务，推行“服务企业门诊办公法”，强化金融扶企能力，担保资本金达到2.5亿元，“过桥”资本金达到5000万元，“助保贷”资本金达到4000万元，争取金融贷款能力达到20亿元，用市场办法支持企业做大做强。企业家队伍抓培养，支持企业建立现代企业制度，构建“亲、清”新型政商关系，为优秀企业家和工匠队伍成长创造条件。

加快发展现代农业。推进农业供给侧结构性改革，着力构建现代农业产业体系、生产体系和经营体系，力争农业总产值达到65亿元。构建现代农业产业体系，突出农业八大产业，持之以恒打造示范带、示范片区，中药材产业重点培植虎杖、北柴胡、银杏“三个万亩”片区⑬，建设濒危药材和道地中药材良种繁育基地，新发展中药材3333.33公顷；蔬菜产业重点打造加工蔬菜、高山蔬菜、魔芋“三个万亩”基地⑭；烟叶产业重点抓好九道、上龛2个核心烟区和8个重点烟区建设，实现“2666.67公顷8万担，烟农增收1.2亿元”目标；食用菌产业推进园区化、工厂化生产，培育优良菌种，发展椴木食用菌10万架、代料食用菌4000万袋，打造全省食用菌特优区；茶叶产业加快转型升级，新建标准化基地666.67公顷，加大老茶园管护改造力度，打造窑淮茶业小镇、南潭茶叶专业村；林果产业重点建设核桃、樱桃、猕猴桃、黄桃“四桃”基地666.67公顷⑮；草牧业重点培植山羊、黑猪、肉牛、乌鸡、蜜蜂专业村，大力支持养殖大户、养殖园区建设；稳定大鲵养殖量70万尾，开展精深加工，创建中国娃娃鱼美食之乡；建设中部平坝地区糯稻保护区2000公顷，打造以武当农夫、八里樱桃园、青峰天灯垭等为代表的田园综合体。构建现代农业生产体系，坚持把农业当工业谋划、基地当园区建设、产品当商品对待，用现代设备、现代科技武装农业，推进标准化生产，新增“三品一标”5个以上。构建现代农业经营体系，大力培育新型经营主体，着力培养新型职业农民，新增市级龙头企业2家，新发展农民专业合作社20家、家庭农场20家、专业大户200家，力争农产品加工产值达到85亿元，让农业成为有奔头的产业、农民成为有吸引力的职业、农村成为安居乐业的幸福家园。

推动三产融合发展。围绕打造“生态文化旅游健康城”目标，建设土城黄酒文化片区、军店传统古村落片区、野人谷生态旅游休闲片区，推进“武房神”旅游一体化进程，力争全年接待游客630万人次，实现旅游综合收入36.8亿元。加快推进“湖北全域旅游示范区”建设，高标准编制全域旅游发展规划和精品旅游线路。加快推进旅游项目，建成武当国际滑雪场、岩屋沟、樱花岛等景区，建设天悦温泉二期、聚龙河、黑龙洞、彪虎沟、樱桃谷温泉等景区，推动半岛湾、滨湖国际、挂榜岩对外合作。加快推进服务配套，建设凯旋文化旅游综合体和智慧旅游平台，新（改）建旅游公厕12座，开发香菇、木耳、魔芋等旅游商品，建设美食一条街，打造“两山”之间神秘驿站，让游客看得美、吃得好、留得住。加快推进电子商务，创建全国电子商务进农村示范县，建成电商孵化园、电商产业园、物流快递产业园、产品质量检测中心，支持望佛山生态农副产品展销中心做大做强，新增电子商务村级服务站200个。加快推进商贸物流，壮大聚达食品、神武山珍等外贸出口骨干企业，新增限上商贸企业12家，建成高速客运站、新时代城市综合体、神农源国家中药材仓储物流基地，推进鄂西北物流集疏配送中心、居然·寿康世纪城、武当农夫农产品物流园等项目，繁荣商贸物流市场。

（四）突出城乡统筹，加快构建多极支撑。坚持把城乡建设作为协调发展的着力点，全面提升城区容量，全力加快支点建设，全域开展精细管理，不断提高城乡宜居度。

提升中心城区品位。坚持规划导向，实施规划引领工程，推进城市总体规划、控制性详细规划、重点片区和园区规划修编，划定“城市边界”。坚持功能导向，实施供水提升工程，加快方家畈水库建设，升级供水管网10公里；实施供气延伸工程，实现城区供气2万户；实施公共空间拓展工程，新建街头公园6个、生态停车场3个，推行机关事业单位“开门停车”，延伸环河自行车骑行系统。坚持美丽城市导向，加快西关印象、西街、北街、东街、花宝等片区棚户区改造，实施老城区亮化升级，完成西安路等亮化。坚持市政道路导向，实施出行环境优化工程，开辟城市公交新线路，改造微循环路10条；实施“改三通四”工程，改造神农路、温泉大道、马栏河以堤代路项目，打通西安路、晓阳路、唐城西路、新水厂路二期，建成吉甫南路、诗经南路、观音三路，实现城市让生活更美好。

实施乡村振兴战略。按照“产业兴旺、生态宜居、乡风文明、治理有效、生活富裕”要求，实施农民进城、市民下乡、能人回乡、企业兴乡工程，促进要素向农村汇聚，建设宜居宜业幸福家园。加快竹房城镇带和武神生态景观新农村示范带建设，打造高桥、通省、伏溪、青峰街、向湾5个新农村示范片区，创建生态家园示范村10个。推进军店、青峰、大木“三大县域副中心”发展，加快集镇改造升级，提高容纳力和辐射力。建成土城黄酒小镇，加快野人谷生态休闲小镇建设，支持九道、中坝、沙河等边贸口子乡镇发展。完成农村危房改造2000户。推进美丽乡村建设，坚持因地制宜、科学规划、突出特色、建管并重，加快补齐农村公共服务、基础设施和信息流通短板，打造田园风光，延续乡村文脉，留住乡音乡愁。

优化县乡交通网络。围绕“打通出口路，连接断途路，建设循环路，融入骨架路”目标，大力推进交通网络建设，全力构建内畅外连的交通格局。加快大动脉建设，争取房神高速、十房一级路立项，实施环城南路、军店至化龙一级路。加快县乡道建设，建成环城北路、万盐路、杜阳路、门中路，开工建设大木至共青、巨峪至深河、中坝至官渡、通省至茅塔、孙家湾至黄杨树等道路，推进狮九路、九义路建设，争取梅三路立项，架设黄坪大桥。加快乡村路建设，全面完成生命防护工程、中央彩票公益金交通建设任务，提升通村水泥路100公里，改造县乡路20公里，创建全省“四好农村路”示范县。

强化城乡精细管理。深入推进“五城联创”，创建全国文明城、全国生态文明建设示范区、省级森林城和环保模范城。开展“智慧城管”行动，推动数字化城管平台稳定运行，开通城市管理热线，提升城市管理水平。开展市容环卫综合执法行动，落实“门前三包”责任制，推动街畅路净人和。开展“厕所革命”行动，改造农村厕所2000座，提升生活品质。

（五）突出绿色发展，加快建设美丽房县。坚持把绿水青山作为金山银山、幸福靠山，健全环保信用评价、信息强制性披露、严惩重罚等制度，打赢水、大气、土壤污染防治三大战役，让蓝天常在、碧水长流、青山永驻。

保护蓝天。新建空气自动监测站，完善大气监测预警应急体系，强化源头防治，打击违法行为，确保空气质量优良率走在省市前列。源头治理扬尘污染，推行工地围挡、路面硬化、车辆冲洗、密闭运输、物料覆盖、扬尘喷淋、路口清洗、空地绿化“八个100%”。源头治理油汽污染，开展餐油烟、挥发性有机化学物专项整治。源头治理工业废气污染，推进煤改气、煤改电、煤改生物质，推行清洁生产。源头治理秸秆露天焚烧污染，完善“四级联防联控”管理体系，建立秸秆综合利用长效机制。源头治理尾气污染，加大汽车尾气检测力度，加速黄标车、老旧车辆淘汰进程。

保护碧水。全面实施“河长制”，推进“一河一策”，保证河流生态流量，实现河畅、水清、岸绿、景美。强化湿地生态系统保护修复，加快古南河国家湿地公园建设，确保通过国家检查验收。强化集中式饮用水源地保护，划定范围，建设围网，设立标志，常态巡查，确保水源地水质达标率100%。争取堰河水库立项，除险加固汪家河水库，修复塘堰16处。加快污水处理设施建设，建成运营污水处理项目21个，铺设污水收集管网200公里，新建雨污分流管网20公里、乡镇卫生院污水处理站26个。强化水生态修复，启动海绵城市建设，编制县城“五河”治理规划，实施大河、盘峪河、沙沟河、鲍家河、马栏河综合治理，推动断面水质稳定达标。

保护净土。强化土壤污染管控修复，开展全国第二次污染源普查，加强面源污染防治，让土地更清洁、更安全。突出植绿护绿，植树造林1600公顷，退耕还林800公顷，完成精准灭荒234.47公顷。突出国土管治，严守耕地红线，启动第三次全国土地调查，建设高标准农田3066.67公顷，治理水土流失4130公顷、石漠化2466.67，实施白鹤伏溪、姚坪西坡、化龙中学滑坡地质灾害治理，完成姚坪中学、青峰红庙、红塔马栏滑坡地质灾害治理，推进南山矿区复绿，创建国土资源节约集约模范县。突出面源污染防治，推广病虫害绿色防控技术，加强畜禽粪污资源化利用。突出垃圾治理，建立分类收集长效机制，通过“绿色超市”等积分奖励制度，调动群众参与积极性，减少生活垃圾污染。

（六）突出改革创新，加快打造发展高地。坚持把深化改革作为时代最强音，深入推进各项改革，清除体制机制障碍，最大限度激发市场和社会活力。

深化行政体制改革。深入推进“互联网+放管服”改革，加强政务服务标准化建设，完善行政审批局运行机制，提高审批质效。深入推进重点领域改革，加快监察体制、统计体制、医疗体制、规划督察、公共资源交易、生态环境监管体制等改革，提升行政服务效能。深入推进事业单位改革，启动事业单位第三轮岗位设置，完成机关事业单位养老保险制度改革，完善工资分配制度，落实特殊岗位津贴政策。深入推进人事改革，公开招录教师和机关事业单位人员300名，优化人员结构。

深化经济体制改革。推进财税改革，以改进预算管理、完善税收制度、明确事权和支出责任为重点，建立统一完整、法制规范、公开透明、运行高效的现代财政制度。坚持“开前门、堵后门”，提升县直机关、乡镇运转保障能力。推进商事制度改革，降低准入门槛，完善监管体系，鼓励创新创业。推进科技体制改革，建立以企业为主体、市场为导向、“产学研”深度融合的技术创新体系，力争高新技术产业增加值增长20%。推进投融资体制改革，成立文旅投，放大城投、交投、林投、鼎立信融资能力，实施土城黄酒小镇、西关印象、房州古镇、城乡供排水一体化等PPP项目。推进社会征信体系改革，强化行政、金融等征信领域应用，公布一批“黑名单”，让守信者一路绿灯、失信者寸步难行。

深化农村体制改革。加快农村土地制度改革，推进承包地“三权分置”，保持土地承包关系稳定并长久不变，第二轮土地承包到期后再延长三十年。加快农村集体产权制度改革，推进农村综合产权交易体系建设。加大村级财务审计力度，源头治理村级腐败，提高农村“三资”管理水平。加快农业农村投入机制改革，实施“地票制”[16]，整合存量资金，撬动金融社会资本投入。探索村（社区）干部队伍职业化建设，激发基层活力。

（七）突出共建共享，加快满足群众需求。坚持把人民对美好生活需要作为奋斗方向，既尽力而为，又量力而行，一件接着一件办，一年接着一年干，不断增进民生福祉。

办好社会事业。加快县一中迁建、职业技术学校二期建设，建成思源学校，新建幼儿园2所，完成“全面改薄”项目18个，重点解决中小学生课外负担重、“择校热”“大班额”等问题。推进县医院医疗综合楼建设，建成广济医院，引进民营医院1家，继续解决好“看病难、看病贵”问题，创建“省级健康促进县”。全面落实“二孩”政策，促进人口均衡发展。启动全国第四次经济普查。推进体育中心建设，建成罗国士艺术博物馆，加强文物保护工作。进一步扩大诗经文化影响力，申报黄酒酿造技艺国家非遗，践行“十字”价值观，唱响主弦律，弘扬正能量。

完善社会保障。千方百计扩大就业，转移劳动力12万人，实现劳务收入14亿元。推进“农民工返乡创业国家级试点县”工作，开展就业培训3500人，发放创业贷款1500万元，新增城镇就业再就业6700人，吸纳更多青壮年“家门口”就业，让留守妈妈不再牵挂、留守儿童不再孤独、留守老人不再无助。积极推进全民参保登记，扩大社会保险覆盖面，征收各类保险费2.7亿元。建成青峰、窑淮2个区域性综合养老服务中心和县儿童福利院。

创新社会治理。深化“平安房县”建设，加强社会治安综合治理，保持打击违法犯罪高压态势。推进法治信访，解决合理诉求，打击缠访闹访。加快殡葬改革，优化殡葬服务。开展“七五”普法，健全谁执法、谁普法机制。加强食品药品监管，创建省级食品安全示范城市。强化安全生产，深入开展“打非治违”专项行动，织密安全网，守护生命线。完善应急管理机制，提高防范处置突发事件能力。

三、全面加强新时代政府建设

党的十九大吹响了向“两个一百年”目标进军的号角，开启了新的长征路。生逢伟大时代，我们必须倍加珍惜机遇和舞台，全面加强新时代政府建设，坚持“干”字当头，把群众作考官，全力以赴赶考，对人民负责，让人民满意。

（一）干出追求。志士惜日短，奋斗路正长。我们务必始终保持一颗积极向上的童心，追求一流动能、一流空间、一流活力、一流质量。追求思想大解放，解放思想就是解放生产力，思想新生黄金，思想旧就落后。思考房县发展，必须提高站位看房县，跳出房县看房县，换个视角看房县，用好“内脑外脑”两种智力，统筹县内县外两种资源，发挥政府市场“两只手”作用，把思想变成思路，把思路变成出路，把出路变成全县人民的幸福路。追求空间大融合，房县的发展不是孤立的，仅在“巴掌大”的蓝天下想问题是有限的，必须把房县放在“地球村”上找坐标，放在“中国版图”上找定位，在“武房神”旅游经济带上用笔墨，在十堰大郊区上做文章，以重大交通项目、工业企业、商业平台、旅游载体为依托，增强辐射能力，改变时空格局，在更宽领域整合要素资源，在更高层次彰显区位优势，实现“一子落，全局活”。追求改革大气魄，围绕影响要素流动的制约瓶颈，盯住影响干事创业的人和事，不怕“深水区”，敢趟“地雷阵”，咬定目标抓改革，亲力亲为抓改革，持之以恒抓改革，用改革解开绳子的结，用改革铺平发展的路，开拓改革新天地。追求转型大升级，坚持转型出生产力、转型出竞争力，以新发展理念武装头脑，以新经济模式塑造优势，加快主导产业优化升级，促进新动能健康成长，全面推动经济转型跨越发展。

（二）干出情怀。“心中犹念农桑苦，耳里如闻饥冻声”，人民群众是我们的衣食父母，必须用亲情温暖群众，用友情关心群众，用感情抚慰群众，以热爱群众是大爱诠释赤子情怀，在干中服务群众，在干中感恩群众。牢记身份充满激情干，干部本姓“干”，身份是公职公仆，职责是公务公干，实现房县赶超发展，必须不避小事抓落实，既要仰望星空，更要脚踏实地，关心老百姓息息相关的“柴米油盐酱醋茶”，不怕大事抓推进，把状态调整到斗志昂扬，把精神调整到意气风发，始终充满激情，扛起应肩负的担子，出色地跑好历史接力赛中一棒。牢记宗旨转变作风干，扎实开展“不忘初心、牢记使命”主题教育活动，坚决治理“四风”顽疾，尤其是坚决反对形式主义，狠刹“调门高、落实差”歪风，不搞“花拳绣腿”，不搞“故弄玄虚”，不讲排场，不摆架子，努力做到大道至简，实现复杂问题简单化，开管用的会，发管用的文，签管用的字，说管用的话，做管用的调查研究，多到田头，少上镜头，在一言一行中践行为民宗旨。牢记使命尽职尽责干，不忘入党誓词，不负组织重托，把服务作为天职，把干事作为本分，始终如一兢兢业业，立足岗位建功立业，贡献智慧力量，书写人生价值。

（三）干出责任。有权必有责，有责要担当，必须珍惜党和人民赋予的权力，珍惜干事创业平台，努力到感动自己，拼搏到竭尽全力。扛起政治责任干，把握政治方向，坚定政治立场，心中有全局，始终讲大局，干在大局中，不断增强政治敏锐性和政治鉴别力。扛起发展责任干，坚持把发展作为第一要务不动摇，坚持以经济建设为中心不动摇，用市场的办法配置资源，用金融的办法借力发展，在发展中解决现实问题、凝聚思想共识，让大家看到信心希望，更加热爱房县，积极建设美好家园。扛起法治责任干，坚持法定职责必须为、法无授权不可为，紧握法律戒尺，高悬法律明镜，把政府工作全面纳入法治轨道，自觉接受人大法律监督、政协民主监督和社会监督，在法治之上想问题、作决策、办事情。扛起安全责任干，践行“安全第一、生命至上”理念，坚决守住“发展决不能以牺牲人的生命为代价”这条红线。扛起生态责任干，像对待生命一样对待生态环境，像保护眼睛一样爱惜生态环境，严守资源消耗上限、环境质量底线、生态保护红线，呵护绿色家园，留足发展空间。

（四）干出正气。反腐倡廉永远在路上，我们必须严格落实党风廉政建设主体责任和“一岗双责”，自觉将纪律和规矩挺在前面，持之以恒加强党风廉政建设。坚持公权公用，敬畏权利，慎重用权，落实用权为民，按规则、按制度行使权力，保持心有所畏、言有所戒、行有所止，不动歪脑筋，不耍小聪明，不打小算盘，有权不可任性。坚持警钟长鸣，坚决支持办案机关行贿受贿一起查，净化社会空间，在严格监督、严肃查处、严厉问责中根治不正之风，营造良好政风民风。坚持筑牢堤坝，不断扎紧制度笼子，严格落实“中央八项规定”精神，抓好廉政教育、谈话提醒、审计监督、民主监督，念好“紧箍咒”，打好“预防针”。坚持恪守底线，自觉遵守廉洁自律准则，踏踏实实做事，清清白白做人，保持拒腐防变定力，守住公权边界，守好心灵港湾，让艳阳丽日伴随你我同行。

名词解释

①**“一城两基地三中心”：**湖北省生态文化旅游健康城、生物医药和道地中药材种植基地、绿色农产品生产加工基地、鄂西北生态工业中心、鄂西圈游客休闲中心、鄂西北交通物流商贸中心。

②**“三品一标”：**无公害农产品、绿色食品、有机农产品和农产品地理标志。

③**“三权分置”：**农村集体土地所有权、承包权、经营权分置。

④**“三个三分之一”工作法：**副县级以上领导干部及各部办委局用三分之一精力抓招商引资和项目落地、用三分之一精力推进精准扶贫、用三分之一精力搞好本职工作履职尽责。

⑤**“一城八镇”：**县城、窑淮镇、化龙堰镇、军店镇、红塔镇、土城镇、白鹤镇、青峰镇、尹吉甫镇。

⑥**“善水之镇”：**根据自然条件、地理状况、水系脉络等特点，通过交通拉近人与水的距离，实现城水相融、人水相依，改善居住环境和投资环境，促进区域经济和社会发展。

⑦**“五城联创”：**创建“国家卫生县城、全国文明县城、全国生态文明建设示范区、省级环保模范县城、省级森林县城”。

⑧**湿地**：位于陆生生态系统和水生生态系统之间，带有静止或流动水体的成片浅水区，与森林、海洋并称三大生态系统。

⑨**“河长制”**：由党政主要负责人担任“河长”，负责辖区内相应河流的管理和保护工作。

⑩**“五大专项行动”**：治水、治磷、治砂、治排污口、治环境卫生。

⑪**“五保措施”**：保生命安全、保道路畅通、保基本生活、保生产恢复、保社会稳定。

⑫**“双随机一公开”**：在监管过程中随机抽取检查对象，随机选派执法检查人员，抽查情况及查处结果及时向社会公开。

⑬**“三个万亩”片区**：建设以门古、中坝为重点的万亩虎杖基地，以土城为重点的万亩北柴胡基地，以白鹤、姚坪为重点的万亩银杏基地。

⑭**“三个万亩”基地**：新发展加工蔬菜666.67公顷、高山蔬菜666.67公顷，新建魔芋基地666.67公顷。

⑮**“四桃”基地666.67公顷**：新建核桃基地133.33公顷、樱桃基地333.33公顷、猕猴桃基地200公顷、黄桃基33.33公顷。

⑯**“地票制”**：土地权利人自愿将其建设用地按规定复垦为合格的耕地后，在农村土地交易所交易建设用地指标。

房县人大常委会工作报告

——在房县第十八届人民代表大会第二次会议上

（2017年12月25日）

县人大常委会主任　高明哲

2017年，县人大常委会在县委的领导下，深入学习贯彻党的十八大和十九大精神，坚持以习近平新时代中国特色社会主义思想为指导，认真贯彻落实中央省市关于加强人大工作和建设相关要求，紧扣县十四次党代会和十八届人大一次会议确定的任务，围绕全县工作大局，依法履职，强化监督，在促进经济健康发展、保障民生持续改善、维护社会和谐稳定、推动民主法治建设等方面作出了积极努力，较好地完成了县十八届人大一次会议确定的目标任务。

一、紧扣中心，服务大局，全力落实县委决策部署

常委会始终坚持围绕中心、服务大局，主动融入、履职尽责，在推动县委重大决策部署上同频共振、同心同向。

坚持党的领导，把握正确政治方向。常委会牢固树立党的观念，始终将人大工作融入县委工作大局，自觉贯彻县委意图，做到思想上合心、工作上合力、部署上合拍，保证了党的领导、人民当家作主和依法治国的有机统一。制定了《县人大常委会党组重大事项向县委报告制度》，人大开展的重要工作、重要活动以及重大问题的决定、决议，事先向县委请示，在行使职权中遇到的问题，及时向县委报告，把县委的意图通过法定形式转变为人民意志。常委会围绕全县经济发展和民主法治建设中具有全局性、根本性、长远性的重大事项和重要问题，深入调研，充分论证，认真审议，持续督办，认真贯彻落实县委的重大决策部署。

坚持服务大局，促进经济社会发展。按照县委统一安排部署，人大常委会领导切实抓好各自分管产业、负责项目、联系乡镇，为实现农民增收、企业增效、产业发展积极作为。一是全力推进项目建设。常委会领导靠前指挥，积极沟通协调，促进了沙沟河治理、高速客运站、交通物流园、天然气、忠和酒业、黄酒村、光伏发电等一批项目建设，推进了西安路、诗经南路、万盐路、南潭路等一批交通建设项目。二是大力推动产业发展。常委会领导经常深入一线，研究部署工作，协调解决问题，推动了核桃、山羊、黄酒等一批产业健康发展。三是服务联系企业、乡镇。常委会领导深入联系企业出谋划策，解危济困，助推天龙石墨碳业有限公司转型升级开发新产品，促进企业健康发展；深入各自联系乡镇，开展走访调研、指导党建、推进扶贫，促进联系乡镇经济社会发展。四是积极推进招商引资。常委会牢固树立招商引资“一号工程”理念，认真落实“三个三分之一”工作法，着力营造重商、亲商、安商的浓厚氛围，促进一批新招商项目签约落户。县人大机关圆满完成全年招商任务。五是推进精准扶贫。常委会领导及其组成人员经常深入各自联系的乡镇和帮扶村，深入开展“八个一”活动，坚持抓督导、抓协调、抓防灾救灾，大力推进精准扶贫工作。人大扶贫工作队及机关干部深入白鹤镇三棵树村，开展“四双”帮扶活动。通过硬化村级公路、建设自来水厂、改造电网，基础设施得到改善；指导扶贫村成立种植、养殖、食用菌等专业合作社，带动群众发展种、养殖业，产业项目得到发展；整治环境、建文化大院、改扩建村委会，美丽乡村初见雏形，全力促进贫困户致富、贫困村出列。

坚持民生导向，推进“人大代表在行动”活动。常委会坚持以民生为导向，把为民谋福利作为工作的出发点和落脚点，科学谋划，精心组织，纵深推进“聚力脱贫攻坚、人大代表在行动”活动，取得显著成效。一是收集意见建议，高位推进活动。常委会领导亲自谋划，分片包干，指导、带领1245名人大代表、98个代表小组，通过“五问、五看、五查、三评”，深入千家万户，共走访调查305个村（居）2903户贫困户，收集意见建议1173条，一批民计民生问题被打捞上来。二是办实事解难事，全力增进群众福祉。各位代表主动投身扶贫脱贫攻坚大局，热心服务基层群众，既当服务员，又当办事员，力所能及为群众办实事、解难事。如大木厂镇养殖户张立金养殖的300多头仔猪、1.2万余只鸡苗滞销，该镇人大代表张立良及时反映给镇人大主席团，帮助张立金与全镇贫困户签订供销合同，解决了张立金养殖销售渠道。又如化龙堰镇桃园沟移民小区居民反映，自来水经常断水，该镇人大主席团第一时间与水厂沟通协调，水厂出资5万多元，增购增压设备，解决了600多人的吃水困难。各位代表心系群众，竭尽所能，尽心尽力为群众排忧解难，督促“一府两院”及有关部门高效办结代表意见建议，乡村办结1058件、县级办理15件，努力促进民生问题改善。三是凝聚智慧力量，大力助推脱贫攻坚。人大代表来源广泛，是各行各业的先进分子和代表人物，通过开展聚焦精准扶贫“三率一度”和健康扶贫政策落实活动，搭建了代表发挥作用的平台，为脱贫攻坚凝聚了人大代表力量。各位代表所收集的意见建议，涉及产业扶贫、搬迁扶贫、健康扶贫、教育扶贫和相关的水、电、路、网基础设施建设等方面，常委会采取对口督办、跟踪督办等方式，解决了一批扶贫难题，将扶贫攻坚向纵深推进。四是锤炼了代表作风，全面提升了履职能力。代表们顶烈日、冒高温进村入户，倾听群众呼声，反映群众意愿，收集群众的意见和建议，积极为脱贫攻坚出智献力，既加深了与群众之间的感情，锤炼了作风，又激发了履职热情，展示了人大作为，树立了人大形象。

二、突出重点，履职尽责，全方位提升监督质效

常委会始终坚持抓重点、议大事、求实效的

原则，紧紧抓住经济社会发展中全局性、关键性问题开展监督，在推动民主法治建设和科学发展上主动作为、积极作为。

开展执法检查，加强法律监督。法律的生命在于实施，法律的权威也在于实施，2017 年常委会坚持以法治房县建设为抓手，开展了多部法律的执法检查，分别作出了审议意见，监督和支持政府依法行政。重点开展了《招投标法》执法检查，最大限度地规范了招投标活动，维护招投标市场秩序；开展了《食品安全法》执法检查，推进了食品安全监督管理能力建设，尽力保障人民群众“舌尖上的安全”；开展了《预算法》执法检查，在一定程度上规范了政府收支行为，强化了预算约束，促进了经济社会健康发展；开展了《殡葬管理条例》执法检查，倡导市民革除丧葬陋俗，推动殡葬文明新风。配合省市人大开展《台湾同胞投资保护法》《招投标法》相关执法检查工作。通过开展执法检查、督办审议意见，保障了群众合法权益，优化了发展环境，提高了行政执法单位运用法治思维和法治方式的水平和能力，促进了法律法规在我县的正确实施。

审议专项报告，强化工作监督。适时听取“两院”报告，督办群众关注的热点案件，促进“两院”严格执法、公正司法，努力让人民群众在每一个司法案件中感受到公平正义。对法院执行工作开展了专项调查，提出了加强和改进执行工作的意见和建议。根据县人大常委会的意见，县法院加大了对执行工作的宣传力度，不断完善执行联动机制，采取有效措施加大执行惩戒力度，加强执行队伍建设，在一定程度上缓解了执行难的问题。常委会关注未成年人健康成长，开展了未成年人刑事检察工作专项检查，为宣传未成年人保护工作、营造未成年人健康成长的社会环境起到了积极的促进作用，为我县深入开展未成年人权益保护工作提供了路径，积累了经验。常委会坚持抓大事、议大事、督大事的原则，充分发挥人大集体智慧的优势，深入开展农业产业化、科技创新、精准扶贫、“五城联创”等工作调研，推进重大项目、重点工程、重要工作的落实。建立健全重大事项协调机制，完善讨论决定重大事项程序机制，选取精准扶贫、项目建设、产业发展等一些事关全局、事关长远、事关民生的重大问题抓住不放，一督到底，促进全县经济社会又好又快地发展。常委会听取和审议县政府关于 2016 年度环境状况和环境保护目标完成情况的报告，促进了环境保护工作；开展了精准扶贫工作视察、检查，听取县政府关于精准扶贫工作的报告，推进脱贫攻坚工作纵深发展；对农业产业化发展情况进行了检查，听取县政府关于农业产业化的工作报告，促进农业产业的发展；对重点项目资金管理使用情况进行检查，深入调研，推进重大项目、产业、工程的落实，做到重点工程、重大项目推进到哪里人大监督就跟进到哪里，尽心尽力地为促进本区域的经济建设、政治建设、文化建设、社会建设、生态文明建设服务。

加强预算审查，关注民生项目。常委会认真审议相关报告，提出意见建议，听取和审查 2017 年分项收支预算报告、2015 年县级预算执行和其他收支审计发现问题整改情况的报告、2016 年县级决算报告、县人民政府关于 2016 年度财政预算执行和其他财政收支情况的审计工作报告、2017 年县级财政分项收支预算和部门预算编制情况的报告，维护财政经济秩序，提高资金使用效益。

依法任免干部，弘扬宪法精神。坚持党管干部和人大依法任免相统一的原则，充分发扬民主，严格任免程序，依法行使干部任免权。坚持任前法律知识考试、主任会议审议、拟任职人员履职表态、常委会会议审议表决、颁发任命证书等制度，全年共依法任免国家机关工作人员 77

名，全部进行了宪法宣誓，激励和教育被任免干部忠于宪法、遵守宪法、敬畏宪法、维护宪法，进一步增强被任命干部民主法治意识，发扬民主作风，接受人民监督，当好人民公仆。

认真备案审查，维护法治统一。通过规范性文件备案审查，可以发现并纠正规范性文件中与宪法、法律相抵触问题，维护法律权威，保护公民法人和其他组织合法权益。加强与政府及相关部门的联系对接，进一步完善和规范了规范性文件备案审查工作程序。对县政府报送的《关于招商引资和实体经济创新发展的意见》规范性文件，对其主体、内容、程序进行认真了审查，提出了修改完善的审查建议，努力保障规范性文件的合法有效。

落实群众诉求，做好信访工作。常委会领导认真落实接访制度，按时入驻县信访中心，接待上访群众，处理信访问题，化解社会矛盾。常委会信访室对群众的来信来访，及时进行受理登记、转办、交办、督办。对78件次来信来访由常委会领导签批后交由有关部门办理。常委会信访室对敏感问题和重要案件加强督办，促使相关部门较好地解决了一些群众诉求，及时化解了矛盾纠纷，促进了社会和谐稳定。

三、夯实基础，创新载体，全面发挥代表作用

常委会始终坚持把代表工作作为重要基础性工作来抓，拓宽代表履职渠道，搭建代表履职平台，充分激发代表履职的活力与激情。

加强学习培训，提升履职能力。常委会坚持把提高代表综合素质作为代表履职的基础，采取举办人大代表培训班、现场视察观摩、经验交流等形式，加强了对代表的培训工作。在基层人大主席中开展了“互动交流”活动，聘请省人大代工委领导对各乡镇人大主席及全县代表进行了专门培训；积极引导各级代表在经济社会发展中创一流、争先进，努力为群众办实事、做好事、解难事，释放代表正能量，受到了上级人大的肯定。为县代表和乡镇人大主席团订阅《全国人大》《楚天主人》《十堰人大》等刊物。通过举办代表履职培训、代表小组培训、座谈会等形式，全面提高县乡人大代表的履职水平。加强与全县代表小组、代表之家的建设与联系，在县电视台、房县报开设了专栏，建立了房县人大微信公众号、微信工作群，便于代表了解工作情况，把握工作动态，互通工作信息。

创新活动载体，拓宽履职渠道。强化乡镇人大建设，全县建代表之家20个，代表活动室98个，深入开展“人大代表在行动”活动，各级代表为脱贫攻坚察实情、出实招，解决了一批民生难题，实现了代表作用更加凸显、基层阵地建设更加完善，代表履职能力和群众对扶贫攻坚的满意度进一步得到提升。重点工作向人大代表一月一通报，保障了代表的知情知政权。邀请人大代表参与工作调研、执法检查、视察活动。推荐人大代表参与行风政风监督、听证会、道德模范评选等活动。收集意见和建议，督促“一府两院”及其相关部门整改落实，促进民生问题持续改善。

督办代表建议，提高办理质效。常委会高度重视代表建议办理工作，严格落实办理责任，改进督办措施，创新工作方法，切实提高代表建议落实率。年初组织召开代表议案、建议交办会和座谈会，采取对口督办、跟踪督办等方式，督促“一府两院”及有关部门办结代表提出的意见建议。通过将重点建议的相关工作列入常委会监督议题、邀请提建议代表参加相关工作视察和实地调研、召开重点建议办理情况座谈会等方式，努力提高办理水平。对难办建议采取由常委会领导牵头，相关办委对口督办。开展代表建议办理“回头看”活动，对代表不满意的建议，督促承办单位重新办理，提高办结率。十八届人大一次会议人大代表共提出的117件建议，在县政府及承办单位的共同努力下，全部办理并回复代表，代表满意和基本满意率达100%。如赵大武代表提出的“关于自来水不能正常使用”的建议，县政府及其职能部门，投入75万余元资金，改造铺设了供水管网，彻底解决了北门河以北区域群众生产、生活用水问题。又如谭荣强代表提出“关于对七河中小学门前道路维修的建议”。县政府将该段路建设列为重点项目，重新铺设黑化路面4500平方米，修排水渠1000米，目前已全部完工。县政府及职能部门高度重视《关于推进房县一中迁址新建的议案》，积极行动，已完成征地、图纸设计、资金筹措等前期工作，做到件件有落实，事事有回音。

指导乡镇人大工作，加强基层政权建设。常委会认真贯彻《湖北省乡镇人大工作条例》，坚持领导分片联系乡镇人大主席团工作制度，积极组织乡镇人大代表参加闭会期间活动，指导乡镇开展“人大代表在行动”活动，有效发挥了乡镇人大的职能作用。认真贯彻落实省、市、县委《关于进一步加强和改进人大工作的意见》，各乡镇设立了工作机构，配备了专职人大主席和工作人员，落实了办公场所，完善了相关制度，规范了工作流程，为乡镇人大依法开展工作打下了坚实基础。

四、健全机制，改进作风，全领域加强自身建设

常委会始终坚持高标准、严要求，切实加强自身建设，不断提高履职能力和水平，使人大工作体现时代性、富于创造性。

加强政治建设，增强政治定力。常委会始终坚持把政治建设摆在党的建设的首位，把学习党的十九大精神贯穿于加强自身建设的全过程，坚持读原著、学原文、悟原理，力争做到学深悟透、全面准确，确保党的十九大精神入脑入心、落地落实。常委会机关坚持周四学习日制度，每月一次主题党日活动，一季度开展一次学习交流，半年一总结，年终总考核，把践行“四个意识”熔化在思想上、落实在行动上，全面提升常委会组成人员和全体机关干部的政治定力和依法履职、服务大局能力。

加强纪律建设，打造三有机关。把纪律规矩挺在前面，严格遵守党章，严肃执行廉洁自律准则、纪律处分条例、问责条例等党纪党规，加强党风廉政教育，抓早抓小，用纪律和规矩管好全体党员。以开展“十个一”活动为契机，以“双十星”创建为抓手，使机关党内生活形式多样、丰富多彩，打造有为有位有威机关，实现机关党建和管理科学化、规范化、数据化。推进“两学一做”学习教育常态化制度化，深化“支部主题党日+”活动，严格党的组织生活，落实“三会一课”制度，让组织生活严起来、机关支部活起来、每个党员动起来，使人大党员在党内政治生活的“熔炉”里锤炼成长。

加强组织建设，夯实党建基础。严格落实中央“八项规定”精神，努力改进调研视察、执法检查、跟踪督办等工作程序，规范公务接待，减少“三公”经费支出，持续推进“四风”整治，大兴调查研究之风、求真务实之风、艰苦奋斗之风和勤俭节约之风，坚持问政于民、问计于民、问需于民，做到民有所呼我有所应、民有所求我有所为、民有所盼我有所办，用实际行动当好标杆，做好表率。

加强制度建设，规范工作运行。修订和完善了《房县人大常委会议事规则》《房县人大常委会主任会议议事规则》《机关行为规范》等制度，使人大各项工作进一步具体化、明确化，更具有针对性和可操作性，推行机关修车、加油、文印等精细化管理，全方位扎紧制度笼子，使单位管理步入科学化、规范化、精细化轨道。

加大宣传力度，营造浓厚氛围。加强人大理论学习研究，印发人大宣传工作方案，下达了宣传工作任务，分别在今日房县报和房县广播电视台开设人大宣传专栏，充分利用微信公众号、微信群、网站等新媒体优势，全年在各种媒体用稿300多篇，其中省市人大用稿20余篇，《房县人大工作通讯》出刊12期，人大机关和各新闻单位积极响应，开展了多角度、全方位的宣传，营造了浓厚氛围。

各位代表，过去的一年，县人大常委会依法履职，有效作为，各项工作取得了新的成效。这些成效的取得，是县委正确领导、高度重视的结果，是全县各级人大代表、常委会组成人员、人大工作者团结奋斗、扎实工作的结果，也是“一府两院”及社会各界积极协同，大力支持的结果。在此，我代表县人大常委会，向所有关心、支持人大工作的各位领导、各级代表、社会各界人士表示衷心的感谢和崇高的敬意！

回顾过去一年的工作，我们也清醒地认识到，常委会工作还存在着一些不足，如：监督工作实效不够明显，自身建设还需加强，代表意见建议办理质效还有待进一步提高等等，在今后的工作中，我们一定坚持问题导向，强化措施，努力改正，不断完善。

2018年是贯彻落实党的十九大精神的开局之年，是改革开放40周年，是决胜全面建成小康社会实施“十三五”规划承上启下的关键一年。常委会工作的总体要求是：高举中国特色社会主义伟大旗帜，坚持以习近平新时代中国特色社会主义思想为指导，在县委的坚强领导下，围绕一个目标（坚持党的领导、人民当家做主、依法治国有机统一），坚持两个要求（依法履行职责、服务保障大局），做到三个提高（监督质效、履职素质、代表水平），实现四个突破（提升监督水平、加强民主法治建设、推进精准脱贫、促进产业升级），在加强自身建设上达到五个一流（作风一流、服务一流、能力一流、业绩一流、形象一流），切实履行宪法和法律赋予的职责，为建设新房县做出新的贡献。

一是坚持党的领导，在推动发展上要有新成效。党的十九大报告指出：“党的领导是人民当家作主和依法治国的根本保证，人民当家作主是社会主义民主政治的本质特征，依法治国是党领导人民治理国家的基本方式，三者统一于我国社会主义民主政治伟大实践。”这些要求，为我们当前和今后一个时期坚持和完善人民代表大会制度，做好新时期人大工作，进一步指明了政治方向，提供了根本遵循。常委会要以党的创新理论为指导，以更高的站位、更宽的视野来谋划和推进人大工作。在思想观念上求创新，以十九大精神武装头脑、指导实践，坚持党的领导、人民当家作主和依法治国的有机统一，汇聚推动改革开放的强大正能量，在完善机制上求创新。进一步健全“一府两院”向人大报告重大事项机制，重大事项决策前必须提请人大讨论决定。进一步健全人事任免工作机制，保障常委会组成人员对被任免人员的知情权、选择权，加强对任命干部的任后监督，促进国家机关工作人员对人民负责。进一步健全对“一府两院”工作实施监督机制，促进监督工作制度化、规范化和程序化。在增强工作实效上求创新。坚持少而精、重深入、求实效的原则，抓住重点事项，综合运用听取工作报告、开展执法检查、工作评议、专题询问等监督手段，积极推进和督促解决经济社会发展及人民群众关注的热点难点问题，更好地回应人民关切。

二是强化监督职能，在依法履职上要有新作为。抓住事关全县发展大局和人民群众根本利益的重要问题，依法开展法律监督和工作监督，促进全年经济社会发展目标的实现。一要定期听取和审议计划执行情况的报告，对计划涉及的经济指标和安排的重点项目，及时开展视察检查，注重发现存在问题，查找分析问题的根源，提出可行性意见建议，促进计划的全面完成。二要加强对财政预决算执行、审计整改和专项资金使用、政府性债务偿还等情况的监督，建立规范化的预算审查监督程序，逐步完善全口径预决算审查监督体系，增强公共财政资金的使用效率。三要加强重点工作监督。突出经济发展方式转变、经济结构调整、项目建设、招商引资等重点工作，综合运用听取和审议专项工作报告、执法检查、调研视察、跟踪督查等多种形式，加大监督力度，促进经济健康发展。四要加强民计民生的监督。重点围绕脱贫攻坚、文化教育、医疗卫生、就业保障、公共服务等民生事项，督促和支持“一府两院”及时回应群众关切，全力办好民生实事，不断提高公共服务的整体水平，努力让人民群众过上更好的生活。五要加强对公、检、法、司的监督，促进依法行政、公正司法，维护社会和谐稳定。六要加强对干部任后的监督。开展被任命人员履职工作评议、满意度测评等活动，促使其尽职尽责，不辜负党和人民的重托。七要加强意见、建议、审议意见的督办。加大力度，强化措施，必要时依法启动询问、质询程序，动真碰硬，一追到底，请“一府两院”及部门负责人当面回答代表的质询，推进意见建议落地生根、开花结果。

三是拓宽民主渠道，在激发代表履职热情上要有新举措。坚持代表主体地位，不断丰富活动形式，积极拓宽民主渠道，切实保障人大代表的知情权、参与权、表达权和监督权。把代表工作作为一项基础性、全局性工作来抓，支持代表依法履行职责，努力为代表履职提供服务和保障。积极组织代表履职学习，利用代表开展视察调研、联系选民和履职经验交流等方式，畅通社情民意反映渠道，发挥人大代表桥梁纽带作用。持续开展“人大代表在行动”活动，继续推动代表小组活动室建设，确保人大代表小组活动规范、正常、有序、持续开展，深入推进闭会期间代表履职活动规范化、常态化。组织代表开展调研、视察、检查等活动，让代表更深入了解经济社会发展及“一府两院”工作情况，更广泛地参与全县经济政治生活，增强代表闭会期间活动实效。逐步建立健全人大代表履职考核机制，提升代表履职能力。坚持邀请代表列席常委会会议和常委会组成人员联系代表制度，指导代表依法履职，帮助代表解决实际问题。严格督办代表意见建议，做到件件有着落，事事有回音，激发代表为民代言热情。

四是提升履职能力，在加强自身建设上要有新亮点。面对新形势新任务，常委会要把加强自身建设摆在重要位置，不断强化理论武装，改进工作作风，提高履职能力，努力提升政治把握能力、学习研究能力、依法履职能力、机关业务能力、组织协调能力，达到作风一流、服务一流、能力一流、业绩一流、形象一流。要牢固树立强烈的责任意识和担当精神，守纪律，树形象，严守做人做事的底线，树立人大干部的良好形象。要大兴学习之风，有计划、有组织地安排学习党的十九大和习近平新时代中国特色社会主义思想及相关法律法规、时事政治和党的方针政策，使人大工作者逐步能成为开展监督指导的行家里手、行业专家。要增强创新意识，不断创新工作方式和方法，促使常委会和人大机关工作每年都有新亮点、新突破。要充分利用各类宣传阵地和新媒体，加大对人大制度和人大工作的宣传力度，唱出人大制度好声音、讲出人大工作好故事，营造向人民负责、受人民监督的良好社会氛围。

各位代表，同志们，新思想引领新时代，新时代呼唤新作为。伟大的梦想鼓舞人心，美好前景催人奋进，让我们在县委的坚强领导下，以更加坚定的信心、更加振奋的精神、更加务实的作风、更加有为的姿态，认真履行宪法和法律赋予的职责，奋发进取，开拓创新，不辜负党和人民的重托，为建设新房县、实现新梦想，而担负新使命、创造新业绩、做出新贡献！

在政协房县十届二次会议闭幕会上的讲话

（2017 年 12 月 25 日）

县政协主席　徐锦凤

各位领导、各位委员，同志们：

中国人民政治协商会议房县第十届委员会第二次会议，在中共房县县委的领导下，在县人大、县政府的大力支持下，在各部门的密切配合下，经过全体委员和与会同志的共同努力，圆满完成了各项议程，就要胜利闭幕了。

这次会议是在全县上下深入学习党的十九大精神的新形势下，认真贯彻落实县委十四届三次全会精神之际召开的一次重要会议。会议期间，委员们认真听取了县委书记蔡贤忠同志的重要讲话；听取并讨论了政协十届常委会工作报告和提案工作报告；列席了县十八届人大二次会议，听取讨论了县长纪道清同志所作的《政府工作报告》和其他报告；审议通过了政治决议和其他决议。

几天来，委员们以高度的政治责任感和求真务实的精神，坦诚交流，参政议政，集思广益，建言献策。通过提交提案、联组发言等形式，围绕政协工作和我县经济社会发展中的重大事项，认真协商讨论，提出了许多建设性的意见和建议，充分展示了政协委员的聪明才智和履职为民的政治情怀。会议开的富有成效，是一次民主求实、团结鼓劲的大会，是一次凝心聚力、共谋发展的大会。

会议期间，县委、人大、政府各位领导亲临大会指导，县委、政府领导与委员一起真诚沟通、协商讨论、相互交流，共谋发展。各相关单位负责人列席会议，认真听取委员们的意见和建议。这些充分体现了县委、县政府对人民政协工作的高度重视，体现了县直部门和社会各界对人民政协工作的大力支持，让我们倍受鼓舞，倍增信心。在此，让我们以热烈的掌声表示衷心的感谢！

各位委员、同志们，2018 年是全面贯彻落实党的十九大精神的开局之年，是决胜全面建成小康社会、实施“十三五”规划承上启下的关键一年，做好 2018 年的政协工作十分重要。广大政协委员和政协干部一定要振奋精神、开拓创新，要深刻领会十九大对政协工作的新要求，抓住政协事业发展的新机遇，把握政协工作的新特点，在县委的正确领导下，紧紧围绕全县工作大局，充分履行政治协商、民主监督、参政议政职能，为促进全县经济社会持续健康发展贡献力量。下面，我就如何贯彻落实县委十四届三次全会精神和蔡书记讲话精神，做好 2018 年政协工作讲四点意见，与大家共勉。

一、维护核心，筑牢团结合作的思想政治基础

坚持中国共产党的领导，是人民政协工作必须始终遵循的一项根本原则，也是政协工作把握政治方向的根本保证。新的一年，要深入学习宣传贯彻党的十九大精神，用习近平新时代中国特色社会主义思想武装头脑、指导工作，进一步增强“四个意识”和“四个自信”，坚决维护以习近平同志为核心的中共中央权威和集中统一领导，做到在思想上充分信赖核心、政治上坚决维护核心、组织上自觉服从核心、情感上深刻认同核心、行动上始终紧跟核心。要认真学习贯彻县委十四届三次全会精神，把思想和行动统一到县委重大决策部署上来，坚决服从县委的领导，把县委作出的重要决定、实施的重大部署融入政协工作，

把县委的政治主张转化全体政协委员的思想共识和自觉行动，始终做到与县委同心同向同行。

二、围绕中心，为推进房县改革发展建言献策

围绕中心、服务大局，是人民政协履行职能的基本要求。新的一年，要紧紧围绕县委、政府重大决策部署，继续坚持县委、政府工作推进到哪里，县政协工作就跟进到哪里，做到尽责不缺位，尽职不越位，帮忙不添乱。始终与县委、政府保持思想上同心，目标上同向，工作上同步。充分发挥政协组织的优势和作用，搭建多元化的协商议政平台，积极为我县改革发展出实招、谋良策。认真组织好全委会议、常委会议、主席会议和专题协商等协商议政活动，探索灵活有效的协商形式和机制，把专题协商与对口协商、提案办理协商有机结合起来，着力提高议政实效。围绕深化供给侧改革、主导产业转型升级、实施乡村振兴战略、精准扶贫、三产融合等重要议题开展专题协商，为推动房县改革发展、决胜全面建成小康社会献计献策。围绕全县重点项目、“三乡工程”、生态系统保护、打造特色小镇等重点工作，开展调研视察，为县委、政府科学决策提供参考。认真做好提案工作，切实加强和改进民主监督工作。充分发挥委员在本职工作中的带头作用，在政协工作中的主体作用，在不同界别不同群众中的模范作用。着力提高履职实效，促进重要民生问题的解决落实。

三、凝聚人心，着力营造团结和谐的社会氛围

人民政协是大团结、大联合的组织，因团结而产生，依民主而存在，靠联合而发展。要把团结和民主两大主题贯穿于政协各项工作中，在增强团结的基础上发扬民主，在发扬民主的过程中增强团结，努力营造“商以求同、协以成事”的工作氛围。

切实发挥政协委员联系群众的桥梁纽带作用。把全县200多名政协委员，紧密团结在党的周围，并通过他们广泛团结和联系更多群众，为决胜全面建成小康社会汇聚更大能量。广大委员要以发展大局为重，以民生关切为急，深入界别群众和基层百姓之中，多做雪中送炭、扶贫济困的工作，多做春风化雨、解疑释惑的工作，自觉做党的政策宣传者、群众利益维护者、社会和谐促进者，让广大人民群众感到政协委员就在身边，人民政协离自己很近。坚持弘扬“兼容并蓄、崇尚和合”的中华民族传统文化，做到善交朋友、广交朋友、深交朋友，以自己的模范行为，更好地团结广大群众和各界人士为推动“五个房县”建设贡献力量。

继续开展交流联谊活动，不断扩大团结面。把“增进共识、促进团结”摆在突出位置，坚持团结的面越宽越好、团结的人越多越好、团结的同心圆越大越好。要切实尊重和保障党外人士民主权利，加强对各人民团体参加政协共同性业务的协商，进一步加强同党外知识分子、少数民族人士、宗教界人士的团结联谊，密切与非公经济人士、新社会阶层人士、在外成功人士及在房工作过的人士的联系沟通，通过各种议政平台和交流渠道，创造更多有序参与协商、合理表达诉求的条件，不断加强团结目标下的民主和民主基础上的团结，着力营造团结和谐、共谋发展的大好局面。

四、不忘初心，提高履职为民的能力和水平

人民政协为人民，是政协事业的思想基础。要坚持以人民为中心的工作理念，始终同人民想在一起，干在一起。要大兴调查研究之风，围绕全县经济社会发展的难点、人民群众关注的热点、深化改革攻坚的痛点，议大事，谋实事，出实招，补短板，求实效。

要务实履职，紧紧围绕我县“一城两基地三中心”建设中的重要课题，牢牢抓住“农业供给侧结构性改革”中急需突破的关键环节，积极寻找“文旅深度融合”的发展短板，真正把社情民意摸清、把问题原因察明、把对策建议提准，做到摸实情、出实招、促突破，切实增强政协工作的精准性。

要按需履职，坚持着眼长远发展，立足房县实际，发挥独特优势，积极履行职能。坚持群众盼什么、政协促什么，县委定什么、政协议什么，政府做什么、政协帮什么，更好地契合房县发展大局、更好地回应人民群众期盼，切实增强政协工作的针对性。

要创新履职，坚持紧跟时代、紧贴发展，不断推进理念思路、方式载体和体制机制创新。继续在支持委员履职、畅通建言渠道、重大课题调研等方面打造精品、培育特色、提升质量。更好地把握政协事业发展规律，创造性地开展工作，切实增强政协工作的时代性。

要有效履职，坚持绩效导向，强化目标管理，对县委提出的“精准扶贫、项目招商、产业发展、民生改善、生态文明、从严治党”等六大任务紧盯不放，紧抓不松，齐心协力加以推进，善谋善干抓好落实，确保干有所成、做有所获，切实增强政协工作的实效性。

专　记

勇于担当　实干实为
为十堰建设区域性增长极贡献力量

中共房县县委书记　蔡贤忠

省第十一次党代会提出“支持十堰建设成为区域性增长极，支持20个左右发展后劲足、承载能力强的县（市、区）建设成为新的增长点”。房县将以省党代会精神为引领，聚焦脱贫攻坚、产业发展、项目招商、城乡统筹、生态建设、从严治党、新风培育“七大任务”，全力打造“一城两基地三中心”，为十堰建成湖北区域性增长极贡献房县力量。

一、聚焦深度贫困，攻克坚中之坚。认真贯彻落实习近平总书记山西“6·23”深度贫困座谈会、全省深度贫困地区脱贫攻坚座谈会等会议精神，坚决打赢深度贫困地区脱贫攻坚这场“硬仗中的硬仗”。一是强化责任抓调研。坚持党政同责、县乡同责、部门与驻村工作队同责“三同责”机制，严格落实县委书记任期内走遍全县所有的村、乡镇党委书记走遍本乡镇所有贫困户、村支部书记把帮扶措施落到每户贫困户“三个走遍”要求，扎实开展“一步三回头”，即各级干部进一步贴近贫困户，“一回头”看贫困对象识别准确率，“二回头”看帮扶措施精准率，“三回头”看帮扶工作群众满意度，有针对性地制定深度贫困乡镇、贫困村、贫困户帮扶措施。二是吃透政策抓争取。严格按照新增脱贫攻坚资金主要用于深度贫困地区、新增脱贫攻坚项目主要布局于深度贫困地区、新增脱贫攻坚举措主要集中于深度贫困地区“三个新增”要求，深入研究《湖北省深度贫困地区脱贫攻坚工作实施意见》，抢抓机遇，争取更优惠的政策、更大的投入、更有力的帮扶举措。三是整合力量抓攻坚。充分发挥基层党组织的战斗堡垒作用，统筹政府、市场、社会三股力量，把优势政策、财力、人力向深度贫困村集中，形成强大合力。四是精准施策抓落实。坚持把产业发展作为增收脱贫的治本之策，把进城进镇安置作为阻断贫困代际传递的有效途径，把保障兜底作为底线，把精神脱贫作为重要举措，严格落实扶贫项目、资金、政策到户到人，确保如期实现脱贫目标任务。

二、聚焦供给侧改革，加快产业转型升级。围绕构建“一主四大四新”产业体系，突破发展酿酒发酵、生物医药、农产品加工产业，力争到“十三五”末，农产品加工产值突破100亿元。一是做大工业经济。按照“现有企业保运转、僵尸企业抓破产、潜力企业抓重组、实力企业上三板”的思路，大力实施“工业倍增计划”，鼓励优质企业上市融资，支持现有企业嫁接重组，加快僵尸企业市场出清。二是做优现代农业。加快推进农业供给侧结构性改革，做大一批中药材、茶叶、烟叶、食用菌等特色产业核心片区，创建一批专业乡镇、专业村，加大农业产业化龙头企业、专业合作社、家庭农场、专业大户、营销经纪人、道地品牌培育力度，增强特色产业竞争力。三是做活商贸旅游。积极推进电商产业园建设，培育专业市场，发展壮大电商企业。以创建“全省全域旅游示范区”为抓手，打造精品景区，加快推进武房神旅游一体化进程。

三、聚焦项目招商，培育发展新动能。牢固树立招商引资“一号工程”的理念，做好“转、盯、备、推、比、帮”文章，切实提高项目招商实效，创造一流实绩。“转”，即转变招商观念，牢固树立“招商重于引资，招才引智重于引资”的理念，把招人才、招技术、招项目摆在首位，让政策围着项目转、跟着人才走。“盯”，即结合“六大产业集群”，盯紧重点区域、重点企业、重点产业，力争在引进产业龙头企业、完善产业链招商、引进外资上实现更大突破。“备”，即对标全省扩大有效投资“4 大领域、11 大工程包”，抓好项目包装，完善重大项目储备库、建设库，加大重点领域项目谋划争取力度。“推”，即大力推行 PPP 项目新模式，激活民间投资，争取更多项目纳入省 PPP 项目库。“比”，即扎实开展项目建设“走学比”活动，严格落实月督办、季拉练、年底结硬账制度，比落地、比进度、比质量、比形象，设置招商引资和项目建设“完成席”“签约席”“零效果席”，县四大家领导和县直单位按任务完成情况对号入座，奖勤罚懒，狠抓落实。“帮”，即坚持落地项目抓开工，开工项目抓投产，投产项目抓质效，一企一策，量体裁衣，推动项目建成达效。

四、聚焦城乡统筹，打造特色城镇。按照打造生态文化旅游健康城的发展定位，以构建“湖北第一、全国最美”的城镇体系为目标，坚定不移推进城乡一体化建设。一是全面提升城区功能。整合集聚资源，加快推进城区基础设施建设，打造“一纵一横三环八通道十连通”交通路网，构建县城 2 小时到乡镇、10 分钟上高速、1 小时到机场的“211”泛十堰交通经济圈。二是全力打造特色小镇。以竹房城镇带为引领，强力推进土城黄酒小镇、军店古村落小镇、野人谷旅游小镇、窑淮茶叶小镇、尹吉甫诗经小镇等特色小镇建设。三是全力建设美丽乡村。大力推进生态家园十大片区建设，健全公共服务体系，努力把全县 80% 以上的村庄建设成宜居、宜业、宜游的美丽乡村。

五、聚焦生态建设，推动绿色发展。牢固树立“绿水青山就是金山银山”的意识，推进生产、生态、生活“三生融合”。一是健全环保长效机制。加快生态文明体制改革步伐，严格落实环境保护“党政同责、一岗双责”责任考核机制和“一票否决”制度，进一步强化环保责任，提升环境监督和治理效果。二是加强环境污染防治。严格推行“河长制”，改善河流生态环境质量。加大企业烟尘粉尘、建筑扬尘、秸秆焚烧综合监管，确保全县空气质量保持国家二级标准以上。出台房县土壤污染防治工作方案，做好土壤污染防治项目储备及土壤污染防治专项实施工作。三是加大环境监察整改力度。严格落实中央环保督察反馈整改意见，以零容忍的态度依法查处破坏生态环境的行为，做到问题不查清不放过，查清不整改不放过，整改不销号不放过。

六、聚焦从严治党，营造良好政治生态。始终把抓好党建作为最大政绩，旗帜鲜明加强党的领导，自觉扛起管党治党的政治责任。一是加强思想政治建设。引导党员干部严守党的政治纪律和政治规矩，牢固树立“四个意识”，始终与中央、省委、市委保持高度一致。二是加强干部队伍建设。坚持事业为上、重视基层、凭实绩选人用人导向，加大在精准扶贫、招商引资、项目建设、信访维稳“四个一线”培养选拔干部力度。全面推行“三个三分之一”工作法，明确全县干部用三分之一精力抓精准扶贫，三分之一精力抓招商引资和项目落地，三分之一精力抓履职尽责。建立容错纠错机制，为敢担当的干部担当，为敢负责的干部负责，全面激发干事创业激情。三是加强基层组织建设。严格落实基层党建工作责任制，大力实施基层党建“整县推进”计划，扎实推进“两学一做”学习教育常态化制度化，推动基层党建全面进步、全面过硬。四是扎实改进干部作风。加大县委巡察工作力度，深化政治巡察，驰而不息整治“四风”，强化执纪问责，对顶风违纪问题，严肃处理，绝不姑息。五是加大扶贫领域监督执纪问责力度。重点查处贯彻落实中央、省委、市委决策部署和工作要求不坚决、不到位，以形式主义、官僚主义对待扶贫工作，搞“数字脱贫”“虚假脱贫”，以及侵占挪用、优亲厚友、虚报冒领等问题，对敢动扶贫资金“奶酪”的实行“零容忍”，发现一起，查处一起。

七、聚焦文明新风，践行“十字”价值观。加大“十字”价值观宣传普及力度，深刻领会“忠孝礼义信”新内涵，引导广大党员干部树立积极向上的价值取向。“忠”，既强调忠于党、忠于国、忠于民、忠于家、忠于友，更突出纪律规矩、责任担当的底线，包括全面贯彻党的路线方针政策，严格遵守党章党规和纪律制度，坚决维护党中央权威，始终与以习近平同志为核心的党中央保持高度一致。“孝”，既强调孝父母、爱兄妹、和乡邻的人伦大道，更突出亲民爱民为民情怀，视人民为衣食父母，为官一任、造福一方，用自己的辛苦指数换来群众更多的幸福指数。“礼”，既强调讲文明、守秩序、正家风的生活理念，更突出依法依规办事的底线思维，按党性原则办事，按政策法规办事，按制度程序办事。“义”，既强调讲正义、修仁义、重情义的仁义道德，更突出识良莠、慎交往的为人之道，光明磊落、襟怀坦荡、表里如一。“信”，既强调守信用、言必行、讲真话的立身之本，更突出言行一致和取信于民的政治情怀。

激情干事　理性干事
努力当好新时代的“答卷人”

房县人民政府县长　纪道清

习近平总书记指出，时代是出卷人，我们是答卷人，人民是阅卷人。县政府全体成员要学习不止、修身不止、自律不止，全面提高能力素质，勇敢面对经济工作会上提出的“六大挑战”，精准把握“六大机遇”，顺应群众心声，修好必修课，当好答卷人，用奋斗姿态交出人民满意的答卷。

一、政治上始终保持清醒。旗帜鲜明讲政治是马克思主义政党的根本要求，决定党的建设方向和效果。讲政治，通俗的解释，一个字就是“顺”，顺势而为；两个字就是“听话”，县里怎么说，你就怎么落实；三个字就是“跟着走”，跟着方向走；四个字就是“保持一致”，上下一致。作为党员干部，要时刻保持清醒，做政治上的明白人。一要坚持党的领导。党政军民学，东西南北中，党是领导一切的。要坚决维护以习近平总书记为核心的党中央权威和集中统一领导，增强“四个意识”，坚定“四个自信”，自觉在思想上政治上行动上同党中央保持高度一致。要把党的领导作为政府工作的第一位要求，贯穿经济社会发展全过程，定期向县委报告工作，涉及全局的重大事项或重大决定及时与县委商量、向党委报告。二要坚持正确方向。方向比速度更重要，正确的政治方向是党员干部最起码要求，也是成就事业的政治灵魂。长征时期，党的早期领导人之一张国焘，因为方向不对，犯了机会主义错误，迷失自我、误入歧途，给党和军队造成了无法挽回的损失。虽然我们所处时代不同，干事创业的条件变了，肩负的责任使命变了，但是坚持正确的政治方向任何时候都不能变，方向对了，走慢一点最终也会到达目的地，方向错了，走的越快就会离目标越远，必须地方服从中央、下级服从上级，党中央提倡的坚决响应、党中央决定的坚决执行、党中央禁止的坚决不做，做到上下“一盘棋”。三要坚持树立大局意识。要把工作放到大局中去思考、定位、摆布，做到正确认识大局、自觉服从大局、坚决维护大局。具体来说，讲大局就是坚决完成政府工作报告确定的各项目标任务。要立足职能职责，主动找任务，自觉领任务，按照“定性、定量、定标准、定时限、定责任”要求，做好任务分解，做到事有专管之人、人有明确之责、责有限定之期，确保高标准、高质量、零事故完成。对落到辖区的项目和产业，提前做好对接，尽早谋划准备，努力营造上下联动、齐抓共管的良好局面。

二、目标上始终追求一流。托尔斯泰说：“人类的使命在于自强不息地追求完美”。要坚持高站位、高标准，干一行、爱一行，钻一行、精一行，追求一流动能、一流空间、一流活力、一流业绩。一要有标杆意识。标杆是赶超目标、奋斗方向。去年，我们在全市综合考核中不理想，要想迎头赶上，当务之急，就是要学郧阳、赶保康、比竹山。房县的环境、条件要比竹山好，发展却落后于它们，赶超竹山压力巨大。必须主动向标杆看齐，经常关注他们的发展动向，及时调整方法策略，力争对方做到的我们做得更好，对方没做的我们做在前面，积小胜为大胜。二要有台阶意识。台阶意识是一种进位意识，就是每年要有新变化，以日拱一卒的精神夺取胜利。省里一位老领导去年来房县时说：“变化很大，但离我的期望值还有差距，希望房县每年进步，最终夺冠”。市委书记张维国在全市开局会议上说，“有的县市区发展与它的区位优势还不匹配”，我们隐约感觉到说的很像房县，要心中有数。发展关系到房县的精气神，面对你追我赶、咄咄逼人的竞争态势，慢进是退，不进退的更远，必须守住底线发展目标，不能因为任务艰巨而止步、困难重重而放弃，坚持多做图效果、图长远、图里子的事，坚决不做图热闹、图眼前、图面子的事，久久为功，持续发力，做到月月有变化、年年有进步。三要有竞走意识。竞走意识简单的说就是小步快跑。实现赶超目标，首先步伐要快，加快行动速度，一季度已经接近尾声，时间不等人，要在精准扶贫、招商引资、项目建设等方面快速行动起来，在夺取“开门红”的基础上迅速投入下一轮工作，实现步步争先。其次步伐要稳，要在打好三大攻坚战中对标调整，做到“磨刀不误砍柴工”。最后步伐要均匀，不能激情来了快步前进，激情消退走走停停，做到始终如一，避免大起大落。房县不搞“大跃进”，不作为、慢发展是折腾，“大跃进”也是折腾，必须遵循规律、掌握平衡，理性发展、理性干事，实现均匀发展、持续发展、健康发展。

三、责任上始终扛在肩上。为官避事平生耻，要在其位，谋其政、担其责、干其事，否则就会贻误时机，成为发展罪人。一要心中有责。心中有多少责任，决定有多大作为。进入全面小康决胜期，会遇到很多“拦路虎”“硬骨头”，如果没有责任心，就会缺乏动力，当“太平官”，得过且过，时间长了群众会骂我们，我们也对不起历史。要牢记任职誓言，牢记职责使命，主动对号入座。要务实干事，保持发展定力，潜心静气做好自己的事。要有一股韧劲，不管东南西北风，看准的事要排除困难、排除干扰，持之以恒干下去。二要认真履责。对分管的工作、牵头的项目，要种好“责任田”，不推诿、不扯皮、不找借口，时刻放在心上、拿在手上，深入一线，亲力亲为，做到底子清、情况明，务实高效推进，切实把岗位上的事做好，把份内的工作做到极致。对群众特别关注的热点、难点问题，要有想法、有办法，还要善于把想法变成办法，做到上面交代的问题能够落实，出现的问题不上交，矛盾不上移，独当一面做好工作。三要高度负责。要有敢于负责、积极负责的品质，只要是经得起历史检验、对人民群众有益的事情，都要“明知山有虎，偏向虎山行”，尽力而为地去做好。要有能够负责、负的了责的能力，学习新知识，掌握新本领，开阔新思路，牢牢抓住工作主动权，争当行家里手。要有敬畏责任，主动负责的勇气，正视问题和挑战，把工作往深里想、往细里做、往实里靠，抓好每个细小环节，让经手的事尽善尽美，努力做一个“完美主义者”，确保组织放心、群众满意。

四、作风上始终驰而不息。作风建设是全面从严治党的切入点和突破口，事关党和政府在群众心目中的形象。一要勇于担担子。为官不为是浪费岗位资源的腐败行为，比腐败更严重，为官有为是官之本分。作为房县的“关键少数”，就要境界高、能力强、肩膀宽，丢掉私心杂念，在街谈巷议中传播正能量，在脱贫攻坚、产业升级、污染防治中崭露头角，在征地拆迁、项目推进、信访维稳中冲锋在前，做思想引领者、发展开路者、矛盾化解者。二要持续钉钉子。成事者都是有韧性的人，新时代有新时代的雪山草地，坑坑洼洼、磕磕碰碰在所难免，绝不能轻言放弃，决不能一遇阻碍就改弦易辙，要瞄准全面小康美好蓝图，一颗接着一颗钉，一锤接着一锤敲，把每颗钉子钉准、钉稳。要有韧性，任劳任怨，不怕怨气、不怕议论，坐的下来，静的下来，对整个工作想得明白、说得清楚、抓的起来，理清思路头绪，把握关键环节，不浅尝辄止，不轻言放弃，做到不弄懂不放过，不达标不完工，不满意不出炉。要有逢山开路、遇河架桥的意志，也要有摸着石头过河的谨慎，不搞“一锤子买卖”，善于运用“回头看”的思维和方法，敲一敲回头锤，把松动反弹的钉子钉紧钉牢。三要聚焦扣扣子。打铁必须自身硬，要想不被“围猎”，就要建好思想上的“围墙”，校准思想之标，调整行为之舵，绷紧作风之弦，管住自己的嘴，不伸非分的手，不去是非的地方，净化朋友圈，管好身边人，扣好人生扣子，防止“破窗效应”。要自觉追求真、善、美，主动把五大发展理念作为行动指南，对不适应、不适合甚至违背新发展理念的认识、行动和做法，坚决调整、纠正和摒弃。要讲究程序、注重规律，防止“一把好牌”因为出错顺序导致一塌糊涂。

五、规矩上始终守住底线。没有规矩就没有方圆，一个社会没有规矩，就会失去秩序，一个班子没有规矩，就形不成合力，必须敬畏规矩，遵守规矩，执行规矩，防止各唱各的调、各拉各的号。一要敬畏规矩。古人云:“畏则不敢肆而德以成，无畏则从其所欲而及于祸”。敬畏规则不放肆才能厚德成事，不怕规则为所欲为必将引火上身，一定要有规矩规则意识。要在心理层面树立敬畏党纪法规意识，在行为中务实践行，在规矩纪律中思考问题、推进工作，把纪律挺在前面，让纪律立起来、严起来和执行起来，构建一种“不能”“不敢”“不想”的风气，做到令行禁止、防微杜渐，守住自己的政治生命线。二要遵守规矩。要自觉遵守新中央八项规定实施细则，对照“四风”问题十种新表现自我画像、自我反省、自觉改正。要坚决做到不送礼、工作日不饮酒、公车不私用、工程不插手等，落实开短会、讲短话、发短文、轻车简从、新闻报道等规定，常到村头，多到田头，少上镜头，营造良好政治生态环境。要严格按规矩程序办事，严格执行请销假制度，重点工作、重大事项、重要客商等需要向县委、县政府报告的事项，要按程序报告，不能越级上报。三要执行规矩。培根说：“制度不执行，比没有制度危害更大”。规矩制度本身没有约束，需要依靠强有力的执行，才能长出“牙齿”，形成约束力。八项规定内容看起来简单，正是因为以上率下、执行有力，才产生了巨大震慑，改变了中国。要有效运用监督执纪“四种形态”，强化日常监管，发挥行业监督、群众监督和舆论监督作用，对发现的典型案件、典型事例要依法处理、及时公开，不搞下不为例、法外开恩，营造守纪律、讲规矩的良好氛围。

房县“十字”价值观

【概　况】 2016年新一届县委把践行社会主义核心价值观作为从严治党基础性工程，深度挖掘房陵文化中的廉洁文化因子，向全县广大党员和群众提出为人要“忠孝礼义信”，处事要“简俭平顺和”的“十字”价值观，立起房县鲜活的价值标杆，经过不断践行，“十字”价值观融入公共场景、重点单位、扶贫搬迁小区；融入规章制度、文明公约、行业规范、村规民约、学生守则、校本教材，夯实着精神家园，打造出正能量海洋，成为房县最耀眼的人文景观和价值坐标。此项工作已成为全省、市培育和践行社会主义核心价值观的响亮品牌。

【房县“十字”价值观30规】

忠　爱祖国　拥护党　忠于家
孝　孝父母　爱兄妹　和乡邻
礼　讲规矩　守秩序　正家风
义　讲正义　修仁义　重情义
信　守信用　言必行　讲真话
简　为人简　办事简　交往简
俭　能吃苦　勤创业　俭持家
平　明事理　淡名利　知进退
顺　遵规律　识时务　顺潮流
和　养心性　容人短　护生灵

【房县“十字”价值观百条规】

忠　忠为爱国之本，祖国好大家好。
听党话跟党走，讲党性作表率。
人心齐房县美，持公心尽本分。
夫妻间要忠诚，交朋友贵忠厚。
创事业在认真，人正派言同行。
孝　孝为传家之本，孝当先家家安。
敬祖宗睦宗族，爱兄妹训子孙。
和乡邻恤孤寡，敬尊长爱幼童。
男和女都尽孝，重厚养倡薄葬。
黄赌毒亦不孝，选贤能孝子中。
礼　礼为立身之本，遵章法守规矩。
讲公德继良俗，正家风修性情。
讲文明树新风，兴科教尚文体。
仪表端举止雅，病弱孕让三分。
讲卫生爱公物，养家禽多管理。
义　义为交友之本，秉正义讲情义。
信义荣背义耻，多不义必自毙。
尽己任担道义，心磊落行仗义。
仁义长财义短，财与友义在前。
上不瞒下不欺，无愧天不怍人。
信　信为营商之本，讲信用践诺言。
凭良心不坑骗，质量好价公平。
守合同不违约，借钱物按时还。
言必信行必果，不信谣不传谣。
当老赖受惩戒，惜名声信天下。
简　简为办事之本，找本原抓关键。
想得简说得简，做得简繁化简。
简关系淡功利，简放权不刁难。
喜庆事拒宴请，红白事简单办。

吃穿住有定数，一生简一生安。

俭　俭为持家之本，成由俭败由奢。

奔小康靠勤俭，勤增收俭聚财。

创家业勤为本，不充阔精细算。

俭养廉戒奢华，不铺张不浪费。

莫跟风莫攀比，水电粮节点滴。

平　平为养心之本，心要平气要和。

看得惯想得开，拿得起放得下。

敬贤能度量大，不纠缠不张狂。

平常心平民心，公平心平衡心。

贫有志败不馁，福禄寿由天命。

顺　顺为处世之本，重规律识时务。

顺天理知敬畏，顺潮流莫逆行。

顺大势辨是非，顺民意看进退。

得也好失也罢，吃得亏受得罪。

少计较莫蛮干，不刻意不虚伪。

和　和为生存之本，人为本和为贵。

敬天地循道义，惜草木护生灵。

常思过多忍让，容人短助人乐。

生态好靠环保，不破坏不污染。

身心和家人和，人我和天人和。

【房县“十字”价值观好家训 50 条】

忠　忠孝爱国　忠孝传家　忠诚老实

尽忠职守　安分守己

孝　孝老爱亲　慈善孝贤　讲信修睦

尊老爱幼　孝悌忠信

礼　遵纪守法　遵德守礼　尊师重道

谦虚谨慎　知书达礼

义　忠孝节义　有情有义　乐善好义

修仁行义　公平正义

信　诚实守信　守信践诺　货真价实

脚踏实地　公道正派

简　崇简尚俭　从简办事　化繁为简

简单快乐　大道至简

俭　勤俭兴家　勤俭节约　天道酬勤

自强不息　自力更生

平　心平气和　淡泊知足　宽容大度

感恩惜福　能屈能伸

顺　顺势而为　择善而从　上善若水

通情达理　应天顺人

和　以和为贵　家和业兴　厚德载物

乐善好施　道法自然

【房县“十字”价值观负面清单】

不“忠”有九

1. 胸无全局，自私自利，打小算盘，组织意识、党员意识、集体观念淡薄；

2. 对党不忠诚、不老实，泄密，欺上瞒下，当面一套、背后一套，阳奉阴违；

3. 只说不做，只当裁判员，不当运动员，玩的指责干的，有权有利就抢，有责有难就推，忽悠他人去冲锋陷阵，自己在后面摘果子抢功劳；

4. 为官不为，只为人民币服务，不为人民服务，损害群众利益；

5. 背叛家庭，欺骗感情，婚外情，第三者插足；

6. 表里不一，口是心非，对人不真诚；

7. 眼高手低，这山看到那山高，不守本分，大事做不了，小事不认真；

8. 崇洋媚外，不热爱家乡，不热爱本职，诋毁房县形象，诋毁单位形象；

9. 喜欢议论领导，喜欢打听别人隐私，在网上发表负面言论，诋毁国家形象，诋毁党和政府形象。

不“孝”有九

1. 忤逆不孝，不赡养父母，尽孝但重物质轻精神，不敬、不顺、不陪护长辈；

2. 忘恩负义，不报父母养育之恩，随意自残轻生；

3. 轻养厚葬，轻养重祭，在世不尽孝，死后大操办；

4. 啃老、坑爹、拼爹，不挣钱、不创业，靠父母供养，打着父母幌子肆意妄为；

5. 不生孩子，当丁克家庭；

6. 兄弟姊妹手足相残，不和睦；

7. 不争气、不上进，自暴自弃，自甘堕落，缺德违法，有损门风，让父母蒙羞；

8. 对父母态度不好，不包容父母习惯，在外不给父母报平安，不敬重长者，不关爱老人；

9. 父不慈子不孝，忠孝不能两全。

无“礼”有九

1. 言谈举止粗俗，衣着仪表不端，不尊重上级，妄议、非议领导干部，不知书达礼，不贤惠，家暴，保守欺生；

2. 不守纪律，不讲规矩，违法乱纪；

3. 伤风败俗，践踏公序良俗、人伦大道，固守陈规陋习，信奉封建迷信，染习黄赌毒；

4. 破坏公物，践踏花草，公共场所吸烟，随意燃放烟花炮竹，噪声扰民；

5. 乱搭乱建，房前屋后脏乱差；

6. 超门店经营，占道经营，不排队守秩序，不礼让病残弱孕，家禽宠物缺少管理；

7. 环境卫生秩序差，乱扔垃圾，乱堆乱放，乱泼乱倒，乱贴乱挂，乱停乱靠；

8. 不文明观影，不文明旅游，不文明餐饮，不文明出行，危险驾车，当怒车族，行人不走斑马线，不走人行道；

9. 家庭家风家教不严，不尊师重教，不参加文体活动，教子无方，忽视言传身教。

不“义”有九

1. 见利忘义，不给好处不办事，给了好处乱办事；

2. 恩将仇报，多行不义；

3. 做酒肉朋友，出卖朋友，不守信誉，不讲道义；

4. 不敢伸张正义，不敢亮剑，见风使舵，当变色龙；

5. 不仗义，背信弃义，落井下石；

6. 胸中无大义，做人不仁义，无情无义，见死不救；

7. 不担当，逃避责任，推脱责任，不负责任；

8. 忘恩负义，一有事情就找你，解决不了就骂你，出了问题还告你；

9. 黑白颠倒，无中生有，捕风捉影，诬告陷害他人。

无“信”有九

1. 为人不诚，坑蒙拐骗，谎话连篇，名声不好，欠债不还；

2. 不守合同，不守信践诺；

3. 不讲质量，掺杂使假，假冒伪劣，制假、售假；

4. 泯灭人性，荼毒生灵，不择手段，做人做事不讲良心；

5. 言而无信，说了不做，定了不干，信口开河乱表态，说空话说假话；

6. 言行不一致，当面一套、背后一套，搞阴谋诡计；

7. 当老赖，打入失信黑名单；

8. 造谣、信谣、传谣，恶意诽谤、诋毁他人；

9. 承诺了的事、定了的事，没做好，不能按时完成，辜负信任，把好事搞砸了。

不“简”有九

1. 乱接天线，一心想着拉关系、走后门，搞小圈子；

2. 小题大做，胡思乱想，简单问题复杂化，人际关系庸俗化、恶俗化；

3. 喜欢挑刺儿，找毛病，没有建设性，门好进、脸好看、事难办；

4. 事无巨细，面面俱到，因小失大，捡芝麻丢西瓜，不会做大事，只能做小事；

5. 主次不分，轻重不分，好坏不分，眉毛胡子一把抓；

6. 欲望过高，贪图享受，名利思想太重，为功名利禄所困；

7. 当官老爷，四平八稳，议而不决，欠拖不决，架子大，办事拖泥带水，服务生冷硬，手续繁、程序多、效率低；

8. 不直爽、好绕弯，文山会海，会议多、文件多，讲话长、发文长；

9. 逢事请客送礼，人情风泛滥成灾，婚丧喜庆活动名目多、规模大、范围广、档次高、桌数多、礼金高、车队长。

不“俭”有九

1. 好吃懒做，不勤奋怕吃苦，两手向上等靠要，追求一夜暴富；

2. 铺张浪费，大手大脚，大操大办；

3. 透支消费，追求豪车、名牌，要高价彩礼，建豪宅、修豪墓；

3. 抹牌来赌，混日子，得过且过，小富即安；

4. 浪费水、电、粮食、纸张、能源、土地等；

5. 贪大求洋，超面积建房，资产闲置；

6. 虚荣爱面子，跟风攀比，炫富比阔；

7. 爱占小便宜；

9. 为官不廉，贪赃枉法，唯利是图，见钱眼开。

不“平”有九

1. 望人穷，望人出事，幸火乐祸；

2. 心态不正，心不平、气不和，和别人过不去，也和自己过不去；

3. 爱钻牛角尖，爱抱怨，好牢骚，偏执、固执，动不动就上访；

4. 重名利，不知足；

5. 心高气傲，爱听好话，受不得批评；

6. 看不惯，想不开，拿得起，放不下；

7. 忌贤能，度量窄，爱纠缠，小气多；

8. 斤斤计较，生怕吃一点亏，功利色彩浓；

9. 经不起挫折，没有定力。

不“顺”有九

1. 守旧、保守、迂腐、呆板，不学习、不进化，老一套、想当年，因循守旧；

2. 心气不顺，看什么都不顺，对抗组织，不服管理，屡教不改；

3. 拍脑袋决策、拍胸脯保证、拍屁股走人，办事不深入、不具体，做事很随意、无计划；

4. 违背科学规律，凭感觉、靠经验办事，蛮干，任性，意气用事；

5. 心态坏了，不识时务，不顾大局，不明事理，不知进退，不知趣、不忍让；

6. 坐井观天，夜郎自大，不知敬畏，不守底线，我行我素；

7. 违背历史潮流、时代大势，开倒车，倒行逆施，逆势而行，逆天行事；

8. 脱离群众，违背民意，劳民伤财，民声鼎沸，引发众怒；

9. 杀鸡取卵，急功近利，毁林开荒，恶性开采，灭绝捕杀，拦河建房等违天逆道。

不“和”有九

1. 人与人之间好猜忌，看起来团团伙伙，实际上同而不和，窝里斗；

2. 冒天下之大不韪，违背天地万物运行规律及人伦大道；

3. 心术不正，无中生有，对人冷漠，没有爱心，同情心差，不做善事；

4. 包容心差，不懂得尊重，家庭不和；

5. 胡搅蛮缠，惹是生非，无理取闹，不换位思考；

6. 不讲道义，不守信誉，人际关系不畅，无真心朋友；

7. 潜规则，漠视群众疾苦，民生困难，民风不正，文化凋敝，社会不和谐；

8. 唯我独尊，听不进去不同意见，苛责别人，放纵自己；

9. 污染环境，破坏生态，影响人与自然和谐相处，乱排有害物质。

大事记

1月

1日　市委副书记、代市长陈新武到房县调研经济社会发展情况。县领导蔡贤忠、纪道清、肖大有、付必久、李志权一同调研。

2日　县委书记、县人大常委会主任蔡贤忠在县财政局一楼会议室主持召开县委常委会及四家班子联席会，传达贯彻相关会议精神，研究部署当前重点工作。

10日　县委书记蔡贤忠、县长纪道清率房县党政代表团到北京市房山区开展对口协作工作。房山区委书记曾赞荣、区长陈清，房县领导王家波、高明哲、陈刚、付必久、丁选清、赵修建、龙德斌出席座谈会。

11日　县委书记、县人大常委会主任蔡贤忠一行前往水利部汇报水利扶贫和房县重点水利项目建设工作。县领导王家波、高明哲、陈刚、付必久参加汇报座谈。

12日　市委政法委副书记、市维稳办主任万平率市委第四考核组对房县进行重要工作检查考核及述职评议会议。

16日　县委副书记、县长纪道清一行慰问部分离退休老干部、优秀党员、生活困难群众和党员。县领导陈刚、柯正洪、张光斌参加慰问。

19日　2017年离退休干部迎新春座谈在县老年大学召开。县领导纪道清、王家波、肖大有、陈刚、付必久、谢永翔、张光斌出席座谈会。

22日　县委书记、县人大常委会主任蔡贤忠在县委常委会议室主持召开县委常委会，研究讨论相关事宜。在家县委常委出席会议，县政协主席徐锦凤、县人大常委会副主任高明哲、副县长柯正洪、俞飞列席会议。

22日　县委常委班子在县委常委会议室召开专题民主生活会。县委常委蔡贤忠、纪道清、王家波、王宇星、祁国鹏、肖大有、陈刚、高勇、阮登香、付必久出席会议，县政协主席徐锦凤、县人大常委会副主任高明哲列席会议。市委换届风气第三巡察组组长王亚青到会指导。

24日　房县第二届在外成功人士回归创业大会在天悦温泉会议中心成功举办。260余名房县籍在外创业成功人士及返乡创业企业代表汇聚一堂，交流创新创业经验，共商房县发展大计。会议现场签约7个项目，总投资达34亿元。

24日　副市长王晓到红塔镇李湾村低保户田明芳、龚仁兰和困难残疾人邵定炳家中开展慰问送温暖活动。县委副书记、县长纪道清，副县长王玲一同参加慰问活动。

25日　县委书记、县人大常委会主任蔡贤忠到军店镇中村村，看望慰问困难群众，与贫困户代表共谋脱贫大计。县委副书记王家波，县委常委、县委办主任付必久一同看望慰问。

2月

5日　全县三级干部会议在县影剧院隆重召开。会议对2016年工作进行总结回顾，对2017年工作进行安排部署，动员全县上下收心归位，凝心聚力，务实重行，真抓实干，奋力打赢精准扶贫精准脱贫攻坚战，推动全县经济社会健康快速发展。县委书记、县人大常委会主任蔡贤忠，县委副书记、县长纪道清分别作了重要讲话。

全县2017年精准扶贫精准脱贫誓师大会暨农业农村、竹房城镇带建设工作会议在县影剧院召开。县委书记、县人大常委会主任蔡贤忠领诵誓词并作重要讲话。县委副书记、县长纪道清主持会议。

7日　县委副书记、县长纪道清到县部分工业、商贸企业实地调研。县人大常委会常务副主任高明哲一同调研。

9日　房县一年一度正月十三大巡游活动举行。

中共房县第十四届纪律检查委员会第二次全体（扩大）会议在县影剧院召开。县委书记蔡贤忠出席会议并讲话。

10日　全县政法综治、信访维稳和安全生产工作会议在县影剧院召开。县委书记、县人大常委会主任蔡贤忠出席会议并讲话。

全县公安工作会议在县公安局会议室召开，全面安排部署2017年度各项公安工作。县领导蔡贤忠、纪道清、王家波、徐锦凤、高明哲、祁国鹏、肖大有、柯正洪出席会议。

11日　全县计生工作会议在县中医院会议室召开。县委书记、县人大常委会主任蔡贤忠出席会议并讲话，县委副书记、县长纪道清主持会议，县领导王家波、高勇、谢永翔、冉瑶函、张蕊出席会议。

11至12日　由原商务部市场秩序司司长、巡视员、全国中药材物流专家委员会主任温再兴等专家组成的调研组一行到房县考察道地中药材产量、市场、产业发展及仓储物流情况。

13日　房县召开2017年金融工作座谈会，回顾总结2016年度金融工作情况，研究部署2017年金融工作。县领导蔡贤忠、纪道清、肖大有、付必久、丁选清出席会议。

14日　全县2017年重大项目集中开工暨北城工业园区标准化厂房建设开工仪式在北城工业园举行。县委书记、县人大常委会主任蔡贤忠宣布开工。

15日　县委副书记、县长纪道清在县财政局一楼会议室主持召开全县工业经济工作座谈会。县委常委、常务副县长肖大有，副县长丁选清出席会议。

16日　市政协主席师永学，副市长王晓，市政协副主席崔晓宏、朱云慧，市政协秘书长李跃一行到房县调研。县领导蔡贤忠、纪道清、王家波、徐锦凤、高明哲、王宇星、祁国鹏、陈刚、高勇、阮登香、付必久、俞飞一同调研并出席座谈会。

17日　县委书记、县人大常委会主任蔡贤忠先后到化龙堰镇上营村、红塔镇油坪村、国营付家湾苗圃等地，就苗木基地建设现场调研。县委常委、县委办主任付必久，副县长董诠闻一同调研。

20日　县委副书记、县长纪道清主持召开交通项目现场办公会，研究部署“一站两路”项目建设。县领导祁国鹏、肖大有、丁选清参加会议。

21日　县委书记、县人大常委会主任蔡贤忠在县委常委会议室主持召开县四家班子联席会议，传达学习相关会议精神，研究2017年全县130个重点项目推进中存在的问题和困难。

房县人民政府与十堰市农商银行联合举行2017年“同心共赢”政银企战略合作签约会。县人民政府及部分企业获得农商银行签约授信13亿元。县委书记、县人大常委会主任蔡贤忠出席签约会并讲话，县委副书记、县长纪道清致辞，并代表房县人民政府与十堰市农商银行签署战略合作协议，副县长丁选清主持签约会。

22日　天风证券股份有限公司房县营业部开业暨天风证券房县扶贫工作站揭牌仪式在人和路举行。县委书记、县人大常委会主任蔡贤忠，天风证券产品服务部总经理胡扬飞为扶贫工作站揭牌。县领导付必久、丁选清出席揭牌仪式。

24日　在第39个植树节即将来临之际，县委书记、县人大常委会主任蔡贤忠，县委副书记、县长纪道清带领3000余名县直机关党员干部开展新春义务植树活动。

25日　县委书记蔡贤忠在化龙堰镇高桥村组织召开精准扶贫工作现场办公会，专题讨论研究推进高桥村精准扶贫和整村推进工作。县领导王家波、徐锦凤、肖大有、付必久、董诠闻参加会议。

28日　省政协常务副主席陈天会到房县专题调研脱贫攻坚“春季攻势”工作。市委书记张维国，市政协主席师永学，市委常委、市委秘书长张慧莉，市政协副主席柯大成，市政协秘书长李跃，县领导蔡贤忠、纪道清、王家波、徐锦凤、付必久先后陪同调研。

3月

2日　县委副书记、县长纪道清在县政府会议室主持召开一季度“开门红”工作专题督办会。县委常委、常务副县长肖大有参加会议。

3日　县人民政府与十堰亨运集团签约房县物流中心项目。县领导蔡贤忠、纪道清、王家波、徐锦凤、高明哲，十堰亨运集团董事长张建忠出席签约仪式。

全县光伏扶贫项目工作专题会议在县政府会议室召开。县领导蔡贤忠、纪道清、王家波、肖大有、付必久、丁杰、董诠闻出席会议。

6日　县委书记、县人大常委会主任蔡贤忠在县委常委会议室主持召开县四家班子联席会及县委常委会议，开展县委中心组集中学习，传达相关会议精神，研究相关事项。

县人民检察院2017年度检察工作暨“服务项目建设年”动员会在县人民检察院会议室召开。县委书记、县人大常委会主任蔡贤忠出席会议并讲话，县委常委、政法委书记祁国鹏主持会议。

7日　庆“三八”优秀妇女代表座谈会在县财政局一楼会议室召开。县领导蔡贤忠、徐锦凤、阮登香、张蕊出席会议。

县十八届人大常委会第一次会议在县人大会议室召开，任命新一届政府组成人员并进行宪法宣誓。县委书记、县人大常委会主任蔡贤忠出席会议并讲话。县领导纪道清、高明哲、李志权、胡维英、谢永翔、丁杰、冉瑶函、赵修建参加会议。

8日　房县黄酒产业发展座谈会在县委常委会议室召开，中国食品发酵工业研究院专家为我县黄酒产业发展出谋划策。县领导蔡贤忠、高明哲、付必久出席座谈会。

8—9日　市委常委、宣传部部长周锋到房县调研文化产业发展。县委书记、县人大常委会主任蔡贤忠，县委常委、宣传部部长高勇一同调研。

9日　中国水务集团非执行董事赵海虎一行到房县洽谈城市供排水合作项目。县领导蔡贤忠、王家波、肖大有、付必久、叶珉、刘庆海参加洽谈会。

10日　县委十四届二次全体（扩大）会议暨全县党建会议在县财政局九楼会议室召开。县委书记、县人大常委会主任蔡贤忠作重要讲话。

县委书记、县人大常委会主任蔡贤忠主持召开县委班子民主生活会情况通报暨乡镇党委（战线工委）书记抓基层党建工作述职评议会。十堰市委组织部办公室主任姚平到会指导。

房县召开精准扶贫“春季攻势”暨信访维稳座谈会，安排部署精准扶贫、信访维稳等重点工作。县委书记、县人大常委会主任蔡贤忠出席会议并作重要讲话。县委副书记王家波主持会议。县领导徐锦凤、高明哲、王宇星、肖大有、付必久、丁杰参加会议。

14日　市委副书记、政法委书记胡超文到房县调研经济社会发展情况。县领导蔡贤忠、王家波、祁国鹏、付必久、柯正洪参加调研。

省水利厅党组成员、副厅长周汉奎带领省粮食安全责任制第五考核组到房县实地考核粮食安全责任制落实情况。县委副书记、县长纪道清，副县长冉瑶函参加考核反馈会。

15日　十堰市、襄阳市、神农架林区脱贫攻坚“春季攻势”调研座谈会暨十堰市金融扶贫现场会在房县召开。省扶贫办党组成员、副主任项克强，十堰市委副书记、政法委书记胡超文，市扶贫办主任彭文军，县委书记、县人大常委会主任蔡贤忠，县委副书记、县长纪道清参加会议。

16日　丹江口市人大常委会主任潘新萍，政协主席田玉玲一行到房县参观考察。县领导蔡贤忠、徐锦凤、高明哲、付必久、柯正洪、张光斌一同考察。

20日　县委书记、县人大常委会主任蔡贤忠专题调研方家畈水库建设项目。县委常委、县委办公室主任付必久参加调研。

县委书记、县人大常委会主任蔡贤忠到湖北鸿洋天然养殖有限公司调研生态农产品基地建设工作。县委常委、县委办公室主任付必久参加调研。

21日　县委书记、县人大常委会主任蔡贤忠在县委常委会议室主持召开县委常委会，学习传达习近平总书记在中央政治局第39次集体学习会议上的重要讲话精神，安排部署精准扶贫工作。在家县委常委出席会议，县政协主席徐锦凤，县人大党组书记、常务副主任高明哲列席会议。

22—26日　县委书记、县人大常会主任蔡贤忠一行赴浙江省绍兴市、江苏省无锡市、上海市考察黄酒产业，开展招商引资。县领导高明哲、李相明、丁选清一同考察。

29日　省交通厅总工程师姜友生、省公路局局长熊友山一行到房县参观道路“畅安舒美”工程。市委常委、常务副市长傅继成，县领导蔡贤忠、纪道清、丁选清参加活动。

30日　县委书记、县人大常委会主任蔡贤忠在县委常委会议室主持召开县委常委会，学习传达相关精神，研究讨论相关工作。县人大常委会党组书记、常务副主任高明哲列席会议。

31日　县委书记、县人大常委会主任蔡贤忠在县财政局一楼会议室主持召开县精准扶贫作战指挥部第十五次指挥长办公会议，安排部署当前精准扶贫重点工作。县领导纪道清、王家波、高明哲、陈刚、高勇、付必久、丁杰、董诠闻出席会议。

4月

1日　丹江口市“抓党建促脱贫攻坚”村干部培训班学员到房县学习参观。县领导蔡贤忠、陈刚、付必久出席活动。

2日　上海高诚科技创意集团设计团队到房县考察黄酒产业发展情况，就黄酒企业包装、黄酒文化旅游融合发展工作达成合作意向。县领导蔡贤忠、纪道清、高明哲、丁选清出席活动。

5日　县委书记、县人大常委会主任蔡贤忠，县委副书记、县长纪道清到城区部分重点项目建设现场进行实地调研。县领导王家波、肖大有、付必久、李志权、柯正洪、丁选清、邓华明、张光斌参加调研。

7日　全市县域经济工作会议暨一季度重点项目拉练现场会在房县分会场举行。市领导陈新武、师永学、张歌莺、周锋带领与会代表到房县参观考察。县领导蔡贤忠、纪道清、王家波、肖大有、李志权、丁选清、邓华明、张光斌一同参观考察。

9日　县委书记、县人大常委会主任蔡贤忠主持召开县四家班子联席会，传达全市招商引资暨第一季度重点项目拉练会议精神，安排部署房县招商引资和重点项目建设工作。

13日　县委副书记、县长纪道清主持召开十八届政府城乡规划委员会第四次会议，讨论相关工作。县领导肖大有、付必久、李志权参加会议。

16日　省委办公厅组织举办“推进安全生产领域改革发展”专题讲座电视电话会议。在家县四家班子领导在房县分会场收看会议实况。

20日　县委副书记、县长纪道清在县财政局一楼会议室主持召开外贸出口工作座谈会。县领导肖大有、李志权、丁选清参加会议。

21日　十堰市直单位帮扶房县片区精准扶贫座谈会在房县天悦会议中心召开。市政协副主席柯大成、市政协秘书长李跃，县领导纪道清、王家波、徐锦凤、陈刚、张光斌参加会议。

房县文明城市创建及人情新风现场会在回龙乡黑樟沟村召开。县委书记、县人大常委会主任、县文明委主任蔡贤忠作出重要批示。

2017年“书香房陵·朗读者”全民读书月活动启动仪式在县文体局举行。县委书记、县人大常委会主任蔡贤忠委托县人大常委会副主任谢永翔，向全县干部群众推荐阅读《习近平总书记系列重要讲话读本（2016年版）》《塘约道路》《城市运营：面向未来的城市供给侧变革》《移风易俗与秦汉社会》四本好书。县委常委、宣传部部长高勇，县政协副主席张蕊参加活动。

22日　全市一季度重点组织工作拉练会在房县召开。市委常委、组织部部长刘荣山带领各县、市（区）组织部部长对房县组织工作进行观摩。县领导纪道清、王家波、陈刚、付必久一同观摩。

24日　县委书记、县人大常委会主任蔡贤忠在县委常委会议室主持召开县委常委会议，学习相关会议、文件精神，审议相关文件。县人大党组书记、常务副主任高明哲列席会议。

25日　全县招商引资工作大会在县财政局九楼会议室召开。县委书记、县人大常委会主任蔡贤忠作重要讲话，县委副书记、县长纪道清主持会议。

26日　全省党风廉政警示教育大会暨第十八个党风廉政建设宣传教育月活动视频会召开。县领导蔡贤忠、王宇星、肖大有、陈刚、高勇、付必久在房县分会场收听收看会议实况。

27日　全省、全市推进“两学一做”学习教育常态化制度化工作电视电话会议相继召开。县领导蔡贤忠、王宇星、祁国鹏、肖大有、陈刚、付必久在房县分会场收听收看会议实况。

26—27日　中航工业集团办公厅高级专务、副主任张福君率中航工业集团下属航宇公司、天虹商场等子公司负责人到房县考察投资事宜。领导蔡贤忠、肖大有、付必久、丁选清、张蕊出席对接座谈会。

28日　房县庆祝第128个“五一”国际劳动节暨劳模表彰大会在县影剧院举行。县领导王家波、高明哲、王宇星、祁国鹏、肖大有、陈刚、高勇、阮登香、付必久、张光斌出席大会。

5月

2—3日　县委书记、县人大常委会主任蔡贤忠先后到上龛乡、门古寺镇调研精准扶贫工作。县委常委、县委办主任付必久，县人大常委会副主任丁杰参加调研。

3日　市委书记、市人大常委会主任张维国到门古寺镇项家河村调研精准扶贫工作。市委常委、丹江口市委书记孙咏平，县领导蔡贤忠、王家波、付必久、丁杰参加调研。

5日 县委书记、县人大常委会主任蔡贤忠到尹吉甫镇珠藏洞村暗访检查精准扶贫工作。县委常委、县委办主任付必久，县人大常委会副主任李志权参加暗访检查。

全省2017年度防汛抗旱暨推行河长制工作视频会议在武汉召开。县领导蔡贤忠、王家波、邵吉民、董诠闻在房县分会场收听收看会议实况。

6—7日 县委副书记王家波带领乡镇党委书记和县直相关部门主要负责人赴丹江口市、郧阳区学习考察精准扶贫工作。县领导王宇星、肖大有、陈刚、丁杰、董诠闻参加考察。

9日 县委副书记王家波到土城、大木厂镇，对精准扶贫工作队驻村帮扶和脱贫措施落实情况进行暗访抽查。

11日 原省人大常委会副主任、省国际文化交流中心理事长赵斌一行到房县调研经济社会发展情况。市人大常委会副主任袁新云，县领导蔡贤忠、高明哲、付必久陪同调研。

13日 房县招商引资专题培训会在县财政局九楼会议室召开，特邀荆门市招商局党组成员、副局长王渊做专题讲座。

房县学习贯彻党的十八届六中全会精神培训班在县影剧院举行，市委党校教授康伟作《坚定不移推进全面从严治党》专题培训讲座。县委副书记王家波作培训讲话，县领导陈刚、付必久、俞飞参加会议。

14日 省委组织部副部长蔚盛斌一行到房县调研基层党建和抓党建促脱贫攻坚工作。市委副书记、政法委书记胡超文，县领导蔡贤忠、王家波、陈刚、付必久一同调研。

16日 市政协主席师永学，副主席程登明、朱云慧一行到扶贫联系点化龙堰镇高桥村调研精准扶贫工作。县委书记、县人大常委会主任蔡贤忠，县政协主席徐锦凤一同调研。

房县生物医药产业领导小组专题会议在县财政局一楼会议室召开。县领导纪道清、李志权、李相明、丁选清、李弘弢、邓华明出席会议。

17日 房县黄酒产业研讨会在县委常委会议室召开，中国食品发酵工业研究院专家团队为房县黄酒产业发展出谋划策。县领导蔡贤忠、高明哲、肖大有、李相明出席研讨会。

省、市相继召开运用大数据对精准扶贫政策落实情况监督检查工作动员部署视频会。县领导蔡贤忠、纪道清、王家波、王宇星、董诠闻在房县分会场收听收看会议实况。

房山区政协主席赵佳琛、区委常委、统战部部长王明哲一行到房县考察对口帮扶项目。县领导纪道清、王家波、徐锦凤、阮登香、丁选清、赵修建、张光斌一同考察。

18日 省人大常委会原党组书记、常务副主任李春明率部分驻鄂全国人大代表到房县调研竹房城镇带城乡一体化建设。市人大常委会党组书记、常务副主任张歌莺，市人大常委会副主任刘学华，县领导蔡贤忠、纪道清、王家波、高明哲、付必久、谢永翔一同调研。

19日 天风证券与房县“一司一县”结对帮扶工作落实推进会暨企业帮扶合作签约仪式在天悦酒店五楼会议室举行，天风证券与神农本草、星源科技、天龙石墨等企业签订入驻服务协议。县领导蔡贤忠、纪道清、高明哲、肖大有、丁选清，天风证券副总裁刘翔出席签约仪式。

22日 县委书记、县人大常委会主任蔡贤忠在县委常委会议室主持召开县委常委会，研究讨论“三个三分之一”工作法及其他重点工作。县委副书记、县长纪道清，县委副书记王家波，县委常委王宇星、祁国鹏、肖大有、陈刚、高勇、阮登香、付必久出席会议。县领导徐锦凤、谢永翔、李相明、柯正洪、董诠闻、丁选清列席会议。

23日 县委书记、县人大常委会主任蔡贤忠在财政局一楼会议室主持召开县委理论学习中心组（扩大）会，邀请市扶贫办主任彭文军作精准扶贫工作专题讲座。县委理论学习中心组成员参加专题学习。

房县精准扶贫工作推进会在县财政局九楼会议室召开，会议通报当前精准扶贫工作形势与任务，安排部署近期重点工作。

房县运用大数据对精准扶贫政策落实情况进行监督检查工作动员部署会在县财政局九楼会议室召开。县委书记、县人大常委会主任蔡贤忠出席会议并讲话。县委常委、纪委书记王宇星主持会议。县人大常委会副主任丁杰、副县长董诠闻参加会议。

24日　县委书记、县人大常委会主任蔡贤忠一行到门古寺镇项家河村调研精准扶贫和农村基层党建工作，并在项家河村召开现场办公会，研究谋划项家河村脱贫攻坚和整村推进工作。县领导肖大有、陈刚、付必久参加调研和会议。

25—26日　县委副书记、县长纪道清相继主持召开专题会议，研究部署全县精准扶贫水、电、路、通信网络等生产生活条件改善项目的推进工作。县领导王家波、肖大有、董诠闻、丁选清参加会议。

6月

2日　全省党的群团改革工作推进电视电话会召开。县委副书记王家波，县委常委、统战部部长阮登香在房县分会场收听收看会议实况。

7日　县委书记、县人大常委会主任蔡贤忠在县委常委会议室主持召开县委常委会，研究部署冲刺“双过半”工作及其他重点工作。县委副书记、县长纪道清，县委副书记王家波，县委常委王宇星、祁国鹏、肖大有、陈刚、高勇、阮登香、付必久出席会议。县领导徐锦凤、高明哲、董诠闻、丁选清、王玲列席会议。

9日　县委书记、县人大常委会主任蔡贤忠在县财政局一楼会议室主持召开县精准扶贫作战指挥部第十七次指挥长办公会。县领导纪道清、王家波、徐锦凤、王宇星、肖大有、高勇、付必久、董诠闻、丁选清、袁堂珍参加会议。

10日　县委书记、县人大常委会主任蔡贤忠率党政考察团赴陕西省周至县考察学习水街建设与运营管理。县委常委、常务副县长肖大有，县委常委、县委办主任付必久一同考察。

11日　县委副书记、县长纪道清一行先后到湖北武当动物药业有限责任公司、湖北星源科技有限公司、神农本草中药饮片有限公司、房县聚达食品有限公司进行调研。县人大副主任李志权，副县长丁选清一同调研。

12日　全县精准扶贫问题整改督战会在县影剧院召开。县委书记、县人大常委会主任蔡贤忠出席会议并讲话，县委副书记、县长纪道清主持会议。

13日　市人大常委会党组书记、常务副主任张歌莺一行到房县督导“聚力脱贫攻坚、五级代表在行动”活动。市人大常委会秘书长王有群，县领导蔡贤忠、高明哲、丁杰一同调研。

县委书记、县人大常委会主任蔡贤忠到部分重点项目及重点企业进行调研。县领导祁国鹏、付必久、丁选清参加调研。

14日　县委副书记、县长纪道清到尹吉甫镇调研经济社会发展情况。

15日　市财政局局长赵国平带领市财政收入“双过半”专项督查组到房县督办检查相关工作。县委副书记、县长纪道清，县政府党组成员熊祖友参加督办检查汇报会。

16日　县委书记、县人大常委会主任蔡贤忠在县委常委会议室主持召开黄酒产业领导小组专题会议。县领导高明哲、肖大有、李相明、丁选清、刘庆海参加会议。

全县第十六个“安全生产月”咨询日活动在县寿康永乐生活广场举行。县领导蔡贤忠、纪道清、付必久、李相明、丁选清、袁堂珍在现场参加活动。

19日　全省运用大数据对精准扶贫政策落实情况进行监督检查第二巡查督导组组长高金章一行到房县开展巡查督导工作，并召开座谈会。县领导蔡贤忠、王家波、王宇星参加座谈会。

20日　县委书记、县人大常委会主任蔡贤忠，县委副书记、县长纪道清在县委常委会议室专题听取城区西街、北街、东关片区棚户区改造工作进展情况及西关老街规划设计方案汇报。县领导肖大有、付必久、刘庆海、周天明参加会议。

21日　全县重点项目拉练会召开，县委书记、县人大常委会主任蔡贤忠，县委副书记、县长纪道清率县四家班子领导到部分重点项目建设工地，现场督办检查项目建设工作。

22日　在“七一”建党节即将来临之际，县委书记、县人大常委会主任蔡贤忠看望慰问离休老党员王云龙，并通过他向全县广大党员致以节日的祝贺和亲切问候。县委常委、县委办主任付必久参加慰问。

县委书记、县人大常委会主任蔡贤忠，县委副书记、县长纪道清在县委常委会议室专题听取县一中迁建规划设计方案汇报。县领导王家波、肖大有、高勇、付必久、李志权、张光斌、周天明参加会议。

湖北银行十堰分行行长付长清一行，到房县考察洽谈建立分行筹备事宜。县委副书记、县长纪道清，县委常委、常务副县长肖大有出席洽谈会。

26日　市政协主席师永学到房县精准扶贫驻村帮扶点化龙堰镇高桥村，看望慰问困难党员。县委副书记、县长纪道清，县政协主席徐锦凤参加慰问活动。

29日　全市宣传思想文化系统半年工作会暨移风易俗现场会在房县召开。市委常委、宣传部长周锋，县委副书记、县长纪道清，县委常委、宣传部部长高勇，市直宣教战线各单位负责人及各县（市、区）宣传部长参加会议。

7月

1日　房县召开传达省第十一次党代会精神暨庆祝中国共产党成立96周年大会。

省发改委主任刘晓鸣到房县调研对口帮扶工作。市委副书记、市长陈新武，县领导蔡贤忠、纪道清、高明哲、肖大有、付必久陪同调研。

4日　县委书记、县人大常委会主任蔡贤忠到土城镇土城村专题调研黄酒民俗文化村建设。县人大常委会党组书记、常务副主任高明哲，县委常委、县委办主任付必久一同调研。

5日　湖北工业大学党委书记周应佳一行到房县就推进房县黄酒产业发展，加强政校合作，与房县人民政府签订合作协议。市委常委、组织部部长刘荣山，县领导蔡贤忠、高明哲、陈刚、丁选清出席签约仪式。

忠和酒业投资10万吨黄酒（料酒）生产项目在房县举行开工仪式。县委书记、县人大常委会主任蔡贤忠出席开工仪式并致辞，北京忠和酒业集团董事长王忠朝代表企业发言。

7日　市政协主席师永学带队到哈尔滨葵花药业集团考察，就葵花药业在房县投资中药饮片和白芨基地项目进行洽谈。市政协副主席程登明、秘书长李跃，县委副书记、县长纪道清参加考察。

8日　县委书记、县人大常委会主任蔡贤忠专题调研观音洞风景区建设。县领导阮登香、付必久、柯正洪一同调研。

13日　县委书记、县人大常委会主任蔡贤忠在县委常委会议室主持召开县委常委会议，听取全县上半年各项经济指标完成情况，安排部署全县经济运行、招商引资、项目建设等相关工作。

县委副书记、县长纪道清，县委副书记王家波，县委常委王宇星、祁国鹏、肖大有、陈刚、高勇、阮登香、付必久出席会议。县领导高明哲、李相明、丁选清列席会议。

14日　房县开展2017年第二季度精准扶贫拉练活动，分析总结前一阶段精准扶贫工作，并就下一阶段精准扶贫工作进行安排部署。县领导蔡贤忠、纪道清、王家波、王宇星、肖大有、陈刚、丁杰、董诠闻参加活动并出席座谈会。

全国爱国卫生运动委员会在国家卫计委疾病预防控制局官网发布公告，公布《全国爱卫会关于命名2014—2016年度周期国家卫生县城（乡镇）的决定》，房县县城被正式命名为“国家卫生县城”，野人谷镇被正式命名为“国家卫生乡镇”。

16日　县委书记、县人大常委会主任蔡贤忠到野人谷镇漆场村调研深度贫困村精准扶贫工作。县领导王家波、付必久、董诠闻一同调研。

21日　市委书记张维国带领全市第二季度重点项目拉练活动与会人员到房县参观考察北城工业园整体布局情况，了解入驻企业情况。市政协主席师永学，市人大常委会党组书记、常务副主任张歌莺，市委常委、市委秘书长张慧莉，县领导蔡贤忠、纪道清、高明哲、肖大有、付必久、丁选清、袁堂珍一同参加考察。

24日　县委副书记、县长纪道清带领相关县直单位主要负责人到金裕石材、黄酒民俗村项目现场，专题研究解决企业上市及项目建设中存在的困难。县领导高明哲、丁选清、叶珉参加活动。

25日　副市长王晓带领市水利水电局、市环保局等督导组成员到房县就环保督察交办案件整改进展情况现场督导。县委副书记、县长纪道清，副县长王玲陪同检查。

30日　副省长周先旺一行到房县调研工业经济、安全生产等工作。市委书记张维国，市委副书记、市长陈新武，市委常委、市委秘书长张慧莉，副市长王晓，市政府秘书长柯贤国，县领导蔡贤忠、纪道清、肖大有、付必久、丁选清陪同调研。

31日　在建军节来临之际，副市长、公安局局长陈诚，县委书记、县人大常委会主任蔡贤忠走访慰问驻房武警官兵。县领导王家波、徐锦凤、高明哲、祁国鹏、肖大有、陈刚、付必久、万启武、柯正洪、王玲参加慰问活动或出席座谈会。

8月

1日　庆祝中国人民解放军建军90周年歌舞晚会在诗经广场举行。

2日　县委书记、县人大常委会主任蔡贤忠到青峰啤酒厂、尹吉甫艾叶种植基地进行调研。县委常委、县委办公室主任付必久一同调研。

4日　县委书记、县人大常委会主任蔡贤忠到迎宾公园、忠和酒业等地，看望慰问高温下坚守岗位的环卫工人和重点项目建设者。县委常委、统战部部长阮登香，县委常委、县委办主任付必久参加慰问活动。

6—7日　省政府驻上海办事处主任白富平带领部分上海湖北商会成员，到房县红塔镇兴胜村就开展结对帮扶工作进行调研。县领导蔡贤忠、纪道清、付必久、董诠闻参加调研活动。

8日　房县召开精准扶贫作战指挥部指挥长全体会议，传达学习省、市相关会议和文件精神，听取全县精准扶贫工作汇报，安排部署下阶段相关工作。县领导蔡贤忠、纪道清、王家波、高明哲、王宇星、陈刚、高勇、付必久、丁杰、冉瑶函、董诠闻、丁选清、袁堂珍出席会议。

9日　县委书记、县人大常委会主任蔡贤忠对党管意识形态及宣传思想工作进行专题调研。县委常委、宣传部部长高勇，县委常委、县委办主任付必久参加调研。

县委书记、县人大常委会主任蔡贤忠到忠和酒业10万吨黄酒（料酒）生产项目施工现场进行调研。县人大常委会党组书记、常务副主任高明哲，县委常委、县委办主任付必久一同调研。

县委书记、县人大常委会主任蔡贤忠在县委常委会议室主持召开专题会，听取中国食品发酵工业研究院黄酒产业链研究报告。县领导高明哲、付必久、李相明、刘庆海参加会议。

省农信联社党委书记、理事长李亚华一行到房县调研金融扶贫、“三大银行”建设、风险防控工作。市政协副主席郑文成，县领导蔡贤忠、纪道清、肖大有陪同调研。

10日　房县召开专题会议研究全县特色产业发展工作。县领导蔡贤忠、纪道清、王家波、高明哲、肖大有、付必久、谢永翔、丁杰、董诠闻、邓华明、张光斌、张蕊出席会议。

11日　县委书记、县人大常委会主任蔡贤忠在县委常委会议室主持召开县委常委会议，研究审议相关事项。县委副书记、县长纪道清，县委副书记王家波，县委常委王宇星、祁国鹏、肖大有、陈刚、高勇、付必久出席会议。县人大常委会党组书记、常务副主任高明哲列席会议。

房县在诗经文化广场举行“冲刺全国文明城·决战魅力中国城”网络投票电视网络直播活动，5000多市民现场为十堰竞演《魅力中国城》呐喊助威。县委书记、县人大常委会主任蔡贤忠作动员讲话。县委副书记、县长纪道清现场拉票。

房县在野人谷镇召开打造野人谷文化产业链超级IP研讨会。县委书记、县人大常委会主任蔡贤忠出席研讨会并作重要讲话。县领导王宇星、付必久、丁杰、刘庆海参加研讨会。

15日　县委副书记、县长纪道清在县财政局一楼会议室主持召开县政府第五次常务会，研究部署当前重点工作。县委常委、常务副县长肖大有，副县长柯正洪、冉瑶函、董诠闻、丁选清、王玲、李弘弢、俞飞、郑玉民，县政府党组成员叶珉、熊祖友、刘庆海、周天明参加会议。

16日　市人大常委会党组书记、常务副主任张歌莺一行到大木厂镇调研精准扶贫工作。县委副书记王家波陪同调研。

17日　省文化厅党组书记、厅长雷文洁到房县调研公共文化服务体系建设、文化遗产保护等工作。副市长刘运梅，县领导纪道清、高勇、冉瑶函一同调研。

18—19日　省发改委副主任刘海军一行到房县调研精准扶贫易地搬迁工作。市委常委、副市长王海丰，市发改委党组书记、主任欧阳立，县领导纪道清、王家波、陈刚、丁杰一同调研。

20—21日　全国人大常委会香港基本法委员会委员、香港执业大律师谭惠珠率领香港特别行政区全国人大代表到房县视察。省人大常委会副主任王玲，市委副书记、市长陈新武，市人大常委会党组书记、常务副主任张歌莺，市委常委、统战部部长沈学强，县领导纪道清、高明哲、付必久、胡维英、丁杰一同视察。

23日　省直机关工委常务副书记郭俊苹一行到房县调研督导精准扶贫工作。市委常委、市委秘书长、市直机关工委书记张慧莉，县领导纪道清、王家波、陈刚、付必久一同调研。

25日　县委书记、县人大常委会主任蔡贤忠带领县直相关部门负责人，到土城镇调研柳树垭森林公园滑雪场项目规划建设等工作。县委副书记王家波，副县长王玲参加调研。

29日　京粤港投资控股集团董事局主席李栋良一行到房县考察洽谈，并与县政府成功签约7个项目，总投资额达56亿元。县领导蔡贤忠、纪道清、李相明、丁选清、张蕊陪同考察并出席签约仪式。

30日　省委常委、襄阳市委书记、南河省级河长李乐成到房县调研“河长制”工作推进情况。副市长吴烨，县领导蔡贤忠、纪道清、董诠闻、王玲参加调研。

31日　省委第二巡视组在十堰市召开进驻房县、竹溪县、张湾区，开展扶贫领域专项巡视工作动员电视电话会议。县委书记、县人大常委会主任蔡贤忠作了表态发言。省委巡视组驻房县工作组成员和在家县四家班子领导在房县分会场收听收看会议实况。

9月

1日　县委副书记、县长纪道清在县政府三楼会议室主持召开环境保护工作专题会议，研究部署相关工作。副县长王玲出席会议。

房县创建省级食品安全城市推进会暨食安委第二次全会在县财政局一楼会议室召开。县领导纪道清、胡维英、冉瑶函、王玲、张蕊出席会议。

5日　全省国防教育月活动集中动员辅导视频会在电信公司召开。县领导蔡贤忠、纪道清、高勇、万启武在房县分会场收听收看会议实况。

市委常委、纪委书记杜海洋到土城镇葛坪河村调研精准扶贫工作。县委副书记王家波，县委常委、纪委书记王宇星一同调研。

县委书记、县人大常委会主任蔡贤忠在县委常委会议室主持召开专题会议，研究探索运用PPP模式助力城乡供排水一体化基础设施和黄酒民俗村提档升级建设推进工作。县领导纪道清、王家波、高明哲、肖大有、高勇、张光斌、叶珉、刘庆海参加会议。

6日　省食安办主任、省食品药品监督管理局党组书记、局长柯俊到房县调研食品药品安全监管工作。副市长刘运梅，县领导蔡贤忠、纪道清、冉瑶函一同调研。

6—7日　县委书记、县人大常委会主任蔡贤忠到深度贫困乡九道、上龛调研精准扶贫工作。县人大常委会副主任丁杰一同调研。

7日　市直单位帮扶房县精准扶贫工作座谈会在天悦酒店会议室召开。市政协主席师永学、副主席程登明、秘书长李跃、副秘书长林华，县领导蔡贤忠、纪道清、王家波、高明哲、陈刚、张光斌、袁堂珍、张蕊出席会议。

8日　在第33个教师节即将来临之际，县委书记、县人大常委会主任蔡贤忠到县一中看望慰问在教育一线辛勤工作的教师。县领导徐锦凤、高明哲、付必久、冉瑶函参加慰问活动。

12—13日　县委书记、县人大常委会主任蔡贤忠到深度贫困乡中坝乡专题调研精准扶贫工作。县委常委、县委办主任付必久，副县长丁选清参加调研。

13日　副市长刘运梅一行深到房县调研生物医药产业发展情况。县领导蔡贤忠、纪道清、李弘弢、邓华明参加调研和座谈。

14日　为迅速落实整改省委第二巡视组巡视“回头看”反馈房县行政中心多年闲置且很多单位在外租房办公问题，县委、县政府高度重视，及时召开专题会议研究部署，成立领导小组及4个工作组，制定整改方案，严格执行纪律要求，尽快入住县行政中心。截至9月14日，30个单位全部搬迁入住行政中心办公，无负面舆论信息，社会反响良好。

15日　全市“四双”驻村帮扶现场推进会在房县召开。市人大常委会党组书记、常务副主任张歌莺出席会议，副市长吴烨主持会议。县领导蔡贤忠、王家波、陈刚、董诠闻和驻十堰市中直、省直、市直扶贫工作队队长参加会议。

17—18日　省住建厅党组书记、厅长李昌海一行到房县调研督办乡镇污水治处理工作。副市长吴烨，县领导蔡贤忠、纪道清、高勇一同调研。

18日　全县精准扶贫“百日攻坚”动员会在县财政局九楼会议室召开。县委书记、县人大常委会主任蔡贤忠出席会议并讲话。

20日　省、市委相继召开加强县乡人大建设工作电视电话会。县领导蔡贤忠、高明哲、陈刚、李志权、胡维英、丁杰在房县分会场收听收看会议实况。

21日　县委书记、县人大常委会主任蔡贤忠在县委常委会议室主持召开县委常委会议，研究审议信访维稳安全生产、深化改革、巡察等相关工作。县委副书记、县长纪道清，县委副书记王家波，县委常委王宇星、祁国鹏、肖大有、陈刚、高勇、阮登香、付必久出席会议。县政协主席徐锦凤，县人大常委会党组书记、常务副主任高明哲列席会议。

房县在县公安局607会议室召开党的十九大安保维稳工作动员视频会，安排部署全县信访维稳、安全生产工作。县委书记、县人大常委会主任蔡贤忠出席会议并作重要讲话。县领导纪道清、祁国鹏、王家波、付必久、柯正洪参加会议。

26日　县委书记、县人大常委会主任蔡贤忠在县委常委会议室主持召开县五城联创工作会议。县领导纪道清、王家波、肖大有、陈刚、阮登香、谢永翔、冉瑶函、张光斌、刘庆海参加会议。

省、市相继召开长江经济带“共抓大保护，不搞大开发”及中央环保督查反馈整改工作视频会。县领导蔡贤忠、纪道清、王家波、付必久、冉瑶函在房县分会场收听收看了会议实况。

28—29日　省政协主席张昌尔一行到房县调研精准扶贫工作。市委书记、市人大常委会主任张维国，市委副书记、市长陈新武，市委常委、市委秘书长张慧莉参加调研。

30日　县委、县政府在烈士陵园举行大型烈士纪念活动。

县委书记、县人大常委会主任蔡贤忠在县委常委会议室主持召开县委常委会议，听取相关工作汇报，研究审议相关议题。县委副书记、县长纪道清，县委副书记王家波，县委常委王宇星、祁国鹏、肖大有、陈刚、高勇、阮登香、付必久出席会议。县政协主席徐锦凤，县人大常委会党组书记、常务副主任高明哲列席会议。

10月

6日　县委书记、县人大常委会主任蔡贤忠到土城镇黄酒民俗村、湖北金裕石材产业园调研重点项目建设情况。县委常委、县委办主任付必久，副县长丁选清一同调研。

7日　县委书记、县人大常委会主任蔡贤忠到军店镇军马村开展信访问题回访工作。县委常委、县委办主任付必久一同参加。

9日　县委书记、县人大常委会主任蔡贤忠在县委常委会议室主持召开抗灾救灾工作专题会议。县领导纪道清、王家波、付必久、丁杰、冉瑶函、董诠闻、郑玉民参加会议。

10日　市委副书记、市长陈新武率领全市第三季度重点项目拉练会与会人员到房县参观考察。市领导张歌莺、周锋、张慧莉、佘立柱，县领导蔡贤忠、纪道清、王家波、肖大有、高勇、阮登香、付必久、冉瑶函、董诠闻、丁选清一同考察。

13日　县委书记、县人大常委会主任蔡贤忠主持召开县委常委会会议，分析三季度各项经济指标完成情况，安排部署四季度及全年各项工作。在家县委常委出席会议，县政协主席徐锦凤，县人大常委会副主任李相明，副县长冉瑶函、丁选清，县政协副主席张蕊列席会议。

白鹤镇伏溪村发生特大型滑坡体险情，县委书记、县人大常委会主任蔡贤忠，县委副书记、县长纪道清，县委副书记王家波第一时间赶赴地灾现场，就群众安置、滑坡监测、灾害防御等工作现场研究解决方案。

13—14 日　副省长童道驰带领省民政、国土、交通等部门负责人一行到房县察看灾情，调研指导地质灾害治理和精准扶贫工作，并于 14 日晚连夜察看白鹤镇伏溪村山体滑坡灾情。市领导张歌莺、周锋、吴烨，县领导蔡贤忠、纪道清、王家波、肖大有、付必久、董诠闻一同察看抗灾自救工作。

14 日　房县在县财政局九楼会议室召开招商引资暨重点项目拉练会，总结今年以来全县重点招商引资和项目建设成果，分析查找存在的问题和不足。

16—17 日　市政协主席师永学率市第四指导组到房县就抗灾救灾、脱贫攻坚和维护稳定等重点工作开展指导、督导。市政协副主席朱云慧，市政协秘书长李跃，县领导蔡贤忠、纪道清、王家波、徐锦凤、肖大有、付必久、丁杰、柯正洪、董诠闻、张光斌一同调研并参加汇报会。

17 日　市委副书记、市长陈新武到白鹤、尹吉甫镇检查指导防汛救灾和地质灾害防治工作。县领导蔡贤忠、纪道清、董诠闻一同检查。

市委常委、市委秘书长张慧莉到房县督导和检查白鹤镇滑坡险情救灾抗灾工作。县领导蔡贤忠、王家波、付必久、董诠闻参加活动。

县委书记、县人大常委会主任蔡贤忠在白鹤镇主持召开白鹤镇地灾处理会商会，专题研究抗灾救灾和灾后安置重建工作。县领导纪道清、王家波、徐锦凤、高明哲、肖大有、付必久、丁杰、董诠闻参加会议。

18 日　上海海书工贸有限公司、上海海联副食品有限公司分别与房县签订总投资 3 亿元的投资协议。县领导蔡贤忠、纪道清、李相明出席签约仪式。

19 日　副市长吴烨到房县就灾后群众生活安排和灾后重建工作进行检查指导。县委书记、县人大常委会主任蔡贤忠，副县长王玲一同检查。

21 日　香港昌升国际置业集团有限公司董事局主席薛一兵率队到房县考察项目投资情况。县委书记、县人大常委会主任蔡贤忠，县人大常委会副主任李相明参加考察活动。

23 日　市委副书记、市长陈新武检查指导十房高速公路（官山至六里坪）塌陷路段抢修工作。市委常委、市委秘书长张慧莉，副市长陈诚一同参加检查指导。

29 日　省委书记蒋超良到房县白鹤镇检查指导抗灾救灾工作。省委常委、省委秘书长梁伟年，副省长童道驰，省委副秘书长、省委政研室（省改革办）主任王亚平，省民政厅厅长彭军，省国土资源厅厅长张猛，省交通运输厅厅长何光中，市委书记张维国，市委常委、市委秘书长张慧莉，副市长吴烨、陈诚，县委书记、县人大常委会主任蔡贤忠，县委副书记、县长纪道清一同调研。

30 日　房县传达学习党的十九大精神会议在县财政局九楼会议室召开。县委书记、县人大常委会主任蔡贤忠领学十九大报告，县委副书记、县长纪道清主持会议，在家县四家班子领导出席会议，部分离退休老干部参加会议。

31 日　茅箭区委书记周庆荣，区长张捍声率党政代表团到房县考察旅游发展、精准扶贫等工作。县领导蔡贤忠、纪道清、付必久、丁选清陪同考察。

11月

1 日　县委书记蔡贤忠在县委常委会议室主持召开四家班子联席会，传达省委、省政府抗灾救灾指导组督导精神，安排部署全县下一阶段救灾及秋冬农业开发、精准扶贫、项目招商等工作。

县委书记蔡贤忠在县委常委会议室主持召开县委常委会。县委副书记、县长纪道清，县委副书记王家波，县委常委王宇星、祁国鹏、肖大有、陈刚、高勇、阮登香、付心久出席会议；县政协主席徐锦凤，县人大常委会党组书记、常务副主任高明哲列席会议。

3日　县委副书记王家波到中坝乡调研督导精准扶贫工作。

6日　县委副书记、县长纪道清在县政府会议室主持召开抗灾救灾专题会。县领导肖大有、丁杰、柯正洪、董诠闻、丁选清、王玲、赵修建、李弘弢、袁堂珍参加会议。

7日　省人大常委会副主任王建鸣率队到房县调研。市人大常委会党组书记、常务副主任张歌莺，市人大常委会秘书长王有群，县领导蔡贤忠、高明哲、胡维英、丁选清先后陪同调研。

10日　县委书记蔡贤忠在县委常委会议室主持召开精准扶贫作战指挥部第二十一次全体指挥长会议，听取精准扶贫阶段性工作汇报，分析当前工作存在的问题，部署下阶段重点工作。县领导纪道清、王家波、徐锦凤、高明哲，王宇星、肖大有、陈刚、高勇、付必久、丁杰、冉瑶函、董诠闻、丁选清、王玲出席会议。

县委书记蔡贤忠到军店镇中村村宣讲党的十九大精神。县委常委、县委办主任付必久参加宣讲活动。

14日　市委副书记、政法委书记胡超文到房县调研经济社会发展情况。县领导蔡贤忠、王家波、祁国鹏、付必久、柯正洪参加调研。

省水利厅副厅长周汉奎带领省粮食安全责任制第五考核组到房县实地考核粮食安全责任制落实情况。县委副书记、县长纪道清，副县长冉瑶函出席考核反馈会。

14—15日　县委书记蔡贤忠，县人大常委会党组书记、常务副主任高明哲，县人大常委会副主任李相明到上海拜访客商，集中会见客商洽谈项目。

17日　全县领导干部学习贯彻党的十九大精神集中培训班在县财政局九楼会议室开班。县委书记蔡贤忠出席开班仪式并作辅导报告，县委副书记、县长纪道清主持开班式。县委常委、县人大常委会、县政府、县政协领导班子成员出席开班式。

20日　县委书记蔡贤忠，县委副书记、县长纪道清调研城建重点项目。县人大常委会副主任李志权，县政协副主席张光斌参加调研。

21—22日　县委书记蔡贤忠到大木厂镇、姚坪乡宣讲党的十九大精神，调研灾后重建和精准扶贫工作。县领导祁国鹏、丁杰、袁堂珍参加调研。

22日　市政协主席师永学到化龙堰镇高桥村宣讲党的十九大精神。市政协秘书长李跃、县委书记蔡贤忠、县政协主席徐锦凤参加宣讲活动。

21—26日　县委副书记、县长纪道清率领小分队赴福建、上海、山西、陕西开展招商活动。县人大常委会副主任李相明一同参加。

27日　县委书记蔡贤忠在县委常委会议室主持专题召开住建、规划、城管工作专题会议。县领导纪道清、王家波、肖大有、高勇、付必久参加会议。

28日　县委书记蔡贤忠在县委常委会议室主持召开全县交通工作专题会议。县领导纪道清、王家波、高明哲、祁国鹏、肖大有、陈刚、付必久、李相明、丁选清，县政府党组成员熊祖友参加会议。

县委书记蔡贤忠在县委常委会议室主持召开县委巡察工作专题会。县领导纪道清、王家波、王宇星、陈刚参加会议。

29日　房县人民政府与丹江口明道新能源有限公司签约聚合物锂电池生产项目与成品组装项目，与河间市金鑫新能源有限公司签约锂电池正极材料生产加工项目，与雅安乾润锂电池材料有限公司签约锂电池负极材料生产加工项目，与武汉尚为投资管理有限公司签约十堰工业资源环保利用和处置项目。五个项目均为绿色产业，总投资达 10.7 亿元。县领导蔡贤忠、纪道清、王家波、肖大有、付必久、李相明、丁选清出席项目集中签约仪式。

30 日　县政府与湖北鑫资集团再生资源有限公司在县委常委会议上签订投资协议。县领导蔡贤忠、纪道清、肖大有、付必久、李相明，湖北鑫资集团再生资源有限公司董事长赵顺亨出席签约仪式。

县委书记蔡贤忠在县委常委会议室主持召开县委常委会会议。县委副书记、县长纪道清，县委常委王宇星、祁国鹏、肖大有、陈刚、付必久出席会议，县人大常委会副主任谢永翔、副县长冉瑶函、县政协副主席张光斌列席会议。

12 月

1 日　县委书记蔡贤忠在县委常委会议室主持召开旅游工作专题会。县领导纪道清、王家波、王宇星、肖大有、高勇、付必久、谢永翔、王玲、张光斌参加会议。

3 日　市委副书记、政法委书记刘海军到房县部分乡镇调研检查指导灾后重建工作。县领导蔡贤忠、纪道清、王家波、付必久参加调研。

4 日　全县相对集中行政许可权改革动员会暨县行政审批局挂牌仪式在县政务服务中心举行。县委书记蔡贤忠出席会议并讲话。县委副书记、县长纪道清安排部署相关工作。县委常委、常务副县长肖大有主持会议。

5 日　县委书记蔡贤忠在县委常委会议室主持召开全县农业农村工作会。县领导纪道清、王家波、高明哲、肖大有、李志权、董诠闻、邓华明、袁堂珍出席会议。

8 日　全县黄酒产业及品牌营销、特色小镇暨全域旅游发展策划方案编制工作专题会议在县委常委会议室召开。县领导蔡贤忠、徐锦凤、高明哲、肖大有、付必久、李相明、丁选清、叶珉、刘庆海出席会议。

11 日　县委书记蔡贤忠在县委常委会议室主持召开全县工业、商务经济工作专题会。县领导纪道清、王家波、高明哲、徐锦凤、肖大有、付必久、李志权、丁选清、张蕊、叶珉参加会议。

12 日　房县人民政府与陕西凯旋文化旅游集团有限公司签订房县文化旅游综体项目合作投资协议。县领导蔡贤忠、纪道清、高明哲、徐锦凤、付必久、王玲出席签约仪式。

12 日　房县在县公安局 607 会议室召开扶贫领域信访问题专项整治视频会。县领导蔡贤忠、纪道清、王家波、高明哲、徐锦凤、王宇星出席会议。

13 日　县委书记蔡贤忠到县内部分工业、旅游重点项目建设现场开展实地调研。县领导高明哲、肖大有、付必久、丁选清参加调研。

15 日　县委书记蔡贤忠在县委常委会议室主持召开县委常委会会议，传达省委十一届二次全体（扩大）会议精神，听取相关工作汇报，研究审议相关议题。县委副书记、县长纪道清，县委副书记王家波，县委常委王宇星、祁国鹏、肖大有、陈刚、高勇、付必久出席会议。县领导高明哲、徐锦凤、谢永翔、董诠闻、丁选清、王玲列席会议。

全县精准扶贫工作推进会在县精准扶贫作战指挥部会议室召开，对 2017 年县乡党政领导班子和领导干部扶贫实绩考核及贫困村出列、贫困户脱贫验收迎检准备工作进行安排部署。县领导蔡贤忠、纪道清、王家波、高明哲、徐锦凤、肖大有、陈刚、付必久、董诠闻、丁选清、王玲出席会议。

全省中央环保督查反馈意见整改攻坚交账电视电话会召开。县委书记蔡贤忠，县委副书记、县长纪道清，副县长王玲在房县分会场收听收看会议实况。

16 日　县委书记蔡贤忠在县委常委会议室主

持召开房县黄酒大工业化生产暨产业化科研进程会。县领导高明哲、徐锦凤、付必久，湖北工业大学教授万端极参加会议。

19日　县委书记蔡贤忠在县委常委会议室主持召开县委常委会会议，讨论审议《政府工作报告》，听取县人大常委会、县政府、县政协和县人民法院、县人民检察院党组《工作报告》，听取县人大会、政协会期间成立临时党委的工作情况汇报。县领导纪道清、王家波、王宇星、祁国鹏、肖大有、陈刚、高勇、付必久出席会议，县政协主席徐锦凤，县人大常委会党组书记、常务副主任高明哲，县政协副主席张光斌列席会议。

20日　中国共产党房县第十四届委员会第三次全体（扩大）会议在诗经剧场召开。县委书记蔡贤忠作题为《深入贯彻党的十九大精神决胜全面建成小康社会开启新时代房县社会主义现代化建设新征程》主题报告，县委副书记、县长纪道清主持会议，第十四届县委委员，在家县四家班子领导出席会议。

21日　全省精神文明创建表彰大会暨全省文明创建推进电视电话会议召开，房县荣获省级文明县城荣誉称号。县委书记蔡贤忠，县委常委、宣传部长高勇在房县分会场收听收看会议实况。

23日　政协房县第十届委员会第二次会议在县诗经剧院开幕。大会由县政协主席徐锦凤主持。

24日　房县第十八届人民代表大会第二次会议在诗经剧场开幕。大会主席团常务主席蔡贤忠、纪道清、王家波、高明哲、陈刚、李志权、胡维英、谢永翔、李相明、丁杰、袁超在主席台前排就座。

25日　历时3天的政协房县第十届委员会第二次会议圆满完成各项议程，在县诗经剧场胜利闭幕。县领导蔡贤忠、纪道清、王家波、徐锦凤、高明哲、王宇星、祁国鹏、肖大有、陈刚、付必久、万启武、李志权、胡维英、谢永翔、李相明、柯正洪、王玲、李弘弢、俞飞、宁立、王俊卿、柯昌宏、叶珉在主席台就座。县政协主席徐锦凤主持大会。

26日　房县第十八届人民代表大会第二次会议圆满完成大会各项议程后，在诗经剧场闭幕。

房县第十八届人民代表大会第二次全体会议选举王宇星同志为房县监察委员会主任。房县人大常委会决定任命陈涛、李厚坤同志为监察委员会副主任，吴骏、许明涛、李正波、廖平同志为监察委员会委员。

27—28日　省发改委副主任杜海洋一行到房县调研精准扶贫工作及有关问题整改落实情况。县领导蔡贤忠、纪道清、王家波、肖大有、付必久、丁杰、宋秀柏分别参加调研和座谈会。

30日　县委书记蔡贤忠到野人谷镇杜川村检查指导精准扶贫和旅游工作。副县长王玲一同检查指导。

房县概况

地理环境

【位置　面积】 房县县域居中国版图的几何中心和中西部接合部，位于湖北省西北部，十堰市南部，介于大巴山和武当山之间，自古有“秦陕咽喉，荆襄屏障”之称。地跨北纬 31° 34′—32° 31′，东经 110° 02′—111° 15′。北与十堰城区、郧县、丹江口市接壤，东界保康、谷城，南邻神农架林区，西与竹山毗邻。县城距省会武汉市 582 公里，距十堰市 102 公里。县境东西长 300 公里，南北宽 131 公里，总面积 511823.05 公顷，是湖北省版图第二大县，素有“千里房县”之称。346 国道、305 省道呈十字形贯穿全县，交汇于县城。据江汉之要隘，扼川陕之咽喉，为秦楚边缘陆运之枢纽，豫鄂商品流通之载体。截至 2017 年底，全县辖 1 个副县级国家森林公园、8 个乡、12 个镇、305 个村（居）委员会、1538 个村民小组。

【河流与湖泊】 房县境内大小河流 1261 条，总长 3455 公里，年平均径流深 465 毫米，境内有四大水系，即南河、堵河、北河、官山河，总长 2612 公里，流域面积 511823.05 公顷，流域面积占全县的 100%。水资源总量 20.48 亿立方米，过境客水量 16.4 亿立方米，人均拥有水资源量 4100 立方米。南河是房县与保康县界河，境内流长 32 公里，流域控制面积 2429.97 平方公里，主要支流马栏河；堵河是房县与竹山县共同之河，境内流长 132 公里，流域控制面积 2272.27 平方公里；北河流长 31.5 公里，流域控制面积 293.79 平方公里；官山河流长 16.7 公里，流域控制面积 113.97 平方公里。水能蕴藏量 35 万千瓦，可开发 23 万千瓦以上。全县有小二型以上水库 77 座。其中，中型水库 3 座，小一型水库 13 座，小二型水库 61 座，总蓄水能力 6535.5 万立方米。全县境内共有塘堰 2356 口，其中灌溉用塘 728 口，家门塘 1628 口，总蓄水量 1531.4 万立方米，辐射灌溉农田面积达 6666.67 公顷。引水渠道 1886 条长 1997.6 千米，引水量 3833.68 万立方米；提水站 50 座，提水量 419.32 万立方米；机井 4483 口，提水量 189.05 万立方米；蓄水池 9305 个，蓄水量 36.03 万立方米。矿泉水资源丰富，据《中国温泉纪要》记载，房县温泉在春秋战国时期即为全国名泉之一。境内五处热矿泉自然露头于世界著名的“青峰大断裂带”上，来自 4000 米以下地质断层，富含氡、锶等 20 余种对人体健康有益的微量元素，日流量 1.5 万吨，常年水温保持在 37.7℃，医疗、饮用、沐浴效果均佳，被誉为“中华泉水之冠”。

【山川地貌】 房县地势西高东低，南陡北缓，中为河谷平坝。以青峰断裂带为界，北部山地海拔在 800—1000 米之间，山脉走向一般是东西、东北或东南向，山背开阔，山顶垣状，其间有河谷盆地零星分布，是苞谷、水稻、小麦、木耳的主产区。中部以县城周围的马栏河谷为中心，形成一条狭长的断陷盆地，海拔在400—600米，既是本县的粮仓，又是果木林园发展的重要基地。南部为山区，山势巍峨陡峻，大部分在千米以上，是玉米、土豆及用材林主要产区。全县最高海拔为西南部上龛乡关家垭，海拔2485.6米；最低海拔是大木厂镇的姜家坡，海拔180米，境内海拔高低差为2306米。

房县土壤成土母质主要是：板岩、页岩、武当片岩、黄色砂岩、第三纪红色沙岩、石灰岩和第四纪黏土及河流冲积物等。土壤种类较多，有黄棕壤、山地棕壤、石灰岩土、潮土、紫色土、水稻土等6个土类，15个亚类，44个土属，146个土种，201个变种。水旱农田比例为35∶65。境内气候温暖湿润，雨量充沛，光照充足，适宜各类作物生长，主要农作物玉米、小麦、水稻、马铃薯、红薯、大麦、豆类、油菜、芝麻、棉花、蔬菜、烟草、果类、中药材等。

历史沿革

【概　况】 房县历史悠久，文化源远流长。远古时期就有人类活动，境内有旧石器时代和新石器时代文化遗址。古为彭氏族集居区，西周以前为彭部落方国，春秋为庸国防陵地，战国时属楚。清同治版《房县志》记载：境内有房山，石室如房，县以名焉。秦置房陵县，属汉中郡。东汉末为房陵郡治所。三国魏黄初元年（220）合房陵、上庸两郡为新城郡，治所房陵。梁末置歧州，房陵为歧州治兼新城郡治所。西魏废帝二年（553）改新城郡为光迁国，治所房陵。北周武帝三年（563），废光迁国为迁州光迁郡，改房陵县为光迁县，为州郡治所。隋大业二年（606）改光迁郡为房陵郡，属梁州。唐武德元年（618）改房陵郡为迁州。贞观十年又将迁州改为房州，光迁县复为房陵县。宋雍熙三年（986）升房州为保康军，领房陵、竹山二县。宋建炎四年（1130）复为房州。明洪武十年（1377），降州为县，始称房县，属襄阳府。洪武十三年复置竹山县。明成化十二年（1476），房县改属郧阳府。明弘治五年（1492）割房县东修文、宜阳二里置保康县。清因之。民国初年属襄阳道；民国20年（1931）隶湖北省第十一行政督察区；民国25年（1936）改隶湖北省第八行政督察区。同时，房县又是老苏区之一。民国20年（1931）夏，贺龙、邓中夏、柳直旬率中国工农红军第二军团主力转战房县，开辟了以房县为中心的鄂西北苏区，成立了房县苏维埃政府。1946年7月，王树声、罗厚福率中原新四军突围部队转战房县，在房县中坝成立了鄂西北军区，鄂西北行政公署和房县人民政府，开创了以房县武当山地区为中心的鄂西北根据地。1949年元月，中国人民解放军陈谢兵团四纵十二旅和陕南军区部队，发动房竹战役，解放房县，成立房县人民民主政府，房县隶属两郧专员公署，1950年4月改属郧阳行政专员公署。1953年元月襄郧合并，隶属襄阳行政专员公署。1965年襄郧分设，房县仍隶属郧阳地区。1970年9月，国务院将泮水区11个公社、上龛官封公社、九道区红举、板仓、东溪三个公社及田家山、九湖2个特产场共72个大队311个生产队划归神农架林区。1994年郧阳地区与十堰市合并，为十堰市所辖。

自然资源

【土地资源】 房县版图面积为511823.05公顷，是是湖北省第二版图大县，占全省版图面积的2.75%。其中：耕地面积36657.09公顷，占全县总面积的7.16%；园地面积2112.12公顷，占全县总面积的0.41%；林地面积447830.99公顷，占全县总面积的87.5%；草地面积4932.08公顷，占全县总面积的0.96%；城镇村及工矿用地面积7865.46公顷，占全县总面积的1.54%；交通运输用地面积2535.40公顷，占全县总面积的0.50%；水域及水利设施用地面积6628.77公顷，占全县总面积的1.30%；其他土地面积3361.14公顷，占全县总面积的0.66%。

【动物资源】 房县境内野生动物资源丰富，仅国家Ⅰ、Ⅱ级保护动物就有58种，主要是金丝猴、金钱豹、林麝、金雕、白肩雕、短尾猴、猕猴、长臂猿、穿山甲、野羊、白熊、猞猁、大鲵、蟒等，省级保护动物达百余种之多。

【植物资源】 房县幅员辽阔，植物资源丰富，素有“天然宝库”之称。全县森林植被147科，497属，1231种。主要林木有74科，131属，258种，建群树种为杉木、马尾松、栓皮栎、华山松、化香、山杨、桦木等。珍稀树种有珙桐、银杏、杜仲、红豆杉等。

以林种来源分类，全县有乡土树种和引进树种两大类，其中：乡土树种87科，505种，优势树种29种，主要是核桃、板栗、马尾松、栓皮栎、杉树、泡桐、杨树等，引进树种15科，31种，分别是苹果、刺槐、梧桐、川柏、金钱松、罗汉松、美国圆柏、加杨、落叶松、广玉兰等。

武当山脉南侧的土城、青峰、万峪、沙河等地盛产栓皮栎、马尾松、杉树、山杨等树种，是黑木耳、香菇的主产区；柳树垭分布有13.33公顷左右的稀有用材林树种巴山松；地处神农架北侧的桥上、上龛、门古等地盛产核桃、板栗、桦木、化香、水曲柳等，间有小面积的华山松、冷杉、云杉、铁肩杉等，是核桃、板栗主产区；位于南河、堵河流域的青峰、大木、中坝、九道、姚坪盛产油桐等树种，是油桐主产区。

2000年，国家森林资源二类调查公布的全县活立木总蓄积753.7万立方米，其中：森林蓄积592.3万立方米，占78.6%，疏林蓄积0.49万立方米，占0.06%，散生木蓄积154.5万立方米，占20.5%，四旁树蓄积6.45万立方米，占0.9%，枯倒木蓄积0.13万立方米。

【矿产资源】 全县已发现矿产22种，其中能源矿产1种（石煤），金属矿产11种（包括黑色金属铁、锰、镍、钒，有色金属铜、铅、锌，贵金属金、银、铂、钯），非金属矿产8种（包括冶金辅助原料非金属矿产白云岩、硅矿，化工原料非金属矿产磷、重晶石，建筑材料及其他非金属矿产泥灰岩、石膏、大理石、砖瓦用页岩）、水气矿产2种（包括地热和矿泉水），其中探明储量的9种，上表矿产5种。

主要矿种：传统优势矿产资源为地热和矿泉水，水温高、流量大，交通便利，易开发利用。非金属矿产品种较多，主要有磷矿、泥灰岩、硅矿、白云岩、建材石料用基性岩、砖瓦页岩等，矿石质量好，资源潜力大，具有良好的开发利用前景。金属矿产主要有铁、铅、锌、锰、铜等，与其共生、伴生的矿产有镍、金、银等，金属矿产资源开发潜力巨大，发展前景广阔。

矿产分布情况：铅锌矿：主要分布在野人谷、红塔、门古、中坝、九道一带，初步探明铅锌储量200万吨以上，开发前景广阔。磷矿：分布在野人谷镇东、西蒿一带，属于湖北省“神农架、保康”磷矿带的北端，矿石类型有致密块状磷块岩、条带状磷块岩、黑色混质深磷块岩、深灰、黑色硅质磷块岩，矿石平均品位五氧化二磷28%以上。通过矿产资源整装勘察，房县南部（含神农架）整装勘查区内磷资源合计32487.3千吨。锰矿：位于上龛扁担沟一带，矿石类型有氧化锰和碳酸锰，平均品位在20%—42%，预计储量100万吨，开采条件较好。钒、钼矿：位于中坝、门古与竹山交界地带，中坝三池探明储量1000万吨，钒0.5%，钼0.06%以上，开发前景广阔。黄铁矿：位于军店北部指北河上游指北洞沟。黄铁矿呈散状或团块状分布片岩中，矿石品位12%—56%，具有深部勘探价值。硅石：

位于城关三海，矿体长250—2150米，呈层状或透镜体，矿石品位：二氧化硅97%—98%，储量上亿吨，矿床规模为大型，可作熔剂、玻璃、硅铁、硅砖及结晶硅的原料。硅石矿大部分处于县政府划定的禁采区内，开采破坏城区景观，属限制性开发项目。

房陵文化

【诗经文化】 房县地处鄂西北武当山和神农架之间，自然风光秀美，文化积淀深厚，是鄂西生态文化旅游圈上的一颗璀璨明珠，特别是“尹吉甫·诗经文化”历经数千年而不衰，依然在秦巴山水深处流传。被湖北省文联评为湖北省“一县一品”优秀文化品牌。

房县尹吉甫镇七星沟村有座万峰山，因山峦叠嶂，山峰众多，所以叫万峰山。山上有一座宗庙。这座宗庙叫宝堂寺，宝，珍也；堂，殿也；寺，因原始宗教而得名，最早叫神坛，祭祀先祖之地。宝堂寺最初为上下两层依山石而凿的石窟建筑。上殿有正殿和左右耳室，呈“品”字型结构，寓意供奉的主人品德高尚。殿宽2.75米，深2.8米，高2.85米；下殿宽9.9米，深4.9米，高4米，殿内有神台、壁龛。上下殿有39级石阶连接。据专家考证，石殿始建于魏晋南北朝时期。

石殿外有两通龟驼碑，据碑文记载，明正德十一年（1516）县丞李南金、知县胡璧在石殿外修建了三重雕梁画栋的殿堂，据说这里香火旺盛，每年的正月十三至十五要在这里唱戏三天，祭祀先祖。这些建筑都毁于“破四旧”时期。2016年，房县县委、县政府决定修复宝堂寺。

宝堂寺里供奉着尹吉甫。尹吉甫，据专家考证，生于公元前852年，卒于公元前775年。姓兮，名甲，字吉甫（亦作伯吉父），尹是官名，西周时的师尹，即太师，三公之一，兮甲到朝廷当了师尹以后，以官为姓，所以叫尹吉甫，房县人尊称他为“尹天官”（即天子身边的官）。曾辅佐三朝天子（周厉王、周宣王、周幽王），周宣王之重臣（召穆公、尹吉甫、仲山甫等）。关于尹吉甫的死，有两个传说的版本，一是传说周幽王听信谗言，错杀了尹吉甫，幽王知道真相后，给他做了一个金头厚葬，为防止盗墓，真假十二副棺材同时下葬，这一传说在房县流传至今。第二个传说是幽王罢了他的官，他回到了房县，住在万峰山的这个石窟里，等待幽王重新启用，后无疾而终，幽王知道后，赐他金棺厚葬。有记载的是，宋代出土（河北沧州南皮县出土）的西周晚期的青铜器“兮甲盘”（香港的一位收藏家从美国购得）的铭文133个字，由郭沫若翻译，铭文记录了尹吉甫北伐玁狁后又奉命洛阳征税之事。

明嘉靖《湖广通志》《湖广图经志》《广与记》《郧台志》《郧阳府志》《明统志》《辞海》《襄阳郡志》《中国人名异称大辞典》《房县志》等文献记载：尹吉甫，周，房陵人，食邑于房，葬于房之青峰山，今碑坟在焉。

相应物证有：房县榔口万峰山有供奉尹吉甫的宗庙；房县万峪河老人坪有“天官坟”；县城东关有“周太师尹吉甫”纪念碑（现存县博物馆）；房县青峰松林垭有乾隆三年（1738）县令钟梦嬴为尹吉甫立的纪念碑，碑文记载：下马青峰道，焚香拜尹公；出师宣薄伐，作颂穆清风；烟冷千秋石，云幽万古松；允怀文武略，谁嗣奏肤功。

《诗经·小雅·六月》描述了周宣王时期，北方少数民族玁狁侵犯，尹吉甫带兵出征，打败敌人，胜利还朝，赞扬了尹吉甫的战功显赫、忠心为国、勇往直前、指挥若定的形象，突出了他能文能武的才略。至今山西平遥还有尹吉甫筑城防御入侵者的点将台。诗中说：“戎也既安，如輊如轩，四牡既佶，既佶且闲。薄伐玁狁，至于大原，文武吉甫，万邦为宪。”《毛诗序》称这是周宣王对尹吉甫的评价。

《诗经》是中国的第一部诗歌总集，位列“五经”（诗经、尚书、礼仪、周易、春秋）之首，堪称中华文化的“元典”。西周有采诗和献诗制度,《诗经》中的民歌蕴含着当时的民生民意，它成书于西周时期大型的社会调查活动，周太师用“孟春三月，行人振木铎，徇于路以采诗”的方式奔走于乡野，尹吉甫作为西周太师，采诗、编辑也是他的主要工作，同时，他也写诗，他是《诗经》中已知名的作者。诗经中《蒸民》是尹吉甫送给仲山甫的诗歌，诗中的“天生蒸民，有物有则”强调的人性的规范和法则的不可违反，也就是“天人合一”的思想;《崧高》是尹吉甫送别申伯的诗，诗中赞美申伯“崧高维岳，骏极于天”;《韩奕》是尹吉甫赞美周宣王的诗；还有《江汉》《都人士》等，在《毛诗序》中都认为是尹吉甫所作。他比孔子早301年，比屈原早512年，尹吉甫堪称中华诗祖。

《诗经》一直“活”在房县民歌中。《诗经》中最有成就的部分是十五国风，而国风大部分采集于周南和召南，房县又恰恰是“二南”的交汇之地,《诗经》的开篇著名的爱情诗《关雎》中唱到:“关关雎鸠，在河之洲，窈窕淑女，君子好逑”。用雎水河畔水鸟的叫声起兴，比喻男女追求美好的爱情。雎水就是流经房县青峰那条河。

“关关雎鸠一双鞋，在河之洲送过来，窈窕淑女难为你，君子好逑大不该，年年难为姐做鞋。”像这样的诗经民歌在房县口口相传，历经两千多年而不衰，形成房县一种独特的文化现象。根据文化普查，房县会唱诗经民歌歌师有五千多人，上山有山歌，下田有田歌，娱乐有盘歌，丧葬有待尸歌，等等。房县正是用歌声把《诗经》这一传统文化瑰宝内化于心，外化于行。

房县致力于诗经文化挖掘、整理，得到了新华社的大力支持，从《诗经》中找到了社会主义核心价值的契合点，提出了“忠孝礼义信，简俭平顺和”的“十字主流价值观”，举办了两届诗经文化节，让诗经文化进机关、进社区、进校园，还多次走进中央电视台。

（姜照辉）

【流放文化】 在房陵文化中，帝王流放文化独放异彩，博大精深，全国稀有。

流放到房陵的帝王多，宗室多，大臣多，总共约5万人。在王室成员中，有5位帝王，17位王侯、一位皇后、11位公主。跨越的历史空间长，从公元前2000年至明代中叶，约3500年。流放最早可追溯到唐虞时期。尧选贤任能，禅位于舜，尧子丹朱，避舜于房陵，封房子国。秦皇时期，长信侯嫪毐谋反被殊。其党羽中罪行轻微者4000余户流放房陵。秦相吕不韦与秦王政见不和，饮毒酒自杀，秦王下令将吕不韦门客舍人两万余人流放房陵，这在中国历史上规模是空前绝后的。

楚哀王元年（前228)，秦始皇灭赵，将赵国的最后一个王——赵王迁虏获后置于房陵，赵王秦无行，谋杀主帅李牧，自毁长城，国破家亡，在房陵思故乡，作山木之讴，闻者莫不陨涕。汉高祖刘邦驸马赵王张敖，张耳之子，尚鲁元公主，在汉初高祖废除异姓王的过程中贬为宣平侯，流放到房陵。西汉时代，从汉武帝开始，他们把济川王刘明、济东王刘彭离、常山王刘勃、清河王刘年、河间王刘元、广川王刘坐等废迁房陵及其周边地区，从而揭开了房陵史上大规模流放王侯的序幕。

隋太子杨勇，储位被夺，被隋炀帝杨广杀死后追封为房陵王，将与杨勇有牵连的300余人尽悉流放房陵。

唐初诸子争储，唐太宗李世民把他最喜欢的、准备立为太子的第四子李泰流放到房陵周边地区的郧乡，最后李泰死于郧乡。太宗第十六女城阳公主，下嫁宰相杜如晦之子杜荷，杜荷因承乾事诛，改嫁薛瓘，被告有罪，太宗流薛瓘为房陵刺史，二人在房7年，死于房陵。太宗第十七女高阳公主下嫁宰相房玄龄之子房遗爱，高宗将其贬为房州刺史。燕王李忠，高宗太子，被则天武后所废，年仅9岁，贬任房州刺史。在帝王流放中，品级最高的要数唐中宗李显。中宗李显，是女皇帝武则天的三儿子，一生两次立储，一次被废，两次登基。

把帝王流放到房陵，有深刻原因，首先，房陵地域辽阔，纵横千里，山林四塞，宛若盆地，其巩固有如房室，划地为牢，流放者不易逃逸；其次，房陵属平安之地，治安状态好，历五代乱离，无兵燹匪患，诚久安之地，把流放者放在房陵，安全有保障；其三，房陵地处中国腹地，离长安、洛阳、汴梁等都城不太远，均在500公里左右，便于朝廷掌控。四是房陵中部平坝，物产丰富，农业经济较为发达，人口承载能力强，能够接纳较多迁徙人口，加之气候湿润，四季分明，风调雨顺，无大旱大涝之现象，适应流放者生存，无衣食之忧，生活有着落。

帝王流放，反映了宫廷斗争的激烈与残忍，对于流放帝王来说，他们是失败者，命运是很悲惨的。国家统一，改朝换代，是历史的必然，必将涉及到一些人和事，流放是其归属。对于持不同政见者，不予杀关管，给与流放，是爱护人才，社会进步的具体体现。一些王侯贪赃枉法，与庶民同罪，遭遇流放，则是罪有应得，体现了法治的力量。

把帝王流放到房陵，增强房陵历史的厚重感，历史与地方民俗文化相结合，便形成独特的房陵流放文化，它提升房县的文化品位，是历史留给房县的一笔丰厚的文化遗产。帝王流放，给房陵带来不同时期不同地域的宫廷文化、饮食文化、服饰文化、建筑文化以及方言民俗等，成为房陵文化的一个重要部分。资源丰富，取之不尽，并由此演绎出许多动人的故事传说，使房陵文化大放异彩，鲜艳夺目。

（陈　程）

【古代文化遗迹】 獐落洞遗址　位于中坝乡獐落河上游，洞内发掘出土距今一万年以前的熊猫、犀牛、鹿、象等11种动物的臼齿和门齿化石。同时，还发掘出了2000多件古人类使用的质地坚硬的刮削器、尖状器、砍砸器等石器。

七里河文化遗址。位于城西3.5公里的七里河村，是一座新石器时代的聚落遗址，总面积约6万平方米，已发掘面积1600平方米，发现古房屋遗址16处，墓葬26处，出土了一大批陶器、石器和骨器。出土的大型器物主要有鼎、罐、钵、盆、杯、豆、碗、盘、壶、高领罐、大口瓮、磨盘、器盖及石斧、石锄、石镰、石箭头、陶纺轮等。

兔子洼古人类活动遗迹点。位于城北2公里孙家湾村，为旧石器文化遗址。出土文物有：龟状厚刃刮削器、半月状厚刃刮削器、石片、直刃刮削器等20余件。经考古专家鉴定为四五十万年前人类使用的工具，相当于北京周口店猿人时期。

羊鼻岭文化遗址。位于高枧河、白窝河交汇处的二级台地。出土文物有：石斧、石锛、石铲、石锄、石镰、石刀、石镞，以及陶锉、陶纺轮等。陶器多为泥质红陶，有碗、盆、钵、罐、杯、豆、器盖、鼎、鬲等各类器物陶片。1981年被列为省级文物保护单位之一。

丹朱墓。尧有二子，长丹朱，次舜。尧至晚年，本应传位于丹朱，但因丹朱愚玩不肖，故将部落首领之位禅让予舜，并作围棋教化丹朱，丹朱避舜于房，死后葬于房县二郎岗。修有“丹朱塚”。

尹吉甫墓。位于青峰山下。西周太师尹吉甫，房县人，为周宣王辅佐大臣，文治武略，功勋卓著，遗留《诗经》，流传百世，为湖北历史上第一位政治家、哲学家、诗人。死后葬于青峰尹家山，有墓联曰：龙岗风岭长挺千秋名宦，粉河玉水朗沏万古忠心。

黄香墓。黄香，字文疆，江夏人，自幼聪

惠，博学多才。九岁时便知晓孝敬父母，夏扇枕，冬温席，待亲至孝。后置身仕途，任魏兴太守，勤政爱民，颇具政声。一年房陵遭遇水灾，黄香把自己的俸禄全部捐出，赈济灾民，深得人心。黄香死后葬于西关，人们为了纪念他，修建了“黄孝子祠”。

宝堂寺。位于城东40公里的榔口乡白渔河村，又名“石佛寺”，供奉周太师尹吉甫及三教神像和十八罗汉，建于明正德十一年（1516）。寺分前后两殿，前殿为宫殿式建筑，后殿依崖凿洞，分上下两层，上下有38级石阶相连，殿内有数十尊佛像，大小不一，生动逼真，殿前平台依崖石凿龟驮碑二，龟头高扬，栩栩如生。寺周古藤攀蔓，峰峦挺拔，林木苍郁，为游览避暑的好地方。

【文　物】 苏维埃政府土地证。1931年9月1日，由县苏维埃政府签发的一区二乡戢心义分得土地三斗九升种的土地证，现存房县博物馆。

苏维埃政府货币。1931年7月，中共鄂西北临时分特委决定开设“鄂北农民银行”，行址设县城西街。发行苏维埃货币，铸银币两种，分别为马克思和列宁图像，面额一元，重28克。同时印发纸币，面额有五角券、一元券两种，正面为列宁图像，背面印有《鄂北农民银行信用条例》，现存县博物馆。

【革命胜地】 鄂西北临时分特委旧址位于县城北街。1931年6月18日，贺龙、邓中夏、柳直荀率红三军占领房县，成立了鄂西北临时分特委，领导房县苏区工作，柳直荀任书记，朱勉之、汤慕禹、张琪为执委。在临时分特委领导下，召开了县委扩大会和四县联席会议，通过了政治任务、党的组织任务、工人运动和妇女运动等决议，开展了苏区政权建设和土地革命。

房县苏维埃政府旧址。位于西街天主堂内。红三军攻克房县城，建立了以房县为中心的鄂西北革命根据地，成立了房县苏维埃政府，余子衡任主席，李明铨任副主席。县苏维埃政府下辖14个区政府和105个乡政府。红三军政治部主任兼房县县委书记柳直荀在苏维埃政府大门上书写对联：谁是世界的创造者，只有劳苦的工农；推翻国民党反动统治，建立苏维埃人民政府。横额：苏维埃政府。解放后，列为省级文物保护单位。

革命烈士陵园。座落在城南3公里的凤凰山上。1931年7月，为纪念在连山坡战斗中英勇捐躯的18名红军烈士，将烈士安葬在凤凰山上，贺龙亲自主持在墓前建起了“苏维埃红军烈士纪念塔”。1958年重修，塔高17.5米，宽3米，塔的南面镶嵌着贺龙的亲笔题词：“革命烈士们的业绩永远鼓舞着我们前进！”北面是“革命烈士永垂不朽！”

李明铨故居。位于湖北省房县城关镇中西关342号。李明铨（1906—1932），字元恒，城关镇西关人。1914年就读县立高等小学校，聪慧敏感，勤奋好学，成绩名列前茅，1920年，李明铨以优异成绩考取襄阳第二师范，在共产党员萧楚女及李抱一（李实）等人帮助下，阅读《共产党宣言》《新青年》等进步书刊，逐步接受了马克思主义，立志以改造社会为己任，并积极参加学生运动，受到萧楚女的称赞。

1926年3月，李明铨经李抱一（李实）介绍在老河口李家巷加入中国共产党。随即奉派赴广州，入黄埔军校政治大队学习，进步很快，为周逸群所器重。

1932年，李明铨在洪湖苏区错误肃反中，被诬陷杀害，时年26岁。

雷天明墓。位于湖北省房县城关镇联观村，红军烈士塔后面，紧挨红军十八烈士墓。

雷天明（1916—1947），原名雷盈鉴，雷家湾人，幼年父母双亡，随继母生活，12岁随幺爹到武汉读书，先就读江汉中学，后考入江汉高中化工专业，1936年考入湖北省农业专科学校。在汉口读书时，结识谢文耀等进步青年，决心以实际行动参加抗日，振救民族危亡。

1938年春，雷天明从武汉回到房县。同年7月，雷天明由庞俊介绍加入中国共产党。

1947年2月23日，雷天明牺牲，年仅31岁，他的堂兄雷明轩请人将他的遗骨运回房县城关镇雷家湾村安葬。1958年8月房县县委、县政府为雷天明举行隆重的安葬仪式，将他的遗骨迁葬于房县城南5公里的凤凰山庄，与红军十八烈士相伴。

气　候

【气候特征综述】 2017年房县总的气候特征：房县本年气温高、光照足、降雨严重偏多。盛夏阶段性干旱，伴有局地短时暴雨、冰雹、大风等强对流天气，入秋出现了历史最强的秋汛天气。7月中下旬至8月上旬出现了阶段性的高温晴热干旱天气，对作物的生长发育产生一定程度影响，8月中旬开始到10月中旬末房县出现了持续性的降雨天气，降雨日数多，累计降雨量大，9月的降雨总量为202.5毫米，比历史同期91.6毫米偏多1.2倍，10月1—20日的降雨总量为223.8毫米比历史同期50.4毫米偏3.4倍，受连续性降雨影响，房县大部乡镇出现了不同程度的滑坡、崩塌等地质灾害，同时由于气温低，日照严重偏少，低温阴雨寡照天气对房县秋季作物生长和秋收秋播工作产生重大影响，农业损失也较为严重。

【气象要素统计情况及表现特征】 2017年房县年平均气温15℃，比历年偏高0.8℃，年极端最高气温39.5℃，出现在7月24日，极端最低气温-5.4℃，出现在12月19日。年降水量为1237毫米，比历年降水量偏多412.1毫米，偏多50%，日最大降雨量为67.5毫米，出现在8月8日。全年≥0.1毫米的降水日数为123天，全年≥1毫米的降水日数为93天，全年≥5毫米的降水日数为57天，全年≥10毫米的降水日数为41天，全年≥25毫米的降水日数为14天，全年≥50毫米的降水雨日为4天。2017年最长连续降雨日数为10天，累计降雨量105.7毫米，出现在10月10—19日。最长连续无降雨日数17天，出现在2017年1月12—28日。2017年日照时数为1768.4小时，日照百分率为40%，≥60%的日照量别日数为133天，≤20%的日照量别日数为140天。2017年平均相对湿度75%，年最小相对湿度9%，出现在3月1日。2017年平均风速1.3米/秒，年极大风速15.9米/秒，出现在7月27日，年最多风向东，年最多风向频率19，全年蒸发量为916.2毫米。2017无霜期日数267天，霜的初日2016年11月27日（跨上年度），霜的终日2017年3月2日，初终间日数96天。各类天气现象出现的日数统计为：雨141天，雪12天，冰雹1天，轻雾125天，大雾13天，露172天，霜45天，积雪2天，结冰28天，霾10天。2017年地表（地面0厘米）平均温度18.1℃，地表（地面0厘米）最高67.1℃，出现在7月13日，地表（地面0厘米）最低-5℃，出现在3月2日。浅层地温：5厘米17.7℃，10厘米17.6℃，15厘米17.8℃，20厘米17.8℃，40厘米17.0℃。深层地温：80厘米17.3℃，1.6米17.2℃，3.2米17.1℃。草面平均温度16.4℃。

【特殊气候及灾害天气影响】 一是阶段性高温干旱影响：房县从7月中下旬至8月上旬出现了阶段性的高温晴热干旱天气，2017年度除了6月和9月的平均气温比历史同期略有偏低外，5月、7月和8月的平均气温均比历史同期偏高，其中5月的平均气温为20.4℃比历史同期偏高0.6℃；7月的平均气温为27.2℃比历史同期偏高1.4℃，7月房县≥35℃高温天气为17天，≥37℃高温天气为11天，7月18－27日出现了连续性的高温天气；月极端最高气温39.5℃，出现在7月24日；7月中下旬的高温天气日数为13天；8月的平均气温为25.9℃比历史同期偏高1℃；8月上旬出现8天的≥35℃高温天气。阶段性高温晴热少雨对房县夏季作物生长，尤其是旱地作物的生长发育造成一定程度影响。

二是局地暴雨、冰雹、大风灾害天气影响：主要影响时间6月下旬至7月底，据统计房县从6月下旬开始到8月房县雷雨伴有冰雹天气日数共11次（其中6月2次；7月7次；8月2次），从6月下旬开始到7月底房县≥10米/秒的风速就有9次，最大为东南15.9米/秒，出现时间为7月27日17时22分。雷雨、冰雹、大风等强对流天气使房县部分乡镇作物倒伏受损受害。

三是历史最强秋汛灾害天气影响：房县从2017年8月中旬开始到10月19日房县出现了持续性的降雨天气，降雨日数多，累计降雨量大，9月的降雨总量为202.5毫米，比历史同期91.6毫米偏多1.2倍，10月1—20日的降雨总量为223.8毫米比历史同期50.4毫米偏3.4倍。房县沙河、五台、野人谷、九道等地累计降雨量更多，从2017年8月28日开始降雨截至到10月19日房县累计降雨426.3毫米，比历史同期偏多2倍，累计降雨日数达32天。9月≥0.1毫米的降雨日数17天；10月1—19日≥0.1毫米的降雨日数15天。尤其是9月中旬开始至10月中旬受连续性降雨影响，房县大部乡镇出现了滑坡、崩塌等地质灾害，同时由于气温低，日照严重偏少，阴雨寡照天气对房县秋季作物生长和秋收秋播工作产生重大影响，农业损失严重。是自1964年后最强的一次秋汛天气。

（张福国）

【房县气象局领导成员名单】

局长、党组书记：钱　琨

党组成员、副局长：马　军　邓传领

党组成员、纪检组组长：梅兰权

房县特产

【霉豆腐】 房县霉豆腐是常见的一种传统特色豆制品，含有多种人体所需要的氨基酸、矿物质和B族维生素，营养价值高，具有开胃、去火、调味的功能，是房县常见的一种传统特色豆制品，采用传统而独特的工艺精心制成。它始于唐代，盛于清朝，千余年来一直旺盛不衰。其酶系多样性和分解力为房县独有。以质纯细腻、清香味美、舒适可口、余味绵长著称；它营养丰富，富含蛋白质、碳水化合物、不饱和脂肪酸、矿物质、人体不能合成的8种必需氨基酸、胡萝卜素及多种维生素等，具有健脾宽中、润燥、除湿等功效；密封久存不腐，其味越佳。

【野生葛粉】 房县野生葛粉为每年冬季采挖海拔800米以上的大山深处的葛藤地下茎，富含丰富的氨基酸、葛根素、黄铜素、淀粉等多种营养成份及钙、铁、铜等数十种人体必需的微量元素，具有清肺、降低胆固纯、护胃养胃之功效。野生葛粉是以深山密林中多年野生葛根为原料，采用民间传统工艺和现代科技相结合的方法精制而成，药食同用，历史悠久。葛粉具有清热降火、滋阴解毒、升阳生津、开胃进食之功效，对治疗和预防胸膈烦热、中风头痛等有特殊功效。据《本草纲目》记载，葛粉具有清热降火、滋阴解毒、升阳生津、开胃进食之功效，对治疗和预防胸膈烦热、中风头痛、高血压、冠心病、降血脂、抗癌、消癌肿、减肥胖、抗衰老等均有特殊功效。同时，经现代科学检测，野生葛粉含人体必需的锌、铁、钙、维生素B1、B2等微量元素及多种氨基酸。

【竹　笋】 房县竹笋味甘鲜脆，营养丰富。竹笋食用有着悠久的历史，相传周成王临死前，命召公、毕公率领诸候拥戴康王登基，是曰以笋席款待，可见笋席在当时是比较隆重的。据分析，鲜笋中含有糖类、脂肪、蛋白质，以及磷、铁、钙和其他各种元素、维生素类等。竹笋是减肥和防止肠癌的健身食品，对减少中毒症和肠癌的发生和发展有一定的疗效。

【野生板栗】 野生板栗是房县的特产之一，房县的野生板栗，以个大、粒饱、味鲜著称，历来受到国内各地干果业的重视。目前全县种植的近13333.33公顷板栗有6666.67公顷进入盛果期。其果实外具刺苞，中有硬壳，果仁呈黄白或淡黄色，味道甘香，营养丰富；含淀粉70%、蛋白之10%及一定数量的糖、脂肪、维生素等，具有养脾、补肝的功能。它不仅是一种著名干果，而且也是较有价值的医药补品。栗子的历史悠久，可追溯到西周时期。《诗经》有云："栗在东门之外，不在园圃之间，则行道树也"；《左传》也有"行栗，表道树也"的记载，说明在当时栗树就已被植入园地或作为行道树。史书记载道：用砂置铁釜中，加以饴糖置火上炒热，投栗其中滚翻炒炙，熟后栗壳呈红褐色，去壳后果实松、软、香、甜，为小吃珍品。

【拐　枣】 房县拐枣是一种高10—25米的高大乔木，小枝褐色或黑紫色，被棕褐色短柔毛或无毛，有明显白色的皮孔。拐枣有很高的营养价值，含蛋白质、脂肪、碳水化合物、纤维素、维生素B1、抗坏血酸、钾、钠、钙、铁、锌。此外，还含有大量的苹果酸、草酸、乙酸等。拐枣在房县栽培利用的历史久远。早在《诗经·小雅》中就有："南山有枸"的诗句。《陆疏》中说："枸树山木，其状如栌，高大如白杨，枝柯不直，子着枝端，大如指，长数寸，啖之甘美如饴，八九月熟。今官园种之，谓之木蜜"。古语云："'枳枸来巢'，言其味甘，故飞鸟慕而巢之"。李时珍《本草纲目》说它"味甘、性平、无毒，有止渴除烦，去膈上热，润五脏，利大小便，功同蜂蜜"，是糖尿病患者的理想果品。

据分析测定，拐枣的肉质果梗中含蔗糖24%、葡萄糖9.5%、果糖7.92%。风味颇佳，可作为生食果品，有"糖果树"的盛名，又有"鸡爪梨"、"甜半夜"之雅称。还含有丰富的有机酸、苹果酸钾等无机盐类及多种维生素和18种人体必需的氨基酸，还含铁、磷、钙、铜、锰、锌等微量元素和一些生物碱。每百克拐枣肉质梗含粗脂肪74毫克、粗蛋白3.07毫克、总酸345.8毫克、维生素C 16.29毫克，是一种具有开发价值的野生果类资源。

【土蜂蜜】 房县土蜂蜜又称野生蜂蜜，俗称土蜂糖，亦称中蜂糖，产量稀缺，山区放养无污染。在房前屋后或在岩壁的缝隙中栖息。抗病抗寒能力特强，对生存环境有特殊的要求，在远离污染空气中的负离子含氧量高的山涧林中筑巢。所采的蜜源是无污染的山区森林中的各种珍稀植物、野生中药材的花，故又名百花蜜。人们依据土蜂的生活习惯用树木把中间挖空，来让土蜂在这种环境中产蜜。其蜜口感清香浓郁，有百花之香。色泽深，在摄氏13度以下结晶后为粘稠的淡黄色或者深褐色（酿造的时间越久，颜色越深），富含有多种能被人体直接吸收的微量元素，由于酿蜜周期长、蜜源稀少被誉为"蜜之珍品"。据《本草纲目》中记载，正宗土蜂蜜是药引的首选蜜，堪称"蜜中精品"。

土蜂蜜含有丰富的有机酸、蛋白质、维生素、酶和生物活性物质等多种营养成分，具有润肠、润肺、解毒、养颜、护肝、增强人体免疫力和抗衰老等功效。有保护心血管冠状动脉和营养心肌的作用，能改善心肌功能，对血压有调节作用。

【生　漆】 房县生漆，俗称"土漆"，我国漆树分布很广，而其中以房县漆树茂密，树休高大粗壮，素有"漆源之乡"之称。在野人谷镇成立行政村西漆林场从事生漆种、收、销一体化，由县林业局垂直管理，一般在海拔200—2500米之间，其中以400—2000米之间资源最盛。它是从漆树上采割的一种乳白色纯天然液体涂料，接触空气后逐步转为褐色，4小时左右表面干涸硬化而生成漆膜。生漆的经济价值很高，具有耐腐、耐磨、耐酸、耐溶剂、耐热、隔水和绝缘性好、富有光泽等特性，最早的文字记载见于《庄子》，记述割漆是一种习见的生产活动。西晋崔豹的《古今注》则记述了割漆和收漆的工具。到10世纪，宋罗愿《尔雅翼》一书中称漆树长到二三丈高时方可开割，并指明割漆季节以农历六七月间为宜。18世纪清张宗法在《三农纪》中指出割漆不能环绕树皮，要留出一定宽度的营养带，否则树必枯死。19世纪初包世臣《齐民四术》中记载的割口形状如新月，与现今的“V”形割口近似。生漆是我国特种林产品，历史悠久。生漆生产始终处于分散的野生资源和“百里千刀一斤漆”的小生产经营方式，发展十分缓慢。随着国民经济的发展，房县制定了生漆生产的发展规划，促进了生漆的管理、收购。

【毛叶木瓜】 房县毛叶木瓜生于山坡林缘或沟谷林下，海拔800—1100米。分布于房县全境。木瓜海棠属落叶灌木或小乔木，高达7米，无枝刺；小枝圆柱形，幼时被淡黄色绒毛，表面无毛，深黄色，具光泽，果肉木质，味微酸、涩，有芳香，具短果梗。果实供药用，有驱风、顺气、舒筋、止痛的功效。

【樱 桃】 樱桃成熟期早，有“早春第一果”的美誉，号称“百果第一枝”。其果实虽小如珍珠，但色泽红艳光洁，玲珑如玛瑙宝石一样，味道甘甜而微酸，既可鲜食，又可腌制或作为其他菜肴食品的点缀，备受青睐。它营养丰富，丰含碳水化合物、蛋白质，也含有钙、磷、铁和多种维生素。尤其是铁的含量，每百克高达6—8毫克，比苹果、橘子、梨高20—30倍，维生素A的含量比苹果、橘子、葡萄高4—5倍，食用樱桃具有促进血红蛋白再生及防癌的功效。《名医别录》：“主调中，益脾气。”《备急千金要方》：“樱桃味甘平，涩，调中益气，可多食，令人好颜色，美志性。”《本草纲目》：“蛇咬，捣汁饮。并敷之。”《滇南本草》：“治一切虚证，能大补元气，滋润皮肤；浸酒服之治左瘫右痪，四肢不仁，风湿腰腿疼痛。”

中医认为，樱桃鲜果具有发汗、益气、祛风、透疹的功效，适用于四肢麻木和风湿性腰腿病的食疗。樱桃果实味甘性温，有调中补气、祛风湿等功能。果实无农药污染，属“绿色保健食品”。房县在八里村建立了农业采摘园，是一种新兴的农业经营模式，消费者可以在采摘园中直接采摘，在品尝美味的同时享受自己动手的乐趣，既保证了樱桃的新鲜度，还可作为旅游景点收取门票。

【七叶一枝花】 房县七叶一枝花，有清热解毒，消肿止痛，晾肝定惊之功效。用于疔疮肿痛、咽喉肿痛、蛇虫咬伤、跌扑伤痛、惊风抽搐。分布于房县西南各乡镇等地。功能：败毒抗癌、消肿止痛、清热定惊、镇咳平喘。

入药的主要是其根茎。中医认为，其性味苦微寒，有清热解毒、消肿止痛、息风定惊、平喘止咳等功效，常用来治疗痈肿、淋巴结核、喉痹、蛇虫咬伤、慢性气管炎、小儿惊风抽搐、婴儿湿疹、腮腺炎、乳腺炎、恶性肿瘤等。其花也有类似药效。药理学证实，本品根茎含有甾体皂甙、生物碱、氨基酸等成分，对流感病毒、金葡萄球菌等多种微生物有抑制作用，并有镇静、镇痛、镇咳、平喘等效能。虽然其药用广泛，但其功效最早被应用的还是治蛇毒、疗痈疽，为外用药。李时珍《本草纲目》载歌曰：“七叶一枝花，深山是我家，痈疽如遇者，一似手拈拿。”

【头顶一颗珠】 头顶一颗珠，为百合科（延龄草科）植物延龄草的根茎或成熟果实。因这种植物有3片叶轮生于茎的顶端，花单生于轮生叶之上，开花后结出圆球形的果实，成熟后黑紫色，富光泽，好似一披纱少女头上戴有一颗珠宝，因而得此名。它的果实因生长在上部，又称“天珠”；它的根茎粗壮大，椭圆形，下方生多数细根，加工成药材时常将其编扎在根茎之外方，形成球状。因它生长在地下，又称“地珠”。延龄草是肉质草本。茎高15—40厘米，直立，单生。叶片菱状卵形，3片，无叶柄，轮生于茎顶。开花时，在茎顶轮生叶之上生出一朵美丽而清雅的小花，外部的花瓣绿色，内部的花瓣白色或淡紫色。授粉后结出团球形的浆果。分布于五台林场、青峰镇、野人谷镇、门古镇、中坝乡、上龛乡、九道乡等地。生长在海拔2000—2900米的山坡林下草丛中。以全草入药。用法用量：鲜草捣烂外敷伤口周围。该药具有活血止血、消肿止痛、祛风除湿的功效。用于高血压、神经衰弱、眩晕头痛、跌打损伤等。延龄草为珍稀濒危物种，为国家三级保护植物，并保护其生存的生态环境。应挖大留小，并采种就地繁殖。同时，开展野生转家种或组织培养等科学试验，定点进行栽培，以增加资源，保证药用。

【菜豆腐】 即是用菜和豆腐做成的一种豆腐类食品，在鄂西北乡村制作和食用十分广泛。据传，新莽末期，天下大乱，各地农民纷纷起义，光武帝刘秀亦在南阳聚众揭竿。一次，他到鄂西北一带安抚百姓，受到王郎大军的追杀，刘秀一路急急地逃奔，藏到清河一位老太太的家中，索要饭吃。老太太便盛一大碗菜豆腐，揭两个玉米饼子给他吃。他因疲于逃命，一天水米未曾沾牙，这顿饭让他吃得满口香甜。刘秀称帝后，不忘救命之恩，便下了一道圣旨，敕封老太太为儒人，封菜豆腐为贡品。每年向皇帝进贡一次。二十世纪七八十年代，菜豆腐作为一种“粗食”，曾一度活跃于鄂西北地区农家的饭桌上。

【猴头菇】 房县猴头菇，肉嫩、味香、鲜美可口，有“山珍猴头、海味燕窝”之称。这种齿菌科的菌类，菌伞表面长有毛茸状肉刺，长约1—3厘米，它的子实体圆而厚，新鲜时白色，干后由浅黄至浅褐色，基部狭窄或略有短柄，上部膨大，直径3.5—10厘米，远远望去似金丝猴头，故称“猴头菇”。猴头菌是鲜美无比的山珍，菌肉鲜嫩，香醇可口，有“素中荤”之称。野生猴头蘑多生长在柞树等树干的枯死部位，猴头蘑一般有拳头大小，在自然条件下发育较慢，但能生长巨大的菌体。中医认为，猴头菇性平味甘，有利五脏、助消化、滋补身体等功效。在临床应用上面，采用猴头菇进行治疗，对于轻度或是重度神经衰弱均可取得较为显著理想的疗效。营养与药用猴头菌的营养成分很高，故可以使人体提高对疾病的免疫能力。野生猴头蘑多生长在柞树等树干的枯死部位，喜欢低湿。鄂西北房县大巴山区尤多。其充足的日照和适宜的昼夜温差，很适合猴头菇的生长。猴头菇在房县已经形成产业化。

【杜　仲】 药用杜仲，即为杜仲科植物杜仲的干燥树皮，是中国名贵滋补药材。其味甘，性温。有补益肝肾、强筋壮骨、调理冲任、固经安胎的功效。可治疗肾阳虚引起的腰腿痛或酸软无力，肝气虚引起的胞胎不固，阴囊湿痒等症。

房县是野生杜仲产地，在林业基地大量人工培育杜仲。

【石　斛】 房县金钗，系兰科石斛属植物之一，是我国传统的名贵中药，喜在温暖、潮湿、半阴半阳的环境中生长，以年降雨量1000毫米以上、空气湿度大于80%、1月平均气温高于8℃的亚热带深山老林中生长为佳，对土肥要求不甚严格，野生多在疏松且厚的树皮或树干上生长，有的也生长于石缝中。石斛以茎入药，性寒、味甘，具益胃生津、滋阴清热等功效，用于治疗热病伤津、口干烦渴、病后虚热、舌光少苔、食少干呕、目暗不明等症。

【蕨　菜】 蕨菜为凤尾蕨科，凤尾蕨属多年生草本植物。房县蕨菜资源丰富，食用历史悠久。蕨菜的营养价值很高，其嫩叶可鲜食、盐渍或做干菜。蕨菜有药用功效、蕨菜性寒味甘，具有驱虫、清热解毒、补气升阳、利尿消肿、托疮排汗、回表止汗、驱风散寒、降压和促进细胞更生的功效。有一定的滋补作用。

【山　羊】 房县山羊是由波尔羊、努比羊、马头羊“三元”杂交而成的房陵山羊，以其肉嫩、口感极佳让人大快朵颐而深受食者青睐。现已有百万只的养殖规模，为房县冠以全国养羊大县和肉羊品牌名县的美名。

【银杏果】 银杏果含有多种营养元素，除淀粉、蛋白质、脂肪、糖类之外，还含有维生素C，核黄素、胡萝卜素、钙、磷、铁、钾、镁等微量元素，以及银杏酸、白果酚、五碳多糖、脂固醇等成分。具有益肺气、治咳喘、止带浊、缩小便、平皴皱、护血管、增加血流量等食疗作用和医用效果。根据现代医学研究，银杏还具有通畅血管、改善大脑功能、延缓老年人大脑衰老、增强记忆能力、治疗老年痴呆症和脑供血不足等功效。

【黄　精】 黄精为药食同源植物之一，具有补气养阴，健脾，润肺，益肾功能。用于治疗脾胃虚弱，体倦乏力，口干食少，肺虚燥咳，精血不足，内热消渴等症。对于糖尿病很有疗效。黄精有滋阴润肺、生津止渴、补肾强身、益脾养血的作用。

房县山场资源辽阔，立体气候明显，中药材资源丰集，素有“天然药库”之称。现已查明房县中药材品种达2518种，李时珍《本草纲目》中70%的药材品种来自于本区域。黄精是房县的道地品种之一，在房县境内的20个乡镇都有分布。

【冷水红米】 房县冷水红米种植历史悠久，曾被作为“贡品”，有文字记载的历史距今150年，在清代同治五年（1866）出版的《房县志》中，对房县冷水红米生产有这样的记载：“谷有粳、糯二种。早晚谷名十数种，黄白赤青数色……粳米有盖草黄、冷水红”；其生长区域在海拔800—1200米之间的冷水田，山泉灌溉，成熟后的冷水红稻壳红褐色、有芒，芒特长，米粒细长，米色粉红，有独特的米香。米饭色泽棕红，栗香味浓，口感润爽。在房县万峪河乡和沙河乡还有这样一个风俗，每逢女儿出嫁必缝制一个大枕头，里面装上数斤冷水红谷子作陪嫁，求的不仅是多子多福，也寄予女儿分娩时补气养血，有利于恢复体力和增加乳汁的愿望，故房县冷水红米又被称为“月米”。

冷水红米产地范围为湖北省房县沙河乡、万峪河乡、青峰镇、门古寺镇、土城镇、白鹤镇、野人谷镇、窑淮镇、上龛乡、九道乡10个乡镇，涉及38个村。其地理位置位于东经110° 02′—111° 15′、北纬31° 34′—32° 31′，生长于海拔800—1200米，生产面积800公顷，总产量1116吨，总产值6240万元。

总投资2000万元的房县冷水红米种植深加工项目已经正式签约，该项目建成后拟对房县冷水红米进行大规模化种植和开发，实现年产值5亿元。

【虎　杖】 虎杖为蓼科类植物，具有利湿退黄、清热解毒、散瘀止痛、止咳化痰的功效。虎杖喜好湿润的气候，主要生长在山沟、河边、山坡、林下阴湿处，生长海拔为400—1800米，耐寒、耐涝。房县森林覆盖面广，山地、坡地面积广阔，气候条件优越，为虎杖的大量生长、种植提供了得天独厚的条件。

房县虎杖被用作中药已经有1500多年的历史。在房县海拔400—1800米之间均有分布。林木覆盖率高于77.8%，土壤有机质含量≥2.5%，很利于虎杖的生长。随着野生虎杖资源逐渐出现匮乏，野生虎杖远远不能满足市场之需，2012年房县大力发展中药材种植，在全县20个乡镇中有15个乡镇50个村开始大面积种植虎杖，截至2017年9月已种植虎杖3333.33公顷。房县虎杖已广泛应用于食品、药品、化妆品、保健品等领域，被众人所认可，故虽历经千年，仍传承至今，并焕发新的生机。

近年来，为实施房县中药材（虎杖）发展战略，房县三鑫生物虎杖种植专业合作社制定了《虎杖种植技术规范》、湖北省三鑫生物科技有限公司制定出了《虎杖产业发展规划》，同时与湖北医药学院合作，建立校企共建研发中心，致力于

“虎杖规范化种植关键技术的研究”，为房县虎杖产业开发提供技术支撑。按照“产、学、研”结合，采用“公司 + 基地 + 农户”的产业化发展模式，使房县虎杖产业逐发展步壮大，种植农户年人均增收 3000 元 / 亩。对加速房县的工业化和城镇化进程具有一定作用。能有力地拉动湖北山区经济的发展和农业产业化的进程，为湖北山区农业产业结构高速和农民科技致富提供新的机遇。

中国共产党房县委员会

综　述

【概　况】 2017年，在市委、市政府的坚强领导下，房县坚持稳中求进工作总基调，围绕“一城两基地三中心”发展定位，以抓项目、强实体为重点，不断夯实经济基础；以供给侧结构性改革为主线，不断提高改革发展质量；以务实重行、奋发有为的作风为保障，经济社会发展和党的建设取得显著成效。全年完成生产总值84.6亿元，同比增长9%；地方公共财政预算收入5.7亿元，增长12%；固定资产投资166亿元，增长16%；社会消费品零售总额57.9亿元，增长13.1%；外贸出口6205万美元，增长19.2%；城镇和农村居民人均可支配收入分别达到25520元、9134元，分别增长8.9%、10%。

【精准扶贫工作】 坚持以精准扶贫统领经济社会发展全局，紧扣“准实”二字，扎实推进脱贫攻坚，全年实现12个重点贫困村脱贫出列、28752人脱贫退出。以“村村有产业、户户有项目、人人有事干”为目标，依托市场主体，狠抓产业扶贫，全县参与产业扶贫的市场主体达627个，贫困村市场主体覆盖率达96.1%。进一步细化产业奖补政策，共拨付产业扶贫资金1920万元。统筹5000万元设立扶贫贷款担保基金，累计发放小额扶贫贷款2.99亿元。开展零负担技能培训84期，转移贫困劳力4.4万人。建成300千瓦以上村级光伏电站181个。以“进城进镇进中心村”为原则，全力推进易地扶贫搬迁，开工建设安置小区336个，在建房屋10322户30360人，到10月底已搬迁入住6110户17624人；出台鼓励农民进城进镇的十条意见，贫困户进城进镇购房1688户。精准落实各项保障兜底政策，全面打通基本医保、大病保险、大额补充保险、民政救助、医院减免等各项医疗保障政策，探索推行先诊疗、后付费和“一站式”结算制度；为28513名贫困学生发放各类教育资助资金1833万元，为贫困户打包购买政策性保险与扶贫产业保险。全力配合省委巡视组扶贫领域专项巡视工作，积极推进问题整改。加大扶贫专项督查力度，严格兑现“三个同责”，切实提高扶贫实效。

【发展壮大优势产业】 以推进供给侧结构性改革为根本方向，以培育“六大百亿产业集群”为目标，着力壮大优势产业，培育新兴产业，推动县域经济跨越发展。按照“四个一批”的发展思路，加快推进特色产业发展。新发展中药材、核桃、茶叶、烟叶、蔬菜等特色产业基地12000公顷、总面积达80000公顷，代料食用菌3600万袋、椴木黑木耳12万架，饲养山羊96.9万只，养殖大鲵80万尾；培植农业龙头企业24家，新增专业合作社231家，新增国家地理标志证明商标3枚。大力实施“工业倍增计划”，做大做强酿酒发酵、生物医药、农产品加工等主导产业。完成规模以上工业总产值75.1亿元、增长15%，规模以上工业增加值19.2亿元、增长11%。以创建“全国电子商务进农村综合示范县”为抓手，发展壮大电商企业，房县小花菇航天育种实验获得圆满成功并代表湖北参加世界地理标志大会。以创建“全省全域旅游示范区”为抓手，围绕打造“一城三片区”（一城即生态文化旅游健康城，三片区包括军店片区、野人谷片区、土城片区），整合旅游资源，加快景区景点建设，全力打造房县独有的滑雪、喝黄酒、泡温泉旅游黄金路线。全年共接待游客572万人次、增长20%，实现旅游综合收入33.6亿元、增长18%。

【招商引资工作】 牢固树立招商引资“一号工程”理念，完善招商引资统筹机制，组建5个招商专班，驻点京津冀、江浙沪、广深、成渝、武汉开展招商引资工作，全年新引进项目85个，到位资金61.3亿元、增长17.5%。认真研究国家投资政策，突出重点领域，主动作为，对上争取项目196个，到位资金37.7亿元。扎实开展项目建设“走学比”活动，严格落实“五个一”机制和“首席服务官”制度。北京忠和酒业10万吨黄酒（料酒）、青峰啤酒厂改扩建、高速客运站、北城工业园标准化厂房、神农绿谷农产品加工、方家畈水库、神农源中药材电商物流园、柳树垭森林公园滑雪场暨汽车露营基地、土城黄酒民俗村等一批重大项目快速推进。

【发展民生事业】 实现就业创业培训3824人，开发公益性岗位800个，就业再就业8205人。城镇医保参合率、养老保险参保率分别达到99%、95%以上。全面提高社会救助标准，城乡低保和五保达到应保尽保。稳步提高教育质量，全面推进义务教育发展均衡化。基本药物制度实现全覆盖，医养结合服务全面推行。加快推进140个党员群众服务中心、173个村级卫生室、139村级文化广场建设，公共服务均等化稳步提高。举行系列文体活动，丰富干群文化生活。全面推广“忠孝礼义信简俭平顺和”的“十字”价值观，房县树立人情新风的做法被中宣部和央视《焦点访谈》作为典型经验推广。深入开展“平安房县”创建，积极开展信访维稳攻坚“五大行动”，认真落实县四家班子领导包案、开门接访、带案下访制度，实现党的十九大、省第十一次党代会期间进京赴省非访零目标，安全生产零事故。

【加强生态保护】 大力实施天保二期工程，落实保护面积195333.33公顷。扎实推进小流域治理、水土保持和水污染防治。加大对机动车尾气监测和大气污染监测，饮用水源地水质达标率保持100%。全面推行39条河流“河长制”，严格落实环保“一票否决”制，形成环保优先、生态为重的发展导向。以“五城联创”为抓手，着力完善城市功能和交通体系，重手打造特色小镇，推进竹房城镇带“一城八镇”建设，改善沙河、万峪等11个乡镇集镇面貌。加强农村环境整治，着力推进生态家园十大片区建设，城乡面貌焕然一新。创建省、市级生态乡镇4个、生态村44个，土城镇被列为全省农村产业融合发展示范镇，野人谷镇成功创建全国文明乡镇、入围全省第一批特色小（城）镇。

【加强党的建设】 扎实开展“两学一做”学习教育，深化“支部主题党日+”、“双十星”创建等活动，推进学习教育制度化常态化。认真学习贯彻党的十九大精神、省第十一次党代会精神，用习近平新时代中国特色社会主义思想武装头脑、指导实践、推动工作。扎实推进基层党建“整县推进”计划，实现党的组织、党的工作全覆盖。严格落实执纪监督“四种形态”，推进巡察工作常态化和全覆盖，2017年，立案160件，采取两规措施审查3人，移送司法机关4人，党政纪处分100人。按照省委第二巡视组“回头看”反馈整改要求，30个在外租房单位全部入住行政中心正常上班，总体平稳，无负面舆论。加强干部作风建设，全面推行“三个三分之一”工作法，在精准扶贫、招商引资、项目建设、信访维稳“四个一线”选拔使用干部，全面激发干事创业激情。认真贯彻落实省委人才工作“二十条”意见和“我选湖北”计划，制定人才奖励政策，全力推进人才创新创业平台建设，充分激发各类人才创造活力。

（周明森）

【中国共产党房县委员会领导成员名单】

县委书记：蔡贤忠

县委副书记：纪道清　王家波

县委常委：王宇星　祁国鹏　肖大有

陈　刚　高　勇

阮登香（女）　付必久

县委办公室工作

【抓学习，提升履职能力】 坚持把学习作为提高工作能力的重要途径，着力提高干部综合素质、提升履职能力。一是认真开展“致力‘三个提高’、争创‘三个一流’、争当‘五个表率’”主题活动。按照市委办公室统一部署，召开专题会议，成立领导小组，制定活动方案，扎实推进专题讨论、调查研究、学习培训、扶贫帮困、管理创新、争先创优等“八项活动”，增强干部大局意识、责任意识、质效意识、能力意识、表率意识，形成比拼赶超的浓厚氛围。全市组织的党办系统征文和演讲比赛中房县县委办3人获奖，其中1人荣获全市征文特等奖。二是创建学习型机关。结合党支部主题党日活动，精心安排专题，先后邀请领导专家，组织开展党的十九大精神、精准扶贫、招商引资、旅游发展、《准则》《条例》等12次集中专题学习；各科室轮流组织，系统学习党内法规、上级重要文件和主要领导同志讲话精神、公文写作、督办协调技巧等，观看《永远在路上》《迷失的坐标》《不可触碰的纪律红线》等警示教育系列专题片，达到干部受教育、提素质的目的。三是完善工作机制。及时调整班子成员分工，进一步明确了内设科室的工作职责，把调研、信息、宣传、扶贫等工作任务分解到具体科室和人员，压实工作责任，实现无缝对接，确保了各项工作有序高效运转。

【抓调研，当好参谋助手】 充分发挥县委决策参谋作用，坚持在调研中发现新情况、研究新问题、总结新经验、探索新路子，积极建言献策，较好地服务领导决策。一是在文稿起草上精益求精。整合科室力量，以县委政研室为龙头，全员参与文稿起草工作，不断完善文稿起草制度，高质量地完成了县第十四届三次全会、三级干部会议、党建工作会议等大型会议领导讲话起草工作，撰写典型交流材料12个，汇报材料50余份，分月整理县委大事记12期。编发《房办通报》20期。二是按照调研“主动性、针对性、时效性”的要求，围绕供给侧结构性改革、精准扶贫、黄酒和发酵产业、生物医药产业、项目招商、信访维稳、乡村振兴、从严治党等调研主题，深入基层、深入一线调研，形成有深度、有价值的调研报告达12余篇。突出时效加强经济研究，以收集全县重点工作进展情况为重点，建立经济类资料月报告制度，及时对每季度全县经济运行情况进行研究，与上级政策对接，科学分析预测，及时编发《领导参阅》8期，提出存在问题与对策建议，为县委加强对经济工作的领导提供参考。三是在办好内刊上突出“三新”。按照“观点新、内容新、栏目新”的理念，按时编辑出版《房县通讯》6期，刊发文稿120多篇，达到“服务决策、研究政策、交流经验、指导工作”的目的。四是在信息编报上取得突破。坚持质量和数量并重，及时、准确、全面搜集材料，认真筛选，精心编报各类信息620余篇，被中央办公厅综合采用1篇、省委办公厅综合采用17篇、市委办公室采用135篇，综合名次位居省、市前列。编发《房县信息》20期、110余篇，及时向县委提供全面、准确的工作动态。

【抓规范，提高办文质效】 以“短、实、新”和“无差错”为总要求，严把起草关、审核关、印发关和报备关，精心组织办文。一是文件制发报备严格规范。准确把握县委的总体要求，密切联系实际，切实增强文件的针对性、指导性和可操作性，共制发各类文件145件，确保县委政令畅通。及时向市委报备党内规范性文件37份，全部通过市委审查备案；党内规范性文件下备一级工作稳步开展。二是文书运转及时高效。按照“准确、及时、安全、保密”的基本要求，全年共签收、登记、传递、分办上级党委及办公厅（室）文件639份，办理传阅并落实各类传真电报457份，拟稿并制发贯彻落实方案102个，立卷建档十类1976件。三是机要密码工作细致严谨。规范密码电报管理和使用，共收发密码电报169份、内部明电289份，收发非机要传真95份。认真做好保密工作，县委办公室被授予“保密工作先进单位”和“档案管理先进单位”称号。

【抓督办，确保决策部署落地生根】 按照“时效强、效率高、效果好”总要求，多形式、多渠道开展督办检查，使县委的决策部署有布置、有检查，领导交办的事项有结果、有反馈。一是突出重点督查。制订年度督查计划，分季度制定督查方案，定期不定期深入基层，对全县三级干部会议、党建工作会议等重要会议贯彻落实以及重点项目、特色产业、精准扶贫、五城联创等进行督查，及时下发《督办通知》《督查通报》20期，确保县委决策落地生根。二是抓好专项督查。对县委常委会议定的重大事项，采取季度督查、半年问效、年底结账的方式，分头深入到责任单位进行督办检查，纳入年度考核，促进议定事项的落实，全年共完成领导批示的督办件245件，做到件件有回音、事事有结果。三是注重督查调研。重点对贯彻县委决策实施过程中的热点、难点问题深入开展调研，及时向县委提出对策、建议和意见，及时就贯彻落实上级党委、政府决策部署报送材料30余篇，被市委办公室《督办通报》采用6篇。四是加强目标考核。根据市下达房县的目标任务，结合实际，制定下达各乡镇、县直各单位的目标任务。深入外县学习调研，修改完善全县绩效考核管理办法，促进年终绩效管理科学合理、公平公正，为评先表模提供依据，全面激发各部门的工作激情。

【抓协调，提高服务水平】 完善各项规章制度，加强规范管理，不断提高服务质量和水平。一是牵头抓总做好综合协调。充分发挥龙头作用，加强与人大办、政府办、政协办，以及常委所在部门之间的协调联系，及时就县委的重大决策部署和需要协调的问题进行沟通衔接；加强与县直各单位、乡镇的沟通协调，抓好重大项目、重点工作的协调服务，建立起横向到边、纵向到底的沟通协调机制。二是高度负责做好值班值守工作。严格值班纪律，坚持24小时值班制度，及时准确通知会议，接待群众上访60多人次，抓好节假日、重要时间节点值班督办检查工作，确保上下信息传递及时、准确。报备县级领导干部，乡镇、县直单位主要领导请假333次。协调四家班子领导节假日值班18次，及时上报突发事件和灾情，认真调查并回复“人民网”地方留言板群众反映问题30余条。三是务实高效做好接待。严格执行房县贯彻《中共中央政治局贯彻落实中央八项规定实施细则〉精神实施办法》，承担国家、省、市领导来房调研，兄弟县市和知名企业来房考察等大型接待活动50余批次。四是细致规范办好会务。先后筹备服务县委常委会会议、县四家班子联席会议、县委全会、全县干部大会等各类综合会议60余次，做到保障有力，服务高效。

【抓基础，深入开展防范和处理邪教工作】 一是强化宣传教育。深入开展反邪教警示教育宣传活动，共发放各类宣传资料3万余份，举办反邪教文艺演出7次。开通“房县反邪教公众平台”，向社会各界征集反邪教线索。积极开展“无邪教示范乡镇、村（社区）”创建工作。二是扎实推进“敲门行动”。主动对接公安部门，积极协调相关县直单位和乡镇力量，全力开展“敲门行动”，共出警60余次，深入乡镇20余次。三是加大排查打击力度。组织专班对邪教组织进行细致地摸底排查，建立涉邪人员实名登记信息库，做到底数清、情况明、不漏人。统筹公安、乡镇、村（社区）和群防群治力量，织密人力防控网。严厉打击邪教违法犯罪活动，抓获涉邪教人员5人，有力打击邪教组织的嚣张气焰。

【抓帮扶，助力脱贫攻坚】 围绕“两不愁、三保障”和“三率一度”，坚持人力、物力向精准扶贫倾斜，统筹推进精准扶贫工作。抽调精干人员成立驻村帮扶工作队，指导产业发展、抓好易地扶贫搬迁、推进基础设施建设，村容村貌日新月异。认真开展干部帮扶工作，办公室每1名干部帮扶3—5户贫困户，聚焦问题、明确靶向，分户制策施策，每月入户走访，落实政策，发展产业，解决困难，促进困难群众稳定增收。2017年，军店镇指北村成立两家专业合作社，发放“四子”产业扶持资金13万元，种植胭脂米6.87公顷、“虎杖”33.33公顷，107人在基地打工，人均增收3000多元；扶持养牛10头以上6户、养羊20只以上4户、41户贫困户养猪200多头。村卫生室正式运行，建成200千兆光伏发电站，集体经济年增收5万元以上；浆砌河堤3000米、新建拦水坝3个、漫水桥4座。农村电网改造、文化生活广场、通讯设施、广电宽带等项目快速推进。

（周明森）

【房县县委办公室领导成员名单】

县委常委、县委办公室主任、党群战线工委书记：付必久

副主任：洪运玖　李陵陵（女）　唐盛波

万　华　苏文星　戢运成　任　豪

党群战线工委副书记：洪运玖　陈　竹

党群战线工会主席：欧阳文

组织工作

【“两学一做”学习教育】 一是抓支部规范。严格落实“党的一切工作到支部”的要求，制定《房县2017年基层党组织规范化建设标准》，扎实推进支部规范化建设，夯实“两学一做”学习教育基础。以“支部主题党日”活动为抓手，发放《十九大报告》、新党章等学习辅导读物4万余册。依托543个“红微”群向党员传送学习资料，真正把党内经常性教育落实到支部，覆盖到全体党员。二是抓领导示范。建立党员领导干部党建联系点制度，31名县级党员领导干部和20名乡镇党委书记到所在支部、分管领域和联系点讲党课、参加组织生活，开展党员交心谈心、走访困难群众活动，发挥党员领导干部示范带头作用。三是抓学做融合。通过“双十星”争创、“带党徽亮身份践承诺”，把学习教育与脱贫攻坚、招商引资、信访维稳、项目建设等中心工作有机结合。开辟“党旗飘飘”专栏，对100个“十星级”党组织和党员宣传表扬，在服务行业、窗口单位、“两新”组织重点选树一批“党员示范区”“党员责任岗”。四是抓作风整顿。在全县党员干部中倡导“忠、孝、礼、义、信、简、俭、平、顺、和”的“十字”价值观，上下联动整治人情歪风，营造“抓党风、促政风、带民风”的良好氛围，中央媒体深度报道房县人情风治理的做法和成效。

【干部队伍建设】 一是着力加强领导干部思想政治建设。依托县委党校举办4期党员干部主体培训班，系统学习习近平总书记系列讲话精神和治国理政新理念新思想新战略。集中组织夜学《准则》《条例》、收看《永远在路上》专题片，警示教育领导干部严守政治纪律和政治规矩，筑牢理

想信念根基。举办党的十九大精神轮训班4期培训1183人，动员全县各级党组织采取理论宣讲、党课、讲习所、户院会等形式深入学习贯彻党的十九大，推动十九大精神在房县落实落地。围绕中心工作，举办精准扶贫、招商引资、旅游发展、金融证券等领导干部“提能善政”大讲堂3期。全年举办各类培训班11期，培训学员2497人，组织全县204名干部参加省市委党校调训学习。二是着力在重点工作一线选人用人。研究制定《关于在重点工作一线培养考察选拔使用干部的暂行办法》和《关于实行“三个三分之一”工作法的暂行办法》，把急难险重工作任务一线作为培养、锻炼、识别、提拔、重用干部的主阵地和主渠道，共选派48名干部到招商引资、信访维稳、重点项目建设一线培养锻炼，9名县直优秀年轻干部到乡镇挂职锻炼，4名干部到市直机关挂职锻炼；对32名在重点工作一线表现突出的干部提拔重用。三是着力深化干部履职尽责管理。按照“三个管理”要求，科学确定2017年度履职尽责项目清单，优化量化考评指标。对1654名科级以上干部2016年度考核等次审查、批复。加大庸懒散软整治力度，引导领导干部履职尽责、勇于担当、干事创业。四是着力加强干部选任监督和日常管理。对四批次126名拟提拔重用对象进行任前征求意见并公示。深入推进双向约谈制度，全年约谈干部157人次。扎实开展“四个专项整治”，认真落实“四治一改”重点任务，做好科级以上领导干部个人事项报告，持续抓好14个单位、20名领导干部的经济责任审计。充分发挥“四位一体”举报受理平台作用，2017年受理信访举报28起，函询2人，提醒谈话4人，组织处理1人。

【基层组织建设】 一是常态督导，压紧压实党建责任。县委坚持每月召开1次常委会研究党建工作，制定《房县2017年度党建工作项目清单》，明确责任，细化任务。向31名县级党员领导干部和全县所有党组织书记印发《关于示范带头做好基层党建工作提醒函》，明确抓党建是各级党组织书记的主责主业。按照“周安排、月结账、季督查”的方式，先后组织27个专班对全县20个乡镇和118个县直单位所属支部党建工作开展“无空白”巡回督察，下发整改清单176份、通报7期。对落实不力的4名乡镇党委书记、5名党委组织委员进行约谈。二是分类施策，稳步实施“整县推进”计划。围绕全地域、全领域、全要素、全功能要求，在农村，全面推行“社情民意直通车”联系服务群众工作机制，推动党组织引领下的基层社会治理创新；在社区，全面推广“党支部+居委会+业委会+物业企业”四方联动机制，优化社区党组织设置，成立3个社区“大党委”，构建区域化党建新格局；在机关，全面开展党员“五比五看”（比觉悟、看谁大局意识强，比作风、看谁服务质效优，比状态、看谁比拼干劲足，比实绩、看谁建功贡献大，比廉洁、看谁干净干事好）活动，激发党员干部干事创业激情；在“两新”组织，规范123家“两新”组织设置，精准选派82名党建指导员，推广“党工企”联席会议制度，实现党的组织和党的工作全覆盖；在中小学校、医院，开展以抓党建促教育教学质量（医疗服务水平）提高，促师德师风（医德医风）转变，促教育（卫生）事业争先进位为主要内容的“一抓三促”活动，补齐补强工作短板。三是强力保障，全面提升基层服务功能。整合资金8315万元，对146个党员群众服务中心、174个卫生室、139个文体广场提档升级。统筹资金2000余万元，全面兑现村干部工作报酬。按社区20万元、村2万元的标准，将服务群众专项经费纳入县财政预算。实施“能人治村”计划，选派162名县直机关优秀年轻干部到村担任“第一书记”，督促乡镇调整不胜任村党支部书记17人，选派1名大学生村官跨乡镇担任村党组织书记。结合“三培养”工程公开选拔543名村级后备干部，为村“两委”换届夯实基础。四是精准发力，从严选派管理驻村工作队。选派291支驻村工作队，结对帮扶281个贫困村，动员10690名党员干部结对帮扶48835户贫困户，86家企业参与村企共建，实现县级领导包乡、县直部门包村、干部职工包户全覆盖。分批举办“抓党建促脱贫攻坚”培训班，提升村主职干部服务发展能力。全面推广“党支部+专业合作社+基地+农户”的“四位一体”服务发展模式，管好、用好集体经济发展“铺底资金”，支持乡村引入市场主体、培育主导产业、发展壮大村集体经济。目前，全县培育700多个专业合作社带动集体经济发展，村集体经济超过5万元的村（社区）达到249个，占比88.6%。

【人才队伍建设】 一是党管人才水平不断提升。着力完善人才工作运行机制，出台《关于深化人才发展体制机制改革的实施意见》，制定柔性引才政策、绿色通道服务等17个配套措施和办法，集中兑现各类政策奖励资金140余万元，进一步强化政治感召力。二是平台建设推进有力。与湖北工业大学、湖北中医药大学签订战略合作协议，借助中药材物流园筹建神农源中医药大健康产业科技孵化器，整合资源建成省级创新创业平台1个、院士专家工作站2个、省级工程技术中心1个，申报省级人才超市1个。三是人才培育成效明显。落实县级领导联系各类优秀人才制度，坚持一个县级领导入驻一个企业、联系两名优秀人才。围绕六大产业集群和农业八大产业，举办6期人才培训班，培训学员2240人，组织4名企业家赴浙江大学培训。精心组织“一村多名大学生”报考，49人被录取。通过创新人才评价、培育、引进、激励机制，培养各类人才1400余名，着力造就一支素质较高、数量充足、适应发展需要的人才队伍。

【自身建设】 一是抓学习，强能力素质。规范开展部机关“三会一课”，进一步严肃党内政治生活。围绕《条例》《准则》、党的十九大精神和“组工干部需要思考的10个问题”等内容，实施组工干部能力提升计划，强化“四个意识”，争做“五个表率”。二是重管理，提工作质效。严格实行科室工作周计划月总结和全程纪实痕迹化管理，定期召开工作务虚会、谈心谈话会。认真做好“两网”管理和“房县党建”微信公众号建设，严格落实宣传信息全员参与机制，全年采用信息文章120篇，其中国家级13篇，省级22篇，市级50篇。上报重点课题2个、调研报告17个。扎实做好化龙堰镇桃园沟村精准扶贫，狠抓基础设施建设和产业发展，2017年该村集体经济收入达到11.2万元，90%的贫困户有稳定增收产业。三是严作风，建模范机关。严格执行干部选拔任用“十严禁”“十不准”和下基层“七不准”等纪律规定，开展部机关思想作风整建活动，带头打造讲政治、重公道、业务精、作风好的模范部门。

（余　伟）

【中共房县县委组织部领导成员名单】

县委常委、组织部部长：陈　刚

副部长：龚承权　饶正涛

周海波　孙厚华（女）

宣传工作

【意识形态领域安全稳定】 意识形态工作责任制落实取得新突破。出台领导小组、联席会议制度、重点单位责任清单、职责分工等10多份文件，构建坚实意识形态制度基础；建立健全党管意识形态常态化机制。实施每月例会制度、直报月报制度，提升意识形态工作分析研判质量。县委中心组理论学习达到新水平。围绕党的十八届六中全会精神、习总书记系列讲话精神和治国理政新理念新思想新战略、习总书记“7·26”重要讲话精神、省十一次党代会、十九大精神等重大精神和精准扶贫、项目招商、县域治理等重大课题集中学习20多次。

【宣讲工作】 一是先后邀请省市专家学者到房县举办大型讲座5场，县委宣讲团开展十八届六中全会精神、省十一次党代会精神、十九大精神等3轮集中宣讲活动，宣讲200多场次，有力地推动中央、省委、市委决策部署家喻户晓、深入人心。二是创新“双宣讲”模式。组建双宣讲大军300多支，以“精准扶贫，文化先行”为主题的百姓大舞台活动，在土城、军店、万峪、沙河、城关等乡镇如期开展，参与群众达1万余人次。

【社会主义核心价值观建设】 价值观建设创品牌。精心培育房县“忠孝礼义信简俭平顺和”“十字”价值观，总结负面清单，在全县举办“十字”价值观百场报告会；借助文化大院项目、人情新风工作，以及文明城市、单位、村镇、学校、家庭等系列创建活动，推动“十字”价值观在全县铺开，并积极向全省、全国推介。此项工作已成为全市培育和践行社会主义核心价值观的响亮品牌。

【新闻宣传工作】 一是构建全方位、宽领域、立体式的外宣格局。与中央电视台《焦点访谈》、新华社协作，先后采写《聚焦房县人情新风：再也不拿小孩奶粉钱随礼》等大稿；航拍房县黄酒等产业发展情况；采访省人大代表、房县县委书记蔡贤忠，撰写《推进农业供给侧改革擦亮特色农业“金”字招牌》《房县“房十条”催生进城购房热》《文明农业耀秦巴》《房县耳菇入列中欧地标互认》等文章，均引起社会广泛关注。二是积极主动占领新兴宣传阵地，依法防范和制止利用互联网进行违法活动。利用官方微博、微信，先后采写《失散34年的亲人春节团圆》《失踪20年的儿子回家》《助力房县花菇走向太空》等稿件，赢得社会广泛点赞。三是进一步强化与主流媒体的联系与合作。全年共接待各级媒体50余批次200余人次，先后配合参与中央、省、市级的报、台、网采访县春节大巡游、人情新风、魅力十堰竞演、喜迎十九大等活动，在主流报、网、台积极传出房县“好声音”。四是严把舆论导向，建立健全新闻头条审查制度。由县委常委、宣传部部长、分管副部长、县新闻中心主任、县电视台台长、县委书记和县长跟班记者等人组成12人扶贫信息微信群，每期（天）《今日房县》报头版、电视台头条新闻微信传至宣传部长审定。

【精神文明建设工作】 一是大胆探索“人情新风”实践工作。着力打造回龙乡黑獐村、城关镇三海村、野人谷杜川村等10个人情新风示范村，树立回龙黑獐沟村、青峰镇青峰街村、尹吉甫双湾村3个示范点。2017年房县成功创建省级文明城市，蝉联市级文明县城“五连冠”；野人谷镇荣获全国文明乡镇，城关镇、青峰镇荣获省级文明乡镇，城关镇三海村等7个村荣获省级文明村，国税局等11个单位荣获省级文明单位；杜兴国家庭等5个家庭荣获市级文明家庭，欧阳启斌家庭获评荆楚最美家庭。二是道德标杆选树常态化。常态开展道德模范、身边好人、最美人物、先进楷模活动，打造县乡村三级“榜样链”。评选表彰第三届道德模范及十字榜样，邓传义、刘荣、方必春等8人荣登十堰好人榜，赵伟等3人获评十堰市第六届道德模范。

【文化产业建设】 完成县文化体育新闻出版广电机构改革工作。2017年4月县文体局、广电局合并及县广播电视台独立等改革工作基本完成。整合1390万元文化扶贫资金，扎实开展118个精准扶贫出列村文化大院建设，启动139个村的综合文化广场项目建设；向省、市争取乡村学校少年宫项目10个，快速推进10个项目学校少年宫建设；“湖北省综合文化示范村”项目扎实推进，化龙镇李堰村、五台乡红场村等8个村级舞台建成使用。加快推进“四馆一家”等文化项目建设。“四馆一家”项目已完成95%的工程量。宝堂寺保护性修复建设项目已竣工。罗国士艺术博物馆、体育中心建设、马里影视基地项目正有序推进。黄酒酿造技艺申报国家级非遗名录工作正在进行。培育文化产业品牌。房县尹吉甫诗经小镇打造成国家特色小镇。

【网信工作】 一是加强网络意识形态阵地建设。建立网络内容审查制度，对重点报网、“两微一端”新闻信息进行审查，严格执行新闻单位党组织书记总负责和总编辑值班把关制度，确保“八个讲导向”落到实处。积极主动占领“两微一端”新兴宣传阵地，打造报、网、台、“两微一端”全媒体平台，依法防范和制止利用互联网进行违法活动。二是建立健全网络舆情监控和预警机制。共发现处理涉及精准扶贫方面的网络舆情26起。上报《互联网舆情专报》信息15期，妥善处理青峰镇福利院院民走失死亡事件、青峰镇山石滚落等负面事件。加强重点时节网络舆情管控，圆满完成全国两会、第四届国际道教论坛、省第十一次党代会、党的十九大期间网络安全稳定任务。及时处置“房县党建网”“房县农业信息网”网站系统安全隐患。三是加强网络队伍和制度建设。积极争取为网信办增加3名编制，充实网信工作队伍力量。选派人员参加全省骨干网评员培训班和新媒体运维暨网络舆情研判与应对十堰研修班，提升网信工作业务能力。拟定《房县网络舆情处置工作办法》《党委（党组）网络意识形态工作责任制实施细则》等草案，明确了各地各部门网信工作职责。

（徐香娟）

【房县县委宣传部领导成员名单】

县委常委、宣传部部长：高　勇

副部长、文明办主任、

战线工委副书记：赵礼江

副部长、新闻中心主任：陈　勇

副部长：杨兴明

副部长、网信办主任：李先江

宣教战线工委副书记、

广播电视台台长：孙卫东

宣教战线工会主席：陆龙杰

统战工作

【政治统战工作】 2017年县委统战部结合房县建设“一城两基地三中心”工作目标，抓好政治、经济、海外、社会统战。一是深入推进“两学一做”和党风廉政建设，房县统战部以“两学一做”为抓手，深化党风廉政建设，并结合每月开展的“支部主题党日”活动，灵活运用现场教学、网络课堂等形式，坚持读原著、学原文、悟原理，认真做好学习笔记，撰写心得体会，提高教育实效。二是落实“一岗双责”，年初与各科室制定党风廉政建设责任书，层层分解责任，环环抓好落实，真正使党风廉政建设责任制得到全面有效地贯彻落实。三是统一思想凝聚共识，提升统战成员素质，通过制定一个细化的贯彻落实方案、办好一个统战系统学习专栏、召开一次各界人士专题学习报告会、组织一次部长巡回宣讲、赠送一批学习资料、开展一次专项督查“六个一”活动，引导广大统战干部和统战成员牢固树立“四个意识”，坚决拥护以习近平同志为核心的党中央权威。四是进一步加强党对统一战线工作的领导。成立以县委书记蔡贤忠为第一责任人的全县统战工作、民族宗教工作、对台工作领导小组，强化党对统战工作的主体责任。全年县委常委会专题听取统战工作专题汇报6次。五是加强《统一战线工作条例》的再学习再宣传。通过《今日房县》报开设专栏、县城3处大型聚集广场的户外LED显示屏滚动播出等方式对《统一战线工作条例》进行再宣传，同时宣印500本《统战条例》原文分发给部分政协委员、人大代表、新任统战委员以及党校培训班学员手中，进一步扩大条例宣传范围。汇集社会各界力量，服务经济社会发展、充分发挥统战成员在民主协商中的重要作用。房县通过组织统战成员参加半年经济形势通报会、党风廉政建设和反腐败工作座谈会、精准扶贫专题调研等活动，引导他们紧扣房县发展大局，积极建言献策，先后提交议案、提案12篇，社情民意15件，撰写4篇调研报告，提出20余条意见建议。六是全面推进统战系统合署办公。积极向县委争取，统战部、工商联、台办、民宗局于9月共同搬至新行政大楼3号楼二层，办公及档案室用房共11间178平方米，办公环境得到明显改善。同时，建立和落实涉统单位联席会议制度，统战部积极发挥牵头协调作用，确保合署办公不仅合的好，还要干得好，真正实现“合人、合心、合力”。

【经济统战工作】 一是积极发挥统一战线在招商引资方面的作用。统战部把实施“回归工程”作为招商引资的新突破，通过举办回归创业大会、新春团拜会、加强异地商会建设、开展走访联谊等活动，激发在外创业人士回乡投资发展的创业热情；通过强化宣传表彰、弘扬企业家精神等举措，营造在外创业人士回乡投资发展的浓厚氛围；通过建立健全招商引资统筹机制、提高政务服务水平，争做在外创业人士回乡创业的坚强后盾。近几年，房县在外成功人士返乡投资企业达40家，涉及工业、农业、旅游、商贸等多个领域，回归引资40亿元，吸纳就业2.5万人。连续三年，县委统战部超额完成县委下发的3000万元、4000万元、5000万元的招商引资任务。二是继续发挥非公企业优势助力全县精准扶贫工作。自精准扶贫工作开展以来，统战部、工商联积极引导全县非公企业和非公经济人士，通过精准发展富民产业、精准安排劳力就业、精准对接深度、贫困精准捐助特困群体等多种形式，共同为精准扶贫助力，体现了企业家的责任与担当。房县进一步深化“千企帮千村”精准扶贫行动，组织开展“心手相牵、决战贫困”结对帮扶活动，大力实施慈善扶贫工程。自2016年以来，全县非公企业共解决贫困户就业1.1万余人，带动发展产业基地20000公顷，开展爱心助学及公益捐赠680万元，社会扶贫工作取得明显成效。三是开展“同心”教育和业务培训。先后组织召开学习全国“两会”精神、十九大精神、《关于营造企业家健康成长环境弘扬优秀企业家精神更好发挥企业家作用的意见》和中共中央、国务院《关于营造企业家健康成长环境弘扬优秀企业家精神更好发挥企业家作用的意见》企业家座谈会，共计180多名企业家代表参加座谈会；为进一步引导企业熟悉资本市场、运用融资工具，联合工商联、工商局举办资本市场融资知识专题讲座暨天风证券与房县企业资本市场对接座谈会，60名企业负责人参加讲座。

（何　俊）

【房县县委统战部领导成员名单】

县委常委、部长：阮登香（女）

常务副部长：何春政

副部长：段永立

对台工作

【对台宣传】 采取多种形式，加大对台宣传教育力度。一是结合党的十九大宣传学习，将“中国台湾问题”有关知识和台湾形势教育纳入党校干部培训课程计划，150名干部受到涉台知识教育培训。二是结合精准扶贫活动，走访慰问台胞台属，向台胞台属宣传党和国家对台方针政策，开展台海形势和安全保密宣传教育，动员他们做好争取台湾民心的工作，促进两岸关系和平发展，实现早日统一。三是加强对台宣传力度。结合中央和省市对台工作会议精神，进一步加强对台宣传工作的力度，向各级媒体积极投稿，宣传房县对台工作的好经验、好做法、好建议；与房县电视台联手推出专题节目，反映台胞的创业事迹、感人故事、游子情怀，同时也使更多的台胞了解今日房县和巨变故乡，搭建联系桥梁，传递心声感悟，增强台胞的爱国情怀。

【对台经济】 以全省开展的“千企进千村”活动为契机，帮助台资企业解决困难。县台办坚持开展“走访调查台资企业和台属民营企业，解决实际困难”活动，做到底子清、情况明、倾心帮，以亲兄弟、手足情，尽好责任，想方设法优化服务质量。为缓解台资企业兴祥黄酒有限公司遇到的问题，多次与有关部门沟通，帮助解决土地使用证、税收等纠纷问题及产品销售困难。

【对台联络】 把优质服务作为联络台胞台属的桥梁。县台办关注台胞台属的生产生活情况，帮助解决实际困难，促进广大台胞对祖国大陆的认同感。一是利用传统节日，开展台胞台属走访慰问活动。多次深入到台胞家中走访了解情况，掌握实际困难，与台胞台属结对子、交朋友。台胞回乡后，第一时间取得联系，积极沟通，热情接待，回乡台胞都表示愿意为家乡的发展做贡献，愿意竭尽全力回报家乡。二是协调解决台胞台属的困难与诉求。房县台办多渠道加强与台胞台属的联系与沟通，了解他们的困难和想法，鼓励他们积极创业，切实保障他们的权益，三是积极筹划因公赴台交流活动。拟定房县考察团一行10人，就农业产业等相关方面赴台开展为期7天的交流考察，前期工作已筹备完成。四是切实维护台属利益。坚持“台属、侨属利益无小事”原则，高度重视台属来信、来访、来电，依法依规协调涉台投诉，切实维护台属的合法权益。全年为15名台属解决实际困难。

【对台招商】 积极争取上级台办的支持，主动与沿海发达地区台商联系，推介房县投资环境和投资项目，吸引台商到房县投资，只要有台商回乡投资意向，第一时间加强联络，增进感情，密切联系。2017年，接待台湾国民党中央委员詹昭荣一行5人、天津台湾商会常务副会长陈贤民、台湾企业家罗健志、谢家龙一行7人、中餐文化交流联盟主席陈海鸥侨商考察团一行8人到房县考察。

（苏　涛）

【房县人民政府台湾事务办公室领导成员名单】

主任:（空）

副主任：苏　涛

保密工作

【保密工作转型升级】 县乡换届后，县委、县政府及时调整县保密委组成人员，成立以县委副书记任主任，县委常委县委办主任、分管副县长、保密局长等为副主任，保密要害部门负责人为委员的县委保密委员会。20个乡镇和86个县直单位调整成立以党政主要领导任组长，分管领导为副组长的保密工作领导小组，明确专兼职保密干部907名。在县委、县政府和县保密委的重视支持下，县委办、县政府办印发《房县十三五保密事业发展规划》，县依法治县领导小组印发《七五保密法治宣传教育规划》。

【保密教育工作】 常抓机关保密教育，召开全县保密工作会议，印发年度保密法治宣传教育计划。各机关单位及时召开中心组理论学习会议、工作安排会议400多次，受众10000余人。先后对党校青干班和科干班学员、保密要害部门党员干部开展保密法制宣传教育活动30多场次，受众800余人。坚持利用“三月三”民间庙会、全国科普日、“12・4”宪法宣传日等大型集会活动，在现场开展保密法治宣传。联合县新闻中心在《今日房县》开设“聚焦保密法规”教育专栏20多期。一系列举措为增强广大公民保密意识、筑牢保密思想防线奠定坚实基础。

【保密技术检查防范工作】 对印刷复印、广告装潢、摄影照相等社会行业计算机开展保密技术检查，通过以查代训方式向从业人员宣传保密法和行业保密规范要求。对县政府门户网站、微博、部门网站、微信公众号、互联网办公系统、互联网政务邮箱、工作QQ群进行登记备案检查。要求各机关单位建立信息公开保密审查登记台账，确保发布的信息不涉及国家秘密和内部不宜公开信息。提请县保密委印发《关于加强微信、QQ等即时通讯工具使用保密管理的通知》，提出“九严禁”的管理措施，从制度上对日常不良使用习惯加以规范，严防失泄密事件发生，该制度在全市推广。实现涉密计算机违规外联24小时监管、巡查，对12个单位涉密计算机违规外联、互联网计算机和门户网站违规传递发布涉密信息事件进行查处，责任人受到相关处理。按照《关于开展机关、单位保密自查自评专项督查的通知》要求组织各机关单位对保密工作开展自查自评，指导各单位进一步完善管理制度，强化管防措施。对全县7个机关单位开展定密专项督查，指导各机关单位严格按照定密权限、定密流程开展定密工作。有重点、有针对性地加强新闻出版保密审查工作，全年共开展各类图文审查50万余字，删改涉密和不宜公开的信息23处，全年未发生重大失泄密事件。

（梁　蓓）

机构编制工作

【概　况】 2017年，房县机构编制委员会办公室，各项工作取得优异成绩：全省财政与编制政务公开考核优秀等次；审改工作全市排名第二；综合目标、精准扶贫、党建、党风廉政建设和综治工作考核优秀；获得“省编办信息宣传先进单位”和“市级文明单位”称号。

【放管服改革】 年初召开审改工作会议，总结上年工作成绩，研究2017年工作任务，制定“十三五”期间深化行政审批制度改革意见，印发了《房县审改工作要点和责任分工》，统筹安排审改工作。一是编制完成乡镇权责清单。县政府印发编制乡镇权责清单方案后，编办及时行动、周密部署、大力推进，在时间节点内共清理编制20个乡镇1580项行政权力事项、24907项责任事项，并在县政府门户网站公示公布。二是大力推进“双随机一公开”监管工作。先后4次召开会议，专题研究推进“双随机”监管工作。6—7月组成专项督查组，分别到县工商、质监、民政、食药、水务、卫计、畜牧、交通、安监等部门专项督查工作开展情况。8月23日，县委常委、常务副县长亲自召开推进会，通报当前“双随机”监管工作情况，并对下一阶段的工作进行安排部署。加大湖北省“双随机一公开”监管平台的推广和应用，召开全县39个部门监管平台操作培训会，指导推进各部门一单、两库资料录入和线上“双随机”抽查公示工作，确保年底完成抽查事项全覆盖的硬任务。三是开展“红顶中介”回头看和专项治理。按照省、市精神，及时印发房县《关于深入开展“红顶中介”专项检查的通知》，在前两轮专项治理的基础上，对发改、气象两大行业开展“红顶中介”专项检查，对涉及前两轮已开展专项检查的12大行业进行“回头看”。“回头看”单位对照检查要求，先进行自查，向审改办报送自查报告。积极推进“红顶中介”单位按照“五分开”的要求转企改制，与主管部门脱钩，推进2家机构完成经营类事业单位改革。四是推进行政职权管理系统建设工作。清理编制2017版行政许可事项432项，指导部门编制行政许可事项服务指南。并对全县43个行政职权部门开展“湖北省行政职权和服务事项管理系统”专题培训，指导各部门在系统录入行政职权基础资料和服务指南，为全省“网上办事大厅”建设奠定基础。

【机构编制管理】 一是完成文化体育广播电视新闻出版改革。认真贯彻落实《关于印发〈房县人民政府职能转变和机构改革实施方案〉的通知》和《关于印发〈房县人民政府职能转变和机构改革实施方案〉任务分工的通知》精神，完成文化体育广播电视新闻出版改革。召开涉改单位联席会、动员会，2017年底，文体局、广电局机构职责已整合，电视台已独立设置，人员已划转到位。二是认真调查研究。紧紧围绕行政审批局组建、武装部体制下放、城管综合执法、群团改革、婚姻登记、建房办证审批事项下放、村干部“两化”管理等改革，与有关部门配合，深入调研，摸清情况，拟定方案，积极为县编委会决策当好参谋助手，完成村干部“两化”管理调研报告。三是推进群团改革。积极参加中央、省、市、县有关工会、妇联改革等电视电话、座谈、调研会5次，研究群团改革事项4次，并将工会、科协等机构编制事项列入编委会议题。

【加强机构编制管理】 一是严格执行文件，守住编制红线。认真执行《关于加强全县机关和事业单位人员管理的通知》（房办发〔2015〕45号）、《关于进一步加强干部人事工作的意见》（房办发〔2015〕46号）和《全县机关事业单位工作人员调动工作程序》文件精神，组织、编制、人社、财政协调配合机制进一步巩固。全年收到请示报告62件，已办理44件，筹备召开编委会1次。二是积极配合，形成合力。积极配合县委组织部、县人社局、县公车办做好公务员登记、职级并行和车贴审核等工作。完成80人公务员登记的编制审核工作；对160人出具职级并行的编制审核和证明材料；完成250人的车贴审核工作。认真做好机关事业单位养老保险审核工作，已审核单位300个，人员6000人。三是做好人员编制实名制管理和信息更新。针对换届人员信息变动大等因素，克服困难，加强督办，完成300人的编制变化等信息的更新。四是完成机关事业单位人员招考用编的审核。3月份省编办批复房县2017年公务员编制53名，教师用编103名。6月份完成县级事业单位47名工作人员招考编制计划批复工作。五是认真做好事业单位“开天窗”违规进人整改工作。成立领导小组，制定工作方案，对违规进入事业单位人员采取备齐档案、核实身份、组织考核、综合评定等形式进行整改，巡视问题已整改完毕。六是做好控编减编工作。坚持编委会议集体研究、用编核准等制度，进一步规范进人程序。利用自然减员控编减编，拿出自然减员空出编制的50%用于消化超编，确保省督办任务在3年内按计划完成。严禁超编进人，坚持超编、满编单位只出不进，空编单位先批后进。严格领导职数管理，严格按照省市要求确定领导职数，完成消化超配领导职数工作。建立长效机制，认真执行《关于加强全县机关和事业单位人员管理通知》房办发〔2015〕45号、《关于进一步加强干部人事工作的意见》房办发〔2015〕46号文件和《全县机关事业单位工作人员调动工作程序》，从制度上有效防止违规情况发生。

【事业单位分类改革】 一是完善事业单位分类《方案》，对全县346个事业单位按照政策标准进行类别划分，划分为行政类单位数3个，公益一类224个，公益二类84个，生产经营类19个，撤销整合事业单位16个；二是进一步严格程序，不断完善分类工作，严格按照“单位沟通—编办审核—反馈意见—单位申报—编办汇总审核—人社财政会审”6个环节推进工作。县委常委会、县政府常务会、县编委会先后审议事业单位分类改革事项。事业单位分类改革已下发批复文件178个单位。

【事业单位登记管理】 一是完成事业单位法人年度报告公示工作。印发《关于做好2016年度事业单位法人年度报告公示工作的通知》文件，安排专人办理，完成248个单位年度报告公示。二是做好代码赋码工作。按照省市《关于开展党政机关、县编办直接管理机构编制的群众团体统一社会信用代码赋码工作的通知》精神，积极宣传改革精神，介绍办理流程、证书印章式样等内容，全年办理单位87个。三是完成域名注册和网站挂标工作。3月份，对域名缴费到期的单位进行理，并及时办理汇款，完成412个单位域名缴费续费工作。

【中心工作】 按照县委县政府“三个三分之一”工作法要求，扎实推进精准扶贫和招商引资工作。一是积极开展“春季攻势”。县编办年初新发放樱桃苗10000棵，种植面积达20公顷，帮助李湾成立樱桃产业合作社，将所有贫困户全部纳入合作社发展。通过土地流转的方式，按规模化、市场化经营原则，按比例分成，实现集体有收入，贫困户能脱贫。联系文化传媒公司制作“认领一棵樱桃树，帮扶一方贫困人”微信，在互联网公众信息平台向社会发布，供爱心人士、社会团体组织等来认购，农户樱桃供不应求。二是大力开展“百日攻坚”。县编办积极贯彻县委精准扶贫“百日攻坚”会议精神，全体干部在村干部的协助下，以“八个一”活动为抓手，主要领导自带米油等食材，开展“同吃一桌饭，共叙扶贫情”活动。全年深入80多户农家进行调查走访22次，既增进感情，宣讲扶贫政策，又核实情况。三是进一步完善扶贫档案。通过入户询问察看，干部对农户具体情况知道更详细，对民情了解更透彻，为确保档案信息真实打下坚实基础。全年核实农户信息4次，填写《扶贫手册》160多册。四是积极完成招商引资工作。参加春节联谊活动，以年终回乡客商联谊会为平台，广泛联络回乡老板，增进与客商的感情；2次赴武汉全安泰科技有限公司进行洽谈，达成合作意向；积极为招商引资企业神艾公司搞好服务，全力完成全年任务。

【党建工作】 一是强化党建主责意识。牢固树立“抓好党建是最大政绩”理念，4次进行专题研究安排部署全年党建工作，制定印发《2017年工作任务分解的通知》《党建工作计划》等文件，明确工作任务、责任分工、工作措施和时间进度，确保党建工作落到实处。二是切实履行党风廉政建设主体责任。认真学习贯彻县纪委全会精神，坚持依规治党，从严治党，坚持抓早抓小，提前警醒，坚持违规必究，常态问责，积极营造风清气正的工作氛围。全年召开4专题会议研究廉政工作，制订《党风廉政建设计划》，层层签订责任书8份。认真执行“三重一大”等民主决策制度，按时上报纪委各种报表30份。2次召开民主生活会开展批评和自我批评和交心谈心，纠正错误，促进工作。三是扎实开展主题党日活动。以推进“两学一做”教育常态化制度化为契机，引导党员深入学习党章党纪，不忘初心，牢记使命，遵章守纪，做合格党员。主题党日都完成规定动作，全年学习党纪党规12次，学习文件资料46份，召开组织、民主生活会4次。同时做好双十星创建工作，印发文件，评定星级，公开承诺事项。四是积极争创文明单位。上报文明单位申请表，积极争创市级文明单位，制作8幅广告牌宣传房县“忠孝礼仪信简俭平顺和”的主流“十字”价值观，办学习专栏2期，内容涵盖党的十九大精神、中央八项规定、房县三个三分之一工作法等内容，单位学习氛围更浓厚，全员争创意识更强烈。五是深入调研，抓实信息宣传。认真落实编办“五制”管理制度，切实发挥信息宣传小组的主观能动性，深入郧西、茅箭、上龛、九道、红塔、组织部等地开展工作调研，完成村干部编制化、职业化管理调研报告，借鉴茅箭马家河村扶贫档案管理经验。积极报道编办工作动态，全年中央机构编制网用稿7篇，县级用稿17篇。六是做好综治、计生、保密、工会、档案等工作。制定计划，成立领导小组，明确责任分工。上报综治报表36份、计生报表12份、保密报表4份。积极参与工会改革，开展工会活动2次，维护好职工利益。完成档案整理归档，上报档案执法检查材料。

（杨同林）

【房县机构编制委员会办公室领导成员名单】

书记、主任：杨光国

副主任：余建国

事业单位登记管理局局长：程保国

党校工作

【教育培训】充分发挥党校作为培训轮训党员干部主渠道和主阵地作用，全年共举办各类培训班11期次，参训学员2020余人，圆满完成培训任务。选配骨干教师组建基层理论宣讲团，围绕党的十八届六中全会精神、省十一次党代会精神和十九大精神，精心选题，认真备课，深入全县各乡（镇）、各县直机关和村（社区）等开展“送党课到基层，服务两学一做”活动，累计授课达60余场次，受众达4000余人次，得到社会各界的广泛好评。

【教学改革】贯彻落实全国党校工作会议精神，突出党的理论教育和党性教育主业主课地位，实施教学内容的重大调整，构建由40个教学单元10个教学模块组成的课程体系。一是党的理论教育单元。由中国特色社会主义理论、十八大系列精神、习近平系列重要讲话3个模块组成。二是党性教育单元。由党章、常规、党史、廉政文化等模块组成。三是县情县策单元。由县情研究和县域经济社会发展战略等两个模块组成。四是能力提升单元。由公共管理和法律制度等两个模块组成。确保所有班次理论教育和党性教育课时量超过70%的规定要求，保证党的理论教育和党性教育主课地位，坚守党校姓党的基本原则和政治方向。为保证教学专题的方向和质量，一改过去教师个人自由申报专题的方式，由学校组织教学研究，制定教学专题清单，教师根据清单和自己的专业方向选择专题备课，并不断改进和深化集体备课制度和试讲准入制度。改进教学方法。由纯粹的讲授式“满堂灌”变为集理论教学、案件式教学、结构化研讨、现场教学和分段式培训等方法于一体的教育培训模式，达到“一师一法”甚至“一师多法”。改进学员管理。细化学员政治、学习、生活、纪律，做到严以治学。

【课题研究】理论研究和县情调研是彰显党校地位、实现党校功能的集中体现。坚持做到教学出题目，科研做文章，成果进课堂。采取下达课题、分配任务的办法，确保所有教研人员一人一个课题，全体教师接到任务后，或单兵作战或协作攻关，积极深入基层开展调研，都按时完成调研报告，全部结题，其中一篇在《十堰日报》登载，一篇得到县委领导的肯定性签批，一篇在《房县工作通讯》刊载。

【队伍建设】出台《党校教师十不准》《党校学员十不准》，坚决杜绝教师和学员发表与党的理论政策相悖、与上级党委决策不一致的言论，受到县委书记蔡贤忠的批示肯定。建立科室和个人工作目标考核办法，与各科室签订党风廉政建设和工作目标责任书，年终考核兑现，奖勤罚懒。全年先后选派2名教师到中央党校培训，1名教师到省委党校培训，1名教师到省委讲师团培训，6名教师参加全省党校系统十九大师资培训。

（莫吉书）

【房县县委党校领导成员名单】

校长：陈　刚

常务副校长：彭　坚

副校长：刘道文　莫吉书

工会主席：李　广

精神文明建设

【党政主导托起新时代大县文明】精神文明建设是意识形态工作，其全局性、政治性、极端重要性，决定它是“一把手”工程。县委、县政府高度重视精神文明建设，重大难题主要领导亲自过问、亲自破解。县委书记蔡贤忠多次主持县委常委会，为宣传思想文化及文明创建举旗定向、开山铺路，县委先后作出《关于培育和践行“十字”价值观的意见》等重大决策部署。县长纪道清多次召开政府常务会、专题会，破解创建难题，推进城乡文明建设。乡镇、部门“一把手”自觉肩负第一责任，对精神文明建设亲自抓、负总责。决策者的使命担当，净化乡土民风、厚培时代新人，拉升文明新高度。2017 年，在县委、县政府的指导下，房县文明办不辱使命，再度以全市第一的好成绩成功摘取全市精神文明建设业务考核桂冠。

【“十字”价值观成为人文景观价值追求】 县委书记蔡贤忠站在讲政治的高度，对“十字”价值观进行新的阐释，要求广大党员干部知敬畏、存戒惧、讲规矩，明是非、守底线、识良莠。宣传部、文明办编写“十字”价值观三十规、百条规、负面清单九十条和宣讲教材，举办“十字”价值观百场报告会，评选产生首届十字榜样，立起鲜活的价值标杆。“十字”价值观融入公共场景、重点单元、日常活动，融入规章制度、文明公约、行业规范、村规民约、学生守则、校本教材，夯实精神家园，打造正能量海洋，成为千里房县最耀眼的人文景观和价值坐标，极大改善人文环境、净化社会风气、促进社会和谐。

【成功摘取全省文明城市桂冠】 依据《湖北省县域文明指数测评体系》，推进城市功能、城市管理、设施建设、公共服务、生态文明、市民素质、村镇建设管理、村镇公共服务、乡风文明建设，创文攻坚从一点一滴做起，从一街一巷抓起，从一行一业管起，推动新型城镇化进程，促进市民素质的提升，解决城市治理的难题，增强城乡居民的福祉。被省委、省政府授予全省文明城市，加冕十堰市文明城市。

【人情新风叫响全国】 推动移风易俗、人情新风，县内做实、全国叫响。从订立规矩到重塑习惯，走德治、自治、法治之路，创办青峰、回龙、尹吉甫示范点，制定村规民约“自治法”，建好清风协会“纠察队”，办好激励约束“黑红榜”，加大食药监、公安、民政、卫计等行业监管力度，保护规范良俗，反对治理恶俗，人情新风知晓率、认同率、遵从率达到 90% 以上。人情新风故事登上央视《焦点访谈》、新闻频道,《新华每日电讯》，新华网、中国文明网等各大媒体；人情新风经验被中宣部、省委宣传部向全国全省推广。

【文化大院助力乡村文化振兴】 书写乡村文化史上的“巨作”。围绕一村一个文化广场、一面文化墙、一套文体器材、一个农家书屋、一个道德讲堂、一面好人乡贤榜、一个便民志愿服务站、一个村规民约、一次传家训立家规扬家风活动、一次十星创评活动的标准，一次性启动 139 个村级文化大院建设。文化大院成为文化民生容器、扶志扶智载体、精神文明摇篮，传递党和政府的声音，把文化种子播入精神土壤，让老百姓住在大院、学在大院、乐在大院、富在大院，延续历史文脉，安放人文乡愁，重建温情的故土。

【道德群星唤起小城大爱】 广泛开展“我推荐我评议”道德模范、身边好人、最美人物、先进楷模活动，深入开展第三届十大道德模范评选表彰活动，发布 2017 年度房县好人 30 名。一批互敬好婆媳、和睦好夫妻、忠孝好儿女、教子好父母、友善好邻居、美德好少年、脱贫好榜样、人情新风榜样在群众中闪光。赵伟、赵大满、李丽获评全市第六届道德模范，20 人荣登十堰好人榜，5 人获评十堰文明市民，160 户获评全市十星文明示范户，一批房县榜样走出房县、走向全国。大爱义工、爱心驿站茁壮成长，何家村春雨义工成立，乡村公益起步。

【创建大军深耕文明土壤】 野人谷镇、县国税局、城关镇三海村荣获全国文明乡镇（单位、村），野人谷、城关、青峰、国税局、检察院、审计局、财政局、地税局、工商局、气象局、疾控中心、农发行、农商行、移动公司、城关镇财政所、东城小学、三海村、杜川村、项家河村、双湾村、三岔村、高桥村、土城村荣获全省文明乡镇（村、单位），11个乡镇、53个单位、4个社区、33个村、5个家庭、2个市场、2个景区、7个小区获得市级命名表彰，十星创建向乡镇、村居、单位、学校、景区、行业拓展。文明大军成为科学发展的实践载体、县域治理的源头抓手、先进文化的动力源泉、文明道德的重要途径、百姓福祉的重大实事。

【厚培美德好少年】 常态开展社会文化环境和校园周边环境整治行动，盛大评选表彰第三届十大美德少年，厚培好学生、好孩子、好公民。新建10所乡村学校少年宫，规范东城小学城区少年宫，一乡一所少年宫的格局形成。启动文明校园工程，东城小学获评省级文明校园，一中、东城小学、实验中学、实验小学、花宝小学、天明小学、县幼儿园获评市级文明校园。推动“十字”价值观进校园，实验小学编写“十字”价值观校本教材，深入开展朝读经典、起点阅读活动。厚培美德少年，播撒德孝善行种子，呵护幼小心灵，让无数家庭幸福平安。

【文明传播弘扬真善美】 设置赏心悦目、图文并茂的“讲文明树新风”公益广告，编印简报6期，出版《道德的力量》1万册、《2017版城乡居民文明手册》2万册，报纸、网络、电台、电视台开辟专栏，为文明呐喊，替善行疾呼，向顽疾宣战，普及文明餐桌、文明出行、文明旅游、文明上网、文明丧葬、文明过节等健康文明新风。推动文明建设与互联网全面“联姻”，搭建“微承诺、微行动、微志愿、微公益”平台，分别向中央、省、市推送文明房县故事10篇、37篇、326篇，服务山区文明建设。

（赵礼江）

【房县文明办领导成员名单】

主任：赵礼江

副主任：李　娟（女）

老干部工作

【概　况】 截至2017年12月底，房县有离休干部和县处级退休干部共105人（不含垂管部门），其中离休干部69人，县处级退休干部36人。69名离休干部中抗战时期参加革命的3人，解放战争时期参加革命的66人。按级别分：实职县级离休5人，享受县级待遇离休干部14人（享受正县2人），科级以下50人。按供养性质分类：行政事业单位39人，企业30人。县处级退休36人，实职正县4人，实职副县级干部23人，明确为享受正县级待遇的9人。县处级退休干部中党员35人，非党3人。

【离退休干部思想政治建设】 把学习宣传、贯彻落实中共中央办公厅、国务院办公厅《关于进一步加强和改进离退休干部工作的意见》（中办发〔2016〕3号）和省委办公厅、省政府办公厅《关于进一步加强和改进离退休干部工作的实施意见》（鄂办发〔2017〕12号）作为全年工作的首要任务。利用老干部例会集中组织学习；利用局qq工作群、微信平台等做好《意见》的宣传、解读和评论，扩大影响力。落实全面从严治党要求，共召开专题学习会和培训班6次，座谈会和研讨会2次，讲党课1次，参加的老干部200余人次；为老干部送学上门30余人次。同时深入基层老干部党支部调研指导活动开展，对老干部党支部书记进行专题培训，确保老干部党员全覆盖。春节期间，县领导拜访和看望县处级老领导和离休干部；6月24日，在第96个建党节来临之际，蔡贤忠书记又看望慰问离休老党员王云龙。坚持为每位老干部征订《当代老年》杂志，为老干部阅览室订阅10多种党报党刊、生活杂志。进一步落实老干部阅读文件、参加重要会议和重大活动、通报情况、参观学习等制度。召开情况通报会2次，老干部座谈会2次，参加全县重点工程观摩3次。积极组织老干部开展系列活动纪念中国共产党成立96周年“我的入党记忆”征文、党史知识竞赛和“畅谈”活动。5月15日，与县文联联合举办“我读书、我快乐、我长寿”朗读展示活动；7月1日，举办纪念建党96周年老干部文艺演出和书画展；9月15日，组织部分离退休老干部代表积极参与精准扶贫“八个一”活动；11月2日，举办以迎接十九大为主题的书画展活动。下发《关于进一步加强规范离退休干部党支部建设的意见》(房组发)〔2017〕35号)，努力推动离退休干部党组织工作规范化建设。进一步加强以离退休干部为主体的涉老社团党组织建设。全县已组建22个休干党支部，基本实现老干部党员全覆盖。

【离退休干部待遇落实情况】 加强制度建设特别是离休干部医疗保障方面的制度规定，协调有关部门，认真做好有关离休干部分类、核查、上报工作，确保离休干部生活补贴和护理费增资按时到位，保证离休干部医药费按政策及时报销。5月初开始，组织全县离休和副县级以上退休干部在县中医院和太和医院进行年度健康体检，更新健康档案。经常利用老干部例会为老同志举办科学养生保健知识讲座，全年共计举办专题讲座达6次。进一步健全“四就近”服务平台推动利用社区资源服务离退休干部工作，更好满足离退休干部养老服务需求，实现老干部服务管理的全覆盖。通过集中走访月、电话等方式向老同志进行政策说明、答疑解惑。精心组织开展建党96周年困难老党员走访慰问活动。一年来共走访慰问老干部150人次，探望生病住院老干部30人次，上门帮助有困难老干部10人次，电话接访老干部10人次，家庭出现重大变故时及时关心看望近15人次。

【老干部活动中心（老年大学）工作】 进一步强化老干部活动中心各协会的管理和服务，指导完善相关协会的管理制度，半年和年终召开各协会工作交流会，总结工作，制订下一阶段工作计划，确保各协会正常有序开展活动。全年共开设声乐、书法、绘画、电脑初级、电脑提高、太极拳、太极剑、电子琴、舞蹈、二胡初级、二胡提高8个专业11个班，在校学员达400余人次。大胆探索实施校委会、学委会、班委会3委共治的管理模式，做到班级、学员操行，日记录、周小结、学期表彰，不断提升学员自我管理、自我教育、自我服务水平。以老干部活动中心、老年大学、老年书画协会、老体协为平台，开展形式多样、丰富多彩的活动。一是五月“读书月”活动。老年大学、老干部读书会与县文联、县文体局联合举办“我读书、我快乐、我长寿”朗读展演活动。二是老干部门球、象棋协会选派骨干赴市参加门球、象棋赛，并获得全市团体第二名的好成绩。三是老年文艺协会先后参加全县三月三庙会、“文化力量民间精彩”广场舞大赛、“精准扶贫　文艺先行”下乡活动。四是武当太极协会在西河广场成功举办成立一周年汇报演出活动。

【关心下一代工作】 组织80名太极协会会员和东城小学开展手拉手“太极进校园”活动，展示中国传统文化精髓，展现健康生活方式，用实际行动影响和教育下一代；与文明办、教育局、团县委联合举办“美德少年”评选活动，并利用“六一”儿童节举行盛大的颁奖仪式；联合检察院、妇联、团县委、总工会、民政局、教育局等单位召开“加强青少年法制教育，呵护青少年健康成长”专题联席会，成立“房县青少年法制教育关爱基地”工作领导小组，明确各自的职责分工，建立涉案未成年人司法救助等长效协作机制；关心关注营养厨房的建设。房县有21所中小学校参与营养厨房建设，为确保营养厨房设施设备物尽其用，联合安利集团一起对高碑小学等营养厨房进行回访，并联系省直机关关工委为化龙中学学生捐赠10万元，邀请武大教授为房县一中学生进行励志讲座；筹资为精准扶贫村的小学改造教学楼，修建洗澡间，改造男女生宿舍，捐赠衣物，得到留校师生的一致好评。

【自身建设】认真开展“两学一做”学习教育，不断增强老干部工作人员的大局意识、政治意识、核心意识和看齐意识。多种形式开展“不担当、不作为”专项治理，继续深入开展“双十星”创建，在履职尽职中强化担当意识。落实政治业务学习制度，加大学习培训力度，加强理论学习和实践能力，进一步提升老干部工作人员的专业思维、专业素养、专业方法，整体提高服务老干部素质能力，培养务实作风，以老干部作风做好老干部工作。按照市局安排并结合房县工作实际，及时召开调研专题会议，认真组织开展“如何认识老干部队伍现状和发展趋势”“如何推进离退休干部服务管理工作”“如何做好新形势下离退休干部党建工作”等课题的调查研究。积极运用网站、微博、微信等新平台新媒体，重点围绕中办发〔2016〕3号和鄂办发〔2017〕12号文件、全国和全省离退休干部及老干部工作“双先”“四双”表彰大会等开展宣传活动。同时，认真做好信息报送工作，全年共上报各类信息50多条。

（付芝涛）

【房县县委老干部工作局领导成员名单】

局长：孙厚华（女）

副局长：邹　红

工会主席：谢　勇

信访工作

【概　况】全力打造“阳光信访”“责任信访”“法治信访”，着力构建“大信访”工作格局，胜利实现全国“两会”“两个论坛”、省党代会、党的十九大等八个重点敏感时期“三无”“六不”工作目标。十九大期间全县信访维稳工作受到有关市领导、市集处办通报嘉奖，全县信访工作被市委、市政府授予“优胜单位”称号。

【落实责任体系】县委、县政府高度重视信访维稳工作，年初召开会议安排部署全年工作，与乡镇、战线签订《信访工作目标管理责任书》，全年先后召开15次信访工作会议，统筹安排不同时期信访维稳工作，全县上下认真履行信访维稳“第一责任”，认真落实信访工作责任制，扎实开展领导干部接访、下访、包案工作。制定《领导干部接访下访实施意见》和《律师“三进”工作方案》，全县32名县领导、400余名乡镇和县直单位领导、20名律师，分别坐镇各自接访场所，认真接待群众，面对面倾听诉求，及时就地解决问题，有效吸附和减少群众上行，重点敏感时期全县共接待吸附来访群众730批1531人次。全国“两会”、党的十九大期间，县委书记蔡贤忠、县长纪道清多次坐班县接访中心，现场接待群众21批47人次。县信访局积极配合省委巡视组驻房专项巡视工作，主动约访重点人员，宣传解释相关政策，疏导信访人思想情绪，帮助解决实际生产生活困难，共接访吸附597批次信访人员。县“四家班子”领导坚持带案下访，现场协调解决事关民生的疑难问题200余件。

【健全工作机制】建立健全县、乡、村信访维稳“三级排查”机制，全面推行乡镇信访维稳工作“月例会”制度。在特殊敏感时期，在全县范围内开展5次重点排查活动，摸排和掌控一批重点人员思想动态，适时启动落实“零报告”制度，牢牢把握全县信访维稳工作的主动权。县政府在出台重大决策、实施重大项目前，主动召开信访维稳评估论证会，积极推行社会稳定风险评估制度，有效预防信访矛盾隐患的滋生。年初，根据工作需要组织14个信访成员单位常年入驻县接访中心，开展联合接访工作，对群众来访实行“一站式”受理、“一揽子”解决，将信访人紧紧吸附在县内。

【积案化解工作】认真贯彻国家、省、市有关积案攻坚工作的决策部署，将上级交办、县内摸排掌握的重信重访、上访老户等60件未息诉罢访的信访案件列为信访积案，不断创新工作方式，压实工作责任，强化督办力度，先易后难推动解决，促使一批信访积案“案结事了人稳”。

【网上信访工作】 积极推进“阳光信访”信息系统操作应用，构建“信息网上录入、流程网上管理、绩效网上考评”的信访工作新模式，对全县信访工作分管领导、信访办主任、阳光信访系统操作人员进行业务培训，实行信访事项受理、转送交办、办理、送达、录入、督查督办六个关键环节全过程公开，做到受理及时，办理规范，全程留痕，阳光透明，接受监督，群众满意。

【信访法治化建设】 积极推动信访法治化建设和信访工作制度改革，厘清信访与诉讼、信访与行政体系内法定途径的界限，推动信访工作依法规范运行，引导群众依法逐级、理性表达诉求，依法维护合法权益，信访秩序有效规范。在“12·4”全县法制宣传日活动及日常工作中向来访群众发放《信访条例》《关于进一步规范信访事项受理办理程序引导来访人依法逐级走访的办法》《来访须知》《分类处理信访投诉请求的主要法定途径及法律依据》等共5000余份。成立专门的“访前法律工作室”，与涉法涉诉接谈室合署办公，做到访前甄别疏导、访中依法化解、访后跟踪评估。在敏感时期坚持“事要解决”与依法处置并重原则，严厉打击信访过程中的违法行为，依法打击信访活动中违法行为9人次，有效发挥警示教育作用，维护正常信访秩序。在接访大厅设置电子显示屏，持续滚动播放宣传有关信访法规、依法处置信访违法犯罪行为《通告》，在显著位置张贴信访法规《摘要》，接访、办信、复查复核等工作服务流程，依法分类处理信访投诉请求责任清单。

【满意窗口创建】 在硬件上严格按省信访局关于创建“人民满意窗口”有关标准，全力加强县接访中心配套建设，面积近600平方米的新中心全面投入使用，分别设立“视频接访室、访前法律工作室、窗口登记室、复查复核室、精准扶贫接谈室、纪检监察接谈室、涉法涉诉接谈室、入驻单位接谈室、网上信访代理室”等多个专项功能室，让群众诉求在中心能一次性得到有效处理。在软件上积极教育引导全县信访干部学习“最美信访干部”典型，提升热情、依法、服务、奉献四种素质，组织开展“亮党员身份、亮岗位职责、亮服务承诺”争先创优活动，努力打造一支政治强、业务精、作风好的信访干部队伍。

【关键节点工作】 在市、省、全国“两会”，第四届国际道教论坛，“一带一路”国际合作高峰论坛，省第十一次党代会，厦门金砖会晤，党的十九大等八个重点敏感时期，全县各级各部门以充分发挥职能作用为前提，在矛盾摸排、接访下访、查控劝返、人员稳控、督查督办、打击非访等各方面，实行战时机制，落实战时举措，做到统一管理、统一指挥，顺利实现重点敏感时期“京汉（厦门）不去人、本地不出事、网上不炒作”工作目标。县委、县政府领导牵头，每天召开形势研判会，定期召开重点疑难信访问题专题会议，构筑综治、维稳、信访、公安会商机制，及时互通信息、制定措施，强化部门联系。在开展越级访及非访专项治理方面，实行综治、信访、维稳等部门联合督办，由单打独进全面推向齐抓共管，有效推进疑难信访问题解决。县集处办牵头进行集中排查梳理、建立台账，对重点人员逐人逐案交办、逐案落实，及时启动信访维稳“零报告”机制，全年对590名重点人员实行特别管理措施。县信访局牵头先后组建21个查控劝返工作专班，在重点卡口、部位有效地开展查控劝返工作，及时查控劝返87人次。

（朱名梧）

【房县信访局领导成员名单】

局长、支部书记：戢运成

副局长：曹　俊　党兴福

档案工作

【档案资源建设】 积极开展档案征集工作，丰富馆藏资源。收集整理帝王流放、诗经文化、野人文化等专题档案，并将一批明、清时期的珍贵档案征集入馆，先后接收档案6258卷，其中家谱1册，期刊及图书资料共295册，光盘2张，会计档案2册。丰富馆藏资源，为领导决策、编史修志、矛盾调处、核实工龄、婚姻关系查询等提供原始依据。

【机关档案业务指导工作】 一是加强机关和企事业单位档案目标管理工作，按照新修订的《湖北省机关档案工作目标管理考评办法》的规定，指导和规范机关、企事业单位档案目标管理工作。二是加强机关和企事业单位档案业务指导工作，按照转变机关作风总体要求，不断增强服务意识，主动开展对基层单位的业务指导，采取上门服务、实际操作指导、利用网络平台教学等方式开展业务指导，着力提升全县档案管理水平。到2017年底，全县机关档案目标管理达到省特级10家，省一级51家，省二级83家。企事业单位档案目标管理达到省特级1家，省一级4家，省二级8家。

【重点项目档案】 按照市档案局《关于开展2017年重点建设项目档案登记工作的通知》（十档〔2017〕17号）文件要求，已对十竹路房县段、十房高速公路、房县方家畈水库项目、房县城区道路建设、房县万峪至盐池河道路建设项目、房县城区排水（雨水）防涝管网工程等重点项目进行档案登记。

【土地确权档案业务培训】 为加强农村土地承包经营权确权登记颁证档案规范化建设，推动全县农村土地承包经营权确权登记颁证档案规范化，科学化管理。10月20日，房县档案局召开土地确权档案业务培训会，县档案局工作人员利用多媒体重点讲解一户一卷档案的组卷、排序、装订、编目及装盒的整理方法。全县各乡镇财政所和农林各场的60名人员参加此次培训。

【精准扶贫工作】 2017年房县档案局和五龙村委会坚持把精准扶贫工作作为各项工作的重中之重，统一思想认识，强化组织领导，按照县委、县政府和县精准扶贫指挥部提出的关于精准扶贫工作的总体要求，全面动员，迅速行动，制定《房县档案局精准扶贫帮扶规划》《工作队扶贫工作职责》《结对帮扶干部职责》等规章制度，拟定了《五龙村2017年精准扶贫精准脱贫工作计划》，按照既定计划扎扎实实开展全年的精准扶贫工作。一是按照全县精准扶贫“春季攻势”行动方案，召开全局干部会议，安排部署干部职工进村入户，逐户摸排，切实准确掌握各自帮扶对象户的基本信息、生产生活状况、实际困难和有关诉求，在此基础上制定出详尽可行的帮扶措施，为贫困户顺利脱贫打好第一版墙，系好第一颗扣；二是大力倡导“忠孝礼仪信，俭简平顺和”十字县风家训，宣传文明新风，引导村民自觉抵制“人情歪风”；三是县档案局4月份在五龙村联合召开支部主题党日活动；四是成立中强养殖农民专业合作社并及时召开社员大会，鼓励贫困户入社分红，共有35户92人签订入社分红协议书；五是完成沙沟河流域治理五龙段的土地丈量、房屋、树木登记及赔付工作；六是运用大数据对2017年全村的低保户、贫困户重新进行核查筛选，成功剔除4户不合乎标准的农户；七是加大对贫困户扶贫帮扶力度，2017年辖区内有贫困户100户261人，主要通过产业带动、政策引领、干部帮助等方式引导脱贫。

【档案开发利用】 全年共接待社会各界档案利用408人次，查询档案3915卷；房县档案局、房县总工会联合出版《永恒的赞歌》一书，辑录房县2002年以来省、市、县劳动模范、五一劳动奖章获得者和县回归创业之星的先进事迹。

【档案信息化建设】 大力开展馆藏民生档案和现

行公开文件全文数字化工作，切实加强档案信息化建设，扎实做好馆藏档案目录的输入和数字化扫描工作。截至2017年底，累计完成目录录入264582条，档案全文数字化扫描3020817幅面，分别占馆藏总量的49.59%、94.36%。

【开展家庭建档工作】 6月7日，房县档案局召开家庭建档培训会，县文明办、县总工会、县妇女联合会、县民政局等有关单位负责同志和11户家庭建档示范户参加会议。会上，副局长付荣梅领学《关于在全市开展家庭建档活动的通知》，业务股股长陈豪就如何建立家庭档案进行业务指导。6月26日，房县档案局在沙河乡开展家庭档案进乡镇活动，向基层百姓宣传和普及档案知识，让基层百姓关注档案、走近档案、增强档案意识。县委常委、宣传部部长高勇、副县长王玲莅临活动现场。活动现场摆放家庭档案展板，设置咨询服务台，向现场群众发放《档案法律知识宣传册》《家庭档案建档指南》《房县档案馆手册》等宣传资料150余份。县档案局通过开展家庭档案进乡镇活动，增加档案工作与基层群众的接触面，向乡村老百姓展示档案的文化魅力，让基层群众进一步了解家庭档案，扩大档案工作的社会知晓度和影响力，从而推进档案事业的发展，让档案更好地服务于民众。

【开展档案执法检查】 对县发改局、组织部、县文联、公共资源交易监督管理局等30多个单位进行执法检查，本次检查采取听取汇报、实地察看、现场反馈意见的形式，从档案工作组织管理、档案基础设施设备配置、档案基础业务建设、档案法制宣传四方面全面认真地进行检查及指导，针对检查中发现的问题，检查组均在现场进行反馈，并提出具体的整改意见，对检查中发现的问题提出整改要求。通过开展档案行政执法检查工作，各单位加强对档案工作重视程度，增强依法治档的观念，提高全县机关和事业单位的档案工作管理水平。

【档案宣传】 一是组织开展“6·9”国际档案日活动。6月8日，房县档案局举办以“档案——我们共同的记忆”为主题的家庭档案展览活动，纪念第十个“6·9”国际档案日的到来。县四大家领导莅临活动现场。县档案局全体干部职工、家庭档案参展人员及现场群众共500余人参观展览。二是“兰台书香”微信公众平台，设置“档案文化”和“时事动态”两个专栏，通过文字、图片、音频、视频等形式，及时、准确发布全县档案工作最新动态，解读档案法律法规，介绍房县历史文化，展现档案馆藏精品，是集实用性、文化性、互动性于一体的微信公众平台。三是12月4日，房县档案局开展“12·4”国家宪法日宣传活动。县委领导亲临现场指导档案法规宣传工作。活动现场，通过悬挂宣传标语和展图、发放宣传资料、现场咨询等形式，向过往群众宣传档案法律法规，取得良好的宣传效果。同时，利用网络平台，在网站和微信公众号上开设法治专栏，刊载学法用法文章和法律法规条文，向社会各界人士宣传档案法律法规。四是先后在房县档案信息网刊发信息155条，对外发表文章（信息）95篇，市级以上媒体刊发41篇，其中《湖北记忆》1篇,《读档》1篇,《十堰日报》和《十堰晚报》各1篇。

【党风廉政建设】 一是开展第十八个党风廉政建设宣传教育月活动，党员干部对工作中存在的一些问题进行谈心交心，深刻分析在工作中存在的一些问题的原因，提出今后努力方向，明确今后的整改措施，增强做好档案工作的紧迫感和责任感。二是切实加强勤政廉政教育，组织全局干部职工观看《忏悔录》警示教育专题片，警示党员干部要增强忧患意识、危机意识和责任意识，要常怀为民之心，切实践行党的群众路线，立党为公，执政为民。三是组织开展全体职工集中学习宣传《准则》《条例》测试活动。党的十九大召开以来，通过观看十九大开幕式、组织开展支部主题党日活动、做十九大自测报告题等途径，使干部职工对十九大精神的贯彻和落实得到更好的执行。

（敖钰泽）

【房县档案局（馆）领导成员名单】

局（馆）长：姜照辉

副局（馆）长：付荣梅（女）

工会主席：詹玉华（女）

机要工作

【业务管理】 一是以开展“精品服务年”活动为载体，重点抓好译传办主业，为县委、县政府及各级领导提供优质服务。2017年下半年，圆满完成省委书记蒋超良、省政协主席张昌尔在房调研和检查指导抗灾救灾期间的应急通信服务保障任务。二是积极履行工作管理责任。全年共组织2次业务培训会议，累计培训管理和操作人员20多人次。与相关单位签订《安全保密管理责任书》30多份，并落实管理和操作人员备案工作。三是创新商密使用管理，加大技术维护保障力度，确保县乡商密网安全畅通。全年共发商密传真7000多份、10000多页。

【基础建设】 一是大力实施“提升工程”。抢抓上级国贫县“提升工程”政策机遇，对上争取项目建设资金80多万元。工程于2016年底启动，到2017年3月底竣工。先后通过市局预验、省局初验和中机终验。通过实施“提升工程”，单位面貌焕然一新，通信保障能力大幅提升，成为十堰县级“样板单位”，其间3个县市区到房县学习考察，承办全市现场会2次、全市预验收反馈总结会1次，2名省局领导专程检查调研。二是继续推进电子政务内网建设。成功开通县委办内网音视频会议服务系统，完成县政府办、人大办、政协办和检察院4个单位的内网接入区机房建设，并顺利通过省保密局分保测评。三是完成专用通信二级网延伸工程建设。建成房县专用通信视频会议中心和红机电话网络，顺利通过省专通局检查验收。

【精准扶贫】 响应县委号召，积极克服人少、值班和建设任务重的困难，勇于担当起扶贫联系点上龛乡荆竹园村精准脱贫政治责任。抽调2人全脱产驻村帮扶，每月组织全体党员干部开展1次“四双”帮扶活动，捐资2万元支持村级党员群众活动中心建设，年底慰问全村67户贫困户大米670公斤、食用油335公斤。全年脱贫13户37人。

（赵兴国）

【房县机要局领导成员名单】

局长、党支部书记：杨　剑

总工程师：雷　斌

纪检监察

综　述

【压实“两个责任”】 一是细化责任目标。制定印发《落实党风廉政建设党组织主体责任工作任务清单》《2017年度惩治和预防腐败体系任务清单》，明确具体责任、具体任务。优化2017年党风廉政建设责任制考核办法，突出综合动态考评。二是强化过程监督。制定《关于实行落实党风廉政建设主体责任纪实制度》，对领导干部履行“两个责任”情况进行痕迹化管理。派出纪工委坚持常规巡查和专项巡查相结合，对所监督联系单位党风廉政建设和反腐败工作情况进行巡查，全年共开展常规和专项巡查10多次，发现问题60多个，约谈18人。三是严肃追责问责。注重运用“四种形态”，加大“两个责任”问责力度。对2016年度党风廉政建设责任制考核排名后三位的乡镇、县直单位主要责任人进行约谈。对2016年发生多起基层党员干部操办“人情宴”“人情风”整治不力的窑淮镇党委进行问责。对2016年发生3起腐败问题的县农机局、2017

年主要领导及班子成员发生多起腐败和违规违纪问题的县妇幼保健院实施“一票否决”。对精准扶贫暗访督查中工作推进不力的白鹤镇党委、政府、纪委进行责任追究。

【宣传教育】 一是开展常规学习。以第十八个党风廉政建设宣传教育月活动为契机，以贯彻《准则》和《条例》为重点，在全县上下广泛开展党规党纪宣传教育活动。二是创新宣传方式。以倡导人情新风为主题，充分利用县内外有关媒体，大力度开展宣传教育活动，中央电视台《焦点访谈》栏目分两期专题报道了房县人情风治理经验，外省外县10多个单位到房县考察学习。拍摄廉政微电影《乔迁风波》，借助新兴电影艺术形式宣传廉政文化。调研材料《房县以公开审理擎起党内监督的旗帜》《房县惩防并举纠治人情风》被市纪委主要领导批示肯定，在县内外营造了良好的宣传氛围。三是强化警示教育。20个乡镇，105个单位相继组织5000余名党员干部职工观看《迷失的坐标》《不可触碰的纪律红线》等系列专题片。依托房县反腐倡廉警示教育基地对广大党员干部以案施教，组织9个单位干部职工赴县看守所开展警示教育参观活动。同时，组织开展3起以案明纪公开审理活动。

【正风肃纪】 一是持续开展作风巡查。紧盯重要时间节点，节前采取多种方式发信号、提要求、督履责。节中通过专项检查、明察暗访、集中巡查等方式，坚决纠治节日歪风。2017年，共组织开展节日期间作风巡查5次，专项巡查40余次，查处违反中央八项规定精神问题线索70条，立案43件，诫勉谈话12人，工作约谈等组织处理15人。二是扎实开展专项治理。按照省、市统一部署，在全县开展作风建设突出问题、群众身边的“四风”和腐败问题、部门履职尽责等系列专项整治活动。专项治理工作开展以来，召开专题督办会4次，立案31件，组织处理54人，下发通报7期，点名道姓通报曝光33人。同时，对履职尽责工作开展不力的2名单位负责人进行约谈。三是强化扶贫领域监督执纪问责。出台《房县精准扶贫问责办法》《关于进一步加强扶贫领域监督执纪问责工作的实施方案》《关于开展扶贫领域不正之风和腐败问题专项整治战役的实施方案》，设立扶贫领域专线举报电话“963888”，将扶贫领域巡察作为重点，对门古寺镇和全县健康扶贫工作进行专项巡察。充分运用“大数据”科技监督手段，对精准扶贫政策落实情况进行监督检查。同时，坚持以发现问题为导向，以督促工作落实为目标，采取上门核查、电话抽查、问题线索排查等形式，对全县扶贫工作、政策落实、资金使用等方面情况开展监督检查。2017年，共问责270人（“大数据”工作问责217人）、单位79个，其中立案45件（“大数据”工作立案41件），组织处理225人；下发专题通报8期，点名道姓通报曝光102人、单位69个。“大数据”核查工作共比对出问题线索80588条，查实21055条，追缴或主动清退违规资金150余万元，“三类人员”退出贫困户资格904人，取消其他享受资格1200余人。

【执纪审查】 充分发挥反腐败工作牵头协调作用，积极指导三个乡镇办案协作区查办案件。加强对执纪审查工作的过程监督，强化监督执纪工作的规范化管理。加大执纪审查安全监管，10月份，中纪委十二室在宜昌组织召开的县市区执纪审查安全工作座谈会上，房县以《四抓四强化筑牢执纪审查安全屏障》为题进行交流。制定出台《受处分人员回访教育实施办法（试行）》，对85名受处分党员干部进行了回访教育。充分运用监督执纪“四种形态”，严查发生在重点领域、关键环节和群众身边的腐败问题。1至12月，全县纪检监察机关共接收信访举报774件，受理439件，初核350件，立案166件（其中科级干部35人，一般干部54人，农村党员干部77人），党政纪处分157人，采取“两规”措施3人，移送司法机关4人。

【巡察工作】 一是积极推进巡察机构建设。成立“中共房县县委巡察工作领导小组办公室”，出台《中共房县县委巡察工作管理办法》，建立60人的巡察专业人才库，强化巡察队伍日常监督管理。二是严格依规依纪开展巡察。3月下旬，组建5个巡察组，采取“一拖二”的方式，对教育局、司法局、统计局、残联、科协等5个单位开展常规巡察，对2016年5个被巡察单位开展“回头看”，共发现各类问题108个，先后向县纪委、县委组织部门移交问题线索83件，县纪委针对移交的问题线索调查立案11件，巡察组有针对性地提出整改意见27条。9月下旬，主动将巡察工作融入到省委专项巡视工作大局，组织两个巡察组分别对门古寺镇、健康扶贫开展扶贫领域专项巡察和“点穴式”专项巡察，共发现问题线索12件。三是全力配合省委专项巡视。9—10月，省委第二巡视组进驻房县开展扶贫领域专项巡视工作，县纪委积极支持配合巡视工作，从县人民检察院、公安局等部门抽调政治坚定经验丰富的干部，成立10个办案组，为巡视交办问题线索的查办奠定坚实的人力基础。截至年底，巡视交办问题线索325件（其中重复件67件），查结195件，立案8件。

【监察体制改革】 国家监察体制改革试点工作启动以来，县纪委按照中央、省、市关于改革试点工作的整体部署，精心组织谋划、积极稳妥推进监察体制改革各项工作。一是加强组织领导。在县纪委设立改革试点工作小组办公室，印发《房县监察体制改革试点工作实施方案》《关于进一步做好我县深化国家监察体制改革试点工作的意见》《房县监察委员会领导班子组建总体方案》等文件，积极为改革试点工作绘制“施工图”。县委常委会、县纪委常委会多次专题研究监察体制改革试点工作，定期向市纪委报告改革推进情况，确保改革工作有序推进。二是加强沟通协作。积极与县人民检察院衔接沟通，梳理双方内设机构、职能职责、人员编制等情况，为人员转隶做好准备。主动加强与人大、组织部、政法委、检察机关、编办等部门的协作配合，完善沟通协调机制，努力形成各负其责、各尽其职、相互配合的工作格局。三是积极推进转隶。根据省、市有关转隶工作要求，按照检察院政法专项编制总数22%的标准，划转行政编制18个、转隶人员13人。同时，按照人岗相适、交叉互补、统一调配的原则，将现有人员与转隶人员搭配统筹分配到各内设部室，实现“1+1>2”的效果。12月26日，房县第十八届人民代表大会第二次全体会议选举王宇星为房县监察委员会主任。同日召开的县第十八届人大常委会第七次会议任命陈涛、李厚坤为房县监察委员会副主任，任命吴骏、许明涛、李正波、廖平为房县监察委员会委员，同时免去陈涛房县监察局局长职务。12月28日，房县监察委员会正式成立挂牌，标志着房县监察体制改革迈出关键一步。

【自身建设】 县纪委坚持把严格教育全县纪检干部放在重要位置，通过正面典型示范激励、反面典型警示教育，促使全县纪检监察干部始终做到自重、自省、自警、自励。一是加强纪律教育。县纪委利用支部主题党日、机关例会等契机组织全体纪检干部学习党纪党规，开办“学习十九大，说说心里话”专栏，组织开展“周一夜学十九大精神”活动，全体纪检干部积极参与学习讨论、撰写心得体会。二是强化业务培训。开展“以案代训”活动，组织乡镇纪委书记、副书记（纪检干事）到县纪委有关室（部）、派出纪工委参与跟班学习培训。全年县纪委共组织“以案代训”活动10期，20名乡镇纪检干部参与培训。先后选派40余名干部参加省、市纪委业务培训，抽调乡镇、县直部门纪检干部参与全县明察暗访和纪律审查工作，有力提升基层纪检干部的业务水平。三是加大监管力度。认真贯彻十堰市纪检监察干部“八条禁令”要求，坚持对干部严管严教，不断完善干部选拔使用和考核评价办法，加大轮岗交流力度。全年县纪委共收到涉及纪检监察干部的信访举报件8件，已查结8件，其中信访了结7件、提醒谈话2人。

（付必杰）

【中共房县纪律检查委员会、房县监察委员会领导成员名单】

县委常委、县纪委书记、县监委主任：

王宇星

县纪委副书记、县监委副主任：

陈　涛　李厚坤

县纪委常委、县监委委员：

吴　骏　许明涛李正波

县纪委常委：张雪晴（女）

县监委委员：廖　平

县纪委工会主席：党天东

中共房县纪委派出第一纪工委

【概　况】 中共房县纪委（房县监察局）派出第一纪工委（监察分局）成立于2009年12月7日，为正科级行政单位，实行一套班子、两块牌子，担负履行党的纪律检查和行政监察两项职能，主要负责农业战线9个单位、经贸战线9个单位的纪律检查和行政监察工作，联系10个垂直管理单位的党风廉政建设和纪检监察工作的指导、协调和督办工作。内设股级机构3个，即综合办公室、行政监察室、案件检查室。

【党风廉政建设】 督导所联系单位按照全面从严治党的要求，深入落实党风廉政建设主体责任，实行所联系部门定期向纪工委报告党委（党组）履行主体责任情况、党委（党组）书记履行第一责任人责任情况、班子成员落实“一岗双责”情况、“三重一大”事项报告备案等制度，及时全面了解所联系部门推进党风廉政建设和反腐败工作进展，对发现的问题及时提出整改意见或建议，并建立监督管理台账，有力推进监督工作规范化、制度化。同时，根据各联系单位上报的“三重一大”等内容，采取查阅文件资料、会议记录、发放整改通知书等形式，不定期对各联系单位“三重一大”制度执行情况进行监督检查。全年共收集“三重一大”事项42项，开展监督检查5场次，纠正不合规决策、制度6项。

【反腐倡廉宣传教育】 第一纪工委把《党章》《准则》《条例》等党内法规制度的学习贯彻纳入党员干部廉政教育规划，深入开展廉政建设专题辅导、廉政教育专题讲座，教育广大干部自觉遵章守纪，引导领导干部自觉履行“两个责任”。2017年分别组织农业战线、经贸战线开展党规党纪集中宣讲2场次，并在县经信局、财政局、农业局、住建局、交通局、食药局、农商银行等单位开展宣讲活动10场次。同时，积极督促所联系单位开展第十八个党风廉政建设宣传教育月活动，指导各单位党组织负责人讲廉政党课18场次，开展知识测试活动29场次，观看警示教育片20场次，确保各项活动取得实效。

【监督检查】 按照《第一纪工委2017年度专项监督检查工作方案》，结合所联系单位实际，以两个责任、财务票据、纪律作风等方面工作为重点，开展监督检查，全年组织开展两轮专项监督检查，发现财务管理不规范、资产处置不规范、违反中央八项规定精神等各类问题13个，立案6件6人，诫勉谈话2人，并督促相关单位建立健全长效机制，确保监督检查实效。

【纪律审查】 坚持问题导向，把问题线索查办摆在突出位置，对委局交办的问题线索，认真核查，按时办结。同时，运用好监督执纪“四种形态”，重点查处不收敛不收手，问题线索反映集中、群众反映强烈的问题。2017年共承办信访举报件63件，其中省委巡视组交办5件，省、市纪委交办10件，立案23件23人（副科级以上干部5人），诫勉谈话6人，工作约谈3人，通报批评3人，批评教育4人，书面检讨1人，追缴违纪资金22万元。

（陈婷婷）

【中共房县纪委派出第一纪工委领导成员名单】

书记：李大学

副书记：向盛剑

中共房县纪委派出第二纪工委

【概　况】 中共房县纪委（房县监察局）派出第二纪工委（监察分局）成立于2009年12月7日，正科级行政单位，实行一套班子、两块牌子，担负履行党的纪律检查和行政监察两项职能，主要负责党群战线19个单位、宣教战线8个单位、发改战线4个单位的纪律检查和行政监察工作，联系9个垂直管理单位的党风廉政建设和纪检监察工作的指导、协调和督办工作。内设股级机构3个，即综合办公室、行政监察室、案件检查室。

【党风廉政建设落实】 按照“到位不越位、参与不干预、尽职不失职”的原则，督促各联系单位结合实际制定责任清单，印发《所辖单位党风廉政建设平时工作考核办法》《关于认真报送“三重一大”等相关情况的通知》，对“两个责任”落实实行“清单式”“痕迹化”管理，对所辖单位平时工作实行百分制考核。全年共收集整理落实主体责任事项120项，“三重一大”报告事项36项，监督“三重一大”20项，纠正不符合规定的决定决议6项；开展对所联系单位落实主体责任情况专项监督检查14次，召开联席会议2次，开展警示谈话8人，诫勉谈话5人，通报批评2人，有力地传导了压力，夯实了责任。

【反腐倡廉宣传教育】 一方面结合日常监督、巡查，督促各辖管单位认真开展《党章》《准则》《条例》等党内法规学习培训、观看反腐倡廉警示教育片、到警示教育基地接受教育、学习典型案例通报等形式多样的廉政教育活动，切实增强各单位干部职工纪律规矩意识；另一方面主动作为，克服事多人少的困难，工委书记亲自上阵，以《准则》《条例》为主要内容，到辖管单位开展主题宣讲，切实增强教育实效。同时，以用好第一种形态为抓手，积极开展廉政谈话，加大预警力度。全年工委共开展专题宣讲10场次，覆盖党员干部800余名，廉政约谈20人次。

【监督检查】 一方面坚持日常监督，针对掌握的各联系单位的廉政建设情况，以明察暗访、专题调研等形式，重点督查遵规守纪情况、“两个责任”落实情况、“三公”经费控制情况、“三重一大”、“四不一末”等制度落实情况，切实把监督抓在平时。另一方面认真开展巡察，4—8月，分阶段分批次有针对性地对辖管的15家单位开展巡察。通过巡察，查处违纪线索8件10人，整改问题20个。同时，针对两个大的系统出现的多起违纪违规问题，在问责处理的基础上，进行责任倒查，对主职领导进行约谈，极大地提高巡察的震慑效果。

【运用“四种形态”执纪审查】 以服务大局为中心任务，在繁重的工作任务中突出主责主业，全年共受理问题线索63件，时限内办结54件，其中省市交办、委局转办的54件问题线索在时限内全部查结。全年立案20件20人，警示谈话13人，诫勉谈话14人，追缴违纪资金20多万元。

【队伍建设】 2017年，第二纪工委把贯彻落十九大会议精神、深学《准则》《条例》等党内法规作为重要任务来抓，并结合典型案例进行解读交流，把内容学深学透、入脑入心。同时，以“两学一做”暨主题党日活动为载体，每月定期开展集中学习，人人做好学习笔记，撰写心得体会，全年举办学习园地2期。此外，在信息宣传方面，先后在省、市、县报刊、简报、网站刊稿20余篇，其中市纪检监察网4篇，县纪检监察网6篇，调研文章1篇。

（潘铭璐）

【中共房县纪委派出第二纪工委领导成员名单】

书记：宋宏军

副书记：胡　波　高　翔

中共房县纪委派出第三纪工委

【概　况】 房县纪委（监察局）派出第三纪工委

（监察分局）成立于2009年12月7日，正科级行政单位，实行一套班子、两块牌子，担负履行党的纪律检查和行政监察两项职能，主要负责政府战线23个单位、政法战线5个单位的纪律检查和行政监察工作，联系8个垂直管理单位的党风廉政建设和纪检监察工作的指导、协调和督办工作。内设股级机构3个，即综合室、行政监察室、案件检查室。

【落实党风廉政建设主体责任】 召开第三纪工委监督联系单位2017年度工作会，将监督联系单位全年应该开展的党风廉政建设责任制方面的工作、报告事项、报送材料等，分5大类共34项，列出工作清单，规定工作标准、完成时限，分发到各单位分管领导，使责任制工作条目化、具体化，各单位按照时间节点具体操作。2017年第三纪工委共收到监督联系单位报送的各类材料近1700份。在纪工委督促指导下，各单位都成立党风廉政建设工作领导小组，签订党风廉政建设岗位责任书，结合自身实际制定2017年党风廉政建设工作计划，全年党风廉政建设各项工作稳步推进。在指导督办各单位落实党风廉政建设责任制工作的基础上，收集资料，集档成册，并将各单位平时工作完成情况进行详细登记，作为第三纪工委监督联系单位党风廉政建设平时工作考核评分依据。制作《第三纪工委监督联系单位落实党风廉政建设责任制工作一览表》，将各单位各项工作完成情况实时上墙，动态监管，提高监督管理实效。

【扎实开展廉政教育】 一是大力度督导各单位宣教月活动。通过现场指导、电话督导、QQ联络群发布消息等形式督促各单位扎实开展宣教月活动，全年共有28个单位到工委登记借阅《不可触碰的纪律红线》《迷失的坐标》等专题片，所有单位按要求报送宣教月资料。二是大力度督导各单位党规党纪学习活动。组织各监督联系单位党员干部认真学习《党章》《准则》《条例》。积极组织开展《准则》《条例》测试活动，适时检查通报支部组织学习和考试情况，确保测试活动全覆盖、无遗漏。三是大力度开展党规党纪宣讲活动。第三纪工委共在县政法委、城管执法局、人社局、民政局、审计局、规划局、南水北调办7个单位开展党规党纪宣讲，参加听讲人员500多人次。四是大力度开展警示基地参观活动。共组织城投公司、安监局等单位，100余名党员干部参观了房县看守所教育警示基地。五是大力度督导各单位积极学习贯彻十九大精神。要求各单位认真学习十九大报告，并上报学习贯彻十九大精神情况报告，把十九大精神宣传到每个单位、每名党员、每名职工，六是大力度开展信息宣传工作。在开展各项业务工作的同时，第三纪工委还积极要求自己和督促各单位开展信息宣传工作。截至年底，第三纪工委上报省、市、县各类门户网站信息22条，督促各单位上报县内门户网站各类信息20余条。

【强化监督执纪问责】 一是扎实开展巡察。4月份，第三纪工委组建巡察组启动了2017年的巡察工作，通过查阅档案资料、查看财务票据、听取汇报等方式，对地震局贯彻落实中央、省、市、县重要工作部署和重要制度执行情况、落实中央八项规定精神情况、"三公经费"和津补贴发放情况等进行细致全面的了解。针对地震局落实中央八项规定精神不实等情况对地震局局长、副局长等5名干部进行诫勉谈话，对涉嫌违纪的一名干部立案调查。二是做实监督执纪第一种形态。第三纪工委探索制定监督联系单位《实践运用监督执纪第一种形态操作办法》，明确各监督联系单位党组织践行监督执纪"第一种形态"的适用对象、责任主体和方式方法，并要求各单位每季度上报《落实第一种形态情况报表》。全年各单位上报落实第一种形态情况报表167份，共开展提醒谈话284人次、约谈4人次、通报批评13人次、责令书面检查2人次、诫勉谈话3人次、公开检讨1人次。通过定性定量，督促各单位党组织和各级干部履行好监督执纪“第一种形态”责任，真正让咬耳扯袖、红脸出汗成为常态，拉起了防止党员干部犯错误的第一道关口。三是紧盯制度执行。严格执行“三重一大”事项报告制度，健全工作台账，对监督联系单位日常重点工作完成情况进行跟踪监管。2017年共收到监督联系单位上交的《重点工作报告表》《重大事项季报表》《工程项目季报表》及《“三公”经费支出季报表》四类报表242份，通过对报表的分析了解各单位年度重点工作及工程项目，并及时掌握各单位“三公”经费支出情况，将日常监督做细做实。

【始终保持查办案件的高压态势】 2017年第三纪工委在准确把握运用好监督执纪“四种形态”的基础上，进一步深化对信访调查、纪律审查的认识，坚持快查快结，在保证办案质量的前提下做到快突破、快查结、快回复，扎实完成交办的46件信访件，其中立案20件，信访了结8件，函询3件，收缴违纪资金20多万元。

（赵林波）

【中共房县纪委派出第三纪工委领导成员名单】

书记：吴永华

副书记：饶成柱

房县人民代表大会常务委员会

【综　述】2017年，县人大常委会在县委的领导下，深入学习贯彻党的十八大和十九大精神，坚持以习近平新时代中国特色社会主义思想为指导，认真贯彻落实中央省市关于加强人大工作和建设相关要求，紧扣县十四次党代会和十八届人大一次会议确定的任务，围绕全县工作大局，依法履职，强化监督，在促进经济健康发展、保障民生持续改善、维护社会和谐稳定、推动民主法治建设等方面作出了积极努力，较好地完成县十八届人大一次会议确定的目标任务。2017年县人大常委会工作机构有：办公室（下设老干科、秘书科、文书科、调研科）、法制委员会、财经委员会、农村工作委员会、教科文卫工作委员会、代表工作委员会、人事任免工作委员会、城乡建设与环境资源保护工作委员会、备案审查工作委员会、信访办公室，年底有干部35人。

【监督工作】一是开展执法检查，加强法律监督。法律的生命在于实施，法律的权威也在于实施，2017年常委会坚持以法治房县建设为抓手，开展多部法律的执法检查，分别作出审议意见，监督和支持政府依法行政。重点开展招投标法执法检查，最大限度地规范了招投标活动，维护招投标市场秩序；开展食品安全法执法检查，推进食品安全监督管理能力建设，尽力保障人民群众“舌尖上的安全”；开展预算法执法检查，在一定程度上规范政府收支行为，强化预算约束，促进经济社会健康发展；开展《殡葬管理条例》执法检查，倡导市民革除丧葬陋俗，推动殡葬文明新风。配合省市人大开展台湾同胞投资保护法、招投标法相关执法检查工作。通过开展执法检查、督办审议意见，保障群众合法权益，优化发展环境，提高行政执法单位运用法治思维和法治方式的水平和能力，促进法律法规在房县的正确实施。二是审议专项报告，强化工作监督。适时听取“两院”报告，督办群众关注的热点案件，促进“两院”严格执法、公正司法，努力让人民群众在每一个司法案件中感受到公平正义。对法院执行工作开展专项调查，提出加强和改进执行工作的意见和建议。根据县人大常委会的意见，县人民法院加大对执行工作的宣传力度，不断完善执行联动机制，采取有效措施加大执行惩戒力度，加强执行队伍建设，在一定程度上缓解执行难的问题。常委会关注未成年人健康成长，开展未成年人刑事检察工作专项检查，为宣传未成年人保护工作、营造未成年人健康成长的社会环境起到积极的促进作用，为房县深入开展未成年人权益保护工作提供路径，积累经验。常委会坚持抓大事、议大事、督大事的原则，充分发挥人大集体智慧的优势，深入开展农业产业化、科技创新、精准扶贫、“五城联创”等工作调研，推进重大项目、重点工程、重要工作的落实。建立健全重大事项协调机制，完善讨论决定重大事项程序机制，选取精准扶贫、项目建设、产业发展等一些事关全局、事关长远、事关民生的重大问题抓住不放，一督到底，促进全县经济社会又好又快地发展。常委会听取和审议县政府关于2016年度环境状况和环境保护目标完成情况的报告，促进了环境保护工作；开展精准扶贫工作视察、检查，听取县政府关于精准扶贫工作的报告，推进脱贫攻坚工作纵深发展；对农业产业化发展情况进行检查，听取县政府关于农业产业化的工作报告，促进农业产业的发展；对重点项目资金管理使用情况进行检查，深入调研，推进重大项目、产业、工程的落实，做到重点工程、重大项目推进到哪里人大监督就跟进到哪里，尽心尽力地为促进本区域的经济建设、政治建设、文化建设、社会建设、生态文明建设服务。三是加强预算审查，关注民生项目。常委会认真审议相关报告，提出意见建议，听取和审查2017年分项收支预算报告、2015年县级预算执行和其他收支审计发现问题整改情况的报告、2016年县级决算报告、县人民政府关于2016年度财政预算执行和其他财政收支情况的审计工作报告、2017年县级财政分项收支预算和部门预算编制情况的报告，维护财政经济秩序，提高资金使用效益。四是依法任免干部，弘扬宪法精神。坚持党管干部和人大依法任免相统一的原则，充分发扬民主，严格任免程序，依法行使干部任免权。坚持任前法律知识考试、主任会议审议、拟任职人员履职表态、常委会会议审议表决、颁发任命证书等制度，全年共依法任免国家机关工作人员77名，全部进行了宪法宣誓，激励和教育被任免干部忠于宪法、遵守宪法、敬畏宪法、维护宪法，进一步增强被任命干部民主法治意识，发扬民主作风，接受人民监督，当好人民公仆。五是认真备案审查，维护法治统一。通过规范性文件备案审查，可以发现并纠正规范性文件中与宪法、法律相抵触问题，维护法律权威，保护公民法人和其他组织合法权益。加强与政府及相关部门的联系对接，进一步完善和规范规范性文件备案审查工作程序。对县政府报送的《关于招商引资和实体经济创新发展的意见》规范性文件，对其主体、内容、程序进行认真审查，提出修改完善的审查建议，努力保障规范性文件的合法有效。六是落实群众诉求，做好信访工作。常委会领导认真落实接访制度，按时入驻县信访中心，接待上访群众，处理信访问题，化解社会矛盾。常委会信访室对群众的来信来访，及时进行受理登记、转办、交办、督办。对78件次来信来访由常委会领导签批后交由有关部门办理。常委会信访室对敏感问题和重要案件加强督办，促使相关部门较好地解决一些群众诉求，及时化解矛盾纠纷，促进社会和谐稳定。

【代表工作】 一是加强学习培训，提升履职能力。常委会坚持把提高代表综合素质作为代表履职的基础，采取举办人大代表培训班、现场视察观摩、经验交流等形式，加强对代表的培训工作。在基层人大主席中开展“互动交流”活动，聘请省人大代工委领导对各乡镇人大主席及全县代表进行专门培训；积极引导各级代表在经济社会发展中创一流、争先进，努力为群众办实事、做好事、解难事，释放代表正能量，受到上级人大的肯定。为县代表和乡镇人大主席团订阅《全国人大》《楚天主人》《十堰人大》等刊物。通过举办代表履职培训、代表小组培训、座谈会等形式，全面提高县乡人大代表的履职水平。加强与全县代表小组、代表之家的建设与联系，在县电视台、房县报开设了专栏，建立房县人大微信公众号、微信工作群，便于代表了解工作情况，把握工作动态，互通工作信息。二是创新活动载体，拓宽履职渠道。强化乡镇人大建设，全县建代表之家20个，代表活动室98个，深入开展“人大代表在行动”活动，各级代表为脱贫攻坚察实情、出实招，解决一批民生难题，实现代表作用更加凸显、基层阵地建设更加完善，代表履职能力和群众对扶贫攻坚的满意度进一步得到提升。重点工作向人大代表一月一通报，保障代表的知情知政权。邀请人大代表参与工作调研、执法检查、视察活动。推荐人大代表参与行风政风监督、听证会、道德模范评选等活动。收集意见和建议，督促“一府两院”及其相关部门整改落实，促进民生问题持续改善。三是督办代表建议，提高办理质效。常委会高度重视代表建议办理工作，严格落实办理责任，改进督办措施，创新工作方法，切实提高代表建议落实率。年初组织召开代表议案、建议交办会和座谈会，采取对口督办、跟踪督办等方式，督促“一府两院”及有关部门办结代表提出的意见建议。通过将重点建议的相关工作列入常委会监督议题、邀请提建议代表参加相关工作视察和实地调研、召开重点建议办理情况座谈会等方式，努力提高办理水平。对难办建议采取由常委会领导牵头，相关办委对口督办。开展代表建议办理“回头看”活动，对代表不满意的建议，督促承办单位重新办理，提高办结率。十八届人大一次会议人大代表共提出的117件建议，在县政府及承办单位的共同努力下，全部办理并回复代表，代表满意和基本满意率达100%。如赵大武代表提出的“关于自来水不能正常使用”的建议，县政府及其职能部门，投入75万余元资金，改造铺设供水管网，彻底解决北门河以北区域群众生产、生活用水问题。又如谭荣强代表提出“关于对七河中小学门前道路维修的建议”。县政府将该段路建设列为重点项目，重新铺设黑化路面4500平方米，修排水渠1000米，已全部完工。县政府及职能部门高度重视《关于推进房县一中迁址新建的议案》，积极行动，已完成征地、图纸设计、资金筹措等前期工作，做到件件有落实，事事有回音。四是指导乡镇人大工作，加强基层政权建设。常委会认真贯彻《湖北省乡镇人大工作条例》，坚持领导分片联系乡镇人大主席团工作制度，积极组织乡镇人大代表参加闭会期间活动，指导乡镇开展“人大代表在行动”活动，有效发挥乡镇人大的职能作用。认真贯彻落实省、市、县委《关于进一步加强和改进人大工作的意见》，各乡镇设立工作机构，配备专职人大主席和工作人员，落实办公场所，完善相关制度，规范工作流程，为乡镇人大依法开展工作打下坚实基础。

【自身建设】 一是加强政治建设，增强政治定力。常委会始终坚持把政治建设摆在党的建设的首位，把学习党的十九大精神贯穿于加强自身建设的全过程，坚持读原著、学原文、悟原理，力争做到学深悟透、全面准确，确保党的十九大精神入脑入心、落地落实。常委会机关坚持周四学习日制度，每月一次主题党日活动，一季度开展一次学习交流，半年一总结，年终总考核，把践行“四个意识”渗透在思想上、落实在行动上，全面提升常委会组成人员和全体机关干部的政治定力和依法履职、服务大局能力。二是加强纪律建设，打造三有机关。把纪律规矩挺在前面，严格遵守党章，严肃执行廉洁自律准则、纪律处分条例、问责条例等党纪党规，加强党风廉政教育，抓早抓小，用纪律和规矩管好全体党员。以开展“十个一”活动为契机，以“双十星”创建为抓手，使机关党内生活形式多样、丰富多彩，打造有为有位有威机关，实现机关党建和管理科学化、规范化、数据化。推进“两学一做”学习教育常态化制度化，深化“支部主题党日+”活动，严格党的组织生活，落实“三会一课”制度，让组织生活严起来、机关支部活起来、每个党员动起来，使人大党员在党内政治生活的“熔炉”里锤炼成长。三是加强组织建设，夯实党建基础。严格落实中央“八项规定”精神，努力改进调研视察、执法检查、跟踪督办等工作程序，规范公务接待，减少“三公”经费支出，持续推进“四风”整治，大兴调查研究之风、求真务实之风、艰苦奋斗之风和勤俭节约之风，坚持问政于民、问计于民、问需于民，做到民有所呼我有所应、民有所求我有所为、民有所盼我有所办，用实际行动当好标杆，做好表率。四是加强制度建设，规范工作运行。修订和完善《房县人大常委会议事规则》《房县人大常委会主任会议议事规则》《机关行为规范》等制度，使人大各项工作进一步具体化、明确化，更具有针对性和可操作性，推行机关修车、加油、文印等精细化管理，全方位扎紧制度笼子，使单位管理步入科学化、规范化、精细化轨道。五是加大宣传力度，营造浓厚氛围。加强人大理论学习研究，印发人大宣传工作方案，下达宣传工作任务，分别在《今日房县》报和房县广播电视台开设人大宣传专栏，充分利用微信公众号、微信群、网站等新媒体优势，全年在各种媒体用稿300多篇，其中省市人大用稿20余篇，《房县人大工作通讯》出刊12期，人大机关和各新闻单位积极响应，开展了多角度、全方位的宣传，营造了浓厚氛围。

（袁　超　王万军）

【2017年房县第十七届人大常委会及其组成人员名单】

人大常委会主任：蔡贤忠

人大党委会党组书记、副主任：高明哲

人大常委会副主任：

李志权　胡维英（女）　谢永翔

李相明　丁　杰

房县第十八届人大常委会组成人员名单（35人）（按姓氏笔画为序）

丁　杰　万　华　王传林　井　浩　尤荣炳

付必芝（女）　冯登合　任春雷　刘玉萍（女）

刘正均　刘世林　刘安群　李　奎　李志权

李相明　李厚坤　宋世军　宋胜达

张　忞（女）　张祖伟　赵　斌　赵国伟

胡维英（女）　饶正涛　洪运玖　袁　超

徐克银　高明哲　郭守坤　黄宝富　散启先

谢永翔　赖武明　蔡贤忠　樊恭应

【2017年县十八届人大常委会有关机构领导名单】

办公室

主任：袁　超

副主任：刘夏丹（女）

法制委员会

主任委员：刘安群

副主任委员：刘正均

委员：任春雷　张祖伟　刘世林

财经委员会

主任委员：黄宝富

副主任委员：散启先

委员：宋胜达　郭守坤　李　奎

教科文卫工作委员会

主任：无

副主任：杨　兴

农村工作委员会

主任：宋世军

副主任：陈士勇

代表工作委员会

主任：樊恭应

副主任：石金成

人事任免工作委员会

主任：饶正涛

副主任：李娟娟（女）

城乡建设与环境资源保护工作委员会

主任：龙荣炳

副主任：付　强

备案审查工作委员会

主任：闫　琴（女）

副主任：孙学富

信访办公室

主任：井　浩

房县人民政府

综　述

【概　况】 2017年，县政府高举习近平新时代中国特色社会主义思想伟大旗帜，围绕“一城两基地三中心”发展定位，坚持稳中求进工作总基调，以新发展理念为引领，以供给侧结构性改革为主线，以满足群众美好生活需要为目标，凝心聚力，开拓创新，经济社会发展呈现出“稳中有进、进中向好”态势。全县实现生产总值84.6亿元，增长9%；规上工业增加值19.2亿元，增长11%；地方公共财政预算收入5.7亿元，增长12%；固定资产投资166亿元，增长16%；社会消费品零售总额57.9亿元，增长13.1%；城乡居民人均可支配收入达到25520元和9134元，分别增长8.9%、10%。

【脱贫攻坚成效明显】 深入实施“三大战略”，着力健全责任体系，精准推进“六个一批”，12个重点贫困村整村出列，2.8万人脱贫销号。产业扶贫扎实推进，兑现“四子”资金4799万元，发放小额扶贫贷款4亿元，新增市场主体149个，建成村级光伏电站181个。易地搬迁扎实推进，开工建设安置小区336个，完成搬迁9047户26404人。保障兜底政策精准落实，基础设施配套工程成效明显，群众认可度大幅提升。

【产业升级步伐加快】 坚持“工业强县”战略不动摇，突出“工业八大产业”，开展“10亿资金进百企”活动和“服务企业门诊办公法”，工业经济提质增效。用工业理念发展现代农业，壮大基地规模、培育市场主体、强化品牌创建，现代农业提升发展，实现农产品加工产值77亿元、增长10.3%。旅游经济持续繁荣，接待游客572万人次，实现旅游综合收入33.6亿元。商贸经济蓬勃发展，新增限上商贸企业10家，高速客运站、鄂西北物流集疏配送中心、神农源国家中药材仓储物流基地等项目快速推进。

【城乡面貌日新月异】 “五城联创”深入实施，数字城管系统建成运行，公共设施管理更加有序。竹房城镇带“一城八镇”加快建设，特色小镇快速兴起。县域副中心支撑作用凸显，沙河、万峪等乡镇集镇面貌焕然一新。棚户区改造突破推进，半岛湾大桥、唐城东路建成通车，诗经南路、吉甫南路进展顺利。

【生态红利日益放大】 完成植树造林2333.33公顷，退耕还林1466.67公顷，管护天然林199333.33公顷，绿色屏障更加坚固。防污治污扎实有效，中央环保督察交办件全部销号，突出环境问题整改基本完成。“河长制”全面落实，马栏河“五大专项行动”深入开展。创建“湖北省绿色示范乡村”15个，简约适度、绿色低碳生活方式成为主流。

【各项改革深入推进】 行政审批局挂牌成立，商事制度改革稳步推进，公共资源交易平台整合到位。大力推进“双随机一公开”，行政执法日益规范。深化预算管理、“营改增”改革，现代财政制度不断完善。机关事业单位养老保险、医药卫生、司法体制改革巩固深化，农村集体产权制度改革试点稳步推进，公务用车、国有林场、城乡医保及文体新广改革顺利完成。

【民生福祉不断增进】 坚持以人民为中心，察民情、知民意、解民忧、纾民困，持续加大民生投入，办好民生实事，群众获得感不断增强。成功应对60年以来最强秋汛，妥善处置伏溪特大滑坡体地质灾害。就业创业力度加大，民生保障扎实有效。社会事业全面进步，公共服务不断延伸。宝堂寺、文庙修复全面完工，“四馆一家”、职工之家即将投入使用，荣获全省“十佳书香县”称号，诗经文化影响力扩大。“十字”价值观深入人心，人情新风经验全国推广。

【政府建设持续加强】 牢固树立“抓好党建是最大的政绩”理念，落实“一岗双责”，推动全面从严治党向纵深发展。遵守政治规矩，严守政治纪律，在全局下作为，在大局下行动，做到令行禁止，政令畅通。健全民主生活会制度，定期通报情况、交流思想，开展批评和自我批评，不断增强班子成员的凝聚力、感召力和战斗力。扎进制度笼子，落实请示报告制度，实现用制度管人管事。

（谢　坤）

【房县人民政府领导成员名单】

县委副书记、县长：纪道清

县委常委、常务副县长：肖大有

副县长：柯正洪　冉瑶函　董诠闻　丁选清　王　玲（女）　李弘弢　俞　飞　郑玉民　宋秀柏　宁　立

党组成员、工业园区管委会书记：叶　珉

党组成员、工业园区管委会主任：龙德斌

党组成员、古南河国家湿地管理局局长：周天明

党组成员：熊祖友　刘庆海　华文俊　陈　涛

县政府办公室工作

【秘书工作】 严把公文拟稿、审核、校对、签发、用印各个环节，办文质量不断提高。全年起草2018年《政府工作报告》《县政府常务会议纪要》8期，各类专题会议纪要150余期，领导讲话及各类汇报交流材料450余件。严格执行收发文办理流程，提高公文运转效率，全年运转来文1551份、传真424份，印发文件433份，做到及时、准确、保密。严格落实会议申报制度，精简会议次数、控制会议规模，规范办会流程，做好会前、会中、会后各项服务工作，办会水平进一步提高。

【信息调研】 强化信息编写，按照“扩源、提质、保先”的思路，从全县的现实情况和大量信息中开发有新动态、新举措、新成效的信息，认真做好市政府信息报送，全年编发《政务信息》108期，向市政府报送信息300余条。深入县直部门、乡镇、村和重点建设项目、企业等进行调研，认真研究工作热点、重点、难点问题，结合实际提出可行性意见和建议，当好县政府领导参谋助手，全年累计撰写调研文章20余篇。

【督查考核】 认真协调督促县政府重点项目和重大事项的贯彻落实，积极督办县政府领导重要批示和交办的其他事项，全力督办县人大代表、政协委员的建议和提案，狠抓县“重点实事”的督查落实。全年，开展专项督查活动共100余次，办理各级领导批示件365件、市长公开电话交办件223件、网上问政935件；承办人大建议和政协提案186件。对全县主要经济指标、重点项目实施、信访维稳重点问题等深入相关单位进行全面督查，有力促进县政府各项决策部署和目标任务的落实。

【金融保险】 认真履行对全县金融机构的目标考核、协助监管等职能，切实做好金融机构及非金融机构协调服务、非法集资防范处置、县域金

融创新扶贫，为全县经济社会发展提供有力的金融保障。促使房县的7家银行共向69家企业授信39.35亿元，市级6家银行共向房县授信129.8亿元。继续做好创建和创新工作，成功创建全省金融信用县和保险先进县，金融创新业务健康发展，县域中小（微）企业贷款难问题得到一定缓解。在全县20个乡镇推行农村小额保险，全县承保近4万人，理赔38笔，覆盖面达65%。

【应急值守】 应急管理工作不断加强，全县突发事件防范水平不断提高，应急救援保障能力不断加强，全社会公共安全意识明显提高，有效维护全县社会大局稳定。全年，组织开展应急演练7场，积极参与并及时妥善处置暴雨（雪）、滑坡体等自然灾害。严格执行24小时值班、重大事项报告和值班登记、交接班制度，做到政务值守工作不断档，搞好上传下达，确保值班信息准确畅通。热情对待群众来电来访，全年接处群众来电1000余次、来访280余人次。

【后勤保障】 一是后勤服务求优质，以“保运转、促工作”为目标，在办公室搬迁工作中，量力而行，尽力而为，合理分配办公用房，妥善配置办公必备设施，进一步优化办公环境。二是日常开支求节约。在厉行节约、减少开支的同时，积极筹措资金，千方百计保障日常运转经费，确保政务工作的正常开展。三是财务管理求严格。严格报账审核流程，严控财务支出，严把财经纪律，坚持小额请示、大额讨论，事前请示、事后审核的财务审批制度，勤俭持“家”，杜绝浪费。四是车辆管理求安全。加强对司乘人员的安全教育和知识培训，不断强化责任意识，合理调度车辆、严格车辆保修，确保车况良好和安全行车。

（冯兴言）

【房县人民政府办公室领导成员名单】

主任：熊祖友

副主任：肖　平　向昌林　戢运龙
　　　　余铁柱　周绪刚

政府战线工委书记：熊祖友

政府战线工委副书记：张和群　杨荣彬

政府战线工会主席：曹　卿

人力资源和社会保障工作

【概　况】 2017年，房县人社局荣获2017年度市级文明单位、县级综合目标考核优秀单位、档案工作目标管理省二级、党建工作考核优秀单位、全县社会治安综合治理优胜单位、全年目标考核优秀县直单位。

【人事人才工作】 严格做好2016年机关参公单位考核及2017年公务员招录和登记工作。完成2016年全县机关及参公事业单位960人年度考核，其中优秀185人，称职714人，不称职6人，不定等次55人；2017年考试录用公务员35名，完成了招考初审、预录政审、完善上岗手续及岗前培训工作；全年申报公务员登记37人，已批复21人，还有13人手续在办理中，除了资料不全的3人未登记外，其余人员做到应登尽登。扎实开展2016年事业单位考核及2017年事业单位招聘工作。完成全县95个事业单位2016年度考核工作。参加考核共计8164人，其中考核优秀等次（含精准扶贫工作人员）1419人，合格等次6727人，不合格等次8人，不定等次9人，未参加考核1人；根据省、市文件要求和县领导批示精神，县人社局组织实施2017年事业单位工作人员招聘工作。2017年，全县共有13个县直主管部门和单位申报事业单位招聘计划，经县政府审定后，确定招聘计划53名（实际招聘岗位46个），经过现场报名并同步审核，有1415人符合报考条件。随后，县人社局严格按照相关政策在县实验中学组织实施笔试和面试工作，并将笔试、面试及综合成绩在“今日房县”网、房县人力资源和社会保障局网站公示，通过体检和政审，报请县政府同意，符合聘用条件的46人已正式办理聘用及用编手续全部上岗；及时开展职称审核申报和优秀人才选拔推荐工作。2017年，县人社局向市职称科申报正高1人、副高80人、中级132人（其中2人为企业人员）；申报5名贡献岗及12名优秀人才资料；做好“三支一扶”人员加分、考核及招募工作；为32名“三支一扶”在岗服务优秀学生开据考试加分证明；为31名在岗服务学生办理2017年度医疗保险申报核定等相关手续；为29名“三支一扶”服务生办理期满证；对61名在岗服务生进行年度考核；101名学生档案整理编号入册；配合市人社局对报考房县2017年“三支一扶”岗位入选学生进行资格复审及面试相关工作。

【就业工作】 全县2017年城镇新增就业5433人，完成目标任务的136%；城镇失业人员再就业2500人，完成目标任务的125%；就业困难人员就业1376人，其中建档立卡贫困人员289人，完成目标任务的275%；城镇登记失业率控制在4.5%以内；为1592名灵活就业人员发放社保补贴531万元；公益性岗位安置就业困难人员950人，发放公益性岗位补贴930.8万元；大学生实习实训400人，完成100%，发放大学生实习实训生活补贴105万元；组织各类培训3924人，“两后生”培训率100%，发放职业培训补贴289.69万元，完成年目标任务的103.3%，扶持创业个体、私营企业520个，完成目标任务的104%；小额担保贷款发放2416万元；带动就业2040人，农村劳动力转移就业13.1万人，创劳务收入18亿元，其中贫困户转移就业2.3万人，基本实现“就业一人，脱贫一户”目标。

【社会保障工作】“五大保险”覆盖到位。全县五大保险参保人数达到53.82万人，其中：参加城镇职工基本养老保险4.5万人，完成目标任务的100%；参加失业保险1.4万人，完成目标任务的100%；参加医疗保险44.1万人，完成目标任务的104.26%；参加工伤保险2.2万人，完成目标任务的100%；参加生育保险1.62万人，完成目标任务的100.06%。五大保险征收22544.6万元，完成目标任务22267万元的101%，其中：城镇职工基本养老保险征收12769万元，完成目标任务12855万元的99.33%；城镇职工基本医疗保险征收8900万元，完成目标任务8690万元的102.42%；失业保险征收314.6万元，完成目标任务300万元的104.7%；工伤保险征收326万元，完成目标任务的232万元的140.52%；生育保险征收235万元，完成目标任务190万元的123.68%；同时，城乡居保工作持续推进。全县参加城乡居民基本养老保险21.22万人，征收保费2590万元，参保缴费率98.5%。为7.4万名符合条件的城乡居民累计发放养老金7353.92万元，待遇发放率达100%；全县参加被征地农民养老保险555人，核定到账补偿资金967万元，到龄符合领取待遇条件100人，累计发放待遇83.35万元；2017年新增拟征地项目11个，涉及参加被征地农民养老保险1275人，预存到账补偿资金1644.37万元。全年办理村主职干部参保手续572人，征收保费57.2万元。为121名到龄村主职干部累计发放养老金32.7万元。全县完成制卡申请33.4万人，导出制卡31.93万张，占目标任务的105.38%，完成制卡28.43万张，领卡启用28.42万张，启用率为99.96%。

【社保基金监管】 认真落实整改2016年医保基金审计问题，组织开展社会保险基础信息数据清理工作，配合县国有资产管理局完成2016年政府资产报告编报工作；对涉及的房县社会保障基金，进行全面清查；开展人力资源和社会保障统计数据质量和养老保险重点指标专项核查工作，开展数据分析比对，组织核查疑点信息。

【劳动者维权工作】 深入推动和谐劳动关系建设。为805名企业新建立劳动关系人员办理用工登记备案，劳动合同签订率93.6%；受理劳动仲裁争议案件36件，裁决案件16件，调解达成协议案件20件，共鉴证劳动合同2150份，鉴证解除劳动合同130份，时效内结案率达100%，调解成功率达100%；全力维护劳动者合法权益。2017年共受理劳动保障监察举报投诉案件65件，通过协调处理32件，立案调查处理33件，已结案33件，结案率达100%，涉及劳动者2300人，涉及拖欠工资总额2447.86万元；共处理各级转办信访件26起，共开出无拖欠证明83份，核查备案外地企业无拖欠证明93份，核查出伪造证明事件5起；共办理缴纳农民工工资保证金业务92起，收缴金额共1024.22万元。

【党建工作】 制订、出台《房县人社局党风廉政建设计划》《人社系统2017年党风廉政建设责任制考核办法》等文件，人社局党委书记与党委成员签订《"一岗双责"目标责任书》，层层细化压实责任；完成人社局机关、机保局、社保局、就业局、城保局五个党支部换届选举工作，新成立离退休干部党支部。全年培养积极入党分子7名，发展对象7名，接受预备党员6名，转正预备党员4名；强化党员队伍学习教育。以中心组学习、支部主题"党日"等活动为载体，2017年党委中心组学习12次，全系统每月集中学习1次，5月份请专家讲党课一次看，全年办学习园地8期；组织《条例、准则》知识测试1次、党史知识测试1次、十九大报告知识测试1次；结合"宣教月"活动，组织干部职工观看《永远在路上》《迷失的坐标》等警示教育片，对近几年受纪委处分的同志进行回访教育，印发《关于深入推进"六型"机关进一步加强作风建设的通知》等相关文件，构建起党风廉政建设的长效工作机制。

（程　亮）

【房县人力资源和社会保障局领导成员名单】

局长、党委书记：李文海

副局长：彭　辉　胡绍军　张　波

　　　　吴鹏飞　罗德武　艾　斌

党委委员：程长明　何继红（女）

扶贫开发工作

【精准扶贫政策落实】 全年完成12个重点贫困村脱贫出列，28752人脱贫退出。一是不断健全组织体系。按照人员向扶贫一线集中、工作重心向扶贫一线倾斜、平台在扶贫一线搭建的要求，围绕"单位包村、干部包户"两个全覆盖目标，调整"第一书记"32名，新组建工作队25支，发动5837名全县在编在岗教师、医护人员和人大代表、政协委员、民营企业家等参与结对帮扶。全县共组建驻村工作队291支，选派驻村"第一书记"281名，发动10690名党员干部结对帮扶，86家企业参与村企共建。实行指挥调度、工作推进、责任监督体系分离，组建18个扶贫项目推进工作专班，形成各负其责、合力攻坚的工作格局。二是从严压实责任链条。按照党政同责、县乡同责、单位与驻村同责"三个同责"要求，将县四家领导及县直各部门负责人与所联系乡镇、帮扶村实行责任捆绑。建立负面清单和日常考核工作制度，坚持问题导向，常态化开展明察暗访。充分发挥"三级书记"示范带头作用，提出县委书记任期内走遍全县所有村，乡镇党委书记走遍所有贫困户，村支部书记走遍并帮扶到所有贫困户的"三个走遍"要求，形成了领导以上率下、压力层层传导的浓厚氛围。三是不断强化政策支撑。根据工作推进需要，在原有政策基础上，瞄准到户和到村两个方向，先后制定出台《决战深度贫困的实施意见》及产业奖补、金融扶贫、健康扶贫、教育扶智、生产生活条件改善项目等一系列政策文件，确保每个贫困户至少享受一项以上政策扶持。

【全面精准扶贫】 一是围绕"村村有产业、户户有项目、人人有事干"目标，复制推广产业扶贫"八大"模式，与贫困户签订帮带协议，建立利益链接机制。新增市场主体138个，参与产业扶贫的各类市场主体达627个。进一步细化产业奖补和金融扶持政策，共拨付产业扶贫资金1920万元，以种子、苗子、崽子、单子“四子”形式扶持8400户发展特色产业。统筹5000万元设立扶贫贷款担保基金，累计发放小额扶贫贷款4亿元。扎实推进劳务转移就业，开展零负担技能培训84期，参训贫困劳力1939人，转移贫困劳力4.4万人，开发公益性岗位安置贫困对象216人。建成300千瓦以上村级光伏电站181个。产业扶贫成效得到国务院扶贫办领导的高度评价；全省秦巴山片区“春季攻势”推进会和全市金融扶贫现场会在房县召开。二是坚持把“进城进镇进中心村”作为主要安置途径，全县共开工建设集中安置小区336个，启动建房10322户30360人，其中282个小区达到“交钥匙”标准，可安置8445户23883人，进城购房602户2521人，全年完成搬迁9047户26404人，占省下达任务的111.6%。坚持搬迁与脱贫同步谋划、同步推进，按照“七个一”标准，强化推进搬迁群众后续扶持，确保搬迁一户、稳步脱贫一户。三是按照为贫困户“降低刚性支出、降低发展风险、降低人情负担”目标，精准落实各项保障兜底政策。通过“按标施保”完成了五保低保动态调整；全面打通基本医保、大病保险、大额补充保险、民政救助、医院减免等各项医疗保障政策，探索推行先诊疗、后付费和“一站式”结算制度，对4.5万户扶贫对象实行签约服务，完成健康体检7.7万人；财政统筹700万元，对非寄宿贫困子女全口径落实教育助学政策，共为28513名贫困学生发放各类教育资助资金1833万元；财政统筹200万元打包购买政策性保险与扶贫产业保险，对贫困户保险费用全额贴费；把树立人情新风纳入脱贫攻坚同步推进，劝止民间宴请2400余场次，贫困户年均减轻人情支出1万元左右。四是围绕“提升基础设施水平、提升公共服务能力、提升基层组织战斗力”目标，扎实推进农村生产生活条件改善项目。共兴建安全饮水项目137处，启动224个村生产生活用电及农网改造任务，建设通村、通安置小区道路368公里，完成广播电视和宽带入户9701户，新增无线通讯站点190个，新（改）建党员群众服务中心140个，新建村级标准化卫生室174个。采取走出去拓展视野、请进来更新观念的方式，先后组织“抓党建促攻坚”培训班4期，对281名村党支部书记进行了集中轮训，在全县公开选拔村级后备干部352名。

【强化问题整改】 一是按照实事求是、量力而行、脱贫速度服从脱贫质量的要求，牢牢把握脱贫攻坚正确方向，对全县精准扶贫的工作目标、思路部署进行优化调整，科学制订了年度脱贫计划。二是坚持问题导向，结合全省贫困人口动态调整，在全县开展以进一步贴近贫困群众，回头看对象识别是否精准、帮扶措施是否精准、贫困群众是否满意为主要内容的“一步三回头”工作，对贫困对象进行全面筛查甄别，县乡村逐级落实专兼职信息员，全面精简规范扶贫档案。三是认真学习贯彻习近平总书记“6·23”讲话和省委“7·24”英山座谈会精神，县四家班子领导分别深入到贫困发生率高、基础设施条件差的边远山区、库区、原林场所辖村进行专题调研，找准深度贫困的主要成因和突出短板。按照“三个新增”要求，把深度贫困乡镇、深度贫困村、深度贫困户的脱贫攻坚作为底线任务，用最好的政策、最强的措施、最大的力度提升帮扶强度和帮扶实效。

（朱　骏）

【房县扶贫开发办公室领导成员名单】

主任：任　豪

书记：向　阳

副主任：张立国　解会禄　谢道清（女）

工会主席：陈选平（女）

民族宗教事务工作

【概　况】 房县民族宗教事务局成立于1993年，

原内设在县政府办公室，2006年10月30日经县政府批准单列为政府直属机构，内设局办公室和民族宗教股，定编3人，现有5人。乡镇民族宗教工作由乡镇统战委员兼管，建立县、乡、村三级民族宗教工作网络。县委政府高度重视民族宗教工作，县委常委会听取民族宗教工作汇报一次，下发会议纪要，下发《关于加强和改进新形势下民族宗教工作的意见》，为民族宗教工作提供坚强保障。

【民族宗教情况】 房县有回、土家、蒙古、壮、满、苗、布依、黎、藏、瑶、侗11个少数民族，总人数3374人。其中，回族3026人、土家族148人、蒙古族126人、壮族23人、满族17人、苗族16人、布依族10人、黎族3人、藏族2人、瑶族2人、侗族1人。有民族集居村5个，即化龙堰镇长望村、化龙堰镇上营村、军店镇军店街社区、大木厂镇大木街村和城关镇小西关社区。有清真寺2座，即县清真寺和长望清真寺。有民族学校1所，即房县化龙堰镇民族小学。有少数民族干部职工61名，其中，少数民族女干部23名，科级少数民族干部5名，副高级以上少数民族专业技术人员5名。房县现有宗教4类，宗教活动场所8处，宗教团体3个。伊斯兰教场所有县清真寺、长望清真寺，基督教场所有县福音堂、大木基督教堂、土城基督教堂，天主教场所有县天主堂、土城镇高桥沟天主堂，道教场所有观音洞。有信教人员5910人（不含道教信众和天主教基督教慕道友），占全县总人口的1.1%。其中，伊斯兰教2717人，基督教2810人，天主教265人，道教教职人员18人（道教信众近5000人），佛教100人。宗教教职人员29人，其中阿訇2人，神父1人，牧师2人，教师6人，道士18人。3个宗教团体分别为县道教协会、县基督教协会（基督教三自爱国运动委员会）、县伊斯兰教协会。

【精准扶贫工作】 安排一名副科级干部脱产常住青峰镇白马沟村，全局干部每月住村不少于2次，倾情帮扶该村25户精准扶贫户。分散自建4户已全部建成入住；扶持发展产业户5户，发放猪仔20头；看望慰问病亡贫困对象1人；扶持青峰镇白马沟村党员群众活动中心建设资金10万元，已于9月投入使用；正新建村卫生室3间，解决群众就医困难；新建白马沟村党员群众活动中心，水泥混凝土砼硬化院内场院700平方米；已新修一条2.5公里村级生产路，筹建“小沟山专业合作社”，发展家畜养殖、柴胡种植、烟叶种植；协调争取建设该村安全饮水工程1个，让全村村民饮用安全清洁水。

【民族领域稳定工作】 同县城市综合管理执法局、公安局联动，高度关注少数民族各类纠纷。及时妥善调处外来流动少数民族人员沿街摆摊经营纠纷等2起，未发生不良影响。妥善调处二郎岗回民公墓地质灾害垮塌事宜，力保稳定。做好民族领域矛盾纠纷排查调处工作，确保“十九大”等敏感时间节点稳定工作。

【开展“四争四爱”活动】 9月29日“双节”来临之际，组织麦麦提阿卜杜拉·努尔麦麦提等5户新疆籍务工经商同胞为小西关10户贫困户送上价值3000元的米、面、油等物资及节日的祝福，响应践行“四争四爱”倡议，促进民族融合和友好团结。

【开展民族团结进步创建】 与县昂欣布业有限责任公司（民族贸易企业）、东伊顺食府（2015年省民族团结进步示范经营户）、化龙堰镇民族学校开展“民族政策法规五进”活动。化龙堰镇民族学校投入2万元在教学楼每个楼层安装了“民族知识知多少”宣传栏，宣传氛围浓厚，被省民宗委表彰为2017年度“民族团结进步示范单位”。

【开展点题督查工作】 按照省民宗委、市纠风办关于2017年度政府部门履职尽责点题督查工作实施方案的通知要求，扎实开展此项工作。向宗教活动场所、教职人员、信教群众等分发调查问卷，广泛征求意见。在县民宗局办公区外和县观音洞门外设立征求意见电话，在县政府门户网站“今日房县”发布履职尽责承诺书，在县委县政府机关报《今日房县》发布公告，广泛公开接受投诉监督。请行风政风督查员在不通知情况下深入县观音洞，调查有无违规设置功德箱和违规收取宗教性捐献、强行拉客、诱导游客和信教群众烧高香等现象。经查，县观音洞无此类现象，民宗局履职尽责点题督查工作获验收测评优胜单位。

【宗教“两非”治理工作】 按照市民宗局开展宗教专项治理工作的要求，深入相关乡镇、重点场所实地排查，深化宗教“两非”专项治理。对于现已客观存在但未纳入登记的宗教活动场所、寺庙道观等，按照“尊重历史、分类治理、规范管理、严禁新建、属地管理”的原则，采取登记备案规范一批、纳入民间信仰管理一批、捐赠或改作他用处置一批、明确责任托管一批、坚持标准取缔一批等“五个一批”措施进行全面治理并限期治理到位，确保宗教领域规范有序。2017 年，全县 16 处非宗教活动场所均依规按政策分类处理到位，完成率为 100%。

【依规管理宗教事务】 以《房县宗教活动场所管理办法》为规范，以观音洞、福音堂、天主堂、清真寺等宗教活动场所为主，以“和谐寺观创建”和“宗教活动场所财务规范化管理”为抓手，重在建章立制，强化日常监管，提升对宗教事务及活动场所的管理水平。督促宗教活动场所更换或添置消防器械 2 处，整改安全隐患 3 处。

【开展“双十星统战”创建工作】 按照县委统战部统一部署，学习借鉴竹山县“双十星统战”创建工作经验，向内深挖潜力，创新载体开展民族宗教界“十星统战组织”和“十星统战人士”创建工作。在县观音洞已开展创建工作的基础上，现已向全县 8 个宗教活动场所全面推行。

（王成义）

【房县民族宗教事务局领导名录】

书记、局长：付　波

副局长：王成义

政务服务工作

【中心管理】 一是签订工作纪律责任书，完善监督评价体系。实行责任书管理机制，年初中心领导与各乡镇便民服务大厅签订目标责任书，中心监督管理科与窗口负责人签订工作纪律责任书，明确乡镇分管领导和大厅窗口负责人为窗口纪律的主要负责人，窗口工作人员为直接责任人，层层压实责任。落实定期开展学习教育活动，每月开展一次集中学习，从纪律作风、警示教育等多个方面入手，集中学习、集中讨论。二是强化大厅日常纪律管理，转变工作作风。继续推行单位一把手带班制度，一天 4 次不定时巡查，了解窗口运行、出勤考勤、外出登记和工作纪律情况，推行当天汇总、次日通报、按月兑现绩效、年终组织表彰的工作机制，建立“分解、落实、考核、督导、问责”的一条龙政务服务执行体系。每月考核结果通过《政务服务动态》向县委、县政府及各窗口所在单位进行通报，对严重违纪的进行专项通报。三是营造“学比赶超”氛围，实行全过程责任制管理和全员绩效考核。推进公务员管理常态化，以日常管理台账为依据，结合德能勤绩廉多项情况确定每月的“十星级”服务标兵和“十星级”公务员，为年终个人考核和年度优秀公务员评选工作奠定基础。全年，共开展 12 次“争做学习先进、争做业务能手、争做服务标兵、争做廉洁模范”（“四做”）的“十星级窗口”“十星级服务标兵”评选活动，共印发 12 期工作简报，表彰 96 个红旗窗口、120 名“十星级”服务标兵。

【行政审批制度改革工作】 一是积极开展全县相对集中行政许可权改革工作。11 月 16 日，房县人民政府第六次政府常务会议讨论通过《房县相对集中行政许可权改革实施方案》。12月4日，县行政审批局挂牌成立。二是建立完善事项动态管理标准体系。建立承接、取消事项管理标准流程，全县行政审批事项由232项到现在的190项；建立政务服务事项动态管理标准体系，从服务事项编码、服务事项办事流程、服务事项办理时限要求等方面进行统一标准；完成行政职权和服务事项管理系统建设工作，配合审改办开展了系统培训工作。三是建立完善事项流程优化标准体系。包括对全县190项审批事项进行流程优化再造，从事项基本信息、流程图、流程信息等5个方面进行规范；严格按照法律法规对428项政务服务事项进行流程优化、资料清单清理。四是强化“三集中、三到位”改革工作。各职能部门单独设立行政审批科（股）；各进驻部门对窗口对所有进驻项目受理、审核、审批事项100%授权。特殊程序事项由分管领导、主要负责人通过“局长进大厅”工作到窗口现场签批，全部事项实现在窗口办结。五是建立完善事项办理规范管理机制。对35个行政审批政务服务窗口的相关窗口资料进行规范，要求统一制作示范表格、规范文本、办理流程，并对外公示；定期对窗口的办件台账进行抽查，严格执行《窗口考评细则》，每月定期对窗口规范服务工作开展情况进行通报。六是积极规划建设“市民之家”，提升“一站式”服务水平。组织专班外出考察，2017年，多次组织专班赴十堰市民之家考察政务服务信息化、新大厅建设等工作。前后10余次对信息化方案、装修方案进行讨论、修改、完善。七是全面规划建设智慧政务服务平台，努力实现“一网覆盖”。房县智慧政务信息化集成系统建设工程项目，历时4个月8次修改，5次市、县领导修改完善，11月1日，经过县政府采购办完成招标相关工作，确定施工单位；提前准备信息化系统内容填充工作，将所有审批、服务事项的信息、流程图等资料电子化。

【统一办证情况】 2017年，县乡村三级政务服务机构共办理各类行政审批政务服务事项973892件，办结率达到99.5%，其中，县政务服务中心（含分中心）共办理426650件，乡镇便民服务大厅共办理服务事项264168件，村便民服务室共办理服务事项266816件。

【政务服务体系建设】 认真落实基层政务服务体系建设任务。编制全县统一的便民服务事项目录，加强对乡村便民服务工作管理人员的培训指导，组织20个乡镇的分管领导、便民服务大厅主任进行专题培训工作，从阵地建设、规范管理、日常服务等多个方面进行细致的讲解辅导，分别与20个乡镇签订《2017年便民服务工作目标责任书》。3月下旬、11月中旬，两次组织2个工作组，对16个乡镇、60个村（社区）开展巡查，结合“四风”治理“回头看”工作，重点对乡村便民服务机构在运行中存在的问题进行检查、指导。

【帮联企业】 扎实推进并联审批和服务代办工作。对全县140个重点项目进行摸底，对87个需要审批服务的项目进行全面跟踪，深入推进全程代办和重点建设并联审批工作。2017年，为天佑管材、亨运物流、忠和酒业、罗国士书画院、天悦温泉二期等重点项目实施代办服务，从工商注册登记到施工许可证发放，不超过40个工作日。其中，房县亨运物流有限公司的鄂西北物流集输配送中心，总投资额4.5亿元，33个工作日办结施工许可证之前的相关手续，联合发改局、国土局、规划局、住建局等7个部门，对全县140个重点项目业主和40个服务项目单位人员进行为期1天的审批工作业务培训，为全县经济发展提供有力的政务服务保障。

【设立房县行政审批局】 12月4日，全县相对集中行政许可权改革动员会暨行政审批局挂牌仪式在政务中心举行，设立房县行政审批局，为县政府工作部门，挂房县人民政府政务服务中心牌子。

（杜　苗）

【房县政务服务中心管理办公室领导名单】

县委常委、常务副县长、县政务服务中心管理办主任：肖大有

县政府办副主任、县政务服务中心管理办常务副主任、党支部书记：周绪刚

县政务服务中心管理办副主任、党支部副书记：彭　东

移民工作

【党建工作】一是深入学习贯彻党的十八届六中全会、党的十九大精神，认真组织开展“两学一做”暨“五抓一促”“一诺三评创十星”“支部主题党日”“十九大周一夜学”等专题教育。二是坚持把纪律挺在前面，严格落实党风廉政建设主体责任，认真履行“一岗双责”。严格落实“八项规定”，贯彻落实习近平总书记重要批示精神进一步纠正“四风”、加强作风建设，针对形式主义、官僚主义“十种表现”全面开展自查整改工作，实行上下班签到制，完善移民系统工作人员分类管理和绩效考核办法。在2017年度获得十堰市市委、市政府“文明单位”称号。三是扎实推进全省移民系统履职尽责点题督查工作。将履职尽责点题督查作为县移民局工作的总抓手，贯穿于移民工作的全过程，局领导班子成员分工负责带头抓，干部职工全员上阵分头抓，围绕“三查三看”和“三下三上”，全面查找问题，对照查摆的6类14个问题，逐项抓好整改，在全县履职尽责点题督查综合考核中得分96.8分，位居第一。四是扎实开展移民培训工作专项治理。根据全省移民培训工作专项治理会议精神。及时组织工作专班针对2014年以来的移民培训工作进行全面梳理和查摆，针对梳理查摆出来的问题立即进行整改，做到应改尽改、立查立改，确保移民培训工作专项治理抓出成效。五是全力以赴抓好“五城联创”工作。成立4个工作专班，定期打扫责任区卫生，2名志愿者坚守岗位服务；制作大型宣传广告12幅，营造浓厚的创建氛围。

【移民政策落实】一是抓好移民人口动态管理，及时足额发放2017年度原迁直补资金9545人578万元；二是抓好后扶项目及实施，实施后扶项目104个1708万元，新修村级公路50公里，铺设饮水管道10公里，新发展银杏、茶叶、中药材等产业基地233.33公顷，新建村委会、卫生室2500平方米；三是规范后扶项目的实施和监管，对移民资金定期、不定期开展审计，全面推行“县级报账制”，严格执行移民工程监理全覆盖。

【重点工程避险解困】2017年全面完成第一批移民避险解困试点项目，搬迁安置539户2155人，并通过省级验收。第二批移民避险解困项目完成搬迁任务748户占84.1%，完成投资13011万元占投资额85%。其中集中安置已完工681户，进县城购房外迁110户；在建房屋87户。全面启动6个集中安置点的污水管网、场坪硬化、绿化靓化等配套设施建设。

【信访实现零的突破】2017年共接待和妥善处理了11批次60人移民群众来访，收到和妥善处理县领导签批及转办的信访件8件。按期答复率和复查率达到100%。积案化解2件，专班下访2件，全年阳光信访信息录入11件，录入率100%。一是积极开展领导干部“大接访”“大下访”工作，及时受理和处理了上级交办和群众信访。二是认真做移民信访信息录入网上上报工作，做到阳光信访，网上录入上报达到有访必录。实现“一个突破，二个下降、三个提高”的目标。即：“一个突破”：做到了移民非访、越级访零的突破。“二个下降”：移民集体上访人次明显下降，来信来访人次明显下降；“三个提高”：移民来信来访处理效果明显提高，紧急情况的处理能力明显提高，库区经济和移民收入稳步提高。

【精准扶贫工作】2017年移民局精准扶贫工作在巩固姚坪乡观音沟村精准扶贫成果基础上，全局

干部职工结对帮扶94户贫困户，新发展银杏矮化密植21.87公顷，发展中华小蜜蜂600箱，扩建村茶叶加工厂170平方米；完成文家湾、罗胡沟、冯家坪3个易地搬迁集中安置点，安置村民91户323人，投入移民资金120多万元，经第三方验收该村整村出列。

【地方水库移民工作】 一是如期完成《方家畈水库工程移民规划大纲》和《方家畈水库工程建设征地移民规划报告》中规划的当年移民工作任务；二是完成范家垭水库下闸蓄水阶段自验收和市级初验收；三是上报2017年度方家畈水库农村移民后期扶持人口核定登记23户103人；四是积极配合九道乡完成“两九”公路的复建工程，生产安置人口土地流转已办理到位，进一步完善龙背湾电站移民档案，并妥善处理因蓄水影响诱发地质灾害涉及的搬迁移民；五是完成十堰市移民局关于《湖北省房县老渡口水电站工程建设征地移民安置规划报告》的报批；县政府房政办发〔2018〕11号《关于开发老渡口水电站建设征地拆迁补偿补助标准》的通知，启动老渡口水电站征地移民工作。

（马金恕）

【房县移民局领导成员名单】

党组书记、局长：林发伟

党组副书记、副局长：代　伟

党组成员、副局长：邹　伟

党组成员、工会主席：魏春来

南水北调工作

【概　况】 房县是南水北调中线工程水源涵养区和水质影响控制区，境内堵河、北河、官山河四大水系总长2612公里，年均径流深395毫米，径流总量2048亿立方米，过境客水量16.4亿立方米，流域面积占全县的100%，其中涉及西南8个乡镇的堵河、官山河流域在丹江口大坝以上进入汉江，流域面积2580平方公里，占全县国土面积的50.5%。

【精准扶贫工作】 2017年，在扶贫点红塔镇马栏村扎实开展“五大行动”“六个精准”“五个一批”等活动。全体干部职工多次深入马栏村，走访贫困群众，了解致贫原因，因人因户商讨扶贫办法。向贫困群众大力宣传扶贫政策，解释扶贫工作的目的及意义，通过不断宣传、耐心讲解，使贫困人员真正了解什么是精准扶贫，如何做到精准脱贫；让群众的心亮起来。耐心听取群众意见和建议，梳理归类，抓住群众反映强烈的焦点、疑点、重点问题进行剖析解决，并进行一一解答，真抓实干，既解决问题，又拉近干群关系，提升群众满意度。为了推进马栏村硬件建设，投资13万元，安装路灯38盏，让寂暗的马栏街亮起来；多方协助投资180万元，建立起党员群众服务中心；投资13万元，把精准扶贫的公益标语贴出来；投资12万元，让20公顷水田得到灌溉；投资10多万元，解决马栏村9组60多户安全饮水，村容面貌发生巨大改观。

【党建工作】 坚持以党的十八届六中全会精神为引领，深入贯彻十九大精神，按照全县党建工作会议精神，围绕中心工作，切实加强南水北调办党支部的政治思想、基层组织、作风、反腐倡廉和制度建设，提升党建工作水平。坚持“三会一课”制度，学习制度，学党章、讲党课。采取多种形式推进党的基层组织设置和活动方式创新。坚持每周四学习日时间全体干部职工一起进行学习充电，把学习作为首要政治任务，通过学习提高自我，有效保证党的思想建设、作风建设和制度建设落到实处。在工作作风、工作纪律等方面高标准、严要求，以抓党建促脱贫攻坚，以抓作风促业务开展，利用夜读时间，对十九大精神进行宣讲研读，同志们踊跃讨论，讲心得体会，谈所得所感，让十九大会议精神更好地指导今后工作的开展。

【生态补偿工作】争取中央生态补偿财政转移支付资金比上一年度增加10%，达到1.2亿元。2017年全县环保考核水质达标率较好，四次第三方考核评估房县水质全部达标。

【水环境综合治理项目建设】启动“十三五重点流域水环境综合治理规划”，完成土城、通省两个污水处理厂和土城垃圾填埋场项目的前期手续。安排专人收集项目的前期资料，同时通过招标产生设计单位，与设计单位专家一起多次深入土城确定三个拟建项目的建设地点。集中人力办理前期手续，已完成地形图测量、土地申报、地勘、矿产压覆及可研报告，现可研已完成。土城、通省两个污水处理厂已完成初设批复，土地征用手续已完成。

【垃圾填埋场渗滤液处理项目】门古寺镇、大木厂镇垃圾填埋场渗滤液处理项目已开工建设，2017年底已完成主体工程并投入试运行。为加快进度，主要领导多次深入建设工地进行现场督办，多次督促承建方在保证安全、保证质量的同时，加快工程建设力度，在秋汛灾情较重情况下，大木、门古垃圾填埋场项目按期完成并投入试运行。

【水源区水质保护工作】为保证水源区水质稳定达标，多次和环保局、住建局等部门深入各乡镇污水处理厂、垃圾填埋场检查、发现问题及时整改，有效控制了污染源。作为“河长制”成员单位，多次深入堵河、琛河、平渡河等17条河流域巡查，发现问题及时解决，保障水质稳定达标。2017年第三方考核组抽查房县时，水源区8个乡镇水质全部稳定达标。

（邓丽玲）

【房县南水北调工程领导小组办公室领导成员名单】

主任：蔡教弘

副主任：况成军

机关事务管理工作

【概　况】房县机关事务管理局主要工作职责：一是担负着行政中心办公区、财政局办公区、万佳办公区30多家单位700多人的机关事务保障服务工作。二是负责全县党政机关办公用房、公务用车管理、公共机构节能工作。辖属二招、劳动服务公司、房县党政机关综合执法应急用车保障中心（以下简称“保障中心”）三个二级单位，在职人员39人，离退休人员73人。其中，保障中心于2017年12月正式批准设立，定编5名，核定公务用车编制28辆，主要为县级党政机关执法执勤、抢险救灾、事故处理、突发事件处置、外事接待、重大活动等工作用车提供保障。

【党建工作】一是建立“新时代房县机关讲习所”，组织党员干部认真学习贯彻十九大精神和习近平新时代中国特色社会主义理论，推进“两学一做”学习教育常态化、制度化。二是扎实开展支部主题党日活动，丰富活动载体，组织党员干部收看专题教育片，参观红色教育基地。三是帮扶基层党组织建设，打造“最美村官代大明先进事迹教育基地”。用“新时代讲习所”增强党员干部政治意识、大局意识、核心意识、看齐意识，用“先进事迹教育基地”坚定党员干部理想信念，提高党性觉悟。

【公务用车管理】一是多措并举规范公务用车管理。建立完善公务用车档案；严格管控公务用车配备更新和日常使用管理；加强违规用车的处理力度。二是不断巩固公务用车制度改革成果。严格公务交通补贴审批；规范公务用车运行费用核销；细致解答公务用车制度改革相关政策。三是全面提升应急用车保障能力。规范保障中心车辆调度使用；出台《党政机关租用社会车辆管理办法》；保障省委巡视工作、十堰市第四届国际道教论坛活动和国家、省、市精准扶贫第三方评估工作用车。

【机关办公用房管理】 一是抽调人员组成工作专班，对全县党政机关办公用房情况进行摸底，完善办公用房基本信息。二是统筹调剂县财政局、县商务局、原人社局、原万佳酒店等办公用房的使用。三是严格办公用房入住审批程序。针对省委巡视组对房县行政中心巡视反馈的问题，制定《整改方案》和《办公用房分配方案》，按照规定标准，办公室分配到单位到人头到房号，明确搬迁纪律，确保有序入住，整改工作受到省委巡视组和市委、市政府的肯定。

【公共机构节能工作】 认真贯彻落实《公共机构节能条例》，持续深入推进全县公共机构节能工作。一是同重点能耗单位签订年度节能目标管理责任书。二是量化考核指标，细化考核项目，强化考核措施。三是以“节能有我，绿色共享”为主题，组织开展“绿色骑行”“节能签名”等活动，大力营造低碳节能的浓厚氛围。四是抓好重点领域能耗管理，全面降低能源资源消耗。五是按时汇总上报能耗统计报表，准确掌握能源消耗数据。

【机关后勤管理服务保障】 一是积极构建社会化的后勤管理服务机制，为机关提供优质高效的服务。二是建立部门联动机制，切实做好信访维稳、安全保卫工作，确保机关良好的工作秩序。三是强化责任意识，提升工作能力，把机关后勤管理服务保障工作落到实处。

【项目建设】 夯基础、强措施、抓落实，求真务实稳步推进重点实施。一是全力服务“新时代国际广场”和“居然·寿康世纪城”项目建设工作。二是积极对接帮联企业，协调解决企业生产经营中的困难。三是超额完成招商引资任务。

【精准扶贫】 切实际、定目标、善谋划，凝心聚力确保精准扶贫工作落到实处。一是深入开展调研，掌握村情民意。组织机关15名干部进村入户，结对帮扶65户208人。二是组织政策宣讲，有效化解矛盾。召开户院会、培训会18场次，做到精准扶贫政策干部讲得清，群众听得懂。三是立足产业发展，促进农民增收。成立种植、养殖专业合作社5个，建成光伏发电厂1座。四是落实帮扶政策，完善民生保障。帮扶的贫困户中28户96人享受低保，11户12人纳入五保，50户64人享受医疗救助，27户涉及学生35人享受扶智助学。五是夯实基层组织，增强发展动力。打造驻点村先进典型教育基地，以此促进村两委班子建设，增强发展后续动力。

（计晓菊）

【房县机关事务管理局领导成员名单】

总支书记、局长：宋　平

副局长：饶正虎　李治成　蹇兴艳（女）

外事侨务接待工作

【因公出国（境）管理工作】 继续深入贯彻落实中央“八项规定”和市委、县委出台的《实施意见》，严格按照省委办公厅、省政府办公厅《关于因公出国（境）人员审批管理工作有关事项的通知》要求，从严规范因公出国（境）活动。将出访任务是否明确必要、出访行程是否合理、邀请函是否真实、出访人员职务与出访任务是否一致、经费来源是否合理等要素作为初审工作重点，严把审核关。2017年，审核报批因公出国（境）人员3批3人，有效地实施源头监控，从严控制出访批次，保证因公出访质量。

【海外领事保护宣讲工作】 按照省、市统一部署，积极创新宣讲形式，不断丰富活动载体，多措并举，深入开展“房县海外领事保护宣讲月活动”。截至年底，已张贴发放宣传公告1000余份，宣传手册500余册，在《今日房县》报分期刊载领保知识六期，并借助房县政务网、房县新闻网和微信公众平台制作播发多期专题节目，在全县上下营造浓厚的领事保护知识宣讲氛围，为有效维护出国人员合法权益奠定坚实基础。

【办理商务旅行卡工作】 继续把推介办理APEC商务旅行卡，作为创优发展环境，服务民营企业的一项重要举措，抓深入、抓落实。2017年，通过走访出口企业，积极开展上门服务，已成功为资质达标企业办证2批2人，为外向型企业、产品和商务人士"走出去"开辟绿色通道，提供便利和支持。

【侨法宣传工作】 按照全县"七五"普法工作部署，强化组织领导，加强普法学习，加大领导干部学法、用法工作力度，干部依法行政意识不断得到强化。同时，立足部门职能，切实加强侨务法律法规宣传普查工作，通过党校干部培训班、信访受理接待、法律宣传日、春节慰问活动等途径，深入开展宣传活动，努力扩大侨法普及面，促进侨法的进一步贯彻落实，积极维护归侨侨眷合法权益。

【权责清单编制工作】 严格按照省、市、县关于推进政府工作部门权力清单和责任清单制度实施方案要求，着眼职权法定、精简效能、公开透明的原则，认真对照法律法规规章和"三定"规定等职责范围和法定依据，编制行政职权信息表和行政职权目录，科学设计绘制流程图，高质量、高标准完成行政职权清理和权力清单编制工作。经县编办审核确认，县外侨办共有三类3项行政职权，其中行政确认类1项、行政检查类1项、其他职权类1项。通过编制权责清单，做到家底清、权责清，实现了权责对等，进一步规范依法行政行为。

【规范公务接待工作】 严格按照《党政机关国内公务接待管理规定》和《湖北省党政机关国内公务接待管理办法》的相关要求，从认真落实公务接待审批制度，从严控制公务接待范围，严格执行公务接待标准，严格实行公务接待清单制，规范费用报销管理制度等方面入手，进一步筑牢制度防线，强化纪律约束，严守中央"八项规定"这条不可逾越的红线，坚决贯彻厉行节约反对浪费的要求，切实加强公务接待规范化建设。

【提升接待水平】 一是坚持练好内功。每月定期开展房陵文化知识培训和业务技能培训，加强对接待人员业务知识、工作技能和应变能力的综合培训，不断提高接待工作人员综合素质。二是加强对外指导。坚持通过党校公务员培训和送课下乡等途径，全面加强政务礼仪知识普及和接待技能培训；坚持通过协同配合开展大型公务接待活动，适时加强对全县各级党政机关公务接待工作的监督检查和具体指导，有效提升公务接待整体水平。2017年，完成国家、省、市和周边县市（区）领导到房县调研考察等各类大型接待任务360批（次），安排各类会议16次，配合县直部门接待活动35批（次）。通过优质高效的接待服务，树立房县良好的对外窗口形象。

【精准扶贫工作】 一是摸清家底，精准聚焦帮扶对象。选派骨干力量成立扶贫工作队，迅速开展入户调查工作，集中了解双溪村贫困户家庭情况和全村发展现状，全面掌握帮扶对象面临的困难和急需解决的问题，找准致贫原因。二是分类对接，精准制订帮扶计划。全体干部职工与双溪村53户贫困户实行一对一结对帮扶，按照因病致贫、因灾致贫、因学致贫类别对贫困户进行分类，针对性地制定帮扶脱贫计划，积极协调社会资源，帮助其脱贫致富。三是对症下药，精准落实帮扶措施。一方面积极牵头联系湖北禾益农业科技开发有限公司，大力争取项目支持，推广发展油牡丹特色种植产业，带动群众致富，壮大集体经济；另一方面，因户制宜，积极落实"大产业"、"大搬迁"、"大保障"等扶贫政策和"助学扶贫"、"金融扶贫"等惠民措施，指导带动贫困户精选项目，大力发展生产。2017年，全村已实施种植、养殖等产业扶贫21户，实施搬迁扶贫9户，开展助学扶贫2户，精准扶贫工作深入有效开展。四是争取项目，丰富群众文化生活。充分利用双溪村紧邻竹房城镇带主干道，人口集中辐射区域广的地域优势，积极向县委宣传部申报，成功争取“百姓大舞台”项目落户，现投资8万余元的百姓大舞台已建成并投入使用，受到群众的广泛赞誉。

【开展”两学一做”学习教育】 2017年，按照上级党组织统一部署，深入开展“两学一做”学习教育，研究制定实施方案，积极创新学习方法，采取集中学习与个人学习相结合，书本学习与网络学习相结合，专题学习与专题讨论相结合，支部主题党日活动与“双十星争创”活动相结合等方法，切实加强党员教育，提高活动实效性，扎实推进基层党组织建设。全年，党支部组织开展专题学习12次，举行支部主题党日活动12次，党员人均完成学习笔记2万多字，撰写学习心得2篇，通过抓实“两学一做”学习教育，进一步提升党员凝聚力和支部战斗力。同时，坚持学以致用，知与行相统一，积极把学习教育成果转化为推进工作发展的动力，做到学习教育与职能工作互促互进，切实转变机关作风，努力提升服务水平，促进外事侨务接待工作规范开展。

（甄　军）

【房县外事侨务接待办公室领导成员名单】

党支部书记、主任：甄　军

副主任：卢　鹤（女）

史志工作

【概　况】 2017年，房县史志办公室认真落实县委、县政府提出的“三个三分之一”工作法，统筹谋划抓全面、突出重点补短板、找准关键强弱项，周密安排，精心组织，全面完成全年各项工作目标任务。目标考核、档案管理、党建、综合治理、文明创建五项考核均达到合格等次。2017年度首次被湖北省委党史研究室表彰为“全省党史信息工作”先进单位，被十堰市地方志办公室授予“年鉴工作”先进单位，被县委、县政府命名为“文明单位”，被县委授予“综合治理”优胜单位等荣誉称号。

【地方志工作】 一是二轮《房县志（1979—2005）》出版发行。二轮县志于2009年重新启动，先后五易其稿，于2017年10月正式出版并发行，实现了县委、县政府和全县50万名人民的夙愿，为后人留下了宝贵的精神财富，经省市评审为全市最好的二轮县志。二是一轮《房县志（1866—1985）》重印出版。为服务领导决策、对外交流、招商引资等工作，针对1991年版第一轮《房县志》市场短缺且已无库存的实际，经请示政府批准重印，重印工作全面完成。三是完成省市工作。完成《湖北年鉴》《十堰年鉴》房县部分的撰稿任务。先后上报2万字、县情一览表和图片等；完成省地方志办《湖北备览》房县篇资料5万字的前期资料收集工作；完成房县《“十三五”期间党史、地方志工作规划》，并报送省市业务部门；加强史志人才队伍建设工作。向省市推荐地方史志专家12人，入列省市专家人才库。四是《房县年鉴》2017卷编纂印刷完成。印发《关于印发〈房县年鉴〉2017年卷编纂方案》，征集了130个单位的相关信息资料、图表等，首次增加“房陵艺文”栏目。五是旧志整理加紧实施。清同治版《房县志》点校重刊纳入规划，前期古文翻译顺利完成，出版印刷列入下步工作计划。六是重点乡（镇）村志编纂出新果。《城关镇志》《沙河乡志》《军店镇志》已组建专班，完成前期资料收集工作，进入总纂阶段。《青峰方言志》、红塔镇《磨石村志》《磨石村教育志》已出版发行。房县村镇志编纂工作走在全市前列。七是完成地名普查工作。全程参与全县组织的全国第二次地名普查工作，开展培训，组织调查，提供各种书籍、资料、文献等史证。八是开展县情网站建设。在政府门户网站开设“走进房县”栏目，不断更新历史文化、自然地理、本地人物等条目，为社会各界关心房县、了解房县、走近房县提供便利。

【党史工作】 一是《中国共产党房县历史》第二卷（1949—1978）编纂工作取得阶段性成果。继续聘请专家，组成编写专班，连续3年面向社会征集重要史料80多万字；查阅档案449卷，500多万字；手工摘抄重要档案资料200多万字，现成型初稿25万字，已进入初审阶段。二是《中国共产党房县组织史资料（2007—2017）》第五、六卷编纂工作进展迅速。召开全县组织史编纂工作会议，下发《关于编纂〈中国共产党房县组织史资料〉（第五、六卷）的通知》"。截至年底，已收到全县80多个单位的组织史资料，占应征集131个单位资料的60%。三是广征重要党史资料。继2013年3月房县籍辛亥革命甲等功臣、抗日英烈高震霄后人到房县向县史志办捐赠一部分书籍和史料后，2017年4月19日辛亥革命武昌首义志士后人参访房县，再次向县史志办捐赠高震霄的《史迹》《文集》《传记》等书籍及《洪门大佬高震霄的传奇人生》光碟重要党史资料等。四是开展党史宣传教育。先后联合县委组织部等举办房县第一届"史志杯"——党在我心中党史知识百题有奖竞答；会同地震局、文联、慧泉水业公司、"九八"家电公司开展"党建知识竞赛"、讲专题党课、捐赠党史资料等活动；与十堰电视台联合开辟《寻访红色遗址》党史宣传栏目，先后拍摄播出中共鄂西临时分特委旧址、房县苏维埃政府旧址、雷天明纪念馆、李明铨故居等7部反映房县党史重大事迹、重要人物、重要红色遗迹专题片，扩大党史知识普面；在"湖北党史网""十堰党史网""房县党建网"等网站多层面宣传党史，发布房县党史信息20余条。

【精准扶贫工作】 地区按照县委、县政府关于单位开展"四双"帮扶活动的总体要求和部署，县史志办做到加强领导、制定措施、落实责任，驻村帮扶工作取得了较好成效。已完成12户33人年度脱贫消号任务，顺利通过各阶段考核验收。一是产业扶贫稳步增强。全面锁定种殖养殖产业发展扶贫项目户共计60户，春季发展养猪6户12头、羊14户45只；新成立"房县顺园养殖专业合作社"，发展辣椒产业6.67公顷，南瓜13.33公顷，带动40%（近30户）贫困户入社、务工，年底分红。二是易地搬迁成效显著。投资300万元，新建起2000平方米易地搬迁小区，安置22户贫困户67人，分别占实施易地搬迁计划34户93人的64%、92%。配套设施在进一步完善；完成9户贫困户危房改造任务。三是项目建设开工。先后规划设计、征地1公顷，筹资130万元，建设村委会党员服务中心、卫生室、文化广场为一体的村级公共服务项目，已于11月初开工。四是保障兜底全面落实。经重新识别，对确定的保障兜底贫困户17户23人（低保15户21人、五保2户2人），继续实施大保障兜底措施，保障他们正常生产生活。五是教育扶智扩面实施。经重新识别，对确定的教育扶智贫困户12户16人，比上年增加5户5人，扶持政策全面落实。六是医疗救助成效显著。经重新识别，入户宣讲医疗救助扶贫政策，对确定的56户78人全面落实医疗救助政策。七是引资引企落地生根。引进"湖北缘景生态旅游科技开发有限公司"万头猪养殖基地建设项目，落地六谷村，已征地10公顷，项目已开工建设；引进光伏发电项目运行，年实现村集体收入5万元。八是争取资金办实事好事。累计争取资金6.16万元支持以羊肚菌为主的"红塔镇六谷村泽惠农产品种养殖专业合作社"发展；开展职工捐款和争取政策资金为帮扶对象三名贫困生助学；开展单位、职工捐款和争取救灾资金进行抗震救灾等。

【中心工作】 一是招商引资稳步推进。继续支持以羊肚菌为主的"红塔镇六谷村泽惠农产品种养殖专业合作社"项目续建、积极服务"房县集美家具有限责任公司"扩股融资等，顺利招商引资3400万元，超额完成3000万元招商任务。二是认真做好老干部工作。加强与老干部联系。经常了解老干部的思想、身体、学习等情况；向老干部宣传党的方针政策，送去他们一直关心关注的二轮《房县志》，送去书报等学习资料，丰富他们的文化生活。并及时提醒他们按时交纳党费；组织老干部活动。结合“两学一做”“支部主题党日”“七一”、党员组织生活会、民主评议党员活动等，邀请老干部参加；贴近老干部生活。“七一”、重阳节、春节等重大节日开展入户走访慰问，对家庭特别困难老干部对上争取帮扶政策，给他们减轻生活压力。三是积极完成保密、宣传、五城联创、“七五”普法、信访维稳、创县级文明单位活动等各项中心工作。

【自身建设】 一是加强思想建设。开展“两学一做”制度化常态化专题教育。制定完善《史志办开展“两学一做”专题教育实施方案》，先后学习省十一次党代会、习总书记“7·26”重要讲话、“十九”大精神等，通过对照检查、撰写心得体会5篇、办学习专栏4次，做到“学”上抓重点，“做”上争实效，“常”上出实招，确保了学习效果。开展“支部主题党日”活动日常教育。采取走出去与请进来等形式开展每月一次“支部主题党日”活动，让每位党员过好政治生日。开展大讨论大走访大实践活动。先后围绕如何树立“四个意识”、如何学习贯彻省十一次党代会精神、如何读懂弄通做实“十九”大精神等，采取领导带头讲党课、选派集中培训、深入扶贫一线宣讲、组织抗灾救灾、开展党史党纪党规知识竞答竞赛，观看《初心之失》《迷失的坐标》警示教育书籍光碟等形式，提升大家对新形势新要求的新认识，做严守政治纪律和政治规矩的清醒人、明白人、局中人。二是加强组织建设。实现党支部顺利换届，调整充实支部班子成员。制定年度党建工作计划，建立党建工作目标，落实党建工作责任制，层层签订党风廉政建设责任书。组织开展活动。落实“三会一课”制度，勇于开展批评与自我批评，做到自我剖析深刻，敢于“亮丑”；相互批评客观，勇于“揭短”，达到尊敬了解、保证质量、增添活力的效果；营造风清气正的良好政治生态。严格执行新形势下党内政治生活若干准则，完善和落实民主集中制的相关制度，重大问题严格程序，集体讨论决定。三是加强作风建设。立下史志“铁6条”规矩，对作风建设形成高压态势。根据中央“八项规定”，省委“六条意见”、市委“实施意见”、县委“五项规定”等新形势提出的新要求，依据史志工作实际，从严格执行民主集中制、岗位责任制、上班签到制等六个方面出台《关于进一步加强作风建设严肃纪律规矩规范各项管理的实施意见》。认真落实党风廉政建设责任制，教育引导党员干部讲政治守规矩。落实“一岗双责”，组织开展“两书”（领导班子成员党风廉政建设责任书和党员党风廉政承诺书）的签订工作，开展领导干部述职述廉述法，严格执行廉洁自律各项规定和婚丧喜庆事宜、办公用房等方面的规定。史志办全年未发现有违纪违法、违反廉政建设相关规定情况。

（李金蔓）

【房县史志办公室领导成员名单】

党支部书记、主任：邓勇刚

副主任：王　琼（女）

中国人民政治协商会议房县委员会

【加强政治学习】 一是采取多形式、多途径组织政协委员和政协干部深入学习贯彻以习近平同志为核心的党中央治国理政新理念新思想新战略，深入学习贯彻中共十九大会议精神，牢固树立“四个意识”，特别是核心意识、看齐意识，切实增强维护核心的自觉性、坚定性。深入学习贯彻省、市“两会”精神和省委、市委、县委政协工作会议精神，努力提高政协工作水平。二是县政协党组、机关党组和机关党支部在年初均制订学习计划，把学习与服务经济社会改革发展、改进工作作风、研究重大问题相结合，保证每月至少有两次机关干部集中学习。三是不定时组织政协委员和政协干部学习贯彻县内的重要会议精神，进一步规范机关党支部“主题党日”活动，严肃党内政治生活，分界别组织委员学习，把县委、县政府的决策部署转化为广大政协委员和社会各界的思想共识和行动共识，县委、县政府的工作推进到哪里，县政协的工作就跟进到哪里，始终做到思想同心，目标同向，行动同步。

【推进政治协商】 重点围绕县委确定的“一个目标五大任务十大项目”目标，制订年度协商计划，推动协商工作有序开展。一是开展好专题协商。全年组织8次重大调研，重点围绕“做好产业文章，助力精准扶贫”、房陵文化与旅游产业有机结合问题开展专题协商，为县委、县政府科学决策提供参考。二是加强专委会对口协商和界别协商。主动作为，围绕打造特色小镇、农民专业合作社运行情况、健全完善社会养老体系、加大观音洞景区开发力度等议题开展对口协商和界别协商，积极建言献策。三是落实政协履职与党政工作的衔接机制。适时听取县政府向政协常委会议通报经济社会发展情况和提案办理情况。做好协商成果的报送工作，抓好协商意见的督办落实。本年度协商活动已全部完成，调研报告已出炉，正就各个议题同县委、人大、政府领导协商。

【开展参政议政】 一是深入开展调查研究。围绕“一城两基地三中心”建设、“十三五”规划、绿色发展、精准扶贫与精准脱贫、农业供给侧结构性改革、环境资源保护、文化教育事业发展等课题，深入开展调查研究，向县委、县政府提出有价值、可操作的意见和建议。全年组织政协经济委员会、县经管局、县工商局等单位和部分政协委员组成调研队伍，深入乡镇，深入群众，了解全县农民专业合作社运行情况，分析存在的问题，研究对策方案，撰写《加快规范发展，助推精准扶贫》的房县农民专业合作社运行情况调研报告，以参阅件的形式报送县委、县政府和相关部门，其中提出的“强化政策引领、拓宽资金渠道、优化发展环境、推动规范管理增强服务能力”等5条建议得到县委、县政府的肯定和采纳。

【社情民意信息工作】 在全县新聘请20余名社

情民意信息员，壮大社情民意信息员队伍。同时利用新媒体进一步完善社情民意信息工作网络，依托房县论坛，建起委员建言平台，通过网络平台建言献策、反映社情民意；分界别共建立8个政协委员微信群，引导委员通过微信及时报送信息。房县政协上报的《精准扶贫中的信访矛盾亟需重视》和《建议大力支持高山蔬菜阳荷特色产业发展》两篇社情民意信息形成省政协专报，专报湖北省委供省委领导参考决策。

【督办提案工作】 党政领导领衔督办重点提案，不断提高提案办理落实率和满意率，十届一次会议以来的99件提案已全部办结，办复率100%，满意率100%。

【推进民主监督】 围绕农村基础设施建设、棚户区改造、道路交通建设、精准扶贫政策落实等问题，切实履行民主监督职能，充分发挥协商会议、调研视察、提案、建议案、反映社情民意信息、委员举报等在民主监督中的作用。

【开展团结联谊活动】 坚持大团结、大联合，结合元旦、“七一”、中秋、“十一”等重大节日，开展好与工商联、无党派人士、新社会阶层等各界人士的团结联谊活动，“三八”妇女节，县政协组织“倡导好家风，争当贤内助”政协干部、常委家属座谈会，以互动畅谈、击鼓传花趣味答题等形式，增进机关同事、政协常委和家属之间的了解和团结，促进干部职工廉洁自律。通过多种形式的活动宣传党的主张，凝聚发展共识，提升政协工作质效。同时坚持党的民族和宗教政策，充分发挥政协独特优势，协助党委政府做好民族宗教工作，促进民族团结、宗教和睦。按照县委、县政府的工作部署，不定期组织政协委员、政协机关干部和相关产业负责人外出学习考察，11月组织20余名政协委员参加全国政协干部培训班，通过加强学习交流，学习借鉴发展经验，为房县发展提供参考。

【发挥委员主体作用】 一是抓好委员培训。充分发挥专委会、界别作用，分批开展换届后委员培训工作，引导委员学习和掌握人民政协的理论知识和业务知识，提升委员履职能力和水平。4月，县政协举办首次十届政协委员和政协机关干部培训班，邀请了省、市政协资深专家前来授课，为新一届县政协委员和政协工作者如何正确履职、主动作为提供有益的思路和正确的指导。二是搭建履职平台，经常性组织委员开展调研、视察、协商座谈等活动，在活动中，涉及到的界别至少有两名委员参与其中，让委员在活动中发挥才智，增长才干。找准委员履职与本职工作的结合点，鼓励委员立足岗位建功立业。三是充分调动和发挥政协委员在全县经济社会发展中的骨干作用，尤其是在政协委员中开展“六个一”活动和“我为扶贫攻坚做件事”等经验得到省、市政协肯定，并通过简报下发全省；县政协以界别为单位先后走访慰问政协委员180人次，让广大政协委员充分感受政协组织的存在感；先后组织287人次政协委员、政协机关干部分别参加省、市、县政协业务培训；分9个批次组织110名政协委员、政协机关干部开展“微调研”“微提案”“微信息”“三微”活动，收集意见建议归类汇总7大类117条，上报社情民意、宣传信息、新闻稿件230余篇，34条社情民意被省市转化运用。

【精准扶贫工作】 一是服务全县精准扶贫工作大局。新一届县政协在全县率先开展政协委员“我为扶贫攻坚做件事”活动。活动启动之日，每位政协委员和政协机关干部根据自身行业职业特点优势填写257份“我为扶贫攻坚做件事”意向书，包括吸纳贫困劳动力就近就业、产业带动帮扶、实用技术帮扶、农产品营销帮扶、爱心助学帮扶、大病救助帮扶、生产资料捐赠帮扶、劳务输出帮扶、免费技能培训帮扶、与贫困户结对帮扶、基础设施建设帮扶、建言献策帮扶12项内容，承诺事项580余件。活动启动以来，已组织政协委员在全县开展帮扶济困活动15次，签订合同书37份，义务培训373人次，帮助提供就业岗位117个，提供农副产品销售信息1758条，捐赠的生活生产物资价值57万元。二是服务好县政协驻点村精准扶贫工作，在驻点村青峰镇清河村，县政协采取“输血”的方式，拓展群众增收致富的渠道，增强57个贫困户自身的“造血”功能，发挥政协优势，引导部分政协委员主动作为，向农户提供苗木、幼牲畜、免费的农业技术等方式，同农户签订种植合作协议、养殖购销合同11个，引导和扶持38户群众发展种植养殖；联系县内12个企业向贫困户捐赠药品、医疗器械，组织义诊和献爱心志愿者活动，确保驻点村早日走上小康之路。6月，县政协组织四家爱心企业为清河村小学70余名学生送去校服、文具、书包、水杯等相关生活用品；县政协为学校捐赠羽毛球拍、乒乓球拍、篮球等体育用品；总价值2万余元。三是抗灾救灾，政协在行动。面对今年房县强降雨灾害天气，县政协主动作为，及时联系争取省政协和省阳光慈善物资中心的支持，在房县举办“阳光慈善关爱留守儿童教育”走进房县助推精准扶贫捐赠活动，捐赠电脑、图书、衣物、棉被、药品等学习、生活物资，价值150余万元。入冬后，又组织政协委员和爱心企业先后到姚坪、中坝、尹吉甫和九道等乡镇开展“情系灾区奉献爱心”活动，为灾区群众捐赠价值8万元的棉被、棉服和棉鞋。

【宣传工作取得新成效】 县政协宣传工作努力适应新形势新任务的需要，以创新为动力，以提高宣传质量和效果为目的，以丰富宣传内容、拓宽宣传渠道为途径，突出团结和民主两大主题，大力宣传人民政协紧紧围绕县委、县政府的中心工作建言献策的情况；大力宣传人民政协致力发展、关注民生、履职为民的政协工作主线，在房县经济、政治、文化和社会建设中发挥的重要作用；大力宣传县政协组织积极探索履行职能的新思路、新方法，取得的新成就和新经验；大力宣传广大政协委员积极履职、发挥作用的生动事例。2017的宣传报告工作扭转过去一度淡化、被动的局面，在全市跃升至前列，受到省、市政协的高度评价。一是新闻报道的数量和质量有明显提高。一年来，《人民政协报》《湖北政协》《十堰政协》杂志和省、市政协网站等国家、省、市级主要媒体对县政协重要会议和活动的报道，密度和数量不断增加，广度和深度不断拓展，采用一批高质量的政协新闻精品。据统计，县级以上新闻媒体刊登、播出新闻稿件120余篇，省《湖北政协工作简报》《政协信息》和省政协网站刊登消息、通讯、调研理论文章等42篇，房县政协课题组提交的《解百姓之困问部门之责架连心之桥房县以百姓问政强化民主监督实践与思考》论文被省政协评理论研究会评为2017年全省政协优秀论文三等奖。二是政协宣传阵地进一步巩固。在房县论坛网站上设置房县政协专题，开辟政协要闻、领导讲话、委组活动、建言献策、委员风采等多个栏目，利用网络快速高效的功能及时传递政协各类信息，促进委员及群众与区政协的交流，提高区政协工作透明度和开放度。

【政协自身建设】 一是及时学习贯彻系列讲话精神。每当中央、省、市、县召开重要会议和作出重大决策部署后，县政协在第一时间召开党组会议、机关干部全体会议认真学习贯彻，然后在陆续召开政协常委会、召集各界别委员采取多种形式学习领会上级精神，努力使全体政协委员的思想认识统一到上级党委的精神要求上来。二是加强委员队伍建设。突出发挥委员的主体作用，强化对委员的服务和管理，探索建立委员履职考评制度，激发了委员的责任意识和参政热情。分五个片区开展委员大走访活动，主动走下去，访委员、听民声。五个走访组深入基层，重点了解委员工作、生活及履职情况。通过面对面交流，倾听委员们对政协工作意见、对全县经济社会发展建议，听取委员对换届工作的意见，增进与委员之间的感情。此次活动共走访委员80多名，征集提案线索14条、社情民意20条，为县委、县政府的工作决策提供参考。三是加强政协机关建设。深入开展“两学一做”学习教育，认真组织好每月支部主题党日活动，以活动为契机，以问题为导向，切实加强机关政治建设、能力建设、作风建设，机关办事效率和服务质量得到较大提升。四是坚持从严治党，抓好机关党建工作。认真贯彻落实党风廉政建设主体责任，增强机关干部反腐倡廉意识，营造风清气正的工作机关环境。认真抓好机关法治建设、综合治理、文明创建、计划生育、档案管理等工作，努力提高机关工作水平。五是建章立制提高政协履职水平，十届一次会议以后，认真总结以往的成功经验，把带有普遍性、比较成熟的经验和做法，逐步用制度的形式规范下来，先后修订完善《县政协机关管理制度》《县政协机关干部十条规定》《全体会议工作规则》《常委会工作规则》和《专委会工作通则》等工作制度，内容涵盖政协工作的各个方面，使政协各项工作有章可循、有序进行。

（邓　肯）

【房县政协领导成员名单】

主席：徐锦凤（女）

副主席：邓华明　张光斌

袁堂珍（女）　张　蕊（女）

秘书长：任晓丽（女）

【房县政协机关领导成员名单】

办公室主任：任晓丽（女）

机关党支部书记、办公室副主任：代新成

经济委员会

主任：陈　彦

副主任：谭荣龙

环境资源委员会

主任：谢道权

副主任：张　宜

社会法制委员会

主任：袁正权

副主任：张纯阳

民族宗教侨务外事委员会

主任：杨顺发

副主任：吴桂军

科教文卫文史委员会

主任：邹清斌

副主任：金国平

提案委员会

主任：空

副主任：刘大敏

委员工作委员会

主任：刘东平

副主任：沈　毅

【房县政协第十届委员会政协党委名单（43人）】

徐锦凤（女）　邓华明　张光斌　袁堂珍（女）

张　蕊（女）　任晓丽（女）　马关泽

王吉运　王连甫　王家红　王家和　毛宏明

方运生　石建国　卢广群　叶佳承　叶章毅

付　斌　付伶莉（女）　刘世明　李　霜（女）

李家文　杨顺发　肖　平　何立明　邹清斌

沈　艳（女）　张耀轩　陈　军　陈　彦

金　泉（女）　庞金凤（女）　郑　倩（女）

昝启儒　姜照辉　贺启云（女）　袁正权

聂武斌　唐　萍（女）　唐天忠　程保国

谢道权　樊　越

群众团体

工会组织

【概　况】 截至2017年12月，全县有7个战线工会联合会、20个乡镇工会联合会、178个社区（村）工会联合会、基层工会656个，工会会员总数52280人（其中农民工会员36480人）。

【工会改革工作】 一是机构设置如数确定。按照《省总工会关于加快省市总工会改革的指导意见》要求，县总工会将内设机构改为“三部一室”即：权益服务部、生产宣教部、组织基层部和综合办公室，另下设职工服务中心，并将服务中心升格为副科级单位，这种做法在全市、全省是唯一的一个县。二是人员编制大幅增加。县总工会改革前机关编制6名，其中行政编制4名，其他编制2名；职工服务中心原核定全额拨款事业编制3名。改革中，县编委又追加事业编2名。三是专兼挂配备顺利。按照领导班子落实“专兼挂”结构要求，配齐县总工会专职主席1名，常务副主席1名，副主席2名，经审会主任1名；增设兼职副主席2名，挂职副主席1名。四是经费保障有力。县财政按照中央、省委有关法规、文件要求每月统发职工工资总额的2%足额向县总工会划拨工会经费，在县委常委会上通过并写进改革方案。五是产业工人队伍建设改革率先启动。9月，房县总工会以点带面，加快推进各项工会改革步伐。按照省、市产业工人队伍建设改革工作“先建制、后规范、再改革”的统一部署，迅速行动，率先以房发〔2017〕19号文件下发《房县产业工人队伍建设改革实施方案》，稳步推进产业工人队伍建设改革。

【基层工会改革】 2017年，房县总工会以点带面，加快推进基层工会改革步伐。及时召开全县基层工会改革动员大会，对组建工作作出全面部署；多次召开专题会议，研究解决推进中的急难问题；划定工会干部包干责任区，责任到人，全力推进；确定红塔镇、城关镇、宣教战线、土城黄酒民俗村为试点单位，典型引路、以点带面；每日汇总各基层单位改革进度，每周向县委领导汇报改革进程，建立周通报制度，考核、督导并举，确保基层工会组织体制改革工作稳步推进。最终形成“乡镇工会联合会—村（社区）工会联合会—企业工会委员会”的“小三级”工会组织网络。全县20个乡镇、7大战线、257个村（社区）已全部组建工会联合会；25人以上的87个县直、机关事业单位以及40个乡镇直单位，都组建基层工会委员会。

【活动劳动竞赛工作】 一是选树典型，引领建功立业好风尚。为弘扬工匠精神、劳模精神及劳动精神，4月28日，房县总工会组织开展2017年“五一”劳模表彰大会。10名“房县劳动模范”受到命名表彰。县委常委及在家的四大家领导出席会议并颁奖。各乡镇、县直党政负责人、首届回归创业之星、企业代表等1000余人参会。会上宣读表彰决定，县总工会向广大职工发出《投身同步小康，在决战决胜脱贫攻坚中建功立业》的倡议。会上，向职工代表发放《永恒的赞歌》2000余册，书中收录2012—2017年受表彰的劳动模范、五一劳动奖章获得者和回归创业之星的事迹材料，营造干事创业的浓厚氛围。二是开展劳动和技能竞赛，提升全县职工能力素养。2017年4—7月，县总工会联合县教育局开展房县第三届青年教师教学竞赛活动，全县25所学校、104名青年教师踊跃参加活动。通过1个月的精彩角逐，王娟等6位教师获一等奖，被授予“房县五一劳动奖章”；谢莹等11位教师获二等奖，被授予“房县青年教学能手”；雷敏等77位教师获三等奖，13个单位获竞赛组织奖。此次活动很好地推动房县青年教师队伍建设，培养爱岗敬业的劳动精神。三是深化“双创”工作，积极创建职工（劳模）创新工作室。为发挥劳模典型示范效应，努力在广大职工中掀起学技术、比技能、勇创新、争一流的热潮，在三鑫生物和葵花药业2家企业筹建劳模（职工）创新工作室，确保让“强基层、补短板、增活力”的要求在非公企业落地生根。四是“强基层、补短板、增活力”工作，县总工会按照市总工会统一部署，及时制定《全县工会开展“强基层、补短板、增活力”集中行动的实施方案》，敲定任务清单，细化干部责任，分派2个工作组走访4个乡镇、22家企业，及时为企业解难事，为职工办实事，增进工会干部与职工群众的感情。确立工业园区为非公企业工会建设工作试点，有效地推进基层工会规范化组建和农民工会员的发展工作。

【民主管理和平等协商】 一是加强企事业单位职代会制度建设。积极开展星级职工代表大会评选工作，全县已建会的国有、集体企事业单位职代会和厂务公开建制率达到85%以上，非公企业达到80%以上。二是扎实推进集体合同、女职工特殊权益、劳动安全卫生专项集体合同签订工作。2017年，免费为400余名困难女职工提供“两癌”检查，通过宣传，全县各级工会组织共为640余名职工办理安康保险，工会组织开展安康讲座2场，深受广大职工群众欢迎。截至12月底，全县新签订和续签集体合同118份、女职工专项集体合同128份、劳动安全卫生专项集体合同246份。完成集体合同签订率达80%以上，职工代表大会制度建制率75%以上，联席会议制度（乡镇）建制达100%。

【信访维稳工作】 一是完善信访工作领导机构，建立健全矛盾纠纷处理预防预警机制，做到信访工作有计划，有总结；二是依托职工服务中心，设立信访接待室，建立工会主席接待日制度，开通热线电话，保证职工信访渠道畅通；三是落实责任，保证来信来访件件有回复；四是按时完成县集处办、信访局临时交办的信访慰问任务，目前未出现违规信访事件。全年共接待职工（农民工）来信来访38件（含“12351”困难职工救助热线），回复率达100%。

【困难帮扶活动】 房县总工会“春送岗位、夏送清凉、金秋助学、冬送温暖”四送活动开展得有声有色。近年来，4万多名农民工和下岗职工实现就业和再就业；3000多名一线职工在“夏送”得到关爱；426名困难职工子女圆梦大学；8934位劳模及困难职工收获感动。“爱心驿站”温暖人心。为了让环卫工、园林工、交警、等户外职工体会到“家”的温馨，房县总工会按照“科学布局、专业服务、规范管理”的原则，就近筹建一批“户外职工爱心驿站”，配备空调、冰箱、热水器、微波炉、座椅等便民服务设施，将改革红利落实到最基层。房县城区的2个“户外职工爱心驿站”受到职工群众一致称赞。

【异地维权工作】 2017年房县总工会不断创新工作思路，农民工法律援助工作全面实现“应援尽援”，208名农民工欠薪问题得以解决，为全县外出务工人员构建起一张权益维护的安全网。2012年11月，房县姚坪乡3组村民张龙兵带领家乡兄弟30余人前往安徽省六安市霍邱县承包采矿工程，2014年底工程通过验收后，仍未收到甲方结算工资共计184.7万元。张龙兵等人为了讨回自己的血汗钱，奔波数百公里多次向甲方讨要劳动报酬，但始终协商无果。于2016年4月向房县总工会请求法律援助。房县总工会党组书记、常务副主席刘玉萍了解到这一情况后，第一时间向县委、县政府汇报相关情况。随后，县委立即组织工会、司法局、人社局、姚坪乡政府等部门召开专题会议，组建维权专班，制定讨薪方案，于次日赶赴安徽省霍邱县，帮助张龙兵等30余人讨回欠薪。维权专班到达霍邱县后，一方面积极与安徽省霍邱县劳动监察局、工会、开发区主要领导汇报协调；另一方面通过法律手段督促欠薪方积极筹措资金，仅用了11天时间就帮张龙兵等人追回欠薪38万元。截至年底，房县总工会维权专班为张龙兵等30余名工友讨回欠薪共计141万元。

【“职工之家”项目】 房县总工会全力推进职工之家建设，认真履行工会职责，竭诚为员工服务，较好地发挥工会的桥梁和纽带作用。“职工之家”主体项目建设投资2000万元。截至2017年11月底，项目室内外装修、新建地下室已基本完工，室外已回填土石方3万立方米，正在开展室外场地平整、绿化、供电、供排水等方面施工。

【精准扶贫工作】 按照中央、省、市扶贫开发工作会议要求，突出重点，结合实际，房县总工会积极建设阵地，投入80多万元建设万峪河乡长滩河党员群众服务中心，打开为群众分忧解难的服务“窗口”。为帮助长滩河村群众脱贫致富，工会带领当地干部群众大力发展烟叶、食用菌、山羊、核桃四大产业；开展300人次的职业技能培训，取得良好的脱贫成效。截至年底已硬化户院路近1.8公里；协调县水务局，新建水窖3处，铺设管道近万米，解决全村90%的农户安全饮水问题；争取县民政局农村社区建设资金10万元；争取县环保局农村污水处理资金10万元。

【普法工作】 结合“七五”普法和法制建设总体规划，制订2017年度普法学习计划，明确学习要求和任务；每季度召开一次党组会议，研究法制宣传教育和法治建设工作；利用安全生产宣传月，联合县安监局先后深入18家企事业单位开展法律知识讲座，发放宣传普法手册2000多册；坚持免费为职工提供法律咨询和法律援助。组织开展“工资讲坛”，进企业、进园区、进社区为职工宣讲最新政策，有效地维护职工（农民工）的合法权益，实现全年群体性事件零目标。

【基层工会组织建设】 深化党工共建工作机制，制定工会组建五年规划，建立工会组建和会员发展常态化工作机制，依法推进各类企业、机关事业单位和“两新”组织建立工会组织。重点抓好非公企业、社会组织以及农业合作社建会工作，推进25人以上单位单独组建工作，25人以下单位通过联合基层工会实现组织覆盖，做到国有及国有控股企业、机关、事业单位工会组建实现全覆盖，职工人数较多、规模以上企业工会组建实现全覆盖，圆满完成市总下达的目标任务。同时，按照市总要求，积极“十星级工会组织”“十星级工会干部”和“十星级工会会员（职工）”争创活动，努力把基层工会建成组织健全、基础扎实、维权到位、工作活跃、作用明显、职工信赖的“职工之家”。截至10月底，新增基层工会34个，新增工会会员1650人。

【“南水北调”对口协作工作】 积极主动向党委政府汇报请示，与发改部门协调衔接，将工会系统对口协作纳入党委政府总体规划，统筹推进；建立健全定期会商机制，及时通报情况，宣传阶段成果，增进理解友谊，深化合作交流；突出生物医药、节能环保、有机农业、生态旅游和“互联网+”等重点领域，派出工作专班与邀请代表人士互访并举，持续不断地开展联谊交流、互利合作活动，北京房山区共为房县解决对口协作资金100万元。

（汪　莹）

【房县总工会领导成员名单】

工会主席：阮登香（女）

党组书记、常务副主席：刘玉萍（女）

副主席：付建立　周　军

经审主任：金　泉（女）

共青团组织

【青少年思想引领工作】 一是认真学习习近平总书记系列讲话，深入贯彻党的十九大精神。把学习习近平总书记系列讲话，贯彻党的十九大精神作为首要政治任务，认真组织习近平总书记系列讲话学习会、党的十九大精神交流会，在学懂弄通做实上下功夫，做到青年想学爱学会学，真正让习近平总书记系列讲话、党的十九大精神入青年脑，记青年心。二是强化思想政治引领。以“不忘初心，牢记使命”为主题，抓住重要节点广泛开展主题教育实践活动，弘扬“不忘初心跟党走，青春建功新房县”主旋律，广泛开展爱国主义教育活动，引导青少年培养爱国之情、砥砺强国之志、实践报国之行。全面推进分类引导青少年工作，结合“奋斗的青春最美丽”“争做向上向善好青年”等系列评选活动，选树和宣传一批可亲、可学、可信的青少年典型激励引导青年。

【精准扶贫工作】 一是结对帮扶，团县委机关干部共结对10户贫困户，针对每户致贫原因因户制宜，调整产业结构，推广种植业和养殖业，确保实现增收。二是通过实施“希望工程圆梦行动”，帮助其完成学业，从根本上斩断“穷”根，向上争取到湖北省青少年发展基金会援建资金40万元，用于新建军马村希望小学，改善村小学教学用房紧张现状，向军马小学捐赠校服100套，捐赠各类图书100余册。三是结合春季、秋季攻势等活动，先后组织11户贫困户进城进镇购房，鼓励贫困户发展雪里红种植13.33公顷。四是加大劳务输出力度，加快推进土地流转，引导群众做到户均输出1个劳动力，确保“种田打工”两不误、两促进，通过协调本村4个市场主体，带动104名贫困户村名务工增收，年人均增收4000元。五是帮助村集体经济发展。六个一批政策落实情况良好，易地搬迁共94户260人，其中集中安置52户115人，分散安置27户94人，进城进镇14户50人，福利院安置1户1人，军马村共有3个小区，拖拉机站小区安置21户43人，烂泥湖小区安置12户27人，东坡小区安置19户45人。产业扶持157户533人，其中发放猪仔200头，鸡仔3350只，支持发展黄牛36头，山羊90只，脱贫奖励46户，务工奖励46户，土地流转补助1.68公顷。精准扶贫贴息贷款101户183.7万元。兜底保障贫困户114户，其中低保贫困户110户301人，五保户14户14人，年累计发放保障资金483780元。扶智助学67名学生，发放各类助学金68250元。六是积极配合团市委、柒捌玖影业（北京）有限公司、湖北光迅文化传媒，完成精准扶贫主题公益电影《山路深处有人家》的联合摄制。

【服务青年就业创业工作】 一是聚焦青年创业创新。吸引青年扎根房县、创新创业。深入开展青年文明号、青年岗位能手等创建工作，加强青年创业就业技能培训，推动建立创业孵化器、众创空间、就业见习基地等平台。二是搭建服务青年就业创业平台。通过参与“2018春风行动”大型招聘会，为全县广大青年介绍就业岗位，宣传创业政策，提供技能培训指导，搭建创新创业交流平台。三是巩固农村青年创业小额贷款工作。联合县农商行对房县农村青年持续开展小额贷款工作，会同相关部门定期召开“全县创业小额担保贷款评审会”，对申请贷款的创业青年进行贷前审查，及时发放财政贴息贷款。四是营造服务农村青年创业浓厚氛围。利用网站、报纸、微信、微博广泛宣传“湖北青年创业先锋计划”“农村青年诚信创业计划”“大学生创业”“田园小康”等团属青年创业扶持政策，实地走访大学生创业项目并开展项目申报指导，积极向县新闻媒体宣传推介优秀青年创业典型，大力宣传报道青年创业事迹，激励全县青年投身创业实践。

【推进团的品牌项目建设】 一是青年志愿服务工作继续深化。通过各种途径广泛宣传发动，推进志愿者注册工作，不断壮大志愿者队伍。采取线上线下相结合的方式广泛开展各类志愿者服务活动，扩大社会影响。线上，长期开展“清朗网络青年力量”青年网络文明志愿行动，发动青年力量及时掌握网络舆情，参与网络治理，维护房县在网络阵地的正面形象。线下，定期组织开展“学雷锋”志愿服务活动，广泛开展以卫生清扫、植绿护绿、帮困助残、法治宣传、健康义诊等为主要内容的微公益活动。全年，通过志愿者协会组织募集爱心物资近20万元，开展以关爱留守儿童、特殊特困家庭等为主要内容的大小爱心公益活动30余次。二是希望工程助学行动持续开展。积极动员社会各界开展捐资助学活动，努力为贫困家庭青少年圆求学梦提供切实有效的帮助。全年筹集各类助学金27万元，资助贫困大、中、小学生102名。向湖北省青少年发展基金会争取资金40万元，用以援建城关镇白土希望小学、军店镇军马希望小学。三是多方联动维护青少年合法权益。充分发挥县预防未成年人违法犯罪工作领导小组成员单位职能，积极联系县公、检、法、司、教育等多个部门团组织定期走进社区和学校，结合各种契机广泛开展形式多样的法治宣讲活动，不断提升青少年维权意识。四是新媒体建设工作成效显著。紧跟形势，创新手段加强新媒体运用，利用房县青年之声、“青春房县”新浪、腾讯官方微博、微信公众服务平台等，宣传推介房陵文化、特色产业、重点项目、县委政府工作动态等房县正能量。在全市微信公众号综合影响力数次排名中，“青春房县”微信公众号稳居前列。

【自身建设】 一是锻造高标准团干部队伍。扎实开展团干部理想信念教育，推进团的各级领导班子建设，锤炼党性修养，牢固树立政治意识、大局意识、核心意识、看齐意识。抓好团干部的选配、教育和管理，注重从基层一线选拔优秀人才，建设专兼挂相结合的团干部队伍。加强团干部能力建设，通过理论培训、轮岗实践、挂职锻炼、下沉基层等多种方式，提高团干部工作本领。注重教育培训，提升团干队伍素质。采取培训班、座谈会、以会代训等形式，提高团干部的思想政治素质及业务水平。争取“三支一扶”青年事务岗大学生2名充实团县委工作力量。选派8名乡镇团干赴市委党校，参加为期两个月的专题培训班，不断提升基层团干部队伍的思想政治素质和业务工作水平。二是坚持党建带团建，夯实基层基础工作。为切实加强和改善党对共青团的领导，进一步带动和推进房县基层团的建设和工作发展，要求各乡镇、县直单位按照“固基础、管长远、促发展”的要求，切实抓好基层团组织建设、团干部队伍建设、团内活动规范化建设等党建带团建工作，深入贯彻落实2016年联合县委组织部、团县委联合下发的《关于转发〈市委组织部团市委关于深化推进“党建带团建”工作的实施意见〉的通知》（房组发〔2016〕37号）文件精神。落实团干部联系青年“1+100”工作制度。三是开展“两学一做”学习教育，狠抓作风建设。按照县委统一安排，在团县委机关干部中扎实开展“两学一做”学习教育，将学习教育与共青团工作实际紧密结合，以学风促作风。同时，在各基层团组织中开展“支部主题团日”活动，严肃规范团内生活；开展以“知农时、知工序、知商机、知新潮、知学理，做有为青年”为主要内容的“五知一为”学习实践活动，引导青年做更加接地气的新时期好干部。四是认真做好“推优入党”工作。配合组织部门做好举荐人才工作，全年通过各级团组织“推优入党”发展青年党员30人，为党组织输送新鲜血液。

（代　东）

【共青团房县委员会领导成员名单】

书记：贯　骏

副书记：空

妇联组织

【概　况】 截至年底，县妇联机关干部5人，下设组宣部、权益部、儿童部。全县有20个乡镇妇女联合会，281个村妇代会，12个社区妇代会，78个县直机关妇委会。

【妇女创业就业工作】 一是开展就业指导，拓宽就业渠道。2月4日，联合县劳动就业局等5家单位隆重举行“春风行动”专场招聘会，现场接受妇女就业指导、创业咨询200余人次，100余名妇女与用人单位达成就业意向。二是开展技能培训，提供就业服务。4月，同县就业局、北京奥美林家政服务公司房县分公司联合，在县妇女创业就业服务中心举行为期1月的月嫂免费培训班，使67名在家待业妇女学得一技之长，38名妇女实现转移就业；5月，举办为期10天的妇女创业就业指导培训班，对30余名申请小额贷款对象免费进行创业指导培训，引导她们因人而宜，找准项目，合理投资。三是推进妇女创业，加大信贷力度。利用“春风行动”大型招聘会，发放《湖北省妇女小额担保贷款财政贴息政策宣传手册》《妇女小额担保贷款财政贴息政策问答》等宣传资料2000余份。与县就业局、财政局、农商行等成员单位积极做好贷款各个环节的沟通与衔接，举办创业培训班5期，2017年前三季度共为38名创业妇女提供小额担保贷款438.6万元，有效破解创业资金“瓶颈”，促进妇女创业就业。

【实施妇女维权行动】 一是不断完善信访渠道，为受害妇女排忧解难。充分发挥县、乡、村三级妇联信访渠道作用，使受害妇女在最短时间内得到帮助，尤其是受家暴的妇女，在第一时间得到保护。全年共接待来信、来访案件52件，其中12338热线2件，家暴12件，家庭纠纷24件，治病求助16件。调处52件，结案率达100%。二是举办“法治房县建设巾帼维权行动”宣传活动。3月30日，农历三月初三，房县举办一年一度的三月三庙会。房县妇联组织巾帼志愿者20多名，在军店镇唐城印象广场三月三庙会现场举办“法治房县建设巾帼维权行动”为主题的宣传活动。向前来参加庙会群众广泛宣传妇女权益保障法、劳动合同法、婚姻法、反家庭暴力法、妇女四期劳动保障条例及房县妇女儿童发展规划等，当场为群众提供法律咨询近百人，发放各种宣传资料500多份。通过宣传，让广大妇女群众明确自己的权利义务，理解法律精神，不断提高自身的法律素质，更好地维护自身合法权益，增强广大妇女儿童遵纪守法、依法维护自身权益的意识和能力。

【开展儿童普法教育】 一是举办少年儿童安全知识教育活动。为普及儿童安全自护自救技能，减少儿童安全事故，助力家庭美德，传播科学知识，5月11日上午，县妇联邀请省儿童中心在房县东城小学举办少年儿童安全知识教育活动。活动现场由省儿童中心专家张懿讲师授课，普及儿童安全自护自救技能，同时提供多种形式的家庭教育方法，推动家庭教育工作的深入发展。讲师张懿结合小学生的特点，用儿童化语言，深入浅出的讲解了校园安全、交通安全、防性侵害日常生活中容易发生的各种意外情况和急救、自救知识，并通过案例分析、问答的形式与学生们进行现场互动。活动现场还进行老师示范、视频播放、看图识别、现场互动等环节，学生兴趣浓厚，气氛活跃。课后讲师还为学生赠送省儿童中心编印的儿童安全自护读本和急救包。二是举行“防治校园欺凌护航未成年人成长”公众开放日活动。县妇联联合县人民检察院、团县委共同举办以“防治校园欺凌护航未成年人成长”为主题的公众开放日活动，活动邀请县人大代表、政协委员、人民监督员及乡镇中心学校校长共计16名人员参加。活动现场，县人民检察院未检部门检察官分析了县内“校园欺凌”事件的现状、特点及成因；各位中心学校校长交流了防治校园欺凌工作的具体做法，重点提出“预防为主，群防群治”的措施；县人大代表、政协委员等踊跃发言，纷纷就如何防治“校园欺凌”发表意见，活动现场共收集整理有针对性的意见建议20余条。组织与会人员共同观看中国未成年人检察工作30年巡礼专题片《呵护未来，以国家的名义》。公众开放日活动的举办进一步加强社会各界对未成年人司法保护的关注程度，为从根本上杜绝校园欺凌和暴力事件的发生，创建和谐校园，促进未成年人健康成长奠定了坚实的基础。三是举行第三届十大美德少年颁奖仪式暨庆“六一”活动。妇联联合县委宣传部、文明办、县教育局、团县委、关工委、新闻中心、电视台、东城小学等部门联合举办“立德树人关爱未来”——2017年房县第三届十大美德少年颁奖仪式暨庆祝“六一”国际儿童节文艺演出。来自全县的“美德少年”代表、东城小学、花宝小学全体师生代表等近千名小朋友载歌载舞，一起欢度快乐“六一”儿童节。县委副书记王家波，县委常委、宣传部部长高勇，县人大常委会副主任谢永翔，县政协副主席张蕊等领导和嘉宾，观看小朋友们的精彩表演，为十大美德少年颁发奖牌，与孩子们共度“六一”。十大美德少年的评选表彰，是社会主义核心价值观及房县“十字”价值观的具体体现，是加强未成年人思想道德建设，推进“五城联创”，创建国家、省、市文明城的重要举措，是传承良好品行，传播社会文明的重要抓手，充分展示房县青少年的良好风貌，为全县青少年健康成长树立榜样。

【文明创建工作】 一是以举办“三八”系列活动为基点，开创妇联工作新局面。为了充分发挥先进妇女典型的榜样引领作用，展示全县广大妇女良好的精神风貌及干事创业的巨大热情，举办了“简俭平顺半边天，美丽和谐在房县”为主题的庆“三八”纪念大会、全县优秀妇女代表座谈会。活动期间为全县妇女举办大型的文艺展演，表彰了“三八红旗集体”8个、“三八红旗手”19名，为14名贫困家庭“两癌”妇女患者发放了救助金；组织全县社会各界的优秀女干部、基层女干部、女企业家、女劳模、女专业技术人才代表齐聚一堂，与县四大家领导畅谈体会、交流思想、共话发展，为推动房县经济社会进步出谋划策。系列活动充分展示全县优秀女性胸怀大局、志存高远、甘于奉献、开拓创新的良好风貌，引领激发全县广大妇女大力弘扬“四自”精神，立足本职岗位、创造一流业绩的极大热情，收到良好的社会效果，开创妇联工作奋发进取、团结向上的新局面。二是以寻找“房县最美家庭”为主线，谋划妇联工作新思路。与县纪委、宣传部、文明办、文联、广播电视台、新闻中心共同策划、联合举办寻找“房县最美家庭”活动，引导广大妇女乃至全社会弘扬家庭美德正能量，旗帜鲜明地把党的声音传播好，把时代主旋律弘扬好。县妇联牵头召开部门联席会议对各乡镇、各战线、各团体推荐的近40户候选家庭情况进行筛选，来自各单位的20余位评委对照“家庭和睦、尊老爱幼、文明礼让、睦邻友善、勤劳致富、扶贫攻坚、诚信创业、爱岗敬业、见义勇为、助人为乐、崇俭尚廉、绿色环保、热心公益、反哺社会”的标准，展开充分讨论，最终推选出反哺社会的罗国士家庭、热心环保的刘磊家庭等15户典型家庭。妇联组织专班深入15户家庭采访、挖掘及核实典型事迹，并通过县纪委、综治、计生等部门的一票否决审核，最终评选出10户最美家庭，在媒体展播，并予以表彰。

【深化关爱活动】 一是开展贫困妇女“两癌”免费检查和救助。结合精准扶贫这一中心工作，做好贫困妇女“两癌”救助的宣传、资料的收集、整理以及信息的录入上报等基础性工作，为实施贫困母亲“两癌”救助提供真实有效的依据。2017年共救助贫困“两癌”患者16名，发放救助金16万元，将45名贫困“两癌”患者录入数据库，等待国家妇联审核救助。二是开展“精准扶贫·金秋送温暖”爱心捐赠活动。结合精准扶贫精准脱贫工作，联合县文联在军点镇双柏村开展以“关爱妇女儿童”为主题的金秋送温暖爱心捐赠活动，为贫困户捐赠妇婴衣物600余件。三是开展“聚焦精准扶贫·助力金凤飞翔”爱心助学特别行动。按一年3500元的标准资助贫困女大学生，使2名应届贫困女大学生圆了大学梦。

【拓展“巾帼脱贫行动”】 2017年妇联在精准扶贫结对帮扶村军店镇双柏村认真开展“春季攻势”、贫困户精准识别、大数据比对等工作，通过干部走访大入户、春种春补大落实、异地搬迁大动工、产业发展大抱团、金融扶贫大落实、档案建设求规范六大行动，组织全体干部进村入户，逐户摸排，查漏补缺，切实掌握建档立卡贫困对象的生产生活现状、实际困难，确保户户到，人人访，一户两规划科学合理。结合“四双”帮扶工作职责，制订完善2017年度脱贫攻坚计划。主要领导亲自带领工作队，把党和政府对贫困群众的关怀扶持送进千家万户；通过集中采购猪仔、鸡仔，大力开展春种春补春耕工作，2017年春季发放猪仔46户92头，全村贫困户发展产业76户235人；全年培育食用菌合作社一个，年产食用菌15万袋，带动建档立卡贫困户7户增收，年用工数量千余人次，有效地带动周边群众特别是留守妇女的就业。县妇联工作队多次到县蔬菜办对接，为其争取设备资金支持；发展电子产品加工合作社3个，带动本村45户村民15户贫困户就业增收，人均月增收1000元，妇联主席带队多次到这些合作社了解情况，积极在市县媒体进行推介宣传；支持村干部领办养鸡专业合作社1个，养殖乌鸡2000只，解决了3户贫困户的就业；新建占地1.6公顷的光伏发电站一座，为村集体经济增收奠定了基础；妇联主席多次到交通局争取指标硬化产业路1.5公里，投入8万元新修三组文化广场一个、投入5万元修缮牛头堰渠道。

【深化妇联改革】 2017年全市妇联改革动员会召开以来，房县妇联积极行动，扎实推进，在调整优化职能、改进工作作风、增强发展活力上下功夫，在推进机构设置、运行机制、组织方式、工作方式上下力气，引导和带动全县各级妇联组织改革，强“三性”、去“四化”，打通服务妇女群众“最后一公里”，坚持“八个一”的措施，即组建一支给力队伍、出台一系列指导文件、绘制一套规范流程、总结一套成功经验、营造一个浓厚氛围、搭建一个互动平台、建立一个督导机制、制定一个倒排工期等一系列措施，确保改革工作全面启动，按期完成。10月底，全县完成20个乡镇妇联改革和281个村（社区）“会改联”工作。本次基层妇联组织改革共选举产生乡镇镇妇联主席20名、副主席43名、乡镇妇联执委302名；选举产生村（社区）妇联主席279名，村（社区）妇联副主席558名，村（社区）妇联执委3066名，其中35周岁以下的1680人，平均年龄为42岁。基层妇联改革，一是增强妇女代表的群众性和代表性。打破身份、行业、职务职级、年龄、学历等壁垒，将辖区内各族各界、各行各业和生产一线的优秀女性吸纳到妇联组织中来；二是优化执委结构。换届后的乡镇妇联执委不少于15人，村（社区）妇联执委不少于11人；三是增加妇联兼职、挂职副主席人数。各乡镇妇联都配备1名专职副主席或1名专职妇联干部同时配备兼职副主席2名以上，增设挂职副主席；村（社区）专、兼职副主席不少于2名；四是选优配强各级妇联主席。其中乡镇妇联主席由党政领导班子中的女性兼任，村（社区）妇联主席由“两委”成员担任；五是壮大县乡妇联工作力量。通过政府购买公益岗位、招募巾帼志愿者、劳务派遣、项目招聘等方式将各界各类优秀妇女充实到县、乡妇联。镇村妇联改革真正把妇联组织体系从“盆景”做成“森林”，将妇联的组织链条和工作触角向基层延伸扩展。房县依托党群服务中心，构建党建统领、群团共建、资源互享、工作联动的区域化妇建工作格局。坚持网上妇联建设与基层妇联组织建设两个轮子一起转，开展“建网”“建群”，打造网上妇女之家，做到网上线下互动。各级妇联组建以妇联干部为纽带的QQ群、微信群，从工作的“面对面”拓展到“键对键”，补齐基层妇联组织建设“短板”。

（张　航　李园园）

【房县妇联领导成员名单】

主席：张　焘（女）

副主席：张　航（女）

工商业联合会

【会员发展】 工商联紧紧围绕县委、政府中心工作，切实发挥桥梁、纽带和助手作用，全力服务县域经济发展。2017年，工商联会员总数达350个，会员队伍不断壮大，影响力不断提升。

【商会活动】 发挥商会优势，实施商会招商，2017年走访陕西湖北商会、十堰工商联广东商会、东莞十堰商会、深圳十堰商会、广东房县商会、深圳市饭店业协会、深圳市罗湖区工商联、武汉房县商会等28家商会组织，组织房县娃娃鱼、黄酒、木耳、香菇、葛粉、黄芽杆等特色产品在深圳市饭店业协会年会上展销，为房县农特产品进入深圳餐饮市场打开通道。邀请上海十堰商会、武汉房县商会等12家商会和企业来房县考察，洽谈对接招商项目，与深圳市罗湖区工商联结为友好商会。

【服务会员】 树立“服务第一”发展理念，促进非公经济健康发展和非公经济人士健康成长。一是加大政治推荐力度。推荐政治素质好、有较大影响力的优秀非公有制经济代表人士担任各级政协委员和工商联执常委，工商联会员中有市人大代表2人，市政协委员5人，市工商联执委8人，县人大代表7人，县政协委员38人，推荐1名民营企业家参选“湖北省优秀中国特色社会主义事业建设者”。二是加强帮联服务。建立县级领导联系企业、县直单位帮联企业制度，配合开展“十亿资金进百企”活动，加强与金融机构联系与沟通，帮助三鑫生物、诚信汽配等企业解决资金难题。三是促进经贸交流。组织8家农业产业化企业参选汉江流域十大农产品品牌企业，共有三鑫生物、庐陵王酒业、九方魔芋、山水房陵、禾益农业5家企业分别获得汉江流域十大农产品加工企业、十大农村电商企业、十大农产品贸易企业、十大休闲文化旅游农业企业荣誉称号。四是开展“十星级”民营企业创建。组织25家企业参加首批创建活动，诚信汽配、慧泉水业、恒通公司等企业获“十星级”民营企业称号，以“十星级”创建为载体，进一步丰富企业文化。

【教育引导】 一是开展同心教育。先后组织召开学习全国“两会”精神、党的十九大报告、《关于营造企业家健康成长环境弘扬优秀企业家精神更好发挥企业家作用的意见》企业家座谈会，共计100多人次企业家代表参加学习座谈。企业家代表在就如何贯彻落实十九大精神、做好工商联工作、做大做强企业提出合理化建议30多条。二是加强业务培训。为引导企业熟悉资本市场、运用融资工具，联合县工商局举办资本市场融资知识专题讲座暨天风证券与房县企业资本市场对接座谈会，60多名企业负责人参加培训。

【**信息宣传**】利用“十堰商会网”、《十堰商讯》等平台，宣传企业、商会活动，宣传会员企业创新发展的典型事迹，全年向各类媒体投稿40余篇。在商会协会和重点民营企业设立信息员，及时收集企业发展和工作信息，搭建信息宣传平台，加强对民营企业发展的先进经验、典型事迹、优秀人物的宣传报道。推荐三鑫生物董事长余国军当选房县2015—2016年度劳动模范。在武当动物药业、神农本草等10家具有代表性的民营企业中开展民营企业信息直报工作，由民营企业每月将企业信息在网上直报，全面了解和掌握民营经济和民营企业运行和发展情况。

【**精准扶贫**】一是进一步深化“千企帮千村”精准扶贫行动。组织民营企业深入开展“千企帮千村、脱贫奔小康”精准扶贫精准脱贫行动，共有86家民营企业结对帮扶72个贫困村，帮助贫困村发展致富产业、安置群众就业、销售农副产品、参与社会公益，涌现三鑫生物、兆丰电子、恒通公司、慧泉水业、天森食品等一批带动精准扶贫典型，展现企业家们的社会担当。二是组织开展“心手相牵、决战贫困”结对帮扶活动。针对房县干部“四双帮扶”力量严重不足的实际，县工商联动员民营企业家开展“心手相牵、决战贫困”结对帮扶活动，共有20多家民营企业克服生产经营任务重、工作人员紧张的困难，抽出150多名精干力量结对帮扶深度贫困村——白鹤镇东浪村、化龙堰镇汪家河村556户贫困户。

【**光彩事业**】积极搭桥外地商会组织，引导民营企业、商会组织投身捐资助学、扶危济困、扶贫开发等光彩事业。围绕“携手扶贫、抗灾救灾”扶贫日主题活动，企业家们积极捐款捐物。先后有金峪石材、恒通公司、九八家电、赛武当房地产开发有限公司等企业捐款30多万元、捐赠爱心饮品600箱。武汉房县商会、北京房县商会等驻外商会捐资60多万元支持九道乡中心幼儿园建设，帮助野人谷镇木瓜村、万峪河乡福利院老人解决生活困难。针对9月份以来的连续降雨、灾情严重等情况，工商联机关干部职工为受灾贫困户捐款1700元。

【**招商引资**】一是积极开展招商对接。县政协副主席、工商联主席张蕊待招商专班到到广东、广西、福建、云南等区域开展招商引资，成功引进雄耀体育运动鞋生产、诚玺电子手机玻璃屏加工两个项目，总投资2亿多元。二是大力推进回归创业。通过广泛宣传房县的发展前景、回归创业优惠政策，强化对回归创业项目的跟踪服务，吸引聚源兔业、房陵科技金银、房州古镇建设、盛源家居等7家房县籍企业家回乡创业，总投资达30多亿元。

【**基层建设**】一是争创全国“五好”县级工商联，提升服务能力。以创建全国“五好”县级工商联为契机，促进工商联工作规范化。创新工作机制，引导工商联企业家副主席参与工商联事务，不断提升新一届工商联领导班子能力。进一步巩固“五好”县级工商联创建成果，2017年4月，房县工商联被省工商联授予“2016年度五好县级工商联”和“2014—2016年度五好县级工商联建设标兵”。2017年12月，房县工商联被全国工商联授予“全国‘五好’县级工商联”荣誉称号，这是房县工商联成立以来获得的最高荣誉。二是加强“四好”商会建设，夯实基层基础。全县18个乡镇按照“五有”的标准成立基层商会，指导乡镇基层商会有序开展工作。制定《开展“四好”商会建设工作方案》，指导所属商会协会、基层商会以争创“四好”商会为突破口，推动行业商会协会规范化建设，有效发挥商会作用。

（屈雪梅）

【**房县工商联领导成员名单**】

党组书记：

何春政（县委统战部副部长兼任）

主席：张蕊（女）

副主席：阮丹丹（女） 孙 伟

王天琴（女，兼） 卢 胜（兼）

叶佳承（兼） 付家权（兼）

刘世明（兼） 何 勇（兼）

汪欣欣（兼） 张光成（兼）

周光森（兼） 郑明武（兼）

赵国伟（兼） 柯昌宏（兼）

段全贵（兼） 聂武斌（兼）

文学艺术界联合会

【开展活动情况】 一是立足本质开展活动，志愿者服务“三贴近”。围绕县委、县政府中心工作，房县文联认真制定《房县文艺界精神扶贫活动方案》，组织广大文艺家志愿者开展丰富多彩的文艺下乡活动，贴近实际、贴近生活、贴近群众的活动受到领导的肯定和群众的好评。春节期间，组织书协、摄协赴窑淮、化龙堰、大木厂等乡镇开展“送春联、送‘福’字”、送全家福照片活动。在全县易地贫困户搬迁时，组织县书协赴沙河、窑淮、化龙、土城等地为贫困户免费送对联、送字画，许多乡镇、村及普通农家有了“大家”的书法、绘画，传统文化得到良好的传承。助力“百姓大舞台”，先后组织县书协、县美协、县赏石协会、花木盆景协会参加县委宣传部等有关部门举办的百姓大舞台“大美乡村生态年货节”走进窑淮、走进土城镇黄酒民俗文化村；“相约军店，2017年房县军店‘三月三’显圣殿民间民俗会演”“庆祝中国共产党成立96周年‘精准扶贫 · 文化先行’走进沙河乡”“庆祝建党96周年读书会走进城关镇”；“相约野人谷 · 醉在故事会”等活动10多次，先后送出对联1200多幅、字画500多幅。二是横向联合开展活动，增强文艺界美誉度。先后联合县总工会，为房县庆祝2017年“五一”国际劳动节暨劳模表彰大会撰写劳模颁奖词与大会串词；联合秦楚网为十堰“巨匠杯”广场舞大赛走进房县撰写主持词；联合野人谷镇、科协为迎“相约野人谷 · 醉在故事会”、科普日走进门古撰写主持词等。联合妇联开展“最美家庭”评选活动及“精准扶贫金秋送温暖活动”；联合县广播电视台开展“魅力房县”微信大赛和“相约军店，魅力三月三”微信大赛征集、评选、颁奖活动。通过“你出票子，我动脑子”的方式，做到电视上有影、广播上有声、报纸上有文，房县各文学艺术团体在社会上的影响力、美誉度显著提升。三是搞好服务开展活动，提高文艺家存在感。在为文艺家提供服务上做到让各文艺家得到充分尊重，在不同场合向各文艺家传达县委、县政府主要领导对文化人“高看一眼，厚爱一分”的思想理念，在平时和他们相处时，言必称老师，坐席往上请，他们参加文化活动，及时在媒体报道，让他们“露脸”，为雷炳科等著书立说的艺术家专门举办首发式，“九九”重阳节专门组织老年书画艺术家开展学习“十九大”精神暨金秋创作采风活动。《神泉》特刊《房县文艺家》，从1100多名协会会员中精选出100名成绩突出的文艺家结集出书。

【文艺创作平台建设】 为各文艺家搭建文艺创作平台，向上推荐文艺家提档晋级，所属9个文艺协会中房县摄影家协会主席张华田、房县作协周玉洁分别加入中国摄影家协会和中国作家协会，国家级会员人数在十堰市位居前列。同时，积极内引外联，促使武汉的壹号收藏网艺术家、《书法报》《书画天地》编辑部、中国光谷摄影书画协会3家单位在房县野人谷挂榜岩山庄挂牌成立艺术家创作基地，为房县文艺人才培训成长拓宽平台，对助推房县“生态旅游健康城”和“鄂西北生态文化旅游圈游客休闲中心”建设，促进房县文化和旅游业的繁荣发展起到积极地作用。

【文艺创作成果】 房县文联在强化服务的同时，积极组织各文艺团体开展艺术创作活动，取得丰硕成果，2017 年，县作家协会会员先后在《长江丛刊》《炎黄春秋》等市级以上报刊杂志、网络发表文学作品 750 多篇；87 岁高龄的老作协会员任高出版个人第二部作品集《菊花开尽更无花》，组织作协会员编撰房县地理标志丛书之一的《房县娃娃鱼》。摄影家协会会员在新闻媒体发表图片 200 多幅，参加市以上展览 30 多幅，其中省级会员熊旭东、陈吉华参加 2017 首届神农架国际摄影大赛，熊旭东入展作品 11 张，1 张获三等奖，陈吉华两幅作品入展。国家级书法家孙文平入展国家级书画大赛 8 次，其中一次获得三等奖；卢御晨、况建丽入围第八届省展，况建丽入展首届“弄潮杯”钱塘江全国书法大赛；王连甫、陈平参加《书法报社》主办的全国首届“道德经”书法大赛，分获中青年、老年组优秀奖、三等奖。县老年书画协会会员雷炳科出版个人国画集《一线大家》，省级美协会员谭俊珊画作多次参加全国、省、市展览获奖并被多家博物馆及收藏家收藏。音乐舞蹈家协会 20 人通过十级考试，40 多人通过六级考试，150 多人通过市级舞蹈类考试，成人类有 1300 人次参加培训，舞蹈“荷咏”获市少儿艺术类二等奖，钢琴独奏“谷粒飞舞”获市少儿艺术才艺大奖赛二等奖。县赏石协会先后参加国展三次，获金奖 16 座，银奖 20 多座。收藏家协会藏品有的达到博物馆馆藏级别，得到十堰民间寻宝专家的一致好评。诗词楹联协会以网络为平台长年开展文学作品交流活动，协会会员交流、发表作品 500 多首。

【精准扶贫工作】 房县文联在人员少、经费缺、活动多、任务重等多重困难前提下，做到“十个指头弹钢琴”，科学合理安排，做到业务工作和扶贫工作的两不误。后河村作为房县窑淮镇最偏远、最落后的山村，全村 303 户，但贫困户就有 232 户，贫困率达 77%，工作任务重，但文联还是在现仅有的几个人中抽出一人负责扶贫工作，任务完成出色。一是完成 52 户 159 人扶贫搬迁安置；二是发展三个种养殖专业合作社，带动 96 户贫困户发展 12.75 公顷银杏、2.8 公顷天麻、3.33 公顷虎杖、4 公顷茯苓等中药材；三是完善基础设施建设和“十配套”项目，建成后河小学并投入使用，完成安全饮水工程，光电网络进村入户，加宽和疏通通村公路，修建 40 多万元便民桥 1 座，建成新党员群众中心并投入使用，6 月底建成 200 千瓦光伏发电站；四是加强帮扶村基层党组织建设，定期开展党支部主题日活动，发展年轻党员 2 名，后备干部 2 名；五是开展文化扶贫，落实移风易俗，人情新风有效控制，群众自身精神面貌换发。

（文联办公室）

【房县文学艺术界联合会领导成员名单】

主席：唐　敏

残疾人联合会

【机关党建工作】 一是开展“党建 +”活动，让党建有位。结合残联实际精心构筑党建工作新格局，跳出党建抓党建，将党建工作与残疾人工作高度融合，相互渗透，以残联领导牵头，支部为主体，党员广泛参于，深入开展“党建 + 作风提升年活动”“党建 + 服务增效活动”“党建 + 精准扶贫活动”，真正把全体党员干部的智慧和力量凝聚到立足岗位比奉献上来。二是开展“学教”活动，让党建有形。按照县委“两学一做”学习教育常态化制度化要求，坚持从严从实要求，确保学习教育有力有序推进。深化拓展“学”的基础，严格落实规定的学习内容，注重运用多种有效方式开展学习，强化经常性学习的制度保障。进一步健全完善党员干部个人自学、集体领学、专题研讨等学习制度。通过制定《推进“两学一做”学习教育常态化制度化实施方案》《“两学一做”学习教育常态化制度化年度学习计划》、组织召开安排部署及推进会，学习教育月月有计划，周周有安排，每名党员领导干部都能按照个人自学计划开展学习，保障学习常态长效；深化拓展“做”的关键。深入引导党员干部做到“四个合格”，持续深化“做”的平台建设。结合“支部主题党日”、党员进社区活动及“双十星党员创建”等形式，深入细致学习各类文件会议精神，认真组织专题研讨，在单位掀起学习高潮。同时，认真落实“三会一课”制度、民主生活会和组织生活会制度、谈心谈话制度、民主评议党员制度和请示报告制度，努力在党内形成人人遵守组织生活制度、人人执行组织生活制度的良好氛围；深化拓展分类“争做”载体。坚持问题导向，带着问题学，针对问题改，在解决问题中深化学习，检验实效。严格“挂号督办制”，持之以恒纠正“四风”，抓好边查边学边改等突出问题整改，解决不同程度存在的理想信念模糊动摇、党的意识淡化、宗旨观念淡薄、精神不振等问题，推动作风建设不断好转。三是学习贯彻十九大精神。采取看直播、读报告、谈感悟、写体会等方式，组织开展学习宣传贯彻党的十九大精神系列活动。将学习十九大精神与推动残疾人事业发展、县委政府中心工作、决战脱贫攻坚各项任务、加强机关党的建设结合起来，找准切入点和发力点，进一步促进残疾人事业更好发展。自党的十九大召开以来，先后组织开展集中学习3次，集中研讨2次，撰写心得体会1篇。四是签订廉政建设目标责任书，让岗位有责。残联党支部书记与支部委员签订党风廉政建设目标责任书，支部委员与分管部室负责人及工作人员签订党风廉政责任书。同时，把党员违规违纪治理工作，解决群众身边的“四风”问题和反腐败工作作为残联党风廉政建设和反腐败重要工作来抓，认真抓好惠残项目落实工作。五是抓好单位内部管控。对班子成员及干部职工工作分工进行重新调整。全面清理现有制度，强化制度“立、改、废”工作。新建“三重一大”事项决策制度、工作人员“八小时外”监督管理制度、纪律作风制度等5项制度；修改完善会议制度、学习制度、财务管理制度等12项制度。将年度工作目标任务细化分解到个人，抓好督促落实。同时，不仅仅在职工会议上强调作风纪律，班子成员也逐个与党员干部谈心交流，深入分析存在的问题，并主动提醒告诫，讲明纪律要求。

【残疾人事业环境优化】 一是科学谋划全年工作。4月12日上午，房县2017年度残联工作会议暨残疾人自强创业表彰大会在中盛洲际酒店九楼会议中心隆重召开。会议全面总结2016年残疾人工作，详细部署2017年目标任务，明确工作重点，表彰残疾人工作先进单位、支持残疾人事业先进单位、残疾人事业先进个人和残疾人自强创业户，并颁发奖金、奖牌和荣誉证书。4月13日，在县残疾人康复中心会议室召开2017年残联业务工作培训会，县残联各部室负责人对相关业务工作进行详细讲解，确保重点工作扎实、有效地推进。7月14日，组织召开2017年度残疾人基本服务状况和需求信息数据动态更新工作培训班。各乡镇残联理事长、专职委员及县残联工作人员60余人参加了培训。会议详细讲解动态更新工作流程、具体要求、数据上报和资料保管等内容，为开展调查登记与数据录入工作打下坚实基础。11月17日下午在县残疾人康复中心会议室召开全县残疾人精准康复和扶贫业务工作培训会，各乡镇残联理事长及网格员参加会议，对《房县残疾人精准康复服务实施方案》进行详细解读，明确工作目标、内容及流程，确保精准康复服务落实到位。12月29日召开房县残疾人联合会第四次代表大会，县委副书记王家波、县人大副主任李相明、副县长王玲、县政协副主席袁堂珍参加会议。会议总结县残联第三届主席团和执行理事会的工作，并对今后五年房县残疾人事业的工作目标和任务作安排部署，选举产生县残联第四届主席团，县残联第四届执行理事会，会议的召开对推动房县残疾人事业持续快速发展起到强大的推动作用。二是认真开展第27次“全国助残日”活动。围绕“推进残疾预防健康成就小康”活动主题，结合全县精准扶贫工作，精心组织“全国助残日”活动。活动由县残联和土城镇政府主办，活动期间为重度残疾人免费发放轮椅、助听器等辅助器具126（套），体现出县委、县政府及各级残联部门对残疾人朋友的关注与关爱，取得良好效果。

【残疾人康复服务】 以“人人享有康复服务”为目标，不断提升残疾人康复服务覆盖率和有效性。为8582名有需求的残疾人建立康复信息档案，免费为30名下肢截肢残疾人装配假肢，为163名白内障患者实施免费复明手术，贫困精神病患者住院补助和免费服药214人次，优先开展残疾儿童抢救性康复治疗服务项目，对75名残疾儿童实施抢救性康复治疗，实现对0—6周岁残疾儿童发现一例、康复治疗一例的目标。培训低视力儿童、聋儿、智力障碍儿童家长45人，发放轮椅、拐杖、盲杖等用品用具318件（套）。同时，狠抓残疾人康复训练和转诊、转介工作，通过实施免费康复项目，378名残疾人得到康复服务和救助。

【残疾人就业服务】 围绕贯彻落实《残疾人就业条例》，进一步完善和落实按比例就业、集中就业、个体从业和自主创业的政策措施。不断规范残疾人就业服务体系，结合残疾人基础信息调查工作，建立全县就业年龄段残疾人基本情况和就业需求信息库，并免费提供创业培训、创业指导、政策咨询、法律服务等多层次、一站式服务。联合县人社、妇联等部门开展“春风行动残疾人就业专场招聘会”活动4场，为37名有就业愿望残疾人建立就业档案，通过双向选择成功为23名残疾人找到工作岗位。依托县残疾人职业技能培训学校和爱心企业，根据市场需求和残疾人实际状况，举办计算机操作、美容美发、电器修理、电气焊、油漆等培训班10期、培训278人，举办种、养殖等农村实用技术培训班8期、培训402人。探索残疾人电子商务创业模式，对8名从事电子商务等创新型就业的残疾人给予创业扶持。开展积极开发适合残疾人特点的劳动就业岗位，求职登记81人，分散按比例就业及推荐就业28人。扎实开展地税代征残疾人就业保障金工作，并做好残疾人就业保障金的规范管理和使用。

【残疾人教育】 全面落实残疾学生和贫困残疾人子女学生救助政策，对考入大专院校的残疾学生和特校在校学生给予救助。资助特教学校学生56人次，高等院校残疾学生2名，2名普通高中残疾学生。积极探索0—6岁残疾儿童学前教育思路，依托县残疾人康复托养中心，采用康复治疗+学前教育的方式对在县残疾人康复中心的23名残疾儿童实施干预性学前教育，让残疾儿童接受康复治疗的同时实现上学愿望。

【残疾人扶贫保障】 一是制订全县残疾人脱贫攻坚计划（2016—2020年），把残疾人“两不愁、五保障”（不愁吃、不愁穿，实现义务教育、基本医疗、基本康复、住房安全和家庭生活用品无障碍）作为不掉队的基本底线。扎实做好贫困残疾人精准识别建档立卡工作，力争将符合条件的残疾人纳入省市县精准扶贫大数据管理平台。二是严格执行保障政策的动态进出机制，规范审批各项补助项目，确保应保尽保、应助尽助、应补尽补。残疾人参加新农合、城镇医疗保险和养老保险，参保率达到98%以上，全面落实重度残疾人参加新农合和城镇居民医疗保险费、重度残疾人参加城乡居民养老保险由政府代缴的优惠规定；积极开展“农村基层党组织助残扶贫工程”，动员全县各级党组织通过多种方式帮扶农村贫困残疾人家庭，结合精准扶贫活动和爱耳日、助残日等重大节日，通过多种途径累积慰问帮扶贫困残疾人260人，送去慰问金11.4万元，大米160袋，油160桶；为5578名重度残疾人发放护理补贴669.36万元；为4906名城乡贫困残疾人发放生活补贴资金264.36万元；为179名肢体残疾人发放燃油补贴4.654万元；为37名残疾人办理免费公交卡。

【残疾人基层组织建设】 以“强基育人”工程为抓手，完善和加强残疾人基层组织建设，落实基层残疾人专职委员选配管理工作规范，制定乡镇残联工作目标考核评分细则，突出抓好乡镇残联理事长和村（社区）残疾人专职委员作用发挥，按照残联工作新要求，新建《残联工作人员日常行为规范》等系列制度，积极推进残疾人服务机构规范化建设，大力提升服务能力，加大政务公开、办事公开，全面推进依法行政。加大社会组织助残志愿作用，认真组织实施“关爱残疾人志愿服务”活动和“志愿助残阳光行动”，促进志愿助残服务专业化、常态化。加强和改进专门协会工作，落实《关于进一步加强专门协会工作的意见》，指导专门协会更好推进本类别残疾人小康进程实践。加强残疾人信访维权工作，一年来，共办理残疾人来信来访41件（次），无一例越级上访事件发生，真正做到“件件有落实，事事有回音”，实现零距离、零差错、零积压、零投诉的目标。大力推进家庭无障碍设施建设，为30户残疾人家庭实施无障碍设施改造，为残疾人走出门家、参与社会生活、享受公共服务提供极大方便。严格规范第二代残疾人证办证程序，杜绝关系证和人情证的现象。一年来累计办理第二代残疾人证共计946本，上门办证29人次。

【文体宣传工作】 在《今日房县》《十堰新闻》等各级媒体刊登信息65篇；联合县电视台拍摄反映残疾人残疾人事业专题片1部。积极选拔和推荐残疾人乒乓球、田径队员和盲人足球队员到省、市集训，组队参加国家、省、市残疾人运动会和残奥会，为8名残疾人运动员建立数据库，推荐2名运动员参加省、市残联集训。以“全国助残日”“国际残疾人日”等残疾人重大节日开展活动为契机，大力宣扬人道主义思想和现代文明残疾人观，促进全社会形成理解、尊重、关心和帮助残疾人的良好风尚。组织县残联机关党员干部深入联系点五台乡金牛寺村开展精神文明“四联四建”活动，采取“一帮一”等方式对贫困残疾人对象进行资金、技术、信息等方面的帮扶，全力推进党员干部与残疾人朋友零距离接触，为帮扶对象送去仔猪、鸡苗、种子等，走访慰问贫困残疾人10人，送去2000元慰问金，支持共建村建设，筹集资金1万元改善村容村貌。

【精准扶贫工作】 一是高度重视驻村精准扶贫工作。为确保驻村精准扶贫工作取得实效，理事长莫仕喜亲自入驻五台乡龙潭峪村，并在农户家里安营扎寨，真正做到与群众同吃、同住、同劳动。对全村各组进行详细走访了解，不断更新帮扶困难户的最新情况。不管是田间地头，还是农户家里，与群众坐在一起拉家常，详细了解他们的生产生活状况，将各种民情民意记录在案，为群众面临的困难出谋划策，为群众办实事、办难事、解决实际困难。二是加大扶持力度，解决残疾人实际困难。3月20日县残联对张永明、刘义国等26户精准扶贫户进行帮扶，通过调查摸底，建档立卡，筹资50万元扶持贫困户发展蜂蜜、养猪等产业，确保帮扶户通过发展产业实现脱贫。三是坚持党员干部帮扶制度，要求每月到帮扶户家中联系民情，察看产业发展等情况，帮助解决生活及其他困难。2017年，完成驻村点4户贫困户的脱贫任务。

【招商引资工作】 2017年度招商引资任务3000万元。年初专门召开残联招商引资工作会，认真研究部署招商引资工作方法和措施，并明确引进项目资金的时间、进度，切实做好细化工作，采取组织外出招商的方式开展招商引资工作。组织3人多次到外地招商引资，与当地企业联系，于12月底全面完成3000万元招商任务。

【帮联企业工作】 为帮扶“房县昌隆新型材料有限公司”快速发展，帮扶干部4次到企业了解情况，现场帮助解决资金、生产经营等困难，经过一年的努力，帮联企业生产运行良好，企业年销售任务完成800万元，销售收入700万元，税收6.5万元的任务，生产和销售均超年度目标。

（许　旭）

【房县残疾人联合会领导成员名单】

支部书记、理事长：莫仕喜

副理事长：谢　飞

科协工作

【概　况】 房县科学技术协会，位于房县城关镇陵园路1号，属县委领导的群团组织，以县委管理为主。主要职能是在上级业务部门的指导下，制定全县科普工作规划并组织实施，动员社会各方面力量，开展普及科学知识、弘扬科学精神，推广先进科学技术和开展青少年科技教育活动；指导科普阵地的规划、建设和管理及科普队伍的建设工作；表彰优秀科技工作者，举荐人才；开展科技工作者技术培训工作。县科协内设3个职能部（室），分别是办公室、普及部、学会部，在编在岗共7人。着力抓科普，认真贯彻习总书记关于“科普和科技创新同等重要”的指示精神，把科普工作当成科协工作的重点，坚持创造性的开展科普活动，于4月10—12日，由县科协牵头，组织开展5场“大手拉小手——科普报告荆楚行”活动，请来中科院、华师大等知名教授共5人到房县，在房县东城小学、实验中学、实验小学、青峰小学等做巡回报告。9月15日，以“创新驱动发展，科学破除愚昧”为主题的房县2017年“全国科普日活动”启动仪式在门古寺镇初级中学举行，整个活动分四大块举行，历时一周。县主管科普工作的领导进行审查把关，各单位组织人员进行为期一周的送科技下乡上门活动，受益群众达10000人次。

【科普阵地建设】 县科协坚持办好房县科普网、科普QQ群、科普微信公众号、城区科普画廊等科普宣传主阵地。围绕全县发展，围绕群众需要，围绕科普形势，采编丰富多彩的科普内容，及时更新科普栏目，并及时更换损坏的宣传牌，较好地服务群众生产生活。房县科普网为科技工作者和城乡群众学习科学知识、开展学术交流、获取科技信息，提供及时、便捷、丰富、新颖的科普服务，全年共发布活动动态50条，通知告示3条。2017年初，创建“科普房县”微信公众号。截至12月底，发布动态近500条。为公众传播科学、健康、靠谱的生活知识，求证网络伪科学谣言，交流生活生产信息，发布科学最新成果，发挥很好效果。2017年，通过积极汇报和争取，房县科技馆已经获得了机构和人员编制，县编办核定科技馆为公益性一类事业编2名，馆长1名，并指定过渡性的科技馆场所。这是房县科普阵地建设的一个突破性进展。

【科普项目】 县科协把科普项目的争取和实施，当作服务“产业兴县”的推手，积极争取中国科协“基层科普行动计划”和省科协“基层科普服务行动计划”项目，大力普及推广农村实用技术和实施“金桥工程”项目，加强农村科普示范基地建设，指导服务农村专业技术协会工作，服务房县特色农业产业发展。全年组织开展全县“科普项目培训”工作会议，组织全县储备项目单位5个，项目实施先进单位3个，为科普项目培育和申报打下基础。

【院士专家工作站】 截至年底，房县已经有7家高新技术企业成立院士专家工作站，高层次人才的引进，为全县企业的创新发展提供有力的人才保障。2017年5月份，在县科协的指导下，房县中医院成立院士专家工作站，房县的中医学发展能力会得到迅速加强，技术水平有极大提高，为群众带来更多的利益。

【机构改革工作】 根据党中央、省、市及县委关于推进党的群团改革工作任务要求，按照市科协对改革工作的统一安排和部署，县科协积极行动，成立了以县科协主席为组长、科协副主席为副组长的改革工作领导小组，明确职责，安排专人负责改革工作。根据时间节点制定各项工作推进计划表，安排部署改革工作，提高科协干部职工对科协系统改革工作重要性和紧迫性的认识，确保在思想上、行动上，紧跟党的步伐。

【精准扶贫工作】 一是在驻村第一书记指导协助下，村支部建立并规范各类党建档案，并在当年全镇党建考核中位列前茅；二是发展产业和壮大村集体。2017年实现劳务就业108人次，引导贫困户发展牲猪、鸡为主的养殖85户，种植水稻、玉米、花生等农作物92户7公顷，组织村茶叶协会整修茶园20公顷、魔芋协会种植魔芋1公顷，村集体组织种植蕨地茳疏菜4.67公顷，为村集体增收3.5万元。三是从实际出发，为扶贫村解决困难。2017年，县科协对扶贫村投入物资价值3.2万元，其中为村党员群众服务中心购买空调设备8台2.2万元，为贫困户残疾人发放轮椅12台价值1万元。

（魏玉琳）

【房县科学技术协会领导成员名单】

主席：李　霜（女）

书记：罗永斌

副主席：邓　勇

军 事

中国人民解放军房县人民武装部

【概　况】 2017年，房县人武部按照“适应新常态、立足新起点、落实新要求、推动新发展”的工作思路，着眼“三新一创”奋斗目标，围绕主线抓教育、聚焦实战抓训练、健全机制抓动员、落实制度抓安全、精细管理抓保障、盯住问题抓整改，全县民兵预备役建设呈现出科学发展、持续推进、整体提高的良好势头。政委参加省军区优秀“四会”政治教员授课比赛获得第二名，并作为省军区唯一选手，参加国动部“四会”政治教员授课比赛。

【开展政治教育】 扎实开展“两项重大教育”活动。制定“两项重大教育”实施方案，通过石头刻字、制作公路宣传板、悬挂横幅，营造政治氛围，部领导亲自授课，每名党员撰写不少于5篇心得体会。为使教育达到实效，把学习贯彻习主席系列重要讲话，特别是国防和军队建设重要论述，作为首要任务和核心内容，聚焦实现强军目标，紧贴强军兴军实践，着力在坚定政治信念、激发强军精神、提高工作能力、树立良好形象上下工夫见成效。认真落实经常性思想政治工作，紧密结合形势任务，适时开展时事政策、形势战备、“四反”、预防犯罪、党纪条规、反腐倡廉、拥护改革等经常性学习教育，干部职工政治坚定、部队纯洁巩固。

【提升应急应战能力】 着眼新形势新任务，针对房县春季森林防火、夏秋抗洪抢险任务重的实际，抽调部分专武干部配合机关人员，按照“随时动、立即用”要求，完善森林防火、抢险救灾、应急维稳等战备方案预案，补齐“三室两库”各种器材及设施。5月17日，召集部分乡镇民兵队伍及驻房武警消防官兵召开防汛工作联席会，在万峪河乡开展防汛演练，确保一旦有险情，拉得出、用得上。10月13日，白鹤镇伏溪村3组发生特大型古滑坡体变形险情，严重威胁当地98户1062名群众生命和财产安全，省市县三级启动地质灾害一级应急响应。人武部接到险情报告后，立即组织60余民兵参加防灾行动，转移群众，疏散群众，开挖导雨明渠，协调国土部门，建立15个险情监测点，实施24小时不间断监测和巡查，确保人民群众的生命财产安全。按照“能打仗、打胜仗”的要求，人武部全年共组织3期民兵训练，分别是应急分队、通信分队和医疗救护分队，共计380人。民兵训练一改过去走走步子、要要棍子、打打靶子的传统做法，突出森林灭火、防暴维稳、防汛抢险、紧急拉动、民兵预备役常识等重点内容训练，切实把民兵训练更贴近实际、贴近担负的任务，强化当兵打仗、练兵打仗意识，有力提升民兵队伍军事素质，受到军分区曾司令员高度评价。

【落实党管武装】 开展以“国防教育进校园”为

主题、以“爱国崇军铸英才、同心共筑中国梦”为内容的“全民国防教育月”活动，大力推动国防教育进校园、进社区、进村户，增强全民国防意识。进一步规范国动委各专业办职责，健全动员组织体系，开展各类训演活动，扎实做好实战化动员准备。4—5月份，深入组织国防动员潜力调查，切实摸清潜力底数和质量情况。按照组织准备、宣传发动、体格检查、政治考核、定兵送兵等步骤，坚持标准条件，严肃征兵纪律，严格落实责任，扎实抓好征兵工作各环节。2017年圆满完成新兵征集任务。县人武部和军店镇人武部在军分区检查评比中，被评为先进单位。

【共铸军民融合】 坚持抓融合、强作为，服务地方经济社会建设成效明显。先后组织民兵800余人民兵预备役人员参与义务植树、生态保护、抗洪抢险和县游行安保等大项活动和急难险重任务。积极投身“五城联创”，每周五定期组织干部职工到包保地段进行环境卫生整治；购置一批米面和食用油，结合春节、“八一”建军节等节日，下乡慰问部分军烈属和困难群众。协调民政、财政等部门按标准及时将义务兵家庭优待金足额发放到位。深入开展精准扶贫工作，成立扶贫工作队，扎实开展驻村调研活动，带领红旗村80户贫困户脱贫。

（龚世新）

人民防空

【人防指挥通信建设】 一是建立严格的考核机制，继续做好警报的平时维护管理工作，将责任落实到人，使警报设备经常保持良好状态。二是修订完善房县2017年人防应急预案。三是做好全城区人防警报点的巡查工作。四是建立并启用人防通讯指挥中心，并与8月底派出业务人员赴陕西省烽火通信集团参加市人防办组织的人防警报操作、短波电台等科目培训，增强房县与省市三级通讯协同保障能力，使人防指挥通信人员熟练掌握短波电台操作规定，达到人防通信队伍战时应战、平时应急的要求。四是认真组织9月“国防日”警报试鸣活动。通过电视台、报纸、短信等媒体宣传到位，组织人员进行维护，警报试鸣当天鸣响率覆盖率达到100%。

【人防工程建设】 一是做好房县人防专项规划的编制工作。二是坚持依法依规行政，强化执法和执法监督检查力度，做到应建必建，应收尽收，促进人防“结建”工作规范化。全年共审批霖鸿国际小区与天翔凯旋城小区人防工程2处，图纸设计均已完成。三是对已建的人防工程进行功能定位，明确管理责任，加强维护管理，并组织开展好平战转换工作。

【全民人防意识建设】 一是开展中小学生应急疏散演练活动。9月13日，联合县地震局在房县职业技术学校开展人防、地震应急疏散演练活动，受教育师生1500余人，使学生了解人防的基本概念、人民防空警报的基本知识和应对空袭等灾害时个人防护的基本常识。二是在城区中学开展人防知识宣传教育活动4次，发放人防知识宣传手册2000余份，进行现场答疑，让广大师生了解人防法律法规，掌握遇到战争和自然灾害时的应急自救能力。

【规范人防执法】 一是严格执行人防执法流程，在执法过程中由案件来源到结案审批整个过程，实行环节监督，责任签署到人，做到件件有落实；二是积极组织参加省市人防办组织的各类执法培训共5次，提高行政执法人员的综合素质和依法行政能力；三是建立执法案件评查制度。每季度组织全体执法人员评查案卷，查漏补缺，完善资料；四是加强经常性的执法巡查工作，把行政执法工作落实到每一个项目，做到巡查不漏点，处罚不漏项；五是加大依法收缴力度，2017年共收缴人防易地建设费420万余元。

【中心工作】 一是是明确任务，扎实开展脱贫攻坚工作，切实把县委、县政府决策部署落实到位。在2016年脱贫攻坚的基础上，加大力度，首先针对包联的的贫困户、低保户、定目标、定任务、定措施，采用“一帮一”“结对子”的办法，对困难家庭或人员进行帮扶，利用政策或信息引导群众脱贫致富，打好精准扶贫攻坚战，并与上级部门加强衔接，强化沟通，克服困难，帮助组建专业合作社，以产业带动贫困户发展；其次是在对贫困户重新识别过程中，高度重视，全员参加，对贫困户及非贫困户进行全方位走访，配合尹吉甫镇的工作步骤入户开展工作，确保在识别工作知晓率、满意率达到要求。二是在开展“八个一”活动中，党员干部积极参与，深入驻点村，走访群众，倾听百姓心声，虚心听取意见和建议，为村上的经济发展和产业调整出谋划策。三是紧紧围绕五城联创目标，扎实落实五城联创包联路段创卫工作，加强卫生长效管理，开展健康教育宣传活动，确保五城联创工作各项目标落到实处。

（沈 雷）

【房县人民防空办公室领导成员名单】

主任：田茂成

副主任：郑绪庆

法 治

政法委及综治

【概　况】2017年，房县政法工作突出抓好科学维稳、立体化治安防控、社会治理、法治房县建设、服务大局、队伍建设等重点工作，全县社会大局稳定、治安形势良好，实现了“六个未发生”的目标。“六个未发生”即未发生重大政治性事件、未发生非法聚集事件、未发生群体性事件、未发生暴力恐怖事件、未发生影响恶劣的重大刑事案件、未发生个人极端案事件。

【维护稳定】一是维稳责任层层压实。县委、县政府主要领导带头履行维稳第一责任，对维稳工作亲自部署，亲自督促，先后召开县委常委会7次，召开维稳专题会议10余次，对维稳工作批示50余次，对各重要节点、敏感时期维稳工作进行专题部署，及时解决维稳工作面临的突出问题，确保维稳工作顺利推进。年初县委、县政府与乡镇、县直单位，乡镇与村（居）、县直单位与内部科室层层签订维稳目标管理责任书，将维稳责任层层分解到部门、落实到个人。健全完善责任追究机制，对维稳工作组织领导不力的3个乡镇的主要负责人在全县通报批评、责令向县委做出书面检查，对未严格执行涉稳信息报送相关规定的15个乡镇和22个单位进行通报批评。二是敏感期维稳有力推进。坚持超前谋划、周密部署、联动协作，对重点信访人落实县领导包案责任；组织县领导接访下访约访35人次，协调解决事关民生的疑难问题200余件。实现“京汉不去人、本地不出事、网上不炒作”目标，连续打赢“两节”“两会”、“一带一路”国际高峰论坛、“道教论坛”、省第十一次党代会和党的十九大等敏感时期维稳攻坚战。三是情报信息工作不断加强。严格落实网络巡查监控机制，坚持网上网下联动，对涉房、涉稳等敏感事项积极开展舆情导控，引导舆情600余条，参与舆情引导2500条，及时发现处置本地舆情信息56条，有效防止炒作事件发生。同时，共收集各类涉稳信息300余条，经分析研判制发《维稳要情专报》8期，敏感期制发《维稳信息研判专报》15期，共推送预警信息135条。四是社会面管控工作全面加强。大力加强反邪教工作力度，依法取缔宗教非法活动场所1处，查处邪教案件2起，打击处理5人，教育转化2人，发放《公民防范恐怖袭击手册》5000册、宣传单10000张，集中讲课14场次。组织开展“反盗抢、防诈骗、抓逃犯、禁赌毒”和打黑除恶、缉枪治爆等专项行动，全年共侦破刑事案件572起，抓获犯罪嫌疑人675人，打掉犯罪团伙17个69人，有力地震慑违法犯罪。深入开展道路交通、安全生产、火灾隐患、校园周边环境整治等专项行动，督促整改安全隐患1483处，关闭取缔违规经营烟花爆竹零售店39家，排查整治道路安全隐患104处，查处各类交通违法行为95331起，牢牢守住安全底线。

【社会治理】 一是全力推进综治中心规范化建设。建成村级标准化综治中心（便民服务中心）278个，开展便民服务3.3万余次，服务群众5.2万余人；建成标准化乡镇综治中心20个，配备综治中心专职工作人员75名，实现有组织领导、有工作机构、有办公场所、有专职工作人员、有工作经费的“五有”目标。二是不断提升网格管理服务水平。按照“平台共管、资源共建、信息共享”的思路，加快推进房县城乡网格化服务管理综合信息平台建设，建成全县“大数据”，全县共有261个村接入房县城乡网格化服务管理综合信息平台，更新完善各类数据539660条，运用信息平台共排查各类安全隐患347起，化解矛盾纠纷398起，发布各类工作通知、动态信息653条，实现大事全网联动、小事一格解决的目标。三是深入推进平安创建活动。扎实开展“优秀平安乡镇”“无刑案乡镇”“优秀平安村居（社区）”“无盗村（社区）”“平安医院”“平安市场”“平安物业小区”“平安校园”等系列创建活动，增强基层平安创建的生机和活力。认真落实平安创建动态管理、末位淘汰制度，对已命名的13个优秀平安乡镇、87个村（居）开展复查复核，对工作停滞的村（居）进行督办整改，对工作倒退的村（居）开展摘牌整治，巩固平安建设成果。四是突出抓好矛盾纠纷化解。健全和完善矛盾纠纷多元化解机制，发挥卫计、交通、住建等8个专业调解领导小组作用，促进34起行业内矛盾纠纷及时化解。大力推进诉前调解工作，受理各类诉前调解案件122件，调解成功91件，调解成功率达74.5%。滚动摸排各类矛盾纠纷1820件，成功化解1760件，化解率达96.7%，全县未发生因矛盾纠纷排查调处不力引发的重大刑事案件和群体性事件。五是着力加强重点人员管控。组织各乡镇及相关单位对“七类”重点人员进行摸排汇总，共掌握重点人员3785人，其中精神障碍患者2243人，落实契约化管理措施，确保重点人员“底数清、情况明、控得住、不滋事”。2017年集中医治重度精神障碍患者951名，落实财政预算以奖代补资金150余万元，有效防止精神障碍患者肇事肇祸事件发生。密切关注涉军、民师、失独家庭、“财商财富”“善心汇”“E租宝”等重点群体活动，建立重点群体台账，全面掌握重点群体情况，确保重点群体稳定。重手打击进京赴省非访人员，依法将采用恶意缠访、扬言报复、要挟等手段敲诈他人钱财的犯罪嫌疑人朱某、沈某刑事拘留，对非法携带管制刀具的重点上访人员贺某依法行政拘留，有力地震慑违法信访人员，维护正常的信访秩序。六是扎实推进“雪亮工程”建设。充分运用电子围栏、人脸识别等高科技、新技术手段，优化完善城镇视频监控基础设施，加强重点行业领域视频监控建设联网应用，城乡公共安全视频监控的一体化、实用化、现代化水平不断提高。2017年，全县已安装A类探头198个、B类探头4695个，安装视频电话联防装置10万余户，初步实现视频监控网络全覆盖，消除监控盲点。通过着力创新基层社会治理方式方法，全面提高预测预防各类风险能力，全年刑事案件下降3.2%、重大刑事案件下降10%、可防性案件下降3.9%，群众安全感、治安满意度、公正执法满意度、平安创建知晓率和参与率同比均实现大幅跃升，位居全省第一方阵，综治工作整体水平处于全市前列。

【法治房县】 一是落实法治建设主体责任。以落实《党政主要负责人履行推进法治建设第一责任人职责规定》为抓手，压实职责任务。5月22日，县委书记蔡贤忠主持召开县委常委会，听取法治房县建设工作情况汇报，研究解决法治房县建设工作面临的突出问题。出台《2017年法治房县建设各专项工作指导组职责分工》，对5个专项工作指导组职责任务进行明确，先后召开联席会议3次，商讨解决法治重点事项2件，安排部署法治建设重点工作16项。加大法治建设绩效考核结果运用，积极树立选人用人的法治导向，县乡换届中共有10余位法治绩效考核成绩优秀的人员调整到重要岗位。二是加快推进法治重点工作。组织开展领导干部、党员干部法治培训8次，不断提高党员干部运用法治解决问题的能力。严格实行重大事项集体决策机制，认真落实"公众参与、专家论证、风险评估、合法性审查、集体讨论决定"等法定程序，增强决策的科学性、合法性。健全完善四项清单制度，加强了行政执法单位和人员资格清理，开展行政执法岗位培训，接受群众、社会监督，全面提升行政执法效能。稳步推进司法体制改革。县法、检两院推进员额管理制度改革，入额院领导带头办案达114件。县人民法院全年收案数、结案数同比上升13.7%、14.8%，县人民检察院查办职务犯罪起数实现同期最高。县公安局推进警务体制改革，初步形成现代警务模式，在智能化、信息化上取得新突破。县司法局认真落实社区矫正制度改革、公证机构市场化改革、司法鉴定管理改革、律师制度改革，司法行政水平明显提升。三是深入开展法治社会建设。组织开展普法宣传，全县群众对法治建设的知晓率和参与度大幅度提升。深入推进基层创建，坚持"系统抓、抓系统"，按照《关于组织开展法治乡镇、法治单位、民主法治村创建活动的通知》精神，培育一批亮点，示范带动全县法治创建工作，创办各类型的法治创建"示范点"20个，建成法治文化主题公园6个、主题广场1个，"法治体验馆"1个。认真落实法治惠民。县委政法委大力加强司法救助工作，全年共发放司法救助金40余万元；政法各部门强化联动协作，积极组织开展"涉法涉诉信访积案化解活动"，全面落实法律顾问制度，在司法、民政、扶贫等领域强化惠民措施，让群众充分享受"法治红利"。

【服务大局】 一是持续创优发展环境。政法机关全面践行建设性执法、司法，树立谦抑、审慎、善意、文明、规范办案理念。依法惩治侵犯各类市场主体合法权益的违法犯罪活动。持续开展服务项目企业建设年活动，最大限度地为企业排忧解难。2017年，县公安局组织开展以"打制假侵权，保企业品牌；打非法集资，保金融稳定；打涉企犯罪，保企业平安；打坑农害农，保农业发展"为重点的专项行动，依法查处制售假冒伪劣、危害食品药品安全、侵犯知识产权等经济领域的多起违法犯罪案件。县人民法院举全院之力打响"基本解决执行难"攻坚战，执结各类案件932件，标的额1.84亿余元，切实保障胜诉当事人权益最终实现。县人民检察院坚持"严打"方针不动摇，审结故意伤害、聚众斗殴、盗窃等犯罪案件72件94人。保持反腐高压态势，审结贪污、受贿等职务犯罪案件9件9人。县司法局组织律师和法律服务工作者为全县20余家中小企业、民营企业担任法律顾问，为企业提供便捷、高效的法律服务。二是扎实开展精准扶贫。县委政法委高度重视精准扶贫工作，积极发挥片长单位的牵头、协调、督促作用，确保大木厂镇全部驻村帮扶工作落到实处。机关干部职工深入联系点，开展座谈、调查走访等工作，为扶贫工作提供强有力的保障。县人民法院按照"三率一度"要求，组织所有帮扶干警实地入户走访，找准致贫原因，落实帮扶措施，确保扶真贫、真扶贫。县人民检察院召开"春季攻势"誓师大会，精心部署扶贫工作，认真落实各项扶贫任务，将扶贫优惠政策落到实处。县公安局坚持把精准扶贫工作作为"一把手工程""全警工程"，把进村入户走访作为全警每月的"必修课"、班子成员把"五访"作为工作的"必查项"。县司法局因户施策、因地制宜，以脱贫实效为检验标准，进一步融洽干群关系，使干部得到教育、群众得到实惠。三是政法业务实现新突破。县委政法委围绕政法工作重点、社会热点和群众关注焦点，把网格化平台建设、执法监督员工作制度、重点人员服务管理等工作列入“政法23项重点工作任务”清单，确保“政法实事”落地生根、开花结果。县公安局认真组织开展“破案攻坚”行动，共侦破各类侵财案件178起，抓获犯罪嫌疑人52人，办理“黄赌毒”案件102起、477人，收缴各类违法枪支弹药9支、1475发，有效铲除人民群众深恶痛绝的社会“毒瘤”。县人民检察院共受理提请逮捕刑事案件78件103人，依法批准逮捕76件101人，受理移送审查起诉刑事案件249件302人，提起公诉203件239人，立案侦查职务犯罪案件31件35人。县法院共受理各类案件4088件，结案3687件，结案率为90.2%。县司法局共受理法律援助案件296件，开展法律援助宣传、法律咨询、送法进社区、村居、解答法律咨询500余人次，发放宣传资料1万余份。

【队伍建设】 一是坚持政治建警，确保忠诚可靠。政法各部门以“两学一做”学习教育常态化制度化为抓手，党组（党委）主要负责人带头参加“两学一做”学习教育，深入各自联系点讲党课，引导干警坚定政治立场；全县政法机关32个党支部利用每月“党支部主题党日”和每周四学习日等时间，组织干警认真学习十九大精神、党章党规党纪，深入开展忠诚教育，加强党史国史、革命传统、形势政策教育，加强社会主义核心价值观和社会主义法治理念教育，筑牢“为民、务实、清廉”的思想根基。二是坚持素质强警，能力过硬。健全全员培训制度，创新“网络+培训”的工作机制，保障干警随时随地随案学习。组织举办政法干警专题培训班，根据政法工作面临的新形势新任务，加强教育培训的针对性，注重提升干警的应急处置能力、群众工作能力、信息化应用能力、媒体应对和舆论引导能力，助推中青年干警成长进步。通过全员参与、以比促学，着力提升干警的实战能力。县人民法院开展“法官教法官”活动，组织资深法官针对各自工作领域进行专题讲座，县人民检察院认真开展庭审观摩和岗位“学、练、赛”活动，县公安局对基层干警的轮训形成制度，全局92%的民警通过基本法律知识考试，83%的民警达到计算机“七会”要求，县司法局采取“调解观摩”等形式，积极组织干部参加省市县三级培训。三是坚持作风砺警，确保清正清廉。在全县政法系统组织开展为期10个月的纪律作风教育整训活动，积极整合纪检、政工和执法监督职能，围绕执法司法突出问题加强督查，对群众举报的政法干警违法违纪问题一查到底，对上级交办的重大复杂疑难案件挂牌督办，对可能存在人情案、关系案和群众反映强烈、有重大社会影响的案件组织评查，对问题案件进行纠错、整改、问责，以零容忍的态度严查干警违法违纪。2017年，全县政法机关共组织开展部门之间交叉检查5次，发现并通报问题7个，政法各部门组织开展内部检查32次，发现并整改问题19个，通过强化督查、立行立改，营造风清气正的工作氛围。2017年，通过政治建警、素质强警、作风砺警，政法队伍争先创优意识、能力素质不断增强，涌现出一大批先进典型和优秀模范。全年政法部门共有11个单位、35名干警荣获省、市级以上表扬。县人民法院2人论文荣获国家级表彰，12人论文荣获省、市级表彰。县公安局刑事技术室被公安部评为“全国示范刑事科学技术室”“全国优秀公安基层单位”，县人民检察院被省委授予“2016—2017省级文明单位”，县司法局1名干部被评为“全省政法队伍先进个人”。

（夏旭东）

【房县县委政法委领导成员名单】

县委常委、政法委书记：祁国鹏

常务副书记、综治办主任：陈传斌

副书记、法治办主任：冀　武

战线工委副书记：朱　敏

法制政府建设

【概　况】 严格行政决策程序，不断推进依法、科学、民主决策。严格规范性文件合法性审查、备案、清理制度，及时公布继续有效、废止、修改文件目录。设立县政府法律顾问室，普遍建立政府法律顾问制度。充分发挥法制机构参谋作用，全年审查招商协议、合同72份，出具重大决策法律建议15份。规范行政执法行为，认真组织行政执法学习培训，严格落实行政执法主体公告制度，全面实行行政执法人员资格管理和持证上岗制度。加强执法监督，扎实开展行政执法案卷评查，全面推行权责清单管理，深入推进“两法衔接”，积极实施相对集中行政处罚权。依法化解矛盾，充分发挥行政复议救济渠道作用，认真落实行政机关负责人出庭应诉制度，全年共处理行政复议案件28件。

公　安

【概　况】 2017年，面对严峻复杂形势和艰巨繁重任务，全年未发生影响稳定的大事件、性质恶劣的大要案、群死群伤的大事故、涉警涉稳大炒作和队伍大丑恶，群众安全感再次上升14位，进入全省第一方阵。刑事科学技术室荣获“全国优秀公安基层单位”，31名民警和6个集体分别受到省、市、县表彰，1名民警荣获县级劳动模范。

【政治维稳】 扎实开展打击邪教专项行动，通过积极侦查，抓获2名涉嫌组织、利用邪教组织破坏法律实施犯罪的网上逃犯。主动加强预警性、内幕性、行动性情报信息的搜集上报、分析研判和处置工作。会同县防范办深入各乡镇开展反邪教宣传教育共17次，发放反邪教资料400余册、5000多张，受教育群众达3000人。

【打击犯罪】 全县共接群众报警44466起，其中有效报警17445起，通过积极工作，破获刑事案件878起（其中现案370起，隐积案266起，协外破案242起），破案绝对数与上年同比上升11.8%；抓获各类犯罪嫌疑人247人（其中逃犯39人）；共摧毁各类犯罪团伙13个涉案59人破案17起；为国家、集体和个人挽回经济损失96万余元。查处行政案件3399起，打击处理违法人员1313人，其中行政拘留596人。全县社会治安与上年同比呈现“一升十降五个未发生”：破案绝对数上升11.8%；全县接警总量、有效接警、刑事案件、治安案件、交通事故、火灾事故、侵财案件、故意伤害、寻衅滋事案件、经济类案件分别下降8.9%、2%、27.4%、16.3%、40%、30%、6.6%、8.7%、45.5%、12.5%。

【严打整治】 坚持“命案必破、要案快破”。全年2起现发命案均在第一时间告破。8月23日，工作专班在市局刑侦支队和安徽警方的大力支持下，通过人像比对、DNA鉴定等手段，成功将潜逃至安徽阜阳化名为刘克付的命案逃犯操某某抓获，破获一起15年前的命案积案，省公安厅专门致电祝贺。先后协助侦破上海松江“2016.12.17”杀人抛尸案、浙江宁海“2017.3.8”故意伤害罪致人死亡案、襄樊宜城“2017.7.18”绑架杀人抛尸案3起命案。保持高压态势，严厉打击“黑恶”、故意伤害、寻衅滋事等犯罪行为，通过打击震慑，故意伤害、寻衅滋事案件与上年同比分别下降11.6%、45.5%。先后破获系列扒窃案、系列入室盗窃案等各类侵财案件740起，抓获犯罪嫌疑人68人，为群众挽回经济损失96万余元。同时，扎实开展宣传防范、巡逻防控、群防群治、阵地控制等防范工作，全力压降侵财案件。7月开始，在全县范围内开展“禁赌”专项行动，以“打团伙、截源头”为工作目标，严打赌博违法犯罪行为，先后在红塔镇磨石沟村、城关镇莲花山核桃基地厂房内、窑淮镇界山村二组两岔河山上、上龛乡杨叉山等地捣毁6个聚众赌博窝点，抓获6名开设赌场的犯罪嫌疑人。全年共办理涉赌案件64起（其中刑事案件13起）、414人（其中刑事拘留37人、行政拘留180人，罚款197人）；办理涉黄案件2起、6人；办理毒品类刑事案件9起、10人；收缴收缴冰毒9.057克，麻果2.339克。办理吸毒案件29起、70人，强制戒毒17人，社区戒毒（康复）20人，新登记发现吸毒42人。查处非法种植毒品原植物案119起、119人（其中刑事拘留3人、行政拘留34人），铲除罂粟11007株。办理涉枪案件12起，打击处理8人；收缴气枪9支、火药枪1支、猎枪1支、仿真枪2支、钢珠弹1364发、铅弹191发、炸药0.2公斤、管制刀具12把；群众主动上缴电网2台、气枪3支、子弹492发、雷管748枚、过期炮弹1枚、弩2把。

【治安防范】 坚持“屯警街面、动中备勤”，在机动、交警、城关所分时段、常态化巡逻的基础上，节会期间抽调局机关警力包街包片巡逻，维护治安秩序，打击街头犯罪。农村各派出所带领义务巡逻队开展分片、错时巡逻，挤压违法犯罪空间。先后在巡逻中抓获违法犯罪嫌疑人41人，破案32起，化解纠纷250起，救助服务群众290人次。结合节会安保，坚持城乡同步、警种联动，先后在全县组织开展16次以区域大封控、场所大清查、街面大巡查为主要内容的集中查控行动，共清查重点单位、行业场所、出租房屋、物流寄递等3650家次，督促整改隐患310处；抓获违法犯罪嫌疑人37人，查破案件34起，收缴管制刀具8把。通过严打整治、查控震慑，全县接报警量，刑事、治安和侵财案件大幅下降。

【警卫安保】 坚持从严从细从实，科学用警，统筹兼顾，连续作战，连续打赢春节、元宵节、清明、“五一”劳动节、端午节安保攻坚战；圆满完成县“两会”、全县三级干部会议、正月十三大巡游、全国“两会”、“2017年秦巴片区扶贫暨十堰市金融扶贫现场会”“第四届国际道教论坛”和“一带一路”国际合作高峰论坛、省第十一次党代会、党的十九大、高中考、国庆中秋和圣诞节等重要会议、活动安保工作63场次，实现重要会议、重大活动、重要节日、敏感节点期间大事没出、小事也没出。为做好党的十九大安保维稳工作，全县公安机9月20日至10月26日期间启动战时工作机制，全体民警、辅警放弃双休日和节假日，日夜奋战在安保维稳第一线，通过强有力的措施，全面加强社会治安整治、重点人员查控、网络舆情监控等工作，以超常措施、超常力度实现“北京不去人，本地不出事，网上不炒作”的“三不”目标，受到上级公安机关和县委县政府的高度赞扬。县委、县政府给县公安局记集体三等功，给2名民警记个人三等功，给13名民警予以嘉奖。

【反恐防暴】 局党委4次听取反恐工作汇报，全面推进反恐怖工作经费、机构、专干设置等工作落实，一次性投入100余万元配备反恐应急装备，保证工作顺利开展。积极推动反恐怖主义法进社区、进学校、进企业、进家庭、进场所，提升群众反恐防范意识；按照“横向到边、纵向到底、不留盲区、不留死角”的硬性要求，强化基础摸排、情报收集、线索核查和重点目标防范工作，联合有关部门组成工作专班，采取“拉网式”“滚动式”办法，对各乡镇对党政首脑机关、水电油气、校园、医院、车站等要害部位及反恐重点目标单位开展安全检查和安防指导710家次，发现整改各类安全隐患91处，依法对2家隐患整改不重视、不及时的单位予以行政警告处罚。核查各类涉恐案件线索6起，查获重点关注对象2人，对全县11名43人次关注对象进行24小时动态管控，并妥善处置涉疆纠纷4起，有效预防和坚决防止各类恐怖事件的发生。

【道路交通】 扎实推进“农村所队联责联勤”工作，相继组织开展道路安全隐患集中整治、客运交通安全整治、交通安全“百日攻坚”、城区和农村交通秩序集中整治、道路交通“三大攻坚”等专项行动和“喜迎十九大、忠诚保平安”三个不发生创建活动，完成淘汰黄标车淘汰任务184台。对255台客车、72台货车、1027台低速载货汽车、36393台摩托车建立“户籍化”档案，签订交通安全责任书22000余份，排查整改危险路段178处，安装信号灯2处，侦破交通肇事逃逸案15起，查处交通违法行为95331起，行政拘留104人，其中查获“酒驾”140起（其中醉驾15起）；与上年同比，查处交通违法数、办理案件数、行政拘留人数分别上升24.1%、54.3%、26.3%，交通事故起数、死亡人数、受伤人数同比分别下降40%、57.1%、38.5%，以超常的工作状态，圆满完成2017年春运交通安保工作，安全运送旅客182180人次，实现“四个不发生”的工作目标。

【消防工作】 提请县政府将消防工作纳入年度“综合目标考评”范围，督促各地各单位积极主动落实各项消防工作。组织开展集中培训、实战比武，实施月检查、季考核，促进乡镇政府专职消防队发挥第一道防线作用。先后组织开展汗蒸足浴场所专项整治、消防产品专项整治、高层建筑消防安全专项治理、夏季消防安全检查、冬春火灾防控等专项行动，深入推进微型消防站建设、消防控制室达标创建、智慧消防系统安装和火灾隐患排查整治工作。共检查单位、场所1584家，发现火灾隐患2467处，督促整改火灾隐患2357处，下发责令改正通知书1231份、行政处罚决定书52份、临时查封决定书33份，责令“三停”20家，行政拘留4人。提请县政府对1家存在严重消防安全隐患整改不力的单位实施查封关停措施，对1家高层公共建筑单位进行督办。建成微型消防站118家，督促13家单位安装并运行“智慧消防”系统。组织开展消防宣传进社区、进家庭、进校园、进企业活动，发放宣传资料20000份。火灾事故与上年同比下降30%。

【公安信访】 按照包掌握情况、包解决问题、包教育转化、包稳控管理、包依法处理的“五包”原则，共办理来信来访223人次、上级交办各类信访事项81件。认真落实局领导定期接访、主动约访、带案下访等措施，共接访、约访、下访群众126人次，化解信访问题81件，有效避免重信重访问题发生。实现全国“两会”、第四届“国际道教论坛”和“一带一路”高峰论坛、省第十一次党代会、党的十九大等敏感节点期间赴省进京零上访、零滋事、零事故工作目标，受到市、县领导的赞扬；特别是党的十九大期间，坚持“一日两排查、一日两研判、一日两报告”，通过工作联动，实现了“十九大”期间“零非访、零滋事”。

【公安宣传】 积极落实市局提出的“上榜、上台、上报、上稿、上心”“五上”要求，坚持从高赞警，弘扬正气，省、市《公安简报》47次推介房县公安工作经验，中央电视台等中央和省市媒体先后180余次宣传报道房县公安工作，“平安房县”微博、微信编发16333条，粉丝已达24625人，有力地展示房县公安的良好形象。

【队伍建设】 扎实开展“迎接十九大忠诚保平安”主题教育实践活动、第十八个党风廉政建设宣传教育月活动、习近平总书记“5·19”重要讲话学习讨论活动、“五比五看”、学习贯彻党的十九大精神等一系列学习教育活动。坚持把每月一次的“支部主题党日+”作为政治教育主要途径，加强民警政治思想教育、党纪党规教育、法律法规教育、警规禁令教育，不断强化理论武装，提升政治理论水平。将2017年确定为纪律作风教育年，在全县部署开展纪律作风教育整训活动，切实解决队伍中不能为、不愿为、不敢为、不善为、不实为、乱作为六个方面的突出问题。同时，相继组织开展“数字证书专项清理”、“公安机关内部机动车辆涉牌涉证专项治理”、“作风建设突出问题专项治理”等行动，有效减少内部安全风险。局党委成员共深入基层开展“五访”检查督导500余次，督办整改问题苗头210个。纪委督察开展现场督察60余次，制作督察笔录50余份，发现问题苗头62个，下发督察决定书、督察建议书14份，编发督察通报7期，局纪委警示谈话、提醒谈话、批评教育50人次，通报批评2个单位、诫勉谈话7人、责令写出书面检查4人，对2名违反工作纪律的民警给予政纪处分。按照上级公安机关“大培训、大练兵、大比武、大交流、大建设”活动总体部署，相继开展刑事技术业务培训、交通管理、“全警三员”、消防综合业务等14期专业培训，培训民警310人次。全额兑现了全局民警五个月的奖励工资、民警法定工作日之外加班补贴和执勤岗位津贴。招录13名民警全部分配到一线所队工作，县委为公安民警落实副处级非领导待遇1人、副科级非领导待遇15人，明确主任科员9人，提拔副科级干部1人。严格落实“全员带薪年休假”，组织全局406名民警职工进行体检，并建立健康档案。对妨碍民警执行公务、损害民警合法权益的17起案件，依法进行从快查办、从严打击，维护民警正当执法权益。投入30万元增配执法记录仪165台，一线民警达到“人手1台”。

【服务中心】 紧紧围绕县委、县政府总体部署和全县中心工作，主动当好参谋助手，及时果断处置群体性上访苗头14起，劝解、化解、疏导政府办公区涉访人员1079人次，有效地维护县委政府正常办公秩序。依法办理“五闹三堵”案件17起，打击处理21人。积极参与“五城联创”工作，安装各种标志牌80块，施划6个信号灯岗区非机动车道标识40个，安装非机动车行驶标志20块，严查城区“车乱停、摊乱摆、人乱行”等不文明交通行为3000余起，积极劝导文明出行和礼让斑马线5000多人次，制止行人翻越护栏等2000多人次，清理街头路边“野广告”2311条，集中整治城区交通秩序，取缔非法营运“麻木车”131台。全县户政、消防、行政审批、出入境、车驾管等服务窗口共办理行政许可79641笔，实现“零”差错。全局窗口单位开展延时服务，接受群众预约办证451人次，开展上门办证服务510件次；出入境窗口为群众办理“足不出户”港澳签注业务195件次，为25名办证群众开展“微支付”服务，避免群众跑二次路。为群众找回走失老人孩子、救助伤病员、寻找丢失钱物480人次，收到锦旗15面、感谢信4封。局直单位191名民警、职工分别深入白鹤镇赤岩、白鹤、双河三个村结对帮扶的516户困难群众家中开展大走访、大帮扶，因户施策逐一制订巩固脱贫计划，并有序推进实施，3个驻村工作队每月坚持驻村工作20天以上，协调好各方关系，落实好帮扶措施，所帮扶的赤岩、白鹤、双河三个村集体收入均达到5万元以上，脱贫比例达99.95%，实现了预期脱贫效果。

（谭周东）

【房县公安局领导成员名单】

副县长、公安局党委书记、局长：柯正洪

党委副书记、政委：张耀轩

党委副书记、副局长：郭怀生　杨守元

党委委员、纪委书记：刘　飞

党委委员、副局长：李年华　戢运明

郭　军　谭　群

党委委员、副政委、政工室主任：陈龙清

党委委员、交警大队大队长：贯宗元

检　察

【概　况】 司法改革试点后，县人民检察院内设“六部一局”，全院89人，其中党员68人，检察官53人（员额检察官29人），法警6人，大专学历22人，本科学历61人，研究生5人。2017年，检察院深入贯彻党的十八届三中、四中、五中、六中全会和十九大会议精神，以“服务项目建设年”

为载体，以“五个争创”为抓手，充分履职尽责，积极服务大局，取得了稳中有进，进中向好的新成绩。13项工作在全市工作目标考核中位居“优秀”档次，被市院评为“先进基层检察院”。

【服务大局工作】 积极服务项目建设。开展“服务项目建设年”活动，全年走访86次，召开“座谈问需会”42次，提供法律咨询68次，帮助解决困难和问题16个。积极服务非公企业。对2名非公企业经营业主和股东不予批捕，查办侵犯非公企业合法权益职务犯罪案件2件2人，对1名涉嫌犯罪的非公企业经营管理人员变更强制措施，对涉及非公企业的民事审判活动违法提出检察建议1件，提供法律服务86次。积极保护生态环境。开展堵河领域姚坪库区联合检查集中整治行动。积极投身精准扶贫。可容纳106户216人的集中安置小区年底全部搬迁入住；种植经济苗木和景观苗木10万余株，养殖家禽家畜3904只，发展黑猪200头、秦巴黄牛36头；在石龙沟村新征土地4048平方米、新铺设饮水管道1500米，添置垃圾桶122个、安装太阳能路灯10盏，新修生态河道1.5公里，架设便民桥3座。

【打击刑事犯罪工作】 共受理提请逮捕刑事犯罪84件110人，依法批准逮捕61件84人；受理移送审查起诉刑事犯罪273件329人，提起公诉212件248人。其中重点打击恶性犯罪，批准逮捕33件44人，起诉45件71人。重点打击严重破坏市场经济秩序犯罪，办理公安部督办的“12·20”跨境电信网络诈骗犯罪1件5人，受理审查侵犯公民个人信息类犯罪1件1人。重点打击破坏环境资源犯罪，起诉23件26人。重点打击严重危害国家政治安全的犯罪，督促公安机关抓捕在逃“会道门”邪教组织犯罪1件2人并提起公诉。共不批捕犯罪嫌疑人26人，不诉犯罪嫌疑人11人。对3名在判决前积极履行“补植复绿”义务的被告人建议适用轻缓刑处理被采纳。受理提请批捕未成年人案件9件9人，批准逮捕9件9人；受理未成年人公诉案件12件12人，其中起诉未成年被害人案件11件11人，起诉未成年犯罪嫌疑人案件1件1人，向办案部门发出检察建议2件。建立多个部门参与的未成年人司法保护长效协作机制，聘任6名爱心人士成立合适未成年人团体，与外地检察机关建立并推行附条件不诉的异地考察机制。开展“防止校园欺凌”“法治进社区”等专题宣传教育活动，未成年刑事检察工作报告在县人大常委会上全票通过。

【查办职务犯罪工作】 共立案侦查职务犯罪案件31件35人，其中贪污贿赂类案件25件25人，同比件数和人数均上升92%，渎职侵权类案件6件10人，同比件数上升20%、人数上升10%。其中，重大贪污贿赂案件10件，重特大渎职侵权案件3件，副科级以上干部5人。开展“4·20”专案行动，在县水务系统先后立案侦查8人。立案侦查行贿犯罪10件，占立案总数的32.2%。完成预防调查报告11份，开展警示教育17次，开展预防宣传13次，提出预防检察建议4件，开展预防职务犯罪“邮路”活动。

【诉讼法律监督工作】 在立案监督方面，建立“两法衔接”信息共享平台，监督立案19件，监督撤案4件，监督行政机关移送涉嫌犯罪案件13件。发出书面纠正违法8件，检察建议3件。在侦查活动监督方面，向公安机关发出书面纠正违法通知书8件，提出检察建议3件，追诉漏罪3人。在审判监督方面，对量刑畸轻刑事判决提起抗诉3件，对审判活动中的违法行为违法活动，发出书面纠正违法19件，发出检察建议6件，被采纳4件，建议适用简易程序审理案件48件，列席审委会2次。开展羁押必要性审查10件，变更强制措施9件，开展羁押期限审查3件，监督纠正3件，发出检察建议14件，提出书面纠正意见9件，立案侦查法官职务犯罪案件2件2人。在民事行政诉讼监督方面，对民事审判程序违法行为监督5件，受理民事执行活动监督案件4件，对民事执行活动监督受理4件，当事人息诉服判6件。督促行政机关履行职责9件，被采纳9件。行政公益诉讼克难“破冰”，成功办理全县首起行政公益诉讼案件。协助市人民检察院办理民事虚假诉讼案件1件。

【检察改革工作】 科学整合规范内设机构，将原内设机构设置为“六部一局”，按照一名入额检察官配备若干名检察辅助人员的模式合理配置人员。落实落地司法责任制，制定入额检察官权限清单，明确入额检察官工作职责。制定《检察官、检察辅助人员绩效考核及奖金分配办法》。落实领导班子成员直接办案制度，检察长、副检察长带头办理各类案件82件。落实单独职务序列改革，对7名四级高级检察官落实职级高配政策，核定一级检察官16名、二级检察官3名、三级检察官2名。全力支持、积极配合国家监察体制改革试点工作。创新推进工作机制。发布案件信息840余条，召开新闻发布会2次，开展司法透明执法活动和专项活动10余次。聘请8名律师定时定点开展来访接待、矛盾化解等工作，妥善处理一批涉法涉诉信访案件。

【检察队伍建设】 狠抓思想政治教育，开展春季集中教育整训活动，高质量完成每月一次的“主题党日”规定的各项动作，采取多种形式深入学习贯彻省党代会、党的十九大会议精神。加强基层党组织建设，改选党总支和党支部，积极开展争创“十星级”党组织、“十星级”党员活动。狠抓纪律作风建设，每月开展不少于4次的督察活动，对执行廉洁纪律、办案纪律、上下班纪律、会风会纪、集体活动、车辆使用、八小时以外活动、落实禁令禁规、参与精准扶贫工作等情况明察暗访，及时批评教育。狠抓干警素能提升，17名干警参加法律专业本科自修学习，2名干警通过国家司法考试，安排干警参加业务培训和政治学习297人次，积极开展“学习型党组”“学习型检委会”创建工作，中心学习组集中开展学习16次，党组成员撰写和发表调研文章16篇。狠抓检察文化建设，举办庆“七一”摄影、书画作品展览活动；3名干警的6幅摄影、书画作品获省级荣誉；房县检察院在全市检察系统第三届职工运动会上成绩突出。夯实自身基础建设。全院集中搬迁新区，并投入大量资金建设和在建“两中心一厅一平台两室一基地”项目。

（赵之豪）

【房县人民检察院领导成员名单】

党组书记、检察长：柯昌宏

党组副书记、副检察长：戴明华

党组成员、副检察长：李　林　许光亭

张吉斌　王　瑜

党组成员、政治处主任：徐明芬（女）

党组成员、专职检委：李　兵

党组成员、反渎局局长：张淑均

党组成员、反贪局局长：李全泉

法 院

【概　况】 2017年，房县人民法院共受理各类案件4092件，办结3704件，结案率为90.52%。制定《房县法院关于进一步加强和规范2017年度政治理论学习的规定》，每两周开展全院集中学习会，为全面从严治党打下坚实的思想政治基础。细化《青年干警培养锻炼管理办法》，加强培养力度，激发、培养中坚力量。组织干警积极撰写学术论文，参加各种业务培训，提升干警业务素质。加强文明单位创建，促进法院在物质文明、政治文明和精神文明建设等各方面协调发展。

【刑事审判】 审结刑事案件215件，判处罪犯196人。全力打造平安房县，审结故意伤害、聚众斗殴、盗窃等犯罪案件72件94人。保持反腐高压态势，审结贪污、受贿等职务犯罪案件9件9人。切实保障群众“舌尖上的安全”，审结危害食品药品安全犯罪案件1件5人。惩处非法经营、非法吸收公众存款等扰乱市场经济秩序类犯罪17件41人，为县域经济稳定发展创造良好的法治环境。

【民商事审判】 审结民商事案件2221件。全面贯彻“调解优先，调判结合”原则，努力从根本上平息纠纷。审结侵权纠纷案件248件，最大限度保护人民权益不受侵犯。审结婚姻家庭案件727件，大力弘扬社会主义核心价值观和房县“十字”主流价值观。审结劳动争议、劳动合同纠纷案件49件，追索劳动报酬40万余元，维护劳资双方和谐关系。

【行政审判】 审结行政诉讼案件25件，审查行政非诉案件57件。注重权利平等保护，实现司法与民意零距离对接，经法院做工作后和解、撤诉案件4件，行政案件和解撤诉率38.6%，逐步架起官民互信的桥梁。依法支持检察机关提起公益诉讼，成功审结房县首例公益诉讼案件。认真审查执行社会抚养费征收、城市管理等行政非诉案件，全力支持计划生育和五城联创工作。强化司法与行政的常态化良性互动，邀请行政干部旁听庭审5次100余人。

【执行工作】 举全院之力打响“基本解决执行难”攻坚战，执结各类案件1141件，标的额1.84亿余元，切实保障胜诉当事人权益最终实现。对现有执行人员优化重组，充实8名高学历、高素质的年轻干警到执行队伍，按照“1名员额法官+1名执行员+1名书记员+1名法警”的模式，组建3个执行团队，做到人员搭配恰当、工作互促互补。按照最高法院的要求，于11月初开始实行执行统计指标体系和执行考核指标体系，对执行绩效进行全方位考核监督。建立执行案款一案一账户系统，确保执行行为规范，执行队伍廉洁。强力开展“破冰行动”“霹雳行动”和“飓风行动”，联合惩戒失信被执行人1230人次，其中自然人1135人，法人组织95家，司法拘留106人次，采取限制出境等边控措施36人，形成强大的强制执行威慑。

【服务大局】 认真开展“法官进企业”等活动，为天龙石墨碳业公司、湖北农商银行房县支行等企业授课、提供法律咨询20余次，引导企业依法规范经营和防范法律风险。妥善审理涉企纠纷，审结买卖合同、金融借贷等商事合同案件109件，依法平等保护市场主体。制定并出台《优化执法司法环境服务供给侧改革促进非公有制经济发展的实施意见》，开辟涉重点项目诉讼绿色通道，依法适当放宽立案、保全和执行条件，审判执行中慎用扣押、冻结、拍卖等强制措施，保障安捷力公司重组等重大招商项目顺利推进。

【司法为民】 加大对弱势群众的司法救助力度，为11名困难当事人依法缓、减、免诉讼费2.4万元，对50余名生活困难的申请执行人发放司法救助金共60余万元，彰显司法的人文关怀。以人民法庭为依托，在群众集中地增设巡回审理点，开展巡回审判80余次，起到“审理一案，教育一片”的作用。深入乡村、社区开展法律咨询活动20余次，发放法律宣传资料400余份。主动邀请代表、委员、记者旁听庭审或参与执行5次。

【精准扶贫】 抽调1名正科级干部任驻大木厂镇八里坪村第一书记，院机关干警对口帮扶大木厂镇八里坪村、东河村贫困户332户1031人，各人民法庭按照所驻乡镇安排开展当地精准扶贫帮扶工作。按照“三率一度”要求，所有帮扶干警实地入户走访，找准致贫原因，落实帮扶措施，确保扶真贫、真扶贫。实现所帮扶的八里坪村37户、东河村60户贫困户2017年脱贫、东河村整体出列的目标。

【司法改革】 全面落实院庭长办案制度，全院入额的院庭长依托所在审判团队，全部走上审判台“坐堂审案”。自2017年7月1日起，全面严格执行本院未入额人员不得独立办案的规定。建立诉讼服务中心，试行集诉讼引导、立案登记、诉前调解、集中送达、小额速裁、法律援助等工作为一体的服务体系，为群众提供高效优质的诉讼服务，有效解决“送达难”这一顽症。在全市率先挂牌设立房县法律援助中心驻人民法院工作站，进一步拓展为群众提供司法服务的方式。紧紧围绕办案质量和效率，制定《房县人民法院法官审判绩效评价办法》，并与2017年度绩效考核奖金分配挂钩。

（刘　睿）

【房县人民法院领导成员名单】

党组书记、院长：王俊卿

党组副书记：郑群谟

党组成员、纪检组组长：潘永清

党组成员、副院长：浦孝斌　李　强　孟文军　秦礼友　蔡　政

党组成员、审判委员会专职委员：宋学东

党组成员、执行局局长：张　毅

审判委员会专职委员：魏辉龙

司法行政

【普法依法治理】 一是高规格召开法治宣传会议。二是不断创新普法形式，大力度开展法治微电影展播评选活动。三是扎实开展各类法治创建活动，全面提高社会依法治理水平。四是法治文化阵地建设呈现多点开花的局面。五是进一步完善国家工作人员学法用法制度，全县无纸化学法用法参与率达98%以上。六是多路径全方位的开展法治宣传活动，系列法治宣传活动的开展获得百姓一致好评，百姓法治意识进一步增强。

【基层基础】 2017年，受理各类矛盾纠纷（人民调解案件）1820余件，调解1820余件，调解成功1760件，调解率100%，调解成功率96.7%，未发生民转刑案件。

【社区矫正、安置帮教】 社区矫正是维护社会稳定的一项重点工作，始终牢记责任，勇于担当，积极作为，创新管理方式，为构筑平安、法治、和谐房县做出贡献。一是强化社区矫正监管平台建设。二是安置帮教工作开展扎实有力，努力实现帮教社会化、就业市场化、管理信息化的目标。

【法律服务】 法律援助为民惠民影响力进一步增强。一是法律援助宣传成效显著。二是法律援助面不断拓宽。三是强化服务为民理念，建立农民工维权“绿色通道”，建立法律援助联席会议制度。四是法律服务市场服务质量进一步提升。按照司法部、省司法厅、市司法局要求在10月18日完成行政体制的公证处改革为公益二类事业性质的公证机构。司法鉴定市场不断扩大。2017年，共办理司法鉴定业务521件，法援委托办理16件，采信率98%，为符合法律援助当事人减免各种费用13000余元。

【律师队伍管理】 2017年，房县司法局始终把律师改革、律师管理作为亮点工作来抓，全县律师业务素质进一步提高。一是律师改革事务性工作推进到位。二是律师管理科学规范。三是支持律师参与涉法涉诉信访接待和申诉代理工作，完善律师参与涉法涉诉信访矛盾化解长效机制建设。四是主动服务民生发展大局，积极开展“6·13”律师义务奉献日活动。

【自身建设全面加强】 2017年，坚持提升履职效能，完善体制机制，内强素质，外树形象，不断加强自身建设，筑牢履职基础，提高司法行政工作科学化水平。一是机关服务效能全面提升。二是全面从严治党，筑牢队伍根基。严肃查处违法违纪行为不放松，提高岗位廉政风险免疫力，干部职工“四个意识”、廉政意识进一步增强，反腐倡廉建设进一步深化，“两个责任”全面落实。

【招商引资】 先后多次深入招商引资企业十堰武当农夫生态农业开发有限公司进行对接，对该公司扩大经营规模、种猪引进、资金运转等情况进行实地考察，就企业发展献计献策。截至2017年12月，招商引资企业到位资金累计达1000万元左右。

【精准扶贫】 始终坚持把精准扶贫作为重点工作来抓，举全局之力打好扶贫攻坚战。积极开展“精准扶贫春夏季攻势”，多次召开精准扶贫专题部署会，确保所有干部与所包贫困户对接到位。进一步强化档案管理，坚持多措并举，逐步改善村级基础设施建设，因户实策，壮大脱贫产业。抓重点、破难点、全力推进易地扶贫搬迁工作。精准扶贫各项工作收到良好的效果，得到帮扶村群众的高度好评，干群关系也进一步融洽，干部受到教育，群众得到实惠。

（王　震）

【房县司法局成员名单】

党组书记、局长：吴　杰

党组成员、副局长：高明勋　邹清洪（女）

党组成员、政治处主任：罗天荣（女）

党组成员、工会主席：周钢陵

党组成员、县普法办专职副主任：欧世平

综合经济管理

经济和社会发展

【农村经济】 以推进农业供给侧结构性改革为主线，全力壮大特色产业，促进农民持续增收，全年完成农业总产值59.5亿元，增长10.1%，农产品加工产值77亿元，增长10.3%。产业规模持续壮大。大力发展以八大产业为主的特色产业，发展合作社1117家，家庭农场135家，专业大户744户，新建核桃基地666.67公顷、药材基地2533.33公顷、茶叶基地1000公顷，发展烟叶2466.67公顷、蔬菜11600公顷，全县特色产业基地总面积突破80000公顷。山羊饲养量达105.7万只，发展袋料食用菌3640万袋、椴木木耳10万架，养殖大鲵90万尾。产业水平持续提升。吴氏茶叶、天森食品等规模以上农产品加工企业达到32家，产业融合进展加快，土城镇被列为全省三产融合示范镇，杜川、下店子等6个村列为三产融合示范村，新建一批休闲观光园，房县黑木耳、香菇列入中欧地标互认清单。村镇环境持续改善。加快竹房城镇带“一城八镇”建设，新实施生态家园项目8个，建设宜居住房488户，民居改造124户，新建沼气764处，改造卫生厕所1469座，新建农村安全饮水137处，实现全县181个贫困村光伏电站全覆盖，总装机达到5.2万千瓦。

【工业经济】 坚持“工业强县”战略不动摇，以供给侧结构性改革为主线，壮大工业主导产业，完成规模以上工业企业总产值75.1亿元，增长15%；工业增加值19.2亿元，增长11%。产业集聚加快推进。黄酒发酵、生物医药两大产业实现新突破，庐陵王酒庄、玉辂醉酒业相继投产，全县规模以上黄酒和发酵企业已达到10家，年产值9.6亿元；神农源中药材交易市场获评“鄂西北中药材仓储物流基地”，道地中药材加工企业达到20家，年产值达12.8亿元。重点企业快速成长。密切跟踪重点企业运行态势，及时协调解决企业运行难题，先后现场办公37次，解决问题213项，推动神农本草中药饮片中药免煎颗粒、忠和酒业料酒生产等16个项目开工建设，帮助金裕石材、天龙石墨等11家企业技改扩能。融资难题有效破解。创新融资方式，突出“十亿资金进百企”，通过“担保贷”“过桥贷”“助保贷”及县域经济调度资金帮助企业累计融资10亿元以上。全力支持企业上市融资，金裕石材转板稳步推进，星源科技、恒通汽配等7家企业已签订上市融资协议。

【商贸经济】 全年实现服务业增加值31亿元，增长9%，占地区生产总值比重达36.7%。企业培育力度加大。加快服务业转型升级，支持服务业企业企业做大做强，大力发展电商产业，先后培训电商人才800余人次，建立县级农村电商服务中心和69个村级电商示范点。中国网库房县公司、京东房县馆正式上线运营，全县新增限额以上商贸、服务业企业12家，限额以上企业总数达到63家。品牌创建有序推进。深入开展“旅游名村”“旅游特色小镇”创建，野人谷镇、军店镇被评为“湖北旅游名镇”，野人谷被纳入全省首批特色小镇创建名单。房县庐陵王黄酒被列为“荆楚名品”，向氏骨科入选“湖北老字号”，中国娃娃鱼美食之乡创建活动正式启动。旅游态势发展喜人。成功举办旅游推介会，与鄂、渝、川、陕四省15个县市成立“大巴山旅游联盟”，开展“美丽乡村生态年货节”“房县娃娃鱼美食节”等系列旅游营销活动，旅游市场持续升温，全县接待游客572万人次，实现旅游综合收入33.6亿元。鄂西北物流集疏配送中心、神农源中药材交易市场等商贸项目顺利推进，岩屋沟景区正式运营。

【项目工作】 以项目建设“双百工程”为抓手，全力推进重大项目，带动投资稳定增长。项目争取再创新高。全县对上争取项目资金37亿元，比2016年净增7亿元，同比增长23%，超额完成年度任务。其中争取到位易地扶贫搬迁等千万元以上项目56个，占项目争取资金总量的89.1%；成功申报6个棚户区改造项目，总投资18亿元。招商引资成果丰硕。出台《关于招商引资和支持实体经济创新发展实施意见》，组建5个专班驻外招商，全县新招商项目65个，实际到位县外境内资金61亿元。忠和酒业、渝川食品等一批项目相继落地开工，凯龙机电、雄耀体育建成投产。项目建设扎实推进。县委政府高度重视项目建设工作，采取一系列得力措施，18个市级重点项目当年投资计划全部完成；全市拉练项目陆续建成投产；150个重点项目建设卓有成效的推进，神武山珍扩能、九方魔芋技改扩能等11个项目竣工投产，完成固定资产投资175亿元，增幅16%。房县项目工作在全市综合考评中名列前茅，被市委、市政府授予“2017年度全市投资项目工作先进单位”。

【发展环境】 全力优化发展环境，推进基础设施、公共服务等条件持续改善，实现发展软环境和硬环境同步提升。行政服务持续优化。成立行政审批局，提供“一站式”“代办制”服务，一枚公章管审批。信用体系建设不断完善，先后开展食药安全、拖欠农民工工资等系列信用环境专项治理，发布失信被执行人黑名单3批次1093人，开展联合惩戒，限制高消费127人次，社会信用意识广泛增强。基础设施建设更为完善。6000户棚改全面实施，完成2117户危房改造，10条城市微循环路建成通行，20公里雨污分流管网有序推进，十竹路、半岛湾大桥、唐城东路建成通车，环城北路即将完工，万盐路、门中路、九义路、杜阳路顺利推进。环境治理深入推进。将33项环保指标纳入考核范围，开展以马栏河流域综合治理为主的五大专项治理行动，重点清理矿产开采、禽畜养殖、水利水电等六大领域，淘汰燃煤锅炉24座、黄标车184辆。全年申报创建省、市生态镇、生态村共50个，全县129个农村环境整治项目完工。

【社会事业】 全年减少贫困人口2.5万人。全面落实就业扶持政策，新增就业再就业8810人。五大保险参保人数达到53.8万人，基本实现城乡居民养老保险全覆盖。巩固深化公立医院综合改革，取消药品加成，174个村卫生室全部竣工，国家级中医药先进县通过预验收。思源学校主体完工，房县一中迁建、薄弱学校改造稳步推进，义务教育入学率100%。新增高新技术企业3家，省级技术工程中心1家，38家规上企业建立校企合作关系。文化惠民工程持续深入，村村响、户户通全面推进，文化市场管理水平不断提升。

（施　真）

【房县发展和改革局领导成员名单】

党委书记、局长：杨立武

党委副书记：卢启虎

党委委员、副局长：周显奎　张　平　黄盛国

党委委员：耿国平

战线工委书记：常和海

战线工委副书记：杨立武　卢启虎　赵从运

战线工会主席：施　真（女）

审　计

【概　况】2017年共完成审计项目（包含审计调查、专项检查）29个；提交审计情况专报14篇，提交省级以上审计信息127篇，被采用78篇；查出不规范资金11000余万元，其中违规金额3427.83万元，管理不规范资金7063.79万元；审减工程造价资金共计13335.1万元；向县、乡镇纪委移送案件线索31件，其中，房县纪律检查委员会立案4件、乡镇纪委立案27件，对存在的突出问题进行了追责问责全覆盖。荣获“湖北省精神文明先进单位”“湖北省审计宣传通联工作先进单位”“十堰市文明单位”等荣誉称号。1个审计项目荣获湖北省审计系统一等奖，1个审计创新案例荣获湖北省审计系统案例评选优秀奖。审计综合排位继续保持优秀行列，在湖北省100个区县审计机关工作量化考核中位居第18名。

【经济责任审计】积极探索经济责任审计方式、方法，加大从源头上治理腐败的力度，加强了对领导干部的任中经济责任审计。已完成14个经济责任审计项目（广电局、文体局、司法局、民宗局、移民局、综合执法局、扶贫办、文联、党校、门古寺镇、尹吉甫镇、窑淮镇、万峪河乡、九道乡），查出管理不规范资金7063.79万元。

【固定资产投资审计】继续加大固定资产投资审计力度，聘请社会中介机构和其他专业机构对工程质量、隐蔽工程等进行检测和监测，强化固定资产投资项目的事前、事中、事后全程审计监督。累计完成政府交办工程审计项目10个（行政服务中心1#—4#楼、义乌商贸城、诗经广场、小花菇食用菌基地、驾考中心、县中医院大楼、神武山珍、化龙卫生院、检察院消防、老干局老干部活动中心），审减工程造价资金共计13492万元，其中，仅诗经广场竣工决算审计项目1项，就为县财政节约资金5392.77万元。

【财政审计及专项资金审计】已完成2016年度县级预算执行和其他财政财务收支审计及7个专项资金审计项目。

【项目审计】一是积极参加湖北省委和十堰市委巡视巡查工作。派出经贸股柯玉斌赴丹江口市参加湖北省精准扶贫领域专项巡视工作，派出财金股高雯莉参加十堰市巡视巡查工作，表现出色，分别受到湖北省委巡视组、十堰市委巡查组的高度好评。二是派出审计组赴郧阳区开展保障性安居工程交叉审计项目，对该县保障房建设规模、使用效益、建设资金管理等方面进行审计调查。三是完成湖北省审计厅交办的2017年国家和省重大政策措施落实情况跟踪审计，针对审计过程中发现的问题，及时向房县县委、县政府提交意见和建议。四是全程配合郧阳区来房县开展的保障性安居工程跟踪审计，完成县委、县政府交办的任务。五是房县审计局抽调力量独立完成房县林业局及全县20个乡镇森林资源审计。

（林　鹏）

【房县审计局领导成员名单】

党组书记、局长：卢正斌

副书记：袁正硕

副局长：饶正超　胡继忠

总审计师：陈　超

安全生产监督管理

【概　况】2017年全县共发生1起生产经营性安全事故，死亡1人。全年无较大以上生产安全事故。上年同期相比，事故起数、死亡人数、经济损失全面下降，实现了省政府提出的安全生产“一无一降”的目标。

【责任体系】全年共召开4次安委会全会、7次专题会议，研究部署安全生产工作，确保“三个责任”落到实处。一是严格落实政府属地监管责任无盲点。研究出台《各级各部门安全生产责任清单》《各级干部安全生产职责清单》等制度。全县20个乡镇乡镇长任安委会主任，并按要求配备了安监员。二是严格落实部门监管责任无缺位。20个专业委员会和52个安委会成员单位牢固树立安全生产“一盘棋”“大格局”理念，严格按照“三个必须”的要求，各重点行业领域部门对本行业领域实行安全生产包保督查检查制。同时，建立跨部门安全生产信息通报、联合执法、行政执法与司法衔接、隐患排查、事故处置等联动机制，持续保持“打非治违”高压态势，有效提升安全监管能力和水平。三是严格落实企业主体责任无漏洞。以大力推进安全生产隐患排查治理“两化”体系为契机，突出抓好企业安全管理制度、安全培训、隐患整改治理等能力建设，督促、指导企业主体责任落实。做到部门监管责任与企业主体责任同步到位、重点领域与面上工作同步推进。全县上下形成“党政统一领导、政府依法监管、行业严格自律、职工积极参与、社会支持监督”的安全生产工作格局。

【基层基础】 一是统筹兼顾，积极推进“两个全覆盖”工程体系建设。始终树立“把风险管控挺在隐患前边、把隐患排查治理挺在事故前面”的理念，借助湖北省隐患排查治理“两化”体系平台和县网格化管理综合平台，督促各企业落实主体责任。截至年底，全县602家企业、40个部门已纳入“两化”体系平台，累积排查出一般安全隐患26903处，已整改治理26825处，隐患整改率达99.7%。同时，依托县网格化管理综合平台，充分整合资源，实施群防群治，全面推行安全生产网格化管理，确保每个基层网格有人管事，有人担责。232个行政村、644个村组被纳入安全生产网格化管理系统，全县安全生产网格管理员已达750名，累计排查并治理安全隐患2156处。二是标本兼治，不断增强事故防范能力。以安全设施和职业健康“三同时”审查工作为抓手，加强预警预测研判能力建设，不断强化安全生产防控和安全监管过程化管理。积极开展企业安全生产标准化建设，全县规模以上非煤矿山、烟花爆竹、危险化学品企业中，已达到三级标准的20家，5家液化气站、1家爆破公司、4家粉尘涉爆企业对辨识确认的重大危险源逐项进行登记建档，有效提升事故风险防范掌控能力。三是全县各级各部门把安全生产基层基础建设作为加强安全生产的治本之策，县安监局为20个乡镇安全办配备电脑、打印复印一体机、照相机、执法记录仪等执法装备。各乡镇进一步完善“五本台账”等基础性档案，持续推进乡镇安全监管规范化建设，切实解决人员、装备等问题，安全生产基层基础建设已步入规范化、常态化。

【安全生产监管】 年初，县安监局与20个乡镇政府签订安全生产行政执法委托书，制定《安全生产工作要点》和《安全生产监督检查执法计划》，并上报县政府审批。3月下旬，为进一步贯彻落实中共中央国务院关于推进《安全生产领域改革发展意见》，组织召开乡镇政府、重点行业部门和32家重点企业负责人座谈会，县安监局印制宣传资料150份，赠阅县领导、乡镇党委政府和县直部门主要负责人，以推动法律法规和相关文件的贯彻落实。为使基层安全监管人员熟练掌握安全生产“两化”和网格化系统操作、危害因素的辨识及预防措施、常见隐患的现场处理和网格事件的上报处置、执法文书的规范填写等业务知识，5月组织乡镇安全办主任、两化信息员和网格化管理员开展安全生产知识培训，进一步提高乡镇安全监管人员业务技能。

【专项整治】 为了贯彻落实《国务院安全生产委员会关于开展全国安全生产大检查的通知》和《湖北省安办关于进一步做好汛期安全生产工作的通知》精神，县安委会印发安全生产大检查实施方案，成立5个明察暗访组，46个专项检查组，实地检查企业530家，查出安全隐患2100条，开展联合执法24次，打击违法违规行为8起，2家企业停产整顿，关闭取缔烟花爆竹经营门店139家，临时查封8家有严重消防隐患企业，查处道路交通违法行为9000起，其中，查处超速3090起，超员477起，无证驾驶278起，酒后驾驶126起，行政拘留81人，有效遏制非法违法生产经营行为。

【宣传教育】 一是围绕“全面落实企业安全生产主体责任”活动主题，积极开展第十六个“安全生产月”活动。6月16日，组织25家县直部门在寿康生活广场联合举行安全生产咨询日活动，县委、县政府主要领导深入现场进行指导。咨询日当天，向群众发放各种宣传资料15000余份，展出各类展板42余块，咨询人数达3000余人次。二是通过电视、报纸、微信公众号、“云上房县”APP等主流媒体，开辟安全生产专栏，报道安全生产典型事迹，宣传安全生产先进人物。三是印发安全知识读本，深入机关、企业、学校、社区、农村、家庭、公共场所，开展安全生产知识讲座，普及安全生产知识，营造安全生产良好氛围。四是扎实推进“应急演练周”活动，在社区、校园、医院、危化企业等重点区域，组织开展防火灭火、应急避险、疏散逃生等自救、互救应急演练，有效提高应急管理水平和社会公众应急处置能力。五是认真组织开展安全生产网络知识竞赛，148家企事业单位3939人参加安全生产相关知识学习和考试，总得分位列全市第二。

（邢文平）

【房县安全生产监督管理局领导成员名单】

党组书记、局长：刘明德

副局长：杨传斌　刘朝平

总工程师：魏华明

公共资源交易监督管理

【概　况】 2013年6月房县编办以房机编〔2013〕18号文件批复同意将“房县招投标监督管理局（房县招投标管理办公室）”更名为“房县公共资源交易监督管理局（房县公共资源交易管理办公室）”，隶属县发改战线工委，实行一套班子、两块牌子，为正科级全额拨款事业单位，负责本县公共资源交易市场的综合监督管理。局内设综合股、监督检查股、市场管理股、公共资源交易中心（副科级），定编8人。

2017年全程参与全县130个重点项目，积极主动当参谋、作指导、搞服务、促开工，全年进场交易达到11.6亿元，创历史最高，获得全国优秀公共资源交易机构（县级）、全省公共资源交易监督管理工作先进单位称号。

【综合监管】 认真落实“放管服”部署，在放服的同时，切实把该管的管起来，管出威信。坚持事前事中事后一起管，更加注重事前事中监管，充分运用“双随机一公开”办法，实行评标结果现场三级复核制度，开展联合检查执法常态化，配合省委巡视组对扶贫领域的专项巡视。全年深入乡镇检查易地搬迁项目505个、其他项目23个，下达整改通知书28份，处理质疑投诉7个，处罚代理公司2个、评委3人，上报信用湖北和省招投标信用平台信息1条。

突出诚信建设。着力加强投标企业、专家评委和招标代理机构“诚信体系”建设，实行招标投标事前信用承诺书，严格执行《湖北省招标投标不良行为量化管理暂行办法》，加大对失信企业惩罚力度。

【平台建设】 一是平台整合取得新成效。积极争取县委、县政府领导重视和支持，出台《平台整合方案》，实现工程建设、政府采购、国土矿权信息整合、物理整合，实现全部进中心交易和数据及时推送，其质量居全市前列。二是电子交易实现新跨越。积极与建行合作，在省市局（中心）的关心和支持下，按照标准化、规范化要求，房县电子招投标平台建设已于8月底完成。三是办公条件得到新改善。在县委、县政府的高度重视下，积极协调场所，提供人力支持，1100平方米的标准场所已建成投入使用，新增编制2名，人员全部到岗，使单位办公条件得到改善、人力紧缺得到缓解。

【法规宣贯】 以全省“一法一条例”执法检查为契机，坚持把法规宣贯当作首要任务，纳入“七五”普法内容，顺利完成市、县人大执法检查，促进“一法一条例”在房县落地生根。一是领导干部带头学。主动将30套“一法一条例”等招投标法规汇编分发县级领导，作为日常学习重要资料，提升招投标法规意识。二是专题培训分层学。抢抓省市局招投标业务培训机遇，想方设法安排工作人员前往培训学习达7批次30人次，并让学习人员训后在局内对其他人员进行授课，确保一人培训、多人受益。同时，开展“一法一条例”宣贯月活动，先后对招标代理、专家评委、招投标人举办专题培训5次，培训规模达到300人次。三是拓展渠道普及学。与县法治办联合行文下发招投标法普法通知，与“云上房县”合作开办招投标普法栏目，以管委会办公室行文下发执行国标的通知，积极参与“12·4”法治宣传日活动，同志们的积极行动受到社会好评。

【服务中心】 一是主动招商引资。2017年，与县人大一道，引进西安路等项目，完成招商引资3000万元，圆满完成年度任务；同时，积极寻找新客商，不放过任何一个有价值的信息，先后与3家企业取得联系和沟通。二是积极协税护税。建立协税护税联动机制，定期汇总招投标项目信息，及时上报，及时跟进，主动与县财政、国税、地税共同做好协税工作。三是开展企业帮扶。安排专人联系企业，多次深入仁和钢构厂进行调查研究，为企业的生存发展出谋划策，帮忙协调周转资金等事宜，确保顺利度过危机。

【精准扶贫】 2017年，坚持把秦口村精准扶贫“四双”帮扶工作作为一项政治任务，落实工作队，安排专人，与包保干部签订精准脱贫军令状，分解责任，集中人力、物力、财力，组织督办一月一次的干部入户走访活动，组织落实“八个一”活动，组织开展“不忘初心、情系扶贫”献爱心活动，促推精准脱贫和抗灾救灾工作。一年来，组织资金15万元，协调项目资金70万元硬化户院路2公里、渠道800米、机耕路500米，完成集中安置小区1个48户，发展产业户107户，300千瓦光伏发电建成发电，街道改造配套800米，实现脱贫销号50户，为2019年整村出列奠定坚实基础。被县委、县政府评为“优秀工作队”。

【机关党建】 一是深入贯彻党的十九大精神。组织收看十九大开幕式直播，开办十九大学习专题，设立新时代房县机关讲习所，举行十九大精神系列宣讲，制作十九大精神解读展板，机关干部撰写学习心得，每位干部职工学习笔记达2万字以上。同时，利用主题党日和夜学，有针对性地进行研学，确保学用结合。二是扎实推进“两学一做”学习教育。按月谋划开展支部主题党日活动，确保一月一个主题、一月一个侧重，力求“两学一做”教育有实效。同时，结合局职能职责，面向全体职工开展以“学法规、学业务，做合格职工”为拓展内容的“两学一做”学习教育，确保党性教育职工全覆盖。三是强化党员政治纪律建设。系统研学《廉政准则》《纪律处分条例》《党内政治生活若干准则》《监督条例》，扎实开展党风廉政宣教月活动，观看廉政警示教育片，开展党纪法规知识测试，全局党员干部政治规矩、廉洁自律意识明显增强。

（何丽丽）

【房县公共资源交易监督管理局领导成员名单】

局长：耿国平

副局长：谢　云

价格管理

【落实价格政策】 一是落实好放管服改革。接管好国家、省市下放的权限，接管管道天然气定价权限，并对房县天然气价格进行调研，着力推进天然气定价工作。加强收费事中事后监管，指导督促行政事业单位规范收费，对全县收费单位开展收费统计，按时上报数据。二是实施收费“一册清”。根据上级文件精神，对全县行政事业性收费、政府定价的经营服务性收费、涉农收费、涉企收费、重要商品价格进行重新清理，共保留32个收费单位，61个收费项目，与2016年相比减少4个收费单位，15个收费项目，认真做好收费公示。做好收费目录管理，编印《房县收费项目及标准目录清单》500册，实现收费“一册清”。三是依法抓好价格管理。依法治价，对岩屋沟景区门票及景区内交通运输、城关镇至野人谷镇公交运营试行价格进行批复，对学前教育收费标准进行调整，及时报送重新核定六里峡、柳园铺、褚河、麦浪坪水电站上网电价的请示。

【规范价费行为】 一是加强市场价格监管。做好明码标价宣传引导工作，强化市场价格巡查，强化重大节假日居民生活必需品市场价格监管，切实稳定市场消费品价格。二是抓好各类收费专项检查。扎实开展涉农、涉企、教育、医疗卫生、旅游景区等收费专项检查工作，查处收费违法案件5起，实施罚款50.7万元，没收违法所得11.08万元，清退消费者4.3万元。三是抓好价格投诉举报。张贴“12358”价格举报电话宣传教育画50余幅，提高公众知晓率和维权意识。全年共受理价格举报投诉45件，退还消费者2000余元，有效防范价格欺诈、哄抬物价等价格违法行为。

【突出价格服务】 一是加强价格监测分析预警。认真执行价格监测报告制度，在城乡设立10个价格监测点，加强对粮、油、肉、禽、蛋、特色产品等108种商品价格监测；深入开展“价比三家”活动，做好价格监测分析预警。物价局在全省价格监测质量考核中连续四个季度获得100分。二是扎实做好涉案财物价格鉴证。抓好价格认证，服务公检法司，维护好公众权益和社会和谐稳定，全年共受理各类委托案件45件，鉴证标的额120余万元，无一行政复议案件发生。三是加强价格法规宣传工作。以学习贯彻《湖北省价格条例》为抓手，提高经营者和消费者价格规范意识和价格维权意识，积极开展“七五”普法活动，广泛宣传《价格法》《湖北省价格条例》等法律法规。累计发放收费清单400本、《价格服务宣传手册》100余册，制作价格宣传牌140块，设置收费公示栏500多个。

【强化履职尽责】 一是强化履职尽责。持之以恒纠正“四风”，常态化制度化开展“两学一做”学习教育，有效促进党员干部素质的提高和履职尽责能力的提升。县物价局被列为全县8个全面督查部门，对涉及的6方面8个问题认真进行整改落实，被评为履职尽责督促检查优秀单位。二是扎实开展精准扶贫。全年，土城镇土城村建集中安置小区1个，安置精准扶贫户125户，完成以堤代路1800米，新建河堤4900米，协助发放产业扶持贷款100余万元，发展烟叶14.67公顷、药材12公顷。同时，克服经费上的困难，支持土城村8万元用于基础设施建设，促进整村推进。三是聚力推进中心工作。抓法治建设，加强制度建设、严格执法程序、推行案审制度，坚持党务、政务公开，接受社会监督；抓招商引资，积极帮扶企业，推进项目实施；文明创建、五城联创、宣传调研、综合治理等工作扎实有序开展，荣获“2017年度全省价格监测工作先进单位”和市级“文明单位”称号。

（刘烈建）

【房县物价局领导成员名单】

党支部书记、局长：鲁清华

党支部副书记：叶章俊

副局长：张忠文

房县“价比三家”活动比价商品价格一览表（45种）

表1 单位：元

类别	品种	规格等级	单位	价格				指标解释
				寿康超市生活广场	鑫城超市十字街店	中百仓储超市	农贸市场	
粮油类	面粉	标准粉	元/500克	2.19	1.99	—	1.9	金旭
		特一级	元/500克	2.38	2.19	2.39	2.3	雪健
	早籼米	标一	元/500克	—	2.18	2.48	2.15	—
	中晚籼米	标一	元/500克	—	2.55	2.49	2.35	—
	糯米	标一	元/500克	3.28	2.7	3.59	2.8	—
	绿豆	标准	元/500克	4.35	4.35	4.99	5	—
	黄豆	标准	元/5升	4.4	3.58	2.99	3	—
	花生油	桶装一级	元/5升	135	125	109.9	135	金龙鱼
	调和油	桶装一级	元/500克	59.9	62.9	69.9	59.8	黄金比例
肉禽蛋	猪肉	精瘦肉	元/500克	15.8	15.8	15.8	17	—
		五花肉	元/500克	11.5	11	10.99	11	—
		排骨	元/500克	18.8	17.8	18.9	18	—
	牛肉	新鲜去骨	元/500克	35.8	—	28.9	30	—
	羊肉	新鲜带骨	元/500克	—	—	—	24	—
	鸡肉	冷冻	元/500克	9.8	9.8	9.8	7	肉鸡
	鸭肉	冷冻	元/500克	4.98	5.8	4.98	5	半片鸭
	鸡蛋	白壳鲜鸡蛋	元/500克	4.38	4.38	3.99	4.3	—
奶	牛奶	纯牛奶	元/250ml	2.8	2.8	2.8	2.8	蒙牛
水产品	草鱼	鲜活	元/500克	9.8	—	8.28	9	—
	鲤鱼	鲜活	元/500克	7.8	—	7.8	7.8	—
	鲫鱼	鲜活	元/500克	12.8	—	12.8	13	—
调味品	食用盐	海藻低钠盐	元350克	2.5	2.5	2.5	2.5	—
	白砂糖	散装	元/500克	3.85	4.4	4.39	4.4	—
	生姜		元/500克	4.98	5.98	4.98	6	—
	大蒜		元/500克	3.98	2.88	3.98	4	—
	干辣椒		元/500克	14.8	14.8	—	14	—
水果	苹果	红富士	元/500克	3.98	3.98	4.99	6	—
	梨	雪梨一级	元/500克	2.98	—	1.99	2.5	—
	香蕉	国产一级	元/500克	2.58	2.28	1.88	2	—
豆制品	豆腐	无包装	元/块	1.8	1.8	1.8	2	—
	豆干	新鲜	元/500克	3.35	3.2	2.99	2.5	—
	千张	新鲜	新鲜	5.25	5.2	4.8	5	—

续表 1

类别	品种	规格等级	单位	价格				指标解释
				寿康超市生活广场	鑫城超市十字街店	中百仓储超市	农贸市场	
蔬菜	芹菜	新鲜	元 /500 克	3.98	2.98	2.98	3	—
	大白菜	新鲜	元 /500 克	1.38	1.48	1.38	1.5	—
	小白菜	新鲜	元 /500 克	—	—	2.98	2.5	—
	包心菜	新鲜	元 /500 克	1.28	1.28	1.28	1.5	—
	萝卜	新鲜	元 /500 克	1.98	1.68	1.28	1.5	—
	黄瓜	新鲜	元 /500 克	3.98	3.48	2.98	3	—
	茄子	新鲜	元 /250ml	2.98	2.98	2.98	3	—
	西红柿	新鲜	元 /500 克	2.98	3.48	2.98	3	—
	豆角	新鲜	元 /500 克	—	5.98	3.98	4	—
	土豆	新鲜	元 /500 克	1.48	1.68	0.99	1.5	
	青椒	新鲜	元 350 克	2.98	3.68	2.98	3	—
	洋葱	新鲜	元 /500 克	1.28	1.48	1.28	2	—
	莲藕	新鲜	元 /500 克	2.48	2.88	2.48	3	—

统　计

【主要经济目标运行情况】 全县 2017 年国民生产总值 84.6 亿元，增长 9%。全社会固定资产投资 166 亿元，增长 16%，其中 500 万元以上固定资产投资 165 亿元，增长 16.6%；社会消费品零售总额 57.9 亿元，增长 13.1%；规模以上工业增加值 19.2 亿元，增长 11%；农村常住居民人均可支配收入 9134 元，增长 10%；城镇常住居民人均可支配收入 25520 元，增长 8.9%。

【第三次全国农业普查】 一是全面开展入户登记工作。登记工作开始后，县农普办深入基层一线，对农普入户登记工作进行专项督查，并及时跟进数据，对全县各乡镇入户登记工作进行全面指导和督办。全县完成近 11 万户普通农户、各类规模农业经营户、农业经营单位的调查任务，入户登记率 100%。二是做好数据审核工作。正式登记和集中督查结束后，县农普办组织人力进行数据核实改错工作，特别是农普程序系统升级后，县农普办加强与省市农普办业务和数据处理人员的沟通，在录入工作中出现任何问题保证第一时间解决，不影响正常进度，并通过电话、QQ 等多种途径加强对乡镇工作人员的工作指导交流，县农普办确定一名主管专业人员，对存在的问题及时向上级反映，指导好村、乡（镇）表的数据填报和审核录入工作，确保数据采集工作顺利运行。

【“双基”建设】 全县 20 个乡镇“八有八化”全部合格，165 个村统计工作“五有五化”得到推进，在每个乡镇选 2 个村作为示范点，并且给与 5000 元补助，全县共计 15 万元。8 月 22 日，市统计局领导班子、相关科室负责人及其他县（市）局长一行 29 人对房县窑淮镇界山村、三岔村观摩村级统计“五有五化”建设情况。

【诚信企业创建】 统计局坚持以诚信创建标准为基础，加强对四上企业的诚信创建验收和评定。2017 年全县 85 家企业达到诚信企业标准，并通过市局验收，全县诚信企业已达“四上企业”总数的 60% 以上。

【“四大工程”建设】 加强名录库建设工作。充分利用基本单位名录资料交换平台，严格坚持日搜集、周维护、月更新工作机制，对名录库中 1615 个单位的属性变动指标进行修正完善，及时对名录库进行新增、变更和注销等维护。全县名录库法人单位有 4554 家，产业活动单位有 2026 家。名录库的更新和维护为各项常规统计和专项调查普查工作奠定坚实的基础。在“四上”企业和投资法人申报入库工作中，坚持高标准、严要求，从源头抓起，层层把关，加强实地调查，与相关部门沟通衔接，按照月度排查清理和即达即入的原则，对达到入库条件的企业及时申报入库。全县共有“四上”企业和投资法人单位 185 家，“四上”企业中，工业 61 家，建筑业 11 家，批发零售业 29 家，住宿餐饮业 10 家，重点服务业 7 户，房地产企业 16 家。

【精神文明建设】 通过主推“忠孝礼仪信，简俭平顺和”“十字”价值观宣传，建设统计文化走廊，开展“文明示范岗”评选活动，办好道德讲堂，开展人情新风宣传，开展环境，卫生，秩序治理行动，积极参与创文迎测行动，开展精准扶贫结对共建行动，开展志愿服务行动等一些列活动，获得市级“文明单位”称号。

【统计法治】 一是扎实开展统计法治宣传教育。开展 1 期《统计法》进党校，由统计局专业人员为主讲，在党校课程中开设《统计法》知识讲座；在寿康生活广场开展第八届统计开放日活动，并邀请县领导参与法律知识宣传；在县长办公会开展领导干部学习《中华人民共和国统计法》和《中华人民共和国统计法实施条例》；开展基层统计工作培训，增强基层统计从业人员的懂法、守法意识，为提升数据质量打基础。二是认真开展统计执法检查。对照省统计局有关加强数据质量的文件精神，开展自查。2017 年检查规上工业企业 20 家，商贸企业 12 家，房地产建筑业企业 9 家，重点服务业企业 4 家。其中 3 家企业因数据有误差、财务资料不全、基层台账不规范等问题受到警告处罚。

【统计服务】 一是做好统计预警监测，反映经济运行趋势。深入企业调研，并及时作出预警分析，向县委、县政府及相关部门报送。对全面建成小康社会统计监测弱项指标进行重点监测。二是做好统计咨询服务，反映经济发展成果。每月及时收集统计数据，编印统计月报，报送给县委、县政府领导和相关部门，为社会各界提供统计服务。完成 2016 年的《统计年鉴》的编印工作，印发 12 期《统计月报》、12 期《房县统计》等统计资料，撰写统计分析 30 余篇，为县委、县政府决策经济运行提供科学依据。

【精准扶贫】 根据沙河乡邢家湾村的贫困现状，每月组织包保队员两次到户开展扶贫活动，2017 年支持村集体经济发展资金 5 万元，慰问贫困党员、贫困户资金共计 4211 元。通过寻找致贫原因，制订帮扶计划，积极改善邢家湾村现状。一是邢云路断头路项目。邢家湾村与谷城五山交界，到石化镇 1 小时路程，但是在房县境内有 5.5 公里没有硬化，通过积极向交通局争取，已完成道路硬化 4 公里。二是通讯信息项目。开通 3 个小区的广电网络，共 51 户村民成功安装使用。三是新村委会、文化广场建设已经竣工。四是异地搬迁 48 户已经入住新房。五是产业发展见成效。利用山林资源，发展食用菌产业。2017 年组织全村 17 户发展食用菌产业，生产袋料香菇 27.7 万袋。纯收入可达 100 多万元。发展养殖业。养土鸡，已发展千只以上 1 户，规模达 3700 只，百只以上 2 户，50% 农户养殖土鸡达到 50 只以上。发展山羊养殖，已发展百只以上 1 户，50 只以上 2 户，50 只以下 10 户。

【“两学一做”学习教育】 一是集中开展“支部主题党日”活动。根据县委组织部《关于规范支部主题党日活动的通知》，保证支部主题党日活动不应付、形式不走样的标准，按照规定动作、自选动作，以及每次活动中做的部分，每月按时开展，并积极上报，及时做好档案资料的归档工作。二是重点开展“五比五看”活动，成立党组书记为组长的“五比五看”活动领导小组，制定“五比五看”活动实施方案。通过征求意见、个人自查、互相点评等方式查找出五个方面的问题，并积极改进。以民主评议的方式，对“五比五看”活动中的全体党员进行测评。对表现好的予以表扬，表现差的予以通报批评并指导其改正。三是严抓党风廉政建设。统计局以“五个重点抓”来做好党风廉政建设工作。抓“主体责任、一岗双责”的落实；抓“三重一大、四不一末”制度的落实；抓党风廉政的宣传教育；抓财务制度和组织纪律；抓政策法规的学习落实。

（邹桂华）

【房县统计局领导成员名单】

局长：庞金凤（女）

党组书记：黄继海

副局长：杨　韬　胡仕平

总统计师：邹桂华（女）

工会主席：宋　杰

城市经济调查队队长：杨光明

统计执法大队队长：游　佳

国家统计局房县调查队

【概　况】 国家统计局房县调查队组建于2007年7月，属国家统计局垂直管理的正科级参公管理事业单位。人员编制8人，现有职工12人。内设办公室、综合股、农村调查股三个股室。2017年，国家统计局房县调查队以业绩为导向，着力“双创”工作，提高数据质量，提升优质服务水平；坚持“既为国家服务、又为县委政府服务”的两为服务方针，积极开展城乡居民收支调查、农作物遥感遥测调查、主要畜禽生产情况监测调查、农民工监测调查、贫困监测调查、劳动力就业调查、规模下工业和服务业调查、小微企业创建跟踪调查、工业品价格调查、农产品生产者价格调查、农业生产中间消耗调查、固定资产投资价格调查。扎实开展党风廉政民意调查、文明测评、社会治安综合治理“一感两度”、法治建设满意度调查。在完成国家调查任务的同时，紧紧围绕县委、县政府中心工作，对“三农”工作、工业、第三产业、民生问题开展调查研究，为县委、县政府科学决策提供优质服务。

【农民工监测工作】 2017年，房县外出务工人数11.93万人，同比增加0.26万人，增长2.23%。从外出务工地点前五个省份看：本省占外出总人数的23.5%，浙江占外出总人数的22.2%，广东占外出总人数的21.4%，江苏占外出总人数的6.4%，陕西占外出总人数的3.6%。外出方式主要依靠自发、亲朋好友介绍。

【畜禽监测工作】 2017年，房县生猪饲养量30.23万头，同比下降8.75%，其中：存栏15.67万头，同比下降6.78%，出栏14.56万头，同比下降10.35%，能繁母猪1.65万头，同比下降8.29%。山羊饲养量33.25万只，同比下降7.22%，其中：存栏15.43万只，同比下降7.34%，出栏17.82万只，同比下降7.14%。牛饲养量3.28万头，同比上涨3.56%，其中：存栏2.2万头，同比上涨4.47%，出栏1.08万头，同比上涨1.89%。家禽饲养量139.34万羽，同比上涨5.5%，其中：存笼67.15万羽，同比上涨5.33%，出笼72.19万羽，同比上涨5.65%。

【粮油监测工作】 2017年，房县小麦播种面积9466.67公顷，同比下降3.07%；总产3.85万吨，同比下降7%；单产271.47公斤/亩，同比下降6.63%。马铃薯播种面积3666.67公顷，与去年持平；总产10.75万吨，同比增长9.41%；单产1953.81公斤/亩，同比增长9.41%。油菜播种面积7126.67公顷，同比下降4.3%；总产1.19万吨，同比下降1.65%；单产111公斤/亩，同比增长2.73%。水稻播种面积8000公顷，同比增长1.78%；总产5.72万吨，同比增加12.16%；单产477公斤/亩，同比增加10.42%。玉米播种面积14666.67公顷，同比增长1.48%；总产7.9万吨，同比增加6.18%；单产359公斤/亩，同比增加4.63%。大豆播种面积3806.67公顷，同比下降3.39%；总产0.84万吨，同比增加5%；单产147公斤/亩，同比增加8.09%。

（散明孝）

【国家统计局房县调查队领导成员名单】

队长：晏益禄

副队长：都　奎

纪检监察员：散明孝

工商行政管理

【工商行政体制改革】 一是精准落实“多证合一”改革。4月，与中国建设银行房县支行签订“无偿代办工商注册登记业务合作协议书”，开启工商注册登记的新模式；10月，升级后的工商网上登记系统上线，市场主体全类登记业务在工商网站上办理。二是深入推进“先照后证”改革。主动通过房县政务网站公开《工商登记前置审批事项目录》和《企业变更登记、注销登记前置审批指导目录》。截至10月底，全县共登记“先照后证”市场主体3264户，其中企业168户，个体工商户3096户。三是启动实施简易注销改革。3月1日，与全国同步启动实施企业简易注销登记改革，截至10月底，全县共有59户企业申请简易注销登记，并在国家企业信用信息公示系统进行公告，其中提出异议7户，已办结简易注销登记30户。2017年新发展市场主体17897户，同比增长17.1%，其中内资企业8户，私营企业380户，个体工商户17228户，农民专业合作社281户。全县市场主体累计达42982户，其中内资企业858户，私营企业2549户，个体工商户38418户，农民专业合作社1157户。

【实施“品牌兴县”工程】 紧紧围绕“一城两地三中心”建设目标，发挥品牌引领作用，推动供给结构和需求结构升级，构筑品牌培育、保护机制，增强品牌建设能力，完善品牌建设环境，提高品牌竞争力，建设品牌强县。截至12月，全县有效注册商标总量达345件，“房县核桃”地理标志证明商标喜获注册，地理标志证明商标累计达9件。2月，组织开展全县商标兴县战略知识讲座。9月，8件地理标志证明商标入选《湖北省地理标志特辑》。进一步完善房县黄酒、房县魔芋地理标志证明商标申报资料。中国驰名商标认定2件，湖北省著名商标认定9件，十堰市知名商标15件。6月29日，“房县小花菇”代表湖北省地理标志商标产品参加2017年世界地理标志大会，成为全省参展的5个地标之一，十堰市仅此1件。

【服务消费维权】 一是开展商品质量“大抽检”活动。围绕家用电器、建筑装饰材料、鞭炮、成品油、农资等涉及消费者健康和人身财产安全的重点商品和有关服务，组织安排流通领域商品质量“靶向式”集中抽检5次，9大类129批次，立案查处80起。二是开展消费维权“大调处”活动。抓住社会影响大、消费者投诉多的重点商品和突出问题，严格依法查处侵害消费者权益行为。举办“3·15”国际消费者权益日纪念暨特色农产品展示活动，现场开通“房县工商”微信公众号，关注人数达1000余人。截至10月底，共受理消费者投诉举报咨询764件，其中：投诉263件、举报47件、咨询427件，为消费者挽回经济损失51.23万元。诉转案64件，价值14.75万元。三是开展放心消费“大创建”活动。主动将老年人消费维权纳入创建工作的重中之重，广泛开展放心消费主题和消费维权知识宣传，成立老年人消费维权指导中心，在全县范围内开展关爱老人，理性消费主题宣讲，引导老年人消费者科学、合理消费，取得良好的社会影响力。

【开展市场整治】 一是“双随机一公开”抽查工作受肯定。通过开展“双随机一公开”抽查工作，有力规范市场主体经营行为，推动企业信息公示工作开展。二是市场主体年报公示工作显成效。自启动年报公示工作以来，以服务企业为基础，采取强有力措施，对工商所工作进度实行定期通报制度，切实提高工作年报公示率。严格执行经营异常名录操作程序，依法开展企业经营异常名录和严重违法失信企业名单列入、移出和异议处理等工作。三是重点领域专项整治效果好。着力抓好特殊敏感时期市场专项整治，突出元旦、春节、“两会”，以及十九大期间等节日，突出重点领域，开展市场安全和隐患排查治理，严厉打击商标侵权和假冒伪劣商品，确保市场稳定和消费安全；着力抓好红盾护农专项整治，通过全面清理主体资格，开展农资抽检，扎实开展农资识假辨假宣传，先后为22户农资经营户指导建立进销货台账，抽取化肥样品21个品种21个批次；着力规范网络市场秩序。以近年来新招录的大学生为骨干，成立网监小分队，深入开展2017网络市场监管专项行动，严厉查处网络经营违法行为；着力开展打击非法集资行动。对广大消费者警示教育，对武汉财商财富有限公司房县分公司非法集资开展“四包”活动，会同县金融办、县公安局等部门对相关人员进行稳控。

【干部队伍建设】 一是深入推进“两学一做”学习教育。扎实开展“主题党日”活动，采取“主题党日+”，将“两学一做”学习教育常态化制度化，使广大党员在思想、作风、党性上又一次“补钙”。6月，房县工商局被公示为2015—2016年度省级文明单位和市级文明单位，王光国家庭被十堰市文明办公示为全市文明家庭，土城工商所被评为2015—2016年度全省工商系统青年文明号。二是全面落实“两个责任”常抓不懈。深入学习贯彻《条例》《准则》，严肃规范党内政治生活，不断提高自我净化、自我完善、自我革新、自我提高能力。开展行政执法突出问题专项整治，提高工商机关的依法履职尽责能力。扎实开展第十八个党风廉政建设“宣教月”活动，推进全面从严治党，强化宗旨意识，严守党规党纪，推动了党风廉政建设和反腐败工作。三是抓实动态监督促廉政。聚焦“六大纪律”，践行“四种形态”，挺纪在前，推进全面从严治党。对苗头性、倾向性问题全面铺开“提醒谈话”教育，防止蜻蜓点水，做到严格追踪抓整改落实、抓责任追究。运用“第一形态”开展监督执纪工作，廉政谈话、警示谈话46人次。深入贯彻落实八项规定精神，严防“四风”问题反弹，下发践行作风纪律预警提示通知4份。开展行政执法突出问题廉政监督抽查，实地走访市场主体26户，无执法违法问题。

（杨误稀）

【房县工商行政管理局领导成员名单】

党委书记、局长：汪永鸣

党委委员、纪委书记：李建军

党委委员、副局长：徐明光　张光成

李宏云（女）

国土资源管理

【概　况】 2017年，房县国土资源局被十堰市国土资源局党组授予目标考核“优胜单位”，房县人民政府授予房县国土资源局地灾防治工作集体三等功。

【基本农田划定】 根据上级统一部署，结合实际，房县城市周边永久基本农田最终确定面积为2223.13公顷；全域基本农田划定面积为28266.91公顷。落实了“落地块、明责任、设标志、建表册、入图库”五项任务，并通过省、部级质检。结合县域经济发展实际，完成土地利用总体规划调整完善工作，调整后至2020年，房县耕地保有量33100公顷，基本农田保护面积28266公顷，建设用地总规模10391公顷，新增建设用地800公顷。

【土地整治】 完成2015年以前5个共4333.33公顷的高标准基本农田土地整治项目施工和验收。开展2016年度2个共1333.33公顷高标准基本农田土地整治项目实施，其中，军店镇项目已完成70%工程量；开展2013年度第二批增减挂钩项目60公顷拆旧区变更和实施和报验工作，项目实施进度约40%。完成《“十三五”土地整治规划》文本编制工作；完成2017年度耕地质量等别更新评价和监测评价。

【矿产资源管理】 编制第三轮矿产资源规划，并通过市局初审；配合省环境站对全县58家矿山企业开展地质环境调查；开展矿山企业复绿任务督促检查，华新水泥、金裕石材、润田矿泉水、大温泉管理处4家在生产企业复绿行动初显成效。

【土地收购储备】 紧紧围绕县政府下达的土地收储任务，切实履行土地收购储备职能，储备增量土地14宗22.93公顷、存量土地7宗65.82公顷；公开挂牌出让国有建设用地使用权13宗22.43公顷，出让总价款15807.44万元；追缴土地出让金1658万元。

【地质灾害防治】 巩固地灾防治高标准“十有县”创建成果，扎实开展地灾防治“四位一体”网格化管理工作，建立完善的群测群防、预警预测、防治体系。今年汛期以来，房县累计开展应急调查64次，紧急疏散群众199户1254人，仅“十一”期间，开展应急处置42起，紧急撤离群众66户350人，未发生因灾伤亡事件；成功预报避让尹吉甫镇榔口村三组滑坡、尹吉甫镇榔峪河村五塘垭子滑坡险情，避免28户107人伤亡；积极应对、妥善处置白鹤镇伏溪村三组特大滑坡险情；成功争取化龙中学滑坡群治理项目和姚坪西坡滑坡防治工程2个国家级治理项目，争取资金2700万元。

【不动产登记】 不动产登记窗口全年接待服务对象近万人次，受理不动产登记业务4453件，办结4341件，限时办结率达97%；登记核发不动产权证书2639本、不动产登记证明2406本；办理抵押为个人、企业融资7.2亿元。建成不动产档案室和数据库机房并投入使用。

【行政审批】 全年办理农（居）民个人建房881件，项目建设用地28件，项目建设验收25件，土地使用权转让、变更82件，土地使用权抵押34件，按时办结率达到100%。行政审批实现业务办件窗口受理、窗口审查、窗口制证、窗口发证的“一站式”服务目标，体现“便民、高效、廉洁、规范”的服务宗旨。

【执法监察】 扎实开展2016年度土地例行督察反馈问题整改，国家土地督察武汉局最初下发房县疑似违法问题115个，经过核实、举证、做工作，最终认定为37个需整改问题，已完成整改31个问题。全年开展国土资源执法巡查328次，现场制止违法用地63起，查处国土资源违法案件20起，退还耕地5.22公顷，拆除地上建筑物5333.36平方米，收缴罚款96.35万元。通过国土资源执法巡查和立案查处，保护耕地33.33公顷，复绿山体5.33公顷。2016年度土地矿产卫片执法监督检查实现零约谈、零问责。

【“两权”确权】 房县“两权”确权登记外业调查和数据建库工作已全部结束，并通过市级预检。制定《“两权”确权登记后期工作实施方案》，启动权调公示、权属审核，迎接省级检查验收。

【精准扶贫】 驻军店镇易沟村工作队3名扶贫干部党组织关系转入该村，对162户贫困户实行全脱产帮扶，开展入户调查203次，召开户院会13场次，帮组该村成立专业合作社3个，发展药材基地20公顷，发展养殖户130户，有26户实现代养分红；全村易地搬迁123户381人；争取高标准基本农田土地整治和增减挂钩项目5个；引导村民外出务工113户138人，其中贫困户57人，年增收可达300多万元；拟投入40万元兴建标准化猪栏。驻军店镇月明工作队组织召开贫困户大会10余次、党员大会7次、党员代表会议5次、户院会18次，下发宣传单800份，参会达1000人次，参会率和扶贫政策知晓率达95%以上；建成15平方米的村级留守妇女儿童娱乐学习室1间，新添电脑设备5台；完成易地搬迁25户；与荣森食用菌合作社、兆丰电子有限公司达成协议，由企业提供订单、半成品进行来料加工，由村集体负责组织实施；争取病险渠维修项目和土地整理项目，建设河道防护堤300米，以堤代路600米。

【全面从严治党工作】 以党的十八届六中全会为主线，在意识形态领域深植“四个意识”，党员干部政治立场坚定。落实“两个责任”，层层签订责任书，四级责任体系完善；强化选人用人，全员轮岗，一批年轻人走向新岗位，勇挑“责任”。破解机关党建“灯下黑”、党风廉政建设“盲区”、党建与业务“两张皮”三大难题，全面从严治党迈出新步伐。开展“四个大排查”“不担当、不作为”等突出问题专项整治、“四小清理”、查处发生在群众身边“四风”和腐败问题专项整治等“四项活动”，查摆问题除“病根”，强力防范不正之风和腐败问题，党员干部作风明显改善。织密教育、警示、岗位、制度、监督五道防线，健全惩防体系，塑造“诚信、知足、包容、向上”的国土文化，打造“团结、务实、担当、清廉”干部队伍。

（魏　毅）

【房县国土资源局领导名单】

党组书记、局长：张祖元

党组副书记：向　彬（女）

党组成员、纪检组组长：杨敬川

党组成员、副局长：马奇成　付　勇

朱胜国

党组成员、工会主席：孙仁芬（女）

食品药品监督管理

【专项整顿】 围绕年度责任目标确定的重点工作，为落实“四个最严”，加强食品药品安全监管责任，先后组织开展学校食堂食品安全、开展校园及周边“五毛食品”、进口水果市场销售、网络订餐、食盐市场、养老机构食堂、规范化药房（库）、药品经营领域大排查大整治等专项整顿，严厉打击制售假劣食品药品违法违规活动，全县食品药品药品经营、使用秩序得到好转，食品药品安全保障水平不断提高。

【日常监督】 全年共出动执法人员4735人次，检查各类食品药品经营单位3686家，下达责令改正通知书416份。完成市级食品药品监管抽检108批次，抽检合格率96%；完成县级食品药品监管抽检272批次，其中“五毛食品”专项抽检10批次，小作坊、卤菜店专项抽检22批次，抽检合格达率99%。全年新发食品生产许可证、食品经营许可证、药品经营许可证、药品经营管理规范认证证书、医疗器械经营许可证等相关证照，共计1206个；根据食品安全法、《湖北省食品安全条例》出台了《房县食品生产加工小作坊许可审查操作指南》，与房县黄酒和发酵产业局共同推出了《关于房县黄酒作坊生产规范的公告》，进一步规范了全县黄酒成产加工行为，对房县黄酒进行了界定；完成日常食用农产品快检任务7690批次，召回下架不合格快检食用农产品75次，食用农产品快检合格率达99%。立案查处各类食品药品案件185件，查扣假冒伪劣食品1900公斤、违法食品加工生产设备一套、涉案违规白酒40余件，收缴罚没款907111.96万元，无一起行政复议和行政诉讼发生。

【履职尽责工作】 按照阶段性工作分工，制定了履职尽责督促检查工作方案，成立以局主要领导为组长的工作小组，把建章立制和整改落实贯穿于督促检查工作全过程，坚持问题导向，坚持查改结合，坚持立行立改，对突出问题进行认真梳理分类，认真研究部署各项问题整改措施，注重实效，按照既定目标，稳步推进、落实各项履职尽责督促检查工作，得到了县纪委纠风办、县行风政风督察员的一致认可和好评。

【宣教工作】 畅通“12331”投诉举报渠道，搭建了“湖北房县食事药闻”公众微信号网络投诉举报平台，鼓励和引导广大人民群众积极参与到打击食品药品领域违法犯罪行为当中，截至10月份共受理群众投诉举报27起，查处27起，群众回复满意度达100%。在房县电视台、房县新闻网、房县广播电台开辟了“食安房县”专题栏目，发布全县最新的食品药品安全监管动态，普及食品药品安全常识。截至10月底在省级新闻媒体发表报道9篇，在市级新闻媒体发表报道15篇，在县级新闻媒体发表报道篇43篇。先后参与组织了“3·15”消费维权日、军店三月三庙会、“12331”食品药品投诉举报热线主题活动日、“你点我检”免费快检日、食品安全宣传周等大型宣传活动8场，发放宣传资料8000多份，群众参与人数近1万多人次。

【服务中心工作】 由县食品药品安全委员会牵头，出台食品安全奖励惩罚制度，努力提高农村食品安全治理能力和水平。开展基层食品药品监管示范所创建工作，创建省级标准食品药品监管所10个，省级示范食品药品监管所1个，全县食品药品示范监管所创建率达到50%以上。“五城联创”工作开展常态化，联合县公安局、工商局、城市管理综合执法局、卫计局等多家职能部门，开展了占道经营、乱停乱放专项整治，加强对小餐饮店、小作坊的规范化整改，清理取缔马路市场。指导农贸市场、生猪屠宰场进行改造升级，对背街小巷按照责任片区，定期开展打扫清理活动，保持市容市貌靓丽整洁。

【机关和队伍管理】 紧抓住责任制“牛鼻子”，确保机关党建各项任务落到实处。坚持把制度建设作为重要保障，认真落实“一岗双责”，压紧压实“两个责任”，推动形成一级抓一级、层层抓落实的机关党建工作格局。扎实开展“两学一做”、支部主题党日、第18个党风廉政教育月活动，组织党员学习党的十九大精神，撰写心得体会；加大“三公经费”管理力度。强化执法车辆管理，对全系统保留公务用车实行派车审批制，坚持“每周五培训大讲堂”，努力打造一支新时代高素质专业化的食药监管干部队伍。

（郑光泽）

【房县食品药品监督管理局领导成员名单】

党组书记、局长：陆龙权

党组成员、副局长：付　飞　陈钰先

党组成员、总工程师：杨春亮

党组成员、工会主席：师　涛

质量技术监督管理

【概　况】 紧紧围绕县委、县政府中心工作，以“保增长、保稳定、保民生”作为服务地方经济发展的出发点，紧贴“抓特色显亮点强职能促发展”和助力“一城两基地三中心”建设主线，主动适应新常态，履职尽责真作为。荣获2016—2017年度市级文明单位、综治优秀单位、党建及全县综合目标考核、全市质监系统综合目标考核合格单位。

【质量强县工作】 一是深入推进质量强县工作。构建大质量工作格局，突出质量强县责任主体，树立党政领导干部和企业法人质量发展观，不断推动大质量工作格局形成。召开全县质量工作会议，进一步统一思想，明确质量强县各成员单位责任，推进质量工作再上新台阶。二是加大品牌创建力度。深挖地方特色产品，积极申报“房县花菇”为国家地理标志保护产品。推荐指导4家企业8个产品成功申报湖北名牌，6家企业8个产品成功申报2016—2017年度十堰名牌。三是开展质量提升行动。以“双首席”工作为载体，大力实施重点产品质量提升行动和中小企业质量提升工程，持续在武当动物药业等20家规模企业开展“六抓六送”的“双首席”活动，推行“双首席”“四单”（“双首席”服务转办单、“双首席”服务联系单、“双首席”服务办结单、“双首席”服务回访单）运作模式，督促“双首席”（质量首席官和质监服务员）责任落实。指导县内4家企业积极参加2017年十堰QC小组成果经验交流会，其中房县供电公司荣获一等奖，其余3家公司荣获二等奖。四是抓好质量监督。强化证后监管，对全县6家生产许可证获证企业进行日常巡查，并在报纸及电视台对2016年度全县6家获证企业年检情况进行公告（5家合格，1家不合格）。

【标准化工作】 一是标准制修订。制修订地方标准《地标产品　房县娃娃鱼》（DB/T 1310 2017），《地标产品　房县北柴胡》（DB/T 1309 2017）。这两个标准的制定发布对于保护房县地方品牌，规范娃娃鱼养殖和北柴胡种植提供科学依据，对做大做强娃娃鱼和北柴胡两个特色产业具有重大的现实指导意义。二是积极组织神农本草千亩北柴胡基地申报国家级农业标准化示范区。国家标准委下发《关于下达第九批国家农业标准化示范区增补项目的通知》（标委办农[2017]192号），房县申报的国家北柴胡种植标准化示范区名列其中。这一项目的实施将填补房县至今没有国家级农业标准化示范区的空白。

【计量监督管理】 一是开展计量器具检定。完成计量器具强制检定974台件，其中：压力表377块，血压计58台，燃油加油机226台次，衡器265台，天平48台，强检计量器具受检率95%以上。二是开展计量授权考核。加强对慧泉水业有限公司的计量授权考核和监管，保障贸易结算中的量值传递的计量准确。三是开展“公平计量”专项检查。积极推进集贸市场计量“五个三”管理模式，有力保障市场公平计量环境。对县内3家大型超市、3家重点集贸市场开展计量器具专项检查，共检查各类计量器具100余台件，没收“问题秤”2台，有效震慑计量器具作弊违法行为。四是开展茶叶和食用盐定量包装监督检查。协调市计量所对辖区内茶叶和食用盐定量包装商品进行专项监督检查，共检查大型超市2家，生产企业3家，销售企业5家，检查中均未发现计量违法行为。五是认真开展“5·20”世界计量日活动。围绕“计量与交通”这一主题，邀请县人大代表、政协委员、消费者代表和新闻媒体开展加油机“你点我查”活动，对抽查的3个加油站4条加油枪进行现场检定，结果均符合国家检定标准，受到社会各界一致好评。

【特种设备安全监管】 全年实现特种设备安全“零事故”的目标。一是督促企业切实落实主体责任。组织召开全县电梯维保单位考评情况的通报会议，通报2016年全县电梯维保单位考评情况，淘汰3家未按照电梯安全技术规范进行维保的电梯维保单位。积极向特种设备使用单位宣传《特种设备安全法》和《特种设备安全监察条例》，与153家企业签订《特种设备安全生产目标责任书》，发放《电梯乘坐须知》600份、《质量技术监督工作手册》200本。全年共检查特种设备使用管理单位167次，检查特种设备618台，消除安全隐患67起，封停特种设备4台，下达《安全监察指令书》56起，全部督办整改到位。二是开展特种设备定检工作。配合市特检院完成521台（套、只）特种设备的定期检验工作，到期受检率达100%。

【行政执法】 一是专项检查和执法打假工作。先后开展“计量护春耕”、农资专项执法打假、危化品、童车和儿童玩具、生产企业商品条码等专项执法检查47次，出动执法人员130余人（次），下达责令改正通知书9份（已全部落实整），处理各类投诉5起。办理行政处罚案件11起，罚没收入18万元。未出现行政复议和诉讼案件，无区域性造假事件和重特大质量安全事故。二是开展机动车安检机构监管工作。组织辖区内3家机动车安检机构参加全市2017年度机动车安检机构监管工作会议，对3家机动车安检机构开展季度监督检查，积极督促各站对星级评定中存在的问题进行整改落实。针对季度检查中发现问题，分别下达《责令改正通知书》并落实整改。同时，与3家机动车安检机构负责人分别签订《十堰市机动车安全技术检验机构落实主体责任责任书》，并对各站学习贯彻责任书相关内容提出具体要求。三是加强法制建设工作。参与开展全县“3·15”消费者权益日纪念活动，通过展示展板、设立咨询台、发放宣传资料等方式，重点向消费者宣传识假辨假知识和消费维权常识，发放300余份宣传资料，接受群众咨询50余人次。开展法治微电影展播活动。根据《全省首届法治微电影作品征集、评选、展播活动优秀作品集中展播方案》的文件要求，在全局干部职工会议和支部党员会上，组织全局干部职工集中观看部分影片，并要求大家自行下载收看，积极撰写心得体会。开展4次法律知识讲座，邀请法律顾问分别就行政执法信息公开、行政执法责任制、行政机关及其工作人员的行政法律责任、计量法、行政行为的成立、行政行为的生效规则、行政行为合法的要件等内容进行讲解。同时，完成法律顾问续聘工作。

（徐冬冬）

【房县质量技术监督局领导成员名单】

党组书记、局长：付　超

党组成员、副局长：杨劲松　李俊伟

党组成员、纪检组组长：胡小群

产品质量检验检测

【概　况】 根据《房县产品质量检验检测中心主要职责、内设机构和人员编制规定》（房政办发〔2016〕45号）文件精神，房县产品质量检验检测中心于2016年7月12日整合成立，为县政府直属事业单位，下设农产品质量检验检测所、工业产品质量检验检测所。内设办公室、计划财务股、食品药品检验检测股、饮用水产品检验检测股。核定编制22人，设主任1名，副主任3名。现有在职人员14人，其中专业技术人员11人，科员1人，工勤人员2人。主要承担全县农产品、食品、粮油、药品、化妆品、保健食品、酒类产品、动物产品、水产品、工业产品、城市及农村人畜饮水安全水质等检验检测工作。中心拥有气相色谱仪、液相色谱仪、原子荧光光度计、原子吸收分光光度计等仪器设备137台套。在人员、技术、设备、管理、业务开展等方面能够基本满足新形势下农产品、食品、生活饮用水、工业产品等产品检验检测工作所需。

【自身建设工作】 中心克服对上无项目建设资金、对外收入来源等困难，挤压一切资金，加强单位自身建设，为开展各项检验检测工作提供基础保障。一是围绕检测需要及现有条件，对检测环境进行改善。中心先后投入3.98万元对工业产品检测室、微生物实验室、农产品检测室等进行改造，改善检测环境；二是针对检测项目，增添了必需的仪器设备。中心先后投入5.8万元采购液相色谱进样器、仪器柜、隔离式培养箱、冰箱、冰柜、保险柜等仪器设备20台套；三是围绕检测需要，投入资金4.8万元采购6批次试剂、标准物质、气体等，保障各项检测工作的正常开展；四是围绕资质申报需要，组织开展仪器设备的检定。邀请市、县计量所对检验仪器设备检定，检定仪器设备48台套。

【检验检测工作】 一是积极开展农产品质量安全例行监测活动。与县食药局、农业局等有关职能部门，对县内农产品生产基地生产的蔬菜、水果、茶叶、食用菌等产品开展例行抽样监测。自中心成立以来，已完成6批次326个（定性267

个，定量59个）样品检验检测，检测合格率达到98.8%；二是履行工业产品（砖）定检工作。与县质监局对接，邀请质监局专家、技术人员来单位现场指导，使中心各种砖类工业产品抽检、监督检测工作逐步走上正轨。2017年，组织开展县内砖类生产企业抽检2次，共完成76个砖类工业产品样品检验检测，确保了精准扶贫建筑用砖的检测需求；三是积极推进食品、饮用水等检验检测。围绕食品、饮用水、黄酒、茶叶等产品，对照有关检验检测标准，强化岗位练兵、苦练业务技能，规范开展12个水样的理化、卫生、微生物检测。在黄酒、饮用水方面，已具备45个项目的检验检测能力。

【干部教育培训】 一是采取“送出去、请进来”等多种方式强化干部培训。积极组织人员参加国家认证委组织的管理评审、内审培训，并根据实际工作情况，适时邀请有关专家来中心现场指导；二是建立集中培训与分散研学相结合的内部培训机制。对实验室共性问题集中组织培训，对各专业检验块，由各检验块技术负责人牵头组织进行对应方法、操作进行学习和研讨；三是在县委、县政府、人社、编制等部门的支持下，通过公开招聘方式，招聘两名食品检测检测专业技术人员，从事食品检验检测工作。

【党组织建设】 2017年3月，经县委批准成立中共房县产品质量检验检测中心党组。8月，政府战线工委批复成立机关支部，加强党组织建设，全面落实从严治党要求，夯实党建基层基础。一是严格落实“一岗双责”。中心坚持把业务工作与党风廉政建设同部署、同督办、同考核，组织召开党风廉政专题学习及会议12次；二是加强党风党纪教育。先后组织党员干部集中学习《准则》《条例》等法规制度7次，引导党员干部牢固树立党性意识，严守党的政治纪律和组织纪律；三是严肃党内政治生活。规范落实三会一课制度，组织开展“两学一做”、“双十星”争创、“五比五看”等活动，加强党员学习教育与管理，不断增强党员干部政治敏锐性、政治鉴别力和政治素质。

【驻村帮扶工作】 按照全县精准扶贫的工作要求，2017年7月中心成立驻村工作队，积极深入到野人谷镇股泉村开展驻村帮扶工作。针对该村的现状和实际困难，工作队配合村两委积极谋划，制定脱贫计划，并扶持资金2万元，用于开展基础设施建设。同时，组织单位职工开展结对帮扶活动，宣传精准扶贫政策，落实帮扶措施，帮助解决发展中的困难和问题。

（陈关鹏）

【房县产品质量检验检测中心领导成员名单】

副主任：陈吉华

财政　税务

财　政

【增收节支】 一是强化征管保收入。发挥牵头作用，加强督导协调，强化重点税源监控，严格依法治税；关注税收流失问题，运用大数据比对，破解税收流失难题，确保收入稳定增长和均衡入库。2017 年全县财政收入 85012.5 万元，占年度计划 83200 万元的 102.2%，同比增长 22.7%；地方公共财政预算收入 57800.3 万元，占年度计划 56100 万元的 103%，同比增长 20.3%，其中税收收入实现 39757.4 万元，占地方公共财政预算比重 69%，收入质量明显提高。二是严控支出保重点。制定会议费、培训费、差旅费支出标准，严格国库支付动态监控，压缩“三公”经费支出，严控一般性支出，筹措资金，确保县委政府重大决策部署、精准扶贫和重点民生支出需要。三是统筹兼顾保平衡。面对尖锐的收支矛盾，坚持开源与节流。积极向上争取增强财力，全年争取到位资金 11 亿元；积极盘活财政存量资金 2 亿元多，统筹安排相关支出，确保年度预算收支平衡。

【突出服务发展】 一是做大做强融资平台。坚持“政府引导、市场运作、科学决策、防范风险”，进一步完善融资担保机制，支持做大做强“担保贷”“助保贷”“过桥贷”平台，服务“10 亿资金进百企”活动，为实体经济担保贷款 86 笔 3.47 亿元，拨付县域经济发展调度资金 13600 万元，有效缓解企业融资难、融资贵问题。二是支持企业技改扩能。贯彻落实“经十条”，采用财政贴息、以奖代补，支持西城工业园扩园项目，诚信汽配、天龙石墨、恒达纺织、聚达食品扩能项目和黄酒、生物医药、建筑建材主导产业盘活存量、做大增量，转型升级、提质增效。三是落实“房十条”、棚改货币化安置、减税降费、政府债务限额管理等一系列政策，有效去除房地产库存，降低市场主体成本，减小财政金融杠杆，服务供给侧结构性改革。

【做强民生保障】 一是进一步提高保工资、保运转水平。从 2017 年起，行政机关、人民团体实行公务员管理单位、参照公务员管理事业单位及全额拨款事业单位在编在岗人员住房公积金按个人工资的 12% 匹配、医疗保险按 7% 匹配，公用经费由人年 8000 元增长到 10000 元；全县干部职工增资政策有序落实，改革性补贴按现行经费渠道安排，企业人员养老金按时按标准发放。二是加大教育保障力度。改善乡镇教育办学条件，扩大乡镇公办学前教育覆盖面，落实家庭经济困难学生资助政策，实施高中贫困学生资助和建档立卡家庭学生免除学杂费政策，拨付普通高中和中职助学金 287 万元、免学费 87 万元，义务教育困难家庭寄宿生生活补助 530 万元，实现教育阶段家庭经济困难学生资助全覆盖。三是做实社会保障。提高城乡低保、五保、救助保障水平，落实城乡居民基础养老金提标、新型农村合作医疗财政补贴提标政策，完善城乡医疗保障机制，加强基本医疗保险、大病保险、医疗救助保障衔接；筹措资金，及时开展抗灾救助、道路交通事故社会救助。四是做好惠农资金发放。严把对象识别、基数摸底、数据核实、信息比对关口，精准发放各项惠农补贴资金6683万元；加大惠农政策宣传力度，发放《致农民朋友一封公开信》10万余份。五是大力服务精准扶贫。坚持应统尽统、规划引领、规范操作、大类打通、政府主导原则，搭建八个项目建设平台，建立工作联动机制，进一步完善财政资金统筹整合机制，统筹财政资金22.25亿元支持精准扶贫大产业、大搬迁、大培训、大帮扶、大提升。

【强化财政监管】 一是规范国库集中支付流程，明确单位作为预算执行主体的责任界限，落实直接支付、工资发放单位主体责任，推进国库集中支付电子化管理改革，进一步扩大政府购买服务和政府采购范围。二是深化预算绩效评价和投资评审，全年开展绩效评价项目47个，资金总额41.9亿元；聘请第三方机构实施投资评审，完成沙沟河综合治理、门古镇和大木镇垃圾填埋场渗沥液处理、军店镇村级路改造等评审项目59个，送审资金8.86亿元、审定资金7.78亿元、审减资金1.07亿元、审减率12.12%。三是严格监督检查，开展重点财政资金专项检查，下发通知书21户，查处违纪资金80万元。四是推进财务管理违规问题专项治理、“小金库”专项治理和“吃空饷”人员清理，清查财务管理违规资金131万元，清理“吃空饷”人员7名、年节约财政资金50万元；协助开展查处发生在群众身边“四风”和腐败问题专项检查、运用大数据开展精准扶贫政策落实情况监督检查。五是开展信息公开，11.38亿元财政专项资金上网公示；受理、回复各类网上咨询、投诉、建议11件；在城关、土城镇开展有线电视平台公开惠农补贴政策和村级财务试点工作，公开农业支持保护补贴、城乡低保、退耕还林补助、农村危房改造等7类到户明细和村级财务资金。六是协助做好扶贫资金、统筹资金、惠民资金专项审计和省委第二巡视组扶贫领域专项巡视。

（汪祖鹏）

【房县财政局领导成员名单】

党委书记、局长：彭茂盛

党委委员、副局长、综改办主任：赵　林

党委委员、副局长：张　梅（女）　罗良成

丁　进

采购办主任、主任科员：李宏贵

党委委员、农村局局长：张　鹏

党委委员、会计局局长：杨　群

党委委员、国库收付局局长：段　东

党委委员、国资局副局长、

财政局总会计师：杨俊辉

国家税收

【概　况】 对重点企业定期走访，及时掌握情况，牢牢把握主动权。严控风险管理，抓好纳税评估，加大稽查办案力度，发挥稽查职能。全年累计组织入库全口径税收收入42537.38万元，同比增收17539.54万元，增长70.2%。其中：完成地方公共财政预算收入19274.05万元，同比增收8674.46万元，增长81.8%；完成“三税”收入40255.34万元，同比增收16782.44万元，增长71.5%。

【征管改革】 一是强化营改增后续管理。认真完成“总结好”阶段工作，划分部门职责，细化时间节点，明确工作目标。对建安行业实行专业化管理，组织专班紧盯“项目、公司、税收”三个环节，强化对重点建设项目的税收跟踪管理，确保税收收入及时入库，并通过微信、QQ、电子屏播放、纸质发放等多种渠道向小规模纳税人宣传

《小规模纳税人营改增试点改革宣传手册》，宣传覆盖面达到100%。二是深化国地税征管体制改革。自2017年1月以来，双方共召开4次联席会议，形成工作合力。在办税厅开设6个联合办税窗口，联办涉税事项3029件，真正实现“一站式”办税服务。三是全面落实“放管服”改革。全面落实“放管服”改革措施，推进简政放权，加强后续管理，严格落实省局关于进一步深化“放管服”改革优化税收环境的实施意见。

【依法治税】 对内，深化行政审批制度改革，落实依法行政工作领导小组会议制度，积极推进行政执法公示、执法全过程痕迹化管理，积极税收行政执法案例指导工作和“双随机一公开”制度，促进“同案同办”。对外，一方面，扎实开展第26个税收宣传月确定的8项重点活动、税收普法工作等税收宣传工作，营造协税护税共识，促进税法遵从。另一方面，加强征管查互动，重拳打击偷骗税和虚开增值税发票行为，全年通过风险管理组织入库收入2151.91万元，稽查查补税款494.18万元。

【管税信息化】 一是贯通“互联网+政务服务”理念，大力推广“税企通”移动办税服务平台，拓展涉税事项网上办理业务，纳税人通过网上办理业务3.59万笔，移动端办理3821笔，同时推行发票代开、发票申领等业务“线上办理”模式。开通全县12个乡镇所有14个邮政网点的“双代”业务，全年邮政部门累计代开发票代征税款1750万元，极大地方便纳税人，尤其是偏远地区纳税人。二是强力推行实名办税工作，让纳税人直接通过“人脸比对”办税，有效降低纳税人办税负担，促进社会诚信纳税体系形成。截至12月份，存量纳税人信息采集率达到95.3%，新登记注册纳税人信息采集率为98.2%。2017年纳税人满意度调查得分87.06分，位列全省138个县市区局第31名。

【基层组织建设】 将基层党建工作与职能工作、党组织建设与队伍建设深度融合，组织实施思想政治和基层组织建设工作。扎实开展“两学一做”学习教育，把“主题党日”活动作为加强党员理想信念教育、强化队伍党性修养的重要抓手，严格落实。举办“祭革命英烈，亮党员身份”“庆七一、学党史、跟党走、爱税收”“倡导好家风，传承好家训”等主题的党日活动，激发爱党爱国献身税收事业的工作热情；严格“三会一课”及中心组学习制度和纪律。强化党的十八届六中全会、党的十九大精神、习近平《治国理政（第二卷）》等的学习，全年组织集中学习12次，全员覆盖；进一步激励争先创优，持续开展“岗位大练兵业务大比武”活动，2名同志荣获“全市纳税服务能手”荣誉称号。结合“双十星”争创，开展“五比五看”“党员示范岗”、办税服务厅党员亮牌服务等活动，全年共有10人被评为“优秀共产党员”，3名优秀青年党员被充实到重要工作岗位上。党员先锋模范作用进一步显现，队伍活力明显增强，2017年，荣获全县“十星级党组织”荣誉。

【廉政建设】 一是严管厚爱讲民主。不断强化班子民主，严格选人用人机制。进一步加强对干部选拔任用工作的监督，关注青年干部成才成长。实施“青年干部成长成才工程”，将一批有专长、求进步、识大局听指挥的中青年干部作为各个项目攻坚的后备人才。二是聚焦“四风”问题整治。聚焦违反中央八项规定精神的突出问题和损害群众切身利益的不正之风，认真做好办公用房、公车管理、公务接待、工作纪律等方面的作风建设，对操办婚丧喜庆提醒告诫16人次。三是严肃执纪问责。把纪律和规矩挺在前面，保持防腐、治腐、惩腐高压态势。调查核实信访举报件4件，廉政提醒6人次，开展一对一廉政约谈提醒40人/次。四是宣教倡廉重教育。学深学透党纪法规。扎实开展专题教育，深化廉政文化建设。大力开展廉政文化“进机关、进基层、进家庭”“诵读经典，传承文明”“传承好家风、家训”等主题教育实践活动，用文化讲廉、促廉。文明创建工作蝉联第五届全国文明单位。

（况艳玲）

【房县国家税务局领导成员名单】

书记、局长：童明煌

党组成员、副局长：王　剑　廖新明

党组成员、纪检组组长：白　勇

地方税收

【税费收入】 2017年，在宏观经济下行压力加大、房地产市场疲弱、政策性减税较多的严峻考验下，通过科学规划、合理调度，全年完成税费收入5.64亿元。其中，税收收入完成2.67亿元，剔除“营改增”因素，增收0.63亿元，同比增长30.88%；社会保险费收入完成2.77亿元，增收0.29亿元，同比增长10.53%；其他收入完成0.2亿元，增收593万元，同比增长40.97%。完成地方一般预算收入2.23亿元，为房县经济社会发展提供良好财力支撑。

【税收征管】 大力推进国地税联合征管、联合稽查工作，推行分行业分税种管理办法，开展纳税评估和信用等级评定，加强各税种源泉控管。2017年，和国税局联合成立“国地税建安、房地产行业联合管理组”，实行合署办公，共同开展征、管、查和纳税服务，全年共为24户房地产、建安行业纳税人提供纳税辅导，建安、房地产企业的纳税遵从度明显提高。合署办公以来，房地产、建筑安装共组织税款入库5643.6万元。国地税稽查部门全年共联合办理案件2起，查补入库各项税费118.4万元，加收滞纳金14.1万元，罚款32.88万元。加强同公安经侦部门的配合，向公安经侦部门移交涉嫌销售假发票线索案1户。

【法治地税建设】 严格执行行政许可法，加强行政审批项目管理和过错责任追究，规范税务执法行为，税收秩序明显好转。强化重点行业、重点企业的专项检查力度，完善与公安部门的执法衔接机制，增强执法威慑力。落实政务公开。国、地税联合开展税法宣传活动，地税税收法治环境和政务环境进一步优化，公民税收法治意识大大增强。成功通过“六五”普法验收，获得省级“六五”普法中期“先进单位”和市级“六五”普法“先进集体”荣誉称号。

【纳税服务】 加强前后台业务建设，规范纳税服务内容，完善纳税服务手段，提高纳税服务水平。认真抓好纳税服务的基础工作，优化办税厅功能设置，“一窗通办”全面实现，纳税人就近办理涉税事务。开通“电子税务局”，做到“流程更优、环节更简、耗时更短、效果更佳”，逐步构建规范、现代、文明的纳税服务体系，使社会各界、广大纳税人更加满意。2017年，共为2650余户（次）纳税人办理各类税收减免1120余万元，其中小微企业224户，减免税费181.63万元。招商引进的投资6550万元的房县渝川食品有限公司泡腌菜（调味品）食品加工项目正式落户房县，较好地服务支持地方经济建设发展。

【党风廉政建设】 认真贯彻落实党风廉政建设责任制，层层签订“责任状”，切实落实“一岗两责”。扎实推进惩防体系建设。经常性开展廉政教育、廉政党课、参观警示教育基地，观看警示教育片等活动，运用提醒、告诫、纠错等手段，积极发挥预防提醒和警示的作用。2017年，房县地税局通过做实活动方案、落实履职承诺、务实各项工作，以99.4分的优异成绩，在全县8个履职尽责督促检查参评部门中名列第一，被授予“2017年度履职尽责督促检查工作优秀单位”荣誉称号，自2012年、2014年以来，第三次获得第一名。

【精准扶贫工作】 2017年，在帮扶青峰镇龙王坪村脱贫出列的基础上，又新增青峰镇青峰街村为对口帮扶村。一年来，县局党组紧紧围绕全县统一安排和步骤，扎实做好扶贫搬迁、产业发展、基础建设、扶贫扶智等工作。领导班子分批次带领80名党员干部开展“一对一”结对帮扶慰问活动10次。帮助贫困户发展土鸡养殖1500只，生猪养殖33户99头，种植矮化银杏16.67公顷，建成300千瓦光伏发电项目一个。5栋31套扶贫搬迁安置房全面实现搬迁入住。为龙王坪村“矮化银杏项目”扶持资金8万元，为青峰街村“栀子种植项目”扶持资金5万元，贫困户慰问6000元。龙王坪村成功摘帽出列，青峰街村的扶贫工作不断推进。

（邓志勇）

【房县地税局领导成员名单】

党组书记、局长：陈卫东

党组成员、纪检组组长：宋仁定

党组成员、副局长：卢立成　付必照

高运杰

工　业

综　述

【工业经济】 2017年，全县规模以上工业企业完成产值53.9亿元，增长10.9%；实现工业增加值19.2亿元，增长11%。实现销售收入44.6亿元，同比增长2.7%；利润总额23799万元，同比增长4.2%；实现税金14504万元，同比增长11.6%。市场主体规模扩大。亿元企业达14家，规模企业达48家。项目建设强推进。编制工业项目库，梳理储备项目34个，总投资32亿元。搭建政银融资平台，破解企业融资难题。创新融资方式，各企业通过“担保贷”“过桥贷”“助保贷”，以及借用县域经济调度资金、城投资金累计额达到10亿元以上。其中县域经济调度资金2.3亿元；担保公司担保贷款3.3亿元；“助保贷”贷款1亿元；过桥资金为60家（次），过桥续贷3.5亿元；城投借款5000万元。有力地保障工业企业平稳运行和项目建设顺利推进。工业招商成果显著。以走出去、请进来，招大项、招大商的理念作为引领，通过外出考察及邀知名企业来房洽谈的方式，引进恒隆纺织、赟天生物等项目落地，招商引资工作县委、县政府下达的任务1.3亿元，实际完成3.6亿元，完成率为277%。产业集群已现雏形。全县中药材种植示范园达到55个，新发展中药材种植面积2533.33公顷，中药材种植面积达到20000公顷，现有规模以上药材加工企业6家，道地中药材粗加工中小企业20家，全年中药材产值达12.8亿元；全县黄酒酿制作坊户近2000户，年产量近20000吨，总产值4亿元，工业化（企业）生产黄酒1.6万吨，产值6亿元，白酒生产实现产值4.5亿元（含白酒作坊生产量），累计实现产值14.5亿元。精准扶贫成果丰硕。积极配合“四双帮扶”春季攻势行动，全年共计组织全局干部进村入户15次，进行异地搬迁、产业发展，扶贫优惠政策等进行宣传，帮助贫困户算明白账，引导他们进行产业发展，鼓励他们进城进镇进小区。通讯扶贫创佳绩。全县各通讯企业用于通讯基础设施建建设的投资达到2.79亿元，农村无线信号覆盖面增加1倍。

【两化融合】 2017年，有4家企业成功申报省、市级“两化融合”示范企业。全县新建铁塔55座，增长34.8%，新开通信号源235个，改造（升级）各类站点265个；净增宽带用户近3万户，累计宽带用户突破8万户，较上年增长40%，全县宽带用户占总户数17.9万户的44.9%，在全省三类县排名第12位，较2016年上升6个位次，增幅居全省三类县第二位。

【工作成效】 2017年度综合目标绩效考评为合格单位；档案工作目标管理为省一级；党建工作绩效考评为优秀单位；社会治安综合治理工作为优胜单位；2016—2017年度市级精神文明系列创建文明单位。开展接受履职尽责全面督查工作，房县经信系统在全县综合考核排名第一，被授予2017年度履职尽责督促检查工作优秀单位。党风廉政建设、计生、保密、五城联创、驻村帮扶、“放管服”改革、工资、养老制度改革、“七五”普法等各项工作均取得好成绩。

（钱尔林）

【房县经济和信息化局领导成员名单】

局长、党委书记：张安学

经贸战线工委、非公有制企业工委书记：罗志军

副局长：浦孝华　吴志杰　周　鸿　杨　韬　袁　涛

工会主席：胡永红（女）

黄酒和发酵产业

【黄酒简介】 黄酒是世界上三个最古老的酒种之一，是我国的民族特产，其用曲制酒、复式发酵酿造方法，堪称世界一绝。中国黄酒以绍兴黄酒为最，天下尽知，但在祖国深处，有一种“房陵黄酒”却比绍兴黄酒还早400年，至今盛产不衰。（房陵即今房县），其口感极好，香甜可口，一股浓浓的糯米香味，极具诱惑力。黄酒的酒精度变幻无常，主要取决于酿制的时间长短。

【黄酒历史渊源】 房陵美酒兴于周，楚王派房陵人尹吉甫（曾任周朝太师,《诗经》作者）作为使者向周宣王进贡，尹吉甫带了一坛房陵人自产的“白茅”（黄酒）献给周宣王，宝物呈上殿开坛满殿香，周宣王尝了一口，大赞其美，遂封为“封疆御酒”。并派人把房陵每年供送的“白茅”用大小不等的坛子分装，依“白茅”封疆土，奖诸侯，并任尹吉甫作太师，扶朝政。后来，尹吉甫成为“文能治国，武能安邦”的一代伟人。

汉朝时，房陵黄酒广为普及，成为达官贵人的随葬品，1974年房县七里河出土的汉墓中，发现大量的装黄酒的酒具，其中一个大坛子仍保留有当时的黄酒。

房陵黄酒，盛于唐朝。唐嗣圣元年（公元684年）则天武后僭位，废唐中宗李显为庐陵王。庐陵王至房州后，审度地势，建造行宫，又把带来的工匠散落在民间，让他们传授技艺。两年后，房州大旱，南北两河断流，百姓无水可吃，求天告神，均不应验，众多百姓只好弃家逃荒。庐陵王整天为水发愁，四处派人寻找水源，查看掘井之地。一天，来到南北两河汇流之地，发现四处地裂、树死、草枯，唯独有一丛水灯草青叶滴翠。庐陵王上前拔起水灯草时，只见一股清泉流溢，向深处挖去，土坑越大水越旺。庐陵王捧起水来喝了一口，水味清甜可口。于是调来民夫挖井，劳累时，喝一口井水，就可消除疲劳。一时被当地人称为神井圣水。庐陵王用琉璃嵌成了“八角琉璃井”。匠人用祖传秘方，用苞谷、大米、高粱、荞麦做为原料，取这井水酿成酒来，香溢四季。庐陵王不敢独自饮用，装好四大坛，亲手封好，派人押运长安进贡，并书呈武则天，叙述神水之功效，请诏封酒名。

武则天把儿子贬房州后，时时派人打听儿子李显的情况，听到儿子勤于政事、布德四方，很感欣慰，又见到儿子送来的美酒，当殿启封，尝一口后，顿觉神清目朗、满口异香，连称好酒。上大夫徐彦伯口占一绝：“房州神泉水，皇家桌上珍，托得天子福，喜得百官醉。取名叫‘房陵御酒’吧！”皇上一封，此酒就出名了。四川、陕西、湖广，皆慕名到房州，亲尝此酒，一饮为快。庐陵王也饮用此酒成瘾，渐生出“日饮黄酒三小杯，不辞长作房陵人”的情怀。

到了康熙三十八年（1699），八角琉璃井被知县董芳铸造真武神像于井上，并建造起了“铁佛寺”。每逢阴天，真武神像下可听到潮水声音。“铁佛寺”虽不存在，但井水依旧旺盛，房县酿酒厂在八角琉璃井遗址边建厂，取此井水作汁，以房县优质糯米为原料，用祖传秘方制作的

小曲为发酵剂，经传统工艺加工，多次发酵而成黄酒。

【黄酒工艺】 浸米、蒸米、晾媒、拌曲、发酵、落缸搭窝，主要要把握好三个关键。一是曲子关。黄酒所用的曲子是用蓼子花（一种专用植物），掺兑米粉（将泡胀的饭米碾成粉）、甘草粉及曲母粉一起拌匀，捏成比核桃略小的圆球，放在簸箩里盖上椿树枝，温度控制在25℃—30℃之间，发酵24小时（发酵时要长菌丝，从菌丝的颜色便可分辨酒曲好坏），待散出酒的芳香，凉干用线穿成串，挂在避光、通风、干燥的地方，随用随取。一般一颗曲子可做1.5公斤糯米的黄酒。二是蒸米关。做酒必先将糯米放水中浸泡3—4小时，然后淘尽、控水、蒸熟、凉冷至27℃为“晾糜”，也有浇冷水降温的为“淋糜”，搓碎米疙瘩，然后将碾碎的曲子粉撒入拌匀，并适当拌些凉水，盛入瓦盆或瓦缸，中间留出一个碗口粗见底的窝，用于透气下湫水。三是温度关。将配制好的原料放入备好的酒窝（用稻草编制，用于保温），将温度控制在27℃—30℃，一般在24小时就可发酵，待酒窝中沁满了湫水，用勺子舀湫水均匀地淋向酒糟的表面（土语叫打头），然后适当降温到24℃—25℃，放至1—2天后转入罐子中密封存放一些日子取出用温水或凉水投酒，一般投酒比例为1∶3，即1碗酒糟兑3碗水，待酒糟漂浮在上面后插酒抽子（竹篾编织的竹篓），通过24小时沥出糟子，即是香醇可口的黄酒。如果较长期存放，还须经一两次叠酒，即将清亮的酒转入其他容器，经过几道转叠，越来越清，呈米黄色，饮时或温或冷因人因时而宜，冬天烫了喝发热御寒，夏天喝冷黄酒消暑止渴。做酒，首先是要把糯米泡好，一般从吃过早饭到午饭后的三四点钟正好。然后把泡好的糯米取出来放在筲箕中沥干，等到不再滴水了，就可以上笼蒸了。锅里添上水，以淹住蒸笼的下边三寸为最适。加热至沸，把锅盖盖上，逼气。等到笼内雾气满满的、浓浓的，就可上糯米了。上糯米是有讲究的，不能一盆子整个儿地倒进去，要一勺一勺地抖散，均匀地一层层铺开。这样，蒸出的“媒”（熟的糯米）才会受热均匀，不会夹有生团。这一步叫“蹿气”，要做出好酒，这一环节是很重要的。上了糯米，把蒸笼的上沿围上毛巾，不让其透气，加温加压。等到热气遏不住，拼着命把锅盖朝上顶着往外钻时，差不多已经好了。打开盖儿，用筷子搅划一下，如果不散，黏，呈柔和的亮色，说明是已完全的熟了，就可以出笼了。这蒸熟的糯米在房县当地称“媒疙瘩”，“媒疙瘩”拌上糖，可以直接食用，味道也不错，但是它和肥肉一样，吃多了也会腻人，不容易消化。取出一些这样的“媒疙瘩”，加糖，使劲儿揉、搓、捏，或者舂成黏黏的米团，碾成饼状贴到锅里做烙饼，就是“糍粑”了。糍粑外焦里软，吃起来有筋道，有韧性，很黏。把这些“媒疙瘩”晾到温热（30℃左右），和碾碎的曲子一起拌均匀，装进坛子里（若放在缸中则需要稍微压实，并在中间挖一个酒窝，酒窝要挖到见缸底，直径比成人的拳头稍大一点就可以，在“媒疙瘩”表面淋一些温水既可），注入适当的水，保持水温冬温夏凉。如果在冬天，最好在坛子外面围上稻草、米糠或破棉絮用以保温。

【黄酒龙头企业】 湖北庐陵王酒业有限责任公司。成立于二十世纪六十年代初的房县国营酒厂，曾先后获得第五届中国国际食品博览会“中国名牌产品”称号，湖北省农业产业龙头企业。2011年由十堰工商联合会各企业家携手资深酒业营销公司共同出资收购后，更名为湖北庐陵王酒业有限责任公司。公司在保留原有核心优势的基础上，投资2亿元新建集传统工艺与现代科技为一体的万吨基酒生产基地，庐陵王酒是在唐朝宫廷秘方的基础上，应用现代科技元素精心改良而成。公司有经典白酒和醇香黄酒两类产品，其中畅销白酒3个品种、黄酒6个品种。2017年，县政府协调调度资金2300万元，支持公司发展，于2017年完成产值4700万元，实现销售收入3800万元，同比增长8.58%，销售税金607万元，黄酒龙头企业地位逐步加强，赢得各级领导肯定和省内外消费者的好评。

湖北神农泉黄酒酿造有限公司（简称“神农泉黄酒”）成立于2004年，注册资本500万元，总投资1200万元。主要研发、生产、销售房县黄酒，是一家规模化、专业化酿酒企业。公司总经理余登峰数十年执着于房县黄酒的技术研发，在保留房县黄酒传统品质的基础之上，创新性地加入了多种食药兼用的中草药，应用先进技术、设备精心改良，进一步体现出房县黄酒的养生价值。2017年公司扩能改造升级完成，实现年产值2582万元，同比增长25%。年产量可达700吨，有力保障省内外广大客户的需求。其经典黄酒连续四年荣获“湖北省消费者满意商品”称号。

【黄酒及发酵产业发展】 2017年2月16日，房县黄酒和发酵产业局成立，专门负责房县黄酒及发酵产业发展的相关工作，此局为国内第一“黄酒局”。

（叶小侠）

【房县黄酒及发酵产业局领导成员名单】

局长：卢扬成

生物医药产业

【中药材资源保护利用】 房县位于秦巴腹地，南倚神农架，北靠武当山，境内生态环境优越，年降雨量在800—1100毫米左右，地处南北过渡地带，立体气候明显，昼夜温差大，土壤肥沃无污染，是中药材生产的最佳区域之一，发展生物医药产业具有得天独厚的优势：有丰富的种质资源。房县南北气候兼有，南物北种都适宜生长繁衍，中药材野生资源丰富，素有“中华药库”之称，分布在房县境内中药材达2518种，李时珍《本草纲目》中70%的中药材标本采集于此，全国常用药材90%在房县都有生长或种植，野生药材蕴藏量348万吨（其中主导野生品种储量达62966吨）；有品质上乘的道地药材。房县是许多中药材的原产地。北柴胡、白芨、天麻、党参、江边一碗水、七叶一枝花等名贵药材享有盛名，“北岸黄连”属全国佳品。道地药材药用成分含量高（如房县柴胡总皂苷含量高达0.9%—1.5%，房县白及有效成分白及多糖含量高达40%，房县天麻素含量高达0.8%，房县黄连小檗碱高达9%，一般仅为4%—8%），畅销国内各大中药材市场。20世纪六七十年代，房县被国家确定为“黄连之乡”“党参之乡”；有厚重的文化底蕴。房县是神农搭架采药的发源地，中医药文化底蕴深厚，唐代著名的医药学家、药王孙思邈和明代李时珍都曾在此寻药立著；有辽阔的山场。房县有53333.33公顷的可耕地，其中退耕还林地20000公顷，大多在中高山地区。在退耕还林地选择适宜的品种种植既可以增加农民收入，又可以保护生态，为可持续发展提供了一条有益的途径；有广阔的市场。随着人们生活水平的提高，中药材也越来越为世界各国所认同，在东南亚等国家，很多种中草药已被作为食品，具有药、食两用之效；有健全的服务体系。为发展全县生物医药产业，成立生物医药产业领导小组，成立生物医药产业局。

【中药材规范化种植养殖】 县委、县政府高度重视发展生物医药产业，始终把它作为山区广大群众增加收入，实现脱贫致富的重要产业来抓。规划引领，基地规模不断壮大。立足资源禀赋和气候条件，坚持因地制宜，优化主导品种，科学规划布局，促使优势中药材向优生区和适生区集中，有力促进中药材规模化发展。全县确定了“两大”重点品种，北柴胡、虎杖，着力打造“中国北柴胡之乡”“中国虎杖之乡”。各类中药材种植面积达25333.33公顷，产量达8万吨。其中，种植品种达50多个，千亩以上品种32个。示范带动，园区辐射作用凸显。按照“围绕产业建园区，建好园区带产业”的工作思路，以县、乡两级示范园建设为抓手，2017年底，全县中药材示范园达到55个，其中66.67公顷以上5个，33.33公顷以上16个，在示范带动方面发挥了重要作用。主体培育，产业链条逐步完备。全县现有规模以上药材加工企业8家，其中，产值过亿元4家（动物药业、金鼎制药、神农本草、天马医化），高新技术企业4家（动物药业、葵花武当、神农本草、三鑫生物）。产品涵盖中药片剂、胶囊、注射液、颗粒剂、丸剂、糖浆剂、中药保健茶等，形成了以天马医化为主的皂素、双烯、沃氏氧化物生产加工，以武当动物药业为主的兽药产品开发，以葵花药业为主的水针剂加工制造，以三鑫生物为主的生物提取，以神农本草为主的中药饮片加工的产业集群。培育和发展中药材专业合作社达到130个。全县现有医药流通企业和营销大户30余家，招商引资的房县神农源中药材交易市场建设项目稳步推进。科技兴药，产业质效不断提升。大力推广“林—药”“粮—药”“药—药”间作套种模式，抓好品种结构的长短结合、高矮搭配，最大限度获得效益，有效规避种植风险。强化GAP规范化种植技术培训，从源头上保证中药材品质。到2017年底医药企业拥有专利74项，其中发明专利9项，实用新型专利12项，外观设计专利53项。全县建立院士工作站2个，省级工程技术中心2个，市级技术中心2个。机制创新，发展活力不断增强。一是创新工作机制。推行“一个产业、一名领导、一个专班、一抓到底”的工作机制，成立以县领导为组长生物医药产业领导小组，负责产业发展的组织、协调、调研与督导，严格考核兑现，奖惩问责。二是创新投入机制。采取“政府引导，社会参与”办法，激活民间资本，多渠道增加农业产业投入。2017年以房政办发〔2017〕号文件规定，加大了中药材支持力度，发展面积达6.67公顷以上，政府每亩扶持200元，其中柴胡扶持300元。

【道地中药材品牌建设】 实施“品牌强县”战略，以开发新、优、特产品拓展中药材产业的市场空间，辐射和带动生物医药产业发展。“房陵牌丹参”“房陵本草牌柴胡”“房陵本草牌白芨”“武当牌克林新”“百草传奇”荣获湖北名牌产品。房县北柴胡规范化种植基地通过国家GAP认证；“房县北柴胡”“房县白芨”“房县绞股蓝”“房县虎杖”通过国家地理标志保护产品认证，“房县北柴胡”“房县白芨”“房县绞股蓝”地理标志证明商标正式核准注册。“武当道药”和“房陵本草”2枚商标被认定为中国驰名商标。

【龙头医药企业生产情况】（1）葵花药业集团湖北武当有限公司。位于湖北省十堰市房县东城工业园，主导产品有全国独家产品雪梨止咳糖浆、感冒药片，湖北省名牌产品小儿麻甘颗粒、秋梨润肺膏。现有的4个新药批号（阿加曲班原料及注射液、长春西汀原料及其注射液、米力农原料及注射液和盐酸法舒地尔注射液）在2018年前有2个新药争取到批号。2017年公司医药总产值达1.35亿元，销售收入1.2亿元，实现税收1056万元，同比增长15%。（2）湖北武当动物药业有限公司。位于湖北省十堰市房县迎宾大道2号，巩固“武当牌”“精兽医牌”2个系列、200个品种，3个发明专利、4个实用新型专利，与华中农业大学等科技机构合作，新上以中药提取为主的片剂、颗粒剂、胶囊、中药超微粉、中药辅料加工项目，以中药生物发酵为主的动物保健、饲料添加剂项目，以植物提取分离为主的化工原料项目等，与修正药业动物宠物药品有合作项目。2017年实现总产值22130万元，同比增长1.4%，销售收入20360万元，实现税收172万元。（3）湖北神农本草中药饮片有限公司。公司成立于2003年，位于十堰市房县城关镇晓阳工业园区，通过了国家药品 GMP 达标认证和国家 ISO 9001：2008 质量体系认证并获得药品生产许可证，已具备独特的生产加工工艺和能力，生产的柴胡、白芍、白芨、丹参等系列地道中药饮片、神农本草系列保健茶、中药配方药膳、食用香料、系列中药足浴保健药品近 1200 余种，生产规模为万吨。2017 年实现总产值 3250 万元，同比增长 15%，销售收入 2900 万元，实现税收 105 万元。（4）湖北省三鑫生物科技有限公司。公司成立于 2011 年 3 月，位于十堰市房县东城工业园区，主要从事中药材虎杖种植、提取及深加工业务。深度开发白藜芦醇胶囊、片剂等保健产品及白藜芦醇保健黄酒，做生态植物提取和虎杖植物的全身综合开发利用，做葛根提取物（葛根素、葛根黄酮）的深度开发和枳实提取项目。公司现有 2 条生产线，可年产白藜芦醇 200 多吨。作为省内规模最大的专业从事中药材虎杖提取的企业，公司注重产学研结合，与湖北中医药大学、华中科技大学、华中农业大学、湖北医药学院等相关科研院校紧密合作，成立有院士专家工作站、湖北省研究生工作站、校企共建实验室等科研平台，为公司虎杖系列新产品的研发提供技术支撑。2017 年实现总产值 7240 万元，同比增长 20%，销售收入 7225 万元，实现税收 102 万元。

（杜　鹏）

【房县生物医药局领导成员名单】

经信局党组成员、副局长，生物医药局局长：袁　涛

生物医药局副局长：鲍明波

电力工业

【概　况】 国网房县供电公司是国网湖北省电力有限公司直供直管的县级供电企业，成立于 2011 年 11 月 3 日。公司定员 406 人，实际人数 610 人，其中正式员工 254 人，农电员工 356 人。公司作为关系能源安全和县域经济命脉的重要骨干企业，承担着保障更安全、更经济、更清洁、可持续的电力供应基本使命。房县辖区共有 220 千伏变电站 1 座，变压器 1 台，容量 18 万千伏安；110 千伏变电站 5 座，变压器 6 台，容量 20 万千伏安；35 千伏变电站 14 座，变压器 21 台，容量 9.65 万千伏安。110 千伏线路 8 条，总长度 167.24 公里；35 千伏线路 17 条，总长度 560.16 公里；10 千伏线路 106 条，长度 2203.78 公里。初步形成以 220 千伏为支撑、110 千伏为骨干网架、35 千伏及 10 千伏辐射全县的输配电网络，经营区域辐射全县。截至 2017 年底，共有公变 1687 台，专变 529 台，供电覆盖率 100%，服务用电客户 17.03 万户。

【党建工作】 认真学习宣传贯彻党的十九大精神，把十九大精神学习与公司中心工作结合起来，在真抓实干上下功夫，坚定不移推进全面从严治党。深入落实“基础建设年”要求，持续抓好基层建设、基础工作、基本素质，夯实党建工作“三年登高计划”根基。加强“四好”领导班子、“四强”党组织和“四个合格”党员队伍建设，深入推进“两学一做”学习教育常态化制度化。落实支部“三会一课”制度，实行支部对标考核，推进“三亮三比”活动，基层组织建设全面加强。完善党风廉政建设主体责任工作机制，组织《准则》《条例》专题讲座和特殊警示教育，党员干部廉洁从业意识进一步增强。积极履行企业社会责任，扎实开展精准扶贫工作，专人专班抓帮扶，因地制宜抓实施，使扶贫任务得到有效落实。深化企业文化建设，开展纪念建党 96 周年等一系列活动，进一步提高党员职工的党性修养，增强企业的凝聚力和向心力。举办文明建设成果汇报会、第四届职工田径运动会及读书征文活动，职工业余生活不断丰富、工作压力得到有效缓解。以服务青年为宗旨，坚持党建带团建，组织开展一系列团青活动，青年员工的凝聚力不断增强。丰富新闻宣传方式，做实社会责任

根植项目，强化舆论正面引导，杜绝重大舆情事件。关心离退休人员生活，开展困难员工的帮扶救助，企业内部保持和谐稳定。公司被上级党委授予“最佳文明单位”荣誉称号。

【安全工作】 强化安全责任落实，依据安委会工作规范，开展领导干部安全述职，推动各层级安全责任落实，消除履职履责死角，提升安全管控能力。强化“三措一案”管理，加强作业现场风险管控，全面构建预控为主的本质安全工作机制。广泛开展安全第一课、第一考，常态化开展“党员干部领学安规”和安全规程“三级联考”工作，深入推进“安全你我他”安全文化项目落地工作，严格落实每月一堂课、每月一考、班组及外包施工单位每周700字学习笔记，提升全员安全意识。强化入网分包队伍和监理安全能力评估。深化作业风险管控系统应用，加大安全稽查工作力度，启动安全监管中心建设，依托互联网进行远程安全监督。加强运维检修管理，严格落实设备主人制。持续推进线路“三障、三跨”清理工作，根据季节特性组织开展专项清障行动，出动人数之多、清障力度之大创多年之最，有效化解“线树”矛盾。强化继电保护定值的清理及装置运维，完成26座变电站（所）的继电保护排查和精益化管理评价工作，提升运维管理水平。开展电网迎峰度夏反事故演练、防汛演练、变电站反恐防范演练和迎峰度冬反事故演习，提高应对突发事件的应急处置能力。高效应对“3·13”雪灾和秋汛等局地灾害以及夏季高温大负荷期间的设备故障抢修工作。认真组织开展冬季消防和车辆安全专项检查，对调度大楼消防设施进行全面整改。圆满完成春节、“两会”、高中考、十九大等重要时期和重要活动保电任务，公司安全生产形势总体平稳。公司荣获市级“2017年度安全生产红旗单位”荣誉称号。

【电网建设】 统筹电网规划，高质量完成“十三五”电网规划编制工作和“一所一规划”工作报告及线路台账图集的编制工作。加强项目储备，完成4个共计1.36亿元的储备项目编制及送审工作；完成110千伏化龙变电站等14个主网基建项目土地调规工作，其中110千伏化龙变电站、35千伏仙家坪、5台配电站已获得省公司批复。全面完成2017年村村通动力电、2017年机井通电工程，以及2017年易地搬迁配套电力工程，惠及贫困搬迁户5845户。共计新建及改造10千伏线路359.7公里，新建及改造配变500台，容量59375千伏安，新建改造低压线路397.52公里，中低压配网结构进一步优化。健全完善配电网建设管理制度、体系、流程，严格落实“业主、施工、监理”三方责任，确保项目建设的有序推进。坚持需求导向，精准投入，优质高效的完成精准扶贫暨光伏扶贫建设项目，全县212个、容量总计57.72兆瓦的联建光伏电站全部按期竣工并网运行，得到县委、县政府高度肯定。公司网改办荣获湖北省工人先锋号。

【经营绩效】 着力增供扩销，完善“三级报装协调”机制，主动对接重点项目工程建设。积极开展电能替代工作，全力推广电烤烟、电动车、热泵等技术，大力服务县域电动公交车充电桩建设项目，不断提高电能占终端能源的消费比重。强化异损台区整治，将高负损台区治理工作常态化。加快“四表合一”建设推广进度，提升采集运维管理水平。深化智能营销应用，积极打造“互联网+供电服务”模式，推进营配调数据贯通。全力推进“全能型”供电所建设和农电用工“全日制”管理工作，成立农电服务部和电工组，使供电服务延伸到“最后一公里”。扎实开展营业厅明察暗访，推行常态化服务巡视机制，提升优质服务水平。出台供电服务投诉奖惩实施办法，严格奖惩兑现。完成集体企业资金集中统一管理工作，强化集体企业市场开拓。

【企业管理】 严肃制度刚性执行，实行重点工作跟踪督察督办，工作效率明显提高。深化法治企业建设，大力推进“七五”普法工作，开展全员法治教育培训。认真开展问题梳理整改全覆盖工作，建立“周例会、月简报、现场汇报、集中审核”工作机制。全面宣贯国家电网公司内部市场10项通用制度，扎实开展用工清理规范工作。持续加强协同监督，扎实开展巡视巡察问题整改、中央八项规定精神落实、施工分包管理、食堂经费管理等六项监督工作。开展供电所日常管理“八查八整治”专项监督工作，建立全面覆盖的监督检查体系，促进供电所依法依规经营管理。深化全面预算管理，从紧安排各类成本和非生产性支出。强化物资计划和物资出入库管控，物资管理标准化水平不断提高。调整农电员工培训思路，把理论培训更改为以实践为主、理论为辅的实操培训，员工素质和业务能力得到整体提升。加强集体企业管理，对内挖潜增效，对外主动开拓市场，集体企业发展良好。

（李　琼）

【房县供电公司领导成员名单】

总经理、党委副书记：周向军

党委书记、副总经理：李吉波

副总经理、党委委员：马吉华　张俊峰

黄　宏

纪委书记、工会主席：王　方

工业园区建设

【概　况】 房县工业园区管理委员会成立于2007年6月，是隶属于房县人民政府领导的副县级机构，负责工业园区统一规划、统一开发、招商引资、统一管理等工作，内设党政办公室、经济发展科、规划建设科、计划财务科4个科室。年底有干部16人，其中党员12人。2017年在县委、县政府的正确领导下，园区管委会紧紧围绕“招商引资、服务企业、规范管理”三大主线，严格落实“三个三分之一”工作法和党风廉政建设责任制，高标准完成各项任务，促进了园区经济健康快速发展。

【工业园区建设】 紧紧围绕园区基础建设主线和保障重大项目落户、拓展产业空间等重点，扎实推进园区建设。园区克服抽调4人支持县里工作，人员严重不足的困难，实行“包项目、定目标、定时间、定责任”项目责任全力以赴抓好项目建设。一是加快重资产项目建设。班子领导带头坚守工地日夜加班加点督办工程进度，严把工程质量。在施工环境差，有效工期只有三个月的时间里，已完成2万平米标准化厂房95%的工程量，满足光宏通信、壹徕科技入驻需求。二是盘活东城闲置资产。园区根据招商引资企业湖北凯龙机电有限公司需求，对雅德6654平方米厂房进行地面硬化处理、吊顶、封墙、改给排水、供电、建自流坪，打造无尘化车间，2064平方米办公楼进行内部装修，兴建职工食堂，实现企业拎包入住；根据湖北雄耀体育有限公司需求，对星源厂房进行内部隔断、吊顶、自流坪等改造，打造无尘化车间，办公楼进行内部装修，满足企业入驻需求；根据渝川农业科技有限公司需求，对厂区给排水、供电、外部环境等进行改造，确保项目8月3日顺利落户园区，一周项目入园、两周基础建设、三周设备入厂、四周设备调试、五周试生产，9月28日顺利建成投产，打造房县速度，让园区经济焕发出勃勃生机。三是加快园区集中污水处理项目推进。园区主动履责，开展东城、北城污水处理站建设的前期项目可研等工作，三赴省发改委沟通项目评审工作。四是新入驻项目水电路全配套。协调电力、水务、交通等部门加快北城工业园平台、新入驻园区项目的水电路配套。五是促进园区企业煤改气任务全面落实。引进博瑞天然气项目，对东城工业园燃气管道进行铺设，淘汰10蒸吨以下燃煤锅炉。

【经济发展情况】 适应新常态、坚持创新驱动、促进转型升级，园区经济快速增长。2017年，园区组织企业“内部挖潜增收，外部拓展市场”，经济景气各项指标回升，东城工业国实现工业总产值6.7亿元，同比增长9%；销售收入6.4亿元；利润总额3274万元；税收1735万元，同比增长18.8%；解决就业2300人（含北城工业园2017年新入驻企业招工人数），园区工业对全县经济的支撑和拉动作用进一步增强，成为全县经济发展最活跃的增长因素。

【招商引资】 为促进招商引资项目迅速落户园区，园区管委会解放思想闯新路，转变观念求突破，盘活园区现有资源，利用星源科技的空闲厂房，引进雄耀体育用品加工项目，生产加工新百伦、世界杯、木木屋、毛毛虫等国内知名品牌运动鞋，打造房县轻工业产业新标杆；引进凯龙电子加工项目落户雅德农业机械公司空闲厂房，生产手机马达，为房县精密加工产业的提档升级打下坚实基础；通过并购重组实现结构调整和转型升级，安捷力玻璃生产项目与渝川农业的强强联合，实现项目由高耗能产业向农产品深加工产业过渡，为房县农产品加工提档升级发挥积极作用；认真落实招商引资作为1号工程理念的要求，通过商会招商、亲情招商等办法，联系深圳房县商会、北京三维六度、武汉宝乐格力空调、东莞永屹精密铸件、河南信阳新能源材料、十堰吉能光伏等16批次客商到房县考察，成功引进光宏通信、壹徕科技、海联食品、海书印刷、诚玺电子、明道锂电池、涌泉新材料等亿元项目落户园区。

【项目建设】 坚定不移地把项目建设作为跨越发展的强力引擎，组织开展项目推进、基础设施建设双线会战，强化四项培优扶强举措全面推进重点工业项目建设，加快企业转型升级，促进骨干企业做大、规模企业做强。一是抓亿元企业扩能。支持葵花药业集团湖北武当公司建设中药饮片加工生产线，向年产值3亿元、创税1500万元迈进；多方考察，联系山东水务、安徽国祯集团等上市公司与粤能生物发电公司强强联合，实现企业进一步做大做强。二是抓外向型产业扩军。重点支持以电脑电源代加工为主的兆丰电子公司增加线材、风扇、微型变压器等生产线，争取实现年产值1.5亿元，创税500万元以上。三是抓中小企业成长工程。培育壮大三鑫生物公司扩大产能，向亿元企业迈进。巩固星源科技、顺通汽配等企业快速成长壮大，帮助久澳化工完善各类报批手续。四是抓创业孵化工程。利用星源科技闲置土地，引进湖北麦登汽车配件公司入驻园区，完善房县汽车产业链。

【园区党建】 园区扎实开展“两学一做”学习教育，实现学习教育的全覆盖、全参与，切实抓好园区机关党建和业务工作、机关党建和企业非公党建、支部建设与党员培训的有机结合，营造了风清气正的政治生态。一是抓组织领导。成立了党风廉政建设责任制领导小组，切实履行好“一岗双责”，将党建工作与业务工作同谋划、同部署、同落实，年初签定党风廉政建设责任书，进一步明确责任，提高意识，实现“党委统一领导，党政齐抓共管，科室各负其责，群众积极支持和参与”的工作格局。二是抓宣传学习。园区坚持日常宣传、重大活动集中宣传和企业定期集中宣传的有机统一，先后在园区开展创新争优活动、党员先锋模范争创活动，为企业建设发展起带头作用。三是推进基层党建工作。认真落实基层组织建设各项工作任务，着力推动非公企业党建工作，实现东城工业园非公企业党组织全覆盖，先后组织8次集中学习和入党积极分子培训，扎实开展园区企业“双十星”创建，强化了非公党建基层基础工作；四是扎实开展活动，按照县委有关要求，先后组织机关党员到企业、入社区、进农户开展党支部活动，有效推进党的建设全覆盖。五是抓民主监督。管委会继续深化党务公开工作，扩大党务公开内容，提升党务公开效果；突出重点领域督查土地出让、招投标和工程建设以及服务企业等三大领域6项工作存在的廉政风险和突出问题开展专项检查，实现全年无一违法违规。

【园区企业服务】 一是进一步做好入园企业服务工作，动态掌握企业建设、生产、经营情况，及时帮助企业解决实际困难，工业园区实行干部包联企业工作制度。二是抓好信访维稳工作，管委会成立专班及时化解矛盾，企业拖欠员工工资已全部拨付到位，获得职工一致好评，园区信访维稳化解率达100%，实现越级上访零事件。三是开展安全生产隐患排查工作，年初，管委会召开园区安全生产专题会，与企业负责人签订安全生产责任书，将安全生产工作分解细化，落实责任，每月定期到园区企业走访排查安全隐患，落实企业的安全生产主体责任，促进园区企业健康发展，园区安全生产工作实现“零发案、零伤亡”目标。四是加大园区精细化管理力度，开展“绿满园区”活动，全力开展生态工业建设，组建专班到园区清理杂草，为树木施肥、浇水、修剪枝叶；定期对园区路灯等公共设施进行清洁、维护，为企业职工出行提供安全保障。五是引导企业科技创新。不断强化企业创新主体地位，鼓励企业加大研发投入、组建研发团队，加快开发一批拥有自主知识产权及适应市场需求的新技术、新产品、新工艺，努力掌握一批核心技术和关键技术，增强企业核心竞争力，实现兆丰公司产品荣获国家多项专利，产品获得德国麦氏集团的认可；三鑫生物公司研发白藜芦醇深加工保健产品，已获得澳大利亚批准保健品文号。园区企业已成立研发机构近10个，转化科研成果30余项。

（王　琳　黄　凡）

【房县工业园区管理委员会领导成员名单】

书记：叶　珉

主任：龙德斌

副主任：张先辉　张荣彩（女）

农　业

综　述

【概　况】 2017年，房县农业部门深入贯彻中央、省、市农业农村工作会议和县“三干”会精神，高举“四化”协调发展示范区旗帜，全面践行五大发展理念，以供给侧结构性改革为主线，以促进农民增收为核心，以科技创新为支撑，以深化农村改革为动力，全力推进“三农”发展，全县农业农村经济继续保持良好发展态势。全县完成农业总产值59.5亿元，同比增长10.1%；农村常住居民人均可支配收入9134元，同比增长10%。房县荣膺全省“三农”发展进位显著县，受到省委、省政府和市委、市政府通报表彰。

【特色产业】 狠抓抗灾复产，粮油生产保持稳定，粮食产量15.71万吨增加0.4%，油料产量1.8万吨。新发展中药材、茶叶、核桃、烟叶2533.33公顷、1000公顷、666.67公顷、2466.67公顷。栽培段木黑木耳10万架，发展袋料耳菇3640万袋。播种蔬菜11600公顷。饲养山羊105.7万只。养殖娃娃鱼90万尾。实现农产品加工产值84亿元，同比增长18.3%，新增“三品一标”9个、“湖北名牌”4个。房县黑木耳和香菇入列中欧地标互认清单。累计拨付“四子”资金4799万元，共扶持带动全县2.4万户、7.4万人发展以“八大”产业为主的特色产业；新引进市场主体149个，贫困村市场主体覆盖率达96.4%；推进30个旅游扶贫重点村建设，带动贫困人口1500余人从事旅游实现增收；新建30个村级电子商务示范点；累计向贫困户发放小额扶贫贷款2.99亿元，转移贫困劳力4.4万人；181个村建成总装机5.2万千瓦的村级光伏电站并实现并网发电，一举解决多年来的集体经济“空壳村”问题。

【美丽乡村建设】 加快竹房城镇带“一城八镇”建设，推进沿线9个乡镇镇村扩容，完成基础设施、生态治理及公共服务建设项目366个，着力打造城关镇八里、窑淮镇陈家铺、尹吉甫镇榔口、土城镇土城、化龙镇化龙5个片区，5个片区已成为全县三产融合先行区、宜居宜游宜业示范区。新实施了8个“生态家园”示范村建设，化龙、榔口等8个村获市级命名。

【农村基础设施改善】 建设高标准农田1333.33公顷；新建安全饮水工程137处；修复引水渠17处，维修渠道32条，设计高效节水灌溉面积666.67公顷；除险加固黄岩沟、龙潭沟等水库8座；治理生态湿地1.8万平方米，支沟治理333米。强力推进国土绿化、绿美县城、产业强林、通道绿化、绿色示范乡村创建“五大工程”，完成植树造林2333.33公顷。新增天然林停伐管护面积24360公顷，总面积达到199560公顷。建设户用沼气500户，小型沼气工程10处，新建农村清洁能源后续服务管理网点2个，绿色能源示范县项目扎实推进。

【农村改革工作】 国有林场全面完成“三定”设置、整合重组、社会保障、社会事务剥离和经营机制创新等主体改革任务。农村宅基地、集体建设用地两权确权基本完成，全国第三次农业普查、农村土地确权颁证顺利完成。“三权分置”深入推进。累计流转土地7800公顷。发展壮大农民专业合作社1117家、家庭农场135家，专业大户744户。

（程培武）

【房县农业办公室领导成员名单】

农办主任：苏文星

战线工委书记：郭清平

战线工委副书记：杜启军

副主任：陈朝晖　程培武

工会主席：张华军

种植业

【概　况】 全县辖20个乡镇，305个村，1540个村民小组，年末总户数12.6万户，其中乡村户10.46万户，乡村人口36.75万人，乡村从业人员23.04万人。国土面积511823.05公顷，其中耕地41600公顷，水田8550公顷，旱地19410公顷，临时性耕地13640公顷。全年实现农业总产值59.5亿元，城镇和农村常住居民人均可支配收入分别达到25520元、9134元，分别增长8.9%、10%。

【粮油生产】 实施“藏粮于地，藏粮于技”战略，突出良种良法配套、农机农艺融合、安全投入品优先、物理技术优先、信息技术优先，大力实施粮食绿色增产模式攻关，推广高效栽培模式及水稻集中育秧、机械化插秧、小麦和油菜机械化播种等轻简化栽培技术，引领带动区域平衡增产。全年播种粮食42900公顷、产量15.71万吨、产量比上年增加0.4%。油料10020公顷、产量1.8万吨。

【特色产业】 围绕“61”产业强农计划，以示范引领发展，打造产业示范带和示范片区。大力建设以窑淮、姚坪为重点的茶叶产业扶贫示范带，以土城、白鹤、青峰、万峪、沙河为重点的食用菌产业扶贫示范带，以五台、野人谷为重点的生态旅游（高山蔬菜）产业示范带，以红塔、回龙、军店、化龙为重点果药套种示范带。全年新建茶叶基地1000公顷，管护和改造老基地4000公顷，茶叶基地总面积达10333.33公顷，总产量1300吨，产值4亿元；新建提升改造蔬菜基地1466.67公顷，播种蔬菜11600公顷，产量21.48万吨，产值12.78亿元。栽培段木黑木耳10万架，发展袋料耳菇3640万袋，产量2.01万吨，产值6.52亿元。

【技术推广】 一是新品种广泛应用。杂交玉米、杂交水稻、杂交油菜的良种覆盖率达98%。二是集中育秧取得实效。新建集中育秧（盘育机插）基地9个（其中中型基地2个、小型基地1个、微型基地6个），育秧面积77000平方米，栽插大田面积达1000公顷，比上年增加66.67公顷。三是科技水平不断提升。培育新型职业农民671人，培育农业科技示范主体400名，建设农业科技试验示范基地3个，开展重大农业科技成果转化和推广4项，农业主推技术到位率超过95%。四是创新模式促进发展。探索核桃—油葵、玉米—油葵、油葵—魔芋等套种模式。探索经营主体对接模式，引导庐陵王酒庄与嘉禾粮油、胜利农业专业合作社、运林种养殖家庭农场等对接合作，建设水集中稻育秧基地2个，机械化插秧200公顷，促进黄酒产业发展。

【产业化经营】 一是新型主体不断培强。深入实施农产品加工“四个一批”工程，发展农产品精深加工，加快推进农业产业化经营，积极培育龙头企业、专业合作社、家庭农场等新型经营主体，全县共培植规模以上龙头企业29家（其中省级5家，市级23家）、专业合作社1117家、家庭农场135家、专业大户3684户。全年农产品加工产值达77亿元，同比增长10.3%。规上企业加工产值32亿元，同比增长23.3%。二是宣传推介有声有色。先后组织10家企业参加第十五届中国国际农交会、第十四届中国武汉农博会和第四届中国汉江流域安康博览会，其中2家企业2种产品获农博会金奖，1家企业1个产品获优质农产品，2家企业3个产品获第十四届中国武汉农博会美食节名牌，1家企业1个产品获优秀产品奖。三是品牌建设亮点纷呈。全年新增“三品一标”产品5个。“房县樱桃”获国家地理标志产品保护认证，“羿神”牌大米、瑞丰牌香菇和黑木耳、“神农贡芽”获绿色食品认证，房县吴氏茶业“有机绿茶”获有机认证。“房陵鲜”牌畜禽产品、“武当”牌中华毒肽和咳喘炎黄、“三里岗”牌食用菌获“湖北名牌”。房县黑木耳和香菇入列中欧地标互认清单，品牌价值分别为6.06亿元、5.93亿元。四月是三产融合取得突破。大力发展高效农业产业园、精品观光园，推进农文旅融合。窑淮陈家铺观光采摘园、青峰天灯垭观光园、红塔大里沟采摘园、城关八里樱桃园等产业融合典型不断涌现。启动信息进村入户试点工作，建设县级运营中心1个，标准型益农信息社5个，专业型益农信息社10个，简易型益农信息社20个。

【农业环保】 一是抓好农业面源污染防治。紧扣“一控两减三基本”目标，深入实施化肥农药零增长行动，开展有机肥替代化肥试验，减少农业面源污染，在窑淮西沟茶场创建示范样板2个，在土城镇穿山堰村创建水稻千亩示范区1个，推进科学施肥，减少不合理投入。加强病虫监测预警，及时发布病虫情报，推广高效低毒低残留农药，集成推广农作物病虫害绿色防控技术模式。二是发展生态循环农业。积极开展农业节水、化肥减量、农药减控、清洁生产和资源循环利用、生态循环农业创建等工程，强化技术创新，积极探索生态循环农业发展新模式。农作物测土配方施肥推广面积达43333.33公顷，秸秆综合利用率达88%以上。三是实施耕地质量提升行动。全县绿肥种植面积达2000公顷，创办示范样板333.33公顷，通过绿肥翻压还田技术，化肥施用量减少10%，土壤理化性状明显改善，有机质含量稳步提高。

【农业综合执法】 深入开展“打假保春耕”“打假保秋播”活动。全年出动执法人员1874人（次），对县内的284个农资经营单位（门店）、46个农产品生产企业（基地）、121家兽药饲料经营企业、493个规模饲养场进行多回合拉网式检查，查获违规农药、肥料6210公斤，清缴各类假劣兽药针剂837盒、粉剂65公斤。开展农作物种子质量监督抽查4次，抽查样品50个（其中水稻20个、玉米25个、小麦2个、油菜3个），检测种子质量合格率达99%。对生产经营者推行经营台账制度，建立安全用药档案，从源头上消除安全隐患。严厉查处无证（照）经营和违规经营种子、农药、肥料等违法行为。

【农产品质量监管】 以初级农产品质量安全检测为重点，深入乡镇蔬菜基地、专业合作社、食用菌基地，加强农产品日常抽样检测，对农产品质量安全监管实现常态化，把好农产品“源头关”。全年配合省、市抽检5次，抽样蔬菜、食用菌、茶叶、水果等农产品87个样品，样品检测合格率达99.6%；县内例行抽检4次，抽取样品164个，蔬菜、水果、茶叶、食用菌等农产品农药残留合格率为100%。全年未发生一起重大农产品质量安全事故，农产品质量安全考核位居县市（区）前列。

【农业信息宣传】 加强农业信息统计工作，实现农业统计和市场监测预警工作提档升级。提高“12316”农业信息服务平台的应用水平，完善专家和信息员队伍，健全农业信息收集和发布制度，为新型经营主体提供及时有效的信息服务。积极向“两办”、农业网站和省市县媒体报送农业系统工作动态与先进典型信息，其中《政务信息》采用17条,《房县信息》采用6条,“房县党建网”采用3条,《今日房县》采用26条,《十堰日报》采用11条,《农村新报》采用3条；在国家、省、市县农业网站发布信息1800余条，信息宣传工作走在全县前列。

【农业抗灾减灾】 立足科技抗灾，加强与气象部门沟通会商，做好灾害预测预判，提早发布预警信息，强化灾情调度，及时做好关键农时防灾减灾工作。完善重大灾害应急预案，及早制定春季雨雪冻害、夏季高温干旱、秋季低温连阴雨等应对方案，组织专家和农技人员深入重灾区开展分类指导，因地因苗因墒落实防灾减灾关键技术，做到主动避灾、科学防灾、有效减灾，最大限度降低农业灾害损失。

【农业项目招商】 对上争取项目资金5427万元，占任务的104.4%。到位招商引资资金8680万元，占任务的108.5%。中药材省级现代农业产业园创建项目、信息进村入户试点县建设项目、食用菌产业优势区创建项目正有序推进。被省、市农业主管部门推荐为国家三产融合先导区创建县。

（刘　林）

【房县农业局领导成员名单】

局长：齐建琼

副局长：罗建华佘建福

工会主席：昝大林

总农艺师：钟　一

党委委员：陈　萍

林　业

【造林绿化】 以巩固“绿满房县”成果、创建森林县城和新一轮退耕还林为载体，强力推进国土绿化、绿美县城、产业强林、通道绿化、绿色示范乡村创建“五大工程”，完成植树造林2333.33公顷，占计划的100%。一是国土绿化。突出荒山绿化和坟前植树“两大重点”，专业队施工，挖大窝、植大苗，柏树与大叶女贞混交，完成谷竹、十房高速，十竹路沿线，姚坪库区第一层山脊可视范围内荒山造林333.33公顷，占计划的100%；巩固城关、红塔、白鹤坟前植树1558座。二是绿美县城。着力把小樱桃做成大产业，实施“城郊樱桃扶贫”工程，充分挖掘环城坡耕地、房前屋后地、三边（沟边、路边、田边）地潜力，采取合作社+基地+农户模式，推进城关八里、红塔李湾、军店中村“三大核心示范片区”建设，新建环城樱桃长廊基地133.33公顷。三是产业强林。牢固树立“产业强林”理念，实施大招商、招大商战略，引进铭泓农业、三三集团、丹凤农业等企业，带动县内私营业主、专业合作社、林业大户新建银杏矮化密植、红豆杉、七叶树等特色产业基地1340公顷。四是通道绿化。实施“绿美生态廊道”建设，选用广玉兰、石楠、桂花、栾树、金丝垂柳、紫薇等大型景观苗木，聘请专业化施工队伍，在谷竹高速青峰出口、军店出口、窑淮出口，十房高速城关出口，十竹路和高速公路、国省道、县乡道沿线植树11.6万株，折面积66.67公顷。五是绿色示范乡村创建工程。围绕构建“湖北第一、全国最美”城乡体系目标，以樱桃、柿子、桃子、七叶树、银杏等乡土树种为主体，乔灌花草结合，多层次、多色彩、多树种混交，加大绿色集镇、绿色村庄、绿色机关、绿色庭院、绿色学校、绿色企业等创建力度，完成集镇村庄植树11.6万株，折面积460公顷。城关八里、莲花、三海，红塔高碑，军店中村等15个村成功创建“湖北省绿色示范乡村”，全县“省级绿色示范乡村”累计达到48个。

【林业重点工程】 退耕还林：完成2017年度新一轮坡耕地退耕还林773.33公顷，“两轮”退耕还林累计完成23333.33公顷，其中：坡耕地还林15596.67公顷，荒山荒地造林7770公顷。天保工程：全县新增天然林停伐管护面积24360公顷，管护集体生态公益林141866.66公顷，国家级、省级、县级生态公益林，国有林和天然林停伐等管护总面积达到199560公顷；新增封山育林600公顷，累计封山育林4000公顷；完成森林抚育4000公顷，人工造林200公顷。林业产业：一是核桃产业提质增效。采取“全托外包”“技术四包托管”“精准提质外包”等多种托管服务模式，大打“提质增效”攻坚战，培植核桃专业乡镇、专业村、示范基地、示范园，促进核桃产业基地挂果见效，每乡镇一个重点示范基地、一个庭院核桃示范村全覆盖，新增挂果基地3333.33公顷，挂果基地总面积达到16666.67公顷，年产量达到5000吨。二是林下开发势头强劲。充分利用林地资源，整合产业扶持政策，大力推行林下复合种养模式。全县发展林药、林菜、林菌、林果、林草等套种基地11866.67公顷，林下养殖林麝、梅花鹿、孔雀、大鲵、猪、鸡、蜂等106万头（只、羽、尾、箱），可实现产值10亿元。三是苗木产业形成规模。坚持市场化经营、社会化育苗、规模化发展、专业化管理，构建“企业引路、大户主体、农户跟进”的育苗集群，实施“一年生与多年生苗木花卉互补、短期增收与长效品牌兼顾”的多品种经营，全县完成大田育苗800公顷，其中：容器育苗40万袋。

【森林资源保护管理】 按照“严管林”要求，突出林木采伐、运输流通、木材经营加工等关键环节，严管严护，切实维护全县森林资源安全。一是严管林木采伐。坚持限额和凭证采伐制度，严格伐前设计，强化伐后验收，全县下达商品材采伐计划8245.9立方米、非商品材计划4万立方米，核发商品材采伐许可证6997.74立方米、非商品材采伐许可证35201.52立方米，实际采伐商品材6417.68立方米、非商品材33209.65立方米，分别占年度采伐计划的77.83%和83.02%，无重大乱砍滥伐林木案件发生。二是严管林地征占用。坚持先批后占、依法征占的原则，实施服务前置制度，办理门中路、狮九路、万盐路、十竹路等长期占用林地手续10宗，94.47公顷；同相天然气、交通工程、招商项目等临时占用林地手续6宗，50.73公顷。全县基本杜绝违法征占用林地现象。三是严管木材加工经营运输。研究印发《关于进一步加强木材加工经营企业监督管理的通知》，清理整顿木材加工（经营）企业22家，年检换证22家。严格执行“全天候值班值勤”制度，检查涉林运输车辆219车次，查处涉林违章运输5车次。四是严格资源动态监测。完成244个森林蓄积量控制样地、107个四旁树控制样地和269个石漠化监测样地动态监测工作；完成4.5万个林地小班核对、变更调查，与国土部门对接11.2万个小班数据。设置4个联防联控监测管理点，严密布控野禽H7N9疫情。五是严查涉林案件。坚持违法必纠、查办从快、处罚从严的原则，组织开展“2017利剑”、长江生态大保护林业专项行动，查处持证超伐、无证采伐、买卖经营木材、乱占林地、非法猎捕运输经营野生动物和森林火灾等涉林违法犯罪案件130起，其中：森林刑事案件23起，打击处理23人；林业行政案件107起，处罚107人次。六是严防森林火灾。把森林防火作为整个林业工作的头等大事抓好落实，切实做到“六个到位”。全县2017年度发生森林火灾1起，森林受害面积12.7公顷。

【林业改革】 着力绿色发展需求，围绕供给侧结构性改革目标，加快推进林业产权体制、经营发展机制、行政审批制度等综合性改革创新，全面催生林业发展内动力。一是国有林场改革走在前列。全县国有林场全面完成“三定”设置、整合重组、社会保障、社会事务剥离和经营机制创新等主体改革任务，并顺利通过省国有林场改革领导小组办公室检查验收。国有林场实现政事分开，专职承担保护和培育森林资源职责。二是集体林“三权分置”改革稳步推进。按照“落实山林集体所有权、稳定山林农户承包权、放活山林市场经营权”的目标，启动实施“三权分置”改革，打牢了股份式、合作式、托管式、订单式等林业经营运作模式的产权基础。三是林业投融资体制改革抓紧开展。着力盘活森林资源存量资产，变“森林资源”为“发展资产”，启动林业投融资体制改革。已经注册组建湖北武神绿谷林业投资发展有限公司，制定公司章程，明确公司主要负责人，正在同步推进国有森林资源资产划转、政府注资、市场融资子公司注册组建、森林资源资产评估质押贷款、投资项目策划包装等相关投融资前期工作。四是林业行政审批服务优化。按照“简政放权、放管结合、优化服务”的要求，主动与省、市林业行政审批制度改革对接，涉林行政审批程序进一步简化，服务质量进一步提升，审批办理时间较往年压缩一半以上，所有审批项目实现零收费，林业“两金”全面取消。

【队伍建设】 一是从严管党治党。切实履行“主体责任”，加压传导管党治党压力，紧扣“五个基本”目标，推动“两学一做”常态化制度化，定期组织开展“三会一课”和“支部主题党日”活动，深入拓展双“十星”创建，深入推进文山会海、照抄照转问题，工作不实、弄虚作假问题，不担当、不作为问题，财务管理违规问题，行政执法突出问题，建设项目占用林地突出问题等“六个专项治理”活动，加强履职尽责和作风建设督查，全县林业队伍作风加快转变，党的建设和履职尽责能力不断增强。二是从严立规挺纪。研究制定《党委议事规则》《职工管理制度》《财务管理制度》《中层干部履职尽责管理实施办法》等11项规章制度，继续开展机关文明创建和作风建设“两项活动”，明察暗访、考核评比、通报问责“三管齐下”，实施“底线管理”，亮出“越线必惩、违规必究、执纪必严”的正风肃纪利剑，配合查处违纪违规责任人5人，免去职务组织处理1人，实施工作约谈1人、通报批评5人、诫勉谈话5人。三是从严履职服务。办理回复人大建议、政协提案6件，人大代表和政协委员满意率100%；受理领导批转、上级转办、信访交办和群众反映信访问题31件，办结回复31件，限期内办结反馈率达到100%；引进湖北甬商松霖、普罗斯旺等投资5500万元，兴建七叶树、二花间作基地566.67公顷，推进柳树垭滑雪场及森林旅游开发，已经到位资金3650万元，占年度招商引资任务3500万元的105%；按照县委、县政府重点项目、重点工程责任分解，服务铭泓农业新建银杏矮化密植基地413.33公顷，协助推进了光伏扶贫工程和柳树垭片区旅游开发；组建精准扶贫“四双”帮扶工作队29支，驻村帮扶10个村，236名干部包联贫困户908户，协助帮扶村深入宣传精准扶贫政策，健全完善精准扶贫档案，研究制定精准扶贫村户规划，落实精准扶贫工作任务。

（郭　磊）

【房县林业局领导成员名单】

党委书记、局长：徐　文

党委委员、副局长：余　林　戢运静

党委委员、总工程师：叶章均

党委委员、工会主席：陈　军

党委委员：邱　艳　宋晓斌　刘化宇

畜牧业

【概　况】 房县畜牧兽医局为县政府直属正（乡）科级事业单位，全系统现有干部职工136人，其中：局机关及局属二级单位42人，乡镇畜牧兽医服务中心94人。局班子成员共3人。2017年县畜牧兽医局以“创新、协调、绿色、开放、共享”的新理念引领畜牧兽医事业发展，紧紧围绕“稳羊扩猪，全面发展”的目标，以“立、讲、树”和“双学双比一争创”两个活动为抓手，主动作为，卓有成效地突出生态畜牧建设和招商引资发展，狠抓动物疫病防控和畜产品质量安全监管，确保不发生区域性重大动物疫情与畜产品质量安全事件，促进全县畜牧经济平稳快速发展。

【畜牧生产】 2017年，全县山羊饲养量达105.5万只，出栏62.05万只、存栏43.5万只，同比增长2.8%、2.4%、3.4%；生猪饲养量达78.56万头，出栏43.05万头、存栏35.51万头，同比增长-0.42%、-0.96%、0.25%；肉牛饲养量达4.58万头，出栏1.11万头、存栏3.47万头，同比增长-5.2%、8.8%、-8.9%；家禽饲养量达507.78万羽，出笼285.15万羽、存笼222.63万羽，同比增长-6.5%、6.1%、-18.9%；蜂群达48446箱，年产蜂蜜1453吨。全县肉类总产量50357吨，禽蛋产量13542吨，牧业产值17.46亿元，人均牧业收入4258元。

【规模养殖场建设】 截至2017年底，全县出栏100只以上的生猪规模养殖场共302个，其中：年出栏100—499头的养猪场186个，年出栏500—999头的养猪场82个，年出栏1000—2999头的养殖场27个，年出栏3000—4999头的养猪场5个，年出栏10000—49999头的养猪场2个。全县出栏10头以上的肉牛养殖场共162个，其中：年出栏100—499头的养殖场5个，年出栏50—99头的养殖场18个，出栏10—49头的养殖场139个；全县出栏100只以上的规模羊场共1029个，其中：年出栏1000—2999只的养羊场1个，年出栏200—499只的养羊场23个，年出栏100—199只养羊场1005个。全年年末存笼蛋鸡2000羽以上的养鸡场共137个，其中：年末存笼100000—499999只的养鸡场1个，年末存笼10000—49999只的养鸡场18个，年末存笼2000—9999只的养鸡场118个；年出笼2000只以上肉鸡的养鸡场共57个，其中：年出笼10000—29999只的养鸡场32个，年出笼2000—9999只的养鸡场25个。

【项目和招商引资】 把项目和招商引资作为“一把手”工程，列为单位重要工作议事日程，采取三个三分之一工作法，主要领导多次赴省、市争取项目，多次赴外地与客商对接，集全局之力开展了项目和招商引资工作，一是争取南方现代草地畜牧业推进行动项目、新一轮退耕还林还草项目、岩溶地区石漠化综合治理项目（畜牧措施）项目资金共731万元，完成任务数600万元的121.8%；二是十堰武当农夫生态农业开发有限公司增加二三产业融合发展投入、湖北武当动物药业有限公司新建办公楼建设和新四板上市投资，共引进外资8065万元，完成任务数8000万元的100.8%。

【动物疫病防控】 一是立足县情，夯实动物防疫基础。对全县106739户畜禽养殖户基础信息网上录入，确保全县动物疫病防控管理系统数据准确，高效运转，增加资金促进兽医实验室提档升级，提高重大动物疫病防控工作及动物疫病预警能力，6种重大动物疫病免疫密度达到100%，免疫标识佩戴率达到100%。二是克服困难，稳步推进布病净化。对全县1个省级种羊场和453个肉羊场，按照99.5%置信水平监测38236只羊，按照“早、快、严、小”的原则，共扑杀监测为阳性湖羊1611只，有效控制布病扩散蔓延，保障畜牧业生产健康发展。

【畜产品质量安全监管】 一是规范出证，扎实开展动物检疫。在全县规范设置23个动物检疫申报点，配齐检疫设施设备，全年产地检疫生猪13.21万头，牛羊18.36万头（只），禽29.2万羽；屠宰检疫生猪5.6万头，牛羊1.78万头（只），禽18.13万羽。二是重心下移，强化投入品管控。以兽药饲料专项整治活动为抓手，结合日常监督检查和“双随机一公开”检查活动，全年共出动执法人员494人（次），执法车辆287台（次），检查兽药生产企业1家，兽药饲料经营企业121家，共清缴各类假劣兽药针剂837盒、粉剂65公斤，货值1.5万元，下发责令改正通知书35份，立案查处经营假劣兽药饲料案件7起，结案7起，有效规范兽药饲料市场经营秩序，保证畜牧投入品源头质量安全。同时，通过外学内比、典型引导、点面结合、全面推进等一系列扎实有效的创建工作，在全县规范建设了76个乡村兽医诊疗点，完成转型任务数的100%，位居全市榜首。三是源头管控，无害化处理全覆盖。分别建立5个无害化处理集中收集点，2个非集中收购点，日常工作，由各乡镇畜牧兽医服务中心监督收集点集中收集病死畜禽，并雇佣专人专车运输和深埋病死畜禽，实现了病死畜禽处理无害化处理全覆盖，避免疫病传播。收集处理病死生猪420头；规范生猪规模养殖场病死猪无害化处理，全年共无害化处理规模养殖场病死猪2546头，无害化处理监管584次；加强对检疫环节不合格畜禽及产品的无害化处理工作，全年检疫出不合格及染疫动物1200头（只、羽）、摘除三腺及有毒有害等检疫不合格动物产品13520公斤。四是加强学习，不断提升执法水平。经常性组织执法人员集中学习，适时组织执法人员外出观摩学，在执法工作中，随时向上级和执法专家请教，避免行政执法乱作为现象发生。全县共办理各类畜牧兽医综合执法案件26件，办结26件，各类案件卷宗收集完整，归档整齐，无一起行政复议和行政诉讼案件发生。案件数量和质量也一直位居全省、全市前列，多次获省、市执法“先进单位”。

【畜牧技术推广】 大力推广养殖新技术、新模式，全县新建生猪“150”标准化猪舍15栋，蛋鸡“124”标准化鸡舍7栋，标准化养羊“1235”×2模式羊舍320栋，肉牛控温牛舍“360”模式2栋，生态养鸡户12户。突破性发展中蜂生产，推广活框养蜂，生产成熟蜜技术，开展技术培训12场次2500余人次；指导申报畜禽养殖合作社25个；全年累计发放畜禽养殖技术资料10000册（套）。

【学教活动】 2017年，以“五比五看”为抓手，扎实开展“两学一做”主题教育，机关党员干部学以致用劲头高涨；总支、支部如期进行了换届，配齐配强了支委和总支委员，重大问题、重大项目、重大开支民主决策，民主监督，系统内一派风清气正。以县委巡察工作“回头看”为契机，纠正了系统内选人用人不正之风，规范机关和二级单位岗位设置，实现人尽其才；以廉政教育为抓手，局主要领导带头讲党课，定期开展20个乡镇畜牧兽医服务中心和4个局属二级单位财务账目审计，严格执行“八项规定”，系统内党风政风、廉洁之风盛行。单位内文明创建和“五城联创”有条不紊开展。严格按照县委部署，按时进行群团工作改革，组建工会联合会。经常性开展维稳排查和计生宣传，全年无一起越级上访和违反计划生育事件发生。定期组织开展保密和普法教育，系统内全年无泄密事件发生。

【精准扶贫】 为加快扶贫村的脱贫步伐，带领贫困户早日脱贫致富，局领导先后多次到村指导驻村帮扶工作，投资10万元先后确立建立山羊产业专业村、打造换香扒土鸡天然养殖场、发展中华小蜜蜂等畜牧产业发展规划。一年来，阳坪村成立1个养羊专业合作社、1个土鸡生态养殖专业合作社和1个养蜂专业合作社，新建了1个1000只规模的羊场，现存栏山羊350只、土鸡4000多、中华小蜜蜂125箱，带动50户贫困户增收。龙王沟村通过招商引资引进金龙王养殖有限公司，已建成标准化双排羊栏24间900平方米，鹅舍20间800平方米，牛舍10间500平方米，存栏山羊250只，耕牛20头，肉用鹅1.5万羽，带动10户贫困户20人务工增收。同时，还积极组织机关和二级单位干部职工定期深入扶贫村开展结对帮扶，扎实开展“八个一”活动，“三率一度”实现全覆盖。组织机关干部职工爱心捐赠9800元为贫困村献爱心，为2个扶贫村争取太阳能路灯100盏，全年114户实现精准脱贫。

（局　办）

【房县畜牧兽医局领导成员名单】

局长、总支书记：高　虹

副局长：赵香成

工会主席：毛德柱

野人谷省级自然保护区

【生态文明宣传】 把生态文明宣传教育作为保护区管理的重要工作来抓，不断加大力度营造推进生态文明建设的良好氛围。一是在保护区内安装生态公益林管护宣传牌4块，刷写生态保护宣传标语50多条。二是结合全省“爱鸟周”和“野生动物保护月”活动，在保护区周边社区发放、张贴保护区分布的国家一级、二级保护鸟类图片，国家禁止捕杀、贩卖的野生动物图片,《十堰市人民政府关于进一步加强野生动物保护管理的通告》《野人谷省级自然保护区管理局关于进一步加强对自然保护区依法管理的通告》等宣传资料1000余份。三是进村入户宣传生态文明的理念，引导公众增强关心生态环境、共建和谐家园的意识。

【森林资源管护】 一是始终把森林防火作为保护区管理的重要工作抓好落实，每年年初召开专题会议安排部署保护区森林防火工作，确立以主要领导负责的森林防火目标管理责任制，强化管理，层层加以落实，责任到人，全年未发生一起火灾事故。二是将森林资源管护纳入护林员工资进行考核，建立和完善破坏森林资源责任追究制度，对因护林监管不力、案件查处不协作，导致森林资源破坏的单位及其相关责任人，严格依法追究责任。三是结合每年11月份全省“野生动物保护宣传月”活动，成立专项执法检查小组，对保护区所辖的5个村和2个林场开展全面认真的检查，对破坏野生动植物资源的违法行为依法进行处理，确保保护区生态资源的平安。四是通过封山禁牧禁止采伐，加大森林植被的保护力度，减少水土流失，促进社会和谐稳定，同时经过合理的区划，管护力度的加强，管理质量的不断提升，进一步提高辖区森林生态效益。

【珍稀植物调查】 联合中科院武汉植物园专家对保护区进行珍稀植物调查，在杨岔山杨家洼、天池、簸箕塘等地首次发现大面积集中分布的原生性秦岭冷杉群落，胸径在20厘米以上的大约有1000株，最大胸径52厘米。这是继神农架发现秦岭冷杉群落之后，在全省范围内第二次发现的大面积原生性秦岭冷杉群落，受到中科院、国家林业局及同行业的广泛关注。

【环境问题整治】 一是成立由主要领导任组长、分管领导任副组长、相关科室负责人为成员的保护区突出环境问题整治工作领导小组，认真贯彻落实《县人民政府办公室关于进一步加强对野人谷自然保护区依法管理的通知》精神，切实把环境保护和生态安全放在保护区工作的首要位置。二是联合环保局、林业局、森林公安局、国土局、住建局、规划局等相关职能部门开展联合执法，对保护区开展拉网式排查，对在建项目进行“三查”，即查各项审批手续、查位置、查现场，做到管理上手段，见效果，严追究，针对存在的问题立行立查、立查立改。三是组织工作专班运用技术手段进行实地核实，对辖区内未批先建项目予以全部关停，并责令其依法依规完善相关手续，确保保护区内没有破坏资源和环境的人为活动，维护保护区的生态安全。四是历时近两个月对核心区、缓冲区居民点进行核查摸底。五是配合省环保厅专家历时半个月完成2017年度卫星遥感监测1134个居民点、人工设施、农田等核实工作。六是初步完成保护区内水电站的清理调查工作。

【精准扶贫工作】 一是扎实开展“春季攻势”大行动，抓好产业培育，成立由村干部领办的民盛种养专业合作社，作为项目发展的平台机构，当年吸纳贫困户入社16户。二是2017年流转农户土地3.3公顷种植莲藕，发放樱桃树苗10000株，种植樱桃18公顷。三是发展中蜂200箱。四是发放“四子”资金34户6.8万元，主要是养猪、养牛羊、养鸡、入社，组织贫困户分散养土猪110头，养牛17头，养鸡800只，养羊25只，同时协调农商行，发放扶贫贷款12户41人52.8万元。五是易地搬迁16户45人、产业扶贫52户154人、务工32户38人、低保20户41人、五保13户13人、医疗救助29户72人、扶智15户61人、金融扶持12户52.8万元。六是争取项目支持村基础设施建设、产业发展。占地600平方米的文化广场已启动建设；全长570米中心渠已竣工；1公里环村路路基已处理结束；两条1300米长的村级主干道将进行改扩建，增设排污、绿化、亮化工程；全村电网进行改造已竣工；立足招商引资发展旅游业，利用温泉水资源优势引进广州尚艺传媒有限公司投资开发汤池农旅休闲养生项目。

【其他各项工作】 一是按照县委、县政府的要求，全面完成“魅力中国城·十堰”的宣传和投票工作。二是狠抓领导干部和公职人员学法，倡导学习型法治型机关建设，认真落实“七五”法治宣传教育规划和年度工作计划，县局无纸化学法总体成绩名列全省第二、全市县第一，进一步增强干部学法尊法用法守法意识。三是按照县文明办和县五创办的要求，全面完成精神文明建设和五城联创各项工作任务。四是强化保密意识，完善硬件保障，在机关保密重点部位安装保密技术防护专用系统，结合建设学习型机关有关活动，组织观看保密工作资料片、专题片，进行警示教育，全年未发生一起失泄密事件。五是信访、维稳、综治、内保工作常抓不懈，对可能存在的不稳定因素进行认真摸排和及时整改，同时加强节假日机关值班工作，创造和谐稳定的生活工作环境。六是认真贯彻落实县委“三个三分之一”工作法，把招商引资工作作为一项重要工作来抓，明确1名副局长主管招商引资工作，将招商引资工作与日常工作紧密结合，超额完成招商引资任务3038万元，并做好相关配套服务工作。七是切实开展邦联企业工作，帮助神农泉黄酒酿造公司取得省级生产经营许可证。八是局工会紧紧围绕全局中心工作，结合工会自身特点，不断加强工会自身建设，积极推进民主管理，开展扶贫帮困活动，切实关心职工生活，增强队伍的凝聚力和战斗力。

（丁　瑞）

【野人谷省级自然保护区管理局领导成员名单】

党委副书记：徐　文　王金波

党委委员、副局长：周兆荣　王培军　余　林

党委委员、工会主席：万天芬（女）

农业机械化

【概　况】 截至年底，全县农机干部和专业技术人员90人。农业机械总动力达到429390千瓦，比上年的418902千瓦，增加10488千瓦，增幅2.4%。农业机械保有量81770台（套、部、辆）拖拉机2897台。其中大中型拖拉机1972台，小型拖拉机925台，拖拉机配套农具（犁、耙、施肥机等）6112台/部。耕整地机械9277台，其中耕整机4190台，机耕船46台，机引犁2208台，旋耕机2255台，机引耙578台。插秧机械100台。农用排灌机械7800台套，其中排灌机械3796台套，农用水泵3235台，节水灌溉类机械869台。田间管理机械1952台，其中机动喷雾机1058台。茶叶修剪机926台。收获机械341台套，其中稻麦联合收割机185台，割晒机78台。马铃薯收获机械4台，茶叶采摘机65台，秸秆捡拾打捆机9台。收获后处理机械22470台套，其中机动脱粒机22061台，谷物烘干机41台，种子加工机械18台，保鲜储藏设备350台套。农产品加工机械20935台套。其中粮食加工机械18745台，油料加工机械698台，棉花加工机械52台，果蔬加工机械338台套，茶叶加工机械1102台。畜牧业机械15528台。其中饲草料加工机械154722台。渔用机械75台。其中增氧机75台。农田基本建设机械397台。

【机械化作业】 完成机耕11000公顷，占目标任务10000公顷的110%；完成机械植保21866.67

公顷，占目标任务20000公顷的109%；完成机电排灌6466.67公顷，占目标任务4666.67公顷的139%；完成机械收获4266.67公顷，占目标任务4000公顷的107%。2017年底，全县主要农作物机械化作业水平达57%，比2016年增长2个百分点。全县主要农作物机械化作业水平达57%，比2016年增长2个百分点。

【农机服务组织及农机户】 全县农机服务合作社14个、605人，农机服务组织25个、684人，农机户4734户、13321人。全县从事农机人员5735人。

【农机经营效益】 全县农机服务总收入14230万元，比去年增长3%，年利润总额6010万元，比上年增长3.4%。全县农业机械原值25848万元，农业机械净值18369万元。

【农机化推广、培训】 示范推广水稻工厂化育秧和机插秧面积100公顷，占年任务66.67公顷的150%；培训农机化技术人员1325人次，占年任务1200人次的110%；推广新机具5400台（套），占年任务4600台的117%。

【农机安全监理】 年检农业机械563台（套），占年任务500台的113%；全县农机安全生产形势平稳有序，无重特大农机事故发生。

【农机购置补贴政策】 争取购机补贴资金638万元，2016年农机补贴实施结余资金223.96万元，共计861.96万元。截至年底，完成补贴资金187.8万元（其中中央补贴：185.4万元，报废补贴：2.4万元），补贴各类农机新机具1087台（套），受益农户975户。2017年中央财政农业机械购置补贴资金中安排40万元，对房县农机深松整地作业给予补贴。已完成深松面积569.13公顷，补贴资金34.148万元。

（代启和）

【房县农机局领导成员名单】

党总支书记局长：李敬东

副局长：夏　涛

工会主席：任　超

农村清洁能源

【生态能源建设】 房县能源办在县委、县政府的高度重视下，围绕“一个目标、六大重点”战略，按照县委、县政府中心工作要求，大力加强农村生态能源建设，为全县新农村建设和生态文明建设做了积极贡献。2017年共建设户用沼气500户、小型沼气工程10处、大中型沼气工程1处。全面完成了市、县下达的年度建设任务。截至到2017年底，全县共建设户用沼气53060户，大中型沼气工程7处，小型联户沼气工程111处，新农村卫生新校园10个，购置沼渣沼液进出料车34台，推广安装太阳能热水器2150余台，生物质气化炉19440台。全年可带来经济效益8010万元，节约薪柴60万吨，全年可替代5.6万吨标煤，保护有林地30666.67公顷，减少二氧化碳排放10.62万吨。

【后续服务体系】 2017年全县20个乡镇能源服务中心和3个村级后续服务社，全部正常运转，为片区沼气用户提供后续管理服务，效果良好。根据全省农村沼气春季“大回访、大服务、大培训”活动要求，能源办组织服务人员，对全县沼气用户进行一次普查，建立沼气农户档案台账，为沼气农户提供方便快捷后续管理服务，提高沼气使用率和“三沼”综合利用率，发挥很好的经济效益、生态效益和社会效益。

【安全使用培训】 为增强沼气农户自我管理意识，能源办年初召开20个乡镇能源服务中心责任人和3个合作社主要负责人安全培训会，会后按要求深入所属辖区农户，对沼气农户进行安全使用知识、日常管理常识和“三沼”综合利用知识进行培训，全年共举办培训班3期，培训沼气用户3000余户，提高沼气安全使用率和“三沼”综合利用率，发挥很好的综合效益。

【对外宣传工作】 生态能源信息宣传在农村能源推广和农业生态环境建设信息交流中建立起独特的地位，成为行业间信息沟通的重要渠道，为促进农村节能减排，改善农业生态环境，提升农民生活用能做出积极贡献。2017年全年采集上报信息16篇，被国家沼气网采用网页信息1篇，被省办采用网页信息15篇。

（刘　波）

【房县能源办公室领导成员名单】

主任：陆世林

副主任：昝继福

工会主席：翟雪飞

农村经济管理

【农民负担监管】 各级党委、政府把“减负”工作纳入重要日程，落实党政一把手对减负工作负总责的工作机制和“谁主管、谁负责”的专项治理部门责任制。县、乡镇及县直涉农单位均成立以党政主要领导任组长，分管领导为副组长，相关人员为成员的减负工作领导小组。县、乡、村逐级签订了减负工作责任书，形成上下联动的减负工作格局。认真落实农民负担“五项制度”，深入开展涉农收费专项治理。每年开展2次以上农民负担检查和不定期明察暗访活动，对检查出的问题，依法依规进行处理，有效维护农民的合法权益。

【农村土地制度改革】 全县20个乡镇，农业人口36.75万人，二轮延包9.54万农户，面积25446.67公顷。2014年开展了3个试点村，2015年9月全面启动。全县应颁发权证9.6万本，除城关6个村无地不确权，已完成241个村，已颁发权证8.5万本，颁证率89%以上，已确地251166.67公顷，地块29.3万块。

【土地流转工作】 全县20个乡镇农村土地流转服务中心规范提升，建立“一栏三薄十制度”和土地流转台账，将各农户土地承包的人口、地块、面积、四至边界等基本情况实行电子档案存储，对土地流转工作实行动态化管理。全县累计流转土地已达7803.67公顷、规范流转合同14170份，其中产业规模化经营面积5000公顷。主要用于烟叶、蔬菜、药材、苗木、茶叶、食用菌、核桃等产业。

【农村三资监管工作】 一是县政府下发《房县人民政府办公室关于切实加强农村集体“三资”监管工作的指导意见》（房政办发〔2017〕25号），同时，结合乡镇实际，经管局制定下发《关于认真做好2017年农村集体“三资”监管工作的通知》（房农经文〔2017〕25号），对全年工作进行安排部署，确保农村集体“三资”监管工人稳步推进。二是进一步加强农村集体经济审计工作。对全县20个乡镇下达了30个重点村的审计工作任务，做到任务明确，重点突出。为进一步理顺农村集体经济管理秩序，在乡镇党委政府的高度重视下，深入城关镇、军店镇、野人谷镇等乡镇参与了重点村财务审计工作。三是根据县纪委《关于2017年开展作风建设突出问题专项治理的实施方案》要求，结合实际，制定《农村集体“三资”监管专项治理“回头看”工作方案》，此项工作推有序进。四是根据全市统一安排草拟《房县农村集体产权制度改革试点方案》，在城关、白鹤、红塔3个村开展试点工作。同时，全县农村集体产权改革方案已报县委政府，待讨论审定后实施。五是切实加强培训。对城关、军店、白鹤等乡镇干部、财政（经管）干部和村干部进行“三资”监管工作的专题培训，通过培训提高了广大基层干部对“三资”管理工作重要性的认识，有效地增强监管效果。六是切实加强财政所农经人员到局轮训工作，提高基层农经人员业务素质和管理水平。七是积极建议县政府组织相关部门参加外出考察农村综合产权交易市场建设，提出建设性的房县农村综合产权交易市场建设方案，县政府正在统筹谋划高标准建设工作。

【农村经营制度改革工作】 房县把新型农业经营主体培育发展摆在农业农村工作的重要位置，按照“引导不干预、指导不代替”，遵循“民办、民管、民受益”的原则，采取“农民自愿、典型引路、规范管理”的办法，通过政策扶持和示范引导，农民合作社、家庭农场、专业大户健康快速发展，在精准扶贫精准脱贫主战场和带动农民增收中发挥着不可替代的示范引领作用。合作社累计发展1117个，成员总数22477人，占全县10.61万户的21%；出资总额18.94亿元；已涵盖烟叶、茶叶、食用菌、中药材、核桃、大鲵等为主特色产业21个类型；家庭农场累计发展135家，涉及11个乡镇；专业大户累计发展744户。有20家合作社注册商标25枚，14家合作社实施生产质量标准；9家合作社拥有使用农产品质量认证，较好地提升产品档次和市场竞争力；合作社通过统购统销及产前、产中、产后服务，增加农民收入，社员户平增收8500元，高出非社员30%，辐射带动2.5万户农户增收。全县累计创建各级各类示范155家，荣获奖补资金总额833万元。

【依法调处矛盾纠纷】 确权工作事关广大农民群众的切身利益，必须依据法律法规有序推进。各乡镇结合实际，开展入户摸底，调查土地承包现状，认真梳理解决各种矛盾纠纷，依据政策“对症下药”。全县共调解矛盾纠纷863件，已调处863件，农民负担信件5件，村级财务管理信件15件。调处率达100%。尚未发生上访到省赴市以上的群体性矛盾纠纷。

（刘晓丽）

【房县农村经济经营管理局领导成员名单】

局长：方诗良

副局长：昝启强　刘艳慧（女）

工会主席：冯　平

水　文

【概　况】 房县水文局测验断面属山溪性河流，山高坡陡，森林茂密，流域平均高程837米，河道坡度4.2‰，河流弯曲系数1.4，河网密度每平方公里1.4公里，受上游城区多级景观橡皮坝放水影响，水位变化频繁，难以控制。本站基本断面上游560米处有一过河公路桥，右岸为河堤，左岸为沙壤土旱地，上游500米有弯道，中高水形成弯道控制，下游100米处为一跌水滩，低水受跌水滩控制。全年降雨主要集中在5—9月，历年最高洪水位405.01米（2012年8月20日），实测最高洪水位405.01米，流量每秒850立方米。设防水位403米，相应流量每秒270立方米；警戒水位405米，相应流量840米/秒；保证水位408米，相应流量待定。

【水资源监测评价】 紧紧围绕最严格水资源管理制度的实施，负责本区域内河流水功能区监测与评价，参与实施最严格水资源管理“三条红线”技术考核。开展水资源、水环境、水污染突发性事件应急监测和服务工作。按要求编制房县水资源公报、用水量监测评价报告、水功能区水质月报、重点用户水量调查季度，建立水资源调查评价基础信息库。

【水文勘测基础业务】 开展水文勘测新仪器、新技术的推广、应用。推进“三室”规范化整治和仪器设备室改造工作。开展“规范化管理水文测站”创建工作。负责本地水文测站设立、调整、站点勘查、监测方案等的报批。负责管理本级水文水政监察执法工作，维护水文合法权益，组织实施本区域内的水文防汛抗旱应急监测工作。

【水情预报和防汛抗旱服务】 负责本县文情报预报，江河湖库和地下水及县界水体的水量水质、山洪、水生态、旱情的监测。坚持“防大汛、抗大旱”思想不动摇，扎实开展汛前准备工作。开展应急演练，完善应急预案，全面提升了突发性水事件应急处置能力。确保报讯20分钟到报率达到95%以上，差错率在1%以下，缺报率在5%以下，洪水预报合格率达到85%以上，确保防汛抗旱服务工作满意率达到95%以上。认真做好水情简报，水情旬、月、季报工作。

【水文信息网络】 用改革创新精神，探索水文信息化运维模式，切实解决运维难题。承担本级水文信息采集、信息网络、通信网络及各类应用系统运行管理维护工作，出现故障1小时报省，72小时恢复。

（周成鹏）

【房县水文局领导成员名单】

局长：孙　坤

副局长：何冬瑞

2017年马栏河房县站流量月统计表

表2

年份	年平均	年最大			年最小			年径流量（亿立方米）	年径流量深（毫米）	年径流模数（分立方米/秒公里^3）
		流量	月	日	流量	月	日			
2017	23.4	716	9	27	0.39	8	21	7.366	529.5	16.8

水利水电水产

【防汛抗旱】 2017年，进一步强化防汛抗旱工作组织领导，层层落实防汛抗旱责任制，加大防汛抗旱的检查力度，对存在的安全隐患和险工险段及时进行整改和加固；进一步加强各级防汛值班、巡查，严格落实24小时值班值守，并延长汛期值守至10月31日。在全县上下的共同努力下，全县虽然基础设施受灾严重，但实现人员零伤亡的防汛抗灾预期目标，确保人们群众生命财产安全。抗灾救灾工作启动后，第一时间成立房县水务局抗灾救灾领导小组，并组建农村安全饮水、水电站、中小型水库、农村小型水利设施4支抗灾救灾工作专班，积极争取灾后重建项目资金，全力投入到全县抗灾救灾工作中。累计修复堤防44.2公里，修复渠道24.46公里，修复塘堰16口，修复饮水工程103处，解决了2.39万人饮水安全困难。

【项目和招商引资】 2017年对上争取水利项目资金1.36亿元，完成招商引资8900万元，从解决群众最关心、最实际、最困难的问题入手，建设一批水利民生工程。一是农村饮水安全项目。根据县委、县政府精准扶贫工作统一安排部署，2017—2018年度农村安全饮水项目采取同步规划、整体推进的方式实施，2017年兴建供水工程137处，其中新建95处，改扩建18处，管网延伸24处，涉及全县20个乡镇137个行政村，共解决15.18万人饮水困难问题，其中建档立卡贫困人口8.05万人。二是中小河流治理项目。开工建设沙沟河综合治理第一标段项目，编制完成马栏河汪家河段、大木至五谷段两个河道治理项目的初设方案。三是水电开发项目。在建的瓦房坪二期及麦浪坪电站建设顺利推进；小水电扶贫试点项目褚河电站已通过省级验收，顺利并网发电；2017年度小水电扶贫项目鸡鸣口一级电站建设快速推进，已投产发电；椿树沟、龙驹沟水电站增效扩容项目稳步推进，完成投资1300万元；龙洞口、老渡口电站开工前准备工作顺利推进，已达到开工条件。四是农田水利设施建设项目。完成投资1500万元，实施门古、窑淮小农水建设项目，修复引水渠17处，维修渠道32条，设计高效节水灌溉面积6733.33公顷。五是水库除险加固项目。争取国家投资800万元，完成黄岩沟、龙潭沟等8座水库除险加固任务。六是水源地保护项目。完成投资430万元，实施城区饮用水源地安全保障达标项目，治理生态湿地18000平方米，支沟治理333米。

【水利精准扶贫】 按照县委、县政府“水利围绕扶贫走”的思路，在农村饮水、水电扶贫、高效节水灌溉等民生水利项目安排上重点向深度贫困村倾斜，取得显著成效。水务局驻村帮扶大木厂镇五谷庙村、土城镇花楼门村、土城镇穿山堰村、野人谷镇谭家湾村，派出4支驻村工作队，全局干部职工结对帮扶贫困户270户，按照精准扶贫、精准脱贫要求，帮助制订年度脱贫计划，扎实开展驻村“四双”帮扶工作，为驻点村脱贫出列奠定了基础。

【水资源管理】 一是加大水行政执法力度。加强河道采砂管理工作，按照全县工作要求，出台了《房县打击非法采砂制砂专项整治工作实施方案》，严厉打击非法采砂行为12起，重点查处了4起非法采砂案。二是扎实推进水库网箱养殖行为专项整治工作。整治规范范围为县域境内的79座小型及以上水库，主要对象为网箱、围栏围网养殖、投肥养殖等违法违规行为，共投入资金800余万元，完成全县1470只网箱拆除任务。三是全力做好环保督查整改工作。进一步加强了对中小型水库禁止投肥养殖污染水质管理工作，妥善解决王家沟水库污染、柳园铺、六里峡电站生态流量等环保问题。四是全面实施“河长制”工作。制定“河长制”相关方案，确立并公示县级河长，召开全面推行“河长制”工作联席会议、“河长制”工作动员会及推进会，制定相关制度，细化工作任务，各级河长巡河、护河工作全面展开，推动“河长制”工作取得阶段性成效，2017年房县“河长制”工作取得全市第一的成绩。

（张　侠）

【房县水务局领导成员名单】

书记、局长：唐义明

副书记：杨元钦

党委委员、副局长：陈　智　杜　虎　吴　洪

党委委员：许世虎

党委委员、工会主席：邓长陵

党委委员、总工程师：刘运奎

交通　邮政　通信

交通概况

【概　况】 房县交通运输局主要负责全县交通运输规划、建设、养护和交通行政执法、运输市场管理、交通安全管理、交通建设市场和工程质量管理与监督等工作。内设办公室、建设管理股、综合运输股、安全监督股、政策法规股、计划财务股、人事股等7个股（室）。交通运输系统现有干部职工1499人，辖公路局、运管局、物流局、农村公路局4个事业单位，恒通、装卸、交投3家企业，内设质监站、勘察设计院2个机构，局领导班子成员6名。

【交通运输能力】 截至年底，全县公路里程5144.35公里，路网密度80.09公里/百平方公里。其中高速公路117公里，一级公路34.65公里，二级公路380.63公里，三级公路289.92公里，四级公路4322.14公里。内河航道通航里程45公里，港口0个，生产性码头泊位0个，渡口14个；客运站13个，其中一级客运站0个、二级客运站1个、五级客运站12个，货运站1个。

【交通基础建设】 全年完成交通固定资产投资37.4亿元，比上年增长10%，普通公路建设9条，完成投资20亿元。建成并试通车十竹公路房县段，完成环城北路、门中路、万盐路路基工程，九义路改造项目完成招标，路基完成50%工程量。狮九路改造项目完成招标，杨叉山隧道开工建设。杜阳路完成路面和安保工程，三叶湖隧道打通。谭家湾至南潭旅游公路项目竣工。窑姚路一期全面完成。鄂西北物流集疏配送中心开工建设。高速客运站主体工程完成。以完善农村基础设施，助推精准扶贫的“一件实事”完成投资6.5亿元。启动“四好”农村公路示范县建设，完成350公里通村水泥路建设。完成2334公里农村公路生命防护工程。建成10个乡镇农村综合服务站。40个候车亭、100个招呼站投入使用。

【综合运输】 全年完成道路客运量137.8万人次、旅客周转量8.6万人公里，分别上上年增长13.2%和15%。全县拥有道路运输经营企业4家，公交企业1家，县内营运客车245台，营运大小货车1758台，出租车110台，公交车27台，村村通14台，已开通客运班线92条，全县有物流企业29家，快递企业33家。机动车维修企业235家，驾驶员培训学校4所。

【行业管理】 推进国省干线生命安全防护工程、智慧交通及地灾处置，346国道、209国道、235省道安保工程缺损更换到位，对已完成路面改造的杜阳路、青万路、榔沙路、车门路、十竹路进行安保工程建设。推进危桥改造，孙家湾大桥维修加固完成，梨花沟桥等5座危桥改造稳步推进。落实农村公路养护责任，安排20名农管员驻乡镇现场指导养护管理，做到“有路必养”。加大路政执法力度，加强超限运输综合治理，非法超限比率控制在3%以内。实施“田路分家”，回收非法占用公路用地32处。路政大队上路巡查450人次，开展各类集中整治18次，纠正、查处各类路政违章98件，下达责令整改通知书6份，拆除非公路标志39块。加强运政稽查工作。采取路检路查，进驻客运站，驻乡镇检查等方式，出动稽查车180台次，共检查车辆1500余台次，查处非法营运车辆43台，实施行政处罚7件。

【科技与信息化】 加强工程质量管理，坚持项目五制管理，确保进度服从质量，安全第一，质量为先。实施人才强交战略，通过激励机制，引进年青专业技术人员，筹措资金采购先进机械，引进先进施工工艺，全面提高工程质量。延伸拓展交通建设质效，全力攻坚交通扶贫，持续推进综合运输一体化，巩固村村通客车成果，推进城乡物流融合发展，加快打造现代物流管理体系，让群众共享交通成果，实现精准扶贫。

【安全应急管理】 认真落实客运“三不进站、六不出站”管理规定，从市场准入、从业资格、客运车辆调度、司乘人员变更、行车证件、客运站场等方面开展安全监管工作，道路运输安全四项指标为零。加强客运站安全监管，全年检查客运企业、公交、客运站、维修企业安全隐患40处，发出整改书12份，已基本整改到位。实现进、出站分离，候车室入口设置“三品”检查岗，有专人负责。扎实开展“安全工地”建设，落实施工安全“三同时”，会同安监局、公安局对18个施工企业进行拉网式检查，对安全生产、防汛、动态监控等工作进行了督查。举办水上交通安全培训2期，请市交通局、海事局、县安监局安全生产领域专家培训授课，受训人员250余人次。节日期间，深入涉水乡镇进行安全检查，发现问题及时整改。实现全年无重、特大交通事故和安全生产无伤亡事故的目标。

【投融资工作】 对上争取项目14个、到位资金3.6亿元，争取市政府债券支持十竹路3000万元。包装上报总投资超过50亿元的十房一级路等6个重大交通建设项目，纳入发改、财政项目库。发挥交投公司的融资贷款功能，在农商行申请十竹路贷款1亿元；配合城投公司争取国开行农村公路贷款9.4亿元，已签约3亿元、到位1.51亿元。通过农发行对狮九路融资2.8亿元，已完成审批程序。引进湖北十堰亨运集团在房县投资建设鄂西北物流集疏配送中心项目，完成投资4500万元。

【交通体制改革】 扎实开展行政审批制度改革，成立行政审批股，抽调5人进驻政务大厅采取一站式办公。全力争取将公路局、运管局基本支出纳入县级财政预算。

【文明创建和廉政建设】 深入开展作风建设“五个专项治理”工作，查处问题3件，问责处理相关责任人4人。扎实开展“两学一做”常态化制度化学习教育，精心组织召开组织生活会和党委民主生活会。深入开展党的十九大学习活动，人均自学笔记2万字、撰写心得体会2篇，创办学习专栏4期，简报14期，确保学习实效。加大信访案件查处力度，化解集体上访案件7起，回复百姓问政14件，书面答复69件。加强基层组织建设，完成3个支部改造，纳新党员4名，培养入党积极分子12名。全力开展“五城联创”工作，积极推进文明车厢、文明客车创建、最美交通人评选、房县十字榜样道德模范评选等活动，在县客运站、公交车开展了党员示范岗和旅游标准化示范建设工作。房县交通技术人员徐长山获十堰市第二届最美交通人，346国道“畅安舒美”房县段创建工程获得交通部“青牛奖”。

【抗灾抢通保畅】 秋汛期间，全县公路水毁严重，2条国道、7条省道和3处国省道在建工程塌方739处52.9万立方米，临时中断交通44处，6条县乡公路和225条通村公路发生水毁1323公里，全县交通水毁损失29503.52万元。灾害发生后，按照“先干线后普通、先重点后一般、先抢通后恢复”的原则，迅速组织机械、人员和资金，积极开展抢修保畅工作。农村公路技术人员分赴各乡镇核实灾情，组织沿线干部群众开展生产自救，争取尽早抢通公路。现已投入公路水毁抢修人员2715人次，投入机械台班986台次，投入抢修保畅资金4451万元（国省干线2451万元，农村公路2000万元），确保生命线畅通。

（王　东）

【房县交通运输局领导成员名单】

党委书记、局长：王德洲

党委副书记：谢祥全

副局长：邓青国　闫　毅　卢海明

工会主席：童　芳（女）

公路建设与管护

【概　况】 房县公路管理局主要肩负着境内703.20公里国省干线公路的建设、养护、管理任务。一是十竹路房县段基本完工，2018年元旦前夕顺利完成试通车；二是门中路路基工程全部完工，路面黑色化20公里；三是环城北路路基工程全部完工，谢湾桥架设完成，马栏河桥0—16号墩柱和盖梁完成，梁板架设7块；四是杜阳路三叶湖隧道及接线工程全部完工；五是"十三五"项目的万盐路、九义路等均已开工建设，稳步推进；六是房神高速（十堰至张家界高速路房县段）、十房一级路、环城南路等项目前期工作取得较大进展。

【公路养护】 坚持"改革攻坚、养护转型、管理升级、服务提质"十六字方针，以开展公路养护管理竞赛活动为契机，深入开展公路养护规范管理年活动，日常养护、季节性养护、预防性养护等工作扎实开展，国省道移交接养、示范公路创建、危桥改造、生命安防、地灾处置、水毁修复等工作全面完成。国省道干线公路路面技术状况（PQI）达到92.3，优良路率达到96%，房县公路路况水平在全省处于第一方阵、在全市位列第一。全体养护职工冒严寒、战酷暑，全年奋战在生产一线，成功应对2017年特大秋汛灾情和雨雪冰冻灾害，全力保障公路安全畅通。

【路政管理】 路政执法人员严格执行新修订《湖北省公路路政管理条例》，以养护路政联合巡查为抓手，突出路域环境整治、超限治理、队伍建设三大重点，全年上路率达到98%以上，拆除违法建房4处/108平方米，制止违章建筑16处/796平方米，清理乱堆乱放49处/489平方米，拆除加水、洗车点4处，拆除违章电线杆43根，收取路产赔偿费12.75万元，超限补偿费4.62万元，占利用公路0.15万元，罚没收入4.18万元，赔偿率达100%，路政案件查处率达100%，结案率达100%，文书使用率达100%，案卷合格率达98%以上。坚持"政府主导、部门联动、齐抓共管、各司其责"的治超机制，路政与运政、交警联合治超，积极参与区域联动治超，对外与林区等地开展联合治超，在内推进竹山、竹溪、房县区域片区联动治超，形成区域内和区域外一体化治超格局。全年检测车辆1026台次，其中超限运输车辆410台次，卸载超限运输货物3740.8吨，有效遏制超限运输态势，超限率控制在2%以内。

【省交通运输厅领导考察房县公路工作】 3月29日，省交通运输厅总工程师姜友生、省公路管理局局长熊友山一行到房县考察"畅安舒美"示范工程建设情况，实地察看209国道两河口公路综合服务区及柳树垭停车港湾建设。

【S279万盐路房县段开工建设】 5月16日，S279房县万峪河至丹江盐池河新建工程（万盐路）房县段开工建设。该项目是全省"十三五"重点交通建设项目之一，是连接丹江口市的生态旅游环线，是房县以东以及襄荆地区进入武当山的便捷通道，更是沿线乡镇脱贫攻坚的小康路。万盐路房县段全长16.95公里，设计标准为二级公路，路基宽8.5米、沥青砼路面结构，建设工期2年，概算总投资15742万元，起点位于房县万峪河乡水天坪，途径小坪、旱田、中院村至万峪河乡政府，共设大桥433米/3座，中桥279米/5座，新建涵洞883.25米/62道。

【S283房县九道至义渡坪段改建工程开工建设】 12月16日，S283房县九道至义渡坪段改建工程开工建设。九义路全长20.83公里，是路基宽度为8.5米的二级公路，设计速度40公里/小时；建设工期18个月，概算总投资15733万元。项目的建成后能够畅通沿线乡镇与房县城区、竹山南部地区及神农架林区联系，打破房县西南山区交通“瓶颈”，对于改善边远山区的路网布局、交通条件和投资环境，加快构建“武当山至神农架生态旅游公路”体系、助推房县西南秦巴片区扶贫攻坚具有重要的意义。

（吴 涛）

【房县公路管理局领导成员名单】

局长：李 锐

副局长：魏 敏（女） 路 军

邮 政

【企业发展】 2017年，房县邮政分公司践行“借势、提气、升级、活力”总要求，以“一核两轮”发展为重点，以企业效益提升为目标，坚持“提质增效、创客引领、转型升级”的发展理念，实现了发展进位、管理增效、服务升级，全年实现邮政通信业务总收入5284万元，完成市分公司预算计划的113%，同比正增长23%，13个支局、网点收入规模持续壮大。

【党建工作】 深入学习贯彻党的十九大精神和习近平新时代特色社会主义思想，使“两学一做”常抓常新。学习上求真知，组织党员个人自学和党总支中心组学习、支部专题学习。将“两学一做”支部建在支局，将“两学一做”学习与干部包点帮扶等工作有机结合，不断提高党员干部队伍的大局意识和扎根基层、做好服务的定力。坚决贯彻落实“两个责任”，把党风廉政建设与经营发展同部署、同检查、同考核。从严监督干部，开展节日廉政提醒、干部约谈，增强党员干部廉洁自律意识。坚决把纪律和规矩挺在前面，落实中央“八项规定”精神，开展“四风”整治、“回头看”工作。精准运用执纪问责“四种形态”，严把纪律审查关，积极营造风清气正的干事创业氛围。

【农村电商】 2017年强化县、乡、村三级物流体系和农村电商“县中心”“乡之家”“村之站”三级运营体系的建设，打造“农产品进城、工业品下乡”双向物流，以“农村电商+普惠金融+精准扶贫”的工作模式，借助“邮乐网”平台，为村合作社提供各类农副产品线上线下销售服务，致力电商扶贫成为贫困山区农民脱贫致富的新路径，通过电商平台和省公司连展平台累计销售地方土特产200万元以上。快递包裹专业在服务本地电商客户的基础上，打造房县特色产品进城项目，做出房县特色产品进城的寄递品牌。2017年开展“寄房县特产 送家乡真情”活动，木耳、香菇、黄酒，特别是黄酒项目，快包部研发寄递黄酒专用包装，累计寄出黄酒18000壶，市场占比达到80%以上，使“寄黄酒到邮政”的品牌逐步深入人心。2017年，邮政快递向全县用户投递邮件7.8万件，通过邮政寄出邮件5.5万件。

【安全管理】 紧紧围绕“零发案”目标，完善各类安全制度办法，组织开展对员工的安全生产教育。定期开展对资金、邮件安全检查，确保车辆安全、人身安全、邮件安全和资金安全。加强对各类突发事件应急预案的培训工作，安排防抢或防火应急预案演练，提高员工防范意识和自我保护能力。坚持源头治理、关口前移，做到节点安全“三必查”、关键环节“三严查”、创新手段“三会查”，实现金融资金零案件、安全生产零重大责任事故的目标。

（计芳芳）

【房县邮政公司领导成员名单】

总经理：朱大勇

副总经理：朱贵军

电 信

【概 况】 中国电信房县分公司是中国电信集团在房县区域设立的分支机构。作为中国通信行业主导运营商和最大的基础网络运营商，房县电信向客户提供优质高效的固定电话和移动电话业务、互联网接入及应用、数据通信、视讯服务等多种类综合信息服务，承担党政军及国家重要部门的通信保障工作，承担为房县人民提供普便通信服务的义务。房县电信一直致力于由传统基础网络运营商向现代综合信息服务提供商转型，大力推进聚集客户的信息化创新战略和差异化发展策略，成为推动房县国民经济和社会信息化发展的主力军。房县电信从2015—2017年三年时间，投资建设资金近1.12亿元，用于房县区域内有线宽带网络建设和改造，2017年底行政村通光通宽数量达到260个，新建和改造无线基站300个，有线通光通宽率到达90%，无线实现全县90%以上区域语音和高带宽信号全覆盖。针对政府、企业和行业的综合化、个性化的信息化需求，推出新农合医疗管理系统，房县电子政务及行政审批监察系统，房县“平安城市”视频监控系统、国税局“网上自动报税”系统、房县教育网“班班通”系统、房县财政局“金财工程”等综合信息化应用整体解决方案，以更优质的信息业务服务经济社会发展和民生改善。

【开展“精准扶贫”活动】 与青峰陡口村结成对子，深入村组和农户，扎实开展“四双”帮扶工作。2017年投资17.9万元进行基础建设，夯实脱贫基础，协助村委引进30万元，建15千瓦光伏发电站2座，成立农产品产销合作社1个，注册农产品销售网上电商1个。注册“陡口河天翼种养殖合作社”+农户1个，帮助贫困户劳务输出61户97人，实现劳务收入100万元。

【缩小城乡数字鸿沟】 全县建成156个农村党员远程教育，有效地解决农村党员和群众实用技术培训难、政策和经营信息滞后的问题。加快产业厅信息惠农进程，依托省科技局与省电信公司搭建的产业通平台，建成14个农村信息化广场，开通科技局信息员及信息化服务，实现三屏互动，对产业种植大户配置手持终端，将农技专家请到田间地头，把农特供求信息送到蓄舍池边。投资建设15个乡镇全网通手机卖场和130个电信农村便民服务站，满足广大人民群众日益增强的信息化服务需求。

【支持重点项目】 房县电信公司以服务地方经济为已任，在市政建设、道路建设、招商引资等项目上，积极响应号召，一是为泰山庙工业园、武当金鼎制药、粤能生物集团、玖澳化工、兆丰电子、鑫源工贸、神农本草、天森食品等县重点项目提供了一站式通信服务保障，保证手机、固话、宽带、ITV业务在重点项目区的全面覆盖，尤其是汪家河砂石厂，为保证手机信号的畅通，公司安排专人调测信号，对基站进行调整，确保该区域通信畅通。二是在线路迁改赔补资金没有到位的情况下，克服重重困难，积极组织人员勘测设计施工，采用举债借料方式先后完成了青万路、榔沙路、十竹路、竹房城镇带、城区道路改造、县城至军店一级路、范家垭电站、安阳移民、樱桃谷温泉度假村等县重点项目的通线路迁转工程为县域经济发展做出了应有的贡献。

【暖心电话“安装”】 大力服务农村留守人员“爱心电话”安装，联合房县教育局提升学校管理新举措，为全县所有的中、小学安装“爱心电话”155部，使用该电话拨打全省范围电信手机全免费，对留守儿童予以关爱。

【专业通信保障】 先进可靠的网络平台、优质专业的服务能力、专业化的应急通信保障队伍，是房县电信长期承担应急通信保障重任，协助政府及时妥善处理各种公共社会危机的坚实基础。2017年十九大召开之际，在时间紧、任务重，涉及单位多且通信中断时间不能过长情况下，电信员工以优质专业的服务能力、专业化的应急通信保障队，分批将县委、县政府四大家及34个县直部门的语音、金财、互联网和政务网等通信网络全部搬迁至房县新政府办公楼，确保在要求时间内完成房县新政府办公楼网络整体搬迁工作，为房县党政军秋汛及十九大召开提供稳定的通信网络保障。

（杨　丽）

【中国电信股份有限公司房县分公司领导成员名单】

总经理：周先超

副总经理：胡　涛　金　辉

移动通信

【业务运营情况】 在传统的语音业务基础之上，业务更加丰富。4G高速上网、家庭宽带、智能手机应用以及移动办公OA、互联网专线等量身定制的移动信息化整体解决方案，从不同角度满足用户对信息化应用的需求，营业收入过亿元。2017年房县移动公司全年新建2G、4G通信基站共174座，4G网络信号覆盖全县80%以上行政村。有线光纤已经覆盖所有乡镇和通信号的行政村，惠及6.9万户家庭。

【投资建设情况】 投资数千万元新建2G基站75座，4G基站99座。重点解决9个精准扶贫村移动信号不畅通问题，66个村信号弱覆盖问题。2017年完成890万元有线宽带建设投资覆盖6.9万户家庭。除加大基站建设外，房县移动公司结合自身优势开展通信资费扶贫，针对4344名精准扶贫户免费赠送12个月专享流量或100分钟通话费，赠送总费用超过9.9万元。认真贯彻落实党中央、国务院关于推进网络提速降费的要求和部署，全力以赴推进建设高速率网络城乡全覆盖、明显降低家庭宽带、企业宽带和专线使用费以及取消流量“漫游费”费、移动网络流量资费全年降幅达30%。推动“互联网+”发展，促进“大众创业、万众创新”。在推进网络提速降费的同时，认真做好客户服务，加强产品和业务创新，以实际行动降低客户通信消费成本，促进薄利多销，让客户和企业切实受益，为客户、企业和社会创造更大的价值。

（李　君）

【中国移动房县分公司领导成员名单】

总经理：王　勇

副总经理：柏玉林　吴　青（女）

联通通信

【信息化产品经营】 积极推动政务信息化、公检法信息化、交通信息化、企业信息化等物联网，力争政府、企业等多市场提供信息化服务，针对不同客户提供可复制的信息化产品。房县分公司把服务和促进社会信息化作为促进县域经济和客户转型的重要内容，并将自生定位为：“信息基础设施的提供者”“公关服务平台的搭建者”和帮助客户转型的“行业综合解决方案的提供者”，将为客户提供更贴切、更为全面细致的信息化服务打下了良好的基础。

【网络基础建设与升级】 2017年，全力以赴做好网络建设与升级，全年新建4G基站90个，新建3G基站10个，乡镇新加U900设备30台，有效解决了网络能力与市场竞争适应能力。通过自有投资拉动社会化合作，在县城大力开展BOT/BTO宽带小区项目建设。宽带端口已突破2万个，城区光纤宽带覆盖率达到95%，光网速度首次实现100M带宽，对以往FTTB小区做了升级改造，有效解决因投资不足、网速不能满足客户需求制约宽带业务规模发展的瓶颈问题。

【服务理念】 联通始终践行“致诚至臻”服务文化，更加积极地以客户满意为第一标准，以客户需求为导向，牢记服务使命，履行责任，践行承诺。以诚立信，以臻创优，持续提升服务质量，不断优化客户感知，倾力打造“畅心快意”的服务体验，为广大用户提供更便捷、智能、安全的通信服务，引领4G发展。2017年，房县联通公司强化存量经营和大服务体系建设，加快提升用户价值和感知。强化对存量用户服务，组织渠道节假日促销、营业厅店庆等开展老用户有礼、老用户专享等活动。促进渠道改善服务质量，提升用户感知。同时建立健全服务联席会议、工单办结、全过程闭环评价等机制，通过前后联动、上下协同解决热点问题，提升用户感知，促用户长期在网。做好渠道的服务工作，落实“首问责任制”，无论是否是所管辖渠道，渠道经理均有责任对渠道提出的问题和需求不推脱，及时解决、帮扶到位；督促渠道开展“十分满意”工作，完善营业厅宣传布置，提升NPS口碑；树立标杆，以点带面，开展全渠道“服务明星”“标杆营业厅”的评选工作，表彰先进，营造抢前争先的服务氛围；实行渠道评价机制，对渠道经理日常工作列出细则，按月组织专人送至渠道，由渠道老板、营业员进行打分，及时掌握渠道经理对渠道的支撑服务情况，便发现问题、并针对进行改进，最终实现营服中心的“NPS”提升。

【党建工作】 统一思想，以抓党建提升素质，持续推进文化兴企，凝聚发展动力。以党支部为阵地，开展形式多样的党员主体活动，促进重点业务的发展，提升收入，完成各项目标任务.服务企业生产经营工作大局，继续以党建统领发展，发挥党支部的教育学习提升、党员模范带头作用，带领全员以发展为中心，打造先进党支部；加强以党员、骨干岗位员工反腐倡廉教育，从严治党，发挥党支部纪检委员作用，定期进行谈话教育活动，形成风清气正、清正廉洁的高洁文化；继续深化响应省市公司机制体制改革，以提升房县各板块收入、提升员工幸福感为目的，打造和谐、积极、向上的团队。

（张铁文）

【联通有限公司房县分公司领导成员名单】

总经理：胡吉明

副总经理：刘青松　周良炳

广电网络

【网络建设】 宽带乡村建设。过去两年时间，湖北广电为房县“宽带乡村”建设工程投资金1.2亿元，在2017年上半年全部完成宽带乡村任务。将光纤网络覆盖至全县20个乡镇的288个行政村，已具备为农村用户提供高清互动电视产品和20M以上的宽带互联网接入能力，同时建成能容纳100万名用户同时在线点播、回看的高清互动平台，为用户提供快捷、流畅的广播电视节目和各类信息回看、点播服务，拓展各类综合信息服务应用。扶贫安置小区网络入户建设。2017年6月，县政府和县精准扶贫作战指挥部办公室决定，对全县农村建档立卡贫困户实施广播电视和宽带入户全覆盖工程，由公司承办。为确保工程建设顺利推进，如期完成目标，房县广电网络公司多措并举：一是调动施工力量。20个乡镇同时施工，27支施工队进场施工，各地施工队火力全开，抢晴天、战雨天，全力推进工程建设；二是搞好与地方对接。对全县20个乡镇（场）建档立卡贫困户未入网用户数据进行统计分析，各乡镇营业部积极主动与各乡镇村组搞好对接，因地制宜开展入户工作。针对人口相对集中的村组召集贫困户开动员会，集中办理入网手续，分批次组织安装入户；针对人口比较分散的村，通过开户院会进行办理；针对散户安装，采取进村入户和贫困户到由营业厅办理等方式，确保建档立卡的贫困户入户工作有序推进。截至12月，光纤架设已通达扶贫安置小区达231个，在建26个，覆盖用户9489户。网络优化建设。为提高用户使用体验，公司在百忙之余组织专门人员优化全县广播电视网络，将同轴电缆转为光纤入户，不断升级网络带宽，确保用户收看质量。

【本职工作】 安全播出。作为传播政府声音的重要工作部门，公司还安排人员对中心机房和主要传输光缆进行24小时全天监控。特别是在十九大期间，公司的全体职工，通过全员在岗值班、强化各岗位工作等措施，保障电视信号和广电网络的安全播出。优化服务。把服务工作摆在突出位置，在增强服务意识、提高服务质量、改进服务措施、完善服务机制、开发多功能服务等方面下真功夫、下大力气。对员工服务工作进行考核，提升公司客服礼仪技能，组织一线人员“互监督，互学习”，以便及时改进服务质量。走进群众。通过开设幸福新农村、学跳广场舞、儿童在线教育等本地化栏目，把老百姓关心和需要的视频信息聚合到有线电视上，包括新闻、教育、企业、娱乐、房产、美食、家装、健康、商城等信息，免费向用户开放，由用户据需点播。如教育栏目中辅导孩子学习的节目受到群众广泛欢迎；农业科技、社会管理、办事指南、村务公开、粮补低保等数据公开，农民群众可以在电视上查阅；将黄酒等当地土特产、街头舞健身活动和家庭喜庆图文视频上传到电视上，以带动农村经济文化发展。

（李丹丹）

【房县广电网络公司领导成员名单】

党总支书记、总经理：黄治轩

党总支委员、副总经理：陈安斌　黄　超

党总支委员、工会主席：李　燕（女）

总工程师：陈国庆

城乡建设与管理

综　述

【概　况】房县住房和城乡建设局担负着全县住房保障和城乡建设管理工作。于2013年5月份实施住建机构改革，将原住建局所属的规划局划归县政府办直管，执法局、环卫所、路灯所、市场中心、渣土办合并组建城市管理综合执法局，由县政府直管。根据改革后“三定”方案，房县住房和城乡建设局主要承担住房保障、城乡建设、市政维护、园林绿化、城市供排水、建筑节能、村镇建设、危房改造、房地产行业、建筑行业、风景名胜区、城市燃气监督管理等工作职责。

机构改革后，房县住房和城乡建设局内设8个股室，即办公室、人事教育股、计划财务股、政策法规股、行政审批股、建筑工程管理股、城市建设股、村镇建设股，其中燃气办和风景名胜管理办与城建股合署，老干部管理股与人事股合署，城建档案馆挂靠建工股；局系统所属二级单位9个，即正科级事业单位1个（建筑勘察设计院），副科级事业单位2个（房地产管理局、市政园林管理局），股级事业单位4个〔市政维护所、质量（安全）监督站、造价站、“三办”即墙革办、散装办、装饰办〕，归口管理的市政公用企业2个（慧泉水业公司、城区污水处理厂），共有行政事业干部职工145人，离退休干部职工97人，企业合同用工110人。工作得到县委主要领导批示肯定，先后荣获全市“四双”驻村帮扶先进集体、全县先进单位、县级文明单位等多项荣誉。

【建设投资管理】围绕中心职能，县住建局积极同上级住建部门建立信息沟通渠道，及时捕捉信息，掌握政策趋势。一是加大项目争取。积极向上争取项目到位资金44289万元，完成全年向上争取24000万元目标的185%。二是加大项目融资。抢抓棚改政策机遇，完成以城市棚户区改造和城市综合管廊为重点的9.5亿元项目融资贷款包装，到位棚改贷款4.5亿元。三是谋划项目包装。向上申报棚户区改造配套项目6个、村镇建设以奖代补项目30个、乡镇生活污水治理申请政府债券建设项目19个。四是加大招商引资。引进到位项目资金4300万元，完成下达招商引资4000万元目标的107.5%。

【建筑工程管理】立足打造“规范化、精细化”行业管理目标，一是深化建设行业改革。按照机构、职能、人员、财务和办公场所“五分开”要求，在全县住建行业内率先全面完成建筑工程质量检测站脱钩改制，“红顶中介”清理工作取得突破性成效。二是压实建筑市场管理。实施建设工程招标24项，节约资金1333.07万元；发放施工许可26项，完成建筑业总产值15.3亿元，固定资产投资达44.64亿元，实现利税1.3亿元，大幅超额完成全年目标；对全县8家房地产企业、

30个在建工程，开展综合大巡查16次，积极克服监管线长、面广、项目多和任务重难题，基本实现安全生产“零事故”、违规行为“零发生”，并成功创建“楚天杯”3个、“武当杯”2个。三是做细公用事业管理。累计保障城区供水1168.7万吨，处理城区生活污水1179万吨，清运污泥2680吨，供排水达标率长期保持两个100%；同时实施城区绿化补植5830平方米，更换检查井、漏水篦子79套、河堤栏杆320米，清淤87万吨，修复破损人行道1200平方米，实现市政公用事业运转良好。

【房地产业】 立足“一去两改”工作目标，一是房地产去库存成绩斐然。及时出台“房十条”，销售商品房3000余套，化解房企债务3亿多元，全县库存消化周期降至8.6个月，一举成为全省房地产去库存力度最大、速度最快、效果最好的县城。二是6000户棚户区改造全面实施。启动西关老街保护性修复项目和西街、东街、北街三个片区棚改项目，开工率实现100%，货币化安置2100户，基本建成保障性住房1100户。三是农村危房改造全面完成。先后改造完成上级下达的两批2117户危房改造任务，并完成安置入住。

【城市建设】 立足“一桥九路”“两网三厂”建设目标，一是建好城市路网，实现路上畅通。半岛湾大桥、观音三路、唐城东路正式竣工通车；10条城市微循环路（防水排涝改造）全面完成实现通行；西安路、诗经南路、吉甫南路、大雅路（含新水厂路）路基工程全部建成，正加速推进，元旦后陆续通车；环河自行车骑行系统随道路建设同步推进；马栏河以堤代路、武当南路、温泉大道、神农路改造按计划完成开工前期筹备。二是铺好城市管网，实现地下有序。泉水湾取水口上移工程全面竣工，新铺设供水管网5公里；改造完成半岛湾至音乐喷泉等综合管网1公里，城区主次干道20公里雨污分流管网建设有序推进；完成天然气门站至半岛湾段7.8公里城网铺设，城区风雅城市广场小区居民率先用上天然气，实现天然气入户通气。三是抓好PPP项目推广，实现建管一体。先行尝试采用PPP模式，城区生活垃圾填埋场渗滤液二期工程建成运营，城区生活污水处理提标改造工程主体基本竣工。全面落实“河长制”，奋力实现“水清、河畅、岸绿、景美”目标，不断治理城市黑臭水体，截流排污口达16个，为持续改善人居环境奠定了坚实基础。

【小城镇建设】 立足构建“湖北第一、全国最美”的城镇体系目标，一是将乡镇污水治理设施建设作为头号工程。按照全省第一批运用PPP模式推进城乡供排水设施建设运营一体化试点县建设要求，推动实现全县21个乡镇污水处理设施提标和新建项目全面开工。二是将农村生活垃圾治理作为改善人居环境主要抓手。完善了治理工作体系，顺利通过省级验收。三是将培育重点镇作为推进新型城镇化重要载体。紧抓“打造全域旅游区”契机，军店镇中村村被评为全国改善农村人居环境示范村；野人谷镇作为生态休闲小镇，成功创建全省首批特色小镇，为全县村镇培育树立了标杆。

（杜　斌　吴　量）

【房县住房和城乡建设局领导成员名单】

书记、局长：柯昌生

党委委员、副局长、房管局局长：万天虎

党委委员、副局长：李新宇　刘静波（女）

副书记：戢运琼（女）

总工程师：龚明洲

县神农峡风景名胜区管理局副局长：郭　刚

城市规划

【规划编制】 加强顶层设计，突出规划引领作用。以“总体规划为龙头，详细规划为骨架，专项规划为支撑，乡镇规划全覆盖”格局体系，保障城乡建设有力有序。一是启动城市总规修编评估。为确保规划的连续性、前瞻性，满足新形势下房县城市发展需要，正式启动房县总规第四轮修编工作。5月22日，市政府批准同意房县按程序启动总规修编评估工作；7月初，与湖北省城市规划设计研究院进行实质性洽谈，10月中旬正式启动评估工作。二是探索推进“多规合一”。围绕2017年政府工作报告中“多规合一”目标，按照工作整体部署，7月份，县政府组织规划、发改、住建、国土、环保等单位赴云梦县、老河口市进行“多规合一”学习考察。8月初，省住建厅分管领导童纯跃就房县开展“多规合一”列入全省试点的问题召开专题会议，认为房县地理位置特殊，无法开展全域性测量，且编制成果不能在共享平台公开，建议由县政府结合房县实际，适时启动“多规合一”工作。三是控制性详细规划实现全覆盖。房县城市规划区建设用地范围17平方公里，其中11.4平方公里控规于2016年7月经县政府批复实施；其余6.5平方公里于2016年10月委托西北综合勘察设计院编制，初步文本已完成，进入领导审查、专家评审、政府审批程序。全县17个乡镇控规做到应编尽编，截至2017年底，15个乡镇控规已经县政府批复实施，2个乡镇（白鹤、化龙）控规已进入专家评审程序。四是专项规划持续跟进。2017年《城市人防》《城市全景风貌规划》《房县全域生活垃圾治理规划》3个专项规划经政府批复实施。《城镇养老设施空间布局专项规划》《城市水域岸线规划、防洪专项规划》《城市道路系统专项规划》《城市燃气专项规划》4个专项规划完成专家评审，《城市竖向专项规划》《城市抗震专项规划》《城市道路工程专项规划》《城市供热专项规划》《城市市政设施专项规划》5个专项规划正在编制中。

【规划审批】 紧盯“放管服”改革总要求，坚持“依法行政、廉洁高效”服务宗旨，以“三集中三到位”“一站式办理”“双随机一公开”为抓手，不断优化审批程序，提升服务效率。一是坚持规划会审制度。严格按照房政规〔2014〕1号文件要求，对项目建设严格执行规划“四级审查（审批）”管理。坚持周五技术审查制度，对规划项目实行技术把关。不定期邀请县直相关单位开展项目技术预审，提升项目落地的可行性和规委会项目审批效率。全年召开规划委员会5次，技术审查会23次，审查项目方案114项，形成会议纪要28份。二是严格规划许可程序。规范“一书三证一核实”审批管理，2017年，窗口受理事项63件，核发规划许可63项，其中建设项目选址意见书7项、建设用地规划许可证18项、建设工程规划许可证17项，乡村规划建设许可证11项；出具预审意见12份，规划条件23份，规划函件61份；工程竣工验收核实10件，总建筑面积9.4万平方米。三是坚持推行“阳光规划”。坚持推行规划审批、行政许可、用地性质调整批前、批后公示，主动接受社会各界监督，充分保障公众对城乡规划的知情权、参与权和监督权，增强规划透明度。全年，在《今日房县》和政府网站登载用地性质、容积率调整批前公示4期，施工现场公示牌公示19项。

【规划、测绘管理】 严格规划实施，以科学、规范、负责、严控的原则，强化规划实施与测绘管理，不断完善“管理链”，达到规划实施、建设、管理科学有效对接。一是建立城乡规划督察机制。按照省、市城乡规划督察工作要求，年初县政府印发《房县城乡规划督察员管理办法（试行）》，批准规划局制订的《2017年城乡规划督察工作计划》，并按程序从规划、住建、执法、国土、环保等部门遴选出8名城乡规划督察人员组建“房县城乡规划督察员库”。6月份，配合省住建厅对神龙峡风景名胜区开展规划督察，发现问题2起，处罚违法建设企业1家，处罚违法建设单位1个，下发整改通知书2份，维护规划严肃性。二是加强规划跟踪监管。县政府批准成立城市规划（测绘）信息管理中心，健全规划（测绘）监察队伍，严格监察规划建设行为，严格执行规划“五到现场”制度：勘察地形到现场、定位放线到现场、验槽验线到现场、中间检查到现场、规划验收到现场，认真履行规划项目放线、验线和竣工核实。建立规划日常巡查制度，实行日常巡查、不定期抽查和联合稽查等方式，确保城市规范有序的建设。三是加强测绘管理服务效能。严格按照测绘管理相关规定，新增1家测绘单位，完成4家测绘公司的测绘登记、备案工作；加强对5个测量标志做好日常巡查工作；严格执行国家保密规定，与县直部门签订4份规划图纸保密协议；加强基础测绘，完成全县精准扶贫易地搬迁安置点测绘面积89万平方米，完成城市建设项目放、验线21个，面积达35万平方米；完成工程竣工核实测量210项，总面积200万平方米；完成城区13条市政道路测绘长5.5公里。开展问题地图专项检查，对县域21所中小学、15家门店、22家宾馆、车站等公共场所1750余份地图进行全覆盖检查，对存在的问题及时督办整改到位。

【规划服务】 立足“城乡建设、规划先行、龙头引领”的服务理念，紧紧围绕县重点项目、民生建设等目标任务，充分发挥规划职能职责，从规划的前瞻性、科学性、实用性的角度出发，保障项目及时落地。一是全力推进重点项目建设。开辟绿色通，在规划审批上采取容缺受理、容缺审查，保障交通物流园、北京忠和酒业、武当动物药业、贤惠医院等36个重点项目的快速落地建设；完成城区污水处理厂提标扩容和垃圾填埋场渗滤液二期工程，东城、北城工业园、军店镇、青峰镇污水处理厂，城区新型街心公园和10个小型街头广场等83个项目的选址、测量和设计；完成职业技术学校二期、汽车服务产业园、聚达食品扩能、“一桥九路”等44个项目的规划方案审查报批，为全县重点项目落地提供坚实的规划服务保障。二是高效服务特色小镇、美丽乡村建设。积极探索研究国内特色小镇的政策、标准及分类，结合房县实际，制定出突显房县优势的特色小镇打造建议及可行性研究报告。抽调专人跟踪服务房县野人谷、土城黄酒民俗村、军店老街等特色小镇打造工程，积极做好军店中村、化龙古城、窑淮山岔等美丽乡村建设的规划服务工作。三是尽力做好扶贫搬迁安置规划。紧紧围绕县委、县政府集中安置、上楼安置、进城（镇）安置的决策部署，分别委托省规院、西北院、市规划院和县城乡规划院4个编制单位负责全县精准扶贫易地扶贫搬迁安置小区规划设计工作。一年来，实施测绘面积45.4万平方米，完成安置点总平设计593个，规划建筑总面积达13.58万平方米，共出具规划文本455套，可安置13940户，高标准、高质量完成全县易地扶贫搬迁规划设计任务。

（赵凤琴　卢　强）

【房县规划局领导成员名单】

党支部书记、局长：冀自立

党支部副书记、副局长：张　均

党支部委员、工会主席：丁　彬

城市基础设施建设投资

【融资工作】 2017年，房县城投公司紧紧围绕县政府重点项目建设，积极筹措资金支持县域经济发展，确保社会稳定、经济稳步增长。其中以老城社区及西关印象城中村棚户区改造项目，在县农发行申报中长期贷款4.8亿元；以应急救灾项目，在农发行申报流动资金贷款1亿元。积极跟进落实2016年以来已审批但未放款的融资项目，其中：以东关棚户区改造项目在县农发行申报中长期贷款3亿元，已放款2.5亿元；以农村公路建设项目在国开行申请中长期贷款9亿元，已放款1.5亿元；以县医院流动资金项目在农商行贷款0.5亿元，已放款0.49亿元；以方家畈水库建设项目在农发行申报中长期贷款2亿元，已放款1.79亿元；以易地扶贫搬迁项目在国开行申报中长期贷款23.29亿元，已放款18亿元。

【项目建设】 一是西街棚户区改造项目建设。已完成1#、2#楼主体工程以及小区配套高压配电、给水（含二次供水）、污水管网、雨水管网、道路硬化等大部分附属工程，占总工程量的95%左右。二是唐城路东段项目建设。已竣工并交付使用。三是沿高速路两侧广告牌建设已完成招投标。

【项目投资】 围绕县域经济发展，支持重点项目建设，全年累计拨付资金17.87亿元。其中拨付：棚户区改造项目建设（含公租房）资金3.5亿元；易地扶贫搬迁项目资金13亿元；西安路建设资金3000万元；交通建设资金5000万元；交通物流园建设资金2000万元；唐城路西段建设资金500万元；北城工业园场平、入园道路、桥梁工程款810万元；北城工业园标准化厂房建设工程款1200万元；半岛湾大桥、吉甫南路、诗经大道南路建设工程款1200万元，确保建设项目的顺利推进。

【资产管理】 为规范门面资产管理，盘活存量资产，全年共实现收取租金120多万元。一是把老地税局移交的两处位于丁字街和西街的资产对外出租，实现出租收益14万元。二是加大人和路门面资产管理，对收购的109间门面资产加大管理力度，实现移交、出租，实现出租收益110万元。三是接收县里移交的资产：县国资局移交的（花宝村）木制件厂资产和棚改指挥部移交的汽配二厂和麦克制药厂资产，公产房资产。通过加强资产管理，实现国有资产保值增值。

【精准扶贫】 公司精准扶贫联系村为窑淮镇陈家铺村，精准识别贫困户108户299人，实现脱贫67户192人。引进陵洲药业和志跃果蔬专业合作社，采取“公司+基地+农户”的运作模式，实现贫困户稳定增收。围绕“美丽乡村”建设，全面改善人居环境，提升群众幸福指数。全村硬化道路4.2公里，治理河道2.4公里，新建卫生室1所、生态停车场1个、饮水池1个、文化广场3个，增加村组路灯12盏，民居改造200户，各项工作都顺利开展。

（雷梅梅）

【房县城市基础设施建设开发投资有限公司领导成员名单】

总经理：朱胜国

副经理：陈凤艳

工会主席：曾春炎

城市管理综合执法

【市容管理】 一是持续推进市容环卫综合整治行动。全面推进“领导包片、干部包段、队员包点”包保责任制，集中执法力量依法取缔多处“马路市场”，较好地巩固集贸市场、汽车站、商业步行街、学校医院周边整治成果，全面接管新建成的诗经大道、唐城东路、唐城西路、联观路、南宁路等，全年共规范整治超门店占道经营3000余家，疏导流动摊点4500余人次，纠正人行道摩托车、自行车停放秩序331辆，对人行道乱停乱放行为进行锁车40余起。二是规范管理户外广告。全天候对临街门头招牌进行巡查监管，在原有48块墙体便民张贴信息栏的基础上增加32块公交站牌便民插卡式信息栏，全年共清理违规条幅广告330余幅，乱贴乱画“野广告”1500余张，面积达400余平方米，运用“呼死你”系统追呼电话号码142个，彻底遏制城区“牛皮癣”的蔓延。三是建成并试运行数字城管系统。根据市数字化城市管理工作要求，组织专人多次前往市数字化城管指挥中心学习，引进武大吉奥公司完成城区17平方公里的数据采集及实景采集工作，组织开展数字化城管实操培训，已办理各类案件500多件，办结率达98%以上。四是行政执法水平不断提升。定期组织开展法律法规知识专题培训，综合运用日常巡查、群众举报、来信来访、网上投诉等方式共受理各类违法事件249起，其中现场责令改正125起，立案74起，办结一般行政处罚程序案件48起，申请法院强制执行10起，另有30起案件正在办理，案件办理无一例发生行政诉讼和行政复议。

【环卫管理】 一是推进垃圾收运系统建设项目。根据县政府工作安排，积极与发改、规划、国土等部门协调垃圾中转站建设项目，白露、泉水垃圾中转站已建成，即将投入使用，青峰、红塔等10乡镇垃圾填埋场项目已立项。二是环卫质量大幅提升。全面推行环卫包保责任制，执行“一日两扫、全天保洁”运行模式，生活垃圾基本实现日产日清，垃圾渗滤液排放完全达标，垃圾处理费应收尽收，环卫设施定期检修，城区道路清扫保洁面积168万平方米，全年共清运生活垃圾33600余吨，无害化处理率达到97%以上，主次干道清扫保洁率达100%，人居环境进一步改善。三是垃圾处理工作稳步有序。城区垃圾填埋场新建230米的排洪沟，并对已填满的12000多平方米生活垃圾进行防渗膜覆盖，修补、新铺库区防渗膜2000平方米，土工布2000平方米，完成库区垃圾膜覆盖12000平方米，确保垃圾库区排水顺畅，雨污分流效果明显，渗滤液的产生量大大减少，垃圾处理效率大幅提升。四是规范公厕管理。对环卫所负责管理的公厕全部设置责任制度公示牌，全面实行设施设备维护责任制，保洁人员实现专职化，彻底转变以往“脏、乱、差、臭”形象。

【规划执法】 县竹房城镇带综合执法大队组建个人建房专班协同城关国土分局对城市规划区17个村居在建工地进行全天候巡查与宣传，及时制止违法建设行为，全年共受理并解决群众来信来访106起，处理违法建设行为为180余起，其中侵占耕地建设19起，和上年相比同期下降18%，各种违建行为161起，和上年相比同期下降24%，依法下达停工文书35份，对影响规划实施建设的依法立案6起，其中4户违法建设案件均已进入行政复议阶段，对不听劝阻，阻碍执法的现场拆除6户，面积1410平方米。

【渣土管理】 县建筑渣土管理办公室不断加强渣土运输车辆及建筑工地巡查力度，并会同住建、运管、交警等部门开展渣土运输专项整治行动，集中查处渣土运输车违法违规行为，全年共核发放渣土处置许可证8个，制止乱倒渣土车辆15余车次，现场纠正违规车辆42车次，查处违规运输车辆17车次，处理城区周围乱倒渣土33万余吨，下达《限期整改通知书》10份，立案查处10起。

【市场管理】 一是进一步完善市场内部设施。疏通整个农贸市场2300米排水系统，检修消防、供电等设施隐患40起，更换老化线路2000米，配电箱8个，检修东关、中心农贸市场破损屋面1500平方米，加固破损墙体500平方米。二是加强场内综合监管。设立食用农产品检测室，于5月下旬顺利通过“省级食品安全”示范农贸市场复查工作，并积极配合工商、卫计、质监、食药监等部门查处违法违规行为，全年共清除市场内超面积经营行为500起，乱搭乱牵180起，私搭乱接行为160起，乱设招牌40起，清理过期腐烂食品60起。

【路灯管理】 县路灯管理所切实做好路灯及亮化工程安装、检修工作。一是路灯维修及时高效。全年共更换城区主要街道路灯镇流器480个，灯泡1371个，触发器460个，改造更换路灯控制箱11套，维修控制箱故障20次，更换智能钟15块，更换260安交流接触器25块、100安空开11块、路灯计量电表13块，维修故障电缆20多处、更换架空线路1100米。二是路灯安装稳步推进。完成土城、九道等乡镇260套路灯安装和诗经大道80套、法院大院23套路灯安装，改造天一路、步行街景观灯18套和北门河广场、西河乐园景观灯38套，维修东关、联关等社区路灯150多套，安装泉水安置小区路灯 8 套。

【精准扶贫】 根据县委工作安排，对口帮扶上龛乡二荒村和化龙堰镇庄房村，局长、书记及班子成员多次前往扶贫点进行调研，以片长身份对上龛乡各驻村工作队工作进行督办，帮扶干部积极投入帮扶，帮扶工作始终坚持以提升贫困群众满意度为出发点，扎实推进“六个一批”脱贫举措，提升“三率一度”，大力推进“六个一批”，仅二荒村全年产业发展 82 户 254 人、易地搬迁 114 户 344 人、劳务转移就业 25 户 28 人、医疗救助 27 户 33 人、助学扶智 46 户 61 人、保障兜底 52 户 72 人，抗灾救灾中组织转移房屋倒塌户 3 户，紧急转移受灾群众 11 户，清理滑坡 7000 立方米。

【行政服务】 积极开展行政权力清理，理顺行政审批项目，提高行政审批效率，全年共受理各项申请 593 件，办结 576 件（其中开挖 27 件，占道共 286 件，户外广告牌设置 263 件），现场勘查 800 余点次，接受临窗咨询 1100 余次，测评满意率达 100%，5 次获得“红旗窗口”，7 人次获得“十星级服务标兵”称号。

（余　鲲　张　进）

【房县城市管理综合执法局领导成员名单】

局长、党组副书记：郭　军

党组书记、副局长：全　权

党总支委员、副局长：蹇兴弟　范自辉

党总支委员、工会主席：张　力

住房公积金

【概　况】 十堰住房公积金管理中心房县办事处于 2004 年 11 月成立，属正科级事业单位。作为全县范围内公积金管理部门，内设综合管理股、财务核算股和业务大厅，现有工作人员 11 名，其中在职在编人员 6 名，党员 5 名。2017 年，围绕“干部安全、资金安全、发展有力、服务至上”总要求，牢牢把握“提高制度覆盖率、提高政策知晓率、提高资金使用率”工作主线，认真贯彻落实《住房公积金管理条例》，维护广大职工的合法权益。全力配合棚户区改造，助推房地产市场“去库存”，为“一城两基地三中心”建设发挥着重要力量。2017 年各项业务指标实现历史性突破，成绩可圈可点，各项业务指标全市排名均名列前茅：全年归集住房公积金 21786 万元，较上年增长 59.4%；新增公积金缴存人数 2275 人；全年发放贷款 4878 万元，较上年同期增长 26%；全年办理公积金提取 5935 万元，较上年同比增长 54.4%；全年实现增值收益 937.83 万元；向县财政上缴城市廉租房资金 644 万元，有力促进城市廉住房项目建设。

【党建工作】 2017 年，房县办事处坚持以习近平新时代中国特色社会主义思想为指导，全面落实新时代党的建设总要求，以提升基层党建科学化水平为目标，以基层服务型党组织建设为重点，扎实开展“五比五看”“双十星”争创活动，不断提高政治站位，稳步推进“两学一做”学习教育活动常态化制度化建设。创新“支部主题党日活动 +”内容和形式，将支部主题党日活动开在扶贫村，开在归集扩面现场，不断发挥基层党支部战斗堡垒作用。狠抓作风建设，进一步紧盯“四风”问题新表现新动向，坚持综合施策，严字当头，以钉钉子精神把作风建设抓牢抓实抓出成效，为住房公积金事业稳健发展提供坚强的政治保障和纪律保障。

【归集扩面工作】 2017 年归集扩面工作抓出成效，全年归集住房公积金 21786 万元，新增缴存人数 2275 人，进一步提高制度覆盖面，提升政策知晓率。联合公积金业务承办银行，召开“亿元企业建立公积金制度座谈会”，充分利用“大走访、大调查”活动契机，多次深入工业园区、偏远乡镇进行公积金政策宣传，经过不懈努力，葵花药业、神龙本草、诚信汽配等一大批企业建立住房公积金制度，有效维护广大企业职工合法权益。借助权威媒体平台，在房县新闻媒体、大屏户外广告滚动宣传公积金政策，及时将住房公积金利民惠民的好政策普惠大众，营造宣传公积金政策的浓厚氛围。

【贷款管理工作】 2017年，房县办事处结合县“房十条”出台背景，积极配合棚户区改造，充分发挥住房公积金四两拨千斤作用。加强对贷款资料审核力度，坚持“初审、复审、审批”三级审核制度，确保贷款人和贷款资料真实性、合法性，确保资金安全；认真做好贷后管理和逾期催收工作，对于恶意逾期情况，采取法律程序强制执行，从而在保证资金安全同时，充分提升资金使用率。通过一系列举措，全年发放贷款4878万元，较上年同期增长26%，有力促进房地产市场“去库存”，带动县域经济发展。

【精准扶贫工作】 2017年，房县办事处严格按照县委提出“三个三分之一”工作方法，在履职尽责同时，扎实推进精准扶贫工作。认真贯彻落实精准扶贫各项方针政策，积极开展“春季攻势”、大数据比对、精准再识别等工作，完善健全贫困户档案和村级档案，努力做好“三率一度”工作。通过结对帮扶，动员全村群众大力发展特色产业，使全村再次掀起发展产业的热潮，2017年全村“四子”扶贫资金发放有了新突破，土地流转药材种植达到6.67公顷，通过技能培训外出务工人员，拓宽了就业渠道，全村产业扶贫的格局基本形成，为彭家湾村整体脱贫奠定坚实基础。

（任　栩）

【十堰住房公积金管理中心房县办事处领导成员名单】

党支部书记、主任：徐升远

环境保护

【环境质量状况】 2017年，全县环境质量良好。地表水水质符合Ⅱ类水质达标率为83.3%，总体水质良好。主要受生活污水、工业废水直排及梯级电站影响。集中式饮用水源地水质达标率为100%，同比保持稳定。按照《地表水环境质量标准》（GB3838−2002）Ⅱ类标准评价，全县集中式饮用水源地月水质达标率及年水质达标率均为100%。与2016年相比，饮用水源地的水质达标率持平。按照《环境空气质量标准》（GB3095−2012）和《环境空气质量评价技术规范（试行）》（HJ663−2013）评价，达标天数比例为86.4%。

城区功能区声环境质量和道路交通声环境质量均基本保持稳定。2017年，房县城区道路交通噪声路段达标率为100%，城区9个功能区噪声监测结果昼间平均49.8分贝，与去年相比，无显著变化。城区交通干线噪声昼间平均范围在52—67分贝之间，道路交通噪声未超过《声环境质量标准》（GB3096−2008）4a类标准限值70分贝。

【污染物排放及处理情况】 污染减排是环保工作的硬任务，同时也是工作难点。一是积极落实全年总量减排任务。制定《房县2017年度主要污染物减排实施方案》，做到工作有目标、有督办、有落实。二是认真确认总量减排项目。将减排指标分解落实到相关单位和企业，全年申报减排项目3个，姚坪、中坝污水处理厂均采用BL污水处理工艺，严格控制出水化学需氧量和氨氮浓度。三是加强污防重点防治。推进燃煤锅炉淘汰工作，全年目标为24台已全部完成，完成率为100%；推进油气回收改造工作，全年目标为11座已完成改造11座，完成率为100%；推进黄标车淘汰工作，全年目标为184辆已淘汰完成184辆，完成率为100%。四是大力开展排污费征收工作。2017年征收排污费240万元，同比增加100%。五是推进清洁生产、固体废物、危险废物规范化管理。完成申报医疗危废29家网上年报，4家工业企业危废网上年报，引进投资2.2亿元的工业资源综合利用和处置项目1家，组织24家医疗单位共30人参加全市医疗危废辐射管理培训，进一步提升全县医疗危废辐射管理水平。

【生态环境状况】 全年申报创建省级生态乡镇4个、生态村16个，市级生态乡镇4个、生态村26个；完成市级“绿色社区”5个、市级“绿色学校”10个、市级“绿色机关”5个、市级“绿色企业”5个、市级“绿色家庭”55个等“绿色系列”创建阶段性成果，开展“绿色系列”创建复查整改，使创建工作贴近实际、贴近群众、贴近生活，为环保模范城创建打下坚实基础。环保模范城市27项指标不断巩固成果，提升环保模范城市工作水平。四是大力开展农村环境整治。设备类配备大型垃圾压缩车2台、扫地车4台、高压冲洗车1台、人行道养护车2台、车厢可卸环卫车23台、保洁三轮车142辆、垃圾中转箱692个、景观分类垃圾桶480个、60升垃圾桶28500个；积极争取环库区水污染防治项目资金420万元、水污染项目资金7000万元，农村节能减排项目资金1380万元，其中大木厂、姚坪、军店、青峰实现全覆盖，共8800万元，对全县20个乡镇129个村实施农村环境综合整治，兴建100吨人工湿地2个，20吨人工湿地3个，30吨人工湿地3个，6吨人工湿地8个，资源利化利用中心2个，水肥一体化16个。

【环境保护工作】 以生态文明建设为统领，以民生环保为抓手，重点抓好“两个”创建、总量减排、环境监测、监管执法、水污染防治、大气污染防治、土壤污染防治、农村环境综合整治八大任务，生态创建扎实有效，生态文明深入人心，环境质量稳中向好，环保工作成效显著。体现为“五个最”：一是建立最完备的“党政同责、一岗双责”的工作考核机制，确立环境保护党委、政府、部门齐抓共管，市、县、乡目标责任制考核的大环保格局，特别是市委、市政府开展的第三方目标责任制考核，开启环保领域目标考核制度的先河。二是开展最严格的环保大执法。开展“环境保护、房县在行动”、六大领域专项清理、生态领域“绿盾”行动、“双护双促”等专项行动，对中央环保督察、省市交办的环境突出问题已基本整改销号。三是探索新的信访调解方法，成立全省首家环境信访调解委员会和法律援助工作站。四是启动最彻底的“三个一批”环评专项清理，办理（补办）环评86家，“三同时”验收41家。五是实施最大规模的环境整治项目，投资8800万元对全县20个乡镇129个村实施农村环境综合整治。同时，编制完成《马栏河流域水污染综合治理方案》《乡镇集中式饮用水水源地划分方案》《省级环保模范城创建工作方案》，认真落实全县主要污染物减排目标任务，架设了城区高空探头4处，设立微水自动站1座，改造（兴建）空气自动站2座。

（祁正坤）

【房县环境保护局领导成员名单】

党组书记、局长：张贤东

党组成员、副局长：叶　勇

副局长：卢广群

党组成员、环委会办公室专职副主任：陈　钧

党组成员、总工程师：吴胜龙

工会主席：刘晓红

商 贸

综 述

【概　况】 2017年，全县商务工作，紧扣县委、县政府确定“一城两基地三中心”发展定位，围绕打造“鄂西北交通物流商贸中心”战略目标，通过深入开展履职尽责督促检查活动，在商务系统全体干部职工共同努力下，主要商务经济指标持续上扬，取得了可喜成绩，全县社会消费品零售总额达到57.9亿元，较同期增长13.1%；外贸出口6205万美元，较同期增长19.2%；实际利用外资865万美元，较同期增长10.2%；限额以上商贸流通企业62家。

【国内贸易】 一是促进消费升级。新时代国际广场、神农源中药材交易市场等一批商贸流通项目正在加快施工；寿康生活广场、九八家电等各大骨干商场抢抓节假日商机，推出各类促销活动，扩大销售，社会消费品零售总额稳步提升，增幅在全市排位第二。二是优化流通结构。一方面大力培植和发展限额以上商贸企业，全年新增8家纳入国家统计的限额以上商贸流通企业。另一方面坚决优化流通结构，对于经营不善已经退滑到国家统计标准以下的原限额以上流通企业，果断退出国家统计范畴，全年4家企业和14加大个体先后被退出国家统计序列。

【外贸出口】 继续大力实施“外贸三项工程”，即：外贸骨干企业的龙头工程、成长企业的壮大工程和开口企业的实绩工程，外向型经济快速发展。

大力提供资金支持。按照“政府担保、金融贷款、企业用款、一企一策”形式开展“10亿资金进百企”活动，帮助县内42家重点企业解决资金难题，其中聚达食品、翔宇木业、兆丰实业、森飞食品、神武山珍等县域外贸出口骨干企业共获得3100万元资金支持，缓解企业资金困局。

加大奖励扶持力度。县政府按原来奖励政策兑现了2016年以前的出口奖励200多万元，又根据形势发展，借鉴外地经验，出台新的外贸出口奖励政策，每出口1美元奖励0.05元，下不设限，上不封顶，激发企业出口积极性。

努力提供优质服务。通过座谈会、现场办公会、到企业走访等形式，及时了解企业经营情况和需求，尽力协调解决有关问题，邀请十堰市商务局、商检局、海关等主管部门深入房县，现场解答企业遇到的难题。

积极培植龙头企业。在支持神武山珍公司技改扩能之后，又重点支持聚达食品公司技改扩能项目。县政府专门成立项目建设指挥部，由1名县领导牵头，县商务局专人专班服务，在资金和土地上给予积极扶持。同时，积极优化出口产品结构，在巩固木耳、香菇等传统出口产品的基础上，支持兆丰实业公司开拓电子产品开口，谋划音像文化产品出口。武当动物药业、三鑫生物等公司正在谋划生物医药产品出口已取得实质性进展。森飞食品原来只出口食用菌，根据市场自我调整产品结构，出口茶叶200万美元。

【电子商务】 2017年在房县登记注册的电商企业68家，全县电子商务交易额达2.7亿元，其中农副产品线上交易1.4亿元，辐射带动40个贫困村贫困人口5万多人。

发展本土电商企业。据统计，截至2017年底，共发展本土电商企业68家，京东、十堰市小蜜蜂电商、十堰市供销电商等知名电商企业纷纷进驻房县，聚达食品、神武山珍、九方魔芋、陵洲药业、庐陵王酒业等县内传统企业，纷纷引进电子商务业务，采取“公司+基地+农户+电商”的模式，实现自身业务与精准扶贫的双赢。

建起农村基层网点。初步建成县级电商运营中心1个（神农百汇）、乡镇综合服务站2个（尹吉甫镇、门古寺镇）、村级服务网点69个（验收合格28个）。

培育电商人才。2017年底，县内电商从业者达2万多人，电子商务已逐渐成为大众创业、农民致富的一个新路子。返乡创业青年胡兵创办了湖北多跃商贸有限公司，仅房县葛根茶、葛粉这两个单品，2017年线上销售额就达1000万元，在他公司打工的6名农民月均工资4000元以上。房县沙河文益电子商务有限公司负责人文龙香2017年荣获十堰市“十佳电商（微商）创业先锋”、房县“巾帼创业标兵”称号。京东房县馆负责人曾清兵荣获房县2017年度电商扶贫先进个人称号。

引进重点项目。房县神农源中药材电商城、房县黄酒电商产业孵化基地、鄂西北物流集疏配送中心电商一条街等较大规模的电商项目正在积极推进，房县物流快递产业园、京东·房县名优地特产品体验馆正在积极筹划，为房县电子商务产业发展培植后劲。

开展电商培训。据统计，2015年以来，房县累计培训电商从业人员12000人次，其中培训县乡村干部、精准扶贫工作队员4330人次。2017年11月，以乡镇后备干部、大学生村官为主，培训了150名农村电子商务指导员。

推销农副产品。房县黑木耳、黄酒、娃娃鱼、核桃、中药材等国家地标产品底蕴深厚，是房县电商销售的主要产品。通过农产品上行、外销，帮助农户实现收入。京东房县馆2017年9月8日开业后，利用京东平台，先后对房县农户生产的红薯、板栗、土豆等生鲜特产进行众筹扶贫营销活动，销售上述农副产品200多万元。

【品牌创建】 2017年7月誉满城、金凤凰两家餐饮企业被授予国家级“三叶”企业。8月份圆满举行房县第二届国际美食节，重点推介房县娃娃鱼、房县黄酒、九方魔芋、木耳香菇，以及虎杖、冷水红等地方美食及特色土产。9月份房县小花菇入选《魅力中国城》。10月份房县庐陵王黄酒被列为“荆楚名品”，向氏骨科入选“湖北老字号”。

【商务执法】 开展成品油市场专项治理行动，全县所有加油站（点）按环保要求完成油气回收改造。积极配合开展黄标车清理和报废汽车拆解工作。督导商贸企业加强管理，确保安全生产零事故。按照“双随机一公开”要求，牵头组织开展打击侵权假冒工作“十大专项行动”，共出动执法人员130人次，检查企业40多家，有效维护商贸流通领域的市场秩序。

（胡林忠）

【房县商务局领导成员名单】

党委副书记、局长：高　鹰

党委委员、副局长：陈　畅　孙仁立

党委委员、工会主席：彭美玉

招商引资

【招商情况】 一是广泛出台政策，夯实招商支撑。出台《房县人民政府关于招商引资和实体经济创新发展的意见》，以区域最优惠的十六条政策从土地、厂房、金融、税收等方面吸引企业到房投资；出台《关于实行“十个区别开来”鼓励干部勇于担当干事创业的暂行规定》《关于在重点工作一线培养考察选拔使用干部的暂行办法》和《关于实行“三个三分之一”工作法暂行办法》，激励干部积极招商勇于担当；出台《县领导包联产业招商和驻点招商工作安排》《房县外出驻点招商工作方案》《关于加强统筹协调促进招商引资工作的通知》，理顺了招商运行机制，提升了招商效能。二是主要领导挂帅，扩大招商战果。成立以蔡贤忠书记为第一组长、纪道清县长为组长的招商引资工作领导小组，统筹领导全县招商引资工作；县主要领导带队，先后外出考察20多次，重要投资客商亲自陪同，重大投资项目亲自洽谈，拜访市县商会16家，外出考察企业300多个，接待到房县考察300多批次近1000人，有力推动光宏通信、壹徕科技等项目签约落户。三是定期召开会议，专题研讨招商。主要领导定期召开招商引资领导小组专题会，对季度招商引资工作进行总结通报，安排部署下阶段招商工作；定期考察踏访，深入项目现场，了解企业生产建设情况，解决企业落地难题；定期召开招商引资项目专题会10余次，协调各部门服务项目，促成企业早建成早投产；成功举办“第三届房县在外成功人士回乡创业大会”，200多名房县籍在外成功人士齐聚一堂，共商投资大计，现场签约项目11个，以“三乡工程”为抓手，有力推动乡村振兴战略的实施。

【招商渠道】 一是广聚力量，加大招商参与力度。成立5个驻外招商专班，累计拜访重点企业241家，客商700多人，捕捉招商线索81条，先后引进雄耀体育、诚玺电子、华洲卫浴、申公馆家具、海书印刷、海联食品等19个项目；压实112个招商单位责任，结合自身职能，积极服务客商，先后引进盛源家居、源聚兔业、荆襄红茶、神艾农业等40余个县内外项目，掀起全民招商热潮。二是一企一策，加大优惠政策力度。针对企业特点，实行“一企一策”，光宏通信、壹徕科技、海书印刷、海联食品等项目采取“政府代建、企业拎包入驻、按需回购”的模式，减轻企业重资产投资压力；渝川食品项目直接收购原安捷利玻璃标准化厂房，减少企业建设周期；雄耀体育、凯龙机电、顶盛锂电池、顺发锂电池项目由政府协助租赁厂房、代为装修，企业携设备入住，通过精准施策，吸引九星智元、科博汽车等14家企业入园投资。三是领导挂点，加大项目服务力度。明确责任，每一个重点招商项目确定一名县级领导担任服务官，全过程跟踪和服务项目建设，推进19万平方米标准化厂房建设，有力确保招引企业尽快入驻并投产；全力服务，认真做好雄耀体育、凯龙机电、光宏通信、华州卫浴、盛源家居等企业服务工作，有力确保其提前建成投产。

【招商成效】 一是签约项目创新高。全县新签约项目85个，协议总投资161.7亿元，实现县外境内到位资金61.3亿元，占年度计划的102.2%。新签约市外新项目47个（较上年同期增长95%），协议投资111.77亿元。其中：签约亿元以上项目43个，工业项目25个，农业项目8个，服务业项目14个，签约项目数量居全市前列。二是开工项目创新高。全年新开工项目43个，占签约项目个数的66.2%，开工的工业项目多达22个，其中盛源家居、凯龙机电等19个项目已进入统计局工业项目库，投产后可新增产值30亿元、提供税收1.5亿元、新增就业岗位3650个，并将源源不断为县域经济发展提供充沛的动力。三是投产项目创新高。数量多，全年竣工投产项目29个（较上年同期增长84.6%）；速度快，从签约到投产：柳树垭滑雪场用时136天，光宏通信用时107天，渝川食品用时73天，凯龙机电用时65天，雄耀体育用时仅51天。招商引资综合排名居全市第二位，获评十堰市“2017年度招商引资先进单位”，招商引资实现新跨越。

（丁雪剑）

【房县招商局领导成员名单】

局长：龚　平

副局长：王远秀（女）

粮油购销

【概　况】 2017年，全县粮食工作在县委、县政府的正确领导下，在省、市粮食局的指导下，以党的十八届六中全会、党的十九大精神为指针，紧紧围绕县委、县政府确定的“生态立县、工业强县、产业兴县、旅游活县”的战略，发扬真抓实干的精神，在加强粮食宏观调控，推进“粮安工程”建设，加快粮食产业发展，稳步推进依法治粮，维护粮食和谐等方面做了大量有效的工作，全面完成县委、县政府下达的各项工作目标任务。并获得县委、县政府授予的先进单位、省粮食局授予的“全省粮食工作先进县”称号。

【粮安工程稳步推进】 2017年，为大力实施粮安工程建设，粮食局在建立地方粮食收储体系、粮食仓储物流体系、粮食产业支撑体系、放心粮油市场体系上不断进行探索，做了大量有效的工作。一是全面完成县级储备。二是法治粮食不断深化。根据《粮食流通管理条例》和《粮食流通监督检查暂行办法》规定，扎实推进依法管粮工作。利用“3·15”“全国食品安全周”“世界粮食日”等载体，组织开展现场咨询活动。发放宣传资料，加大对《条例》及相关法规宣传力度，防止不符合质量卫生标准的粮油流入消费市场，确保粮食市场的稳定；三是扎实开展放心粮油“五进”计划。全县建成26家“放心粮油”经营连锁店。湖北放心粮油房县军民配送中心联合县教育局、各乡镇中心学校，为放心粮油进学校进行大力宣传。实现全县所有学校放心粮油配送全覆盖。同时，多次联合有关部门积极与社区、企业、商超进行联系，大力宣传放心粮油相关政策，全面落实放心粮油“五进”活动，充分发挥放心粮油功能，让更多的老百姓接触到放心粮油；四是粮食产业稳中求进。重点培植嘉禾农业种植加工专业合作社和古月香粮油有限公司，帮助企业努力打造企业名牌，使企业在市场更有竞争力。2017年，全县的粮油工业总产值已达到6.3亿元，全县的优质稻订单已达到4666.67公顷，其中，粮食企业完成订单农业2666.67公顷。

【优化粮食企业发展环境】 2017年，为了改善房县粮食储备安全设施环境，积极争取省局在下达全省建设计划的情况下追加房县项目建设指标。项目批准设计建设一栋5000吨高大平方仓，面积1037.85平方米，计划总投资500万元。新仓的建设，将大大优化国有粮食收储企业的发展环境，提升地方粮食储备安全质效。

【招商引资成效明显】 2017年，粮食局食品饮料办招商引资任务8000万元。一是做好忠和酒业项目的落地服务工作。项目落户房县以来，积极帮助企业协调贷款、证件办理。目前企业主体有序建设中，二是总投资3000万元的旺发粮油加工项目于2017年9月正式投产。转址扩能正在选址。三是成功引进西安凯旋文旅集团投资房县旅游综合体项目。四是认真履行食品产业招商办职能。

【精准扶贫帮扶到位】 粮食局机关17名帮扶干部每月深入堤坪村，先后开展“十个一”春季攻势和“八个一”活动。帮助59户帮扶对象制订脱贫计划、谋划产业发展，解决实际问题。经过一年的努力，土城镇堤坪村2017年稳定脱贫49户172人。易地扶贫搬迁集中安置76户185人全部进住小区，5户进城购房；新发展山羊278只、猪94头、牛27头、鸡1500只。帮助推荐劳务输出55户75人。先后申报办理低保26户50人，划定五保户18户19人。办理扶智助学23户30人。医疗救助22户24人。金融扶持产业发展5户，争取贴息贷款49.5万元。新建一、二、三组户院路1200米、加固拦水坝三处长66米。完成党员群众服务中心主体及附属设施建设全面投入使用。为增加村集体经济收入，确保顺利脱贫。粮食局与土城镇帮助堤坪村建成300千瓦的光伏发电项目，现已投入使用，年可给村集体经济增收5万元。为了使堤坪村2017年顺利脱贫，粮食局每亩为群众补贴药材种子300元，发展虎杖10公顷，使贫困户人均增收500—800元。

（吴 鹏）

【房县粮食局领导成员名单】

局长：贺 宏

副局长：刘前富 丁向红

工会主席：刘玉君（女）

供销合作

【服务体系趋于完善】 织密经营服务网络。按照以日用消费品、农资为主的线上线下融合发展的城乡便民中心建设要求，对门古寺镇、沙河乡2家基层社资产统一整合，新建乡镇级三农服务中心2个，新建乡镇级电子商务站点8个，规范建设农资经营网点30个，升级改造示范庄稼医院6个，规范建设农产品购销店30个，建设再生资源回收网点30个，新建农村惠农金融服务网点15个，升级改造村级综合服务社30个，申报入围中华全国总社“千县千社”标杆社2个。

构建“四位一体”电商模式。复制、推广以协会为纽带，以龙头企业、专业合作社为依托，以专业化运营团队为支撑，以农产品进城、工业品下乡为基础的“四位一体”电商发展模式，投入190万元资金用于信息化改造、县级电子商务运营中心、乡镇电子商务服务站、村级电子商务服务点规范升级。新建乡镇级电商服务站点8个，实现电商交易额9600万元。推广农业社会化服务。开展农资供应配送，配方施肥，技术指导、统防统治为一体的农资系列化服务，按照走出去，请进来的办法，开展以村级综合服务、庄稼医院、农民专业合作社经纪人、农产品经纪人、电子商务等从业人员为对象的农村适应型人才培训，培训人员达810人次。加强与金融、各类商业保险、移动、电信、联通等部门协作，推行建行裕农卡、农行惠农卡推广使用，实现代理代办业务3680万元。

【基层组织发展壮大】 抓龙头，重振县级社。县级社理、监事会恢复重建、换届选举工作按照社章规定逐步推进落实，构建以供销合作社联合社为主导，资产管理委员会和农村合作经济组织联合会为支撑的“三位一体”组织体系基本形成。抓覆盖，恢复基层社。通过企业改制重组、大社带小社、强社扶弱社等方式，因地制宜推进分类改造和重建工作。按照制度完善、产权清晰、功能健全、运作规范、效益明显的原则和“六有”要求，恢复重建基层社2个。抓拓展，创办合作社。围绕农业供给侧结构性改革，精准扶贫，突出打造以黑木耳、中药材为主的特色产业，领办、创办5家市场带动能力强、组织化程度高、辐射范围广、农民增收快的农民专业合作社和联合社，参与土地流转2156公顷，土地托管869公顷，当地农民三金（租金、薪金、股金）收入达到3660万元，建成武当畜禽养殖农民专业合作社联合社1个，申报并荣获国家级和省级示范农民专业合作社各1个。抓改造，升级综合社。实施经营规范和信息化改造，放大集聚以农产品购销、文化娱乐、信息服务、金融服务、社区服务、代理代办、扶贫培训为一体的村级综合服务社功能，改造升级村级综合服务社30家。以项目建设为纽带，通过控股、参股、合作经营多种形式，培育社有企业2家。

【脱贫攻坚聚力推进】 坚持固定专人专班驻村，机关干部职工每月一次入户联系工作制度。一是通过入户走访，慰问、“结穷亲”等多种方式，因户因人制宜选产业、订规划、抓督导、强服务，协助基层组织积极开展春季攻势，尽最大努力为群众办实事，解难事，村集体经济、农户产业发展规划实现了预期目标。二是实施大搬迁行动。按照六个一批总要求对口帮扶的黄龙村易地搬迁对象70户全面完成。

【队伍建设全面加强】 坚持抓班子带队伍。一是抓党建。紧扣“党支部主题党日+”活动载体，开展以党章、准则、条例、习近平总书记系列讲话、党的十九大精神、习近平新时代中国特色社会主义思想为主要内容的学习教育。以上党课、讲党史、重温入党誓词、胸怀革命先烈、观看警示教育片等方式，开展立党为公、不忘初心革命传统教育。以党委班子民主生活会、专题组织生活会、民主党员评议、强化党的基层组织战斗堡垒和党员干部模范带动作用。二是重法治。围绕宪法、经济和社会法，以法治文化墙、法律讲堂、“法律六进”、法治在线学习教育、集中和自学等方式，分别对机关公务人员、基层组织干部职工、驻村帮扶群众开展法律法规宣传教育，营造学法、用法、守法的良好氛围。三是建规章。建立和完善党风廉政建设、机关管理、社有资产管理等制度19类，建立社情民意联系点23个，对违反纪律制度的人和事零容忍、严查处，促进党风政风的根本好转。

（苏清义）

【房县供销合作社联合社领导成员名单】

党委书记、主任：代明军

党委委员、副主任：谢　琼（女）

党委委员、监事会主任：李远超

烟草专卖

【概　况】 2017年房县烟草专卖局（营销部）认真贯彻落实各项决策部署，以“基础管理提升年”为统领，加强基层党建，打牢基层基础，强化专卖管理，提升队伍素质，克难攻坚，战胜各种困难和矛盾，呈现出专销结合、协调发展的良好态势，促进房县烟草持续健康稳定发展。全年实现销额30724.5万元，同比增长38.6%；税利大幅增长，实现利税7746.1万元，同比增加2586.6万元，增长50.1%，增幅全市第一；查获非法卷烟61.58万支，超额完成年度案值任务；烟叶收购、调拨秩序稳定、顺畅；经营案件进展顺利，各项工作稳步推进。

【抓党建促进中心工作】 一是强化党组主体责任。扎实推进全面从严治党“两个责任”落细落实，加强组织领导，巩固完善党建工作领导小组体制机制。压实岗位责任，定期安排部署党建工作，加强基层党建。二是认真宣贯十九大精神。以上率下，班子成员带头学、带头讲；组织党员干部深入学，带头干；号召员工自觉学，见实效；营造氛围抓载体，多种形式宣传学习十九大精神，营造浓厚的学习氛围。三是扎实推进“两学一做”学习教育常态化制度化。制定落实一方案一计划，即：《“两学一做”学习教育实施方案》《2017年党组中心组理论学习计划》；高质量召开中心组学习（扩大）会议4次；扎实抓好“支部主题党日”活动，组织开展主题党日活动13次；加强党员干部警示教育。组织党员干部观看《将改革进行到底》《榜样》《不可逾越的纪律红线》等专题片9部。四是着力加强基层组织建设。抓党建标准化建设。修订《党组工作规则》《党组中心组学习制度》，编印《党建工作制度汇编》《党建标准化工作手册》，夯实党建标准化建设基础；抓党建阵地建设。按照“八有”要求，建立机关党员活动室1个、基层党小组活动室1个，机关阅览室1个，基层图书角5个；抓党建规范化管理。建立完善“五本台账”（党员组织信息台账、党员组织关系转移台账、基层党组织设置台账、基层党组织换届台账和党员党费缴纳台账）；抓党建创新工作。总结提炼“金叶先锋”党建品牌和“三抓四比五有”支部工作法并扎实推进，取得全市评审第四名的好成绩；抓责任落实。签订责任书、承诺书66份，专项检查5次；廉政谈话52人次，征集廉政短语52条，发放廉政公开信1850份。

【抓营销提高服务水平】一是立足客户抓服务。始终牢记客户服务优先的原则。坚持旺季抓早抓细，全员营销、全员挂钩；坚持月度检查常态化，走访服务规范化；坚持督办服务标准化考核，按照一个方案、一个细则、一套班子、一个标准，严格考核兑现，确保管理服务到位。二是立足品牌抓引导。按照抓品牌、拓宽度、强基础的思路，采取巩固主销品规，大力培育新品、重点关注潜力品规的原则，有针对性的强化主销品规上量，潜力品规上柜，骨干品牌带动的策略，促进品牌扎根扎实。全年潜力品规销售451.8箱，同比增长154.7箱，增长52.1%，超年度目标20个百分点。三是立足客户抓终端。依照省、市局终端建设要求和目标任务，坚持稳步推进的工作思路，按照树标杆、抓示范、重实效的原则，确定1条市级标杆线路、4条县级标杆线路、72个客户以点带面，加强服务。围绕"做什么？谁来做？怎么做？"为主题，组织客户代表强化培训，全年培训5次382人次，取得实效。四是立足提升抓管理。持续优化送货线路，提质降本，落实五改四工作，月减少出车6台次，减少456公里，装载率提高15个百分点；持续自我完善，加强电结率提高，全年电子结算同比提高11个百分点；持续增值服务，探索开展烟草贷推广试点，为客户卷烟经营资金周转尝试新渠道。

【抓监管加强专卖管理】一是坚持打假好机制。坚持"政府领导、部门联合、多方参与、密切协作"，打好"专项行动"攻坚战；开好两个专题会议，抓好三个重点环节（物流寄递、道路、娱乐场所）；加强与邮管局合作，全面掌握全县41家快递和托运企业基本情况，组织16家快递公司召开卷烟打假联席会议，成立"邮管、烟草联合检查室"，形成烟草与多部门联合打假常态协作机制。二是探索市管新方法。主要是扎实开展大户监管工作。采取队、所、部齐抓共管模式，重点落实过程痕迹化，有效控制二次批发；探索"双随机、一公开"2+3法，采取2天随机普查、3天重点核查的方法，重点加强物流寄递、经营大户、信息核实有机结合，既保证"双随机、一公开"工作全覆盖，又保证市场稽查工作两不误；稳步推进诚信自律小组建设，在全县建立9个诚信自律小组，自愿加入小组成员99户，选举了小组长，建立小组微信群，签订诚信自律公约，探索监管新路径。三是案件实现新突破。注重案件线索分析挖掘，紧密保持与执法单位的有效衔接，对各类案件早介入、早经营、早侦破，取得显著成效，与城区局联合办理"6·9"互联网案件已突破，1名主犯已在十堰进入公诉程序。另有1起"互联网"贩销假烟案进入实质性调查取证工作。案值任务完成年度计划的219.9%，市场净化率始终保持在98%以上。四是提高执法好形象。强化教育培训。稽查队坚持每月一学一考，管理所坚持月度定期培训，做到学习有计划、培训有档案、考核有测评；强化行政许可。进一步简化优化许可程序，做到便捷快捷，实现行政许可"一站式"服务；强化执法规范。按要求开展案卷自查，结合实际，制定案件处理、归档查阅等相关制度，严防案卷缺失。

【抓管理提升综合效益】一是找问题补"短板"。通过梳理找"短板"，全县基础管理提升工作梳理19项，已经销号19项。主要是通过加强组织领导，明确提升目标内容、工作措施、时间节点，制定工作实施方案，建立工作责任清单，明确阶段任务清单，定期销号管理；注重过程管控，强化具体督办，对工作盲点、误区及时通报、纠正整改；依托精益"十佳"所部创建平台。全面提高基层所（部）管理和服务水平；全年不定期召开基础管理提升工作推进会、督办会8次，适时开展管理提升拉练5次，确保管理工作扎实有效。二是调机制强考核。完善考核机制，坚持问题导向，改进绩效考核办法。实行切块管理，拉开同岗差距，实现奖优罚劣；坚持机关挂点同责考核，当月兑现；探索月度综合工作倒扣分考核，切实提高日常工作质量；实行绩效排位考核，达到多劳多得效果。三是抓管理转观念。优化流程制度内容，修订制度21项，废止制度23项，完善岗位说明书52个，排查梳理流程27项；强化财务管理。以购发存“三本台账”为抓手，加强日常费用管控。年度重点费用同比下降43.1%。完成资产核对维护，实行卡片管理。全面落实资产出租价格评估，规范日常运行；强化优秀所（部）创建，对城关、大木办公区、生活区进行分类改造，完善物品存放标准，加强现场定界管理，夯实工作基础，完善档案资料，取得明显成效。城关市场部被市局授予“精益十佳”基层单位，大木管理所在全市22个优秀所、部创建评审取得96.16分的好成绩；加强标杆管理。全岗推行重点指标月度排序、通报，按月评定“六星一红旗”标杆，坚持结果一月一评定，奖惩一月一兑现，促进工作质量全面提升；强化安全管理。实现全年安全无事故目标，基础工作得到省局检查组充分肯定。

（王　成）

【房县烟草专卖局（营销部）领导成员名单】

局长（经理）：陈朝辉

副局长（副经理）：肖　克　陈　沣

盐　业

【营业收入】 2017年房县盐业分公司努力完成各项经济指标。一是年计划购进2210吨，已购进1660吨，完成年计划75%其中绿色食品盐实际入库1087吨；海藻盐购进203吨，小工业盐购进48吨；无碘盐购进206吨，食品加工盐116吨。二是销量及销售收入。实现销量2162吨，完成年计划2260吨的95.66%。

【盐政管理】 2017年省政府出台盐业体制改革方案，取消食盐产销区域限制，允许生产企业进入流通和销售领域，取消食盐批发企业只能在指定范围销售的规定，允许向食盐定点生产企业购盐并开展跨区域经营，省级食盐批发企业可开展跨省经营，省级以下食盐批发企业可在本省范围内开展经营。这些举措，彻底改变盐业部门的营销管理方式。

【干部队伍建设】 注重领导班子的思想政治建设、能力建设、作风建设。进一步加强反腐倡廉建设，认真推进惩防体系建设，落实党风廉政责任制，落实“三重一大”制度，强化监督，增强凝聚力和战斗力。注重业务技能培训，着力提高干部职工的决策能力、管理能力、市场经营能力和服务能力等综合素质。邀请上级党组织开好民主生活会，进一步提高党员素质。

【中心工作】 一是2017年是房县“五城联创”工作的关键时期，按照要求、及时成立领导机构，积极参与社区整治、路段整治等活动，落实人员、落实经费、落实任务，及时完成县创建办布置的各项工作；二是按照本单位“六五”普法规划要求，定期开展中心组学法、干部职工法律知识更新等活动；三是按照县委党建统一要求，开展“两学一做”学习教育；四是开展扶危济困等公益事业活动，关爱社会，奉献爱心。积极组织干部职工参与爱心捐款活动，参与扶贫帮建资金40000元。

【综合治理工作】 公司继续深入贯彻省市公司关于安全生产管理文件精神和地方政府、辖区进一步加强安全综合治理工作联系，层层签订安全综治责任书，加强公司院内及房屋出租户安全教育管理。根据省市安全生产隐患排查治理专项行动通知，成立安全隐患排查专班，对公司各环节进行重点排查，投入大量资金对各类消防器材进行重新更换、线路整改，各项安全措施及设备均符合有关规定标准，为企业经营活动稳定发展奠定坚实的基础。

（王　平）

【湖北盐业集团有限公司房县分公司领导成员名单】

局长：许明非

副局长：李身策　郑传海

石油营运

【经营指标完成情况】 在国际国内总体经济下行、地方经济转型发展、市场需求增速持续低迷的背景下，房县石油分公司客观面对现实困难，积极调整营销策略，主动应对市场变化，科学调整考核激励政策，努力争取零售市场份额，全力抓好春节、“五一”“十一”等节日营销，实现汽油销售稳步增长、高标号汽油大幅增长，非油经营质量和盈利能力逐步提升，整体经营管理效果明显向好，为实现十堰公司经营脱困取得阶段性的成效。2017年房县石油分公司成品油销售总量为2.53万吨，完成年度计划2.5万吨的101%（其中：2017年汽油销售1.2万吨，比2016年1.1万吨增幅11%；柴油2017年销售1.3万吨，基本与2016年持平）。非油销售共计632万元，比2016年667万元下滑5%，其中梦洁家纺内购1.15万元。以站带库共计完成2754吨，全年综合排名第二。

【基础管理工作】 一是安全设备管理到位。安全良好的设备运行状态是保障经营工作的前提。2017年借助省市公司督查及安全检查，大力开展工作，加油站设备管理水平大幅提高，加油站每个设备都配备有专兼职设备管理员及保养卡，维修费用专款专用，为加油站的正常运行提供保障。二是队伍建设全面加强。营造公平公正环境，做到人尽其才，物尽其用。选人用人注重基层导向、业绩导向，并用事实证明干部是否胜任。2017年提拔助理师1名，选拔青年员工开展岗位交流锻炼，选拔2人从加油站一线充实到机关岗位，将2名机关优秀管理人员安排到站长岗位进行锻炼，从加油员、大班长等岗位选拔站长2名，制定后备站长和技能人才培养规划，储备后备站长4人，对8座加油站长进行岗位调整，使得站长队伍和机关管理人员都能人尽其才，发挥最大作用。三是结合省市公司督查及资金检查，对所属加油站的销售、资金、发票方面进行检查整理，对一些薄弱环节派专人进行指导整改，使其达到标准，到目前为止，所属加油站发票管理已经规范，账务、资金等均达到标准要求。四是企业运营更加规范和谐。积极推进省市公司各项规章制度的落实，企业内部生态明显好转。干部职工心气更加顺畅，互相埋怨职责、互相拆台的现象基本消失，相互配合、虚心接受意见、埋头苦干成为主旋律，工作作风得到全面加强。五是营销举措更加精准有效。坚持以客户为中心，一系列营销举措出台落地，经营能力和经营效果明显增强，坚持一站一策、一户一策，通过以站带库、1095营销等活动有效巩固市场份额，其中以站带库活动成效明显，3座活动站点辐射整个辖区，为赢得很大的客户群体，保障柴油销量不下滑，也为完成全年任务打下坚实的基础。开展“一券在手，免费洗车”活动，投营免费洗车站点3个，为汽油满200元客户免费洗车，为客户带来实惠的同时也获得汽油销售的节节攀升，客户满意度不断提高。通过联合工商、安监等部门开展市场整顿活动。成品油市场环境得到有效净化。积极参与梦洁家纺内购会、赖茅新品发布会、一桌式品鉴会，销售渠道不断拓宽。

【员工增收工程】 严格落实市公司政策开展“员工增收工程”和“员工幸福工程”，干部职工获得感显著增强。2017年房县公司站长平均收入6.8万元，增幅8%，较2014年增长44.7%，一线加油员人均4.5万元，增幅12.8%，较2014年增长60.1%，大站增资明显，小站还需要在这方面加强。加油站硬件水平不断提升，现除了窑淮站以外，各站的空调都已安装到位，解决冬夏季节员工取暖降温的难题。

【党建工作】 一是加强政治理论学习，筑牢思想阵地。加强政治理论学习是每个党员的必修课，更是增强党性的正确途径和有效措施。房县分公司党委坚持把政治理论学习放在思想建设的首要位置，把党章党规、十八届四中、五中、六中全会精神和习总书记系列讲话精神作为全年的主要学习内容，不断增强道路自信、理论自信和制度自信。要求全体党员以自学和党委集中学习相结合，创新学习新模式，全年共集体组织学习12次，党委班子成员讲授党课3次，市公司党委书记孟苏舫送党课上门1次，通过加强政治理论及业务学习，不仅筑牢党员的思想阵地，固化党员的先进性和引领示范作用，而且进一步提高党员的党性认识和为党努力工作的信心和决心，带动全体员工热爱学习、提升技能、扎实工作、争先进位，工作能动性得到有效释放，为全年工作目标完成夯实基础。二是强化班子建设，牢固廉洁意识。始终把强化班子建设、牢固廉政意识，创建“四好班子”作为压仓石，压实压牢。年初，召开党委班子专题会议，制订计划，分工明确，重申“三重一大”的严肃性，坚持集体讨论决策重大事项，全年召开党委班子民主生活会两次，班子成员开展相互谈心交心，开展批评和自我批评。每次开展民主生活会前，班子成员都要集中学习党章党规和其他党的相关规定，同时还要分别找党员和党外群众征求意见，带着目的和问题开展民主生活会，力求实效、净化心灵；在会上严肃对照党章、准则和条例查摆自己工作上的不足，开展实事求是的批评与自我批评，把“照镜子，正衣冠，红红脸，出出汗”作为党委班子民主生活会的重要内容，使之真正起到提高党性，树立宗旨，实现坦荡做人、干净做事，树立党委班子的形象和威信。

（孙希乾）

【房县石油公司领导成员名单】

经理：孙希乾

副经理：李　静（女）　范中华

旅　游

【概　况】 房县地处武当山和神农架之间，是“鄂西生态文化旅游圈”一江两山核心板块中的重要节点，自然生态资源得天独厚，历史文化资源丰富多彩，为房县建设“鄂西圈游客休闲中心”奠定了良好的区位和资源基础。2017年，房县旅游工作在县委、县政府的坚强领导和市旅游委的精心指导下，紧紧围绕“鄂西圈游客休闲中心”“生态文化旅游健康城”建设目标，致力巩固“湖北省旅游标准化示范县”创建成果，全力开展“全省全域旅游示范区”创建，在项目推进、品牌创建、宣传营销、旅游扶贫、履职尽责等方面取得一定成效，圆满完成全年目标任务。2017年，全县接待游客572万人次，同比增长18.4%，实现旅游综合收入33.6亿元，同比增长21.2%。

【旅游节庆活动】 2017年元旦，在房县野人谷镇生态养生基地举办“大美乡村·生态年货节”暨十堰第二届乡村民俗年货节活动，品杀猪盛宴、购地道年货、过传统大年。1月7日，在窑淮镇三岔村举办了“大美乡村·生态年货节”暨十堰第二届乡村民俗年货节活动。300余名十堰城区游客赴房县同这里的乡亲们一起感受乡村年俗，观看传统节目，品尝农家杀猪宴，游乡村，办年货，提前在这里开开心心过大年。1月15日，在土城镇举办“大美乡村·生态年货节”暨十堰第二届乡村民俗年货节活动，1000多名游客齐聚黄酒民俗文化村，组团置办年货。

3月4日，房县首届樱桃花节暨第二届草莓采摘节在城关镇八里村樱桃基地和军店镇禾益天下农业观光园盛大开幕。十堰、襄阳、宜城、南阳、西安等地千余名游客乘坐旅游大巴到房县参加活动，达到预热樱桃采摘节、牡丹花节，培育房县赏花采摘旅游新业态的目的。

4月22—23日，在房县天悦温泉成功举办安康人民广播电台959车友会“唱响春天·温泉度假之旅”大型自驾游活动。此次活动共吸引58辆私家车、近300名安康游客参加，安康人民广播电台对此次活动进行全程直播。

4月29日，在城关镇八里樱桃基地举办了房县第三届樱桃采摘节暨2017CCTV全国青少年才艺大赛房县赛区选拔赛。开幕式上，城关镇人民政府与佰昌·鄂西北优质农产品交易中心签约投资兴业协议，600余名学生参与2017CCTV全国青少年才艺大赛房县赛区选拔赛并表演丰富多彩的文艺节目。

5月4日，在红塔镇李湾村组织举办以“爱心助力精准扶贫”为主题的互联网樱桃认购活动。吸引十堰等地200多名游客前来摘认购樱桃、购本地特产、赏民俗文化、品农家风味。活动中十堰市风向标文化传媒有限公司与房县李湾樱桃种植专业合作社交接“爱心助力精准扶贫＋互联网樱桃认购”资金。

9月28日，在房县野人谷镇云盘山庄，“中国的房·你的家园”野人谷金秋之约系列活动落幕。活动围绕房县野人、黄酒等地域文化进行采风。活动现场烹制一系列大鲵菜，房县部分黄酒生产厂家现场推介地标产品。活动吸引了附近数百名居民来现场售卖木耳、栗子等农产品。

【旅游行业管理】 一是野人谷镇成功创建“湖北旅游名镇”，云盘岭山庄获评湖北省首批银宿级民宿，土城黄酒民俗村成功申报为湖北省乡村旅游后备箱工程示范点。誉满城、金凤凰大酒都获得全国三星级绿色饭店授牌。二是旅游行业培训高起点。邀请原省旅游局副局长陆令寿、湖北省英山县神峰山庄总经理闻彬军等专家，对县旅游产业领导小组成员单位、20个乡镇、114个贫困村、乡村旅游经营户负责人进行乡村旅游培训。组织全县旅游企业参加“名师名导进讲堂”培训活动。三是旅行社发展迅速。成功引入西安凯旋铁道国际旅行社、湖北易游天下国际旅行社、中国国旅武汉国际旅行、湖北长江传媒国际旅行社4家旅行社入驻房县，全县旅行社及分支机构达到9家。四是培育以农家乐为主的乡村旅游接待点30家。五是完成全县星级饭店、A级景区的复核工作。六是联合工商局在景区及旅游活动接待场所设立“12315”旅游消费维权服务站，联合县文明办、县食药局开展旅游行业诚信主题宣传教育活动，创优旅游环境。七是在全县范围内开展旅游住宿餐饮设施调查统计和旅游资源普查工作，摸清了旅游接待设施和旅游资源底数，为乡村旅游发展和全域旅游开发奠定了基础。八是扎实开展春节、清明节、“五一”、端午节旅游安全生产大检查，深入开展“旅游包车安全整治”“高风险项目安全规范”“景区流量控制治理”“出境游安全提升”等专项行动和“旅游安全生产月”“旅游安全生产万里行”活动，全县全年无一例旅游安全事故发生。

【旅游促销宣传】 一是与鄂、渝、陕、川4个地区共15个县区携手成立“大巴山旅游联盟”，联手打造区域旅游精品。二是抢抓“厦门—武当山”航班开通机遇，邀请厦门航空国际旅行社等30余家旅行商到房县踩线，并成功举办旅游推介会。三是邀请西安近百家旅行社到房县考察并举办推介会，邀请武汉、宜昌、荆州、十堰等地区127家旅行商到房考察并举办冬季旅游产品推介会，进一步拓展客源。四是利用高速路大型户外广告、武当山机场巴士、站台及机场内广告位宣传房县。五是抢抓华中旅游博览会契机，在《湖北画报》制作房县旅游专题并积极组织全县旅游企业参与布展。六是利用十堰电视台《空中发现》栏目播放房县旅游专题28期，利用《旅游新生活》栏目对房县旅游钻石线路进行了推介。七是积级参与《魅力中国城》现场拍摄及投票评选活动并取得实效。八是制作《美在房县》旅游风光专题片，充分利用湖北电视台、湖北旅游杂志、秦楚网、当当网等媒体及时发布房县旅游动态；利用移动、电信过境短信宣传房县，扩大房县旅游影响力。

【旅游商品开发】 房县压缩黑木耳、真空包装小花菇、庐陵王黄酒、房县娃娃鱼、冷水红米、神农芋、葛粉、山野菜、绞股兰、中药材保健茶、房陵红玉、神农花草枕、奇石等房县特色旅游商品已形成系列。其中：房县香菇、房县木耳、房县黄酒、房县娃娃鱼、房县冷水红米、房县绞股蓝、房县樱桃等均为国家地理标志保护产品。2017年，神农花草枕系列荣获首届“十堰礼道”旅游商品大赛优秀奖。

【旅游项目开发】 一是岩屋沟景区开发项目。已完成投资6000万元，景区游客中心、停车场、旅游厕所、旅游标识系统、游步道等建设基本完工，于7月1日试营业。岩屋沟景区开发项目被纳入全省优选旅游项目。二是樱桃谷温泉开发项目。已与北京国旅咨询开发有限公司签约，注册资金2000万元成立“十堰森顿国旅咨询开发公司”和项目协调指挥部，正在编制项目规划，办理项目立项、环评等手续。三是樱花岛旅游开发项目。已完成游客中心主体、停车场、景区绿化、亲水栈道铺设等工程。四是聚龙河旅游开发项目。规划通过评审，已完成通往景区毛路2.8公里，正在办理环评手续。五是武当国际滑雪场建设项目。位于土城镇柳树垭，总投资1.5亿元。2017年8月19日开工建设，其中一期项目投资0.5亿元，于2018年1月13日开门营业。六是房州古镇旅游开发项目。位于房县军店镇，项目总投资14.9亿元，主要以“旅游·健康”两大产业为核心，充分利用现有的明清老街、古驿站及显圣殿等历史、宗教、文化、生态资源，计划用5年时间分三期打造成以“天下第一驿站·济公显圣道场”为主要特征的国家级旅游特色小镇。七是西关老街开发项目。计划投资10亿元。主要恢复老街“三关台”“土城门”“山陕会馆”、“老关庙”等景观节点和文化建筑，恢复重现老街商业文化、市井文化，最大程度展示西关老街原始生活形态。

【旅游景点介绍】 野人谷旅游区。位于野人谷镇，是国家AAAA级旅游景区、省级风景名胜区、自然保护区、地质公园。因常有野人出没而得名。峡谷全长5公里，占地面积12平方公里，以山称奇，以水叫绝，青山与碧水映衬，飞瀑与流泉交织，原始古朴，秀色天成，波澜壮阔的老龙须瀑布、妙不可言的野浴三潭、堪称一绝的天根、独具特色的野人府、天然原始的植物群落，构成了一幅极富创意的山水画卷，是阳春赏花、盛夏避暑、金秋观景、隆冬咏雪的旅游胜地。

野人洞旅游区。是国家AAAA级旅游景区、省级风景名胜区、自然保护区、地质公园。与中国野人谷毗邻，因洞内有野人脚印而得名。溶洞长1980米，分上下两层，上洞和下洞落差45米，两洞中间是一个巨大的天坑。洞内有4厅5宫59景，神斧天工造就的石林石柱擎天立地，气象非凡；石仙石兽姿态憨顽，栩栩如生；石宫石殿错落有致，华贵气派；石门石径可钻可穿，晶莹如玉；石笋、石花、石幔琳琅满目，姿态万千。野人擂鼓、野人寝宫、野人美女、野人脚印，奇峰怪石，造型逼真，构成“野人”主题天然工艺走廊。

观音洞旅游区。是国家AAAA级旅游区、省重点文物保护单位。位于房县县城南郊凤凰山麓。是集朝圣拜佛、登山健身、消夏避暑、休闲赏景于一体的旅游胜地。始建于唐朝，经历代维修、扩建，形成规模，“文化大革命”时遭损毁，1985年重修，现占地面积12平方公里。主体景观为天然洞窟，分为南北二洞。北为“关帝洞”，深8米，宽4米，正中供奉关帝神像。关帝洞座后有一沁泉，清澈甘冽，四季不涸。南为“观音洞”，宽13米，高5米，深9米。正中供奉观世音神像。观音、观帝两洞皆位于石岩峭壁之中，两洞之间正前方有一棵春桂，树龄逾千年，春季开花，飘香四溢，还有魁星阁、孔子殿、阎罗殿、三清殿、斗姥殿、显圣观音、钟楼等景观。

诗经源国家森林公园。诗经源森林公园是国家AAA级旅游景区。位于县城东20公里，总面积10800公顷，森林覆盖率83%，境内十里长峡、合欢谷、石门峡瀑布、仙人洞、姐妹洞、龙洞、月亮洞、高峡平湖等景点相互呼应，相得益彰，珍稀动物200余种，其中国家二级以上保护动植物20余种。

南潭生态文化旅游区。是国家AAA级旅游景区。位于县城南10公里，武神生态旅游路旁，境内主要有以传统农事体验、田园风光、登山、避暑、赏景为主的旅游活动项目。

显圣殿旅游区。是国家AA级旅游景区。地处县城西10公里处的军马河口，305省道穿境而过。清乾隆年间（1736—1795）建造，道光年间（1821—1850）重修，是省级重点文物保护单位。显圣殿殿基临河，殿宇依山傍水，共有古建筑36间，有武圣宫、祖师殿、古树、休闲林等景点，和北边的“房山庙”，东边的“三步两道桥”，西边的诸葛亮庙等景观构成了一幅美丽的画卷。清朝诗人李采兰游显圣殿时留下了这样的诗句："峭壁凌空殿峻巍，仙翁显圣口皆碑，能工斫鼻悬崖上，众志拿云粉水湄，缓缓飘香留胜迹，时时击磬颂清徽，攀荆附石临金顶，放眼高山歌一回"。

宝堂寺旅游区。宝堂寺旅游区是国家AA级旅游景区。位于县城东40公里的尹吉甫镇白鱼河村，建于明正德十一年（1517），清道光年间维修、扩建。宝堂寺为宫殿式建筑，分前后两殿，前殿为砖木结构，面积100平方米，供奉着周朝太师尹吉甫的石像；后殿依岩凿洞建造，上下两层，全为石殿，由38级石阶相连，石门、石窗、石栏、石柱、石像雕刻精致，石殿内敬奉着三教神像和十八罗汉。殿前平台上有两个2.7米高的龟驮碑，刻有碑文。2016年5月27日，房县宝堂寺一期保护性设施建设工程开工，主要是在原址的基础上建设三层庭院及相关配套设施，截至2017年，主体建筑基本完工。

神农峡岩屋沟景区。是一家按AAAA级标准新建的旅游景区，与野人洞、野人谷景区毗邻。相传是尧子丹朱、唐中宗李显、周恭帝柴宗训的避暑地，为中国目前最长的岩屋峡谷，境内至今仍保留有大量的岩屋、树屋等天然穴居。景区自然山水绝佳，移步换景，现基本建成的岩屋沟民俗风景区、八寨自然风光区和梭子峰原始生态区极具特色，是猎奇探险、养生度假的旅游胜地。景区于2017年7月1日试营业。

野人谷生态养生养老基地。项目位于野人谷镇杜川村，于2016年8月10正式揭牌运营。区内群山环绕，溪流孱孱，果木众多，鸟语花香，独有的中草药及金桂、银杏等遍布山头，廊桥步道曲径通幽，瀑布清泉相映成趣。内有健身区、疗养区、烧烤区、茶果采撷区、民歌体验区等，2017年被评定为湖北省银宿级民宿。

（赵玉琴）

【房县旅游局领导成员名单】

党组书记、局长：段　爽（女）

党组副书记：张传林

副局长：杨　山　魏定波（女）

总工程师：况　雄

金 融

银行业监督管理

【概 况】十堰银监分局房县银监办成立于2004年6月8日，是十堰银监分局在房县的派出机构，组织人事隶属十堰银监分局管理。2017年，房县银监工作辖区金融机构各项存款1726049万元；各项贷款816412万元，分别比年初上升188236万元和103463万元。一是积极贯彻落实中央决策部署，紧扣供给侧结构性改革。辖区银行业积极贯彻落实党中央、国务院的决策部署，紧扣供给侧结构性改革，围绕“三去一降一补”五大任务，不断完善金融服务，取得积极成效。二是全面落实“金融服务网格化”战略。组织辖内银行机构学习贯彻分局下发的《十堰银监分局推进金融服务网格化实施方案》，督促辖内银行机构明确2017年任务，同时对照文件要求，统筹配置安排好人力、财力、产品、资金等资源，不断优化业务流程，实行内部机制运转上的“网格化”提高社会大众对“金融服务网格化”工作的认知度和参与度。三是强化组织领导，精准对接扶贫小额信贷需求。扶贫小额信贷是保证信贷资金精准到户、帮助贫困户摆脱贫困的关键举措。会同辖内金融机构认真落实全省银行业精准扶贫工作推进会议精神和要求，对照扶贫小额信贷按乡镇包干名单，积极走访建档立卡贫困户，精准对接扶贫小额信贷需求，确保金融扶贫政策宣传到位、风险防控措施审慎。四是严防死守、继续保持全辖零发案成效。督导各行落实各级高管层“第一责任人”的责任，提高风险排查、内外对账、重要岗位人员轮岗等基本制度执行力，定期开展案件风险排查，督促各行始终保持案防高压态势，规范基层营业机构及其从业人员行为，高度重视公众投诉，要求各行正确对待客户诉求，不断完善客户投诉处理机制，通过认真贯彻落实银监会案防工作六项制度，坚持压力传导、坚守高压红线，持续提高了案防工作的规范性、案防评估的实效性与案防问责的严肃性，继续保持辖内银行业零发案成效。五是稳步推进市场准入。认真开展高管履职评价，围绕经营管理业绩、内部管理情况、风险管理水平和配合监管工作情况四个方面，对辖内农商银行金融机构董事及高管人员2017年度履职情况进行监管评价，进一步规范高管人员的任职资格审查，认真落实考核、考试、考察的“三考”制度。六是落实主体责任，加强党的建设。

（李拥军）

【十堰银监分局房县银监办领导成员名单】

主任：李拥军

副主任：刘　云

中国人民银行房县支行

【概 况】准确把握金融管理的合规性，力争县域金融风险防控能力有新提高。强化金融管理职能，促进金融机构依法合规经营。一是认真做好新设金融机构的开业管理。配合上级行对湖北银行房县支行（筹）开业管理情况开展现场查验，现场检查其整改落实情况，组织开展高管人员任前金融知识测试，确保其正常开业。二是组织开展金融管理知识培训，提升金融管理水平。2017年组织金融机构的各项专业培训活动4次，开展各项综合执法检查、专项检查活动3次。强化应急管理，提高应急处置能力。一是提高区域性金融风险的管控能力，持续监测防范民间融资风险向金融机构蔓延。制定《存款保险制度实施相关风险事件应对预案》做好舆情监测处理工作。二是配合上级行开展舆情监测工作，认真落实值班制度、报告制度，有效防范了辖区负面舆情事件的发生。强化金融消费者权益保护工作管理，维护社会公众的金融消费权益。在十堰中支法律事务处的关心帮助下，房县支行规范了金融消费者权益保护工作的受理范围、经办程序、后续服务等工作环节，有效提升金消保工作水平，维护金融消费者的合法权益。全年接受咨询投诉2件，协调转交2件、受理办结2件，群众满意度达100%。创建农村金融多功能服务站点，提升精准扶贫全方位。支行联合县农商银行、邮储银行，在乡（镇）、村两级创建集结算服务、信贷服务、金融知识宣传、代理服务等服务功能为一体的农村金融多功能服务站点，变单一助农服务为多功能服务模式，实现农村精准扶贫金融宣传常态化、金融服务便利化。

（魏　明）

【中国人民银行房县支行领导成员名单】

党组书记、行长：陈才平

副行长：刘宏林　彭　斌

纪检组组长：尹长举

主任科员：何　勇

中国农业银行房县支行

【概　况】 全行共有干部员工83人。其中中级职称25人，初级职称78人。设有五部，即综合管理部、个人金融部、公司业务部、运营管理部、风险管理部；四个分理处，即支行营业部、城关分理处、桥头分理处、神农分理处。2017年顺利实现“存款年年攀高、贷款稳步增长、业务全面提速、社会形象提升”的目标。至12月底，全行各项存款总额达266284万元，比年初净增16176万元，同比多增3948万元，增长15%；其中储蓄存款比年初净增14853万元，增长61%；各项贷款总额达89089万元，比年初净增15119万元；实现利润4116万元，同比多增558万元。存款、贷款、利润等主体指标圆满完成上级行计划，总量和增量在县域四大行位居前列，业务呈现出“稳步上升、快速发展”的良好势头。

【业务管理】 执照省、市分行党委提出的“全面提升发展品质、大力支持县域经济”的要求，在大项目上，农行重点支持十房、谷竹“两条高速公路”，三里坪、阴峪河“二个电站”，及温泉度假村、稻花香白酒“二个重点企业”；在农业产业化上，择优支持土城食用菌、军店中药材、桥上反季节蔬菜等6大“科技示范区”建设。

【精神文明建设】 2017年，房县支行先后荣获全国农行“新闻宣传先进单位”、“安全保卫工作先进单位”、全省农行“机构业务工作先进单位”、全市金融系统“精准扶贫先进单位”、“支持地方经济发展先进单位”、全市农行“综合营销先进单位”；被房县县委、县政府授予“党风廉政建设先进单位”、支持地方经济发展突出贡献奖。支行党委书记、行长徐凌，也被农总行授予“青年之友”、被省分行授予“全省十佳行长”、被县委、县政府授予“精准扶贫优秀领导干部”等荣誉称号。

（刘　斌）

【房县农业银行领导成员名单】

行长：徐　凌

纪委书记：邓新华

副行长：胡　鹏　刘忠涛

中国农业发展银行房县支行

【概　况】 农发行房县支行成立于1996年12月18日，是房县唯一一家国家农业政策性银行。现有干部职工14人，其中：具有大学本科学历14人，占100%。现有班子成员3人，下设2部1室，行内党、团、工会和女工组织齐全。截至2017年底，农发行房县支行各项贷款余额74572万元，比年初增加34516万元；当年累放贷款53140万元，累收贷款18624万元；各项存款余额70853万元，比年初净增21460万元，增幅43%；当年实现利润1565万元。

【信贷支农工作】 2017年，农发行房县支行抢抓政策调整机遇，发挥逆经济周期职能，积极争取信贷资金，支持房县棚户区改造、重大水利建设等项目，为县域经济发展提供了强有力的政策性信贷服务。一是服务县域经济发展，为经济建设储备雄厚资金。年初以来，围绕上级行信贷支持重点，结合房县实际，加大对扶贫过桥和棚户区改造项目的营销力度，2017年共获批项目贷款两笔，金额76000万元。其中：扶贫过桥项目（狮义路S283农村公路）28000万元；房县老城社区和西关社区棚户区改造项目48000万元；二是服务政府热点投资，为项目运作托底护航。2017年6月30日，成功投放5000万元贷款用于房县方家畈水库工程项目建设。这是方家畈项目首笔PSL水利建设中长期贷款，也是继中国农发重点建设基金向方家畈水库项目投资5100万元之后，取得的又一项突破性进展。方家畈水库项目已获农发行投贷资金20100万元，到账17900万元，解决工程建设的后顾之忧。二是服务改善融资条件，为政府减轻债务包袱。为切实配合财政部门地方债券置换贷款工作，成立地方债券置换专班，明确工作责任、严明时限要求、严防操作风险，确保债务置换工作的顺利进行。2017年，定向置换了地方政府债务12300万元，有效为地方融资平台减少利息支出。与此同时，积极响应国家支小扶微政策号召，对符合条件的农产品加工、制药、纺织和外贸出口等领域的多家产业化龙头企业和小微企业提供信贷资金。2017年，已向湖北恒达、庐陵王酒业等4家优质企业发放流动资金贷款6000万元。四是服务精准扶贫战略，为抗灾救灾开辟“绿色通道”。9月下旬，房县因连续强降雨导致多地泥石流、山体滑坡等地质灾害频发，农业生产和各类基础设施严重受损，成立抗灾救灾项目小组，制定了应急救灾贷款办理实施方案，在短短9个工作日时间内完成10000万元应急救灾贷款项目的受理、调查、审查、审批、发放等流程，为灾区提供及时有效的政策性金融服务，彰显农发行的政治担当和支农情怀，得到县委、县政府和社会各界的高度肯定。

【金融风险防范】 一是加强信贷监管。组织信贷维护专班，从掌握企业的水、电、税、工资等细微方面入手，逐企业摸清了真实经营情况和还款偿债能力，确保办贷管贷质量；二是抓好风险预警化解。现有各类自营性流动资金客户5家，当年到期贷款7700万元（其中：银行承兑汇票2000万元），截至8月底，到期贷款已全部按期收回，没有出现一笔不良贷款；三是强化财会基础工作和综合基础管理，采取“以岗定人，以人定责”的方式推行绩效考核挂钩制度，从机制上做到尽职免责，有效提高全行基础管理水平。

【信贷支持重点】 一是积极支持农业农村基础设施建设，重点围绕农村公路、棚户区改造、水利和农村人居环境与生态环境项目；二是全力支持易地扶贫搬迁。主要是做好易地扶贫搬迁、配套支持安置区基础设施及产业发展。三是积极发展创新业务和基金业务。以教育扶贫、旅游扶贫、林业资源、土地流转、光伏扶贫5大信贷品种为突破口，实现创新业务规模和农发基金业务有较大突破。

【和谐银行建设】一是把文明创建作为促进业务发展的“助推器”，确立创建目标、创建步骤、阶段任务、工作措施，保证创建工作顺利开展。积极响应文明创建工作的号召，使用省文明办新上线动态管理系统进行文明创建工作，并根据文明创建要求，规范支行文明创建软硬件设施，设立道德讲堂，传扬遵德守礼的文明风。动态管理系统中得分已取得可喜的成绩；二是抓反腐倡廉建设创建廉政文化，通过领导班子签订《银企廉政共建协议》和《员工廉洁从业承诺书》，严格违规积分管理等措施，确保无案件事故发生；三是抓好党的群众路线教育实践活动。这项活动开展以来，按照“照镜子、正衣冠、洗洗澡、治治病”的总要求，以支行领导班子和党员干部为重点，深入查找和解决“四风”“庸软懒散”等问题，使党员、干部思想作风进一步提高转变，党群干群关系进一步密切。

（全　钊）

【农发行房县支行领导成员名单】

党支部书记、行长：周　文

党支部成员、副行长：张　奎　杨巧云

中国银行房县支行

【经营情况】截至2017年12月末，中国银行房县支行各项存款余额为109377万元，各项贷款119329万元，不良贷款余额为零，实现利润2296万元，上缴税费829万元。房县支行自成立以来，立足房县，致力于服务房县当地的经济发展，服务地方政府、企业及人民。近年来中国银行房县支行着力于服务品质提升，进一步改善业务结构，加快业务发展，实现了服务模式的快速转变和产品的不断创新，努力提高核心竞争力，在原有基础上夯实并扩大了客户基础规模。资产业务方面，截至2017年末中国银行房县支行贷存比为109%，是房县唯一存贷倒挂的商业银行。负债业务与中间业务方面，中国银行房县支行积极做好服务工作，一是加大信用卡推广力度，引导客户积极办卡；二是全力做好社保卡资金归集工作，积极配合当地社保做好资金归集与分账工作。此外中国银行房县支行积极参与当地扶贫工作，扶贫任务落实到个人，并安排专人长期入村，总行层面更是积极开发“公益中国”专业平台，全力支持扶贫项目。

【客户服务体系】中国银行房县支行始终坚持客户至上的原则，不断实施网点转型，不断完善网点标准化管理，全面提升网点价值创造能力和市场竞争能力，在做好柜面服务的同时，迅速搭建一套以网上银行、电话银行、手机银行、自助银行、智能柜台为主的电子银行渠道服务体系，时刻为客户提供安全、便捷、全面的在线金融服务。

（朱云斌）

【中国银行房县支行领导成员名单】

行长：芦兵涛

副行长：丰年杰　黄友烛　宋　翔

中国工商银行股份有限公司房县支行

【经营指标完成情况】经营效益力超同期。实现拨备前利润892万元，较上年同期增长3.73%；净利润789万元，较上年同期增长8.93%。两项存款大幅增长，比年初增加7958万元，其中：对公存款比年初增长6055万元，机构存款比年初增长7304万元，储蓄存款比年初增长1903万元。客户服务更加规范。网点服务格局更加改善，柜员服务技能持续提升，网点品牌形象更加彰显。党建内控扎实推进。党建工作深入开展，内控案防狠抓落实，运行风险管控得力。认真贯彻落实十九大精神，深入学习习近平新时代中国特色社会主义思想，认真开展“不忘初心、牢记使命”学习教育，深入开展“两学一做”学习教育和“学规定、守纪律、作表率”主题教育，持续抓好“一岗双责”，认真贯彻中央八项规定，加强“三严三实”教育，着力解决“四风”和“不严不实”问题。认真落实“制度执行强化年”要求，深入开展“抓教育、明职责、重预防、严查处”教育活动，以“九真”抓好内控案防各个环节，做好“十大重点领域和关键环节”的风险治理和防范工作，扎实开展“学规定、讲案例、纠违规、严管控”主题教育和“员工行为处罚规定”学习活动，着力抓好员工工作、扎实推进企业文化，构建系列内部机制，队伍凝聚力得到加强，员工积极性得到提升。

【主要做法】 一是精准站位发展理念。持续坚持“打基础、谋长远、提品质、可持续”战略部署，着力于市分行党建为纲的“24字”经营方针，树立“抓党建、强作风、夯基础、防风险、促转型”经营思路，努力夯实工行6大发展基础：网点品牌基础、客户客群基础、业务发展基础、资产质量基础、内控合规基础、党建工作基础。工行将存款、拓户、质量、利润作为年度重点追求的工作目标，分别召开领导班子、全体党员、青年员工、客户经理工作会议，及时准确传达上级行工作会议精神，传导本行经营策略，统一全行经营思想，坚定工作任务目标，优化绩效分配方案，强化员工职业培训，加强团队人文关怀，激励先进，鞭策落后，极大激发员工工作热情，全行积极顺应“滚石爬坡”的经营新常态，在挑战中砥砺前行，在困境中逆势突破，奋力实现综合经营效益持续稳定发展，本年拨前利润再次抵近千万元，连续3年实现拨前利润和净利润双增长。二是增强存款增长动能。面对激烈的同业竞争，储蓄存款遭遇同业极大挑战，房县工行采取相应措施积极应对存款被动局面。加大网点品牌建设，实施网点提质升级，有效提升市场竞争力，连续三年成为省分行个人金融业务30强营业网点（五星级网点）；房县工行积极运用资源分配的好机制、精准开发的好产品、金融监管的好机遇、网点竞争的好品牌、团队成员的好人脉，积蓄了扬帆远航的强大动能，实现了两项存款连续3年的高位增长。三是精心做大发展底盘。房县工行认真研究县域金融资源禀赋，找准负债业务发展的突破口，确立2017年业务优先发展方向——大人社业务板块（一号工程）。对“人社系统”的服务体制进行探索和调整，行长、分管行长直接对接、营销高层，客户经理和结算人员全员参与，坚持“一把手”首席营销制度，开展“一事一议”个性化服务、“一心一意”秘书式服务，推进“一号工程”顺利实施，得到人社部门领导的充分肯定。新增城镇居民社保卡1800余张；加强对医疗保险局工作，努力突破医保业务，新增学生社保卡11627张；加强对劳动就业局工作，持续开展相关人员补贴款代发。房县工行个人有效客户数大幅提升，为业务发展“撑杆起跳”奠定了支点，有效做大了工行发展的底盘。四是矢志不渝提升服务。长期致力打造“系统领先、同业领航、客户首选、政府首肯”“安全最好、服务最优”的银行，在倾力营造卓越营业环境的基础上，按照总行服务礼仪的要求持续开展服务提升工作，强化服务动作演练和服务话术演练，工行行长带领员工到高速公路观摩学习，固化从业人员服务言行，工行的服务和安全受到社会各界的广泛赞誉。

（李　浩）

【中国工商银行股份有限公司房县支行领导成员名单】

行长：陈乔仙

副行长：李　浩　刘　杰

中国建设银行房县支行

【概　况】 中国建设银行房县支行，成立于2011

年12月，隶属于中国建设银行股份有限公司十堰分行，现有员工12人。截至2017年12月31日，全口径存款余额72208万元，新增19643万元，其中个人存款余额23105万元，新增1943万元；对公存款余额49103万元，新增17700万元。公司类贷款28271万元，个人贷款9613万元，实现各项业务的均衡发展。

【助保贷业务】 在支持县域小微企业发展过程中，房县支行在全省率先成功开办了“助保贷”信用业务，截至2017年底，助保贷贷款余额10380万元，主要信用客户分布为纺织行业、食品行业、制造业、观光农业等。助保贷平台的建立已成为房县政府推动地方经济发展的重要举措。由于助保贷业务大大松绑了小微企业的担保抵押，诸多企业纷纷主动上门询问，加之政府的大力支持和合作企业的通力推广，目前助保贷已成为房县企业贷款的首选，成为房县建行的金字招牌。根据与房县中小企业助保金机构的联合摸排调查，目前具备成熟办理“助保贷”业务的客户已达43家。

【风险防控增强】 开展定期自查、互查工作，鼓励员工更全面认识自我，定期做工作总结，进行自我检查，及时发现问题、解决问题。由分管行长带头，定期抽查柜台员工的工作流程，同时鼓励员工监督领导，勇于提出批评和建议，坚持学习廉洁从业制度。把廉洁自律的有关制度、规定、领导讲话作为重要学习内容，组织学习讨论，努力从思想上提高认识，增强自身建设的自觉性。

【精神文明建设】 以工会组织为载体，多次开展文体活动，开设员工活动中心，并配备有多种健身器材，为了加强员工之间的沟通和联系，行长和员工开展乒乓球、羽毛球交流活动，既锻炼身体，又释放工作压力。同时，从青年员工的职业生涯发展、个人情趣爱好等方面加强教育引导，为员工健康发展搭建平台。

【网点管理】 房县建行坚持网点转型各项标准，提升网点价值创造能力和市场竞争力，现已建成自助银行、电子银行、手机银行、网上银行为主的电子银行服务体系，进一步服务广大人民群众。

（刘贤清）

【房县建设银行领导成员名单】

行长：谭大均

副行长：况　璐

业务主管：王东升

湖北房县农村商业银行

【概　况】 房县农商银行下辖分支机构25家，现有员工298人，专科以上学历258人，具有专业技术职称员工138人，是房县金融机构中网点最多、业务辐射最广、为客户服务最直接、最贴近民生的一家金融机构，也是支持和服务“三农”、服务县域经济的主流银行。存款突破70亿元大关，总额达到73.5亿元，比年初增加7.29亿元，增幅11.02%。贷款总额达到42.9亿元，比年初净增5.52亿元，增幅14.77%。存、贷款市场份额分别占41.95和52.96%，继续稳居全县金融同业“双第一”。

【支农支小】 通过深耕四区，全面对接农村经营大户、农民专业合作组织，不抽贷、不断贷、不压贷，全力支农支小。“三农”贷款投放显著增加，净增2.8亿元，余额达39亿元，增幅7.72%，占比91.01%；小微企业贷款投放显著增加，净增3.54亿元，余额达25.14亿元，占比58.65%，较年初提高0.81个百分点。信贷投放进一步向涉农组织、小微领域集中，县域经济主力地位进一步彰显，2016年再次被县委、县政府颁发“支持地方经济发展突出贡献奖”。

【精准扶贫】 按照“精准扶贫，不落一人”的总要求，在全市率先推广“金融精准扶贫，农商银行先行”活动。通过搭建“银政、银企、银专、银农、银保”五大平台，以金融支持产业发展带动贫困户脱贫成效显著。全行对建档立卡贫困户评级10361户、授信金额59555万元，共计发放扶贫贷款2627笔、金额19730.4万元，投放进度走在全省金融机构前列。

【普惠金融】 打通金融服务“最后一公里”，以“金融服务网格化”为坐标，以创新金融产品为引擎。将全县301个村（居）划分为25个金融服务网格，共布局25个营业网点实现乡镇全覆盖，布设自助存取设备、POS机及转账电话1047台，实现金融服务“村村通”。发行福卡借记卡及信用卡33万张，开通手机银行、网上银行等电子银行产品11.78万户，同时承担全县涉农资金及80%以上的行政事业单位工资代发，让广大城乡居民享受同等便利的金融服务，普惠金融取得新突破。

【风险管控】 牢固树立“质量、风险、速度、效益”均衡发展意识，深入开展“百日营销资产质效大提升”活动和风险贷款清收化解“百日攻坚”活动，全面从严管控信贷风险，全面增强全行员工依法合规经营和风险防范意识，确保了新增贷款质量。资本充足率、拨备覆盖率等指标均达到监管要求，全年无案件或安全事故，实现全行业务健康稳健发展。

【党建工作】 严格按照上级党建工作要求，坚持党建与业务两手抓、两手硬，全面加强和改进基层党建工作，以强化“两个责任”落实为基础，以三类“示范点”创建为契机，以“五大活动”、“六大问题”和“七个专项治理”为抓手，通过深入开展“三严三实”“两学一做”等专题学习，有效增强了干部员工特别是党员干部的纪律规矩和合规意识，全行上下自觉遵章守纪，干事创业氛围良好，有力推进了业务发展。

（欧阳经纬）

【湖北房县农村商业银行领导成员名单】

党委书记、董事长：黄太平

党委委员、行长：尤正强

纪委书记、监事长：杨先平

党委委员、副行长：赵国庆　石俊毅

中国邮政储蓄银行房县支行

【概　况】 中国邮储银行房县支行，成立于2008年5月12日，隶属于中国邮政储蓄银行股份有限公司十堰市分行，现有干部职工42人。2017年在县委、县政府的领导和支持下，邮储银行房县支行认真落实县委、县政府对金融工作各项要求，秉承“服务三农、专注小微”的理念，围绕精准扶贫和各项经济发展中心工作，认真履行金融机构义务，强化责任担当，提高服务地方经济发展能力。2017年各项存款余额为94069万元，较年初–2354万元；累计发放贷款2.7亿元，新增存贷比达到350%，贷款结余达到3.1亿元，较年初贷款余额净增4645万元，其中发放工业企业贷款3528万元，小微企业贷款4258万元，家庭农场农业合作社等新型农业主体贷款685万元，创业扶持贷款1005万元。

【服务地方经济】 为专营小微企业金融服务房县支行组建“小微金融服务中心”，牵头组织推进涉农公司金融业务、农业农村项目贷款、涉农非信贷业务的经营管理、产品研发、市场开拓等工作，2017年工业贷款投放增幅达到75%，新增工业贷款4457万元，新增加授信支持企业15家，累计授信企业达30余家。进一步做好市场经营主体贷款扶持，重点扶持“八大产业”相关行业，持续做好个体工商户、小微企业、种养殖大户经营性贷款。加大对涉农企业、专业合作社、家庭农场大户的走访对接，制订一户一策的融资计划，全年累计投放各类农业贷款6100万元，同比增幅67%。专业专注普惠扶贫，扎实推进金融服务网格化建设，积极与全县各乡镇村联络，增设40个金融服务网格化，宣传推介邮储助保贷、扶贫贷、惠农易贷（扶贫小额贷款）等专属产品，重点支持建档立卡贫困户、家庭农场、专业大户、八大产业主，支持带动贫困户脱贫的新型农业经营主体，帮助贫困户脱贫致富。

【创新产品】 2017年，先后创新助保贷贷款模式，引进省农业厅下辖的省农担担保公司、向上级行申请并获权开办家庭农场贷款、小水电贷款、医院贷款、公立学校贷款、污水处理贷款等新产品，在财政局、就业局的支持下对创业贷款增加村级干部担保和存单质押担保方式，增加企业和广大客户融资能力，单户最高贷款限额由市级审批500万元提升至800万元，省级由3000万元提升至5000万元。自8月份签订助保贷协议以来，已经成功受理武当动物药业、诚信汽配等10家企业4450万元的助保贷业务，大大增加邮储银行服务房县经济建设能力，解决企业的燃眉之急。

【金融扶贫】 2017年，通过多方面努力，金融扶贫工作终获总行授权，在政府扶贫办、精准扶贫指挥部、县金融办等单位的支持下成功申请开办扶贫贷业务，承办了军店镇茅坪村、双柏村、何村、小峪村、姚坪乡黄坪村共5个村小额扶贫贷款发放任务。组织专班奔赴5个村迅速推进工作，截至2017年12月底共发放扶贫小额贷款278笔，金额261.9万元，较好地满足上述5个村贫困户贷款需求。

（肖　梅）

【中国邮政储蓄银行房县支行领导成员名单】

党委书记、行长：郭　瑛（女）

纪委书记、副行长：刘　燕（女）

党委委员：肖　梅（女）

中国人民财产保险股份有限公司房县支公司

【概　况】 中国人民财产保险股份有限公司房县支公司，简称人保财险房县支公司。是房县成立时间最早、服务网络最全、经济实力最强的国有财产保险公司。2017年度人保财险房县支公司面对外部市场迅速发展的新形式，公司在分析总结制度体系建设成果的基础上，及时调整经营策略，一方面继续加强业务管控的各项措施，另一方面加大市场开拓的力度，使公司业务有了更进一步的发展。实现保费收入3868万元，其中车险保费收入2056万元，非车险收入1514万元，赔付支出1431万元，上缴税费321万元。

【产业保险及政策性农业保险】 自精准扶贫工作开展以来，人保财险房县支公司在县委、县政府的大力支持下，切实履行《中国保监会、国务院扶贫办关于做好保险业助推脱贫攻坚工作的意见》（保监发〔2016〕44号）和《房县人民政府关于金融精准扶贫工作的实施意见》（房政发〔2017〕8号）文件要求。积极履行保险职能，创新保险服务，担当保险责任，在全县范围内开展了各类政策性农业保险和建档立卡贫困户种养殖产业保险。2017年度保费合计309.9万元；累计赔款472.9万元。一是2017年度公司共承保全县11259户29943头育肥猪，已向1553户贫困户赔付到帐126.1万元。二是2017年度公司共承保全县1872户37332只山羊，已向771户贫困户赔付到账76.26万元。三是2017年度全县建档立卡贫困户种植食用菌400万袋，应收取保费82万元，在政府保费预算严重不足，公司为顾全大局，仅就已经出险的517900万袋食用菌将保费由每袋0.21元降低到0.12元收取保费6.2148万元，已向贫困户赔付到账26.1898万元。四是公司积极落实县委、县政府的精准扶贫政策，减收上述三类贫困户产业保险总保费达212万元，极大地降低政府为建档立卡贫困户产业购买保险的成本。以上三项保险保费收入200万元，已经赔付到账271.3598万元。五是2017年度公司共承保水稻1399.21公顷，保费合计50.37144万元。水稻保险已向水稻种植户赔付到账89.564万元。六是2017年度公司共承保能繁母猪6439头，保费合计38.643万元。已向能繁母猪养殖户赔付到账79.1万元。七是2017年度公司共承保两属两户农房23220户，保费合计20.898万元，已向房屋受损农户赔付到账26.1万元。

【新农合大病保险及城镇居民大病保险】 2017年公司在全县范围内开展各类政策性健康保险。其中房县新农合大病投保人数为367143人，每人每年35元，保费共12850005元。新农合大病2017年发生大病4601人，赔付金额1173万元。城镇居民大病投保人数为16464人，每人每年35元，保费共576240元。2017年城镇居民共发生大病403笔，赔付金额1115030.17元。

（财险办）

【中国人民财产保险股份有限公司房县支公司领导成员名单】

经理：莫建斌

副经理：彭国芳　王云波

中国人民寿保险股份有限公司房县支公司

【概　况】 中国人寿是国家大型金融保险企业，2012年升格为中央企业。公司是内地资本市场"保险第一股"和全球第一家在纽约、香港和上海三地上市的保险公司，并已成为全球市值最大的上市寿险公司；中国人寿所属资产管理公司是我国资本市场上最大的机构投资者之一。2017年度，中国人寿（集团）合并营业收入突破8000亿元，合并总资产达到3.6万亿元。中国人寿保险股份有限公司2017年保费收入突破5000亿元，已连续14年入选《财富》"世界500强"排行榜，排名第54位；连续10年入选"世界品牌500强"，品牌价值2536亿元，是中国保险业唯一一家全球企业、中国品牌"双500强"企业，在国内保险业中持续蝉联第一。中国人寿保险股份有限公司房县支公司是中国人寿保险股份有限公司的分支机构。2017年度，在县委、县政府的关心、支持下，在上级公司的指导下，全体员工以"科学发展观"重要思想为指导，以"振兴民族寿险事业，积极履行社会责任"为己任，以"诚信为本，稳健经营"为宗旨，以"构建和谐社会"为目标，大力发扬"献身寿险，二次创业，团结拼搏，建功争先"的国寿精神，积极为房县经济建设和人民生活提供保险服务，各项建设取得了丰硕成果。2017年保费收入突破1亿元大关，市场份额继续保持领先；全年累计赔付（给付）养老、子女教育保障金及各类医疗、意外事故赔偿金5000万元，较好地履行保险业独有的"经济补偿""社会稳压器""社会管理功能"等职能。

【内设部门】 公司内设综合部、客户服务中心、个险销售部、银行保险部、团体业务部五个管理部门及十个乡镇营销服务部，业务覆盖全县所有乡镇，是房县境内唯一一家内设机构健全、服务网络齐全、售后有保障、发展有后劲、专业人才多、技术力量强、运作经验丰富、服务品质优良、偿付能力充足的专业化寿险公司。2017年度，公司管理人员达21名，个人代理人销售和服务队伍始终维持稳定在300人左右，基本实现城乡全覆盖、服务无盲点。

【客户服务】 2017年，公司始终秉承"专业、真诚、感动、超越"的服务理念，在提升客户服务水平方面不断推陈出新，从硬件设施、服务流程到服务队伍，逐渐搭建起完善、高效的服务平台和规范化、标准化的客户服务体系，并在提高附加值服务、进行客户关系管理等方面进行积极探索。公司致力于把优质服务和诚信服务作为品牌建设的重要支撑点来经营，紧紧依托总公司领先行业的信息化技术，创新推出"国寿e宝"APP客户服务项目，进一步完善电话、短信、网络等多渠道一体化的便捷服务平台，有效提升客户服务效率和质量。公司公开进行以"规范经营、多样保障、诚信销售、便捷服务、用心倾听、快速响应、主动理赔、严格保密”为内容的客户服务“八项承诺”宣誓。

公司继续坚持“主动、迅速、准确、合理”的理赔服务承诺。凡资料齐全、无需调查的案件，在3个工作日内做出理赔核定；手续齐全的小额案件，1小时内结案；体现公司保护客户权益的决心。

【金融扶贫】 2017年，公司充分发挥保险行业独有的社会管理职能，立足精准扶贫，多层次服务全县经济发展和社会稳定以及精准扶贫、精准脱贫工作。持续开办了扶贫保险、学生平安保险、教师保险、农村小额保险、计划生育系列保险、城乡居民意外伤害保险、外出务工人员意外伤害保险、高危行业意外伤害保险、女性安康保险等服务社会、惠及民生的保险业务。同时公司立足服务社会主义新农村建设，积极推进房县“金融服务全覆盖”，主动参与“保险先进县”“平安乡镇”“保险先进村”创建，通过举办保险知识讲座、现场理赔等活动，推进保险下乡、进村、入户，将服务网络向最基层延伸。

（贺　兵）

【中国人寿保险股份有限公司房县支公司领导成员名单】

经理：任志军

副经理：贺　兵　付海英

文体　传媒　教育

概　况

【文化体育】 一是全力开展丰富多彩的文化体育活动。组织开展正月十三民间文艺大巡游、“三月三”显圣殿民间民俗文艺会演《百姓大舞台》、“4·23”世界读书日暨全民阅读活动、“文化力量·民间精彩”群众广场舞大赛活动、“精准扶贫·文化先行”百姓大舞台演出活动，庆“五一”篮球乒乓球大赛、“万步有约”职业人群健走激励大奖赛、第43届“文体新广杯”老年人象棋大赛等一系列文体活动，极大地丰富全县人民的精神文化生活。二是三馆免费开放工作稳步推进。2017年县局更进一步贯彻“三馆”免费开放政策，结合“世界博物馆日”“世界读书日”“十博课堂”专题教育开展专题活动。同时结合精准扶贫工作开展送文化下乡慰问演出活动，把党和政府的温暖送进千家万户，这些活动将传统的、单一的“等群众上门”到变为走出去、送上门的服务形式，延伸三馆的服务范围，让百姓尝到“文化惠民”的实惠。据统计，全年房县“三馆”免费开放人数累计达到65000余人次，送戏下乡150余场。三是强力开展文化遗产保护。抓好文物本体保护工作。宝堂寺保护性设施建设工程已竣工。完成全县文物专项规划编制评审工作、曹家花屋迁移工程项目调查工作、县保单位文庙的修缮工程、房县褚河电站文物调查工作、国保单位七里河遗址考古勘探工作。强化非物质文化遗产的传承与展示。一年来，县局将非遗的宣传展示工作，当作非遗工作的重点来抓，利用军店“三月三”显圣殿“百姓大舞台”活动，以设置展板、现场技艺展示等形式，宣传房县非遗项目，同时组织参加第四届国际道教论坛武当山庙会非遗作品展示及手工技艺展示活动，圆满举办全国首个“文化和自然遗产日”非物质文化遗产宣传展示系列活动。房县参加“全省非遗摄影大赛”，参赛作品《鄂西北火纸制作》获得银质奖，房县文化馆被评为“非遗项目”保护先进单位。四是村级文化服务中心建设有序推进。房县已建村级文化活动室281个，有281个村建立了农家书屋，并配有音响、电视机等器材。在281个行政村建立党员干部现代远程教育点，并依托这些党员干部现代远程教育点建立村级文化信息、资源共享服务点。全县20个乡镇全部实现有线电视联网。

【新闻出版（文化市场管理）】 文化市场管理规范有序。狠抓文化市场安全生产，坚持“管行业必须管安全、管业务必须管安全、管生产经营必须管安全”的原则，落实主体责任，层层签订承诺书、责任书，将安全生产责任落实到个人，认真开展文化市场日常巡查及专项行动，严抓市场管理，强化社会宣传。一是组织开展校园周边专项治理、暑期专项检查、“扫黄打非”，以及文化市场安全隐患排查治理等集中整治行动，严厉打击各类违法违规经营行为，有效净化了社会文化环境，有力遏制文化市场安全事故的发生。截至年底，共检查经营单位1022家次，警告6家，责令整改5家，停业整顿4家，取缔5家游商地摊，收缴非法出版物百余册。二是通过开展“送法律下乡”、“扫黄打非”进校园、文化市场安全生产培训等社会宣传活动，向农村群众宣传文化市场法律法规，向学校捐赠价值2万多元的优秀少儿读物，极大提升广大群众的知法懂法守法意识和参与监督的自觉性，强化巩固群防群治的社会格局。

【广播电影电视】 一是提升宣传质效。2017年房县广播电视工作围绕“团结、务实、和谐、创新”的台风，树立“新闻立台、专题活台、经营兴台、人才强台”的办台理念，深入贯彻“走转改”方针，立足“做深形势宣传、做精活动宣传、做强形象宣传、做好导向宣传”，内鼓士气，外树形象，初步形成新闻宣传工作的新局面。二是事业建设大力推进。积极争取省制播能力建设项目支持，在县政府的大力支持下，投资200万元用于制播能力建设。虚拟演播室即将建成投入使用，全数字化制作播出设备即将安装更新到位，凤凰山无线覆盖工程塔建全面开工力争年内建成发射，融媒体硬件设施全面投入运行。三是惠民工程有新突破，推进农村智能广播网（村村响）工程，在完成县、乡播控平台建设的同时，又完成有线电视光纤网络覆盖183个行政村的“村村响”平台安装建设任务，安装音柱数量达到1138只。推进了“户户通”工程。共采购设备3.4万套，用户信息录入3.4万套，完成率达100%，安装开通34000套，完成率达100%。四是农村电影放映任务提前完成。房县公益放映基本做到放映网点全覆盖。全年对放映员进行多次集中学习和技术培训，极大的提高放映队伍的业务素质。全县有18套高清数字放映设备，组建16支农村公益放映队，活跃在全县20个乡镇场，281个行政村，把公益电影这一惠民工程送到农民的家门口，全县全年公益放映任务是3516场，已完成全年任务。

【亮点工作】 一是文体基础设施建设实现大跨越。全年来“四馆一家”、体育中心、罗国士艺术博物馆、宝堂寺修复二期工程分别开工建设乃至完工；二是群众文化体育活动实现大跨越。全年文体活动丰富不断：组织举办了正月十三文艺大巡游；“精准扶贫·文化先行”系列演出活动；房县喜获“全省十佳书香县”这一荣誉称号；先后组织40余名业务人员参加十堰市群文系统业务技能大赛并取得多项荣誉；新创作的以狠刹人情风为主题的微电影《乔迁风波》获得社会各界的广泛好评；组织开展百姓大舞台送戏下乡系列活动，“文化力量·民间精彩”群众广场舞大赛，庆“五一”篮球联赛、乒乓球赛等一系列文化体育赛事。三是文体队伍建设实现大跨越。经过各方努力，通过调动、文化志愿者招募等方式，将文化体育能人收罗至文体新广局，文体新广队伍服务全县人民的能力、水平走上了新的台阶。县局2名干部成功入列中国摄影家协会和中国作家协会会员，为全县文化事业发展再创辉煌。

（何立志）

【房县文化体育新闻出版广电局领导成员名单】

党组书记、局长：刘世宏

党组副书记：刘明泓

副局长：陈湘云（女） 许　均

戢　波　李小红（女）

总工程师：程　放

工会主席：车　轮

广播电视台

【概　况】 2016年5月，县编委下发《关于印发〈房县文化体育新闻出版广电机构改革实施方案〉的通知》（房机编〔2016〕1号），2017年3

月3日县委宣布房县广播电视台台长、副台长任命。2017年4月27日，根据文化体制改革的精神和《关于文体局、广电局合并及县广播电视台独立的具体工作方案》，组建新的房县广播电视台，隶属县委宣传部管理的公益二类事业单位，核定全额编制51名，内设办公室、总编室、技术中心、编辑制作中心、新闻采访中心、媒体经营中心、社教中心、新媒体开发中心9个机构。按照改革要求，房县广播电视台进一步理顺体制机制，深化内部改革，整合原电视台、广播电台和网站工作人员，全面启动人事制度改革，推行中层干部民主测评推荐和考察任用工作，同时对全台干部职工实行“竞聘上岗、双向选择”。

【宣传工作】 2017年房县广播电视台围绕“团结、务实、和谐、创新”的台风，树立“新闻立台、专题活台、经营兴台、人才强台”的办台理念，深入贯彻“走转改”方针，立足“做深形势宣传、做精活动宣传、做强形象宣传、做好导向宣传”，内鼓士气，外树形象，初步形成新闻宣传工作的新局面。全年共编审播出《房县新闻》240组、2640条，公益广告、公告、通知、通告89条。

新闻专栏聚焦中心，重大宣传浓墨重彩。《房县新闻》紧紧围绕县委、县政府中心工作和群众关注的热点，紧跟宣传主题，积极策划选题，相继推出了《立足新起点　担当新使命　实现新跨越》《两会报道》《解读三干会讲话》《新目标 新发展》《辉煌2016 展望2017》《腊月里的房县》《新春记者走基层》《回归创业　造福家乡》《传家风 扬美德》《重点项目在推进》《五城联创看变化》《五城联创大家谈》《守县风 遵家训》《践行“十字”价值观　做人美房县人》《学准则记条例做表率》《党旗飘飘》《庆祝中国共产党建党九十六周年》《迎接十九大　争创新业绩》《学习贯彻落实十九大精神　全力打造一城两基地三中心》等一系列专栏，全方位、多视角、大容量地展现了房县在经济发展、重点工程建设及推进重点工作开展等方面所取得的成就，在全县营造了干事创业的良好舆论氛围。

新闻宣传提升质量，民生新闻贴近民心。坚持“走转改”，强力持续推出精准扶贫经验和扶贫工作典型，先后在《房县新闻》栏目中开设“精准扶贫·暖冬行动”“精准扶贫 同奔小康”“精准扶贫 我们在行动”“决战扶贫攻坚 共奔全面小康”“最美扶贫房县人”“我脱贫了”等专栏，“棚改进行时”“房十条”“西关印象”等接地气、贴民心的民生新闻。专题专栏突出亲民、互动，说百姓事，解百姓忧，为群众和政府部门之间架设沟通的桥梁，在树立社会公德和促进社会民生方面发挥了的积极作用。

广播节目实现突破，创新服务开始提升。面对多媒体竞争格局，广播电台发挥广播强制灌输灵活机动的优势，主打服务牌，提高参与度。根据听众需求，进行节目改版，对《音乐会客厅》《养生与健康》《生活我来帮》《资讯麻辣烫》《妇幼之声》《健康知识讲座》《车行天下》等一批深受听众关心、关注、喜欢的栏目进行改版、创新。通过车载、收音机、手机收音、户外广播、村村响等收听率不断提高，全县覆盖率达93.2%。

顺应趋势做强网站，打造实力融合媒体。新闻网充分利用微信公众号的影响力，对房县举办的2017“诗祖故里·文明房县”民间文艺大巡游活动、相约军店“三月三”显圣殿民俗文艺会演暨《百姓大舞台》活动、庆祝“五一”国际劳动节暨劳模表彰大会成功进行了微信现场直播、手机现场直播。截至2017年底，先后建有房县新闻网微信、房县新闻网微博、“云上房县”手机新闻客户端（APP）；仅“房县新闻网”微信公众号就有3万余粉丝、“云上房县（APP）”手机客户端2016年8月上线以来用户数就超过1万人，遍及海外10多个国家和国内20多个省区。“两微一端”每天点击率高达2万余次。2017年，房县新闻网微信发布近3000条，自创新闻120余条，更新发布新闻9000余条，房县新闻及相关栏目等视频节目分割上传到网站、本网共计80多个小时，房县广电真正形成并进入全媒体时代，成为十堰市各县市区中设备最先进、功能最齐全、新老媒体融合度最高的县级主流媒体。

注重策划典型报道，对外宣传再创佳绩。通过深入挖掘报道题材，多渠道、多栏目发稿，一批反映房县重点工作的新闻稿件在中央电视台、湖北卫视、十堰电视台等上级媒体播出。其中《房县：因地制宜为精准 找好产业忙脱贫》《房县：绿色产业 强县富民》《致富书记：方必春》在省、市台播出。以《清风送走人情债》为题，长达15分钟详细介绍房县摒弃婚丧陋习倡导人情新风专题报道在中央电视台播出。全年电视新闻在中央台用稿1条。省台用稿22条，十堰电视台新闻用稿208条。

筹划承办大型活动，不断扩大广电影响力。精心策划报道了“精准扶贫 文化先行”2017春节民间文艺巡游活动；全面录播、报道在军店、门古、化龙、沙河、万峪等举行的“百姓大舞台”活动；参与报道房县举办首届樱桃花节暨第二届草莓采摘节活动；成功直播2017年“劳动光荣 创造伟大”2015—2016房县劳模颁奖大会，“冲刺全国文明城、决战魅力中国城“网络投票电视网络直播活动。首次摄制完成人情新风微电影《乔迁风波》；参与报道了老凤祥杯湖北省“文化力量 民间精彩”广场舞大赛十堰赛区房县分赛和农商银行杯湖北省“文化力量 民间精彩”广场舞大赛十堰赛区房县分赛等活动；加大了中国梦、社会主义核心价值观、非法集资、精准扶贫、“十字”价值观等公益片宣传，共展播40条公益广告。

【事业建设】 积极争取省制播能力建设项目支持，在县政府的大力支持下，投资200万元用于制播能力建设。虚拟演播室建成投入使用，全数字化制作播出设备安装更新到位，凤凰山无线覆盖工程塔建全面竣工年内建成发射，融媒体硬件设施全面投入运行。

（刘宏贵）

【房县广播电视台领导成员名单】

台长：孙卫东

副台长：戢　波　陈少华　龚成宏

新　闻

【概　况】 房县新闻中心的前身是《房县报社》，目前下属《今日房县》报、“今日房县”网、“今日房县”微信、“今日房县”微博、“房县发布”等一个传统媒体和四个新兴媒体。房县新闻中心现有干部职工16人，内设办公室、总编室、网络部、编辑部、记者部，负责《今日房县》报、“今日房县”网的编辑出版、和“今日房县”微信、“今日房县”微博、“房县发布”微博的信息发布工作。

【宣传工作】 县新闻中心认真宣传贯彻落实党的十八届五中、六中全会和十九大精神及县党代会精神，紧紧围绕县委、县政府提出的“全面落实创新、协调、绿色、开放、共享发展理念，坚持生态立县、工业强县、产业兴县、旅游活县，以脱贫攻坚为统揽，以绿色发展为主线，以项目建设为抓手，以构建和谐为根本，以从严治党治政为保障，奋力打好脱贫攻坚、产业发展、城乡统筹、生态文明、项目招商、民生改善、深化改革‘七大’战役，努力开创‘四化’协调发展示范区建设新局面”的总体工作目标，积极发挥新闻报道宣传政策，通晓民情的纽带作用；答疑解惑，密切干群的服务作用；宣传典型，鞭策后进的引导作用，弘扬主旋律，打好主动仗。截至12月，《今日房县》报共出版164期，刊登各类稿件4186篇；在“今日房县”网上传各类稿件5379

篇。同时进一步加强新媒体建设，办好“今日房县”和“房县发布”微博、微信、微网站等新兴媒体，为房县经济社会发展提供强有力的舆论支持，营造良好的舆论氛围。

【开设专栏】“学习贯彻全县三级干部会议精神，坚决打赢精准扶贫精准脱贫攻坚战”；“学习贯彻十九大精神，凝心聚力打造一城两基地三中心”；“在习近平新时代中国特色社会主义思想指引下”；“清风房陵——学准则、记条例、讲纪律、守规矩”（与县纪委合办）；“万名干部进万企，创优服务促增长”；“学党章党规　学条例讲话　做合格党员——深入开展两学一做　推动全面从严治党”；“重大项目在推进”“关注重点项目”“日新月异看房县”；“发展八大农业产业助推农民增产增收”；“绿满房县在行动”；“开展五城联创　共建和谐房县”；“结穷亲　帮穷户　拔穷根——精准扶贫　不落一人”；“房县好人”；“劳模风采”；“红旗飘飘——纪念建党96周年”（与县委组织部合办）；“平安建设人人参与　平安成果人人共享”（与县政法委合办）；“科普之窗”；“全民阅读，书香房陵”征文（与县文体局合办）；“记者走基层，助力大扶贫”；“聚力扶贫攻坚五级代表在行动”；“房县记忆”（与县档案局合办）。

【精准扶贫工作】 新闻中心在精准扶贫上，重点是发展产业，帮助引进外出创业成功人士张辉成立志波养殖专业合作社，在化龙堰镇李堰村投资100多万元建设标准化生猪养殖场，以养殖场为龙头，首批带动26户贫困户养殖黑猪，每户赊销，养殖户平增收3000多元。同时发展引导贫困户发展养蜂、养牛、养鸡等，81户贫困户有致富项目的已达35户，其他有劳力的外出务工增加收入，为如期脱贫奠定了良好基础，2017年已有17户光荣出列；在搬迁扶贫上，小区建设已基本建成，首批安置22户79人；由新闻中心协调的人畜饮水、农网改造、清洁能源等建设前期规划已完工；争取的2.5公里村级路改造工程已完成；连续三年为扶贫村支持基础设施建设资金共计36万元，2017年又为该村党员群众服务中心建设支持资金16万元。李堰村新的党员群众服务中心，群众文化广场已投入使用，新闻中心精准扶贫工作领导重视，真抓实干，得到县委、县政府及有关部门肯定。

扎实参与文明单位创建，先后三次被十堰市委市政府评为市级文明单位，以文明创建促干部素质提高、促单位形象提升，同时拓展文明创建空间，帮助文明结对村城关镇三海村建设文化大院，在去年支持5万元的基础上，又支持5万元，用于该村文化大院建设，已基本完工，文化墙、图书室、健身场、大戏台等设施齐全，当地群众正享受文明建设给大家带来的“红利”。

【突出“主旋律”，做好大宣传】 2017年，新闻中心在新闻宣传工作中，紧紧围绕县委、县政府中心工作，精心组织策划，强化栏目引导，做实、做大、做深、做透、做精主题报道，将“全年性大栏目统领、阶段性报道连贯”的主题新闻宣传模式贯穿到日常工作中，在唱好工业、农业等经常性工作宣传“四季歌”的同时，根据各级党委一个时期的工作中心，突出宣传重点，发挥良好的宣传效果。

2016年底召开的党代会、人代会，新闻中心迅速用四个版面图解党代会报告、《政府工作报告》，图解十九大公报，《今日房县》报、网、微信、微博都及时进行转载，图解以图文并茂的形式更加吸引读者，使广大读者更加容易领会有关精神，收到良好的效果。特别是县第十四次党代会召开后，新闻中心连续八论如何贯彻落实县党代会精神，八篇评论重点突出，论据充分，目的明确，鼓动性大，得到县委主要领导的充分肯定，亲为点赞。

党的十九大召开后，一是及时报道当天全县上下收看十九大的盛况，二是开办专栏，报导全县各地学习贯彻学习落实情况，三是对十九大精神进行解读精准扶贫是这几年宣传工作的重中之重，为配合宣传，先后撰写刊发了《脱贫攻坚是对干部最大的考验》《用硬作风担当起脱贫攻坚的硬任务》《脱贫攻坚重点在精准，关键在落实》多篇评论，收到良好效果，县委主要领导给予了好评。一年来,《今日房县》报、网共刊发有关精准扶贫稿件3476篇；“两学一做”宣传中，我们加大宣传力度，除动态新闻外，还在宣传中适时转载《人民日报》有关社论；2017是建党96周年，又在“七一”前夕，开设“红旗飘飘——纪念建党96周年”专栏，宣传房县有关典型。

为加强宣传效果，不断拓宽宣传方式，做好新媒体推广运用。新闻中心创办的“今日房县”和“房县发布”微博、微信影响力直线上升，今日房县微信注册用户达4万人，微博粉丝达16000人；特别是“今日房县”微信开通以来，把新媒体放在重中之重，每月编前会，都把报、网、微信三种媒体一起策划选题，确定报网、微信内容，使“今日房县”微信影响力越来越大。“微发布”除关注时政外，更加关注民生,《黄酒村里赶大集》《八里樱桃红》《高山蔬菜销售难》等通过微信等新媒体发布后点击率都过数千次，收到良好效果，助推精准扶贫。其中策划的“快来看，房县美到炸裂了”“我有一个爱人，她叫房县”“这条老街，锁住了房县旧时光”等选题，在微信发布后，阅读量超10万人次，并被“今日头条”微信转发。

（赵爱平）

【房县新闻中心领导成员名单】

宣传部副部长、新闻中心主任：陈　勇

副主任：戢太敏

工会主席：刘　霞（女）

科技工作

【概　况】 房县科学技术局是综合管理全县科技创新工作的职能部门，同时履行着房县知识产权局、房县科教兴县领导小组办公室的职能，其宗旨是加强县域创新能力的提高，推动全县科技进步，激发万众创新大众创业的活力，为促进县域经济有序发展提供科技支撑。县内核定行政编制6名，事业编制3名。内设办公室、农业科技股、工业科技股、社会发展科技股、科技成果股、政策法规股，下设房县生产力促进中心（副科级）。

2017年，紧紧围绕县委、县政府确定的“一城两基地三中心”工作中心，深入实施创新驱动战略，以“强化科技基础地位、保障科技经费投入、培育高新技术企业、建设科技创新平台、抓好成果转化工程、组织实施科技项目”为重点，全县科技综合实力和科技进步水平在全省的位次有较大的前移，科技创新工作走在了全市前列。2017年8月，房县科技局在全省科技创新综合考评中，全省81个县市区综合排名，房县进位23名，位居全省第41，科技实力和科技进步取得很大进步。

【科技职能工作】 一是科技经费投入有保障。2017年，房县财政科学技术支出为2700万元，占地方财政一般性预算支出201351万元的1.34%；专利发展专项资金达到28.9万元。二是高新技术产业发展较快。申报高新技术企业4家。即：湖北星源科技有限公司、湖北三鑫生物科技有限公司、湖北武当动物药业有限公司、房县九方魔芋科技有限公司。非高新技术企业新增备案高新技术产品4个。即：湖北星源科技有限公司备案的“优化结构的平衡轴支架”，房县九方魔芋科技有限公司备案的“一种防止便秘的魔芋营养餐”“一种魔芋瘦身饮料”“一种魔芋保健酒”。新增科技创新企业1家：房县凯龙电子科技有限公司。新技术产业增加值达到4亿元，增速达17.8%，占全市第二位。三是科技创新平台建设有突破。新增市级以上各类创新创业平台10家。国家级星创天地1家：房县慧泽科技星创天地（房县慧泽科技有限公司）；省级工程技术中心 1 家：湖北中兽药工程技术中心（湖北武当动物药业有限责任公司）；省级科技企业孵化器 1 家：房县创新生物医药产业孵化器（房县神农源中药材交易有限公司）；省级星创天地 2 家：湖北房县禾益星创天地（湖北房县禾益农业科技有限公司）、房县慧泽科技星创天地（房县慧泽科技有限公司）；省级校企共建研发中心 1 家：湖北省校企共建车辆轻量化管类零部件研发中心（房县诚信汽配有限责任公司和湖北汽车工业学院共建）；市级科技企业孵化器 2 家：房县神农百汇电子商务孵化器（房县神农百汇电子商务有限公司）、房县创新生物医药产业孵化器（房县神农源中药材交易有限公司）；市级校企共建研发中心 1 家：十堰市虎杖提取物综合开发校企共建研发中心（湖北三鑫生物科技有限公司和湖北医药学院共建）；市级创新战略团队 1 家：虎杖资源的开发与应用团队（湖北三鑫生物科技有限公司）。四是自主创新能力不断提高。发明专利申请量达到 225 件。实施科技成果转化项目 5 个。即：房县诚信汽配有限责任公司转化的“众泰 M501 铝合金前车架制造技术研究”、湖北神农本草中药饮片有限公司转化的“本草植物研究与开发”、房县化龙犇鑫畜禽养殖专业合作社转化的“神龙草猪饲养饲料及其喂养方式”、房县兆丰实业有限公司转化的“制动系统的气压传感器测试方法及其测试系统技术转让”、房县天龙石墨碳业有限公司转化的“无增压内燃机中央冷却器技术转让”。五是组织实施科技项目再上新台阶。争取上级科技项目资金 237.4 万元。湖北省三鑫生物科技有限公司成功申报国家科技部中医药现代化项目“黄连等三种鄂产高品质地道中药材规模化种植及及精准扶贫示范研究”获得国家立项支持，项目资金总额达 345 万元，实现全县获得国家科技部项目支持“零”的突破。登记技术合同成交额 6747 万元。

【科技奖励情况】 湖北三鑫生物科技有限公司获得湖北省中小企业创新奖。（《湖北省人民政府关于 2017 年度科学技术奖励的决定》）（鄂正发〔2017〕64 号）、湖北武当动物药业有限责任公司的一种兽用强效驱虫药物及其制备方法获得十堰市技术发明奖二等奖（十政发〔2018〕20 号）、房县天龙石墨碳业公司突破传统生产工艺瓶颈，有效提高产品在超高使用温度 2000℃条件下的抗氧化能力，满足超长稳定使用寿命的需求，为企业创造经济效益达 4350 万元。

【服务县域经济工作】 一是重点项目稳步推进。庐陵王酒庄完成：新上酒糟里提取米蛋白生产线；一楼大厅建酒文化博物馆已基本成形；已建米酒销售店商平台；与江苏省江南大学签署技术研发服务协议和专利申报项目；厂区内进行了管网改造；新三板上市工作正在筹备之中。二是精准扶贫扎实有效。编制《青峰镇双坪河村 2016—2020 年发展规划》。建 30 千瓦光伏发电站一座，年实现收入 5 万元。与湖北三鑫生物协作帮助农户发展虎杖产业 13.33 公顷，与湖北神农本草公司合作帮助农户发展北柴胡 13.33 公顷，养殖白羽乌鸡 1000 余羽；全村养牛 217 头，养猪 602 头，新发展蜜蜂 62 箱，巩固发展食用菌 20 万袋。完成村内两个易地搬迁小区集中安置 41 户 118 人，分散自建 7 户 24 人，投资 45 万元为村委会及党员群众服务中心已竣工。建村标石投入 4 万元，安装太阳能路灯 45 盏。三是招商引资合力推进。2017 年，科技局完成到位资金任务 9407 万元，新招引项目 1 个（房县创新生物医药健康产业孵化器）。四是帮联企业成效明显。一年来，科技局认真履行帮联职责，会同帮联企业房县古月香粮油购销公司主要负责人确立了公司全年发展目标，邀请市博迪专利事务所对核桃油深加工技术进行知识产权保护，帮助企业对上龛、九道、化龙等产地的核桃进行富硒检验。

（贺启云）

【房县科技局领导成员名单】

局长：付 斌

副局长：刘东明 邹清虎

教 育

【概 况】2017年，房县各级各类学校249所，在校学生（幼儿）57817人，教职工4049人（含民办550），专任教师3436人（含民办294）。校园面积1666181平方米，校舍面积604588平方米，图书1613580册，学校固定资产总值62586万元。2017年获得的主要荣誉称号：全县综合目标考评和党建工作考核中荣获“优秀单位”，在社会综合治理工作中被授予优胜单位，成功创建市级文明单位，荣获全省教育宣传工作先进单位、省级档案二级达标单位等荣誉称号。

【基础教育】 全县有初中20所（含8所九年一贯制学校），在校学生13499人，教职工1033人；小学（含教学点）153所，在校学生24139人，教职工1547人。均衡发展义务教育，逐步消除大班额，义务教育入学率100%，初中三年巩固率99.2%。

【普通高中教育】 全县有普通高中3所，在校学生5113人，教职工456人。高中阶段学校毛入学率96.4%，普职比基本达到6∶4。

【职业与成人教育】 职业技术学校1所，在校学生610人，教职工195人。2017年新职校整合以后形成一校三区局面，目前主校区一期工程实训楼已投入使用，二期工程正在规划中。开设热门实用的机电技术应用、汽车运用与维修、机械加工技术、计算机应用、学前教育、旅游服务与管理六大专业；成人学历开设有10多个专本科专业；常年进行机动车驾驶员、焊工、车工、计算机操作等短期培训。学校坚持以“以人为本、以德为首、以能为主、以特色创品牌”的办学指导思想，形成“规范、系列、量化、创新”的管理模式，走校企合作、工学结合、“订单式”培养和多层次多元化的办学路子，致力打造学生就业安置“放心工程”，实施就业跟踪服务。近年来，学校先后在珠三角和长三角及房县东城工业园安置中专学生4000多人，进行返乡农民工培训2000多人，精准扶贫技能培训2000多人，特种行业安全培训2000多人，机动车驾驶员培训每年在1500人以上，输出各行各业合格农民工过万人，学校致力为县域经济发展、农民脱贫致富奔小康和建设社会主义新农村做出应有的贡献。

【特殊教育】 特殊教育学校1所，学生79人，教职工17人。三类适龄残疾儿童少年入学率90%以上。学校秉承“让每一个残障孩子成为最好的自己”为办学宗旨，尊崇“用爱心启迪心灵，用尊重唤醒尊严”为办学理念，以“教育康复、和谐发展、学会生存、回归社会“为核心，不断优化办学条件，提升办学实力。学生分别来自房县各乡镇及保康、神农架等周边地区。通过学科教育、康复教育、职业教育等手段，为残障儿童健康成长提供了保障。注重以生为本、因材施教、充分挖掘残疾学生的书法、绘画、手工、盆景修剪等技能，为残疾学生走向社会打下了坚实基础。

【民办教育】 全县批准设立民办幼儿园51所，在园幼儿6716人，幼师及保育员463人。实行属地管理，乡镇中心学校对民办幼儿园办园思想、办园理念、保教质量、安全卫生等方面负责全面管理，教育局负责审批、年检、评估定级、公示。

【幼儿教育】 快速发展学前教育。每个乡镇建有1所公办中心幼儿园，进一步规范办园行为，提升了办园水平，学前三年毛入园率87.3%。全县有公办幼儿园20所，在园幼儿7661人，教职工251人。以蒙特梭利教育为引领，以五大领域课程为依托，以养成教育为基础课程，使幼儿在主动、积极、探索中学习知识。同时，将德育教育贯穿在主题教育活动中，渗透在幼儿一日生活的各个环节中，注重品德教育的系统化，开展家园同步教育。狠抓师资队伍建设，先后派老师多次赴北师大，深圳、江苏、武汉等地学习蒙氏课程、奥尔夫音乐等，同时，组织教师定期参加园本培训，通过“以老带新”结队子，提高全体教师的业务素质。

（万天华　邱　奎）

【房县教育局领导成员名单】

书记、局长：周兴富

副书记：唐　俊

党委委员、副局长：彭大勇　汪　洋　李儒军

党委委员、副局长、教研室主任：张清志

党委委员、县政府教育督导室副主任：刘德荣

党委委员、东城小学校长：卢清泉

卫生与民政

卫生和计划生育

【概　述】 2017年，全县年末总人口47.65万人，比上年度末增加2812人，人口出生率11.89‰；死亡2541人，人口死亡率5.09‰，人口自然增长率为6.80‰。全县现有医疗卫生计生机构435家，现有专业技术人员2230人，全县实际开放床位2974张，拥有执业医师数（含助理）875人，注册护理965人。2017年，全县卫生计生工作亮点纷呈，得到上级主管部门和县委、县政府的充分肯定，被市卫计委评为2017年度全市卫生计生工作目标考核优胜单位，成功创建全省妇幼健康优质服务示范工程，被授予全县综合目标考核良好单位、全县社会治安综合治理工作优胜单位、全县安全生产和信访工作优秀单位、县级文明单位等称号，门古寺镇、野人谷镇、化龙堰镇卫生院被国家卫计委授予2016—2017年度群众满意的乡镇卫生院。

【医药卫生体制改革】 巩固深化县级公立医院综合改革，在县乡村医疗机构全面实施国家基本药物制度的基础上，出台《实施基本药物制度考核办法》和《基本药物和常用低价药品采购配送诚信管理办法》，有效解决少数村卫生室网下采购药品和基本药物配送不及时、不到位、回款结算率不高的问题。积极争取县编办出台《房县公立医院人员编制备案制管理暂行办法》，积极引导社会资本办医，不断满足群众多层次就医需求，招商引资的二级民营医院广济医院门诊楼和住院楼已完成主体工程。

【计划生育服务管理】 以"全省优质服务先进县创建和基本生育免费服务试点创建"为抓手，以"提升服务水平，夯实基层基础"为重点，积极引导群众更新观念、文明生育，各项责任指标稳中求进，工作运行良好。大力实施智慧计生项目，先后投入资金90多万元，在全县启用"健康房县智慧计生"服务管理系统和"掌上医疗计生版"——村居在线服务平台手机版，在工作理念、工作方式、服务手段上取得新突破，实现计划生育工作真正意义上的"三个转变"。2016年10月1日至2017年9月30日，全县出生6021人，政策内出生5886人，符合政策生育率97.76%，出生人口性别比106∶98，查处典型"两非"案件7件；流动人口跟踪管理到位率98.2%，流动人口卫生和计划生育基本公共服务均等化到位率为100%；二孩及以上生育对象孕情上报及时率65.58%，免费婚检和孕前优生健康检查目标人群覆盖率达100%；计划生育协会组织建设到位率达100%。落实计划生育利益导向政策，发放优先就诊证410本，县直三家医院和20个乡镇卫生院全部开设了计划生育特殊家庭成员就医绿色通道。为6095人发放奖扶金585.12万元，为381人发放特别扶助金221.52万元，为21人发放一次性抚慰金12万元，为232名企业退休职工发放计划生育一次性奖励81.2万元，为66名城镇无业居民发放计划生育发放资金21.2万元，为93名农村独女和双女户高考毕业生发放金秋助学金10.7万元，为7250户计划生育家庭户购买意外伤害险21.75万元，共赔付15起，赔付金额11.02万元。

【疾病预防控制】 扎实开展基本公共卫生和重大公共卫生服务项目，免费检查疑似肺结核病人或肺结核病人1601例，免费治疗肺结核病人355例。完成预防接种9.68万剂次，各类疫苗接种率均保持在99.84%以上。成功组织开展全县各医疗卫生机构卫生应急演练活动，组织人员参加全市急性传染病防控、突发事件紧急医学救援和突发中毒事件处置技能竞赛并取得优异成绩。成功处置军店镇三溪沟养鸡场家禽不明原因死亡、万峪乡中学流行性腮腺炎疫情、黑獐沟羊种场布病疫情、城关镇小葵花幼儿园水痘疫情和房县实验小学水痘疫情，有效开展白鹤镇伏溪村地质灾害卫生应急工作，卫生应急反应及时，行动得力，有效控制疫情的传播和蔓延，维护社会稳定。

【妇幼保健】 加强孕产妇服务系统管理，多渠道开展儿童保健管理，0—6周岁儿童系统管理39053人，系统管理率为87.69%；孕产妇系统管理4482人，管理率89.17%；以重大妇幼卫生项目任务为重点，全面落实2017年妇幼卫生目标任务。全面完成农村妇女“两癌”免费筛查、增补叶酸项目和儿童免费营养包项目，全县叶酸发放对象6926人；营养包发放49626盒，覆盖适龄儿童15835人。全年免费婚检4200人次，参检率85%；免费孕前优生健康检查目标人群1700对，完成1705对，参检率100%。

【医政医管】 继续开展新一轮“进一步改善医疗服务行动计划”和“平安医院”创建活动，持续强化医疗安全管理，以核心制度落实为主要着力点进行质量控制，强化岗位职责，完善各种医疗安全措施，提高医疗服务水平。认真践行“精准脱贫健康扶贫五大行动”和“卫计系统过度医疗、就医格局不合理专项整治”行动，顺利推进房县分级诊疗制度建设，规范运行互联网+转诊平台，启动紧密型医疗联合体试点建设工作，稳步推进“一平台三中心”建设，建成县影像诊断中心并投入使用。2017年房县在职医务人员中有79人通过国家执业医师资格考试。大力发展中医药事业，顺利通过国家基层中医药工作先进单位创建评审验收，全县17家乡镇卫生院完成标准国医堂建设，并由省卫计委授牌。2017年完成乡村医生定向培养29人次，截至年底，已有66名毕业生走向基层医疗岗位，极大地充实了乡村医生队伍建设。

【基层卫生】 房县人民医院医疗综合楼建设项目列入国家健康扶贫工程项目和全省“十三五”卫生计生领域建设项目储备库，军店、门古、白鹤、九道卫生院业务用房新建项目和城关卫生院业务用房改扩建项目已完成主体工程（白鹤卫生院受滑坡体影响需整体迁建已停工）。申请政府债券3132万元用于174个村卫生室标准化建设，已完成项目建设任务。扎实推进基本公共卫生服务项目，累计为442093名农村居民建立了电子健康档案，建档率为92.55%，65周岁及以上老年人健康管理38769人，管理率69.78%；高血压病规范管理25801人，规范管理率74.4%；Ⅱ型糖尿病规范管理5567人，规范管理率为75.3%；严重精神障碍患者规范管理2453人，管理率为99.35%；对国家免疫规划12种疫苗实行免费接种，总有效接种率在90%以上。

【监督执法】 开展城区生活饮用水日监测、日公示工作。履行环境保护工作职责，督促各级各类医疗机构启动医疗污水处理站建设，快速推进医疗废物暂存间改扩建项目建设，县人民医院、县中医院、县保健院及民康医院、永祥康复医院、向氏正骨、向氏骨科医院污水处理站已投入使用，医源性污水实现达标排放。深入推进“五小行业”提档升级。对城区361家公共场所实施日常监督检查，公共场所量化分级管理率达98%，对7家经营单位未执行公共用品用具消毒制度进行立案查处。联合县工商局、食药监局、人社局开展了为期45天的“房县打击非法医疗美容专项行动”，对城区90家生活美容、养生保健机构进行了专项整治，大力开展了打击非法行医、无证行医专项整治行动，共立案查处黑诊所、药店坐堂行医、养生保健与生活美容机构从事诊疗活动19起，拆除违法医疗广告19家，取缔4家。

【爱国卫生】 稳步推进“健康房县”建设，将健康促进县创建纳入全年“创卫”重点工作任务，开展“万步有约”职业人群健走活动，组织“健康巡讲专家团”到各乡镇开展健康知识巡讲，倡导全民绿色出行，践行健康的生活方式。2017年6月，国家爱卫会正式命名房县为“国家卫生县城”，野人谷镇为“国家卫生乡镇”。

（雷东升）

【房县卫生和计划生育局领导成员名单】

书记、局长：卢启辉

副局长：宦忠恒　徐红心　昝启奎

党委委员：刘代林

工会主席：王群峰

民　政

【社会救助】 兜底保障服务坚强有力。一是兜底保障体系全面建立。成立以分管副县长亲自挂帅的精准扶贫保障兜底工作领导小组，出台《房县精准扶贫保障兜底工作实施方案》，建立困难群众基本生活保障工作协调机制，建立政府主导、民政牵头、部门联动、齐抓共管的保障兜底工作格局。二是城乡低保救助管理规范。三是特困供养水平日益提升。出台《关于进一步健全特困人员救助供养制度的实施意见》，建立特困供养人员个性化供养方案，投入资金620万元，改造农村五保危房户1376户。全年审定农村五保对象6071人（其中集中供养862人，分散供养5209人），2017年发放农村五保供养资金4212.2万元。四是医疗救助政策更加完善。出台《关于进一步完善医疗救助制度全面开展重特大疾病医疗救助工作实施意见的通知》，取消大病救助病种限制，提高了救助比率与封顶线，将精准扶贫对象纳入大病救助范围。实施补充医疗保险制度，低保、精准扶贫对象住院报销和救助比率达90%以上，五保实施全额救助，全面解决困难对象的看病难。全年审定全额资助参保对象33329人，资助参合资金502.87万元，医疗救助41000人次，发放医疗救助资金2058万元。五是临时救助创新推进。建立完善快速响应和主动发现机制，细化救助类别和救助标准，特殊重大困难对象可增加救助频次和提高救助比例，切实解决城乡困难群众急难性和支出性贫困。全年累计临时救助6500人次，发放救助资金1000万元。

【减灾救灾】 灾害救助及时高效。全年争取救灾资金1315万元，累计下拨救灾资金1212万元，调运救灾帐篷189顶、折叠床108张、棉被1560床、棉衣610件，毛毯560床，应急灯50盏，紧急转移安置受灾群众3467人，确保灾民生活有保障。迅速建立完善《受灾情况登记台账》《因灾倒房台账》《冬春因灾需救助台账》，开展好灾情评估，严格救灾资金社会化发放程序。制定《2017年因灾倒损农村居民住房恢复重建实施方案》。

【优抚安置】 国防建设服务深度拓展。全面落实优抚政策，实现了全国优抚信息管理系统和优抚医疗保障管理信息系统标准化管理，完成151名优抚对象的申报、新增、变更工作，并为116名优抚对象落实医疗补助资金22.5万元；深化双拥结对共建，成功举办春节、“八一”慰问、烈士公祭日等活动；扎实开展“解四难”活动，综合运用低保、大病救助、临时救助、危房改造、易地搬迁等政策，投入75.74万元为524名困难优抚对象进行帮扶；强化退役士兵安置和权益保障，及时发放退役士兵一次性经济补助，圆满完成12名退役士兵的安置任务；加强退役士兵教育培训，共有160名自主就业退役士兵参训，参训率83%，获取“双证”人数152人，“双证”获取率95%。出台《房县零散烈士纪念设施抢救保护工作实施方案》，有效建立零散烈士纪念设施长效保护机制；扎实推进“三院（园）同创”行动创建，全面完成了光荣院荣军疗养大楼的改扩建工程；制定出台《涉军维稳工作应急预案》，加大摸排和稳控力度，确保全县无一例涉军群体访、越级访现象的发生；妥善落实军休干部“两个待遇”，推进军休工作精细化、标准化建设。

【社会养老服务】 社会养老服务日益完善。一是强化养老服务设施建设。新建青峰镇、窑淮镇2个区域性综合养老服务中心和8个社区居家养老服务中心，全面完成九道、五台2所农村福利院新建和红塔农村福利院改扩建任务，新增养老床位800余张。新建青峰、白鹤2个老人儿童幸福家园试点，投入300万元实施覆盖全县20所乡镇福利院的“平安工程”“冬暖工程”“养护工程”三大工程；二是着力提升养老服务水平。推进福利院标准化建设，按照7∶1比例足额配备服务人员，把福利院打造成为老人的幸福家园。为全县9645名高龄老人发放高龄补贴658万元，积极开展“敬老月”、老年人才艺会演和走访慰问等一系列敬老活动。三是强化养老机构规范化管理。规范福利院日常管理，在全县22所养老机构开展了养老机构服务质量提升专项行动，加大巡查整改力度，全年未发生一起安全事故。四是强化社区居家养老服务。全面建成的41个居家养老服务试点全部投入运营，日趋规范的管理制度、灵活多样的个性化服务、丰富多彩的文娱活动，不断满足了广大老年人社区居家养老需求。

【专项社会事务】 地名普查：完成全国第二次地名普查16696条信息采集、入库工作，顺利通过国家检查验收，已转入《房县地名志》的编撰阶段。全面完成9个“难点村”治理和36个农村社区试点建设工作。殡葬服务：深化殡葬改革，规范治丧和祭祀行为，集中治丧率不断提高，逐步形成文明节俭的良好丧葬风尚。社会组织：规范社会组织管理和服务，全县共有社会团体50个，民办非企业单位105个，登记合格率达100%。福利彩票：拓宽福彩销售市场，全县共销售福利彩票2630.49万元，销售额创历史新高。婚姻登记：依法办理婚姻登记3212对，合格率为100%。孤儿救助：孤儿收养登记6例，强化“三留守”服务，联合政法、团县委、教育等部门开办了17个关爱留守儿童“希望家园”，及时将5743名农村留守和困境儿童信息录入系统。为11919名残疾人发放“两项补贴”1082.22万元。切实提高孤儿生活救助标准，分散和集中供养孤儿生活救助标准分别由600元、1000元提升至1000元、1600元。扎实开展了“夏季送凉爽”“寒冬送温暖”等主动救助工作，救助流浪乞讨人员362人次。

【机关建设】 服务能力建设提质增效。全县20个乡镇全部成立民政办公室，按乡镇人口规模配齐28名公益性岗位服务人员，实行民政局和乡镇双重管理，大力推广基层民政工作“三周工作法”，以乡镇党委政府为主体，在每年三个关键时间节点，集中3个星期的时间，进村入户，对所辖地区困难群众调查摸底，确保民政惠民政策在基层精准落地。二是科学谋划民政项目建设。加快推进县儿童福利院、县光荣院、县殡葬服务中心火化车间项目、青峰镇区域性综合养老服务中心和门古寺镇、窑淮镇、红塔镇3所农村福利院建设和青峰镇、白鹤镇2个“三留守”快乐之家试点建设项目，得到省、市上级民政部门和县乡政府的认可，均纳入国家发改和民政项目库。三是着力加强自身建设。以扎实开展“两学一做”学习教育为抓手，通过强化规章制度建设，规范内部管理，形成步调一致、运转协调、高效规范的工作格局；采取坚持标本兼治、纠建并举的方针，全面推进从严治党，转变干部职工工作作风；通过加强调研，强化民政政策宣传，着力打造阳光民政，不断提高民政部门公信力。

（雷　琼）

【房县民政局领导成员名单】

书记、局长：代新武

副书记：丁　一

副局长：夏光生　刘姣翠（女）　杨小兵

党组成员、工会主席：罗先国

防震减灾工作

【概　况】 2017年，房县认真贯彻落实习近平总书记关于防灾减灾救灾“两个坚持，三个转变”重要论述精神，县地震局认真履行县防震减灾工作领导小组办公室和县抗震救灾指挥部办公室职责，扎实开展地震监测、震害防御、应急救援和防震减灾科普知识宣传等工作，推动房县防震减灾工作再上新台阶。房县荣获全国县级防震减灾工作综合考核先进单位，县地震局荣获全省防震减灾工作先进单位和县级文明单位，县东城小学荣获国家级防震减灾科普示范学校，县地震局付继涛荣获全国防震减灾工作先进个人。调整以县委副书记任组长，县委常委常务副县长、县人武部部长、县人大常委会副主任、县政府副县长和县政协副主席任副组长，县民政局、县住建局、县国土局、县地震局等相关职能部门主要负责人为成员的县防震减灾工作领导小组，进一步夯实县防震减灾工作的组织领导。5月上旬县政府组织召开防灾减灾联席会议安排部署2017年度工作及防灾减灾宣传周活动；完善各乡镇地震群测群防“三网一员”组织网络体系，提请县委将地震灾情速报工作纳入全县综治、安全生产网格化管理平台，对网格员开展防震减灾知识培训，更新县、乡、村三级地震灾情速报人员信息，并及时上报省市地震局备案。

【地震监测】 一是树立“震情第一”观念，坚持24小时值班制度，实时对野人谷测震台、小温泉动水位观测台、三海静水位观测台进行监控，全年进行30余次检查、维护、更新和故障处理，仪器连续运行率达99%以上，为国家、省、市地震监测、分析和预报提供及时、准确的基础数据；二是完成三海地下流体地震监测台灾损恢复建设项目，顺利通过国家局专家以及省市地震局评估验收；三是联合县防雷中心对3个台站及地震信息平台进行防雷检测，做好防雷避雷安全防护；四是全年收到3起疑似宏观异常现象报告，第一时间进行了核查处置，踏勘现场，了解原因，解答群众疑惑，及时上报省市局。

【震害防御】 一是协助配合行政审批改革工作，严格落实“三集中三到位”审批服务，全年共办理审批18件，竣工验收6件，办结率100%，实现“零”投诉；二是推进军店镇向湾村移民安置小区建设农居地震安全示范村；三是完成《房县城市抗震防灾规划》初稿编制工作，提请讨论后发布实施；四是以“5·12”防灾减灾日和安全生产大检查为契机，会同安监、住建等县直单位开展安全隐患排查和治理，对违反抗震设防要求的建设工程，下达了2份整改通知书并跟踪督办；五是指导县东城小学成功创建房县首所“国家级防震减灾科普示范学校”。

【应急救援】 一是修订发布新的《房县地震应急预案》，推进指导各乡镇、县防震减灾工作领导小组成员单位、学校、医院、大型超市、宾馆等修订本单位地震应急预案；二是积极参加十堰市郧阳区举行的南水北调核心水源区暨鄂西协作联动区地震应急综合演练活动；三是及时高效处置3月25日野人谷镇M1.5级地震和5月6日青峰镇M1.9级地震；四是在“5·12”防灾减灾日宣传周、安全生产月、国防教育日期间，会同教育局、人防办、人武部、消防大队、卫计局、安监局等部门组织各中小学校开展地震应急疏散处置演练。

【宣传教育】 一是“5·12”防灾减灾日宣传周期间，围绕“减轻社区灾害风险提升基层减灾能力”主题进行宣教活动，摆放防灾减灾法律法规知识展板60余块，发放宣传资料3000多份、地震应急避险口诀等宣传凉扇1000余把，现场解答群众咨询50余人次，并通过广播电视广泛宣传；二是联合县教育局，在全县各中小学开展科普知识宣传活动；三是利用国家、省、市地震信息网站、秦楚网、房县电视台、《今日房县》等载体，广泛宣传防震减灾法律法规、科普知识、全县防震减灾工作动态，刊发工作信息30余条。

（谭小东　付继涛）

【房县地震局领导成员名单】

局长、书记：邢　君（女）

副局长：刁　波

乡镇概况

城关镇

【概　况】城关镇位于县城腹地，209国道、305省道于此纵横交错，是房县四大古镇之一，也是全县政治、经济、文化和交通中心。城关镇政府位于东大街13号，面积7494.5公顷，占全县总面积的1.4%。下辖11个社区，7个行政村，134个村（居）民小组，总人口83472人。全镇现有中共党员1444人，38个基层党组织。

【服务县重点项目工作】2017年，全镇共承担县重点工程计51项，其中：新实施项目18个，续建项目33个，涉及征地拆迁700余户80公顷，任务十分艰巨。镇党委、政府把实施县重点工程任务作为全镇压倒一切的中心工作，分项目负责，明确时间表、任务书，立下军令状，先后将唐城路、晓阳路、一级路上盘踞近5年的拆迁困难户一一破解拆除，已完成的征迁项目共30个。

【棚户区改造】全镇成立两个棚改指挥部，坚持党政成员包项目、机关干部和社区两委成员包户责任不动摇，全体工作人员坚持“白加黑”“5+2”的工作方式，放弃节假日和休息日，主动下访，逐户逐人收集问题诉求，面对面地解决棚改问题，对棚户区改造中的征收补偿重点户集中精力打“和谐拆迁攻坚战”。全年共完成县政府确定的城关镇两大片区2540户的摸底调查任务，评估1020户，签订协议714户，拆出旧房455户，改造323户，群众满意率98%以上。

【城镇面貌】全面推行城乡环卫一体化，各村（社区）环卫工作基本全覆盖，全镇村容镇貌明显改观同时狠抓环境整治，完成国省干道沿线附属房屋及临时搭建物拆除，清运垃圾125处210吨，补植绿化约1200平方米；严控违法建设及整治市容市貌。全面落实“日巡查、零报告”制度。全年共进行大小拆违行动25次，拆违面积达1500平方米。“一桥九路”扎实推进，半岛湾大桥、观音三路、唐城东路建成通车，城区微循环路全面畅通，南部新城基本形成。同时，继续狠抓文明县城创建工作，开展秸秆禁烧宣传教育工作，有效整治乱堆、乱放，占道经营，损毁绿化带等不文明现象，全面落实门前“三包”。

【精准扶贫】一是建档立卡到村到户。通过“精准扶贫春季攻势”大入户活动，逐户制定扶贫攻坚具体方案和脱贫计划，确定“时间表”，制定“作战图”“销号台账”，全面推行“挂图作战”，完成1501户3662人识别建档立卡“回头看”工作。二是结对帮扶到村到户。在市县派驻7个单位帮扶的基础上，镇政府又派驻16个镇直单位分别对村（社区）进行帮扶，并组织300余名干部结对帮扶1501户贫困户，制定帮扶脱贫方案和计划。三是因户制宜产业扶持。对有发展产业能力的634户贫困户给予每户2000元的“四子”资金扶持。发展樱桃专业户56户，发展农家乐10家。

镇人社中心通过“春风行动”积极与沿海发达地区用工企业和县内企业开展对接，促使一批未就业贫困劳动力实现就业，全年共组织建档立卡贫困户劳务输出542人。四是基础设施到村到户。全年投资500万元硬化、绿化、亮化村组水泥路21条9公里。五是认真落实贫困户贷款政策。对有贷款意愿的贫困户进行摸底调查，共为741户贫困户协调发放小额贴息信用贷款共1046.18万元。

【社会大局和谐稳定】 全年共排查出各类矛盾纠纷237起，调处230起，调处成功率为97%；共接待群众来信来访985人次，消化来信来访980人次；受理来信来访409件，消化来信来访407件，其中上级交办171件，上级交办5件，回复办结上级交办、转办168件，结案率98%，全镇未发生重大集体访、越级访案件，圆满完成十九大期间的维稳安保工作，被县委、县政府记“集体三等功”。

【深化改革有序推进】 全镇18个村（社区）便民服务大厅全部投入使用，镇村两级“一站式”服务全面推行。大力推进“双随机一公开”（随机抽取检查对象，随机选派执法检查人员，抽查情况及查处结果及时向社会公开）工作机制，行政执法日益规范。深化预算管理，现代财政体制不断完善。完善“三资”监管平台，严格资产资源承发包制度，对村级财务和10万元以上的村级建设项目进行全面清理，严究群众身边的“四风”问题，农村三资监管成效显著。各项惠农补贴规范发放。土地确权工作稳步推进，温泉、三海等村的土地经营权证已发放到户，其他村（社区）的土地确权工作正在稳步推进中。机关养老保险体制改革巩固深化，农村集体产权制度改革全面启动。

（况建璋）

【城关镇领导成员名单】

书记：林云国

副书记、镇长：戢运明

副书记：张林峰　谢祥珩

人大主席：赵国华

纪委书记：戢金枝（女）

组织、统战委员：胡　翠（女）

宣传委员：王　艳（女）

党委委员、武装部部长：邹清龙

党委委员、副镇长：邢　涛　肖　骁

副镇长：张楚林

工会常务副主席：孙　刚

人大副主席：潘必国

青峰镇

【概　况】 青峰镇位于房县东部，距县城29.5公里，介于大巴山和武当山之间。东接尹吉甫镇、万峪河乡，西邻红塔镇、白鹤镇，南连襄阳保康县，北毗丹江口市。辖26个行政村，总面积41676.38公顷，其中山林面积35281.1公顷，耕地面积2232.47公顷，青峰镇建镇于明代洪武年间，因著名古典神话小说《封神演义》中描写的青峰山、紫阳洞仙境而得名，是房县四大古镇之一，青峰街为镇政府所在地，先后设立镇、乡、公社、区等行政建制。有史以来，虽历经朝代更迭和体制变动，青峰始终为房县东部的经济文化中心、道路交通枢纽和农副产品集散地。2017年，青峰镇先后获得“省级文明乡镇”“市级文明乡镇”“市级平安乡镇”“市级安全生产优秀乡镇”“全县党的十九大维稳安保工作先进集体”“全县抗灾救灾有功单位”等多项荣誉称号，全市经济工作会议暨农村工作第四季度重点项目拉练会、全市宣传系统半年工作会及移风易俗现会、全市烟叶生产技术现场会等重要会议在青峰镇召开。全镇完成生产总值26亿元，比2016年增长15%；完成财政收入950万元，增长10%；完成固定资产投资6.5亿元，增长20%；农村居民人均可支配收入达到9380元，增长10%。经济发展速度稳中有进，镇内三次产业的比重不断优化，以工业为龙头，以城镇为平台，以农业为基础，以项目招商为重点的“双带双富”经济体系初步形成并趋于成熟。

【精准扶贫】 全镇脱贫781户，2357人，龙王坪村实现整村出列。1546户贫困户享受产业扶贫红利，788户2579人入住搬迁小区，实施医疗救助2678人次，1075名贫困学生享受教育扶贫资助，五保595户、低保1069户实现应保尽保。坚持“建房不举债、面积不超标、建新必拆旧”三条政策红线，推进“进城、进镇、进中心村”“三进”工程，实现“搬迁与脱贫同步、安居与乐业并举”目标。以白羽乌鸡、烟叶、食用菌、黑猪等特色产业为主，以蜜蜂、中药材、山羊、银杏等产业为辅，实现贫困户产业发展全覆盖。全镇共为贫困户提供鸡苗14941只，猪仔500头，发放“四子”资金99.4万元，贫困户发展食用菌46.5万袋，以产业扶贫为主的“造血式”扶贫模式成效显著。大力开展技能培训，举办实用技术培训6场次，1500余人次贫困对象参加培训。扎实开展“四双帮扶”，进一步落实“单位包村、干部包户”两个全覆盖，省、市、县、镇共69支工作队，包联26个村，紧紧围绕“三率一度”开展工作，提高脱贫攻坚质量。

【农业产业】 青峰镇围绕“三条沟三条线”的产业布局和打造“啤酒小镇”的产业目标，发展优质农业产业，壮大工业产业，推进三产融合发展。借助《舌尖上的中国Ⅱ》宣传效益，建设峪坪河流域食用菌专业示范园区15个，培育峪坪河、双坪河等食用菌专业村3个，发展下河、张家河、横峪沟等支点村6个，实现“重点全面推进、亮点突飞猛进、支点扎实跟进”，食用菌产业种植进一步规范、规模进一步扩大，袋料食用菌产量达到460万袋。实现烟叶种植面积333.33公顷，产值2000万元。发展银杏、北柴胡、蔬菜等产业基地233.33公顷。培育的畜禽养殖大户20户，发展山羊8.2万头、白羽乌鸡10万余只。青峰啤酒厂顺利投料生产，年产量10万吨，可实现年收入1.5亿元。涉及24个村装机容量为7.5兆瓦的光伏发电项目全部并网发电，可实现村级集体经济收入120万元。青峰寨生态园投入运营，打造集休闲、观光、养生、食宿为一体的旅游景点。

【基础设施】 把城乡建设作为改善民生、推进文明的重点，扎实做好规划建设管理工作，城乡面貌大为改观。强化规划引领，青峰集镇总规通过专家评审，控制性规划已初步形成，集镇布局更加科学。注重集镇建设，完成青台路沿线绿化工程，中心集贸市场投入使用，青峰新城二期工程、青峰易地搬迁集中安置小区二期工程开工建设，启动污水处理厂、棚户区改造、垃圾中转站等项目，集镇设施不断完善。加强集镇监管，明确城建办职责，配备环卫工人，配置环保设施，集中开展环境综合整治、生活垃圾治理、河道清理、市场管理、交通管制等工作，管理水平不断提高。

【项目建设】 坚持把项目建设作为统筹发展，扩大投资，改善民生的重点，村级基础设施日臻完善，发展后劲日益增强。实施交通项目，深入推进农村公路建设，硬化桃花沟至峪坪河公路15公里，打通杨家院至白鹤循环路5公里，兴修白马沟、中堰河、龙王坪等村产业路10公里，路网覆盖不断扩大。实施农村电网配改工程，规范线路布局，完成老旧杆线更换和改造，新增台区10个，用电困难得到解决。实施农田水利项目，除险加固水库2座，修复堤渠4处20公里，实施小农水项目5处、土地整理项目3处，生产条件得到改善。加强村级阵地建设，新建村党员群众服务中心8个，改扩建3个，新建村卫生室17个，文化广场11个，便民设施日趋完善。

【改善民生】 坚持以人为本不动摇，坚守生态红线，筑牢民生底线，践行群众路线，共建共享水平不断提高。生态环境日益优化。持续开展退耕还林、生态造林，深入开展水域污染治理、秸秆禁烧等行动，绿色福利不断放大。教育布局持续优化。中小学校、幼儿园办学条件逐步改善，师资力量得到加强，中考成绩位居全县前列，义务教育均衡发展通过省级验收。公共卫生服务不断加强。村级标准化卫生室全面升级，医护人员及医疗设备配备到位，健康体检全面完成。文体活动蓬勃开展。新建文化大院 3 个，农家书屋全面覆盖，开展大型文体活动 3 次，全民健身运动深入开展。社会保障水平显著提升。中心福利院投入使用，"五保"供养条件、低保救助资金、大病报销比例大幅提高。社会管理持续加强。加大矛盾纠纷排查化解力度，建立党委班子成员轮流信访接待制度，对重点信访问题实施包保责任制，确保社会稳定；重视安全生产工作，重手整治重点区域安全生产问题，保障人民生命财产安全，荣获全市"安全生产先进单位"。

【党建工作】 一是推进党风廉政建设持续深入。牢固树立"四个意识"，严明政治纪律政治规矩，站稳政治立场、把好政治方向，自觉维护党中央权威。深入贯彻《准则》《条例》，严格遵守和执行党内政治生活基本规范。健全领导班子、领导干部履职尽责管理办法，加强全程跟踪管理，着力营造干事创业的浓厚氛围。二是推进基层组织全面进步。深入推进"两学一做"学习教育常态化制度化，着力提高基层党建对经济工作的贡献度，努力提升基层党建工作整体水平，推进基层党建务实重行、活跃有效，全面进步、全面过硬。围绕"抓班子、带队伍、强素质、创一流"的工作思路，狠抓镇村两级基层党组织建设，加强基层阵地建设。

（杜中良　张　倩）

【青峰镇领导成员名单】

书记：戢运斌

副书记、镇长：孙　林

副书记：袁　净（女）张　斌　任　超

人大主席：易显清

纪委书记：赵　杨

宣传委员：高　松

组织、统战委员：王　俊

党委委员、武装部部长：代克金

党委委员、副镇长：杜方远　高德珍（女）

军店镇

【概　述】 军店镇位于房县中部，地处神龙架与武当山之间的平坝腹地，呈芭蕉叶形。西高东低，南陡北缓。东临红塔镇高碑和六公林，北至土城镇堤坪村，南接回龙乡百家坪。版图面积 15995.18 公顷。军店属中心平坝，地形丘陵为主，气候为北亚热带季风气候，年平均气温 10℃—15℃，平均降雨量 900—1200 毫升。矿产资源有镁、铁、煤、铅、锌、钙、石膏。银矿等矿藏，其中小峪村的石膏和洞子村的黄磷矿蕴藏极为丰富。主要植物有松、杉、马尾松、桦木、榔榆、樟柏、香樟等 22 种，野生动物有野猪、麋鹿、山羊、野鸡等 18 种。2017 年军店镇精准扶贫考核全县第一，年度综合考核居[illegible]类乡镇第[illegible]，获房县"优胜乡镇"称号。

【农村经济】 2017 年，全镇实现国内生产总值 13.4 亿元，同比增长 8%；财政收入 950 万元，同比基本持平；固定资产投资额 9.1 亿元，增长 3%；人均纯收入 9435 元，增长 10%，全年招商引资 7470 万元。2017 年，全镇产业发展呈现快速发展的良好态势。全年新增农村专业合作社 20 个，新发展家庭农场 4 个，巩固发展中药材基地 1000 公顷，发展蔬菜、胭脂米、花卉苗木、食用菌基地 666.67 公顷，新建大中型综合养殖基地 6 个，实现村村有主导产业，家家有增收项目。全镇基地总规模达 3000 公顷，"五园七区"基本建成。

【精准扶贫】 一是创新产业模式，拓宽增收渠道。坚持走"党支部＋公司＋合作社＋基地＋农户”的产业化之路，用足用活产业发展“四子”资金，今年以来，累计发放“四子”资金1245户，248万余元，引导贫困户外出务工1240户1614人，全镇27家农业龙头企业和专业合作社每年带动1426户4608人次通过“三金模式”和自主发展产业增收致富，贫困户年获“租金”120万元、“薪金”380万元、“股金”40万元，同时通过土地流转、股金分红、市场主体带动等方式，让“三无”贫困户共享产业扶贫政策。二是加大推进力度，基本完成易迁任务。围绕“三年任务两年完成”、集中安置率不低于85%的总体要求，坚持搬迁与脱贫同步，鼓励进城进镇进中心村安置，严守“建房不举债、面积不超标、建新必拆旧”三条红线，全力实施扶贫搬迁“交钥匙”工程。2017年，全镇完成分散易地搬迁138户497人，建成集中安置小区24个，在建1个，可集中安置贫困户575户1618人，进城进镇安置101户369人；进镇福利院安置54户57人。三是多措并举，强化政策落地。高度重视低保五保、医保社保、惠农惠民、教育卫生等惠民政策的落实，2017年度落实兜底保障3107人，发放低保金300.664万元、五保金174万元，落实医疗救助3182人次780.09万余元，落实残疾人“两补”1833人次81.51万元。落实学前教育补贴281人14.05万元，义务教育生活补贴215人38.7875万元，高中助学金65人7.975万元，大学生、研究生申请助学贷款6人次4.17万元，高职贫困生申请“雨露计划”18人9万元。加大技能培训工作，全年完成培训任务1694人次，对6名贫困户“两后生”实现培训全覆盖。农村居民“两金”征收率达95%以上，贫困户全覆盖，小额扶贫贷款完成率达60%以上。

【社会事业】 2017年，军店镇深入贯彻落实党和国家的相关政策措施，高度重视社会事业和民生保障工作，全镇社会事业持续改善。一是全面落实各项惠农政策。2017年发放耕地地力保护补贴240.36万元，退耕还林补贴132.万元；生态公益林补贴33.72万元。二是加大对困难弱势群体的救助力度。进一步增加民政各类保障性、救助性支出，实施农村低保救助1020户、1977人；临时救助178例，发放金额168500元；农村五保242人，集中供养65人，优抚对象464人，医疗救助627人次。全面实施城乡居民新型养老保险工作，全年参保率达90.6%。三是计划生育和卫生教育工作又迈新台阶。2017年度，镇内共生育501人，其中计划内492人，符合政策生育率98.20%，计划生育综合节育率73.13%，人口出生率控制在13.19%，出生性别比102∶100。全年参加新农村合作医疗保险参保率97%。四是不断丰富群众精神文化生活。2017年，申报农家重点书屋示范村2个、中心文化户1户，新建百姓大舞台3个、文化大院13个、群众文化广场29个。全年开展各类文艺活动16次、体育活动3次，全镇13个村（居）共计新增图书13万册，体育器材、音响设备配齐配全。“三月三”庙会、“精准扶贫、文化先行”百姓大舞台、“十九大”精神宣讲等系列活动不断丰富广大群众的精神文化生活，县委提出的“忠孝礼义信、简俭平顺和”十字县风家训主流价值观，以及人情新风、移风易俗等思想得到进一步广泛宣传、深入人心，成为农村精神文化新常态。五是环保工作取得新突破。2017年新增人工植树造林2666.67公顷，种植庭院果树17万棵，完成退耕还林353.33公顷，完成生态林保护3133.33公顷；新建垃圾中转站1座，购置垃圾清运输车5辆，购置洒水车1辆，安放垃圾中转箱96个、垃圾桶1050个；大力倡导秸秆禁烧，加大土地整理，加强水资源管理，全面落实“河长制”；加大农村污水处理力度，新建人工湿地21个；积极推进生态村庄建设，2017年中村被评为“全国生态建设示范村”，军马村被评为市级“生态家园示范村”。

【党建工作】 2017年，全镇党组织和党员干部坚持以习近平新时代中国特色社会主义思想为统领，认真贯彻落实新时代党的建设总要求，推进全面从严治党向纵深发展、向支部延伸，党的建设各方面工作取得了新成效。一是认真学习宣传贯彻党的十九大和一中、二中、三中全会精神和习近平新时代中国特色社会主义思想，筑牢党员群众政治思想根基。二是深入推进抓党建促脱贫攻坚，党建工作与中心工作高度融合。加强驻村工作队选派与管理，引导村干部带头致富、带领致富，全面落实脱贫攻坚政治责任，将支部建设为脱贫攻坚战斗堡垒。三是深入推进“两学一做”学习教育常态化制度化，严肃党内政治生活。坚持“两学一做”常态化制度化，督导各支部坚持以支部主题党日活动为平台，落实好“三会一课”、组织生活会、民主评议党员等制度，党内政治生活不断规范。四是推进党建“整镇提升”，强化基层组织力。深入研究部署基层党建“整镇提升”工作，对20个党支部进行规范化建设，分类定级、分类指导、分类施策；对3个软弱涣散党支部全面整顿到位。以“五比五看”“一抓三促”等活动为载体，增强分领域党建工作实效性。五是强化基层党建工作主体责任，营造风清气正工作环境。镇党委切实履行党建主体责任，班子成员带头落实党建工作一岗双责，持之以恒的抓好“四风”整治，对“庸、懒、散”和不担当的干部加大执纪问责力度。六是统筹推进工会、妇联、共青团等群团组织改革和商会建设。不断增强群团组织的活力、凝聚力，商会组织在招商引资、脱贫攻坚、捐资助学等光彩事业上更加聚力有为。

【综治工作】 2017年，军店镇坚持社会治理重心下移，切实维护社会大局稳定，“平安军店”建设取得阶段性胜利。在全镇13个村（居）建立交通安全劝导站，制止交通安全违法行为，规范农村道路交通安全秩序；狠抓食品药品安全管理，全年对学校食堂、超市商铺、农村宴席开展专项整治行动10次，有效维护百姓“餐桌上的安全”。镇食药监管所荣获省级“基层规范化执法达标单位”称号。坚持深入推进依法行政，加快法治政府建设；深入开展“七五普法”等法制宣传教育，促进社会大局稳定；深入践行言必信、行必果，努力提高政府的公信力和执行力。2017年，全镇无重大刑事、治安案件发生，无群体事件、越级非访事件发生，无重大安全生产责任事故、邪教活动事件发生，“阳光信访”“市长热线”等信访矛盾纠纷调处率99%以上，群众安全满意度98%以上。

（军店镇党政办）

【军店镇领导成员名单】

书记：操　航

副书记、镇长：周诗兵

人大主席：杨晓燕（女）

副书记：樊行波

副书记、纪委书记：王　龙

党委委员、副镇长：赵　强

宣传委员：李明琴（女）

组织、统战委员：薛　辉

党委委员、武装部部长：郑　伟

党委委员、副镇长：刘建波　孔凡浩

化龙堰镇

【概　述】 化龙堰镇位于房县中部平坝地区，距离县城18公里，版图面积15729.91公顷。辖16个行政村，117个村民小组，6921户，27572人。化龙堰历史悠久，很多有名的历史人物在此留有痕迹。三国时期，诸葛亮在化龙堰镇长望村驻扎过军队，打过仗，张飞、关羽、孟达出川、入川曾经过此地；唐中宗李显被武则天贬到房州，李显原本想把庐陵王城建在化龙堰镇，城池修了一半，武则天下令禁止，至今庐陵王故居遗址还在化龙堰镇古城村。1949年为房县三区，1956年为军店乡，1958年改为军店公社，1961年改为军店区，1975年复置军店公社，1977年更名为化龙公社，1984年建化龙堰镇。镇内有深厚的历史文化底蕴和文物古迹，有庐陵王故居、观音堂、鸳鸯柏等。唐朝庐陵王故居位于古城村，庐陵王文化挖掘潜力巨大；汪家河水库、观音台古庙景色秀美；木佳沟峡谷悠长，瀑布叠韵，奇岩异洞，鸟语花香，景色之美令人叹为观止，上当河小集镇上有雕梁画栋的老宅。全镇农作物以粮油作物为主，兼有其他经济作物。粮食以稻谷、小麦、玉米为主，油料以油菜为主，经济作物以核桃、果药材为主。全镇发展核桃1333.33公顷，发展设施蔬菜基地133.33公顷，发展连翘、桔梗、无花果等果药基地166.67公顷，全镇形成了“果、药、猪”为主，“羊、菌、菜”为辅的产业发展格局。

【经济发展】 2017年，面对历史罕见的持续性暴雨、暴雪灾害、经济下行压力的困难局面，以及精准扶贫动态调整大、迎国考任务繁重的复杂严峻形势，全镇上下精诚团结、克难攻坚，以超常规努力，超负荷工作，打了一场又一场硬仗，经受了一个又一个考验，圆满完成了各项工作任务，成绩突出，得到省市县各级肯定与表彰。2017年，全镇实现工农业生产总值29.1亿元，同比增长8%；实现财政收入2440万元，同比增长60%；完成固定资产投资7.8亿元，同比增长16%；招商引资到位资金7529万元，超额完成年度目标任务；农民人均可支配收入9427元，净增1000元。

【精准扶贫】 聚焦“三个精准”（纳入精准、帮扶精准、退出精准），全力以赴，克难攻坚，以精准扶贫统领经济社会全面发展。以应纳尽纳、应扶尽扶为目标，全面开展贫困户的再识别、再精准，16个村召开户院会100余场次，1.2万人参加，严格按照民主评议、公示等程序，新纳入贫困人口506户1445人，结合大数据核查剔除1332户4091人，最终锁定贫困人口2508户，6987人，实现精准扶贫对象精准、轻装上阵。围绕“六个一批”，因户制宜、分类施策，各项政策到户到人，确保贫困户“应享受的政策全享受、该兑现的资金全兑现”。认真抓好“四双”帮扶，工作队驻村、干部包户实现全覆盖，满意度不断提升，对帮扶干部的认可度达到99%。严守“一有两不愁三保障”标准，严格执行退出程序，顺利实现410户1177人脱贫销号，占总脱贫任务的16%。高标准完成脱贫攻坚年度任务，在全县精准扶贫考核中评定为A等次，县委、县政府奖励30万元。同时，全民奋战迎国考，贫困发生率最高、体量最大的汪家河村顺利通过国家第三方扶贫成效评估。

【产业发展】 产业示范带建设已经粗具规模，效益初显。高桥村基本实现产业全覆盖，山下是古月香油葵种植基地和付家湾苗圃基地，山腰是核桃林果基地，山上是武当农夫规模养殖基地和光伏电站，产业发展面貌发生翻天覆地的变化；长望设施蔬菜基地扩容升级，新增6.67公顷阳光暖棚实现经济效益翻倍；汤峪桃园高川林下立体套种油葵及药材基地，充分利用地力资源，长中短结合，既盘活核桃基地，又增加经济收益；汪家河20公顷虎杖基地已经成型，并准备扩大种植规模，实现可用土地全覆盖；古城西街上湾近千亩连翘基地得以引入市场主体盘活，已经为村集体带来集体经济收入。为确保产业健康可持续发展，镇党委、政府从一开始就确立“龙头企业+合作社+规模产业基地”的发展模式，下大力气引进了古月香、武当农夫、九方魔芋、三鑫生物、武当动物药业等大型农投企业，鼓励引导村干部或致富能人成立36个农民专业合作社，引入市场机制，做大做强产业。

【基础设施】 高标准推进片区建设。按照“宜居、宜业、宜游”要求，加速推进高桥片区、化龙片区各80户棚户区改造，同步启动渭沟80户棚户区改造以及桃园片区60户棚户区改造。完成高桥村2500米村级环行路扩宽，完成化龙、高桥村沿河景观长廊建设工程，整治化龙村生态河堤2000米，新建休闲景点3处，建成高桥村生态公共厕所一座、垃圾分类中转站一座，同时完善路、广场、绿化、河道、亮化等重点配套设施。另外，完成车中路绿化、亮化、美化工程，部分完成长望关帝庙至集镇太阳能带风能路灯亮化工程，片区改造的效果得到了群众的一致认可。不断完善公共服务配套，全镇16个村水、电、路、讯、党群中心、卫生室、文化广场、环境整治等“十配套”工程大部分已建成完工，其余工程也在稳步推进建设。

【社会事业】 一是抢险救灾。2017年，我们经受住了雪灾、雨灾的考验，组织干部群众抗灾自救，处理应急通道200多处，清除土石方150余万立方米，修复水毁公路20公里、水毁河堤10公里、水毁渠道17公里，灾后倒房重建75户326人，发放救灾物资30多万元。雪灾、雨灾面前，一大批干部冲在一线，察看灾情、抢修道路、转移群众，考验了干部，凝聚了民心。二是顺利完成了十九大、“一带一路”峰会以及武当国际道教论坛等敏感节点的信访维稳工作。妥善处理了一批长期缠访矛盾；应急处理了一批突发性、群体性矛盾；合情合规处理了一批精准扶贫领域信访矛盾。通过阳光信访系统共受理办结信访事项65件，办结率达100%，当面解答信访诉求451批次。

【年度大事】 一是被省环境保护厅命名为省级生态乡镇，并进行了公示。二是被市委、市政府评为2016—2017年度市级文明乡镇，并进行了通报。（十文〔2017〕21号文件）

（任爱琼）

【化龙堰镇领导成员名单】

书记：刘　俊

副书记、镇长：蔡建宇

副书记：贾学刚　张丽莉（女）

人大主席：唐家勇

纪委书记：董　智

宣传委员：甘　露

组织、统战委员：王　睿

党委委员、副镇长：王房郧

党委委员、武装部部长：陈华海

大木厂镇

【概　况】 宋末明初河南陕西等地流民迁徙于此，以砍伐山上的大树，在此加工成木料为生，再沿堵河放排，贩卖到外地，因而得名大木厂。此后，乡镇区域一直比较稳定，大木厂镇也延续至今。大木厂镇现辖五谷、双庙、东河、大木街、八里坪、百户河、三元、马进洞、共青、桥梁、双泉寺、高船、安羊沟13个行政村，7880户、34346人，版图面积41678.36公顷，镇内土地和森林资源丰富，森林覆盖率达到86%。耕地面积2133.33公顷，其中水田1933.33公顷。主要种植小麦、玉米、水稻、花生、芝麻、大豆、红薯等农作物。林地1335.33公顷，主要栽培有核桃、杉树、银杏、白杨、茶叶、柳树、香樟。大木厂地处秦巴余脉，是房县西北部边陲重镇，集镇离县城86公里，距十堰市区50公里，209国道、“十竹”公路、堵河穿境而过，交通便利、区位独特，是比较典型的集传统农业、商贸业、交通运输业于一体的山区乡镇。

【经济发展】 2017年，全镇农村经济总收入达5.46亿元，同比增长12%；完成财政收入310.32万元，增长10%；完成外出劳务收入达到1.99亿元，增长12.2%；全镇实现农民人均纯收入9318元，增长10%，经济社会发展保持了平稳增长态势。

【精准扶贫】 精准扶贫扎实推进。一是全面启动，突出重点。严格程序，在前期精准识别的基础上，对全镇贫困系统中的4193户13636的贫困人口，着力实施“三大战略、六个一批”脱贫规划，到2017年底，全镇脱贫人口脱贫销号1708户6388人，东河1个重点村如期完成整村脱贫出列，并接受了国家、省、市、县督查、验收工作；非重点村共完成脱贫销号954户3791人；二是完成2017年度县下达大木厂镇易地扶贫搬迁任务685户1797人，2017年底对685户贫困户已全部实现交钥匙工程；三是发放“四子”扶持资金158.8万元。四是驻村帮扶行动有条不紊。全镇有市扶贫工作队2个、县扶贫工作队11个、镇扶贫工作队18个扎实开展驻村帮扶活动，谋划了一批打实基础、兼顾长远、确保增长的扶贫项目，部分项目已建成见效。

【项目建设】 项目建设如火如荼。一是旅游项目稳步推进，五谷游客服务中心已投入使用；柳树垭森林公园规划和开工建设的前期准备工作已经就绪，即将完成招投标工作；二是“十竹”公路工程已完成，辖区18.8公里路面工程已全部完工，影响群众生产、生活的附属工程也在逐一恢复；三是高标准基本农田整治项目大部分已完工，为土地流转、产业结构调整提供了机遇；四是黄龙库区移民避险解困项目进展迅速，共青移民避险解困项目已完成集中安置点前期征迁准备工作，为加快易地搬迁、基础设施建设等工作提供方便；五是土城至大木35千伏输变电项目已竣工，实现全镇双向供电机制。

【特色产业】 一是牵亿肉牛养殖基地成效显著。2017年东河村成立牵亿肉牛养殖专业合作社，建成500头高标准优质肉牛繁育基地一个；带动贫困人口就业40人。二是引进湖北凤丹生态农业科技开发有限公司，完成五谷、东河、三元等18个村发展油牡丹种植200公顷；三是引进房县兴盛畜禽养殖公司，实现安阳沟、马进洞、五谷庙等村发展土鸡12000只；四是引进湖北大美农业科技有限公司，在共青、八里、五谷建有40公顷苗木花卉基地；五是成立诚信银杏合作社，在安阳沟、双泉寺发展矮化密植银杏66.67公顷。另以桥梁、共青、双庙、东河为核心发展核桃400公顷。全镇成立专业合作社57家，市场主体带动贫困户稳步脱贫比率达到60%以上。

【城乡面貌】 一是“美丽乡村”五谷、堵河片区建设有力推进，五谷“内修人文、外修生态”示范片扎实推进，完成235省道五谷路段沿线“路田分家”工程，打造出畅、安、舒、美的路域环境，完成了村庄绿化、人文宣传、广场及户院路等基础设施建设；堵河片区“十竹路”沿线环境整治效果明星；二是基础设施逐步完善。全镇新修东河、共青、大木街、桥梁等4个村通村公路共计12.2公里，解决约400户1250人的“出行难”问题；完成八里坪、桥梁、高船、五谷、双庙5个村的补水工程；实施安羊沟、三元2个村人畜饮水工程，解决约1600户4900人的“吃水难”问题。完成百户河，安羊沟，双庙等村委会房屋建设共2300平方米，增添办公设备，改善办公条件，优化办公环境，提高办公效率；投资50万元建成大木街村50千瓦光伏发电站1个，完成2017年13个村光伏发电项目的规划工作，有效培植村集体经济收入渠道。三是集镇管理逐步规范。规范集镇农贸市场，为1.7万名居民提供农产品交易活动场所；完成集镇街道的停车位标线、交通指示线、摊位界线、交通警示牌等交通标识设置工作，同时将机动车辆的乱停、乱靠、乱放等违章行为纳入交通法规的管理范畴，极大地规范集镇管理，大大提升集镇功能。

【生态保护】 水源保护工作不断引向深入。一是扎实开展“绿满大木”活动。开展“四旁”植树行动，累计栽植香杉、核桃等各类苗木53万株，完成植树造林面积333.33公顷；二是“清水行动”持续推进，加大环境整治力度。全年共开展村庄环境大清理活动12次，定期对街道、河流沿岸的生活垃圾、建筑垃圾进行全面清理，镇容村貌大为改观。三是建强垃圾收集保洁机制，新修垃圾池20个，为集镇垃圾清扫、收集、转运及保洁等工作提供物质保障。同时各村聘请卫生保洁监督员，协助镇城建办做好垃圾清理、收集及监督工作；镇环保站工作人员对集镇重点区域、重点路段进行重点管护。四是切实加强环保宣传，充分利用春节期间的小戏小品演唱、镇全民健身运动会、道德模范表彰大会这些活动载体，加大环保宣传力度，全年共发放《大木厂镇生态环境整治通告》《保护水源、人人有责》等宣传单10000余份，镇环保办公室和各村签订《环境目标管理责任制》，以此不断提高广大干部群众的环保意识。五是保证污水处理厂、垃圾填埋厂的正常运转；污水处理、垃圾清运工作已步入良性循环轨道。

【社会事业】 着力加强社会民生事业，群众生活水平和社会管理水平不断提升。一是全面落实各项惠农政策。二是加强对城乡居民最低生活保障对象的动态管理，加大对困难群众的救助力度。实现所有“五保”“低保”对象应保尽保，对大病对象、农村“三留守”人员、特重大事故遇难人员家属及时跟踪服务。2017年民政各类保障性、救助性支出突破500万元。三是全镇严格落实现行计生政策，扎实开展打击“两非”专项整治工作，对132位适龄孕妇开展政策宣传教育大会，发放宣传资料800余份，着力营造法治计生工作环境和文明新风的生育社会环境；四是深化平安创建工作。严格落实安全生产、道路交通安全、森林防火、消防安全管理责任制，层层签订责任书。认真开展隐患排查和专项整治行动，开展学校周边、危化品、食品药品安全等专项整治10余次，排查各类隐患并整改28处，镇食药所对食品药品235个监管对象实现全覆盖，全镇安全生产工作总体平稳。四是加大矛盾纠纷排查力度，综治信访维稳能力增强，全镇排查矛盾纠纷120起，调处化解113起，调处成功率96%以上，刑事、治安发案率同比下降；五是开展各类文体活动12次，成功举办元宵节群众游行活动、成功组织民间艺术协会、妇女健身协会“魅力大木，庆祝五一”文艺演出活动、“五一”新风杯全民健身运动会活动。六是科教文卫蓬勃发展。中小学适龄儿童入学率100%，巩固率100%，小升初比例100%，七是义务教育均衡发展顺利通过了国家验收；这标志着我们义务教育阶段教学设备、师资水平、受教育程度、教学质量等都达到了国家相应标准。

【党建工作】 全镇有1个党总支、26个党支部，其中镇直机关事业党支部13个，村党支部13个。一是落实党风廉政建设“两个责任”，强化作风建设和纪律监督，切实履行“两个责任”，通过签订党风廉政建设“一岗双责”责任书，将责任压力传导到位、落实到位；不断巩固“三严三实”教育成果。二是以活动为抓手，进一步密切党群干群关系。以“五官”巡村、“双十星”争创、“四大”等活动为抓手，把乡镇干部“三在”机制、精准扶贫“三大”活动、“五看五定”大核查等工作有机结合，对全镇所有农户分批次进行了全面巡访，和群众接触“零”距离，有力推进“一线工作法”的落实（知民情，情况在一线掌握；解民忧，问题在一线解决；听民意，干部在一线考评；暖民心，感情在一线融洽），进一步密切党群干群关系。三是强化廉政教育，筑牢党员干部拒腐防变的思想道德防线，镇、村坚持“三会一课”、开展一月一次的“主题党日”活动，着力解决基层党组织“活动难开展、费用难收缴、人心难凝聚、时间难保证”存在的“四难”问题；通过组织镇村干部学习新《党章》、“一准则、二条例”，不断巩固“三严三实”教育成果；借第十七个党风廉政建设宣教月，不断提高干部队伍的政治敏锐性和鉴别力。四是搭建现代化政务服务平台，推行党务政务村务公开制度，落实民主监督体制，为群众提供“一站式”便民服务，全年便民服务累计办件52344件，发放便民服务卡7200张，镇村政务便民服务效率大大提高。五是党建带动能力逐步增强，着力发挥基层党组织政治引领和党员模范带头作用。以分村建立党支部领导下的合作社为抓手，探索建立村集体经济发展与群众致富联合体，全镇因村制宜建立各类专业合作社57个，逐步壮大村集体经济。

【地域特色】 大木厂镇历史文化底蕴深厚，旅游资源丰富，镇内有：省级柳树垭森林公园、停舟山、战鼓河、千佛洞等生态景观星罗棋布，特色鲜明，自然景观与人文景观交相辉映。自然景观天池寺、牛沁观是大木厂镇镇内两个古寺观名。黄巢垭、柳树垭是大木厂镇境内两座大山名垭。人文景观有福泉山，位于十堰城区与房县土城镇交界处，紧邻武当山，势拔群山。相传洪武二十五年（1392），武当开山祖师张三丰到云南看望弟子，在回武当山途中，见福泉山林木葱郁，山形奇绝，气灵境幽，是卧虎藏龙、修道炼丹的好地方，遂在此地结茅为庐，建礼斗亭，朝拜北斗，候诏飞升。亭舟山位于大木厂镇高船村与安羊沟村交界处，地势险峻，奇峰突兀，相传真武大帝路经此地踩垮半面山，在大石山中停流金船一只，至今祖师爷脚印仍依稀可见，吸引着无数人前往观看。灶儿岩高悬于云岩之上，须仰视才可观其轮廓。据《房县地名志》记载："灶岩，以传说唐朝樊梨花领军协助儿子薛刚反唐，在此悬崖上垒灶取名"。千佛洞是鬼斧神工的天然溶洞，洞内原有千余尊佛像（后遭破坏），因此得名。红庙，高耸在红庙河边，距大木厂镇2.5公里，相传为紫祀老君之庙宇，至今逢年过节朝拜香客络绎不绝，香火不断。铁索关位于灶儿岩对面的红庙河深潭水底之中，相传是樊梨花扔灭火棍于河中所致。古时候这里是关马大道，是通往房陵的必经之地。点将台，位于大木厂柳林村后山上，是樊梨花路过大木屯兵练武时所建的石台，点将台的旧址至今尚存。站在公路上，遥遥可见数百米高山之上，它傲然模样，虽穿越千年历史，经风吹雨打却屹然耸立。据史载，樊梨花的父亲是西凉国寒江关的守将，有两个哥哥，师从梨山圣母。丈夫是两辽王薛丁山，膝下有四子。唐初西凉国兴兵作乱，进犯边境，殿下李治即任命薛丁山为二路元帅领兵增援，解锁阳城之危。兵至寒江关时，樊梨花遵从师命，开关降唐，并与薛丁山结为连理，协助大唐继续西征。薛仁贵身亡后，薛丁山继任征西大元帅，终至西凉之乱敉平，因居功厥伟，唐高宗时加封为威宁侯。梨花寨和锅剑岩均位于今共青村战鼓河边，二者之间相距不过千米。大寨建于山顶之上，遗址至今仍在。锅剑岩在钓鱼台对面，年代久远，铁锅宝剑已不知踪迹。樊梨花率军离开此地后，大寨和锅剑便留于当地。后人念其有寸草春晖慈母之心，为纪念她便叫这岩石洞作"锅剑岩"，而她屯兵寨子则叫"梨花寨"。射箭崖，位于大木街村通往三元村路上，是樊梨花助子反唐途径大木时，安营扎寨训练士兵的靶场。天池寺，位于土地岭附近的一个高坡上，始建于唐朝。寺庙之下有两个池塘，中间一条小路分开，四周水边寸草不生，塘水清澈见底。因有池塘，当地人顾名思义，认为这是天池寺名称的来由天池寺还有一个名字叫天赐寺。相传庙的二梁上写着"贞观二年太宗下诏尉迟敬德督造"，意为这座庙是天子恩赐的，故有"天赐寺"之称。"五龙捧泉"位于安羊沟辖区内的黑龙泉、白龙泉、青龙泉、黄龙泉、老龙泉让游客络绎不绝，流连忘返，是人们回归自然、调节身心、缓解压力、享受生活的绝佳境地。安羊沟辖区内还有栩栩如生的猴子石、惟妙惟肖的轿顶山等景点。战鼓河，又名大木河，位于今大木厂镇共青村，距集镇中心约5公里。发源于柳树垭和停舟山，由五谷河、百阜河、红庙河和高船河4条支流在大木厂汇聚而成，流经大木老街、琵琶坪，至磬口，注入堵河。河水清澈，水流缓慢，两崖绿树萦绕，落英缤纷，四季景致各异，分外引人。相传自秦朝以来，在战鼓河发生了许多惊心动魄的战斗。士兵冲锋陷阵不用击鼓助威，行走在战鼓河区域，千军万马脚踏地面，蹄蹬大地，会有犹如击鼓般振奋人心声音响起，其声宛如雷鸣，十分震撼，此地便因之被叫作战鼓河。故每次在此发生的争战，正义一方频频取得胜利。1931 年，贺龙等率领中国工农红军第三军七、八两师攻占了房县城，开辟了以房县为中心的鄂西北革命根据地。后率红军到大木厂镇，在大木厂成立了第十四个苏维埃乡政府和人民武装。在大木厂镇红军开展土地改革，剿匪惩奸。贺龙的部队来到战鼓河，见这里四周崇山峻岭，峰险岩峭，森林茂密，山道崎岖，是一个进可攻、退可守的战略要地，决定在这里建立一块革命根据地。依靠得天独厚的战鼓声，红军在这里奋勇杀敌，连连获胜。

（大木厂镇党政办）

【大木厂镇领导成员名单】

书记、人大主席：熊　伟

副书记、镇长：张　超

副书记：曹祥龙

副书记、纪委书记：高　志

人大专职副主席：杨广军

党委委员、武装部部长：王　兵

党委委员、副镇长：薛治鹏

组织、统战委员：王　远

宣传委员：任　薇（女）

党委委员、副镇长：向　杰

门古寺镇

【概　述】 门古寺镇的处房县西南部，距县城 34 公里。是 2001 年由原门古镇与秦口乡合并而成的一个二高山农业大镇。版图面积 51347.15 公顷，平均海拔 550 米。辖 25 个村，109 个村民小组，8485 户，34781 人，拥有耕地 3120 公顷，山林 45333.33 公顷。境内，车中路横贯 35 公里，东接 305 省道于化龙堰镇，西至中坝乡和竹山县深河乡，北连窑淮乡；狮九路纵延 20 公里，南通上龛乡和九道乡。湖北省文化生态保护区、湖北省民间文化艺术之乡、十堰市民歌之乡。2017 年获评全市文明乡镇。

2017 年是党和国家事业发展中具有重要意义的一年，也是实施“十三五”规划、决胜全面小康的重要之年，更是克难奋进、加速发展，打赢脱贫攻坚战的攻坚之年。在县委、县政府的正确领导下，全镇干部勠力同心、踏实苦干，紧紧围绕“生态文明重镇、现代农业大镇、和谐美丽新镇、党的建设名镇”发展战略，以中央和省市县党委、政府经济工作会议精神为统领，以敢干促跨越，以实干谋发展，不断提升经济运行质量，镇域经济稳中有升。攻克了很多难关，较好地完成了各项工作任务，保持了经济社会各项事业稳定健康发展。2017 年全镇预计实现生产总值 14.7 亿元，完成财政总收入 910 万元，完成固定资产投资 6.9 亿元，社会消费品零售总额增长 800 万元，农产品附加值 1960 万元。

【党建工作】 镇党委、政府树立抓好党建就是最大的政绩的工作理念，层层夯实责任，层层传导压力，真正把党建工作落到实处，抓出实效，取得实绩。一是扎实开展支部主题党日活动。每月召开支部主题党日活动，33 个支部认真组织，积极动员，确保到勤率，基本形成了广大党员乐于参加党内组织生活的良好氛围；诵读十九大报告和新党章，面向党旗宣誓，严格完成规定动作，不走形式，有实质性内容，让广大党员接受灵魂的洗礼，锤炼党性修养，不断增强党员凝聚力、向心力、战斗力；加强马克思主义理论学习，认真学习马克思主义中国化最新成果，尤其是习近平新时代中国特色社会主义思想，确保了教育实践活动取得扎扎实实的效果。二是严格规范党建档案。按照上级要求，规范党建档案，不定期对各村党建档案进行抽查，对各村党建工作人员进行培训，确保党建工作有人懂，档案资料不出错，在多次检查中受到市县领导肯定。三是积极创新开展“五美”评选活动。为贯彻落实党的“十九大”精神，全镇开展了“五美评选”活动，即“最美党员”“最美村民”“最美儿媳”“最美公婆”“最美家庭”，择优评选出五类代表各10名，并在全镇范围进行大力宣传，极大地弘扬了主流价值观，激发了社会正能量。四是大力发展壮大村集体经济。鼓励村集体依托资源开发、产业带动、服务创收、村民联动、上级扶持、社会协助等形式，多种渠道增加村集体经济，消灭村级集体经济空白村，让每个村都富起来，今年每个村的集体收入都有大幅度提升。五是合力加强阵地建设。改扩建石垭、杉树等13个村党员群众服务中心，并配备电脑、办公桌椅、图书室、LED屏等设备。各村便民服务大厅建立了视频会议系统，实现开会不出村，极大地提高工作效率。五是加强党风廉政建设。认真贯彻落实十八届六中全会和十九大精神，不断强化党的领导，严格履行党委政府主体责任、纪委监督责任，持之以恒夯实工作作风。召开依法治镇专题会，将法治建设纳入年底考核内容；组织全镇广大党员干部、职工、群众学习《宪法》等法律法规，明白哪些事可以做、哪些事不能做、不能做的事做了有什么后果，始终牢记法律红线不能碰触，法律底线不能逾越，开展法制专题讲座，营造全民守法氛围。切实转变工作作风，有效提升工作效能。班子成员以上率下，严格落实周清单制度，白天下村指导工作，晚上开会研究措施；科室主任迎头赶上，每月学会一项新技能，树立终身学习理念；年轻干部奋起直追，每天上班早到半小时，加强实践锻炼，增长才干。强化纪委监督。充分发挥纪委监督职责，形成威慑作用。今年通过大数据比对，共查处问题线索6293条，约谈7人，立案1人。落实廉政建设。坚持从严治党，加强党风廉政建设，积极组织党员干部学习《准则》和《条例》，增强了全镇党员干部的拒腐防变能力。完善了政府机关和村干部管理、考核和监督机制，修订完善了内部管理制度，以制度管事，靠制度管人，以硬的纪律作风保障全镇各项重点工作推进。加强镇村党员干部廉政教育，引领干部认识新常态、适应新常态。加强了村级财务管理，加大村账镇代管力度，督促及时全面公开。切实增进了镇村两级干部树立为民、务实、清廉的良好形象。

【农业产业】 发展八大特色产业，全镇100只以上养羊户300户，200只以上养羊户150户，500只以上养羊户12户，1000只以上的山羊养殖示范基地3个，山羊饲养量已达12万只，可实现纯收入7500万元；发展烟叶346.67公顷，实现产值3000万元以上；依托森飞食品公司、月日湾袋料食用菌生产基地，发展食用菌基地400万袋，实现产值2000万元；打造7个中药材专业村，引进三鑫生物、陵州药业公司在红星村、彭家湾村发展千亩药材基地，新发展中药材433.33公顷；建项家河村千亩核桃产业园1个，新建核桃基地133.33公顷。

【精准扶贫】 全镇建档立卡贫困户4628户13270人，其中要实施易地搬迁2069户5828人；现结存贫困人口3801户10642人，2017年通过大产业和大搬迁脱贫991户2936人，2017年完成易地搬迁931户3095人。围绕“一有两不愁三保障”的标准，对之前已纳入建档立卡贫困户的且群众对此异议不大的，综合考虑各项因素，严格按照程序，公开公正透明的进行重点评议，全镇共新增贫困户367户1097人。对家庭比较特殊有争议的农户，认真甄别，不搞一刀切。最终把有较大争议的52户141人纳入贫困户。易地搬迁共涉及1072户，3227人，33个小区已完成。

兴建了望佛山农副产品交易中心，配备屠宰、检疫、冷藏、物流等相关业务，可对农副产品进行深加工，实现产业一体化发展，提高产品附加值新建十个产业合作社示范基地，发展秦巴黄牛、白羽乌鸡、贵妃鸡、马头羊、黑山羊、野生蜜蜂、椴木香菇、椴木黑木耳、绿色蔬菜、食用菌等大规模种养殖业，通过能人大户带动贫困户发展产业脱贫。筹建了一个网络销售平台，对外销售农副产品，该平台已正常运营。在县城开办一批农副产品销售实体店，再逐步扩展到周边县市，提高农副产品市场占有率。在湖北中医药大学组织一次农副产品义购活动，依靠湖北中医药大学，将产品辐射到周边高校，进一步扩大市场。为728户发放“四子”资金147万元，帮助贫困户大力发展产业。

大力宣传金融扶贫政策，鼓励缺乏资金且有能力的贫困户贷款创业，降低贷款门槛，简化办理程序，提升服务水平，为全镇1908户贫困户提供金融扶贫贷款。

开展“四双”帮扶。共有19支省市县驻村工作队，6个镇直单位工作队，28个驻村干部在全镇25个村帮扶；帮扶干部严格实行全脱产工作制度，坚持每周驻村不少于5天，每月驻村不少于20天，扎实开展“八个一”活动，164名帮扶干部下沉一线，多次深入贫困户家中，宣传扶贫政策，谋划脱贫措施，共走访3801户，召开家庭会议4390场（次），户院会214场（次），参会群众达26579人次，参会率达87.5%；

大力宣传医疗救助政策，共张贴宣传标语50张、海报100张、横幅25条，发放宣传册2000份，提高了医疗扶贫政策知晓率；镇卫生院组织医护人员余20人，在全镇25个村为贫困户免费体检70场（次），接受体检的贫困群众达3416人左右，提供医疗救助55人，医疗报销987人。

针对贫困户开展电商培训2场，养蜂技能培训1次，养猪培训1次，椴木香菇木耳种植培训1次，外出就业务工培训两次，增强贫困户增收致富能力，鼓励贫困户依靠自身发展实现脱贫。

【项目建设】 围绕民生需求，有序开展多个基础设施项目建设。一是推进道路畅通工程。投入200万元进行集镇改造，秦口集镇硬化道路1000米，镇中心硬化道路2000米，明年春将对镇中心公路黑化，不断完善交通体系，提升交通质量。二是推进农村安全饮水工程。全面启动乡镇集镇供水工程，新建和改造5个村的集镇自来水厂等集中供水设施，不断完善以集中供水为主、分散供水为补充的农村安全饮水网络，解决1.5万名农村人口安全饮水问题。三是推进信息化建设工程。为全镇25个村购置一台网络电视，村级党员群众中心网络全覆盖，方便村民上网。四是推进生态宜居工程。深入开展美丽乡村、宜居村庄建设，实施造林绿化266.67公顷，创建美丽乡村2个、生态村3个，集镇配置垃圾箱10个、垃圾桶100个、垃圾清运车1辆；五是推进智力工程。扩大学前教育覆盖面，推动义务教育均衡发展。新建项家河小学综合楼，已完成招投标，正在施工。六是推进医疗卫生提升工程。健全基本医疗卫生服务体系，完成25个村级卫生室规划，完成招投标；新建门古卫生院业务用房，主体已完成。七是推进精神文明建设工程。新建13个村文化广场、扩建25个村农家书屋、文化活动中心等公共文化服务阵地，出版了《房县民风民俗》。

【农业农村工作】 一是做好林业工作。全镇春季造林166.67公顷，其中白杨树66.67公顷、杉树166.67公顷，现场指导林农修剪、施肥、病虫害防治533.33公顷。加强森林防火宣传与监督，在全镇张贴宣传标语300条，全年未发生一起火灾，使林业工作有了质的突破，在全县年终考核中排名第一。二是加强环境卫生整治。大力开展露天秸秆禁烧工作，成立工作领导小组，落实相关责任，完善工作机制，利用户院会向农民宣讲秸秆焚烧的危害，大力倡导秸秆还田，循环利用；投资100万元，购置垃圾清运车一台，修建垃圾处理厂一个，投放垃圾中转箱50个，聘请保洁员10名，加强集镇卫生综合治理，做好乡村公路养护管理。三是积极打造美丽乡村。创建生态示范村，全力打造乡村休闲旅游，项家河休闲旅游景观开发已进入招投标环节，望佛山景区旅游项目积极申报。四是加强农村土地管理。鼓励农村闲散土地自由流转，提高土地利用率；有序开展土地确权工作。

【社会建设】 一是安全生产长抓不懈。做好安全生产大宣传，一年来，共悬挂横幅60条，发放各类宣传资料5000余份，出动流动宣传车数30次；开展安全生产大检查，镇安全办定期对全镇各地质灾害点进行安全排查，2017年以来，对叶家河水库、磨石湾电站、头道河电站、观音尾矿区等地区进行了10余次检查，对安全隐患及时发现，及时排除；实施安全生产大整治，镇安全办联合派出所、国土所等相关部门对大小企业进行了10余次的检查，对辖区内3家商店无证经营烟花爆竹下达《责令停业通知书》，并限期整改，对非法接送学生上下学的车辆下达了《责令整改书》4份，并进行了整改；二是抗灾救灾警钟长鸣。今年进入汛期以来，境内发生大面积、长时间的降雨，造成巨大灾情。镇党委、政府高度重视抗灾救灾工作，组织开展了“三大”行动，开展安全大排查，镇班子成员按照片区化管理，每周深入各自分管的片区检查督导，镇安全办加强排查，对滑坡体、库区、矿区等危险地带进行摸查，确保及时发现，及时处理。组织抗灾大行动，2017年门古寺镇发生较大面积灾情，灾害发生后，积极组织干部群众抗灾救灾，树立警示牌50块，发放告知书1000份，共抢修道路20公里。实施生活大保障，妥善安置受灾群众67户、152人，发放棉被50床、棉衣70件、帐篷5顶、救济款48500元。三是计划生育稳中求进。以迎检考核为导向，善于总结。根据年度考核方案深入剖析全镇计生工作存在的不足，全年共召开6次计生例会，总结有效的工作方法，完善体制机制。以问题整改为抓手，敢于反思。2017年，加大对各村计生工作动态跟踪，及时发现问题3处，3个村计生工作受到批评，据统计本年度体制内出生人口450人，占总出生人口的89%，达到了预期要求。以政策宣传为辅助，勤于疏导。计生办联合镇卫生院，组成下乡宣传队，在全镇25个村进行了为期三周的宣传，共拉横幅20条，印发宣传手册1000本，并免费为妇女进行体检，让计生政策深入人心。四是民政救济措施得力。切实做好民政社会救济，认真搞好了困难群众和农村低保困难补助的发放工作，累计临时救助170户，发放救助资金20多万元；妥善安置受灾群众67户、152人；建立日间照料中心、残疾人培训基地；优待军人212人，发放补助81万多元。五是信访维稳责任到人。设有人民调解委员会25个，人民调解员28人，共调处各类矛盾纠纷102起，化解100起，调解成功率达98%，做到了小事不出村、大事不出镇，不发生越级上访。加强各村网格化平台运转，阳光信访平台及时录入、参评、受理、办结，全面提高满意率。

（张兴成）

【门古寺镇领导成员名单】

书记、人大主席：王元涛

副书记、镇长：张　俊

副书记：任　娟（女）

人大主席：戢运烈

副书记、工会主席：杜　迪

纪委书记：陈　宏

组织委员：童　镭

宣传委员：戢运鹏

武装部部长、党委委员：王正林

副镇长、党委委员：王小虎

党委委员：杨　可

土城镇

【概　况】 2017年土城镇抢抓机遇，求真务实，艰苦创业，开拓创新，社会经济实现了又好又快发展，被列为湖北省“农村一二三产业融合发展试点示范乡镇”，先后荣获“十堰市安全生产先进单位”“十堰市规划建设管理先进单位”“十堰市文明乡镇”“十堰市信用乡镇”等荣誉称号。

【村镇建设】 版图面积37038.84公顷。2017年度在村镇建设方面取得成绩。启动了集镇改造项目工程，道理两旁人行道大理石铺设4000平方米；新修建广场一个，规划街道民居改造150户；完成黄酒村特色民居改造200户，同时在黄酒民俗村河对岸新启动了13户特色民居改造；黄酒酒庄、博物馆、展示中心、营销中心、体验中心建设项目主体已完成，现正在进行绿化亮化工程；生态河堤建设已启动，园林绿化4处，面积达2400平方米；安装街道照明路灯180盏；完成了日供水200立方米的集镇水厂扩容工程，铺设管道8600米，供水667户，供水普及率80%；新修村级公路32公里，硬化20公里，新建便民桥5座，维修1座；维修镇文化站、农技站便民服务中心；建成龙坪文化广场、穿山堰群众文化活动中心、土城黄酒民俗文化村绿化景观带；完成天然气项目土城段23公里建设。

【经济发展】 2017年，实现农村经济总收入6.7亿元，增长9%；地方公共财政预算收入715万元，增长10%；社会固定资产投资6.06亿元，增长16%；社会消费品零售总额1.53亿元，增长12%；农民人均可支配收入9530元，增长10%；经济指标的稳定增长为农民增收、精准脱贫奠定了坚实的基础。工业产业。以“黄酒、食用菌、烟叶、中药材、山羊”为主导的特色产业规模显现。一是黄酒产量达300万公斤以上，实现产值5000万元。二是以“食用菌园区+”的产业扶贫模式大幅推广，年产袋料300万袋以上，实现产值2000万元以上。三是以“烟叶、中药材、山羊”为主导的产业基地初步建成，带动群众增收致富的能力正在形成。农业生产。食用菌产业规模不断扩大，新发展袋料食用菌100万袋，发展椴木香菇、木耳30万桐，实现食用菌年产值5000万元。全年新增烟叶种植面积33.33公顷，形成了全镇200公顷烟叶大基地的良好局面，建成了黄泥烟叶专业村，新建烤烟炉40座，完善烟水配套工程，全年实现烟叶产量30万公斤，产值750万元。2017年，我镇山羊饲养量已达55000只，出栏31000只，年产值达到2250万元。水利建设。域内已建成水库4座，总库容为400万立方米；开挖水库干、支渠89条，总长45公里，埋设管道44567米；共建成电灌站1处，装机容量150千瓦；农田有效灌溉面积465.7公顷，有效灌溉率达53%。财政金融。域内金融网点有2个，2015年末存款余额共15734万元。截至2016年底，15个村实现光纤、电话全覆盖，开通程控电话440部，宽带入户率达22.8%，有移动、联通手机17890部，电视综合覆盖率达87%。商业。全域个体工商户1246户，发展电商平台2个，电商28家。招商引资。2017年，通过大范围招商，引进资金7300万元；新签约亿元以上项目2个：土城镇花楼门村柳树垭生态滑雪场项目和湖北工建集团有限公司打包建设的PPP项目；在谈项目1个：土城镇花门、龙坪村千亩猕猴桃生态种植园项目；持续在建项目1个：土城镇黄酒民俗村后续配套工程正在建设中；投产项目2个：金裕石材新上两条国内一流生产线项目、龙坪食用菌生态种植基地项目已正式投产。企业推介。全镇现有企业44户。农民专业合作社45户。龙头企业为金裕石材，利用地理优势、资源优势，开采石材，销往外地。

【社会事业】 文化教育。始终坚持把教育工作摆在优先发展的战略地位，2017年土城初中中考升学率再创新高，进入全县前列，5所小学教育教学条件得到有效改善，适龄儿童入学率达100%。文化艺术。传统艺术形式有：船灯、器乐等；获得主要荣誉有：先进文化单位、小戏种演出优秀奖等；文化活动场所有：文化活动广场，各村文化娱乐室等；农家书屋15间。医疗卫生。土城镇有标准化卫生室的行政村比例为100%，均配有有相关资格的医师，贫困人口居民医保参保率达100%。全年大病救助46人，新农合补助资金320万元。精神文明建设。全年共举办各类文艺演出5场，观看群众达3000余人次；成功举办第三届“清风杯”农民运动会，人民群众文体活动越来越丰富。全年新建了7个文化活动广场。应急能力不断强化，顺利完成今年五十年一遇的秋汛防汛工作，防火禁烧工作成效显著。加强文明新风宣传，引导全镇干部职工文明生活，狠刹农村“人情风”，提倡节约消费、绿色生活，全年节能减排目标顺利完成。社会保障。一是发放各类惠农补贴和养老金1500多万元。二是交通、饮水、环境、文化、教育、医疗等民生保障正逐步改善。三是化解了一批群众上访的疑难问题，敏感时期实现零上访，社会大局和谐稳定。环境保护。全面推进集镇、村庄环境整治，完成庭院四旁植树32500株，庭院绿化47500平方米，硬化晒场21600平方米，对十房高速、209国道、315省道沿线重点区域的荒山荒地进行生态治理，植树造林1333.33公顷，退耕还林206.67公顷，治理生态河堤22公里。进一步加大乡镇环保工程建设力度，占地800平方米的压缩式垃圾中转站建成并投入使用，全镇配备保洁员70人，配置垃圾箱260个，垃圾桶3000个，配备垃圾清理车2辆，专职司机2名，清理垃圾1800余立方米。

（姚　巍）

【土城镇领导成员名单】

书记：马云超

副书记、镇长：李　奎

人大主席：邹正军

副书记、纪委书记：钞俊峰

副书记：万能友

党委委员、副镇长：李　龙

宣传委员：吴勇星

组织委员：李　娟（女）

党委委员、武装部长：罗成林

党委委员：程建军

副镇长：裴　军

红塔镇

【概　况】 红塔镇位于县城中部平坝地区，地处城郊，环围县城，因矗立于凤凰山上的红军烈士塔而得名。境内209国道、十竹高速贯穿南北25公里，346国道、谷竹高速贯穿东西30公里。2011年8月经湖北省人民政府批准，同意房县撤销红塔乡，设立红塔镇，以原红塔乡行政区域为红塔镇行政区域。全镇下辖27个行政村（七河、高碑、双溪、沙坪、塘溪、油坪、六谷、古桥、五龙、谢湾、邓营、邹家院、况营、朱湾、磨石、桂坪、营盘、付畈、五将、大里、李湾、党湾、马栏、南潭、潮汪、兴胜、旱粮场），9个村位于城市规划区，围城融城、以城带乡是大势所趋。共有154个村民小组、10996户，其中农业户口10517户；总人口43510人，是房县第二人口大镇，其中农业人口40262人，现有镇村从业人员24303人。版图面积23594030公顷，耕地面积2441.93公顷（其中水田1272.33公顷，旱地1017.87公顷）。

全镇党员1243人，设党委一个，党总支一个，支部40个（其中非公企业支部3个）。全镇实现财政收入1725万元，固定资产投资8620万元，招商引资8550万元，农民人均纯收入达到9545元，主要经济指标全面超越目标任务。在全县综合目标考评中，荣获优秀乡镇、文明乡镇、党建良好乡镇、脱贫成效突出乡镇、社会治安综合治理优胜责任区、信访工作优秀乡镇、安全生产优秀乡镇等荣誉称号。

【村镇建设】 推进城乡建设，人居环境进一步改善。一是继续巩固双溪片区建设成果，沿河栽植月季、木瓜等绿化苗木3000平方米，铺设沿河步行道600平方米，维修下水道600米，建小型群众文化广场1处，面积600平方米。二是提档升级双溪至沙坪村级旅游路6公里，路面拓宽为5米，浆砌驳岸15处4500立方米，处理路基5000平方米，修建下水道1100米。三是启动党湾美丽乡村建设，党湾小区主体建设已基本完成，党湾33350平方米莲藕产业观光园已建成，园区观光步行道，村庄环形路已建成，新建环村路1公里，美丽乡村道路1300米，整治渠道300米；修建产业路1.5公里，文化广场建成使用。四是启动李湾美丽乡村建设，修通千亩樱桃园产业观光路；硬化户院路1公里；治理渠道500米。五是建设马栏、七河、邓营、旱粮场等9个村党员群众服务中心，并配套建设文化广场。六是对七河中学学前路提档升级，重新铺设并实施路面硬化4500平方米，铺设人行道板材4000平方米，完善排水渠道1300米，更换路灯30盏。七是持续推进环境整治工作。秸秆禁烧工作扎实开展。配备垃圾中转清运车4台，中转垃圾箱60个，电动三轮垃圾收集车10辆，户用垃圾桶1600个；对迎宾大道、房陵西延大道沿线等中心村进行环境保洁、打扫；规范境内国省道路灯、户外广告，宣传社会主义核心价值观和房县家风家训。在谢湾、朱湾等村新建5个小型生态循环处理污水站，集中处理生活污水；完成荒山荒地绿化66.67公顷，庭院绿化和四旁植树2万余株，坟前植树518座，苗木成活率达90%以上。高碑、古桥被授予市级生态示范村。

【经济发展】 凸显特色，厚植优势，经济发展进中向好。一是工业经济扩能增效。西城工业园新增园区面积8.67公顷，新落户企业2家，天龙石墨、诚信汽配、嘉禾米业产能大幅提升，濠兴公司投产见效。二是三产融合起步良好。走农企、农商、农旅结合之路，武当农夫、三鑫生物、陵州药业等7家龙头企业产、供、销一体化基地建设步伐加快，李湾村宦熊、沙坪村冯顺平、谢湾村唐义龙等一批能人返乡创业，党湾、李湾等村积极培育专业合作组织35家，新发展电商4家，家庭旅馆（农家乐）10家。改扩建林果、药材、茶叶、蔬菜等特色产业基地1666.67公顷。李湾首届樱桃节、塘溪首届年货节等活动成功举办。三是项目建设顺利实施。把项目建设作为推动发展的重要抓手和“牛鼻子”，镇村两级持续优化环境，排除干扰，全方位服务项目。环城北路、沙沟河治理、房县一中迁建、思源实验小学、武当农夫生态观光园、南潭生态旅游路、西安路、天然气门站等重点项目快速推进。

【社会事业】 社会事业稳步发展。全镇共有低保504户984人，每月发放救助金9万元；共有五保333人，其中镇福利院集中供养42人，分散供养291人，正新建可容纳200人的农村福利院，将从根本上改善五保老人的居住条件；医疗救助190人，解决救助资金38万元；发放临时救助资金11万元，惠及群众130人；扎实开展灾后重建工作，对因灾倒房的群众及时进行转移，重建、修缮房屋7户25间，发放救灾资金33.28万元，发放救灾棉被100余床，惠及群众400余人。

全镇新建村卫生室18个，纳入精准扶贫新农合医疗保障扶贫对象2663户7501人，全部建立档案，开展健康体检及家庭医生签约服务。开展就业培训300人；全镇已经征收居民养老保险基金275万元；城乡医疗保险金510万元；开展惠农政策宣传活动，发放各类惠农补贴资金486.77万元；全镇15个村申报公益事业建设项目15个，申请财政奖补资金150万元，6000户受益；退耕还林验收合格面积251.37公顷，兑现政策补助188万元，兑现生态公益林补偿资金85万元；硬化村级道路14个村26.2公里。

文化活动室、农家书屋、老年活动室、“村

村响”免费开放，广场舞大赛、“精准扶贫送戏下乡”等各类文体活动丰富多彩，欧阳启兵荣获省级“文明家庭”称号。加大中、小学师资及办学硬件投入，整治校园周边环境，2017年中考成绩名列前茅。城乡医疗服务水平不断提高，突发疾病和疫情、传染病控制体系进一步健全。工会、妇联、共青团、武装、统战、民族宗教、科技环保、文明创建等各项工作统筹推进，成效显著，被授予省级工会工作先进单位。

（蹇囡囡）

【红塔镇领导成员名单】

书记：刘　坤

副书记、镇长：雷　虎

副书记、综治办主任：张　然

副书记、工会主席：谭远成

人大主席：谭荣强

副书记：饶正超

纪委书记：常　勇

组织、统战委员：何吉勇

宣传委员：赵先华（女）

党委委员、副镇长：陆　静　金国树

党委委员、武装部部长：卢　勇

副镇长：齐国强

白鹤镇

【概　况】 白鹤镇位于房县城郊，距县城9公里，处于亚热带地区，东邻青峰，西连红塔，北抵丹江，南与城关隔河相望，属房县城际周围小盆地的一部分，南北长41.5公里，东西宽35公里，版图面积22879.4公顷，境内最高海拔1582米，最低海拔370米，平均海拔高度530米，年均降雨量821.9米，平均气温18.3℃，属亚热带季风气候，全年无霜期220天。境内有流域面积50平方公里以上河流2条（马栏河、鲍家河），乱石、车前、凡家河等支流28条；水库7座，山塘153口，拦河堰133处。全镇现有耕地2079.67公顷，其中水田731.27公顷。森林资源丰富，森林覆盖率86%，林地面积达17333公顷，植被生长茂盛，盛产木耳、香菇、天麻、大鲵、核桃等，全镇已硬化公路170公里，村级公路硬化率达100%，电信、移动、联通、电力覆盖全境。1945年属一区所辖，为羊包乡，1947年改为树亭乡，1948年又改为和平乡均属一区所辖，1949年房县解放，属两河区所辖，后又划为长胜区白窝乡，1975年春撤区并社改为白窝人民公社，1984年撤社并入红塔区，下辖4个小乡，即石堰乡、白窝乡、三树乡、双河乡，1987年9月撤红塔区建白窝乡，原4个小乡改为4个办事处，通省乡的立石，堰河两个大队划归白窝乡所辖，1993年，办事处更名为管理区，2001年撤通省乡把东浪、黄堰两个管理区划归“白窝乡”，2006年改为“白鹤乡”，2009年改为“白鹤镇”，因白鹭成群，寓意腾飞而得名。至此白鹤镇辖孙家湾、石堰河、长龙堰、解家湾、赤岩村、伏溪堰、白鹤观、付家村、堰河、黄杨树、东浪、双河、三棵树、雷家冲14个行政村，80个村民小组。全镇8948户，33617人，其中农业人口30618人。

镇政府位于伏溪村四组，距县城8.9公里，截至2017年底，镇政府在职在岗人员41人，其中党员38人。在县委、县政府的正确领导下，深入贯彻落实党的十八届六中全会和十九大精神，认真落实县委决策部署，严格执行廉洁从政各项规定，务实进取，勇于担当，扎实工作，改革创新，全面完成了各项工作任务，精准扶贫顺利完成迎国检工作，抗灾救灾得到省委书记蒋超良同志的肯定。2017年，被市委、市政府授予市级“平安乡镇”称号，抗灾救灾工作荣获全县“集体三等功”，综合考评为合格乡镇，精准扶贫为B等次，综合治理为优胜责任区。2017实现财政收入1270万元，同比增长20%；招商引资7000万元，同比增长14%；固定资产投资9.5亿元，同比增长9%；

工业总产值达11亿元，同比增长14%；农民人均纯收入9436元，同比增长10%。

【地域特色】 白鹤镇历史悠久，自然环境优美。有着浓厚的文化底蕴和人文传说，有“羊鼻岭古人类文化遗址”。羊鼻岭的堆积层中，不仅有新石器时代的“仰韶文化”“屈家岭文化”“龙山文化”的文物遗存，还有四周时期的文物遗存。岭的左侧是鲍家河，右侧是高视河，两河由北向南并向奔流，在岭前交汇，合注于马栏河。

白鹤镇是有名的“贡米之乡”。传说这里在清朝时期有一个水田出产的稻米吃后能使人长生不老，由此成为了皇帝的专用，这个传说至今仍使当地人们津津乐道，曾经白鹤、付村两地群众为这个“贡田”的归属争执不休。

有东泰山庙的传说，东泰山距房县县城以东五里，在孙家湾村境内，属武当山后山余脉。东泰山庙在历史上是道教圣地，据现在的东泰山庙看守人胡继明介绍，东泰山庙始建于唐朝，明洪武年间（1368—1398），得以重修，一直到清同治年间（1862—1874），武当道人张来科受祖师爷之命，前来重修东泰山庙，历时五年，时建房屋72间，分前后两殿，前殿有36间房主奉祖师爷，后殿36间主奉泰山爷。现已84岁的孙家湾老人曹胜坤，从小就居住在泰山庙脚下。他亲眼目睹了东泰山庙的辉煌与衰落。东泰山庙距县城较近，交通方便，风景宜人，加之历史久远，是一个天然的休闲观光的好去处。

【精准扶贫】 全年共脱贫561户1718人，实现三棵树整村出列，顺利迎接国检。易地搬迁上，全镇易地搬迁共1195户3660人，2017年搬迁694户2059人。产业扶贫上，全镇14个村新建了光伏发电项目，总装机容量4200千瓦；以合作社、能人大户带动的银杏、蔬菜、大鲵等特色产业成为了带动贫困户脱贫的不羁动力，实现了685户贫困对象稳定增收；继续兑现“四子”达1082户，金额总计216.4万元。向1558户发放贷款2396.7万元，扶持他们发展特色产业。务工脱贫上，对全镇3044名贫困劳力劳务输出地、工种、意愿和存在困难等做了全面摸排。组织开展技能培训共计11次418人，引导贫困劳动力1613人外出或在县内就业。在教育扶贫、医疗救助一批、保障兜底上，全面落实各项政策，2017年资助贫困学生753人，金额达76.8万元，雨露计划90人，金额达19.9万元；累计救助贫困对象3788人次，金额达483.6万元；供养五保户280户280人，低保户955户2059人。通过医疗救助和临时救助，累计救助精准扶贫对象467户。

【村镇建设】 白鹤镇集镇主要包括中心集镇和孙家湾、石堰河村级集镇。中心集镇是白鹤镇政府所在地，集镇面积3平方公里，总人口4000人，其中非农业人口1100人，常住人口3100人，流动人口182人，集镇道路长4公里，其中水泥硬化车行道4公里，人行道4000米，总面积36000平方米；绿化带18000平方米，城镇绿化率达60%。围绕“县城后花园”的发展定位，按照村镇建设和集镇管理的要求，建设和管理好白鹤。一是五城联创工作常抓不懈，结合竹房城镇带建设，伏溪村集镇街道工程基本竣工，村庄面貌大幅改观。为了拓展集镇空间，镇自筹资金2000万元用于沿河大道建设。二是大力发展生态休闲度假游、现代农业观光游等，增加农民收入。三是加强环境保护，配合省市县环保部门做好11个村的环保项目建设，新配备垃圾车3辆，投放垃圾箱46个、垃圾筒500个，村庄环境卫生明显得到改善。坚持抓环境整治、乡风文明、管理规范，乡村面貌焕然一新。四是全面落实“河长制”，实施鲍家河流域水生态、水环境及河堤综合治理。加大环卫力量投入，确保全镇生活垃圾收运及时。以点带面，率先启动赤岩村、黄杨村、伏溪村3个村的农村环境卫生综合整治项目。

【社会事业】 2017年一批重点民生项目和政策得到落实。基础设施建设方面。协助县环城北路建设指挥部完成6个厂征地拆迁补偿。S477省道建设项目完成规划、设计等前期工作。硬化全镇36.6公里通村路，改扩建赤岩村2公里主干道。将孙家湾村12公顷地征收用于聚达食品公司、东城加油站、驰安考场、儿童医院等项目建设；新建孙家湾村、石堰河村、付家村、雷家冲村党员群众服务中心，改扩建了解湾村、白鹤观村、黄杨村、东浪村、双河村、三棵树村党员群众服务中心。启动赤岩村、黄杨村、伏溪村3个村的农村环境卫生综合整治项目。危房改造方面，对东浪、黄杨、堰河、三树、双河等村500户农户房屋进行危房改造。农田设施方面。配合县国土局全面完成总投资3500万元的高标准农田改造项目。教育方面，重点加强学校周边环境综合治理工作和校安工程建设，石堰河中学9月初已投入使用。医疗卫生方面，"两金"征收工作有序推进，群众就医看病有保障。坚持计生国策不动摇，坚持严管超计划生育的同时，鼓励有条件的家庭生育二孩，定期开展B超"三查"，做好育龄妇女服务，做到"严打超孩、鼓励生孩、服务二孩"。抗灾救灾方面，在县委、县政府的坚强领导下，在省市县专家的科学指导下，白鹤镇党委政府充分发扬自强不息、顽强拼搏、万众一心、艰苦奋斗的抗灾救灾精神，组织干群全力开展抗灾自救，修补了38公里损毁道路，确保出行基本畅通，保障了54户受灾群众住房安全。尤其是伏溪村特大型滑坡体灾情应急处置快速有效，得到了各级领导的肯定。

（任传文）

【白鹤镇领导成员名单】

书记：谢　林

副书记、镇长：付长飞

副书记、纪委书记：陈　伟

副书记：郭　玲（女）

组织、统战委员：钟洪亮

宣传委员：叶章定

党委委员、武装部部长：周晓飞

党委委员、副镇长：秦国彦　昝旭海

人大主席：许建林

野人谷镇

【概　况】 野人谷镇位于房县县城南部，镇政府所在地距县城23公里。2002年由原桥上乡与安阳坪乡合并而成，东与保康县紧邻，南与神农架接壤，西与门古寺镇交界，北与红塔乡相连。版图面积39710.62公顷，山地面积约占85%，耕地总面积1534.67公顷，其中水田143.67公顷，旱地1275.33公顷。辖18个村、63个村民小组3366户14215人，其中农业人口12987人。野人谷镇整个地势是南高北低，南陡北缓，海拔在288—1800米之间，相对高度差1512米，镇政府所在地海拔700米。地处北亚热带季风气候带，具有典型的山地气候特征，年平均气温13℃，无霜期150—240天。粮食作物以水稻、小麦、玉米、大豆为主，特色产业以民俗产业、大鲵养殖、烟叶、红豆杉、树莓、绞股蓝、高山蔬菜、水电、旅游为主。2017年，获得"全国文明乡镇""全国卫生乡镇""湖北省文明乡镇""湖北省旅游名镇""湖北省特色小镇""十堰市最美生态镇"等荣誉称号。

【村镇建设】 2017年借助精准扶贫的战略机遇，大力加强农村基础设施建设推进美丽乡村建设。不断加大基础设施建设力度，实施10个村2328户6402人安全饮水工程，新建过滤池16个，配套管网10000米；新建村级便民桥17座；硬化及维修乡村道路30.9公里、新修户院路15.9公里；硬化灌溉渠2400多米；河堤治理11.2公里；栽植行道树500多棵；安装标准化路灯47盏；积极争取上级支持，投入30万元，增配垃圾车4辆，环保电动车20辆，增设垃圾中转箱27台、分类垃圾桶2000个；大力进行乡村服务设施建设，全镇修建村委会8个，文化广场11个3000余平方米，新建村级卫生室8个，完成3个台区农网改造工程，建成通讯基站1个，广电网络覆盖17村。2017年全镇农业总产值13204万元，同比增长2%，规模下农产品加工产值13091万元，全镇年旅游综合收入达4300余万元。固定资产投资70340万元，同比增长22.8%，镇财政收入530万元，农民人均可支配收入9056元，人平增加1081元。

【特色产业】 全力培育特色产业，全镇红豆杉种植达到923.2公顷、树莓达到466.67公顷、烟叶168.07公顷、高山蔬菜777.67公顷。初步形成以甘霞为中心的阳荷专业村，共发展阳荷166.67公顷。发展中华小蜜蜂850箱，大鲵基地4个养殖12.36万尾，繁育大鲵15万尾，山羊、牲猪、耕牛总饲养量分别达到4.2万只、1.3万头、0.3万头；出栏2.5万只、1.4万头、0.3万头，存栏1.6万只、0.6万头、0.3万头。以绞股蓝、虎杖、柴胡等为主的中药材面积达到1046.07公顷，产值达到3550万元。

【旅游产业】 一是岩屋沟景区开发项目。岩屋沟景区已投资1.5亿元，完成游步道建设6.5公里，现已正式营业；二是挂榜岩景区开发项目。挂榜岩景区规划面积3.5平方公里，项目总投资为3亿元，投资1.2亿元的游客接待中心和多栋木屋群已建设完成；三是神农农耕文化博物馆开发项目。神农农耕文化博物馆目前已投资2500万元，主体工程已完工，神农黄酒生产线已安装完毕，中药馆已挂牌营运；四是“双野”景区提质升级。积极协调湖北尧治河旅游发展有限公司对野人谷、野人洞景区的各项设施进行提档升级，正在申报国家5A级风景区。全镇累计接待游客90万人次，实现门票收入340万元，旅游经济总收入达到2100万元。

【社会事业】 一是卫计服务日益完善。认真开展进村义诊、“两癌”筛查、健康宣教等服务活动，对8所村级卫生服务所进行标准化建设，不断提高农村医疗服务水平，新农合参合率达99.1%以上。积极落实签约医生服务工作，落实健康档案1135户2995人，完成健康体检2394人，签约1450户3846人。积极实施全面两孩政策，改革完善计划生育服务管理。

二是惠民政策落到实处。坚持按照“应保尽保、应退尽退”的动态管理制度开展低保、五保工作，严格执行民主评议制度，全年动态调整137人。新建互助式养老中心5个，解决了71个五保户居住问题；投资15万元完善公租房“十配套”小区相关设施，投资35万元对福利院提档升级，改善院民居住环境。共落实低保对象397户737人；救助城乡患病困难对象273人，医疗救助金29.2万元。扎实开展社会养老保险工作，全镇参加社保人数达到4207人，参保率达62.03%。及时报灾核灾、有效开展救灾工作，及时上报倒塌户11户，倒损户37户，发放救灾物资及资金折合人民币19万余元。申报农村危房改造对象57户。

三是文教事业迅速发展。积极组织开展丰富多彩的文化活动，成功举办了十堰市第二届乡村民俗年货节和“走进野人谷，情满野人谷”故事会活动。全年共开展送戏下乡、文艺会演、歌舞比赛等大型活动5次。教育工作持续巩固，全面推进素质教育，加强教师队伍建设，提高办学质量和效益，严格执行教育收费“一费制”，强化控辍保学措施，适龄儿童入学率达100%，中学生在校巩固率达100%。大力开展教育扶贫工作，累计受益学生达364人，享受助学补助42.7万元。

四是综合治理成效显著。2017年全年共受理信访案件123件，其中上级交、转办件67件，来访56件，除2件无理缠访外，其余121件全部结案，结案率98.3%。抓获犯罪嫌疑人6人，管控重点人员67人，全年没有发生影响社会稳定的群体性事件和重大刑事案件。

五是安全生产工作常抓不懈。全面开展安全

生产大排查、大整治活动，坚持每周深入库区、矿区、精准扶贫小区、建筑工地等重点行业领域检查。全年共组织专项检查32次，检查生产经营企业单位126次，下发整改通知书41份，确保群众生命财产安全。查处食品药品违法案件15起，整改15起。

六是精准扶贫有效推进。积极开展建档立卡“回头看”工作，对全镇贫困户进行精准再识别，共有2110户，5568人。2017年脱贫153户，482人，驼河整村出列。通过能人引领、合作社示范，着力培植以烟叶、红豆杉、中药材、蔬菜为主导的特色农业产业，带动贫困户发展产业336户992人，兑现“四子”到户资金33.6万元。发放金融贷款293户，发放资金1647万元。全镇易地搬迁已搬迁18个小区涉及310户893人，占总任务1346户的67%。大力开展实用技术培训工作，参训人员达380人。加大劳务输出，县内外共输出0.6万人，收入达1.3亿元。扎实抓好“四双”帮扶工作，市县镇各级工作人员642人，共结对帮扶贫困户2110户。

【地域特色】 野人谷镇拥有中国“绞股蓝第一镇”的美誉。绞股蓝茶生产在野人谷镇已有20多年的历史，年产绞股蓝龙须茶20吨，绞股蓝凤翅茶400吨，创产值1000万元。全镇采用“公司（协会）+农户+基地”的办法，形成自己注册的神农牌、桥上牌龙须茶和凤翅茶，产品通过加工包装销往全国20个省、市，100多个县市。2002年神农牌龙须茶荣获国际农业博览会金奖，2004年被国家绿委会认证为“绿色食品”。绞股蓝种植已成为野人谷镇人的习惯，其产品已被消费者认可，发展前景广阔。

【境内景区】 野人谷镇境内拥有野人洞、野人谷两个国家AAAA级旅游区以及岩屋沟、挂榜岩等旅游资源，是武当山、神农架、长江三峡黄金旅游线上追踪神秘“野人”的发源地。一是野人洞旅游区，位于房县城南24公里处。洞外有龙头岩、龙尾峰、寿桃峰、五行山、玉带山、凌云渡、叠花苑、登天梯等多处景点；洞长1980米，分上下两层，落差150米，两洞由天梯连接，惊险刺激、雄伟壮观。神斧天工造就的钟乳石分布均匀，造型奇特，姿态万千，令人惊叹叫绝，堪称鄂西北第一洞。二是野人谷风景区，距离野人洞3公里，谷长5公里，是集苍山、秀水、幽谷、险峡、溪流、飞瀑、神峰、奇洞为一体的十里长峡，被誉为“天然植物园、自然博物馆”、“天然氧吧”、“人间仙境”、“马路边的原始森林”。谷内水清谷幽、山峦俊美、高峡平湖、碧波荡舟，是阳春赏花、盛夏避暑、深秋观景、严冬泳雪的旅游胜地。三是岩屋沟，位于野人谷镇杜川村，东起关门山，西至高桥河，北起杜家川，南至梭子山、炭耙山。景区内奇峰怪石、清泉飞瀑、名树异草、高山草甸、岩屋石窟等自然景观丰富。四是挂榜崖，壁面光滑，如刀切一般。岩上古木参天，岩下碧水荡波，岩缝青枝点缀。帝王峭壁悬榜、惊险刺激。由黑山主景区、横峪河景区、南天门景区、千坪山景区构成的鄂西黑山原生态旅游区，也是野人谷镇重要旅游资源之一，主要景点包括：黑山主峰、十里长岭、天池草船、横峪河高山草坪、古栈道、结核岩、温泉瀑布、南天门、千坪山金蟾洞等多种地貌独特的自然风光。

（汪　统　张　书）

【野人谷镇领导成员名单】

书记：陈晓东

副书记、镇长：刘玲玲（女）

副书记：张超　邓先超

人大主席：王庆国

纪委书记：杨祖攀

组织、统战委员：官升亮

宣传委员：汪　统

党委委员、武装部部长：郭　峰

党委委员、副镇长：郭长权

党委委员：王靖锋

窑淮镇

【地名由来】 相传古时候窑淮镇有一座三教堂，在三教堂的右边曾经有一个方圆十几里的窑场，左边是一条名为横水的河。据说唐朝时庐陵王在化龙建了个古城，建宫殿需要砖瓦，就在窑场设了个砖瓦场，烧砖烧石灰建宫殿，后来窑场就是现在的窑场村；横水是上下冷浸田多，一年一季收庄稼，最后改成了淮水村。土木修建宫殿，在这里建窑烧砖瓦，后来人们就把这个地方叫窑场。如今的窑淮就是窑场和淮水的集中点。

【乡镇概况】 窑淮镇位于房县县城以西36公里处，东接化龙，西与竹山文峰毗邻，南与门古交界，北连姚坪，全镇下辖14个行政村近2万人，版图面积24296.27公顷。是竹房城镇带重点建设乡镇之一，346国道和谷竹高速穿境而过，属千里房县“西大门”。

2017年，窑淮镇党委政府在县委、县政府的正确领导下，团结带领全镇广大干部群众，坚持“生态立镇、产业兴镇、商贸活镇、平安稳镇”的发展战略不动摇，以精准扶贫脱贫为统揽，以美丽乡村建设为抓手，以从严治党为保障，积极适应经济发展新常态，主动作为、克难攻坚，奋力推进各项工作落地实施，较好地完成了县委、县政府下达的各项工作任务和党委、政府确定的目标任务。并先后被湖北省授予“湖北省生态文明创建示范镇”“湖北省信用乡镇”等荣誉称号，被省委宣传部、省司法厅、省普法办授予“先进集体”荣誉称号；被十堰市委、市政府授予“市级文明乡镇”“市级精神文明系列创建先进集体”“十堰市基层党建先进乡镇”“十堰市新型城镇化建设优秀乡镇”等荣誉称号。窑淮镇三岔村获得首届十堰市“最美生态村”称号。

【经济发展】 2017年，完成固定资产投资7.6亿元，占全年目标任务7.2亿元的106%；招商引资到位资金5100万元，占全年目标任务4500万元的113%；实现财政收入430万元，占全年目标任务320万元的134%；社会消费品零售总额完成6007万元，占全年目标任务5400万元的110%；农民人均可支配收入达9277元，同比增长9%。

【精准扶贫】 坚持以精准扶贫统领经济社会发展全局，全力推进“三大战略”和“六个一批”工程，一是依托政策学习，确保责任有力落实。2017年全镇召开驻村领导例会、干部大会、精准扶贫工作动员大会等各种会议达300余场次，召开精准扶贫督战会20多次，形成会议纪要3份，发通报3次。切实强化了各单位、全体帮扶干部的责任意识，有效推进了精准扶贫各项工作任务的落实。二是按照“集中安置、上楼安置、进城进镇进中心村进福利院安置”原则，严守“三条红线”，强力推进易迁工程。2017年开工建设的第二轮10个小区共搬迁781户2343人。三是紧盯村级公共服务“十配套”建设。水、电、路、讯、村级阵地、卫生院、文化广场等配套建设快速推进，不断完善。四是紧盯精准扶贫小区配套建设，确保搬迁对象入住，全镇所有扶贫安置小区水、电、路等配套项目建设正稳步推进。五是借助金融扶贫，提升贫困户造血功能。加快推进扶贫小额信贷，在向符合条件的建档立卡贫困户发放扶贫小额贴息贷款的同时，更加注重金融扶贫方式的创新。鼓励金融机构大力推广“农业合作社＋贫困户＋分红”的分贷统还模式。全年累计实施医疗救助2200人次，报销金额560万元，为54名贫困生发放教育资助金26.78万元，发放小额信贷984户2300万元，五保低保实现应保尽保。

【产业发展】 在继续巩固茶业产业的基础上，一是咬定茶叶主导产业不松手，招引具有典型示范引领带动作用、以生产为主导的茶企荆襄红，首次具备在夏中和夏末也能采茶的能力；二是原有绿茶合作社的规模不断扩大，山水房陵成为新的一员；三是道地中药材不断扩展。42公顷银杏产业基地初具规模，陈家铺村13.33公顷高品质采摘园已正式对外营业，辣椒基地新发展42公顷，虎杖新扩展36.67公顷，魔芋基地也落地开花，精制魔芋粉加工厂也投入运营，这些产业的实施，极大地调动了广大群众投入产业的积极性和主动性，为群众增收、农业增效打下了坚实基础。

【镇村建设】 进一步完善以集镇为核心、以中心村和特色产业为支撑的特色小镇体系建设，着力优化村居环境，改善村居面貌。在集镇建设扩容增效方面：一是在集镇中心区域新建小区3个，共集中安置322户953人，使集镇人口达到6000人规模，同时做好小区道路、管道铺设等“十配套”项目；二是积极推动集镇第三期改造项目，铺设人行道及踩石板2000平方米，周边绿化2500平方米；三是积极推进集镇雨污分流综合管网建设，现已完成前期勘测。在推进片区建设方面：一方面巩固提升三岔片区建设成果，不断整修河堤、架设水毁大桥等，积极完善水电路等基础设施建设；另一方面突出重点建设陈家铺村美丽乡村建设，改造特色民居200户；硬化陈家铺白土寨景区道路1公里，新修并硬化村组道路2公里，围绕药材基地和采摘园新修产业路1500米；维修加固河堤2000米，绿化八道河道路4公里；新建陈家铺村群众文化广场3处，占地面积2500平方米，成功举办了第三届民俗年货节。在重手整治环境污染方面：首先从硬件入手，各村配齐垃圾清运车、垃圾桶、垃圾箱，新建污水处理厂1个，垃圾填埋场2个；二是开发利用公益性岗位，各村配齐保洁员、公路养护员，实行村庄管理常态化；辖区内化鱼河、长峪河、马尾河流域实行河长制，配备专人，加强监管；规划新建人工湿地10个，现已开工建设7个；狠抓露天秸秆焚烧和综合利用，下大力气治理乱堆乱放、乱搭乱建等脏乱差现象，农村环境面貌焕然一新。

【社会事业】 一是计划生育常抓不懈。突出重点实施全面二孩政策，推进计划生育服务管理改革，抓好“三查四术”、孕情跟踪管理、清理清查、流动人口管理等工作，政策外多孩率为1.77%，在县目标值以内；二孩及孕情上报及时率在全县名列前茅。二是社会环境和谐稳定。深入推进矛盾纠纷大调解，推行领导干部大接访、大下访，加大矛盾纠纷、不稳定因素排查及化解力度，全力做好十九大期间信访维稳工作；大力开展平安创建，完善立体化防控体系，加大巡查力度。2017年，全镇共摸排不稳定因素29起，成功调处平息纠纷30起，接待受理精准扶贫及各类信访案件135起，信访办结率为98%，确保敏感时期零上访的工作目标。三是教育教学稳步推进。加大教学师资及硬件投入，全力推进窑淮初中改扩建工程；开展建档立卡贫困户子女的学前教育、义务教育阶段的生活补助工作。四是医疗卫生统筹发展。积极开展健康扶贫“五大行动”，健康扶贫宣讲团逐村入户宣传政策，开辟绿色结算通道，强化公共服务水平；推进10个村的标准化村级卫生室建设，年前全部完工并投入使用；切实加大新农合征收力度，实实在在解决群众看病难、看病贵的问题。五是抗灾救灾扎实有效。受夏季强降雨影响，境内14个村不同程度遭受洪灾水毁，其中房屋倒塌58户137间、受损111户263间。灾情发生后，镇党委、政府主动作为，广大干群踊跃参与，及时转移受灾群众169户，积极抢修农村公路60处1600米，维修河堤3500米，硬化渠道1800米，同时组织群众展开生产自救，努力把损失降到最低，在整个灾情期间，确保无一例人员伤亡。

（李　林）

【窑淮镇领导成员名单】

书记、人大主席：杨　奎

副书记、镇长：雷　波

副书记：杨　瑞　严　伟　王东东　翟雪飞

纪委书记：谢吉军

组织、统战委员：吴莹莹（女）

宣传委员：陈先锋

党委委员、武装部部长：张华早

党委委员、副镇长：周本进

人大专职副主席：任传华

尹吉甫镇

【概　况】 房县尹吉甫镇是中华诗祖——尹吉甫故里，是尹吉甫的食邑地、采风地、卒葬地，在七星沟村现存尹吉甫宗庙宝堂寺。尹吉甫镇原名榔口乡，2012年2月经省民政厅同意，批准撤销原榔口乡，设立尹吉甫镇，是湖北省第一个以历史文化名人命名的乡镇。尹吉甫镇位于房县县城以东36公里，东与襄阳市保康县接壤，西与青峰毗邻，西北紧接沙河、万峪，305省道贯穿东西，谷竹高速公路穿境而过，全县13个乡镇70%的水经马栏河流经全镇注入汉江，素有房县“东大门”之称。全镇辖8个村场，26个村民小组，2564户，总人口10290万人，版图面积8246.11公顷。

【精准扶贫】 截至年底，全镇存量贫困人口1000户，2746人。一是大力推进易地搬迁。2017年全镇实施易地搬迁218户520人，超额完成141户346人的工作目标；二是扎实开展“四双”帮扶。全镇共有帮扶干部296人，帮扶贫困户1000户，实现贫困户“四双”帮扶全覆盖；三是着力抓好金融扶贫。2017年授信评级率达到100%，累计共办理小额扶贫贷款450笔，发放贷款1160万元，贷款覆盖率全县前列；四是严格落实产业到户。严格工作分工，落实主体责任，全镇发放“四子”资金53.2万元，共有266户贫困户通过产业实现致富增收；五是积极发展劳务经济。全镇新增赴广东务工贫困劳动力23人，培养新型农村市场主体，带动贫困户就近就业，累计发放农民工资150万元。全年共脱贫234户687人，完成年度脱贫计划，完成重点出列村1个，多次迎接省、市县评估验收和督办检查，精准脱贫成效显著。

【村镇建设】 全镇以保民生、护生态、公共服务和美丽乡村为着眼点，多方争取资源，累计投入各类基础设施建设资金3000多万元，实施一大批基础设施项目，改变全镇山河的面貌，提高公共服务水平，赢得百姓的一致好评。一是全力服务宝堂寺修复项目。该项目由县文体局组织实施，一期工程投资400万元进展顺利，2017年8月底已经建成完工，二期工程正在积极开展；二是积极推进竹房城镇带建设。积极编织全镇建设规划，围绕竹房城镇带项目，完成305省道绿化亮化美化工程、集镇升级改造工程、雨污管网分流工程，启动尹吉甫地标广场项目和集镇民居（棚户区）改造工程，集镇面貌发生极大变化；三是狠抓农村环境综合治理。通过成立工作专班，定期开展督察，广泛宣传引导，全镇农村环境卫生状况有了很大改善；四是全力推进光伏扶贫。积极配合县光伏办、发改等部门完成全镇8个村光伏发电站的建设任务，6月底已经完成测试并网发电；五是农村公路硬化。积极争取指标，解决6个村3000多人的出行问题；六是村级公共服务设施建设。建设双湾、榔口、榔峪河、珠藏洞的党员群众服务中心、文化广场、村级卫生室建设，提升完善服务功能；七是集镇污水处理项目。完成选址工作，待统一招投标完成后开工建设。

【经济发展】 始终将实现全镇经济社会健康协调发展作为一切工作的出发点及落脚点，以经济建设为中心，加快调整优化产业结构，着力培育乡镇经济新动力，实现全镇经济社会平稳发展。2017年，全镇生产总值3.25亿元，同比增长16%；固定资产投资总额3.5亿元，同比增长17%；财政收入360万元，完成年度目标103%；

招商引资5500万元，完成年度任务122%。全镇财政收入、招商引资、两金征收、小额贷款进度均位居全县前列，主要经济社会发展指标取得历史性的成就。一年以来，全镇坚持农业主体地位，紧密结合山区农业产业化和市场经济发展形势，创新产业发展，积极探索了市场经济新模式新机制在产业发展上的实践；一是农村电商发展模式基本形成，成为十堰市首个实现电商全覆盖的乡镇，以农村电商打开农村经济社会发展大门，努力探索山区农村电商发展新模式，全镇农村电商发展初见成效；二是艾草产业实现从无到有，自2017年3月发展艾草产业开始，2017年全镇建立了6块共计133.33公顷村集体精准扶贫艾草产业科技示范基地，带动贫困户发展艾草33.33公顷，为全镇精准脱贫工作注入新活力；三是产业基地示范引领。尹吉甫镇充分利用精准扶贫、金融扶贫、县域经济招商引资等政策，积极探索产业发展模式，全镇建成10大产业科技示范基地，对全镇扶贫产业发展起到了示范和引领作用。

【社会事业】 通过基础设施项目建设提升社会民生保障水平，提高人民群众对政府施政的满意度和幸福感，从硬件设施和政府公共服务两大方面全面提升质量。一是高度重视教育事业发展。教育均衡化建设初步形成，区域教学质量不断提高；二是认真开展兵役工作。积极为部队输送高素质优质兵源，接受上级部门的点验；三是不断加快人口与计划生育工作转型服务；四是按时完成了妇联、工会改革工作任务；五是完善医疗基础设施建设。提升乡镇医疗卫生服务水平，全力推进健康扶贫工作；六是法治乡镇开拓创新。镇政府严格按照国家法律法规和政策，采取切实有效措施，扎实开展平安乡镇建设，全面推进法治政府建设，着力健全完善镇村法律公共服务体系，开拓法治乡镇建设新路径，创新法治乡镇建设新举措，走在全县前列。

【地域特色】 尹吉甫镇地域辽阔，物产丰富。全镇围绕本地农业资源特色，大力发展特色产业，建成艾草、食用菌、核桃、药材、畜禽养殖等多条产业带。尹吉甫镇环境优美，境内旅游资源丰富，拥有宝贵的诗经文化资源，尹吉甫宗庙宝堂寺被列为省级文物保护单位，尹吉甫传说申请国家非物质文化遗产，封神洞·仙人峡、关山寨水库、尹公谷等自然景观风景秀丽，全镇镇立足良好的生态文化旅游资源，以诗经文化为内核，积极打造诗经文化小镇。

（尹吉甫镇党政办）

【尹吉甫镇领导成员名单】

书记：邓　杰

副书记、镇长：谭　见

人大主席：王天华

副书记：谢　涛　曾　洲

纪委书记：刘中华

组织、统战委员：彭俊宜

宣传委员：孙　虎

党委委员、武装部部长：邹　斌

党委委员、副镇长：郑玉平

姚坪乡

【概　况】 姚坪乡位于黄龙滩水库腹地，距县城82公里的西北边陲，与竹山、郧县紧紧相邻。境内东与大木厂镇交界，南与窑淮镇相连，西与竹山县双台乡隔河相望，北与郧县叶大乡毗邻。姚坪乡是十堰城区重要供水区，南水北调重点水源区，是堵河流域流径里程最长的乡镇（流径姚坪乡境内达52.5公里），也是堵河流域唯一一个政府机关驻地坐落堵河岸边的乡镇。全乡辖16个村58个村民小组3851户17782人（农业户口17882人），劳力11625人。全乡版土面积20669.2公顷，耕地129907公顷，水域面积12000公顷，山场面积14000公顷。南北长96.8公里，东西宽53.4公里。境内南高北低，山大人稀，堵河穿腹而过，境内资源丰富，动植物种类繁多。水资源较为丰富，乡内堵河流域共7条支流，全长117公里，纳汇化口河、金家沟河、虎尾沟河、平沟河、尼姑河、肖家沟河等支流，山清水秀、风光怡人。2017年全乡实现农村经济总收入2.19亿元，增长9%；财政收入348.17万元（国税220万元，地税128.17万元），增长16%；社会固定资产投资2.53亿元，增长15%；工业产值1.65亿元，增长13%；工业销售收入1.65亿元，增长12%；农产品加工产值5280万元，增长10%；人均可支配收入达到8485元，增长11%，经济综合实力逐步增强。全乡四大产业：茶园12000公顷，银杏220公顷，黄姜533.33公顷，养殖牲畜4万余只（头）。

【村镇建设】 十竹路建设有序推进，2018年春节前全线贯通；姚窑路姚坪段改造建设22.5公里已完成；黄坪大桥项目已完成选址、设计工作；集镇改造项目建设集镇亮化、绿化、人行道和下水道建设已完成。姚坪中学滑坡体治理项目完成总工程量的80%，十竹路和姚窑路接线路完成规划设计、路基处理和路面扩宽；“樱花岛”景区建设项目完成投资2800万元，占总工程量的90%，岛上饮水、电路铺设、游步道、亲水木栈道建设已完成。启动游客接待中心建设项目。聚龙河景区建设项目总投资2亿元，旅游区面积8.65平方公里。已完成景区规划编制、开发评审，环评、土地山林征用等相关手续正在办理。通往景区6.5公里道路已硬化。移民避险解困第一期项目406户1825人已全面完成。第二期避险解困安置382户1617人，房屋已完工入住302户1281人，在建80户336人，完成总工程量的93%；茶叶深加工项目建设，春季生产芽茶600公斤、毛尖2000公斤、普茶3000公斤，实现茶叶收入200万元，253户贫困户（茶农）增收2000元以上。支持茶叶改扩建小型加工厂3个，积极支持天才茶庄灾后恢复重建。银杏矮化密植项目建设，种植银杏220公顷；光伏发电项目建设，完成16个村级光伏电站主体建设工程，并已全部联网；农村环境综合治理工程，完成庆口、观音沟、黄坪、彪虎沟4个村环保公厕建设。西坡、虎尾沟、屈家坡、平沟等四个村环保湿地完成基础处理。垃圾填埋场完成选址、规划设计等前期各项准备工作。

【社会事业】 一是抓好社会和谐管理。以创建平安乡、村为目标，切实抓好社会治安防控和治理，深入化解社会矛盾，加强矛盾排查调处，畅通民意表达渠道，从严打击各类违法犯罪活动，维护社会公平正义，促进社会和谐稳定。二是抓好教育均衡发展。巩固两基成果，全面推行教育均衡发展，教育教学水平不断提升。三是抓好民生福祉保障。实行贫困户应保尽保，着力改善民生，加强重特大疾病医疗救助，全面实施临时救助制度，让遇到急、难、特、困的群众求助有门、受助及时。四是抓好计生基础管理。完善计划生育利益导向机制，落实层级动态责任制，形成齐抓共管的局面，提升计生工作服务水平。五是抓好灾后恢复重建。在大灾之年，全乡干群团结一致，凝心聚力，没有出现无吃、无住、无人管的现象，乡村道路逐步恢复，倒房户住户安置，灾后恢复和重建工作稳步推进；六是抓好生态持续保护。立足生态发展的定位，充分发挥库区区位优势和生态特色，建设宜业宜居宜游新姚坪，打造十堰市城郊游休憩后花园。七是抓好精神文明建设。新建虎尾沟、庆口等村文化大院，广泛开展移风易俗“人情新风”治理行动。

【地域特色】 资源丰富：境内南高北低，山大人稀，堵河穿腹而过，是姚坪和外界连接的重要水路交通要道，境内资源丰富，动植物和土特产等种类繁多，土特产主要有：柿子、龙须草、麻油、香油、柑桔、茶叶、笋干、山竹、生漆、杜仲、黄姜、大枣、大杏、鲜鱼等，其中黄姜、柑桔、枣杏、堵河鱼（鲤鱼、鲫鱼、白鱼、鳊鱼、青鱼）等久负盛名。水资源丰富，有6条支流，全长117公里，汇集化口河、虎尾沟河、平沟河、彪虎沟河、尼姑河、肖家沟河等支流。历史文化厚重，文物古迹众多，拥有唐塔2座，道教缩微建筑——灵山观，唐太宗走马歇息地，红三军战斗旧址等，尤其是如诗如画的库区风光，令人陶醉的山水美景，淳朴独特的风土人情，让人乐在其中。

【重大事项】 一是易地搬迁，全乡2017年易地扶贫搬迁632户2503人，通过大力宣传进城、进镇、进中心村优惠政策，实现跨乡镇安置385户1605人；二是道路交通，十竹路姚坪段29.3公里除控制性工程外，12月底全线贯通。姚窑路姚坪段22.5公里改造升级工程基本完工。乡村道路硬化15.8公里；三是特色产业，全乡成立合作社28家，合作社年收入达到100万元以上，带动贫困户647户2358人，户均年收入增加2350元。特色产业的发展将推动旅游业。

（刘　叕）

【姚坪乡领导成员名单】

书记、人大主席：郭兴贵

副书记、乡长：李晓虎

副书记、工会主席：万日辉

副书记：高　勇

人大副主席：欧维合

纪委书记：代光群

党委委员、武装部部长：罗　伟

组织、统战委员：戢小燕（女）

宣传委员：郑舒鑫

党委委员、副乡长：董昌明

中坝乡

【概　况】 中坝乡位于房县西南部，距县城71公里，东与门古寺镇相邻，南与上龛乡交界，西北与竹山县官渡镇、深河乡接壤。因中坝乡有上坝、中坝、下坝三坝，中坝行政名称取三者之中而得名。全乡版图面积23776.56公顷，境内林地面积19890公顷，占版图面积的86%，耕地面积1150公顷，其中水田面积2490公顷，旱地面积740公顷，临时性耕地160公顷。全乡全乡辖15个行政村，58个村民小组，2017年底共有人口11825人，其中农业人口11825人，劳动力5430人。境内地势东南高，西北低。境内水利资源丰富，有大小河流18条，以漳洛河、铁峪河为一、二大河。境内植被茂密，主要为白皮松、马尾松、杉树、樟树、栎树、栗树、铁匠树、漆树、毛竹等。野生动物品种繁多，主要有黑熊、豹、狼、野猪、羚鬃羊、果子狸、獐子、锦鸡等。矿产资源丰富，主要有铁、煤、钒、铜、大理石、重晶石、绿松石等。全年农村经济总收入24000万元，农民人均纯收入8593元，财政收入952.35万元，招商引资4500万元，社会固定资产投资3.7亿元。

【精准扶贫】 全乡建档立卡贫困户1705户5067人，属深度贫困乡。其中三池村贫困发生率最高，达70%。现结存贫困人口1234户3386人，其中五保232户232人，低保483户764人。2017年脱贫192户688人。年初提出“一大目标，八个项目”工作思路，采取一项工作、一名分管领导、一个工作专班的工作方式，研究工作方案，签订责任状，听取汇报。结合县铁八条、三个同责及精准扶贫问责办法，实行领导干部“村出列、户销号”责任包干制度，建立“层层有压力，人人有任务”的责任体系。以户院会为抓手，开展了贫困户的再识别和搬迁对象的再调整工作，对系统内数据进行大清洗，对存在的问题进行整改。利用户院会全面宣传精准扶贫各项政策，听取收集解决群众困难和诉求，全乡精准扶贫信访量迅速下降。全乡全年开展户院会180余场，1400余人次参加，新增贫困户267户895人，单人增加20人；剔除贫困户7户21人，单人删除24人；剔除搬迁对象100户318人，纳入搬迁对象254户786人。

【特色产业】一是依托烟叶公司推进烟叶产业提档升级，全乡发展面积253.33公顷，产值1000万元；二是培植魔芋、虎杖、竹子、牧草“四个千亩”工程。打造千亩魔芋产业，同九方魔芋合作、以扶贫贷款为保障、以村委会为主导，成立宝石魔芋种植专业合作社，魔芋产业初具规模；打造千亩虎杖产业，同三鑫生物合作，在中坝、龙驹山、下坝等村大力发展虎杖产业基地；打造千亩竹子产业，利用荒山种植的方式发展竹子产业。利用山场资源开展退耕还草工程，种植千亩牧草，用以发展畜牧业。三是以宝石村为核心推进生态养殖。截至年底，宝石村71户农户生态养牛1000余头；四是积极开展光伏发电项目，完成六个村联建1800千峰瓦地面光伏扶贫电站建设并网发电；五是以本地致富带头人邹世业成立的鸿池泉酒业有限公司为龙头，提升技术和市场支撑作用，带动全乡群众脱贫致富。

【集镇建设】一是聘请县规划局、设计院等专业人员对集镇实施综合设计，从集镇面貌、人居环境、集镇功能等多方面编制集镇改造规划；二是对集镇乱贴乱挂、乱搭乱建、乱停乱放等现象组织专班进行专项治理，现场督办集镇违章建筑拆除工作，严格建房审批手续，严把建房过程；三是升级配套设施，检修集镇110盏路灯，更换太阳能电池110块，更换路灯光源51盏；清淤、疏通集镇1.3公里下水道；结合集镇电网改造升级，有效治理“蜘蛛网”；四是强化集镇环境整治，聘请两名保洁人员专职清扫集镇街道，组织乡机关、乡直单位、沿线村300余次，开展集中清扫主街道卫生活动，重点清除无人管的建筑垃圾，公路沿线垃圾；五是完成集镇升级改造，铺设路沿石1.75公里，铺装人行道3800平方米（板砖），新修绿化带360平方米，栽种绿化树500余株。投资300多万元的集镇改造项目已全部竣工，并接受第三方审计。

【水电产业】引进1.2亿元建设褚河水电开发项目，设计装机总量达11300千瓦，一期电站已并网发电，二期电站工程已基本完工。龙驹沟电站新增投资2500万元，通过安全整改重新投入运营，年创造产值达1500万元；马家嘴电站、塘坊垭电站通过改制、整修渠道、扩机增容等措施，装机总量分别增加到1650千瓦和100千瓦。

【社会保障】全乡五保232人实现应保尽保，825人领取最低生活保障金，月发放保障金181370元。落实重点优抚对象77人，39位60周岁以上退伍军人领取养老金，大病救助256人，精神病人救助14人，残疾人换证52人，残疾人就业2人，贫困残疾人救助218人。开展“十星级文明户”创建活动，开设道德讲堂，宣讲先进道德模范事迹，弘扬社会正能量。

【安全生产和信访维稳】乡安全生产办公室联合乡直部门开展执法检查，全年排查各类安全隐患150余处，并督办整改。全面落实综治信访维稳各项措施，全力推进平安中坝建设，化解矛盾180余起，治安案件46起，为经济工作发展创造了良好的环境。

【文化遗迹】中坝乡政府房后营盘岭裸露的岩石中发现第四纪化石群落；漳洛河上坝段古文化遗址中发现距今1万年前的熊猫、犀牛等珍稀动物门齿化石；宝石麦浪坪徐家大院（原小乡政府及供销分店用房）系民国期间县参议徐运红家宅，建于清代；三池曹家大院系清代古建筑。

【风景名胜】白莲洞：白莲洞位于中坝乡上坝村境内，洞深9500米，与门古红莲洞相通，属天然溶洞。洞内空间较大，仅洞口就可容纳300人，洞内石钟乳、石笋目不暇接，石楼、石梯、石人、石龙等天然奇观比比皆是，更有多条地下河从中流经，极具旅游开发价值。

【名特产品】中坝大釉酒：中坝大釉酒是用玉米、高粱或大米精制酿成的高浓度白酒，一般在50—60度。因用于酿酒发酵成分的釉由小麦制作原料，纯天然成分，酿造的白酒香醇可口，强身健体，深受广大消费者喜爱，产品俏销十堰地区。中坝山野菜：中坝乡山大人稀，环境优美，土壤肥沃，盛产竹笋、香椿、蕨菜、豇豆等绿色山野菜，深受消费者欢迎，产品已打入房县、十堰等多家大型超市。

（马　俊）

【中坝乡领导成员名单】

书记：郭　俊（女）

副书记、乡长：杨　瑞

副书记：邓发昌　曾有斌　崔天虎

纪委书记：龙旭东

人大主席：向久明

组织、统战委员：程　明

宣传委员：向　欢

党委委员、人武部长：吴凤波

党委委员、副乡长：冯顺军

党委委员：方雪松

上龛乡

【概　况】 上龛乡地处房县西南部，距县城86公里，土地面积37900.16公顷，东与神农架林区相连、西与中坝乡接壤、南与九道乡贯通，北与门古寺镇、杨岔山林场一脉相承。全乡现辖8个村、23个村民小组，1709户，总人口7578人。境内耕地总面积1010.2公顷，其中水田96.67公顷，旱地913.53公顷，山林面积37800公顷，活立木储方约为37万立方米。民国21年（1932）元月，时任房县苏维埃政府主席的柳直荀、副主席李明铨召开紧急会议，将房县县政府迁至上龛开展游击战争，同时将赤卫队、红补军、少先队改编组建成“房县独立团”，3月份编入贺龙领导的红三军第八师转战南北进行革命斗争，是典型的革命老区。境内关家垭海拔2485.6米，是房县最高海拔地，素有“一山分四季，十里不同天”之称。境内药材繁多，金钗、灵芝、猴头、天麻、党参、川乌等名贵地道药材久享盛名，品质产量双优曾得到国务院嘉奖。白玉河、平渡河、樟南河贯穿全境向西流入竹山汇入丹江口水库，是南水北调重点水源区。全乡农村经济总收入2亿元；财税收入1090万元，首次突破千万大关；实现工业总产值5.16亿元；固定资产投资5.7亿元；招商引资到位资金4500万元；农村人均可支配收入达8537元。

【党员队伍建设】 制订出台上龛乡基层党建整乡提升行动计划。积极发展新党员8名，培养入党积极分子13名，确保每村都有纳新；积极争取政策，新建功能齐全的党群服务中心5个，改建和完善3个；调整补充村支部力量。调整双龙村党支部，选派优秀乡干部担任书记，组织村后备干部考试，从18名应试者中初选7名重点培养，增强村级“后劲”。广泛开展“双十星”创建活动，营造创先争优的良好氛围。

【精准扶贫工作】 全乡锁定贫困人口1408户4001人，2017年全乡继续深入实施“六个一批”，依靠产业带动1159户3382人，易地搬迁805户1764人，教育扶持324户421人，兜底保障643户1189人，医疗救助394户421人。

【基础设施建设】 实施集镇综合改造，建设弱电综合管沟0.9公里，新修建污水管网0.6公里，新安装太阳能路72盏，铺设人行道板5000平米，拆除乱搭乱建点32处，集镇面貌焕然一新；新建党员群众服务中心5个，改造1个，基层堡垒得到夯实；新建村级文化广场3个，村居公共服务能力日益增强；新建黄龙山通讯基站，仓坪、白玉、黄龙3个村近200户群众通讯难问题得到解决；新建水窖9个，铺设引水管道11000米，解决500名贫困户饮水问题；改造供电台区12个，升级供电线路15杆线公里；硬化二荒、双龙等通村公路6公里，修通三坪、高草坪等产业路7公里，新增公路生命防护工程10公里，交通环境进一步改善；新建村级交通安全劝导站4个，配齐

4名交通劝导员，促进道路交通安全管理。

【特色产业发展】 倾力打造药材产业之乡，成功聘请华中师范大学专家团队为上龛乡制定了符合国家特色产业、特色小镇与旅游产业发展趋势，具有前瞻性、科学性和富有特色的药材小镇规划；积极引进湖北农锦、陵州药业、陵州药谷等企业，在仓坪建成33.33公顷中药材示范基地，在范家垭建成20公顷连片党参基地，新增中药材专业合作社8个，发展七叶一枝花、白芨、党参、贡术、川乌等中药材面积达600公顷；积极培育上龛蜂蜜品牌，成立10个专业合作社，引导全乡713户蜂农抱团发展，养殖蜂蜜1万箱，通过专业合作社签订巢蜜保底回收80元/公斤的合同，蜂农户平增收8000元；着力打造上龛优质烟叶示范带，在遭受严重自然灾害的情况下，全乡207户烟农种植烟叶366.67公顷，产值1000万元；巩固干果、蔬菜产业，发展洋芋、魔芋等高山蔬菜200公顷，核桃786.67公顷。

【社会民生服务】 全面落实政策保障兜底，对低保、五保应保尽保。新建乡中心幼儿园和双龙小学，对全乡困难子女学前教育和义务教育累计资助465人、36万元；享受国家生源地信用助学贷款22名、17.6万元；享受雨露计划29名、8.3万元；全乡贫困户参合率100%，住院625人次核销124万元；实现了建档立卡、健康体检、家庭医生签约服务全覆盖；食品药品监管9类专项整治，规范了市场经营秩序；全乡转移劳动力2000人，开展烟叶技术、中蜂养殖等培训721人次，130名汽车驾驶、钳工、焊工培训人员享受费用减免；深入开展了以“忠孝礼义信、简俭平顺和”为主题的教育活动，人情新风初见效果，旧风陋习进一步转变。

【综治维稳工作】 采取多种措施，将移民这一特殊群体牢牢吸附在当地，有力地维护社会大局稳定，为全乡乃至全县扶贫工作腾出时间和精力；狠抓安全生产，确保全乡安全生产零事故；高度关注农民工问题，未发生一起农民工资拖欠现象；成功开通市长热线网上平台，对群众合理诉求实现一站式办理，全年解决群众诉求40余件，增强了政府公信力。

【生态环保建设】 “绿水青山就是金山银山”，将发展和环境保护有机结合。全年完成植树造林200公顷，补植核桃、桫椤树1万余株，完成13333.33公顷天然林停伐规划工作；清理沟渠、河道15公里，新建垃圾集中堆放点5个，新配备垃圾车1辆，新增垃圾箱200个；扎实推进河长制工作，全乡4条河流均无水质污染现象发生；出台《上龛乡护林防火暨秸秆禁烧管理办法》，将秸秆露天禁烧治理工作与护林防火工作同安排、同部署、同督办、同考核，做到秸秆焚烧令行禁止，环保理念深入人心。

（向　欢）

【上龛乡领导成员名单】

书记：盛　毅

副书记、乡长：陈　俊

人大主席：周继华

副书记：戢运军　程　勇

纪委书记：杜学进

组织、统战委员：刘　丹（女）

宣传委员：蒋贤臻

党委委员、副乡长：刘世军

党委委员、武装部部长：陈　伟

九道乡

【概　况】 九道乡位于房县西南边陲，距县城157公里，是全县最边远的乡镇，东南与神农架林区接壤，西与竹山县洪坪乡交界，北与上龛乡毗邻，素有一脚踏三省（鄂、渝、陕）之称。关于九道地名的来历有九座大山之说。九道乡境内最高海拔2253米，最低海拔421米，气候呈明显的立体分布，年均气温14.2℃，无霜期224天，年降雨量1000毫米。境内水利资源丰沛，有阴峪河、洛阳河、平渡河三大河流流经，水能蕴藏量超7万千瓦。矿产资源丰富，主要有铅锌矿、铜矿、煤矿、大理石等，目前均未开发。九道解放初期为九道区，后改为房县十一区、十四区；1958年成立人民公社时为九道公社；1961年又改为九道区；1970年将板仓、东溪、红举三个小区划归神龙架林区；1975年撤区并社又改为九道公社；1984年设区建乡更名为九道区公所；1987年撤区并乡又改为九道乡至今。九道乡政府驻地卸甲坪村，全乡辖9个行政村，31个村民小组，2868户，11300人。版图面积32564.33公顷，森林面积29373.33公顷，其中林地26766.67公顷，灌木林2606.67公顷，耕地面积2066.67，其中水田200公顷，旱地1866.67公顷。全乡共有党员374人，设党委一个，党支部15个。在全县综合目标考评中，荣获信访工作优秀乡镇、社会治安综合治理优胜责任区、安全生产优秀乡镇等荣誉称号。

【村镇建设】 基础设施建设方面，投资580万元，实施卸甲坪集镇街道改造工程；投资800万元，新修、扩建、硬化水泥路20公里；投资300万元，新建1600平方米可安置五保60人的乡中心福利院。同时规划设计，拟新建3000平方米“三合一”养老院；投资225万元，新建、改扩建7个党员群众服务中心；投资500万元，实施安全饮水工程，解决3000人的安全饮水问题；实施农村公路安全生命防护工程32.7公里，切实加强对安全隐患路段的治理，保障交通安全；生态环境整治方面，全乡9个行政村，现有6个自然村建有垃圾处理场，乡中心垃圾处理场扩建后可容纳垃圾700余吨。卸甲坪村、九道梁村配有垃圾运输车，请专人管理清运；关坪、义渡等4个行政村聘请三轮车主担任清洁环保工作，采用补贴+奖励的方式兑现报酬。从而在全乡范围内实现了垃圾有专人管、有地方处理、有专项资金的局面，大大改善了人民群众的生活环境，净化美化村容村貌。

【经济发展】 2017年全乡农村经济总收入2.65亿元，同比增长15%；人均纯收入8793元，人均增长710元，财政收入1450万元，同比增长17%；完成固定投资6.7亿元，招商引资4551万元。投资1.3亿元的九义路已经开工建设；投资3.3亿元装机3.2千瓦的老渡口、龙洞口电站已开工建设，鸡鸣口扩容年内可投产；实施农网改造工程，农网改造架设线路67.7公里，改造全乡80个台区。

【社会事业】 落实相关政策，多措并举保证发展红利人民共享，宣传、兑现各种惠农政策，发放救灾救助资金26.7万元，低保五保资金387.8万元，兑付退耕还林补助金67.51万元，公益林补助金260.19万元；全面落实各类社保政策，坚持计生国策不动摇，全乡出生人口118人，符合政策生育率99.15%。教育方面，重点加强学校周边环境综合治理工作和校安工程建设，乡中心幼儿园已建成并投入使用。学校建立各阶段教育就读学生信息库，建立贫困学生资助平台，收集整理学生信息196条，共有188名学生享受此项政策。医疗卫生方面，投资300万元的乡卫生院业务用房主体已完工，年内可投入使用。落实各项惠农政策，足额兑付各项惠农资金。民政、残联工作有序开展。落实低保五保，截至年底，全乡共落实低保425户1103人，五保245户257人，享受优抚定补94人；医疗救助110人次，共计410847.82元；临时救助160户，339250元；残疾人“两项补贴”其中重度护理补贴194人，困难生活补贴191人。

（九道乡党政办）

【九道乡领导成员名单】

书记：刘太兵

副书记、乡长：王　瑞

副书记：张仲新

人大主席：车金钊

副书记、纪委书记：田成龙

党委委员、副乡长：何继群　郑坤伦

组织、统战委员：李　珊（女）

宣传委员：邢　伟

党委委员、武装部部长：张　伟

沙河乡

【概　况】 2017年全乡农村经济总收入2.1亿元，同比增长10.5%，社会固定资产投资3.6亿元，同比增长32.8%；招商引资任务4500万元，完成5200万元，同比增长15.6%；实现财政收入350万元，同比增长29.6%；全乡人口计生率为98%，控制在下达的指标之内。版图面积23154.03公顷。年底综合考核获得县级良好乡镇，综治优胜责任区、党建工作优秀乡镇、文明乡镇、计划生育工作良好乡镇；市级平安乡镇、无越级访示范乡镇。

【精准扶贫】 坚持以精准扶贫总揽全乡经济社会发展，围绕“六个一批”工作重点，紧盯“三率一度”，整乡推进精准脱贫，巩固发展卢家坪和鹰咀石2个重点出列村，完成重点村白沙河村整村出列，顺利通过国家、市第三方评估验收。2017年脱贫322户784人，金融扶贫发放贷款431户1030.3万元，扶持贫困户45户73人；组织技能培训302人，458名贫困人口外出务工；扶智助学453人，医疗救助653人，兜底保障903人；全面落实县产业扶持政策，严格标准兑现2000元的“四子”资金，符合标准的共兑现715户，143万元；全乡12个村均已成立专业合作社；全面贯彻“向城市集中、向集镇集中、向中心村集中”的大集中政策，加快实施人口进镇计划，全乡进城安置贫困户77户，乡内集中安置412户，集中上楼安置在5个新建小区全面实行。土地增减挂钩项目同步启动，拆除旧房100余间，新增耕地16公顷。

【特色产业】 围绕食用菌、黄牛、黑猪、土鸡、冷水红、药材等本地特色产品，致力打造“特种种养名乡”这一工作目标。引进襄阳正大集团，春天生态畜禽养殖合作社投资2200万元，新建3000头的生猪养殖基地2个；引进浙江客商杨火勤投资3000万元，在火光村建成占地2.13公顷的食用菌产业园区并投产，年产食用菌80万袋；全乡共发展袋料食用菌500余万袋，带动群众人均增收1500元以上；在五塘、朱家坪等5个村发展矮化银杏66.67公顷；与神武山珍、三鑫生物等企业联姻，在高峰、卢家坪村发展虎杖16.67公顷，五塘发展栀子、白芍6.67公顷，朱家坪发展北柴胡6.67公顷；结合村集体经济创收，在火光、白沙河、朱家坪村等村养殖蜜蜂400箱，年产蜂蜜2500公斤。

【民生工程】 围绕集镇面貌改善，投资500余万元，完成集镇7000余平方米的人行道踩板更换，安装太阳能路灯66盏；投资300万元，完成集镇河道治理；完成沙河至紫金段23公里通村路扩宽项目的规划设计，火光境内6公里的路基扩宽工程施工；硬化通村水泥路13公里；投资350万元，在卢家坪村实施农业综合开发项目；新建5个环保卫生厕所，2个交通劝导站投入使用；投资180万元新建沙河中心幼儿园并于9月1日交付使用。

【党建工作】 一是推进“两学一做”学习教育常态化制度化。挂牌成立22个“新时代房县讲习所”。扎实开展“双十星”创建，全乡18个支部330余名党员，庄重承诺创“十星”，开展“五比五看”活动，设置党员示范岗12处，在全乡教育、卫计系统开展“一抓三促”活动。二是狠抓阵地建设。强力推进邢家湾村等3个党员群众服务中心新建，完成火光等5个党员群众服务中心改扩建工程，完成五塘、茅山2个村的党员群众服务中心“多务合一”提档升级。开展村级后备干部招录选拔考试，45人参加笔试，33人进入面试，通过考察及试用，明确12名后备干部人选。三是重手作风建设。制定《沙河乡2017年党风廉政建设工作要点》，并与各单位签订2017年目标管理责任书，下发《规范沙河乡党员干部婚丧喜庆事项报批细则》《沙河乡干部作风建设建设管理制度》，认真开展大数据核查工作，完成2600多条问题线索核查，收缴违规资金12余万元，立案调查3件3人，办结上级转交信访件11件，协助县纪委查处4人。四是开展文明创建。在县委宣传部指导下组织开展"精准扶贫·文化先行"百姓大舞台活动；开展民风民俗调研，制定《村规民约》，开办道德讲堂，引导群众移风易俗，树立文明村风，自觉抵制奢侈操办红白喜事、人情歪风等陈规陋习。

【维稳工作】 一是推出"店户联防"和边界联防制度。结合沙河乡与"丹、保、谷"交界实际，创新出社会管理网格化的变异模式"店户联防"和边界联防制度，并充分发挥村治调组织第一道防线的作用，乡综治办、派出所与8个外市、县、乡接壤的村签定边界联防协议，因双边综治工作前往谷城、保康相邻派出所多次，调解边贸纠纷3起；二是建立完善信访工作制度。乡党委高度重视"精准扶贫"工作，并积极开展矛盾纠纷排查，变上访为下访，尤其是在全国"两会"、武当国际道教论坛、省党代会、省巡视组巡视房县、党的十九大召开等敏感时期，由乡党委书记带领专班，召开群众座谈会，党员代表大会，收集问题，现场办公，对群众所提出的问题进行梳理，现场答复，对突出问题交党委讨论，拟定方案，限期解决，取得很好的社会效果，全年无一人赴省、市上访；三是全面做好安全生产工作。年初安全生产责任书签订率100%，上半年，全乡召开交通、食品、校园安全生产专题会议，全年组织检查精准扶贫各建设工地至少5次，组织检查乡直各单位消防设施2次、易燃易爆物品零售店5次，确保全乡安全生产事故零发生。

（沙河乡党政办）

【沙河乡领导成员名单】

书记：李　伟

副书记、乡长：李承华（女）

人大主席：代新华

副书记：王　路

副书记、工会主席：邓　明

纪委书记：邢太涌

组织、统战委员：李俊峰

宣传委员：邓丽君（女）

党委委员、武装部部长：宦金涛

党委委员、副乡长：陈传兵

万峪河乡

【概　况】 万峪河乡位于房县东北边陲，东临沙河乡、西接青峰镇、南依尹吉甫镇、北与丹江口市盐池河镇接壤。乡政府驻地为旱田村二组，距县城50公里，因沟壑纵横、山高林立而得名"万峪"。1974年前为沙河区（公社）所辖，1975年建万峪公社，1983年设万峪河小乡、班河小乡、老人坪小乡，属沙河区管辖，1987年从沙河分离成立万峪河乡，设有老人坪、班河、万峪河3个管理区。2001年2月，撤销老人坪、班河、万峪河管理区，全乡25个自然村调整合并为9个行政村，34个村民小组，2017年底8949人。全乡国土面积19261.35公顷，耕地面积1118.47公顷，其中水田203.73公顷，旱地780.07公顷。2017年被市委授予"市级文明乡镇"荣誉称号，在全县综合目标考核中二类乡镇排名第二，精准扶贫二类乡镇B等次第二名，全县党建工作良好单位。全乡完成农村经济总收入1.66亿元同比增长11%，完成财税收入350万元同比增长26%，完成固定资产投资3.5亿元同比增长29.6%，完成招商引资5000万元同比增长27%。

【项目建设】 万盐路顺利实施；全乡累计新硬化通村公路16.5公里，扩宽村组公路22公里；其中，班河片区与万盐路的6公里接线路路基已全部扩宽至6米以上；万峪至老人坪片区至沙河五塘的产业路完成路基处理16公里，硬化4.5米宽公路6公里。新修耕地保护河堤2.5公里，新修机耕道12公里，新修排洪渠3.6公里，新修漫水桥3座；集镇新修河堤护堤700米，以堤带路修建游步道和安装护栏700米，安装太阳能路灯120盏，集镇污水处理厂和污水管网建设正式开工。新建卫生院业务用房和2个村级村卫生室并配齐了村医；完成了老人坪小学周转房建设；启动了乡派出所、农技服务中心、畜牧兽医服务中心办公用房建设。

【精准扶贫】 抓产业发展促群众增收致富。一是围绕中药材产业打造“武当药谷”。引进“神农本草”“三宝食品”等3家中药材企业，培育5家中药材种植专业合作社，扶持37户中药材种植大户，发展各类道地中药材200公顷。其中北柴胡26.67公顷、人参20公顷、虎杖53.33公顷、何首乌13.33公顷，芍药6.67公顷，七叶一枝花3.33公顷，林下套种天麻30000窝，猪苓5000窝。二是巩固扩大烟叶产业规模。2017年全乡79户烟农种植烟叶153.33公顷，其中贫困户41户，全年烟叶产值达450万元，烟农户均可增收2.1万元。三是围绕山林发展蜂蜜和食用菌产业。采用村集体“出大头”，能人大户“出小头”，贫困户“认领”的组织模式，全乡发展林下养殖“中华小蜜蜂”1347箱，预计产值56万元。引进袋料食用菌企业，鼓励大户发展食用菌产业，发展食用菌种植基地26.67公顷，其中袋料200万袋，椴木5000架。四是围绕“差异化”发展特色种养殖产业。在班河片区和白米村种植“冷水红”20公顷；在老人坪片区建设黑猪繁育基地，辐射全乡养殖黑猪3000余头；在中院村建设土鸡育苗基地，辐射全乡养殖土鸡5万羽。五是以金融扶贫为杠杆推动产业发展，全乡已发放金融扶贫贴息贷款900户。六是围绕打造品牌发展务工经济。广泛宣传发布就业信息，为贫困劳动力免费提供政策咨询、就业信息、职业指导等就业服务，促使一批未就业贫困劳动力在工业园区、重点项目等企业实现就业。七是围绕扶贫扶智开展技术培训。开展贫困户农业、畜牧技能培训680人次，驾驶员免费技能培训29人次，组织就近就业、外出务工945人，帮助提高贫困户收入，助力贫困户早日脱贫。抓易地搬迁保群众住房改善。全乡易地扶贫搬迁户1108户3097人，2016年建成34个搬迁小区，480户1269人搬进新房；2017年启动建设集中安置小区9个，可安置406户1257人。其中进乡中心集镇安置118户298人，鼓励进城安置52户209人，进青峰集镇安置5户17人，进沙河集镇安置9户36人。现有7个小区主体在建，1个小区基础在建，1个小区正在规划设计。根据“小区建到哪儿，配套统筹到哪儿”的思维，围绕搬迁小区新建党员群众服务中心1个、改扩建2个，文体广场、文化大院9处，卫生室5个，垃圾填埋池18个，安装太阳能路灯228盏。抓“四双”帮扶提高群众满意度。一是全员参与，落实帮扶任务。对全乡所有包户干部姓名、联系方式公示上墙，一旦确定，除开正常调动，一律包到2020年，全乡所有财政供养人员和县、乡人大代表均参与结对帮扶工作。二是一包到底，完善档案建设。从贫困户档案填写、帮扶措施落实，到满意度提升、迎接各级检查，一包到底，谁包户，谁负责，档案填写严格按照规范化模板，做到贫困户档案、村级档案、乡档案“三位一体”、口径一致，经得起审考核验收，经得起历史检验。三是责任到人，提高帮扶效果。明确帮扶干部职责，由各单位对帮扶干部进行管理和政策培训，强化为贫困群众多动嘴宣传政策意识、为贫困群众多跑腿办实事意识。市农商银行工作队扶持老人坪新建黑猪繁育基地，年产猪崽2000余头，向老人坪学校捐赠价值8万余元文教用品，为老人坪抗灾救灾捐助3.6万元；县总工会扶持长滩河村养殖蜜蜂300箱；县邮政局助力中院村养殖土鸡3万羽；县信访局帮扶白米村发展“冷水红”6.67公顷。抓民生保障持续改善群众生活。一是狠抓教育促进扶智。组织万峪商会为学校捐赠被套、三件套130套，价值6.1万元，确保学生住得安心、学得用心；中心学校建立教育扶智信息库，全乡建档立卡贫困户家庭学生共600人得到教育资助，发放资助资金26.8万元，读中职技校的贫困户家庭67人可享受到雨露计划补助；强化师资力量、狠抓教学管理，小升初考试全县同类区排名第一，巩固了万峪教育品牌。二是健康扶贫进村入户。组织卫生部门开展集中健康体检等活动，为贫困群众建立健康档案。全乡已完成体检2174人，在家能体检对象体检完成率为86%，完成家庭医师团队签约4012人，签约率78%。三是确保困难群众生活保障。全乡低保599人，五保254人，发放低保金84.9万元，五保金148.1万元，临时救助34.77万元，大病救助257人次，对乡中心福利院和栗子坪日间照料中心改造升级。抓安全稳定推动依法治理。一是强化法制思维，推进法治政府建设。牢固树立法令禁止不可为的守法意识，用法治思维和法治方式履职尽责，依法办事，积极推进依法行政，维护社会公平正义；结合“七五”普法契机，召开群众普法大会11场次，在群众中加大法律知识宣传力度，不断夯实依法行政的基层基础；乡政府自觉接受人大和社会各界监督，做到失职有追究、有处理、有问责。二是严格社会管控，确保和谐稳定。以调处精准扶贫过程中出现的矛盾和安全隐患为重点，进一步细化网格化建设，完善全乡视频监控体系建设，将综治信访维稳、安全生产、计划生育等工作纳入“大网格”的范畴。做到上下联动、响应及时。全年全乡未发生治安案件；矛盾纠纷29起，其中化解在萌芽状态22起，书面调解6起；信访案件24起，已调解成功19起。

【基层党建】 乡党委履职尽责全力提升组织力。从规范化开好乡党委会议着手，严格落实民主决策机制。党委书记对15个党支部党建工作进行全面督查安排，约谈2名抓党建不力的支部书记；乡领导班子成员兼任联系村、联系单位支部的党建指导员并负“第一责任人”责任。用党委主体责任的从严从实倒逼各支部将党建工作做实做细。创新方式方法抓党员队伍管理。乡党委投入资金5万元为各村安装“云监控”，规范干部言行的同时实现视频会议功能；投入12万元选聘9名村后备干部在村工作。支部利用微信现场直播“支部主题党日活动”，与在外务工党员实时互动。9个村共发动41名农民党员参与精准扶贫政策宣讲、征地拆迁、矛盾化解和工程监督。对基层党组织阵地全面升级。新建村党员群众服务中心1个，改扩建2个，改造便民服务大厅6个，规范党员活动室9个；新建文体广场、文化大院9处，为9个村支部统一配齐室内室外LED显示屏及办公电脑。十九大精神宣传贯彻家喻户晓。全乡组织十九大专题培训3次，办学习专栏15处，机关干部每周集中夜学2次，进村入户累计召开60余次户院会议宣传十九大精神和习近平新时代中国特色社会主义思想。收集群众建言献策190余条，群众诉求73件。基层党建“整乡提升”计划从严落实。一年来，参加了所有支部的“支部主题党日活动”，重点安排抓实活动中的“党员集中学习和党员议事”环节，将“支部主题党日活动”打造成抓党建促中心工作的最大平台。选派第一书记，完成软弱涣散村支部的转化升级，不断健全村“三支队伍”，新发展党员6名。从优秀农村党员及离任村干部中选拔18名民情信息员上报民情日记77篇，提供有效矛盾和安全生产隐患线索33条，促进社会和谐稳定。邀请县纪委领导开展党风廉政讲座2场次，巡回法庭公判公审1次，乡纪委立案1起1人，给予1人党内警告处分，诫勉谈话7人次，约谈11人次。围绕社会主义核心价值观和“十字县风家训”组织“百姓大舞台”文艺活动4次，利用村规民约曝光处理了6起大操大办典型，“人情风”焕然一新。抓党建促脱贫攻坚取得实效。选优配强村第一书记，加强专职化管理，提升扶贫攻坚战斗力；小坪村、栗子坪村发动条件稍好的19名党员结对帮扶贫困户57户；旱田村发动5名老党员组成征地政策宣讲团，按期完成1.4公顷征地拆迁任务。培育扶持了旱田村返乡创业典型刘健，中院村七叶一枝花育苗大户刘守义等党员致富带头人34名，带动130余户贫困户增收；落实“四位一体”发展模式，鼓励村干部领办合作社9个，发放产业贴息贷款640户1222万元，实现了烟叶面积153.33公顷，中药材200公顷、冷水红20公顷，养殖蜜蜂1347箱、黑猪4000头、土鸡5万羽，袋料食用菌150万袋。新硬化通村公路16.5公里，扩宽村组公路22公里，安装路灯228盏，新修河堤4.2公里，扫除了通讯盲区，保障供水供电稳定性，有效平衡非贫困户与贫困户的心理落差。

（解　锐）

【万峪河乡领导成员名单】

书记、人大主席：钱师威

副书记、乡长：尤　备

人大专职副主席：尚喜贵

副书记、纪委书记：文士东

副书记：李　轶（女）

宣传委员：罗　飞

党委委员、武装部部长：刘　军

组织、统战委员：解　锐

党委委员、副乡长：周明洪　龚德福

五台乡

【概　况】 五台乡地处房县东南部，距县城28公里，东邻保康县，南接野人谷镇，西达红塔镇，北连青峰镇。1958年建立林场，1987年扩建，2012年3月省编委批准设立湖北诗经源国家森林公园管理局，同年9月，经省人民政府批准设立五台乡，以五台山林业总场所辖区域为五台乡的行政区域，实行“局+乡+场”的管理体制，乡人民政府驻廖家河村一组。全乡地域面积10942.62公顷，辖4个行政村，1377户，总人口4584人。全乡地域轮廓呈“白菜叶”状，地势东北高西南低，地形以高山为主，最高海拔1286米，最低海拔293米，平均海拔850米。属北亚热带季风气候，年平均气温14.7℃，降雨量1000毫米左右，年平均日照时数在1700—2000小时，相对湿度65%—74%。植被具有北亚热带、暖温带两种植被类型特点，野生动植物资源丰富。境内空气清新，负离子含量高达4万个/平方厘米以上。

【村镇建设】 着力打造美丽乡村，切实加强精准扶贫“十配套”建设，新修硬化公路21.1公里，架设便民桥6座，新建了红场村党群服务中心，改造升级了金牛寺党群服务中心，完成乡福利院配套建设工程、红场村2000米河道防洪美化治理工程、189户易地扶贫搬迁工程、22户危房改造工程。

【经济发展】 紧扣绿色发展主题，强林业，特农业，活旅游，着力推进产业扶贫，提升了乡域经济发展质效，2017年全乡生产总值达到1.7亿元，比2016年增长11.3%；农村居民可支配收入达到8831元，同比增长7.8%；财政收入达到1200万元，同比增长3.1%；固定资产投资2.63亿元，同比增长10%；完成招商引资5000万元。林业建设：始终突出培育与管护并举，一手抓资源培育，建设国家战略储备林53.33公顷，实施中幼林抚育333.33公顷，完成新一轮退耕还林333.33公顷，栽植集药用价值与观赏价值于一体的七叶树41000余株。一手抓资源管护，强化森林防火宣传教育，落实资源管护职责，加大森林执法力度，无意外火灾发生，保障森林资源安全，森林覆盖率达到91.06%。农特产业：着力打造“东风公司优质农产品供应基地”，新建了土鸡脱温房、土鸡屠宰中心、黑山羊繁育场，新发展黑山羊1000只、生猪1800头、土鸡4.5万只、养蜂600箱、油葵33.33公顷、苦荞100公顷。生态旅游：大力发展生态观光农业，栽植新品种樱桃6000株，对蓝莓观光采摘基地进行了提档升级。开发包装了诗经源蓝莓、苦荞酒等旅游商品。与东风公司合作，累计组织1000余人到五台观光旅游，推动农特产品家门口销售，累计为农户增加旅游收入20多万元。聘请十堰电视台拍摄旅游宣传片，推介五台养生环境，挖掘五台长寿内涵。

【社会事业】 一是社会保障体系不断完善。推进灾后倒房户重建，落实救灾救助资金、物质，解决困难群众生产生活难题，实现273名低保、155名五保应保尽保，全乡179名贫困残疾人脱贫率达到35%以上。二是文、教、卫事业不断进步。开通四个村互联网，村村响工程实现了全覆盖，新建红场村文化广场，新发展有线电视90户；精准扶贫教育政策补助到位率100%，实施“雨露计划”18人；夯实计生基础，强化计生优质服务，加强流动人口管理，及时落实“四种”手术，当年多孩出生率控制在3%以内。建设廖河村、红场村、龙潭峪村标准化卫生室，确保健康扶贫签约服务全覆盖、到农家。三是农村环境日益靓美。巩固和深化省、市生态乡村创建成果，推进农村环境综合整治，配齐村级保洁员，配置垃圾清运车4台，发放垃圾箱200余个，实现垃圾定期清运、分类处理运输。四是精准扶贫取得阶段性成果。构建精准扶贫八大目标责任体系，建立“四双”帮扶有关制度规范，扎实推进“六个一批”，全乡266户825人已实现脱贫销号。

【地域特色】 五台属国家AAA级景区，是诗经源国家森林公园、湖北生态文明教育基地、三里坪水利水电枢纽工程所在地，生态人文景观资源丰富。森林景观资源主要有上万亩的原始次生林。地貌景观资源主要有马鞍寨、石门峡、合欢谷、三里坪、仙人洞、月亮洞、龙洞、榔树林等独特景观。天象景观资源主要有天池垭云海、雾海。水体景观资源主要有三里坪电站蓄水后形成的颇具山峡特色的南河风光。人文景观资源主要有尹吉甫采风地、天官坟、李二姐传说等。森林公园划分4个景区：峡谷风情景区、合欢谷世外桃源休闲景区、小三峡水上乐园景区、天池垭绿野仙踪景区。

（田席堂）

【五台乡领导成员名单】

书记：马宗敏

副书记、乡长：阮鹏飞

人大主席：付　超

副书记：王　金

纪委书记：张仁芬（女）

组织、宣传、统战委员：况建强

党委委员、副乡长：党正军

党委委员：刘　坤

回龙乡

【概　况】 回龙乡距离城区10公里，有水田60.53公顷，坡度25度以上的耕地200公顷，山林面积11800公顷。2017年全乡工业生产总值完成5500万元，固定资产投资完成3.51亿元，财政收入完成139.52万元，招商引资完成4600万元，农民人均可支配收入7863元。全乡人口计生率为98%以上，年底考核获得县级良好乡镇，综治优胜责任区、市级文明乡镇，全年无越级上访事件。

【精准扶贫】 通过数据大清洗，硬伤剔除132户448人，新增贫困对象85户263人，2017年底结存未脱贫户496户1853人。坚持产业带动的同时，巩固做好搬迁、基础设施建设和健康扶贫、兜底保障等。除巩固2016年7家市场主体外，

2017年新成立专业合作社4个；新增市场主体6家；新发展养猪场4家、百头养牛场1家；新发展中华蜜蜂700箱；引进家居加工企业一家；建成300千瓦的光伏发电站两家；发展中药材66.67公顷、银杏种苗53.33公顷、电商2家、袋料香菌场1个。共带动贫困户315户。古桥沟村流转耕地20公顷，流转费和农民在流转的土地上打工工资合计30余万元，人均增收近千元。全乡落实进城购房36户150人；2016年建设的3个易地搬迁小区，现已全部搬迁入住；2017年规划新建成3个集中安置小区，安置贫困户97户316人。实施危房改造125户。基础设施得到进一步完善，一是按照县政府现场办公会议要求，完成了20村片区脱贫攻坚整村推进项目（含扩宽硬化村级公路8公里，硬化产业路1.2公里，防洪堤2000米，2个党群服务中心，2个文化广场，1处公厕，危房改造56户，新修、维修安全饮水厂各1个，广电通讯光缆进村入户和农网改造项目等）；二是建成5个村党群服务中心及2个村卫生室项目；新建村级文化广场3个；建村级人工湿地5处；新建村级公厕3处；三是扩宽硬化村级公路15.8公里；四是完成了4个村的广电通讯光缆进村入户和全乡的农网改造项目申报工作；五是乡集镇建设已完成规划书的审定。六是20公顷的土地整理项目基本完成；七是根据国家发改委通知要求，编制完成了全乡2017—2025年发展规划。全乡共建健康档案1445份，签约服务904户3020人。落实健康扶贫对象906人，其中重特大疾病、慢性病158人，除合作医疗报销外，提供医疗救助212户257人。因病致贫贫困人口随访率达100%。539名贫困户学生受到教育资助，教育扶贫政策覆盖率100%。乡五保101户102人；低保291户538人。

【项目建设】 成招商引资4600万元，占任务的100%。不断解放思想，充分利用资源、交通、环境等优势加大招商引资力度，形成了全员招商、全域招商的良好氛围。铭弘农业、盛源家居、陵州药业、神农蜜蜂、宏洋公司等企业陆续入住建成，进一步夯实了全乡产业发展基础。同时加强基础设施建设投产，提高对自然灾害的抗拒能力，改善全乡人民生产生活条件，对安全饮水扩建、道路硬化加宽、环境优化整治、文化广场建设、危房改造、环境整治、村级集体经济发展等方面加大了项目争取和资金投入力度，为实现全乡脱贫打下了坚实基础。

【农业工作】 全乡农民人均可支配收入实现7863元，比上年增655元。一是粮食生产稳中有升，全乡现有耕地面积568.8公顷，2017年种粮食587.87公顷、蔬菜253.33公顷；二是畜牧业生产注重培植产业大户，新增牲猪养殖场4家、百头养牛场1家，牲猪饲养量18000头，山羊饲养量18500只；三是以中药材、银杏育苗、蜜蜂为主的产业基地初具规模；四是注重生态环境的改善，新增生态公益林2709.33公顷，植树造林33.33公顷，发展核桃基地6.67公顷，退耕还林166.67公顷，绿化植树10万株，新建人工湿地5处，同时开展了农村环境整治和各小区的垃圾处理工作。五是农村劳动力转移1100余人。

【党建工作】 党风廉政建设：一是严格落实“一岗双责”。二是狠抓廉政教育。三是严格落实监督责任。四是坚持严格督查。严格落实领导干部“三重一大”“四不一末”制度。严格坚持组织生活会制度。五是落实好县纪委“六个专项治理”和运用大数据开展精准扶贫政策落实情况监督检查工作。全年办理违纪案件3起，纪律处分3人；对县纪委交办的3202条线索进行逐条核查，组织处理党员干部4人，清退违纪资金8016元。

组织工作：一是狠抓干部教育管理。严格落实“三个三分之一”工作法和岗位责任制考核兑现；二是深入开展软弱涣散党组织整顿。三是深化拓展“双十星”争创。四是广泛开展“两学一做”学习教育和党组织主题党日活动。五是认真做好发展党员工作。全年新发展党员 4 名。六是认真开展十九大精神的宣传学习工作，确保十九大精神在全乡落地生根。

宣传工作：一是定期开展党委中心组理论学习。二是强化精神文明建设。普遍开展了“十星级文明农户”评选活动。以园艺小区为中心，打造了全县首个文化大院。推动了全乡道德讲堂、农家书屋、特色文化、好人榜、人情新风等文明项目建设。全面倡导“十字”价值观，群众人情往来支出大幅度下降。

武装和群团工作：投入 4 万元加强民兵营建设；全面完成民兵整组和秋季征兵工作；在完成县下达调训任务的同时，对乡内 30 多名民兵进行集中训练。致力于群团工作改革，完成全乡工会和妇联的换届选举工作。

（江玉珂）

【回龙乡领导成员名单】

党委副书记、乡长：谢登文

副书记：何　明

人大主席：柯尊栋

党委委员、纪委书记：戢运俊

党委组织、统战委员：王正艳（女）

党委委员、武装部部长：黄朝远

党委委员、副乡长：裴优函（女）

附 录

荣 誉

2016 年房县获评十堰市劳动模范表彰名单

表 3

序号	职务或身份	姓名	性别
1	化龙堰镇西街村村民	胡 翠	女
2	县环卫所工人	陈 平	女
3	县法院军店法庭庭长	景大喜	男

2017 年房县劳动模范表彰名单

表 4

序号	职务或身份	姓名	性别
1	房县信访局信访复查复核办公室副主任	袁正东	男
2	房县公安局机动应急大队大队长	龚科举	男
3	房县第一中学校长助理	陈广权	男
4	房县城乡规划设计院院长	陆 琦	男
5	房县纪委第二纪工委副书记	胡 波	男
6	房县中医院知名中医工作室主任	黄志虎	男
7	房县环境卫生管理所环卫工人	彭桂兰	女
8	房县公路管理局桥上公路管理站站长	郭怀念	男
9	湖北三鑫生物科技有限公司董事长	余国军	男
10	房县门古寺镇项家河村村支部书记	方必春	男

房县正高职称人员名单（2005—2017 年）

表 5

序号	姓名	性别	学历	已获得职称	证书编号	获得时间	岗位职务	从事聘任岗位工作年限	备注	单位
1	唐忠科	男	本科	正高	C200500040	2005 年	主任医师	19	—	县医院
2	赵 斌	男	本科	正高	FC720061001	2006 年	主任医师	12	—	县医院
3	戢太红	男	本科	正高	C20091082	2009 年	主任医师	9	—	县医院
4	魏鹏翅	男	研究生	正高	C0002012107349	2011 年	主任医师	7	—	县医院

续表5

序号	姓名	性别	学历	已获得职称	证书编号	获得时间	岗位职务	从事聘任岗位工作年限	备注	单位
5	席连英	女	本科	正高	C0002013116657	2012 年	主任医师	5	—	县医院
6	散兴忠	男	本科	正高	C0002013116656	2012 年	主任医师	5	—	县医院
7	李德龙	男	本科	正高	C0002013116658	2012 年	主任医师	5	—	县医院
8	车　舟	男	专科	正高	C2010102471	2010 年	主任医师	8	—	县医院
9	邢　敏	男	本科	正高	W0742017168267	2016 年	主任医师	0	—	县医院未聘
10	匡颖文	男	专科	正高	C0002015108916	2015 年	主任医师	0	—	县医院未聘
11	程晓华	女	本科	正高	C0002012107291	2011.11	主任护师	5	—	保健院
12	赵世印	男	专科	正高	W0742017168266	2016.12	主任医师	0	—	红塔卫生院未聘
13	陈兆刚	男	研究生	正高	C0002017100017A	2016 年	高级 5 级	36	—	房县一中
14	陈振权	男	本科	正高	—	2017 年	高级 5 级	24	2017 年已公示	房县二中

房县享受国家特殊津贴人员名单（1988—2016 年）

表6

序号	单位	姓名	从事专业	享受时间	备注
1	房县林业局	刘耀贤	林业工程（高级工程师）	1996 年	退休
2	房县一中	杨锦全	湖北省特级教师	2005 年 7 月	在职
3	房县职业技术学校	罗先德	湖北省特级教师	2005 年 7 月	在职
4	房县二中	张家润	湖北省特级教师	2001 年 10 月	在职
5	房县一中	张农生	湖北省特级教师	1997 年	退休
6	房县一中	陈家林	湖北省特级教师	1997 年	退休
7	房县一中	田金海	湖北省特级教师	1997 年	退休
8	房县一中	李国强	湖北省特级教师	1993 年 9 月	退休
9	房县教研室	罗国权	湖北省特级教师	1988 年 10 月	退休
10	房县一中	党国定	湖北省特级教师	1989 年	退休
11	房县一中	陈兆刚	湖北省特级教师	2016 年	在职

房县各级道德模范、好人统计表（2012—2017 年）

表7

序号	姓名	性别	职务或身份	类别
1	杨家群	女	沙河乡沙河店村村民	房县首届道德模范、十堰市第三届道德模范
2	柯有强	男	姚坪乡红庙村村民	房县首届道德模范、十堰市第三届道德模范
3	卢进华	男	城关镇民营业主	房县首届道德模范
4	向　彬	女	县国土局党委（组）副书记	房县首届道德模范
5	席连英	女	县人民医院心血管内科主任医师	房县首届道德模范

续表 7

序号	姓 名	性别	职务或身份	类别
6	景大喜	男	县法院军店法庭庭长	房县首届道德模范
7	周显扬	男	县佛组织部办公室副主任	房县首届道德模范
8	刘兴梅	女	门古寺镇门古中学教师	房县首届道德模范
9	张家成	男	大木厂镇退休干部	房县首届道德模范、2015 年度湖北好人
10	杨自龙	男	县公安局看守所副所长	房县首届道德模范提名奖
11	杜世先	男	县环卫所职工	房县首届道德模范提名奖
12	蒋敦环	女	野人谷镇谭湾教学点教师	房县首届道德模范提名奖
13	薛吉文	男	窑淮镇文化站退休职工	房县首届道德模范提名奖
14	陈华海	男	化龙堰镇机关干部	房县首届道德模范提名奖
15	王　凯	男	县福利院院长	房县首届道德模范提名奖
16	邱孝云	女	县房管局退休职工	房县首届道德模范提名奖、十堰市首届道德模范
17	党家梅	女	中坝乡卫生院职工	房县首届道德模范提名奖
18	伍昌云	女	姚坪乡化口教学点退休教师	2013 年十堰市第四届道德模范、2016 年全国最美家庭
19	高明平	男	五台乡福利院院长	房县第二届道德模范
20	钟兴兵	男	中坝乡三溪村村民	房县第二届道德模范
21	陈国明	男	武当动物药业公司董事长	房县第二届道德模范
22	买德英	女	县恒通公司客运站站务员	房县第二届道德模范、2015 年度十堰好人
23	付　斌	男	县地税局稽查局局长	房县第二届道德模范
24	谭凤玲	女	县实验小学教师	房县第二届道德模范
25	赵大满	男	城关镇人民政府退休干部	房县第二届道德模范、2016 年度荆楚楷模、十堰市第六届道德模范
26	付元华	女	城关镇小西关社区居民	房县第二届道德模范、2016 年十堰市十大孝星提名奖
27	王加双	男	军店镇卫生院院长	房县第二届道德模范
28	章先寿	男	县疾控中心免疫规划科主任	房县第二届道德模范
29	陈　平	女	县环卫所职工	房县第二届道德模范提名奖
30	陈小山	男	县信访局接待中心主任	房县第二届道德模范提名奖
31	程　奎	男	县国税局干部	房县第二届道德模范提名奖
32	郑艳丽	女	县中医院心脑血管科主任	房县第二届道德模范提名奖
33	刘义荣	女	青峰镇刘家河村村民	房县第二届道德模范提名奖、2015 年度湖北好人
34	尚家林	男	红塔镇磨石小学退休教师	房县第二届道德模范提名奖、2015 年度湖北好人、十堰好人
35	赵　伟	男	县大爱义工联合会会长	十堰市第五届道德模范提名奖、2016 年度十堰好人、2016 年度荆楚楷模、十堰市第六届道德模范
36	代大明	男	尹吉甫镇沈家湾村原党支部书记	2015 年度房县好人、湖北好人
37	李金菊	女	县特校教师	2015 年度房县好人、十堰好人、湖北好人
38	杨绍波	男	湖北交投谷竹高速公路有限公司竹溪收费站监控员	2015 年度十堰好人、湖北好人
39	王　斌	男	大木厂镇安阳沟民营企业家	2015 年度房县好人、十堰好人
40	李远贵	男	城关镇天明小学退休教师	2015 年度房县好人、十堰好人
41	张吉典	男	窑淮镇淮水小学教师	2015 年度房县好人、十堰好人

续表7

序号	姓　名	性别	职务或身份	类别
42	宁永翠	女	九道乡卸家坪村村民	2015 年度房县好人、十堰好人
43	郭宝菊	女	尹吉甫镇榔口村村民	2015 年度房县好人、十堰好人
44	刘间芝	女	红塔镇文化站站长	2015 年度房县好人、十堰好人
45	任　宇	男	县环卫所职工	2015 年度房县好人、十堰好人
46	吕　梦	男	姚坪乡黄玉口小学教师	2015 年度房县好人、十堰好人
47	徐元文	男	红塔镇七河中学教师	2015 年度房县好人、十堰好人
48	柯大青	男	大木厂镇高船村小学教师	2015 年度房县好人、十堰好人
49	李洪兰	女	尹吉甫镇榔口村村民	2015 年度房县好人、十堰好人、2016 年度十堰市十大孝星
50	李琼玲	女	姚坪乡食品药品监管所职工	2015 年度十堰好人
51	王化宏	男	农业局苗木良种场场长	2015 年度十堰好人
52	张　继	女	县大爱义工联合会志愿者	2015 年度十堰好人
53	郑传生	男	化龙堰镇化龙村五组村民	2015 年度十堰好人
54	肖龙军	男	姚坪乡白石村三组村民	2015 年度十堰好人
55	雷　禹	男	县人民医院急诊科医生	2015 年度房县好人
56	殷自旭	男	野人谷镇毛河教学点教师	2015 年度房县好人
57	王　平	男	城关镇派出所老城社区民警	2015 年度房县好人
58	孙运俭	男	县尧治河力澳公司总经理	2015 年度房县好人
59	胡圣兵	男	姚坪乡虎尾沟村 7 组村民	2015 年度房县好人
60	刘仕菊	女	九道乡九道中学教师	2015 年度房县好人
61	吉晶晶	女	城关镇东关社区东街一组居民	2015 年度房县好人
62	李文禄	男	九道乡关坪小学教师	2015 年度房县好人
63	柯凤琴	女	县妇幼保健院妇科主任	2015 年度房县好人
64	詹运平	女	土城镇小亭村村民	2015 年度房县好人
65	熊发强	男	中坝乡龙驹山村村民	2015 年度房县好人
66	毛有建	男	军店镇月明村村民	2015 年度房县好人
67	马义国	男	中坝乡下坝村村民	2015 年度房县好人
68	肖正超	男	县执法局城乡管理综合执法大队干部	2015 年度房县好人
69	李　娟	女	县检察院公诉科科长	2015 年度房县好人
70	谭丽荣	女	军店镇中心卫生院护理部主任	2015 年度房县好人
71	张启荣	男	青峰镇台口小学退休教师	2015 年度房县好人
72	蔡　云	女	青峰镇青峰中学教师	2015 年度房县好人
73	冉苗苗	女	县移动公司市场部副经理	2015 年度房县好人
74	温太香	女	县纺织品公司退休职工	2015 年度房县好人
75	张光莲	女	野人谷镇西坪村村民	2015 年度房县好人
76	张爱珍	女	尹吉甫镇玉堤小学教师	2015 年度房县好人
77	肖本清	男	姚坪乡庆口村党支部书记	房县第三届道德模范
78	周兴业	男	万峪河乡中心福利院院长	房县第三届道德模范
79	余策星	男	县作家协会会员	房县第三届道德模范

续表 7

序号	姓 名	性别	职务或身份	类别
80	杜兴国	男	回龙乡司法所副所长	房县第三届道德模范、2016 年度十堰好人 2016 年度荆楚楷模
81	代小丽	女	青峰镇亿佳乐超市总经理	房县第三届道德模范
82	何 苹	女	军店镇官桥养猪合作社法人代表	房县第三届道德模范
83	方必春	男	门古寺镇项家河村党支部书记	房县第三届道德模范、2016 年度荆楚楷模、2017 年度十堰好人
84	叶倡见	男	国税局党政办副主任	房县第三届道德模范、2016 年度荆楚楷模、2017 年度十堰好人
85	刘世明	男	县誉满城酒店公司董事长	房县第三届道德模范
86	杨小勇	男	军店镇何家村春雨义工协会会长	房县第三届道德模范
87	袁正东	男	县信访局干部	2017 年度房县好人
88	熊国权	男	县一中教师	2017 年度房县好人
89	袁双成	男	县土地整理中心副主任	2017 年度房县好人
90	刘 荣	女	县国税局党办主任	2017 年度房县好人、十堰好人
91	万玉虎	男	大木厂镇马进洞村村医	2017 年度房县好人
92	雷 永	女	县妇幼保健院产科主任	2017 年度房县好人
93	王厚生	男	土城镇派出所民警	2017 年度房县好人、十堰好人
94	郭怀念	男	县公路管理局桥上管理站站长	2017 年度房县好人
95	柯玉琴	女	县实验小学教师	2017 年度房县好人
96	何 超	男	县实验中学教师	2017 年度房县好人
97	龙金华	女	县东城小学教师	2017 年度房县好人
98	郭品丽	女	县军店小学教师	2017 年度房县好人
99	王光国	男	县工商局稽查分局稽查股股长	2017 年度房县好人
100	张友锐	女	大木厂镇五谷庙村村民	2017 年度房县好人、十堰好人
101	刘丛香	女	万峪河乡栗子坪村村民	2017 年度房县好人
102	龚仕运	男	青峰镇青峰小学教师	2017 年度房县好人、2016 年度十堰市十大孝星提名奖
103	邓传义	男	青峰镇青峰街村村民	2017 年度十堰好人
104	付荣先	男	野人谷镇西坪村村民	2017 年度房县好人
105	赵 琼	女	青峰镇青峰小学教师	2017 年度房县好人
106	饶 俊	女	门古寺镇中心幼儿园教师	2017 年度房县好人
107	王学元	男	县司法局副主任科员	2017 年度房县好人
108	张清华	男	县兆丰实业有限公司董事长	2017 年度房县好人
109	解天明	男	县天明电器经营部负责人	2017 年度房县好人
110	张镇麟	男	白鹤镇东浪村村民	2017 年度房县好人
111	唐香文	女	九道乡中心福利院护工	2017 年度房县好人
112	胡元伟	男	军店镇月明村村民	2017 年度房县好人
113	李 丽	女	城关镇车站招待所员工	2017 年度房县好人、2016 年度十堰好人
114	汪大政	男	万峪河乡小坪村原党支部书记	2017 年度房县好人
115	张启刚	男	青峰镇青峰街村村民	2017 年度房县好人
116	周义保	男	尹吉甫镇双湾村村民	2017 年度房县好人
117	徐长山	男	县交通质量监督站技术员	2017 年度十堰好人

2017年度统计资料

国民经济和社会发展部分统计资料

表8

指标	单位	总量指标	比上年增长或下降（%）
综　合：			
地区生产总值	万元	863393	8.6
其中：第一产业增加值	万元	274815	4.4
第二产业增加值	万元	283890	10.7
第三产业增加值	万元	304688	10.7
人均地区生产总值	元（现价）	21555	10.6
年末全县总户数	万户	18.02	—
户籍人口	万人	47.65	—
年平均人口	万人	47.75	—
男性人口	万人	25.33	—
女性人口	万人	22.32	—
人口性别比		113.49 : 100	—
人口出生率	‰	10.4	—
人口死亡率	‰	10.9	—
人口自然增长率	‰	-0.5	—
年末常住人口	万人	40.06	—
城镇化率	%	39.74	1.2
年末从业人数	万人	26.87	—
其中：一产业	万人	7.69	—
二产业	万人	7.16	—
三产业	万人	12.02	—
年末城镇登记失业率	%	3.93	—
失业人员再就业	万人	1.57	—
全年国税收入	万元	40255	31.9
全年地税收入	万元	26802	34.7
工业和建筑业：			
新增规上工业企业	家	1	—
年末规上工业企业	家	48	—
规上工业企业总产值	亿元	53.9	10.9
其中农产品加工业总产值	亿元	27.9	23.3
全年工业增加值	亿元	24.82	7.9
占GPP比重	%	28.75	—
对经济增长贡献率	%	32	—
其中轻工业总产值	万元	293190	20.8
重工业总产值	万元	246158	1.1

续表8

指标	单位	总量指标	比上年增长或下降（%）
规上工业企业产品销售率	%	95.30	2
全年工业用电量	万千瓦时	17630	14.77
能耗降低率	%	3.63	—
全年实现建筑业增加值	万元	35678	34.3
全县资质以上建筑业	家	12	—
完成建筑业总产值	万元	157088	16.5
竣工总产值	万元	125209	19.9
资质内房屋建筑施工面积	万平方米	120.1	—
房屋竣工面积	万平方米	61.44	—
固定资产投资：			
全年完成固定资产投资	万元	1650452	16.6
全年施工项目	个	294	-7.2
其中新开工项目	个	229	0.4
全年完成房地产开发投资	万元	100102	193.4
商品房销售面积	平方米	153594	38.6
完成商品房销售额	万元	55713	476.3
其中住宅销售额	万元	31336	—
社会消费品零售总额	万元	580223	13.4
限额以上消费品零售额	万元	306752	24.8
限额以下消费品零售额	万元	273470	2.8
全年进出口总额	万美元	6263	57.9
全年接待游客	万人次	572	—
实现旅游收入	亿元	33.6	—
交通和邮电：			
全县交通运输仓储和邮政业实现增加值	万元	41466	11.8
年末全县公路里程	公里	5144	—
路网密度	公里 / 百平方公里	80.09	—
全年货物周转量	万吨	212.8	—
全年客运周转量	万人公里	8.6	—
建成通村水泥路	公里	350	—
实施生命安全防护工程	公里	2336	—
年末民用车辆拥有量	辆	7095	—
公交车路数	路	154	—
年末实有公共汽（电）车营运车	辆	553	—
实有出租车	辆	110	—
全年完成邮政业务总量	万元	5284	23
电信业务总量	万元	3456	6
联通业务总量	万元	2387.7	4.8

续表8

指标	单位	总量指标	比上年增长或下降（%）
移动业务总量	万元	11231	5
年末固定电话用户	万户	1.9	—
移动电话用户	万户	25.9	—
宽带用户	万户	4.4	—
财政、金融：			
全年完成财政总收入	万元	85013	22.7
其中：一般预算收入	万元	57801	-20.3
税收收入	万元	39757	32.1
非税收入	万元	18043	0.6
全年财政支出	万元	392650	10.5
其中：一般公共服务支出	万元	68325	17
教育支出	万元	58474	22.7
科学技术支出	万元	4616	29.6
文化体育与传媒支出	万元	2940	-33.3
社会保障和就业支出	万元	79680	21
医疗卫生支出	万元	38834	-16.1
节能环保支出	万元	22517	10.9
城乡社区事务支出	万元	27176	63.4
农林水事务支出	万元	53404	9.4
年末全县金融机构各项存款余额	万元	1751584	12
其中：住房储蓄存款	万元	1089003	14.3
非金融企业存款	万元	331931	21.6
金融机构各项贷款余额	万元	809215	15.3
其中短期贷款	万元	73948	23.8
中长期贷款余额	万元	164309	15.5
卫生、教育和科技：			
年末全县卫生机构	个	439	—
拥有床位总数	张	2765	—
全县卫生技术人员	人	2564	—
其中执业攻师	人	862	—
全县共有小学	所	153	—
九年一贯制学校	所	8	—
初级中学	所	15	—
中等职业教育学校	所	1	—
全县小学在校生	人	26943	—
小学专任教师	人	1634	—
普通中学在校生	人	15808	—
中学专任教师	人	1184	—

续表 8

指标	单位	总量指标	比上年增长或下降（%）
中职教育在校生	人	610	—
中职专任教师	人	142	—
全县科技经费支出	万元	2433	4.3
全县高新技术企业	家	11	—
商新企业完成产值	亿元	15.8	16.7
专业技术人员	人	5399	—
其中农业技术人员	人	184	—
全年专利授权	个	47	—
全县城镇居民人均可支配收入	元	25658	9.5
农村居民人均可支配收入	元	9133	10
城乡居民收入比	%	2.81	—
年末城镇基本养老保险参保数	万人	6.7	—
新农村养老保险参保数	万人	21.9	—
失业保险参保人数	万人	1.43	—
城镇基本医疗保险参保数	万人	5.4	—
新型农村合作医疗参保数	万人	38.69	—
全县新增城镇就业人员	人	8810	—
年末城镇登记失业率	%	4.50	—
各种社会福利收养单位拥有床位	个	1521	—
环境：			
全年造林面积	公倾	395593.36	—
森林履盖率	%	78.18	—

2017 年房县乡镇概况一览表

表 9

乡镇名称	国土面积（平方公里）	年末人口（人）	农村人口（人）	农民人均可支配收入（元）	党委书记	乡镇长
城关镇	67.98	83472	9653	9560	林云国	敢运明
军店镇	160.7	39198	33617	9435	操 航	周诗斌
化龙堰镇	160.9	27572	26184	9427	刘 俊	蔡建宇
土城镇	312.84	23482	21933	9530	马云超	李 奎
大木厂镇	418.67	34346	27495	9318	熊 伟	张 超
青峰镇	414	36709	30028	9380	敢运斌	孙 林
门古寺镇	376.9	34781	33788	9279	王元涛	张 俊
白鹤镇	259.9	33617	30618	9436	谢 林	付长飞
野人谷镇	332.2	14215	12987	9056	陈晓东	刘玲玲

续表9

乡镇名称	国土面积（平方公里）	年末人口（人）	农村人口（人）	农民人均可支配收入（元）	党委书记	乡镇长
红塔镇	224.9	43510	40262	9545	刘　坤	雷　虎
窑淮镇	247.2	18298	15913	9277	杨　奎	雷　波
尹吉甫镇	97.96	10290	7897	9210	邓　杰	谭　见
姚坪乡	136	17782	17782	8485	郭兴贵	李晓虎
沙河乡	236	8646	8646	8643	李　伟	李承华
九道乡	334.53	11300	11300	8793	刘太兵	王　瑞
上龛乡	354.97	7578	7578	8537	盛　毅	陈　俊
中坝乡	231.33	11825	11825	8593	郭　俊	杨　瑞
万峪河乡	193	8949	8949	8422	钱师威	尤　备
五台乡	107.98	4584	4584	8831	马宗敏	阮鹏飞
合　计	5110	476532	367471	—	—	—

注：党委书记、乡镇长以2017年12月31日在职为准